下

周易과
만나다
주역

공자와 일부의
대 화

증산도상생문화연구총서 18

주역과 만나다 下 - 공자와 일부의 대화 -

발행일: 2021년 3월 22일 초판 발행
글쓴이: 양재학
펴낸곳: 상생출판
펴낸이: 안경전
주소: 대전광역시 중구 선화서로 29번길 36(선화동)
전화: 070-8644-3156
팩스: 0303-0799-1735
홈페이지: www.sangsaengbooks.co.kr
출판등록: 2005년 3월 11일(제175호)
Copyright ⓒ 2021 상생출판

ISBN 979-11-90133-99-9
ISBN 978-89-94295-05-3(세트)

下

周易과
만나다

주역

공자와 일부의
대화

양재학 지음

상생출판

‖ 들어가는 말 ‖

동서양에는 수많은 고전이 존재한다. 인류는 고통에 허덕일 때마다 힘든 현실을 벗어날 수 있을 지혜를 고전에서 배웠다. 고전은 삶에 찌들어 심신이 고달픈 자에게 마음을 맑게 하고, 힘을 불어넣는 옹달샘 같은 역할을 톡톡히 해왔다. 고전이 고전일 수 있는 까닭은 문화와 역사의 길라잡이를 제대로 수행했기 때문일 것이다. 읽기 쉬운 고전이 어디 있으랴마는 『주역周易』은 가장 난해한 책 중의 하나로 손꼽힌다.

『주역』에서 우러나오는 여러 감동 중의 하나는 인간애에 대한 깊은 통찰과 논리의 간결성, 또는 도덕적 가르침을 넘어서 생명의 본원인 천명에 대한 소통 방법에 있다고 할 수 있다. 『주역』이 말하는 소통의 대상은 자연과 역사와 인간사를 지배하는 하늘의 의지를 비롯하여 성인의 고매한 학덕과 인품으로 압축될 것이다. 『주역』을 삶의 모범 답안으로 인정하는 것도 소중하지만, 오히려 세계를 밑바닥에서부터 사유하고 때로는 인생의 질곡을 구제하려는 성현들의 고뇌와 숭고한 실천 의지를 읽고 존경심을 갖지 않을 수 없다.

주역사에는 온갖 고초를 겪은 다음에 인류에게 희망의 메시지를 던진 문화 영웅이 숱하게 등장한다. 주나라 문왕文王(?-?)은 감옥에 갇힌 신세에서 『주역』을 지어 이후 동양철학의 성격을 결정지었고, 소강절邵康節(1011-1077)에 의해 『주역』의 효용성에 매우 밝았다고 평가된 맹자孟子(BCE 372-BCE 289) 역시 수많은 역경을 거친 군자만이 역사적 소임을 맡을 수 있다는 불후의 명언을 남겼다. "하늘이 장차 그 사람에게 큰 일을 맡기려면 반드시 먼저 심지를 괴롭히고, 근육과 뼈를 수고롭게 하고, 육체를 굶주리게 하고, 아무것도 없게 해서 하는 일이 해야 할 일과 어긋나게 만드니 마음을 움직이고 본성을 인내하게 하여 불가능한 일을 더 많이 할 수 있게 해

주기 위함이다.[1]

　작은 거인 등소평鄧小平(1904-1997)은 세 번이나 권력에서 밀려나, 65세에 시골 트랙터 공장 노동자로 강등당하는 시련을 겪으면서도 매일 맹자의 글을 외우며 희망의 끈을 놓지 않았다고 전한다. 이것이 바로 큰일을 감당할 자질과 능력을 갖추도록 하늘이 먼저 몸과 마음에 온갖 시련을 준다는 천강대임론天降大任論이다. 맹자의 말은 선비들이 스스로 마음을 추스르고 용기를 북돋았던 글귀다. 만일 현실의 고통이 없었다면 주옥같은 작품들이 세상에 나오지 못했을 것이다. 우리나라의 정약용丁若鏞(1762-1836) 역시 유배지에서 나온 뒤에 『주역사전周易四箋』를 지어 후세에 남겼다.[2] 오죽하면 「계사전繫辭傳」은 우환의식을 바탕으로 『주역』이 씌여졌다고 말했겠는가? 좌절과 실패는 성공을 담보하는 열쇠라는 교훈이다.

　예로부터 동양인들은 『주역』을 형이상학과 정치 철학, 윤리관을 수립하는 전거, 또는 사주명리의 이론적 근거를 제공하는 점치는 용도 등 다양한 방면으로 응용하였다. 『주역』은 사서삼경四書三經 가운데 가장 으뜸가는 고전이다. 대한민국 성인 중에서 『주역』을 모르는 사람은 거의 없으나, 『주역』을 제대로 아는 사람은 아주 드물다. 특히 이 땅에서 출현한 김일부金一夫(1826-1898)의 『정역正易』은 전문가조차도 귀에 익지 않은 생소한 단어로 알려져 있다. 『주역』이 세계관과 인생관, 가치관을 정립하는 소중한 고전古典이었다면, 『정역』은 19세기 후반 한국 땅에 혜성같이 등장하여 『주역』을 비판적으로 극복한 형태의 신고전新古典이다. 한마디로 『정역』은 선후천론先後天論을 근거로 『주역』을 새롭게 해석하여 매듭지은 희망의 철학이다.

──────────

1) "天將降大任於是人也, 必先苦其心志, 勞其筋骨, 餓其體膚, 空乏其身, 行拂亂其所爲, 所以動心忍性, 增益其所不能."(『孟子』 「告子章」上)
2) 司馬遷(BCE 145 혹은 135-BCE 87)은 宮刑을 당하는 혹독한 시련 속에서도 『史記』를 지어 역사에 대한 책임 의식을 고취시켰고, 사유의 망치를 들고 서양철학의 근대성을 열어 제친 철학자 니체(Nietzsche: 1844-1900)의 삶에서 고독과 질병과 가난은 형제보다도 가까웠다. 그가 토해낸 인생의 시련과 절망의 사유에서 우러나온 영혼의 언어는 서양 문명의 새로운 물꼬를 트게 만든 힘이었다.

이 책자는 STB상생방송이 "주역에서 정역으로"라는 타이틀로 방영한 내용을 바탕으로 『주역』과 『정역』을 이해하는 데 도움이 되도록 작성한 것이다. 상생방송국 개국 기념으로 기획한 '주역강좌'는 2006년 여름에서 시작하여 2008년 12월 총 110회로 대단원의 막을 내렸다. 필자에게 『주역』 전체를 방송 강의할 수 있는 기회가 주어진 것은 큰 영광이자 행운이었다.

이때부터 『주역』과 『정역』을 하나로 통합하는 구상을 시작하였고, 더 나아가 『주역』과 『정역』을 동시에 이해할 수 있는 입문서를 소개하려는 뜻을 품었다. 그래서 『주역』의 올바른 이해와 해석 작업에 계절이 언제 바뀌는지조차 모를 정도로 숨가쁘게 보냈다. 겨울에 시작한 『주역』 읽기에 흠뻑 빠졌다가 어느새 봄이 온 줄 몰랐다는 옛 선비들의 얘기는 『주역』의 권위를 상징하는 말이다.

지금도 컴퓨터로 원고를 집필하면서 선인들과 호흡했던 시간이 가장 기뻤던 추억으로 남아 있다. 알찬 콘텐츠만을 담자는 처음의 계획과는 달리 예상보다 훨씬 넘은 분량이라 당혹스럽다. 독자와의 만남을 쉽게 하기 위한 장치였을 뿐이라고 변명하고 싶다. 고대의 유산인 『주역』과 우리 한민족의 사유와 논리가 반영된 『정역』을 하나로 묶고자 노력하였다. 『주역』 원문에 『정역』의 혼을 접목시키는 시도는 자칫 『주역』의 가치를 손상시킬 우려와 함께 『정역』의 독창성과 보편성을 마냥 『주역』으로 귀속시키는 오류를 범할 수 있기 때문에 매사가 조심스러웠다. 『주역』의 이해와 설명이 어려운 만큼 『정역』 부분은 아예 중도에 포기할까 망설인 적도 있었다. 사실 『주역』에 대한 『정역』 식 설명도 그리 많지는 않다.

이러한 기획이 성공하면 일거양득이지만, 실패하면 양자를 모두 왜곡시킬 수도 있는 까닭에 때로는 두려움이 엄습했다. 혹시 공자孔子와 김일부의 학문과 공덕을 훼손시키지는 않을까 하고 머뭇거렸다. 하지만 모험을 강행하기로 결심했다. 역사적으로는 분명코 『주역』이 훨씬 먼저 탄생했고, 『정역』은 한참 뒤에 출현하였다. 그러니까 『정역』을 『주역』에 대한 수많은 해설서 중의 하나로 인식하는 것도 어쩔 수 없다. 그러나 원리의 측면에서 『정역』의 논리에 근거하여 『주역』이 만들어졌다고 할 수 있다. 『정역』이 본체의 영역을 다룬 학문이라면, 『주역』은 작용을 전문으로 다룬 학술이기 때문이다. 이 둘은 떼려야 뗄 수 없는 관계로 존재한다. 『주역』이 곧 『정역』이고, 『정역』이 곧 『주역』이다. 주역학자들은 대뜸 뭔 소리냐고 비판할 것이다. 필자가 『정역』의 늪에 빠져 주장하는 것이 아니라, 『정역』을 읽으면 누구라도 금방 알 수 있는 쉬운 문제이기 때문이다. 주역학도들이여! 이 자리를 빌려 『정역』을 한 번쯤은 선입견을 버리고 '있는 그대로' 독파하기를 권장한다. 당장은 『정역』의 위상을 인정하기가 어렵더라도, 비판의 강도는 예전보다 훨씬 약화될 것이라고 확신한다.

> "달걀이 스스로 깨어나면 병아리지만, 남에게 깨어지면 계란 프라이가 된다. 우리는 날마다 스스로 깨어나는 진리의 구도자가 되어야 할 것이다."
> "징기스칸에게 열정(passion)이 없었다면, 촌구석 양치기 목동에 지나지 않았을 것이다."
> "『주역』과 『정역』 공부를 통하여 인문학의 부활을 위한 힘찬 기지개를 켜자."

이 책은 『주역과 만나다』라는 제목으로 이미 출간된 다섯 권의 소책자에 대한 완결판이다. 여기서는 『주역』의 편집 체제를 약간 바꾸었다. 그것은 『주역』에 대한 주자朱子(1130-1200) 이래의 체계가 잘못되어서가 아니라, 『주역』과 『정역』의 통합과 아울러 『주역』을 조금은 쉽게 이해하기 위한 방편으로 다르게 구성하였다. 그렇다고 크게 다르지 않다. 단지 『주역』의 앞과 뒤에 새로운 내용을 첨가했을 뿐이다. 우선 번호를 매겨 각 단락의 성격을 부각시키면서 그 연속성과 차별성을 고려하였다. 가장 먼저 64 괘의 순서를 밝힌 정이천程伊川(1033-1107)의 서괘序卦 원문과 번역문을 신고(1), 괘사(2), 단전(3), 상전(4) 및 초효(5), 2효(6), 3효(7), 4효(8), 5효(9), 상효(10)에다 각각의 소제목을 붙인 다음에 끝 부분에는 전체 의미를 덧붙였다. 마지막으로 김일부의 제자인 이상룡李象龍이 지은 『정역원의正易原義』의 풀이(11)를 부가하였다. 혼동을 일으키지 않았으면 하는 바램이다. 정이천과 이상룡의 해석이 『주역』을 능가한다는 의미가 아니라, 64괘의 순서에 대한 이해도를 높이기 위한 방편이었음을 밝힌다.

그리고 괘사, 「단전」, 「상전」, 64괘 384효, 「계사전」과 「설괘전」의 각 절, 「서괘전」과 「잡괘전」에 대한 소제목과 함께 각 항목의 결론을 압축하는 형식을 도입했다. 오직 가독성을 높이기 위한 목적임을 밝힌다. 제목 붙이는 일이 어렵다는 것을 절감했다. 내용을 모르면 제목은커녕 결론을 도출할 수 없기 때문이다.

지난 몇 년 동안 책의 완성도를 높이기 위해 시간과의 치열한 샅바 싸움을 벌였다. 나름대로 혼을 담았기에 미련은 없다. 통기타 가수 김광석이 부르는 "광야"에 나오는 '뜨거운 남도에서 광활한 만주 벌판'을 들으면서 『주역』과 『정역』의 친구가 되려고 힘을 쏟아 부었다. 책에 대한 평가는 순전히 독자들의 몫이다.

일찍이 사마광司馬光(1019-1086)은 "경서를 가르치는 스승은 만나기 쉬우나, 사람을 인도하는 스승은 만나기 어렵다"고 말했다. 천상에 계신 이정호 박사님(1913-2004)과 유남상 교수님(1927-2015; 석박사 논문의 지도교수로서 필자는 많은 은덕을 입었다.), 권영원 선생님(1928-2018)의 가르침으로 인해 오늘의 필자가 있다는 사실을 한 번도 잊지 않았다. 그저 고개를 숙일 따름이다. 또한 『정역』을 지극히 흠모했던 부모님이 사무치게 그리워진다. 알찬 책이 출간되는 것만이 유일한 보답일 것이리라.

이 책의 집필 과정에 도와준 분들이 있다. 증산도 안경전 종도사님은 방송 강의와 함께 책자 발간에 지대한 관심을 아끼지 않았다. 송인창 교수님은 학부 과정 때부터 지금까지도 후배인 필자를 항상 격려해주었다. 직장 동료인 노종상 박사님과 이재석 박사님의 꼼꼼한 지적을 잊을 수 없다. 이 책의 출간을 필자보다 더 좋아할 전 청주대 송재국 교수님의 모습이 눈에 어른거린다. 최종 교정에 도움을 아끼지 않았던 조기원 박사님의 노고에 감사드린다. 특히 책 편집에 관한 한 타의 추종을 불허하는 상생출판 강경업 팀장님과 조민수 디자이너의 도움이 매우 컸다. 또한 상생방송국 피디를 비롯한 스텝 여러분의 지원에 고마운 마음을 전한다. 그리고 멋진 글씨로 책의 품격을 높여준 소우천小愚川님께 감사드린다. 애틋한 마음으로 좋은 책이 나오기를 기다리는 엄마 같은 누나가 보고 싶다. 또한 삶의 즐거움을 알려준 보문산119시민산악구조봉사대원들의 격려를 잊을 수 없다. 마지막으로 평생 고생만 시킨 아내를 빼놓을 수 없다. 아내의 말없는 뒷바라지가 언제나 가슴을 찡하게 만들었다. 아들 승진과 딸 인선에게도 고마움을 전한다. 사랑하는 모든 분들이 옆에 있기에 고맙고, 고맙기에 늘 용기가 솟았다.

현재 기후 위기와 코로나19의 대유행, 인문학의 붕괴로 인해 전 세계가 혼란과 진통을 겪고 있다. 계층간 소통의 부재로 인해 생기는 사회의 모든 분야가 갈등에 시달리고 있다. 개인과 개인, 사회와 사회, 국가와 국가간의 원활한 소통은 인문학의 부활이 아니고는 치유가 불가능하다. 뜻있는 지성인들은 학문 사이의 벽을 허물고 통섭을 통해 제2의 르네상스를 겨냥하고 있다. 『주역』은 소통의 힘을 알려주는 인류 문화가 낳은 지혜의 보석이다. 아무쪼록 이 책이 인문학의 부흥에 자그마한 디딤돌이 되기를 기대한다.

2020. 12. 2.
양 재 학

9

차 례

繫
辭
傳

계
사
전

계사전 상편 | 1장......................................18

계사전 상편 | 2장......................................32

계사전 상편 | 3장......................................42

계사전 상편 | 4장......................................49

계사전 상편 | 5장......................................68

계사전 상편 | 6장......................................85

계사전 상편 | 7장......................................92

계사전 상편 | 8장......................................97

계사전 상편 | 9장.....................................117

계사전 상편 | 10장....................................139

계사전 상편 | 11장....................................150

계사전 상편 | 12장....................................166

계사전 하편 | 1장.....................................181

계사전 하편 | 2장.....................................196

계사전 하편 | 3장.....................................216

계사전 하편 | 4장.....................................219

계사전 하편 | 5장.....................................225

계사전 하편 | 6장.....................................248

계사전 하편 | 7장.....................................257

계사전 하편 | 8장.....................................272

계사전 하편 | 9장.....................................286

계사전 하편 | 10장 301

계사전 하편 | 11장 309

계사전 하편 | 12장 316

說卦傳 설괘전

설괘전 | 1장 338

설괘전 | 2장 346

설괘전 | 3장 351

설괘전 | 4장 361

설괘전 | 5장 365

설괘전 | 6장 374

설괘전 | 7장 382

설괘전 | 8장 387

설괘전 | 9장 390

설괘전 | 10장 393

설괘전 | 11장 396

序卦傳 서괘전

서괘전 422

雜卦傳 잡괘전

잡괘전 478

참고문헌 486

繫辭傳一 계사전

천지는 역학의 성립 근거다. 『천자문千字文』은 "하늘은 검고 땅은 누르다 [天地玄黃]"로 시작하여 천지가 곧 동양학의 원형임을 선언하고 있다. 또한 『사고전서四庫全書』 "총목제요總目提要 역류易類"에 따르면, "역은 천지의 도를 미루어 인간의 도리를 밝힌 책[易以推天道, 以明人事]"이라고 했다. 『주역』은 이 세계를 가득 채우는 것을 만물이라 말한다. 만물의 궁극 근거는 '천지'라는 뜻과 그 천지에서 생겨난 '만물'이 결합된 '천지만물'은 이 세상을 설명하는 보편 언어인 것이다.

천지는 만물을 총괄하는 뿌리이자 생명의 밭이다. 천지는 음양으로 분화되어 만물을 형성하고, 만물은 다시 천지로 귀결한다. 『주역』에서 말하는 천지는 만물의 보편성을 뜻하는 천도天道와 천명天命으로 불렸다. 천도와 천명이 각각 개별 사물의 본질로 내재화된 것이 본성[天性]이다. 이처럼 유교는 천도와 천명과 천성이라는 주제로 일관되었던 것이다.

천지와 만물은 머리와 꼬리가 되어 순환한다. 천지에서 만물이 생겨나기 때문에 천지는 만물의 조물주라고 할 수 있다.[1] 그렇다면 조물주는 인격적 존재인가, 아니면 비인격적 존재인가의 여부는 유교가 종교인가 학술인가의 분기점을 이룬다. 동양학은 조물주를 종교적 신앙 대상으로 삼거나 철학의 최고 이념으로 탐구하는 학술로 나뉘었다. 『주역』은 종교와 철학의 양면성을 포괄하는 원시 유교의 원형으로 태어났다. 그러나 시대를 내려오면서 종교와 철학의 영역이 분리되어, 양자 사이에서 갈등과 조화를 겪으면서 유교의 역사가 전개되었던 것이다.

천지는 동양 문화권의 영원한 화두였다. 천지는 단순히 물질 덩어리가

---

1) 서양은 조물주가 천지를 빚어냈다는 '창조설'을 얘기한다면, 동양은 천지를 곧 조물주로 본다.

아니라 역사를 포함하는 생명권의 범주이다. 천지는 생명이 약동하고 성장하는 텃밭이요, 생명 의지를 확충하는 집이요, 그 목적을 달성해가는 '에너지 생성의 발전소'다. 『주역』은 천지를 하나의 커다란 힘의 공간으로서 음양이 서로가 서로를 머금고 작용하는 운동의 원천으로 본다.

정열의 화가 폴 고갱Paul Gauguin(1848-1903)은 "우리는 어디서 왔는가?"라는 작품에서 '우리는 어디서 왔는가? 우리는 누구인가? 우리는 어디로 가는가?'라는 궁극적 물음을 던졌다. 고갱이 '우리는 어디서 왔는가'에 대해 시인과 철학자의 심정으로 화폭에 담아냈다면, 이러한 고갱의 고뇌를 『주역』은 천지라고 대답했을 것이다. 천지는 만물의 모체로서 아버지 정신[精]과 어머니 몸[血]이 결합한 생명의 자궁이라 할 수 있다.

1. 천지란 무엇인가?

天尊地卑하니 乾坤이 定矣오 卑高以陳하니 貴賤이 位矣오
천 존 지 비 　 　 건 곤 　 정 의 　 비 고 이 진 　 　 귀 천 　 위 의

動靜有常하니 剛柔斷矣오 方以類聚코 物以群分하니
동 정 유 상 　 　 강 유 단 의 　 방 이 류 취 　 물 이 군 분

吉凶이 生矣오 在天成象코 在地成形하니 變化見矣라
길 흉 　 생 의 　 재 천 성 상 　 재 지 성 형 　 　 변 화 현 의

하늘은 높고 땅은 낮으니 건곤이 정해지고, 낮고 높음으로 베푸니 귀천이 자리잡는다. 움직이고 고요함에 일정함이 있으니 강유가 구분된다. 방소로 종류를 모으고, 물건으로 무리가 나뉘어 공존하니 길흉이 생겨난다. 하늘에서 형상을 이루고, 땅에서 형체를 이루니 그 사이에 변화가 나타난다.

『주역』의 성립은 천지 자체를 그대로 본받는 것으로부터 출발한다. 하늘은 높아서 존엄하고 땅은 낮아서 가깝다는 '천존지비天尊地卑'는 사실에 근거한 가치의 정당성을 밝힌 명제다. 『주역』은 존재와 당위의 일치를 강조한다. 천지와 인간의 삶은 동일 지평에서 다루어야 마땅하다는 것이다.

그러니까 '하늘은 높고 땅은 낮다'는 말은 천지의 작용이 가장 존엄하기 때문에 인간은 천지의 품 안에서 삶을 영위할 수 있을 정도로 아주 가깝다는 뜻이다.

'존'과 '비'는 대비되는 개념이다. 존엄은 부와 권력을 의미하지 않는다. 더욱이 낮고 가깝다고 해서 천박하고 비천하다는 말도 아니다. '존비'는 이 세상은 다양한 가치가 공존한다는 사실을 얘기한 것이다. '건곤이 정해진다[乾坤定矣]'[2]는 것은 자연의 세계[天地]가 인문의 세계[乾坤]로 접어드는 경계를 지적한 발언이다. 천지가 빚어낸 것이 이 세상이라면, 건곤은 하늘의 길을 인간 본성으로 주체화한 차원에서 규정한 것이다.

'낮고 높음으로 베풀어 귀천이 자리잡는다[卑高以陳, 貴賤位矣]'는 말은 천상의 문화가 땅의 인류 문화로 전환되었다는 것을 뜻한다. 그런데도 하늘은 존경의 대상이고, 땅은 비천한 것이라고 단정하는 것은 인간의 고질적 병폐다. 『주역』은 천지의 지엄한 명령을 삶의 규범으로 받아들이는 것은 인간의 몫이라고 가르친다.

'동정動靜'은 천지의 위대한 작용(function)을 가리킨다. 천지는 잠시도 쉬지 않고 움직이며 돌아간다. 천지는 아파서 휴가를 낸 적이 없다. 그래서 『중용』은 '하늘과 땅의 정성스러운 움직임은 만물의 처음이자 끝이다[誠者, 物之終始]'라고 하여 천지의 숨결을 찬탄하였다.

'동정'은 하늘의 움직임을, 강유는 땅의 움직임을 포착하는 술어다. 동정은 물질을 형성시키는 하늘의 운행을, '강유剛柔'는 생명체를 변화시키는 땅의 운동을 뜻한다. 이러한 동정과 강유를 아우르는 개념이 곧 음양陰陽이다. 음양의 하늘적 측면이 동정이고, 음양의 땅적 측면이 강유인 것이다. 화학 원소의 배열 방식에 따라 원소 주기율표가 형성되듯이, 하늘에서는 성향이

---

2) 程伊川은 건괘의 성격을 다음과 같이 정리한 바 있다. "天者天之形體, 乾者天之性情, 乾健也, 健而无息之謂乾. 夫天專言之則道也, 天且不違是也. 分而言之, 則以形體謂之天, 以主宰謂之帝, 以功用謂之鬼神, 以妙用謂之神, 以性情謂之乾, 乾者萬物之始, 故爲天爲陽爲父爲君. 元亨利貞謂之四德, 元者萬物之始, 亨者萬物之長, 利者萬物之遂, 貞者萬物之成."

유사한 것끼리 서로 모이고, 땅에서는 만물이 무리로 나뉘어서 공존한다. 이러한 동정과 강유의 차별성에 따라 각종 길흉이 생겨나는 것이다.

이런 점에서 『주역』은 변화의 책이다. 변화는 밤하늘을 화려하게 수놓는 일월성신의 규칙적인 운동과, 땅에서 펼쳐지는 다양한 기후 현상 등으로 나타난다. 변화의 외연을 넓혀 살핀다면, 역사와 문명을 비롯한 생명권 전체에서 일어나는 모든 문제로 확대될 것이다.

『주역』은 천문 지리와 생명체의 변화 현상을 여덟 개의 카테고리로 압축해 놓았다. 그것의 구체적 표현체가 8괘다. 복희씨는 하늘을 건乾, 땅을 곤坤, 태양을 리離, 달을 감坎, 우레를 진震, 산을 간艮, 바람을 손巽, 연못을 태兌로 분류하여 자연계를 일목요연하게 들여다볼 수 있는 범주로 설정했던 것이다.

소강절邵康節(1011-1077)은 만물의 생성과 성장 과정을 복희팔괘도와 문왕팔괘도로 설명한 다음에, 자연의 시간표를 쉽게 읽을 수 있도록 수학 언어로 바꾸어 놓았다. 괘도는 이 세상의 온갖 사물들은 각양각색의 그물망(관계망)으로 이루어졌다는 생명의 본성을 표상한 것이다. 즉 괘도는 자연계에서 관찰되는 변화의 과정을 도상화한 '형이상학적 만다라'인 셈이다. 그것은 천태만상의 다양한 현상에서 통일과 조화의 법칙을 찾아내는 공식이라 할 수 있다.

✡ 천지는 자연과 문명과 역사의 근거로서 음양의 구조로 존재하는 생명의 원천이다.

2. 8괘의 구성 원칙

是故로 **剛柔相摩**하며 **八卦相盪**하여 **鼓之以雷霆**하며
시 고　　강 유 상 마　　　팔 괘 상 탕　　　고 지 이 뢰 정

潤之以風雨하며 **日月**이 **運行**하며 **一寒一暑**하여
윤 지 이 풍 우　　　일 월　운 행　　일 한 일 서

乾道成男하고 坤道成女하니 乾知大始오 坤作成物이라
건 도 성 남　　　곤 도 성 녀　　　건 지 대 시　　곤 작 성 물

이런 까닭에 강함과 부드러움이 서로 마찰하며, 팔괘가 서로 뒤섞여 우레와 번개를 쳐서 힘을 북돋우며, 바람과 비를 내려 만물을 윤택하게 하며, 해와 달이 규칙적으로 돌아가며, 추위와 더위가 번갈아 갈마들어 건의 도리는 남성을 이루고 곤의 도리는 여성을 이룬다. 건은 크게 시작하는 것을 주장하고[3] 곤은 만물을 이루는 일을 짓는다.

자연계는 강유가 각각 서로 마찰함으로써 그 효능이 구체화되는 곳이다. 분자 세계에서 플러스(+)는 플러스를 밀어내고 마이너스(-)를 끌어당기며, 마이너스는 마이너스를 밀어내고 플러스를 끌어당긴다.[4] 태양계에서 태양은 스스로 빛을 내어 주위의 별들에게 열을 뿜어내어 생명 활동을 부추긴다. 팔괘는 강유가 마찰을 일으켜 생명력을 북돋우고, 대립하는 힘들이 서로 결합하는[盪] 이치를 담은 것이다. 과학의 시각에서 보면, 팔괘도는 에너지 전달의 경로와 힘의 조정 역할을 종합한 지도라고 할 수 있다.

우레와 번개는 유형의 세계가 생겨나는 최초의 단계에서 나타나는 운동의 성격을 뜻한다. 이 둘은 만물의 활동을 두들겨서[鼓] 확장시킨다. 그래서 만물은 에너지를 충분히 공급받아 윤택해진다. 이때 바람은 이곳에서 저곳으로 에너지를 전달하는 살아 있는 신神이며, 비는 모든 곳에 스며들

---

3) 주자는 『周易本義』에서 "知猶主也. 乾主始物, 而坤作成之"라고 풀이했다. 그는 '知'를 생명 에너지를 창조하고 주재하는 의미로 읽었다.

4) 브라이언 그린/박병철, 『우주의 구조- 시간과 공간, 그 근원을 찾아서』(서울: 승산, 2005), 79쪽. "지구는 하나의 磁器場(magnetic field)을 형성한다. 막대자석을 대고 쇳가루를 문지르면 쇳가루들은 어떤 곡선을 따라 일정하게 도열한 것처럼 모인다. 항상 N극에서 나와 S극으로 들어간다. 막대자석이 자신의 주변에 '눈에 보이지 않으면서 공간을 가로지르는' 무언가를 형성한다. 무엇이 쇳가루를 도열하게 만들었는가? 해답은 바로 '磁器場'이다. 자기장은 공간을 채우고 있는 안개처럼 자석의 주변에 퍼져 있으면서 그 안에 들어온 금속성 물체에 힘을 행사하는 '그 무엇이다.' 그래서 자기장을 '힘의 장(force field)'이라 부른다."

어 만물을 성장시키는 동력(에너지 원源)이다. 해와 달의 운행은 곧장 지구에 영향을 끼쳐 사계절을 만들면서 추위와 더위를 던져준다. 우레와 번개의 요동과 해와 달의 운동은 하늘의 법칙을, 바람과 비와 추위와 더위는 땅의 법칙을 상징한다. 이 양자의 웨딩마치로 인하여 생명 활동이 왕성해지는 것이다.

음양과 강유는 서로 커플을 이루면서 만물을 일궈낸다. 음양짝 사이에서 처음으로 상호 작용이 발동하여 '뇌정풍우雷霆風雨'의 활발한 운동이 일어나고, 해와 달의 주기적 교체에 의해 추위와 더위가 생겨나고, 그 사이에 남녀라는 인간이 태어나는 것이다.

이때 건은 만물을 창조하는 일을 맡고, 곤은 만물을 완성하는 일을 맡는다. 건이 창조적 권능을 발휘하지 않으면 곤의 일이 수행될 리 만무하다. 또한 곤이 건의 일을 수용하지 않는다면 건이 만물을 만들어내는 일조차 아무런 의미가 없는 것이다. 그러니까 『주역』은 언제나 건은 생명을 베풀고, 곤은 생명의 법칙을 받아들여 성숙시키는 논리를 견지하고 있다.

건은 생명이 시작되는 본원이며, 곤은 생명이 실제로 탄생하는 모체인 동시에 생성 변화하는 공간이다. 건은 창조의 시원이고, 곤은 만물을 완성시키는 책임을 떠맡는다. 「설괘전」은 시간의 물결에 따라 춤추는 '생명의 율동상'을 8괘도로 설명했다. 하지만 「설괘전」의 내용에 대해서 근 1,600년 동안 거의 주목하지 않았다. 소강절 만큼 「설괘전」을 중시한 역학자는 없다. 그는 「설괘전」에 담긴 수수께끼를 우주사와 역사 철학과 문명사를 관통하는 시간표(time table)로 작성하여 주역학의 물줄기를 새롭게 터놓았다. 더 나아가 김일부는 우주사의 발걸음은 복희팔괘도라는 '탄생[生]'의 단계, 문왕팔괘도라는 '성장[長]'의 단계, 정역팔괘도라는 '완성[成]'의 단계를 거친다고 말했다.

✡ 8괘로 펼쳐지는 생명의 공능은 위대하다. 천지에 대한 인식의 뿌리는 건곤 음양의 8괘에서 비롯된다.

3. 건의 창조성과 곤의 포용성

乾以易知요 **坤以簡能**이니 **易則易知**요 **簡則易從**이오
건 이 이 지　　곤 이 간 능　　　이 즉 이 지　　간 즉 이 종

易知則有親이오 **易從則有功**이오 **有親則可久**오
이 지 즉 유 친　　　이 종 즉 유 공　　　유 친 즉 가 구

有功則可大오 **可久則賢人之德**이오
유 공 즉 가 대　　가 구 즉 현 인 지 덕

可大則賢人之業이니 **易簡而天下之理得矣**니
가 대 즉 현 인 지 업　　　이 간 이 천 하 지 리 득 의

天下之理得而成位乎其中矣니라
천 하 지 리 득 이 성 위 호 기 중 의

건은 쉬움으로 주장[5]하고 곤은 간단함으로 능하니, 쉬우면 주장하기 쉽고 간단하면 따르기 쉽다. 쉽게 주장하면 친근함이 있고 쉽게 따르면 공로가 있다. 친근함이 있으면 오래갈 수 있고, 공로가 있으면 커질 수 있다. 오래갈 수 있는 것은 현인의 덕이요, 커질 수 있는 것은 현인의 사업이다. 쉽고 간단함으로 천하의 이치를 얻으니, 천하의 이치를 얻음에 그 위치를 중앙에서 이룰 수 있다.

이 대목은 건곤에 대한 앎과 행위, 즉 인식과 실천의 문제를 제시한다. 『주역』의 가르침에 통하는 길에 변역變易과 불역不易과 이간易簡이라는 3대 법칙이 있다. 인식과 실천은 쉬운 원리(easy principle)와 간단한 행위 법칙 (simple active law)인 '이간'으로 요약된다. 건곤의 법칙은 알기 쉽기 때문에 간단하게 따를 수 있으며, 간단하기 때문에 쉽게 이해할 수 있다는 것이다.

무엇이 쉽고 간단하다는 말인가? 생명의 본질과 그 작용은 복잡다단하

---

5) 『周易折中』은 "乾知大始, 坤作成物"라는 명제에 대해 다음과 같이 풀이했다. "胡瑗은 乾과 坤의 성격을 각각 '知'와 '作'으로 대비하면서, 乾의 사물을 낳는 기원은 무형에 근거하는 까닭에 구체적 기능은 발휘하지 않는다. 坤은 天氣를 능동적으로 이어받아 사물을 이루고 사건을 능동적으로 맡기 때문에 乾은 '知'를 말하고 坤은 '作'이라고 했다." 또한 주자는 '知'는 주관 혹은 관리의 뜻인 '管'으로 풀이해야 하며, 인간의 감각 능력인 시각으로 풀이해서는 안 된다"고 풀이했다.

게 얽혀 이해하기 어려운 것이 아니라, 하나의 음양 법칙으로 단순화할 수 있다. 음양의 본질은 태극이며, 태극의 두 얼굴이 음양이다. 태극과 음양은 별개의 존재가 아니다. 태극이 운동하려면 음과 양으로 나뉘어 움직일 뿐이다.

태극 음양의 논리는 아주 단순한 까닭에 알기 쉽다. 안타깝게도 인간은 자연의 이치를 자신의 주관에 끼워 맞춰 고집대로만 살아간다. 자연의 법칙은 간단하기 때문에 인간은 자연의 이치대로 살아가면 되는 것이다. 자연에 대한 앎이 없이는 덕은 이루어질 수 없다. 자연의 인간화라는 삶의 양식을 쌓는 것이 바로 덕德이다.

삶의 규범이 너무도 복잡하고 어려워 실천하지 못하는 것이 아니다. 맹자孟子가 자녀들이 늙은 부모의 팔다리를 주물러주는 일은 불가능한[不能] 것이 아니라, 행동으로 옮기지 않기[不爲] 때문이라고 이미 지적한 바 있다. 그는 '불능'과 '불위'를 철저히 구분했다. '불위'를 '불능'이라고 포기하는 어리석음을 범하지 않기 위해서는 배움을 통해 극복해야 한다고 강조했다.

천지의 '이간지도易簡之道'를 주체화하면(앎) 실천하기(행위) 쉽다. 천지 자체가 쉬운 이치로 존재하기 때문에 알기 쉽고[易則易知], 또한 천지의 이치는 간단하기 때문에 행위의 전범이 될 수 있다[簡則易從]는 '지행합일知行合一'의 논리가 자연스레 성립하는 것이다.

음양의 이간 법칙은 존재와 당위의 원리다. 유형과 무형을 꿰뚫는 '쉽고 간단한' 원칙에서 인식과 실천의 근거가 도출된다. 동양학 최대의 논쟁은 주자朱子(1130-1200)와 육상산陸象山(1139-1192)이 아호사鵝湖寺에서 벌인 경전 해석을 둘러싼 인식과 실천의 문제였다. 육상산은 『주역』의 명제를 빌려 "이간의 공부는 마침내 영구토록 위대하며, 지리의 사업은 결국 부침한다[易簡工夫終久大, 支離事業竟浮沈]"는 시를 지어 자신의 방법론이 우월함을 자랑했다. 육상산은 주자의 정밀한 철학적 사색은 '지리支離'하여 마음을 질식시킬 뿐이라고 비판했던 것이다.

육상산 학문의 기초는 '쉽고 간단함[易簡]'이다. '지리'란 어수선하고 번거로운 상태를 형용한 말이다. '이간'을 신조로 삼는 육상산의 눈에는 주자의 사상이 '지리'할 따름이다. 하지만 주자의 반론 또한 만만치 않았다. "선학禪學이 분노를 터뜨리거나 지팡이를 치면서 무엇이든 뒤엎어버리는 것은 그런대로 속은 후련할 것이다. 그 눈으로 이정자二程子가 한 말을 읽으면 우물쭈물하고 있음을 알 수 있다. 이정자에게 한정시켜 말할 필요도 없다. 공자의 말도 마찬가지다. '배우고 때때로 익히면 또한 기쁘지 아니한가.' 그 '지리'함이란 이루 말로 표현할 수 없을 정도이다."

주자는 하학下學(청소 등의 일상적인 신변의 일)에서 상달上達(형이상학)에 이르는 단계를 강조한다. 주자는 하학에서 상달이라는 순서를 밟기를 주장하여 육상산의 방법론을 '일초직입一初直入'이라고 비판했다. 주자의 반박역시 꽤 도전적이다. 육상산이 지적한 '지리'가 진실인지, 주자 자신이 말한 '이간'이 진실인지 지금 당장 그 진위를 밝히는 것이 선결 문제가 아니겠는가라는 반문이다. 육상산의 학문이 선불교와 유사하여 갑작스런 깨달음에 얽매여 '지금'만을 문제삼을뿐, 인간 사회의 역사성이라는 수직적 폭을 등한시하는 데 대한 꾸준한 탐구를 표현했다.[6]

주자와 장식張栻(1133-1180, 호는 남헌南軒)과 여조겸呂祖謙(1137-1181, 호는 동래東來)은 아주 친한 친구였다. 당시 사상가들의 탁월한 조율 능력자로 널리 알려진 여동래[7]는 아호사의 만남을 주선했으나, 주자와 육상산 사이에 벌어진 사상적 조정은 실패했다. 아호사 논쟁에 참여했던 육상산의 제자 주태경朱泰卿은 당시의 생생한 토론을 다음과 같이 술회했다.

"아호의 만남에서 교육 방법에 관해서도 논의하였다. 원회元晦(주자의 자)의 생각은 범관박람泛觀博覽시킨 후 약約으로 복귀하는 것이었으나, 육자陸子 형제의 생각은 먼저 인간의 본심을 밝힌 후에 박람博覽시킨다는 것이었

---

6) 미우라 쿠니오/이승연, 『인간 주자』(서울: 창작과 비평사, 1996), 135-146쪽 참조.
7) 여동래는 『周易本義』의 底本으로 사용되었던 『古周易』을 지었다.

다. 주원회는 육상산의 교육법이 몹시 간략하다 하였고, 육상산은 주원회의 교육법이 지루하다 하였으니 서로 맞지 않았던 것이다."[8]

건乾은 이원적 음양 원리로 만물을 창조하고 주장하므로 인간에게는 친화성이 있다. 자연과 인간의 친화는 건의 창조성에 근거한다. 건의 창조성을 그대로 수용하는 곤坤은 포용성이라는 공로가 있다. 건의 창조성과 곤의 포용성은 생명과 시공간의 원리이다. 그러니까 시간적 항구성을 나타내는 '지속성[久]'과 공간적 '광대함[大]'이 등장하는 것이다. 옛사람들은 시간의 법칙을 내면화하여 자신의 본성으로 삼았고, 요즈음 친환경론자 역시 동양의 생태론에 관심을 갖는 것도 『주역』의 가르침에 기초한다고 하겠다.

『주역』은 '이간법칙易簡法則'을 터득하는 것이야말로 지고의 가치로 규정했다. 터득한다[得]는 것은 몸으로 직접 체험하여 자신의 본질로 내면화한다는 뜻이다. 그것은 외재적 지식을 획득하는 경험론의 사고와는 전혀 다르다.

소강절邵康節(1011-1077)은 천지에 대한 인식의 최고 경계를 세 단계로 분류했다. 첫째는 각종 주관적 심상과 억측으로 사물을 바라보는 일상의 사고를 뜻하는 '이아관물以我觀物'의 방법이다. 둘째는 시대 정신의 반영체인 관념이나, 외부의 영향을 받아 시시각각 변하는 마음의 거울로 사물을 바라보는 '이심관물以心觀物'이다. 셋째는 사물을 있는 그대로(사물의 겉모습이 아니라 사물 자체를) 바라보는 최고의 단계인 '이물관물以物觀物'이다. 소강절 인식론의 정수는 관물觀物이다. 그것은 천지의 도가 현실에 침투되어 있기 때문에 현상에서 본체를 이해하려는 지극히 평상적인 이해인 동시에 현상계의 배후에 존재하는 하늘과 땅의 도리를 단 번에 깨닫는 '천지일심天地一心'의 경계인 것이다.

하지만 정역사상은 『주역』과는 약간 입장을 달리 한다. 『주역』은 하늘의

---

8) 미우라 쿠니오, 앞의 책, 147쪽.

의지가 알기 쉬운 이유를 건괘의 '용구법칙用九法則', 하늘의 창조성을 간단하게[簡] 수용하는 곤괘는 '용육법칙用六法則'으로 수리화했다. 『주역』은 천지의 도덕성을 깨닫고 실천하는 사람을 군자로 규정했다면, 『정역』은 건곤괘에서 말하는 '용구용육用九用六'의 근거를 밝힌 자를 성인으로 간주했다.

건곤괘의 성격을 압축한 것이 이간법칙易簡法則이다. 하지만 정역사상은 건곤괘 '용구용육'원리의 본질은 선후천의 전환에 있다고 패러다임의 전환을 시도하였다. 정역사상은 선천을 주도하는 것은 건괘의 원리이지만, 일정한 시간대에 도달하면 곤괘의 원리가 후천을 주도한다는 이치를 체계적으로 밝혔다.

위 인용문의 마지막 내용을 선후천론에 입각하여 살피면 유익한 정보를 얻을 수 있다. "쉽고 간단함으로 천하의 이치를 모두 얻으니 천하의 이치를 얻음에 그 위치를 중앙에서 완수할 수 있다[易簡而天下之理得矣, 天下之理得而成位乎其中矣]"에서 '그 위치를 중앙[中]에서 완수할 수 있다'는 말에 주목하다.

'용구용육'은 선천 우주의 작용 법칙을 설명하는 개념이다. 그것의 본체, 즉 '용구用九(9를 작용의 극한수로 쓴다는 뜻)'의 본체는 10이다. 그러니까 현재라는 시간의 입장에서 보면, 건괘의 숨겨진 본체는 10이다. '용육用六(6을 작용의 극한수로 쓴다는 뜻)'의 본체는 5이다. 현재라는 시간의 입장에서 보면, 곤괘의 숨겨진 본체는 5이다.

대부분의 의리학자들은 부정하지만, 주자는 하도낙서가 『주역』사상의 근간이라고 발표했다. 하도낙서에 근거해서 '괘의 논리'가 성립되었다는 말이다. 하도낙서에서 10은 무극, 5는 황극을 상징한다. 그러므로 후천 10무극에 근거해서 건괘의 '용구'라는 작용이 가능하며, 5황극에 근거해서 곤괘의 '용육'이라는 작용이 가능한 것이다.

『주역』은 비록 언급하지 않았으나, 건괘는 '체십용구體十用九(숨겨진 본체 10에 근거해서 9로 작용)', 곤괘는 '체오용육體五用六(숨겨진 본체 5에 근거해서 6

으로 작용)'을 바탕으로 세계와 역사와 문명의 이치를 해명하고 있다. 이런 의미에서 『주역』은 하도낙서보다는 괘의 구성 법칙을 설명했다면, 정역사상은 하도낙서에 연역해서 하도낙서로 귀납되는 특징을 갖는다. 『주역』의 출발점이 괘에 있다면, 『정역』의 출발점과 귀착점은 하도낙서에 있다고 하겠다.

'천하의 이치'는 세속적인 성공을 가리키지 않는다. 그것은 천하의 이치에 숨겨진 비밀을 헤아리라는 말이다. 숨겨진 질서의 실상은 천지 자체가 선천에서 후천으로 전환된다는 것에 있다. 선천 건괘乾卦 용구用九의 세계가 후천 10무극의 세상으로 펼쳐지는 원리를 밝힌 것이 정역사상이다. 그리고 곤괘坤卦 용육用六은 5황극을 근거로 작용한다는 뜻이다. 따라서 '그 위치를 중앙에서 완수할 수 있다[9]'는 말은 '구九'와 '육六'이 원래의 제자리로 돌아가 '십오건곤十五乾坤'의 새로운 중심축이 정립되는 자연의 혁명을 뜻한다.

🔯 건곤괘는 생명의 원천이며, 인식과 실천 개념의 저장 창고와 같다.

───────────※───────────

정역사상의 연구자 이상룡李象龍은 「계사전」 상편 1장의 성격을 다음과 같이 설명한다.

天尊地卑, 乾坤定矣는 閏易卦位之乾南坤北也오 卑高以陳,
천 존 지 비　건 곤 정 의　　윤 역 괘 위 지 건 남 곤 북 야　　비 고 이 진

貴賤位矣는 陽貴陰賤而尊之有先后也오 動靜有常,
귀 천 위 의　　양 귀 음 천 이 존 지 유 선 후 야　　동 정 유 상

剛柔斷矣는 陽剛陰柔之易에 斷之於太初也오 方以類聚,
강 유 단 의　　양 강 음 유 지 역　　단 지 어 태 초 야　　방 이 류 취

───────────────────────
9) "'成位乎其中矣'에서 '中'을 '인생의 본래 자리'와 '생명의 가치'로 풀었다. 생명의 본원처를 비롯한 온갖 가치의 규준도 '중'에서 찾을 수 있다." 南懷瑾/신원봉, 『易經雜說』(서울: 문예출판사, 1998), 182쪽.

物以羣分은 元有上下하여 各定主宰而吉凶相隨也오
물 이 군 분　원 유 상 하　각 정 주 재 이 길 흉 상 수 야

在天成象, 在地成形, 變化見矣는 天地政令이
재 천 성 상　재 지 성 형　변 화 현 의　천 지 정 령

隨時變易而依人行之也라
수 시 변 역 이 의 인 행 지 야

"하늘은 높고 땅은 낮으니 건곤이 정해진다"는 것은 윤역閏易에 맞는 괘의 방위로 건은 남방에, 곤은 북방에 있는 것이다. "낮고 높음으로 베푸니 귀천이 자리잡는다"는 말은 양은 귀하고 음은 천하여 존귀함에 앞뒤가 있다는 뜻이다. "움직이고 고요함에 일정함이 있으니 강유가 구분된다"는 말은 양강과 음유가 바뀜은 태초부터 판가름난다는 뜻이다. "방소로 종류를 모으고, 물건으로 무리가 나뉜다"는 말은 원래부터 상하가 존재하여 각각 주재하는 것이 정해져서 길흉이 서로 따른다는 뜻이다. "하늘에서 형상을 이루고, 땅에서 형체를 이루니 그 사이에 변화가 나타난다"는 말은 천지의 정령은 시간에 따라 변화하는 것에 의거하여 인간이 행동한다는 뜻이다.

剛柔相摩, 八卦相盪은 生成老少之交易變易也라
강 유 상 마　팔 괘 상 탕　생 성 노 소 지 교 역 변 역 야

"강함과 부드러움이 서로 마찰하며, 팔괘가 서로 뒤섞인다"는 말은 노소 음양이 생성하는 교역과 변역을 뜻한다.

鼓之以雷霆, 潤之以風雨는 子午之復姤오 巳亥之升无妄也라
고 지 이 뢰 정　윤 지 이 풍 우　자 오 지 복 구　사 해 지 승 무 망 야

"우레와 번개를 쳐서 힘을 북돋우며, 바람과 비를 내려 만물을 윤택하게 한다"는 말은 남북에 자리잡은 자오의 복괘(䷗)와 구괘(䷫)요, 사巳의 승괘(䷭)와 해亥의 무망괘(䷘)를 뜻한다.

日月運行, 一寒一暑는 歷以閏正하여 各主冬夏也라
일 월 운 행　일 한 일 서　역 이 윤 정　각 주 동 하 야

"해와 달이 규칙적으로 돌아가며, 추위와 더위가 번갈아 갈마든다"
는 말은 윤역과 정역 과정을 거치면서 각각 동지와 하지를 주관하
는 것을 뜻한다.

乾道成南, 哭道成女 ■✕는 之互變也라
건 도 성 남   곤 도 성 녀

"건의 도리는 남성을 이루고 곤의 도리는 여성을 이룬다"는 말은 ■
과 ✕이 서로 변하는 것을 가리킨다.

乾知大始, 哭作成物은 炁化而始之하고 形化而終之也라
건 지 대 시   곤 작 성 물   기 화 이 시 지   형 화 이 종 지 야

"건은 크게 시작하는 것을 주장하고 곤은 만물을 이루는 일을 짓는
다"는 말은 기가 변화하는 것으로 시작하고, 형체로 변화하는 것으
로 끝맺는다.

乾以易知, 哭以簡能은 二五之運이 刻定四時也라
건 이 이 지   곤 이 간 능   이 오 지 운   각 정 사 시 야

"건은 쉬움으로 주장하고 곤은 간단함으로 능하다"는 말은 음양과
오행의 운행이 각각 춘하추동 4시를 (자연에) 새기고 정한 것이다.

可久則賢人之德, 可大則賢人之業은 道人所以有希聖之功也라
가 구 즉 현 인 지 덕   가 대 즉 현 인 지 업   도 인 소 이 유 희 성 지 공 야

"오래갈 수 있는 것은 현인의 덕이요, 커질 수 있는 것은 현인의 사
업이다"라는 말은 도인이 성인의 공덕을 희망하는 까닭이다.

天下之理得而成位乎其中은 道人所以參爲三極也라
천 하 지 리 득 이 성 위 호 기 중   도 인 소 이 참 위 삼 극 야

"천하의 이치를 얻음에 그 위치를 중앙에서 이룰 수 있다"는 말은
도인이 3극(무극. 황극, 태극)의 경지에 참여하는 까닭이다.

진리는 무엇이고, 인간은 진리를 어떻게 알 수 있으며, 어떤 방식으로 표현할 수 있는가? 이는 동서양 철학자들이 줄곧 골치를 썩었던 과제다. 진리는 항상 객관적이어야 한다. 객관적이기 위해서는 우선 모든 사람이 수긍할 수 있는 내용과 형식을 갖추어야 한다. 일정한 형식 체계에 들어맞고, 시공간의 제약을 넘어서는 내용을 갖출 때 비로소 진리의 조건을 충족시킬 수 있는 것이다.

서양인들의 진리관을 잠시 살펴보자. 지식의 옳고 그름은 판단 혹은 명제의 진위와 직결된다. 어떤 판단이 참이고 어떤 판단이 거짓일까? 아리스토텔레스(BCE 384-BCE 322)는 "존재하는 것을 존재하지 않는다고 말하거나 존재하지 않는 것을 존재한다고 말함은 거짓이요, 존재하는 것을 존재한다고 말하거나 존재하지 않는 것을 존재하지 않는다고 말함은 참이다"라고 했다. 공자孔子 역시 "아는 것을 안다고 하고, 모르는 것을 모른다고 하는 것이 참된 지식이다"라고 말한 바 있다.

객관적 실재를 있는 그대로 파악하는 경우에는 참이요, 그 반대는 거짓이라고 하는 주장이다. 판단의 진위는 객관적 실재를 있는 그대로 파악하고 있는가, 혹은 실재와 일치하는가에 따라 결정되는 것이다. 여기서 판단과 실재의 일치, 또는 사유와 대상의 일치라고 하는 고전적 진리관이 성립한다.

진리관에서 진리의 의미 또는 개념에 대한 문제보다는 오히려 진리의 기준에 대한 문제가 더욱 중요하다. 진리의 기준을 어떻게 보는가에 따라서 개념의 정의도 달라지기 때문이다. 서양철학은 무엇을 기준으로 판단의 진위를 결정하는가? 여기에는 대응설對應說(correspondence theory), 정합설整

合說(coherence theory), 실용주의實用主義(pragmatism)의 진리관이 있다.[1]

인도인들의 진리관에 대해 알아보자. 인도인 고유의 진리 터득의 방법에는 두 가지가 있다. "하나는 번뇌를 그치는 것[止]과 다른 하나는 궁극의 실상을 관조하는 것[觀]이 그것이다. 지관止觀이란 모든 존재를 자기 마음 속으로 환원하여 무엇이 참되게 존재하는 것인지, 참되게 존재하는 것의 진상眞相은 어떤 것인지 규명하는 관찰 방법이다. '지止'는 마음의 술렁거림을 완전히 고요히 하고, 바람이 잔잔히 가라앉듯이 마음을 정적寂靜하게 한 상태이다. 하지만 이 고요한 마음만으로는 사물의 본지를 밝혀낼 수 없다. 고요해진 마음의 다른 측면이라 할 수 있는 '관觀'에 의해서 물결 하나 없는 청정한 수면에 보름달이 환히 비치듯이 사상事象의 본질을 규명해 가는 것이 목적이다."[2]

인도인이 비록 '본다'는 인간의 능력을 중시하지만, 그것은 결코 육신의 눈으로 보는 감각적 지식을 뜻하지 않는다. '공空을 본다', '진여眞如를 본다'고 할 때의 보는 것은 깨달음의 지혜로 보는 것이다. 인도인들은 철저히 '앎'에 의존한다. 그들에게 해탈은 궁극적인 앎을 통해 도달하는 경계이다. 그러니까 객관적 진리나 구원관은 필요 없다. 인도인들은 모든 것을 마음의 문제로 돌린다. 그들은 마음 밖의 외부에 존재하는 객관적 진리에

1) 소광희 외, 『철학의 제문제』(서울: 지학사, 1980), 44-49쪽 참조. "對應說이란 판단 또는 명제의 진리성은 그것이 객관적 실재와 대응하는가 어떤가를 보아 판정할 수 있다고 하는 이론이다. 대응설은 곧잘 경험론과 연결된다. 對應說이 진리의 기준을 하나하나의 판단과 실재와의 대응 여부에서 찾으려고 하는데 반해서, 整合說은 진리의 기준을 판단 상호간의 정합성에 두려고 한다. 감각적 경험을 존중하지 않는 합리론자들은 정합설을 자신들의 진리관으로 받아들인다. 실용주의에 따르면, 진리는 실제적 효과를 지니는 것이어야 한다. 모든 지식은 생활을 위한 도구요, 진리를 위한 진리는 있을 수 없다는 것이다." 실용주의는 생활과 밀접하게 관계를 맺는 경험적인 상대적 진리만을 표방한다고 하겠다. 이는 현재 미국적 상황과 뿌리 깊게 직결되는 진리관이다. Peirce(1838-1914), William James(1842-1910), John Dewey(1859-1952)가 그 대표자들이다.
2) 요코하마 고이츠/장순용, 『十牛圖- 마침내 나를 안다』(서울: 들녘, 2001), 142-144쪽 참조.

대해서는 전혀 관심조차 기울이지 않는다. 유심론의 극치가 아닐 수 없다.

『주역』의 진리관은 무엇이며, 그것을 어떤 방법으로 형식이라는 그릇에 담고 있는가? 『주역』은 생명의 실상을 진리의 주제로 삼으며, 생명 자체의 본원을 천지라고 본다. 천지가 어떻게 음양으로 분화되고, 음양은 다시 생성 발전하여 현실로 나타나는가를 밝힌 것이 『주역』의 논리인 것이다.

『주역』에서 진리를 표상하는 형식에는 두 가지가 있다. 하나는 진리의 시간성을 표상한 하도낙서요, 다른 하나는 진리의 공간성을 표상한 괘의 논리가 있다. 전자의 입장에서 『주역』의 메시지를 풀은 것이 김일부의 『정역』이고, 후자의 입장에서 역사와 문명의 발전을 설명한 것이 바로 『주역』이다.

『주역』의 진리관은 서양 전통의 진리관과 인도의 마음학을 포함하는 종합 예술의 성격을 띤다. 괘의 성립은 우선 대응설對應說과 조응한다. 하늘, 땅, 연못, 불, 우레, 바람, 물, 산이라는 구체적인 사물에서 진리의 양상을 추출했는데, 성인聖人은 이를 8개의 범주로 요약하여 자연과 역사와 문명을 읽어내는 방법론으로 삼았다. 괘는 천지 안의 유형의 현상과 인간을 연결시키는 인식 범주인 것이다. 또한 괘의 성립은 정합설整合說과도 조응한다. 그것은 「계사전」의 설명 방식이 증명한다. 이밖에도 연역법에 기초하여 8괘 384효의 구성을 설명한 「설괘전」은 『주역』의 합리성을 얘기하고 있다.

또한 진리에 대한 실용주의 관점도 『주역』의 역사에서 배제할 수 없다. 예컨대 괘와 기상氣象을 연관시킨 '납갑법納甲法', 『주역』의 이론에 기초하여 역사 철학을 수립한 소강절의 '원회운세설元會運世說', 의학을 비롯하여 군사학, 건축과 조경 등은 생활 『주역』의 주요 테마들이다. 괘의 효용성은 사주와 관상술[3]에 이르러 절정을 이룬다. 그럼에도 『주역』의 인식론을 물

---

3) 戊午士禍을 일으킨 柳子光(?-1512)은 손가락을 꼽으면서 "내 손바닥 안에 우주가 들어 있다"고 호언장담하여 조선 사회에 피바람을 일으켰다. 그것은 생활 『주역』이 낳은 극단적 폐단이다.

상론物象論 또는 상징론象徵論(symbolism)으로 한정시키는 것은 억지 주장에 불과하다고 할 수 있다.

1. 괘효는 진리를 표상하는 『주역』의 고유한 형식

聖人이 **設卦**하여 **觀象繫辭焉**하여 **而明吉凶**하며
성 인   설 괘   관 상 계 사 언   이 명 길 흉

剛柔相推하여 **而生變化**하니 **是故**로 **吉凶者**는
강 유 상 추   이 생 변 화   시 고   길 흉 자

失得之象也오 **悔吝者**는 **憂虞之象也**오 **變化者**는
실 득 지 상 야   회 린 자   우 우 지 상 야   변 화 자

進退之象也오 **剛柔者**는 **晝夜之象也**오 **六爻之動**은
진 퇴 지 상 야   강 유 자   주 야 지 상 야   육 효 지 동

三極之道也라
삼 극 지 도 야

성인이 괘를 만들어 상을 살피고 말을 매어서 길흉을 밝혔으며, 강유가 서로 밀어 변화를 생겨나게 한다. 이런 까닭에 길흉은 잃고 얻는 형상이요, 회린은 근심하고 걱정하는 형상이요, 변화는 나아가고 물러나는 형상이요, 강유는 낮과 밤의 형상이요, 6효의 움직임은 3극의 도이다.

괘의 의미를 피카소의 그림에 감명 받아 삶의 자세를 바꾸는 것을 예로 들어보자. 인류 문화의 시조인 복희씨는 다양한 자연 현상을 8개의 범주와 의미로 요약해 체계화했다.[4] 괘는 천지와 인간을 연결시켜주었던 최초의 코드였다. 한편 괘는 고대의 원시 문자라는 주장도 있다. 괘는 진리를 표상하는 『주역』의 고유한 형식이다. 성인은 우선 자연 현상을 그윽히 관

---

4) 최명관, 『카시러의 철학』(서울: 법문사, 1985), 32쪽. 문화 철학자 카시러는 '인간을 심볼의 동물이다'라고 정의했다. "인간이 무엇임을 알려면 인간이 만들어낸 여러 가지 형태의 문화가 무엇임을 먼저 알아야 한다는 것이 카시러의 근본 사상이다. 인간은 심볼의 세계에 산다. 심볼의 세계는 의미의 세계이다. 심볼의 핵심은 의미이다. 인간은 끊임없이 자기와 세계의 의미를 찾는 동물이다. 인간은 그저 현실과 사실의 세계에만 살지 않는다." 하지만 상징론은 『주역』을 이해하는 여러 방법 중의 하나일 뿐이다.

찰하고[象] 문자로 설명하여 의미 전달이 쉬운 언어 구성체[繫辭]를 구축한 다음에, 삶에서 나쁜 것은 미리 예방하도록 길흉을 밝힌다는 의미의 괘를 그었다.

자연의 변화를 독특한 언어, 즉 음효(-)와 양효(--)라는 특수 형식으로 표현했기 때문에 '괘상卦象'이라 부르며, 그 의미 체계를 '계사繫辭'라 했다. 전자의 측면에서 공자가 괘 구성의 근거와 성립과 의미를 해석한 것이 바로 「설괘전」이며, 괘상과 효상에 투영된 철학적 의의를 논의한 것이 「계사전」이다. 얼마만큼 괘와 괘상의 의미가 중요했으면 공자가 별도의 「계사전」을 지었겠는가?

건괘에는 다양한 의미가 있다. 「설괘전」은 자연, 동물, 인간의 신체를 비롯하여 14가지의 유형을 제시했다. '상象'이란 구체적 사물 이외에도 우주의 추상적 원리를 지시하는 의미도 있다. 주자는 "'상'이란 만물의 본질을 유사하게 본뜬 것[象者物之似也]"이라고 했다. 즉 '상'은 단순히 천변만화하는 자연 현상만을 지적하는 것이 아니라, 변화를 일으키는 배후에 존재하는 궁극 원리를 모사模寫한 것이다. 그렇다고 자연 현상을 그대로 베꼈다[模寫]는 뜻은 더더욱 아니다.

그것은 본질과 현상을 이원적으로 바라보는 플라톤의 세계관는 다르다. 플라톤의 '동굴의 비유'는 이원론의 전형을 얘기하는 이론이다. 지상에 존재하는 사물은 하늘에 있는 원형을 잘 베낀 복사물에 불과하다는 것이다. 그래서 플라톤의 인식론을 복사이론複寫理論(Copy theory)이라고 부르는 것이다.

『주역』은 천상의 원형이 지상으로 전이되어 만물이 상호 소통하고 있다는 유기체론有機體論[5]이다. "우주는 물리적인 작용과 반작용의 기계적인 활

---

5) 조셉 니담/이석호 외, 『중국의 과학과 문명(II)』(서울: 을유문화사, 1986), 457-460쪽 참조. "유기체 철학의 본보기는 莊子에서 유래하였다. 애당초 유기체 철학은 유럽적 사고의 산물은 아니었다. 그것은 新儒家의 형식으로 라이프니츠에 영향을 준 것이 아닌가 생각한다. 현재의 경우에, 라이프니츠와 화이트헤드가 자연에 적용한 이론적 유기체

동 무대일 뿐만 아니라 보편생명(Universal Life)이 유행하는 장대한 경계이다. 우주는 보편생명의 변화와 유행인데, 그 속에서 물질 조건과 정신 현상이 융합 관통되어 양자 사이에 간격이나 단절이 조금도 없다. 물질은 정신적 의의를 표현하고, 정신은 물질의 핵심에 관주貫注되어 있다."[6)]

인간은 세상을 살아가면서 갖가지 기이한 일들을 만난다. 좋은 일과 나쁜 일, 해야 할 일과 하지 말아야 할 일 등 금기 사항이 수없이 많다. 그러나 취길피흉趣吉避凶을 원하는 것이 우리네 인생살이다. 원하는 일을 얻으면 '길'이요, 원하지 않는 일이 닥치면 '흉'이다. 그래서 성공은 길이고 실패는 흉이라 하여 기뻐하고 슬퍼한다. 아쉬우면 후회하고[悔], 계속 미련을 가지면 일이 옹색해진다[吝]. 길흉회린吉凶悔吝이 어우러지면서 고달픈 삶의 애환을 엮어간다. 라이프니츠가 "현재는 과거를 짊어지고 있고, 미래를 머금고 있다"고 했듯이, 인생과 형제 사이인 길흉회린은 미래의 다양한 변화상을 들여다볼 수 있는 대차대조표다.

'뉘우침[悔]'이 마음으로부터 고치려는 의지의 표현이라면, 마음 심心이라는 글자 없이 글월 '문文'과 입 '구口'의 합성어인 인吝은 말로만 지껄이다 그치는 것을 말한다. 또한 근심[憂]은 자신에 대한 반성과 성찰을 뜻한다. 하지만 번뇌와 고통으로 얼룩진 허물을 고치는데 인색한 것을 걱정[虞]이라 하는데, 그것은 겉으로는 표정 관리하고 속으로 딴 마음을 품고 있는 상태를 가리킨다.

우리가 만일 나쁜 행위나 죄를 지었을 때 스스로를 반성하고 진실로 후회한다면, 그 후회는 성공으로 나아가는 원동력이 될 것이다[凶 → 悔 → 吉]. 성공이 눈앞에 있는데도 우물쭈물 거리다가는 옹색해지고 또한 반드

론이 십중팔구 아시아에 있어 관료 사회의 자연에 대한 반영에서 유래했을 것이다." 특히 易의 체계가 지상의 관료제와 하늘의 관료제[天官]가 대응하는 방식에서 비롯되었다면, 지상은 불완전하기 때문에 완전한 원형은 하늘에 있다는 것이 플라톤의 이원론적 사고다.
6) 方東美/정인재, 『중국인의 生哲學』(서울: 탐구당, 1983), 48-50쪽 참조.

시 후회할 것이다[吉 → 吝 → 悔]. 일이 꼬이기 시작하는데도 물러나지 않고 버티다가는 험한 꼴을 볼 것이다. 그 때는 후회해도 이미 늦는다[吝 → 凶 → 悔]. 이는 인생살이에서 순탄할 때는 몸과 마음을 추스르고, 곤경에 빠졌을 때는 오히려 당당하라는 역설의 지혜를 가르치고 있는 것이다.

'삼극지도三極之道'에 대한 풀이는 두 가지가 있다. 하나는 전통의 교과서 같은 해석이고, 다른 하나는『주역』을 낱낱이 해체하고 다시 재구성한『정역』의 풀이가 있다. 우주를 구성하는 근본 요소는 하늘과 땅과 인간이라는 3재三才가 전자의 입장이다. 무극無極, 태극太極, 황극皇極이라는 3극이 우주의 핵심축이라는 입장에서 보면『정역』도『주역』과 하등 다를 바가 없다. 하지만 이 둘의 분기점은 '삼극三極'이라는 술어를 선후천의 관점에서 바라보냐에 의해서 엄청난 차이로 드러난다.

우주를 3원 구조로 인식했다는 점은『주역』과『정역』이 똑같다. 전통『주역』에서는 선후천론의 발상을 찾을 수 없으나,『정역』은 철두철미 선후천론이 중심 화두이기 때문에 시간론으로 직결되는 것은 당연하다. 새로운 사상에는 새로운 논리가 필요하다. 정역사상이 비록 과거의 용어를 답습했으나, 그 콘텐츠는 과거와의 냉정한 결별로 나타났다. 즉『노자』의 '무극'과『주역』의 '태극'을 융합하고, 다시『서경書經』의 '황극'을 하나로 통합하여 독창적인 우주론을 정립하였다.

☲ 괘는 천지인 삼재를 표상하는 형식이며, 길흉은 천지가 인간에게 내리는 경고 사이렌이다

2. 군자와 성인의 덕성은『주역』의 지혜에서 묻어나오다

是故로 **君子所居而安者**는 **易之序也**오 **所樂而玩者**는
시 고　　군자소거이안자　　역지서야　　소락이완자는

爻之辭也니 **是故**로 **君子居則觀其象而玩其辭**하고
효지사야　　시고　　군자거즉관기상이완기사

動則觀其變而玩其占하나니 **是以自天祐之**하여
동 즉 관 기 변 이 완 기 점   시 이 자 천 우 지

吉无不利니라
길 무 불 리

이런 까닭에 군자가 평소 거처하여 편안한 것은 역의 순서이며, 즐겨서 완색하는 것은 효의 말이다. 이런 까닭에 군자가 거처할 때는 상을 살펴서 말을 완색하며, 움직일 때는 변화를 관찰하여 점을 완색한다. 그래서 하늘로부터 도와서 이롭지 않음이 없다.

8괘와 64괘는 어떤 원칙에 의해 배열되었는가? 「서괘전序卦傳」은 『주역』이 자랑하는 논리로 구성되어 있다. 『주역』은 군자로 하여금 괘의 배열 원칙과 순서를 즐거운 마음으로 살펴서 군자다운 삶의 방식을 꾸미라고 가르친다.

앞에서는 괘卦와 상象의 중요성을 강조했다면, 여기서는 군자가 앉아서나 움직일 때, 괘상과 변화의 은밀한 이치를 살펴야만 하늘의 도움을 얻을 수 있다고 한다. 하늘은 아무에게나 도움을 주지 않는다. 하늘은 변화에 대응하는 인간의 노력[自力]이 보일 때 비로소 돕는다[天祐]는 것이다.

주자 이래로 주역학의 위대한 학자로 평가되는 왕부지王夫之(1619-1692)는 '상을 살피고 의미를 탐색하는 일[觀象玩辭]'은 『주역』을 배우는 학자의 책무이고, '변화를 살펴서 점을 치는 일[觀變玩占]'은 천명을 받는 종교 행위라고 보았다. 그는 학역學易과 완점玩占의 일치를 주장했다.

왕부지는 점술과 학문은 동일한 이치에서 출발한다고 보아 점의 위상을 학문과 종교적 경지까지 승화시켰다. 점의 목적은 의로움[義]을 점치는 것이지, 이로움[利]을 점치는 것이 아니다. 그러니까 『주역』은 '상象'을 통해서 의리를 드러내는 방법을 지킨다. 그는 "64괘 384효 속에 천도와 사람됨의 최고 표준[人極]이 다 밝혀져 있으며, 성인의 목표인 천인합일의 준칙이 갖추어져 있다"[7]고 했다.

---

7) 『周易內傳』 권5, "成六十四卦, 三百八十四爻之象占, 所以盡天道, 昭人極, 爲聖學合天人

왕부지는 '학역學易'의 정립을 공자의 공적으로 돌린다. 일반인들이 "주역을 '점占'으로만 간주할 가능성이 있는 까닭에 공자는 '학역學易'의 이치를 밝혔다. 주역을 공부하려는 사람들이 점서占書로 추구한 나머지 그 소이연의 '이치[理]'가 까마득히 묻히게 될까 염려하여 「계사전」을 지어 '학역學易'의 의의를 밝혔던 것이다."[8] 왕부지에 앞서서 주자도 "성인이 역을 지은 이유와 군자가 역을 배우는 일을 논했다"[9]고 했던 것이다.

☲ 괘는 변화의 양상을 알려 준다. 군자는 자아 완성과 만인의 이익을 위해 점을 즐긴다. 따라서 점의 극치는 종교의 신성함과 일치한다.

─────────────────────❁─────────────────────

정역사상의 연구자 이상룡李象龍은 「계사전」 상편 2장의 성격을 다음과 같이 설명한다.

聖人設卦, 觀象繫辭는 天人相感然后에 奉而行之也라
성 인 설 괘   관 상 계 사   천 인 상 감 연 후   봉 이 행 지 야

"성인이 괘를 만들어 상을 살피고 말을 맨다"는 말은 하늘과 인간이 서로 감응한 뒤에야 받들어 실천한다는 뜻이다.

剛柔相推, 而生變化는 推陰而閏之하고 演陽而正之也라
강 유 상 추   이 생 변 화   추 음 이 윤 지   연 양 이 정 지 야

"강유가 서로 밀어 변화를 생겨나게 한다"는 말은 음을 미루면 윤역이 생기고, 양은 통하게 하면 올바르게 된다는 뜻이다.

吉凶悔吝은 神明所以必改人心也라
길 흉 회 린   신 명 소 이 필 개 인 심 야

之軌則."
8) 김진근, 『왕부지의 주역철학』(서울: 예문서원, 1996), 122-134쪽 참조.
9) 『周易』, 「繫辭傳」 상편 2장, "此章言聖人作易, 君子學易之事."

길흉회린은 신명이 반드시 인심을 바꾸게 하는 까닭이다.

變化者, 進退之象은 陽進而陰退요 歲在己日也라 剛柔者,
변화자 진퇴지상　양진이음퇴　세재기일야　강유자

晝夜之象은 晝短夜長은 陰曆之度也오 夜短晝長은
주야지상　주단야장　음력지도야　야단주장

陽元之元也라 六爻之動, 三極之道는 化之无極이
양원지원야　육효지동　삼극지도　화지무극

該之有象而建用於天中也라
해지유상이건용어천중야

"변화는 나아가고 물러나는 형상이다"라는 말은 양은 나아가고 음은 물러나 1년으로 기일己日[= 己年] 중심의 세상이요, "강유는 낮과 밤의 형상이다"라는 말은 낮은 짧고 밤이 긴 것은 음력의 도수이고, 밤이 짧고 낮이 긴 것은 양력이 생기는 뿌리를 뜻한다. "6효의 움직임은 3극의 도이다"라는 말은 조화의 궁극 원리인 무극이 현상으로 전개되어 하늘의 핵심으로 사용되어 세워진다는 뜻이다.

易之序는 爻之辭니 悟其道而氣有浩然也라
역지서　효지사　오기도이기유호연야

'역의 순서'는 효사로서 도를 깨달아 호연지기가 있다는 뜻이다.

自天佑之, 吉无不利는 德合上帝하여 乃眷顧也라
자천우지 길무불리　덕합상제　내권고야

"하늘로부터 도와서 이롭지 않음이 없다"는 말은 덕이 상제의 의지와 부합하여 (상제를) 돌아보고 그리워한다는 뜻이다.

옛 선비들은 진눈깨비 내리는 겨울이 언제 지나갔는지 몰랐다고 할 정
도로 『주역』 공부에 흠뻑 빠지곤 했다. 오랜 동안 『주역』을 읽으면 하늘의
의지를 들여다볼 수 있으며, 거기에 부응해서 하늘은 지혜나 계시를 베푼
다는 것이다. 하늘은 스스로 도울 수 있는 사람을 돕는 까닭에 자립하는
사람만이 크게 성공할 수 있도록 만든다. 『주역』은 세상을 움켜쥐려는 자
는 먼저 성인과 영웅의 기질을 함께 갖추라고 가르친다. 결국 『주역』 공부
는 '자기 하기'에 달린 것이다.

1. 『주역』은 변화의 학문이다. 변화를 설명하는 괘 성립의
   원칙은 위位, 괘卦, 사辭이다.

象者는 言乎象者也오 爻者는 言乎變者也오
단자　언호상자야　효자　언호변자야

吉凶者는 言乎其失得也오 悔吝者는 言乎其小疵也오
길흉자　언호기실득야　회린자　언호기소자야

无咎者는 善補過也니 是故로 列貴賤者는 存乎位하고
무구자　선보과야　시고　열귀천자　존호위

齊小大者는 存乎卦하고 辯吉凶者는 存乎辭하고
제소대자　존호괘　변길흉자　존호사

憂悔吝者는 存乎介하고 震无咎者는 存乎悔하니
우회린자　존호개　진무구자　존호회

是故로 卦有小大하여 辭有險易하니 辭也者는
시고　괘유소대　사유험이　사야자

各指其所之니라
각지기소지

단은 상을 말함이요, 효는 변화를 말함이요, 길흉은 득실을 말함이요, 회
린은 작은 병폐를 말함이요, 허물이 없다는 것은 허물을 잘 보완하는 것

이다. 이런 까닭에 귀천은 정당한 지위에 있고, 작은 것과 큰 것을 가지런히 하는 것은 괘에 있고, 길흉을 분변함은 말에 있고, 뉘우침과 인색함을 근심하는 것은 잘 분별함에 있고, 움직여서도 허물이 없음은 회개하는 것에 있다. 이런 까닭에 괘에는 대소가 있으며, 말에는 험난하고 쉬운 것이 있으니, 말이라는 것은 각각 갈 바를 가리킨 것이다.

넓은 의미에서 '단彖'은 괘상卦辭과 괘상卦象에 대한 종합과 결론이고, 효爻는 괘상에 나타난 만물의 생성 변화를 설명한 것이다. 단彖은 돼지의 어금니를 뜻하는 글자다. 돼지는 튼튼한 이빨로 어떤 음식이든 잘 씹고 끊어 먹어치운다. 여기서 단彖은 확고부동한 판단이라는 의미로 확대되었다. 특히 공자는 건곤괘를 비롯한 나머지 62괘에 각각의 괘에 대한 총 평론인 「단전彖傳」을 지어 『주역』의 고급화를 시도했다. 『주역』은 변화의 학문이다. 64괘는 변화의 거시적 정보를, 384효는 미시적 정보를 담지한다. 따라서 384효는 변화와 에너지 흐름의 경로와 단계를 정보화한 체계라고 할 수 있다.

길흉은 사람의 운명을 가르는 칼과 같으며, 회린은 길흉을 미리 보여주는 예고편과 같다. 잘못을 뉘우치면 길한 곳으로, 마음 고침에 인색하고 싫증내면 흉이 기다린다. 후회하는 것은 길한 조짐이요, 인색함은 흉한 조짐이다. 그러니까 도둑맞지 않기 위해서는 문단속을 잘 해야 하는 것처럼, 후회하지 않기 위해서는 평소에 마음 조절을 잘 해야 한다.

『주역』은 마음을 잘 닦고 본성을 회복하여 성숙한 인간으로 거듭나야 한다는 당위성을 얘기한다. 『중용』 22장에 따르면, 자신의 본성을 유감없이 발휘하고, 타인 또는 만물 개개의 본질을 구현하는 것은 천지의 화육을 돕는 길로 통한다. 이러한 경지에 도달하면 인간은 천지와 더불어 '3재才'가 되는 자격을 얻을 수 있다는 것이다.

"오직 하늘 아래 가장 지극한 성실성을 지닌 사람만이 자신의 고유한 본성을 온전히 실현할 수 있다. 자신의 본성을 온전히 발휘할 수 있으면 타인의 본성 또한 온전히 발휘할 수 있다. 타인의 본성을 온전히 발휘할 수 있게 하면 뭇 사물의 본성 또한 온전히 발휘할 수 있다. 뭇 사물의 본성을 온전히 발휘할 수 있게 하면 하늘과 땅의 변화와 양육을 도울 수 있다. 하늘과 땅의 변화와 양육을 도울 수 있으면 (그러한 사람은) 하늘 땅과 더불어 참여할 수 있다."[1]

현실의 인간은 허물과 흠집으로 얼룩져 있다. 이는 괘사와 효사에 자주 등장하는 '무구无咎'라는 단어가 증명한다. 『주역』에는 '무구'가 총 139 차례에 걸쳐 나타난다. 그만큼 사람은 마음닦기와 배움을 통하여 군자가 되어야 함을 촉구한 것이다. 그러니까 '무구无咎 = 선보과善補過'라는 등식이 성립한다. 한마디로 허물을 잘 보완하여 흉을 멀리하는 지름길이 곧 '무구'라는 것이다.

청대의 이도평李道平(1788-1844)은 『주역』의 총결론이 '선보과善補過'에 있다고 확신한 바 있다.[2] 문제는 과실을 저지르는 것 자체에 있는 것이 아니라, 과실을 고치려는 자세가 부족하거나 고의로 과실을 계속 범하는 데 있다. 공자는 "나에게 몇 년의 세월이 주어져 50살이 되어 역을 배우면 큰 허물은 없을 것이다"[3]라고 하였다. 잘못과 허물은 한 번으로 끝내야 한다. 허물과 죄의 반복은 반드시 타율적인 강제력을 불러온다. 그러니까 인간

---

1) 『中庸』, "唯天下至誠, 爲能盡其性. 能盡其性, 則能盡人之性. 能盡人之性, 則能盡物之性. 能盡物之性, 則可以贊天地之化育. 可以贊天地之化育, 則可以與天地參矣."
2) 『周易集解纂疏』 「繫辭傳」의 '无咎者善補過者也'條疏, "是周易爲補過之書, 而補過之道在乎无咎. 无咎之道存乎能悔, 悔則咎之所由无面, 過之所由補者也. 三百八十四爻, 一言以蔽之, 曰善補過." 이도평의 자는 遵王, 호는 遠山·蒲民이며 胡北城 安陸이 고향이다. 漢學의 考據를 중시하면서도 宋學의 義理를 아울러 탐구했으며, 程朱學을 존숭하고 陸王學을 폄하했다.(최기석 외, 『中國經學家事典』 서울: 경인문화사, 2002, 162쪽.)
3) 『論語』 「述而」, "加我數年, 五十而學易, 可以无大過矣." 이에 대한 전통의 해석과 『正易』의 해석이 전혀 다르다. '五十'에 대해 과거의 학자들은 인격이 성숙한 나이인 50살이 되어서 다시 '易을 배우면 큰 허물이 없을 것'이라고 풀이했다. 『正易』에서는 5는 5황극, 10은 10무극이라고 풀이하여 건곤괘 '用九用六'의 근거를 5와 10[五十]으로 본다.

의 자율성을 신뢰한 유교는 이미 타율적인 규범을 강조하는 법가사상의 태동을 우려하고 있었던 셈이다.

'무구'는 스스로의 과오를 반성하여 개과천선改過遷善으로 나아가는 문이다. "무구를 위해서 제시된 방편은 서술역筮術易에서는 점서占筮요, 의리역에서는 성덕成德이다. 점서와 성덕 가운데 인간을 성숙시키는 방법은 '성덕'이다. 건곤乾坤의 '이易'와 '간簡'의 덕을 본받아 '신명'의 경지에 이르고, 다가올 일을 알고 기미를 미리 알아 변통함으로써 '공공의 이익[利]'을 극대화하는 것"[4]이 『주역』의 가르침이다.

"뉘우침과 인색함을 근심하는 것은 잘 분별함에 있다[憂悔吝者存乎介]"는 말은 가을철에 짐승들의 털갈이가 눈깜짝할 사이에 일어나듯이, 재빠르고 냉정한 판단이 요구된다는 뜻이다. '개介'는 바위틈에 '낀' 또는 '절개'를 뜻하는 글자다. 절개는 어려울 때일수록 아름답게 빛난다. 대나무는 선비들의 올곧은 절의정신을 상징한다. 선비들은 평소에는 책을 읽지만, 나라가 어려울 때는 목숨을 내걸고 올바른 말을 서슴지 않는 것처럼.

'개介'[5]는 이곳과 저곳의 틈새, 천당과 지옥의 분기점, 종이 한 장 차이처럼 마음먹기에 따라 치욕과 명예가 나뉘는 임계점을 가리킨다. '움직여도 허물이 없는' 단계를 넘어서면 잘못을 회개하는 종교적 심성과 만난다. 『주역』은 본성을 되찾는 일이 바로 하늘의 뜻을 아는 것이라고 결론짓는다. 기독교에서 말하는 회개悔改는 마음을 정결하게 하는 명령이다. 기존의 믿음이 온통 무너지는 절망감에서 "회개하라! 천국이 가까웠느니라"(마태복음: 3장 2절)는 말은 마음닦기 이전에 조물주의 명령에 귀의하라는 뜻이다.

기독교는 '회개하라(Repent)'고 부르짖어 절대자의 뜻에 무조건 순종하

---

4) 곽신환, 『주역의 이해』(서울: 서광사, 1990), 178쪽.
5) 『周易本義』, "介謂辨別之端. 蓋善惡已動, 而未形之時也. 於此, 憂之則不至於悔吝矣. … 知悔則有以動其補過之心, 而可以无咎矣."

라고 말하지만, 유교는 자아성찰을 통한 자기완성을 독려한다. 그러니까 기독교가 타력종교라면, 『주역』은 스스로를 성찰하여 인격을 갖추라는 일종의 자력종교인 것이다.

'괘에는 대소大小가 있다'는 말은 단괘單卦와 중괘重卦라는 풀이 외에도 천지비괘天地否卦와 지천태괘地天泰卦라는 해석도 가능하다.[6] 주지하다시피 비괘(▤)는 음은 아래로 내려오고 양은 위로 올라가 에너지가 흩어지는 모양인 것에 반해서, 태괘(▤)는 음은 아래로 내려오고 양은 위로 올라가 음양이 결합하는 양상이다. 정역사상에 따르면, 비괘는 선천의 삼천양지三天兩地를, 태괘는 후천의 삼지양천三地兩天를 상징한다.[7]

선후천론의 시각에서 보면, 괘사를 비롯한 『주역』 곳곳에서는 장애물에 막히어 위험한 곳[險阻]을 쉽고 간단하게[易簡] 건너는 방법을 제시하고 있다. 따라서 상세한 언어 체계[辭][8]는 선천에서 후천으로 쉽게 넘어가도록 놓은 징검다리라고도 할 수 있다. "말(괘사)이라는 것은 각각 갈 바를 가리킴이다[辭也者, 各指其所之]"라는 명제는 단순히 성인의 말씀에 귀기울이거나, 말조심하라는 슬로건에 그치지 않는다. 그것은 선후천론에서 강조하는 거대 담론의 주제다. 즉, 갈 지之(go) 자에서 '간다'는 뜻은 인간의 힘으로는 불가능한 '이섭대천利涉大川'과 같은 대사건을 가리키는 것이라 할 수 있다.

천지는 열리고 닫히는 운동을 순환 반복한다. 선천이 닫힌 세계(Closed World)였다면, 후천은 열린 세계(Open World)이다. 이런 연유에서 『주역』

---

6) 시간 속에서 음양의 생성 변화를 얘기한 泰卦는 "작은 것(선천)은 물러나고 큰 것(후천)이 다가와 온통 길하여 만사가 형통한다[小往大來하니 吉하여 亨하니라]"고 했다. 반면에 否卦 '大往小來'에 대해 「단전」은 "하늘과 땅이 사귀지 못하여 만물이 소통되지 못한다. … 소인의 도는 자라나고 군자의 도는 소멸된다[天地不交而萬物, 不通也. … 小人道長, 君子道消也.]"고 했다. 이 둘의 '大小'는 극명하게 대비된다.
7) 『正易』 「十五一言」 "化翁親視監化事", "아아! 금화가 올바르게 바뀌니 비괘의 세상은 가고 태괘의 세상이 오는구나[嗚呼! 金火正易, 否往泰來.]"
8) 역에는 다양한 의미의 '辭'가 있다. 卦辭, 彖辭, 象辭, 爻辭, 繫辭가 그것이다.

괘사의 여러 곳에서 메타포 형식으로 닫힌 세계에서 열린 세계로 넘어가는 험난한 여행을 '이섭대천利涉大川'으로 표현한 것이다.

🔯 '무구'는 스스로의 허물을 반성하여 개과천선하는 것에 있다. 군자가 되기 위한 조건은 변화와 득실 살피기, 작은 하자瑕疵 없애기, 허물의 고침에 있다.

───────────────────※───────────────────

정역사상의 연구자 이상룡李象龍은 「계사전」 상편 3장의 성격을 다음과 같이 설명한다.

象象爻變은 時假口於聖神也라
단 상 효 변   시 가 구 어 성 신 야

단사와 상사와 효사와 변화는 시간의 변화를 성신을 빌려 입으로 말한 것이다.

无咎者善補過는 過而遄改니 道人之不貳也라
무 구 자 선 보 과   과 이 천 개   도 인 지 불 이 야

"허물이 없다는 것은 허물을 잘 보완하는 것이다"라는 말은 허물을 재빨리 고쳐 도인이 두 번 다시 허물짓지 않는 것을 뜻한다.

貴賤小大吉凶은 先后天之所不可闕者也라
귀 천 소 대 길 흉   선 후 천 지 소 불 가 궐 자 야

"귀천과 대소와 길흉"은 선천과 후천을 얘기하는 데에 배놓을 수 없는 것이다.

憂悔吝, 震无咎는 自天子至庶人으로 人一氣揆於上元也라
우 회 린 진 무 구   자 천 자 지 서 인   인 일 기 규 어 상 원 야

"뉘우침과 인색함을 근심하고 움직여서 허물 없음"은 천자로부터

일반 백성에 이르기까지 모든 사람이 기氣를 상원에 하나되도록 헤아리는 것을 뜻한다.

各指其所之는 子水險而有去之之理요
각 지 기 소 지   자 수 험 이 유 거 지 지 리

丑土易而有闢之之理也라
축 토 역 이 유 벽 지 지 리 야

"(말은) 각각 갈 바를 가리킨 것이다"라는 말은 자수子水는 험난해도 갈 수 있다는 이치요, 축토丑土는 쉽게 (후천이) 열리는 이치를 얘기한 것이다.

『주역』을 읽으면 천지의 내용을 훤히 꿰뚫을 수 있고, 천지를 알면 번민에 휩싸이지 않는다. 『주역』은 천지의 길과 인간의 길을 밝히고 있기 때문이다. 그러니까 『주역』은 언제나 천지와 인간과 운명을 함께 한다. 『주역』이 천지의 표준이란 말은 학문 중의 최고봉이요, 현대판 관념론의 한계와 경험론의 오류를 최소화할 수 있는 최상의 지식 체계를 갖췄다는 뜻이다.

1. 천지론은 동양인의 우주관과 인생관의 뿌리다

易이 與天地準이라 故로 能彌綸天地之道하나니
역　여천지준　　고　　능미륜천지지도
仰以觀於天文하고 俯以察於地理라 是故로
앙이관어천문　　부이찰어지리　　시고
知幽明之故하며 原始反終이라 故로 知死生之說하며
지유명지고　　원시반종　　고　　지사생지설
精氣爲物이오 游魂爲變이라 是故로 知鬼神之情狀하나니라
정기위물　　유혼위변　　시고　　지귀신지정상

역은 천지와 더불어 준칙을 함께 한다. 그러므로 능히 천지의 도를 포괄할 수 있다. 위로는 천문을 살피고, 아래로는 땅의 이치를 살핀다. 이런 까닭에 눈에 보이지 않는 세계와 눈에 보이는 세계의 근원까지 알 수 있으며, 맨 처음을 근원으로 삼아 끝머리로 돌아간다. 그러므로 생사의 원리를 알 수 있으며, 정과 기가 사물이 되고 혼이 흘러서 변화가 일어난다. 이런 까닭에 귀신의 정상을 알 수 있는 것이다.

「계사전」 4장은 『주역』의 핵심을 격조 높은 담론으로 멋지게 표현한 글이다. '천지와 더불어 준칙을 함께 하였다'는 말은 『주역』의 입론 근거가 바로 천지라는 것이고, 천지의 내용을 보편타당하게 서술했기 때문에 『주역』의 설명은 합리성으로 무장되었다는 뜻이다.

성인은 『주역』의 형식을 겉포장만 화려하게 꾸미지 않았다. 성인은 모든 사건 사태를 설명할 수 있는 완벽한 체계를 주역책에 담았다. 그것은 천지의 원리를 하나도 빈틈이 없이 갖추었다[能彌綸天地之道]는 말이다. 따라서 역易이 천지天地요, 천지의 작용을 빠짐없이 설명한 것이 바로 『주역』의 세계다.

게다가 역은 모든 정보를 집약할 수 있는 초대형 네트워크를 구축하고 있다. 네트워크는 오밀조밀하여 물샐틈없는 구조물이 뒷받침되었다. 하늘과 땅과 인간을 종적으로 엮는 것을 '미彌'라 하고, 만물들이 서로 공존 관계를 맺는 것을 '륜綸'이라 한다. 따라서 『주역』은 하늘과 땅과 인간을 총괄적으로 언급한 종합서라고 할 수 있다.

4장의 주제는 '천지의 도'에 대한 내용이다. 그것은 천문과 지리와 '원시반종'의 순환론, 삶과 죽음의 문제와 우주 발생론, 영혼론과 귀신론 등의 매크로한 담론으로 구성되어 있다. 『주역』 사상의 출발은 신화적인 상상이 아니라, 천문에 대한 체험에서 비롯되었다. 밤하늘을 여행하는 무수한 별들은 어부들에게는 매우 소중한 신호등이었으며, 농부에게는 농사 스케줄 작성의 잣대였기 때문이다.

해와 달의 규칙적인 운행은 하늘과 인간이 의사 소통하는 안테나였다. 하늘은 일월성신을 통하여 자신의 의지를 표출하고, 인간은 밤하늘의 무늬에 새겨진 그림을 들여다보고 삶의 준거로 삼았다.[1] 『주역』의 주제는 일월성신의 발걸음에서 하늘의 법칙을 도출했고, 생태계의 다양한 동식물의 삶에서 땅의 이치를 추출했던 것이다.

천지는 음양이라는 이원 구조로 춤추면서 생명을 일궈낸다. 천지의 이치를 꿰뚫으면 눈에 보이지 않는 세계와 눈에 보이는 세계의 궁극 원인[幽明

---

1) 주자는 천문 지리를 관찰한 결과가 하도낙서라고 한다. "仰觀天俯察地, 只是一箇陰陽. 聖人看許多般物事, 都不出陰陽兩字, 便做河圖洛書也."(『周易本義』)

之故]을 알 수 있다. 즉 밝음과 어둠, 밤과 낮, 여자와 남자 등을 밝히는 음양론은 신비의 경지까지도 관통하여 이 세상이 '원시반종原始反終'의 원리에 따라 움직인다는 사실을 읽을 수 있다. 처음을 근원으로 하여 끝으로 돌아온다는 원시반종은 천지의 제1 법칙이다. 그것은 시간이 직선으로 흐른다는 시종론始終論이 아니라, 끝이 곧 새로운 시작이라는 '종시론終始論'이다.[2]

'처음을 근원으로 삼아 끝으로 돌아온다'는 것은 엄격히 말해서 시간의 직선적인 흐름과 시간의 순환적인 흐름의 양자를 포괄한다. 그것은 봄이 오면 반드시 겨울이 오는 것처럼 '원시'가 없으면 '반종'도 있을 수 없는 시간의 순환에 기초한다. 겉으로 보기에 '원시반종'은 시간의 직선을 얘기한 것 같지만, 그 내부에서는 시간의 수레바퀴가 끊임없이 순환한다는 사실이 밑받침되어 있다. 이것은 조선조 후기에 이르러 『정역』을 중심으로 하는 개벽사상의 시간관으로 새롭게 탈바꿈한다. 특히 일정한 시간대에 이 천지가 거듭 태어난다는 혁명적 시간관으로 꽃피웠던 것이다.

원시반종에 대한 기독교의 시각을 잠시 검토하자. "태초에 하나님이 계셨다. 이것이 원시原始다. 반종反終이란 앞으로 올 미래, 세상이 끝나면 어떻게 될까 알아보는 것이다. 기독교에서는 종말론, 최후심판, 천년왕국을 말한다. 신학에서 다루는 주제들이다. 내가 태어나기 전에는 무엇이었을까. 내가 죽은 후에는 어떻게 될까. 원原이란 찾아간다는 뜻으로 원시原始란 맨 처음을 찾아가는 것이다. 반종反終이란 끄트머리로 돌아간다는 뜻이다. 처음을 찾고 끝을 찾는 것이 '원시반종'이다."[3]

불교의 시각은 『십우도十牛圖』를 중심으로 살펴보자. 불교는 번뇌를 소멸하는 방법으로 '반본환원返本還元'을 제시하여 의식 혁명을 외친다. "본원으로 돌아간 사람은 마음의 근저로부터 번뇌와 분별을 없애버린 인간이며,

---

2) 『周易』「繫辭傳」下 9장에서 "역의 책됨은 원시요종을 본질로 삼는다[易之爲書也, 原始要終, 以爲質也.]"고 말하여 '원시반종'이 『周易』의 큰 줄거리라고 했다.
3) 김흥호, 『주역강해』권3(서울: 사색, 2003), 38-39쪽.

참된 의미에서 자유인이요, 자연인이라 부를 수 있다. 근원으로 돌아간 것은 말하자면 고요한 마음인 자성청정심自性淸淨心으로 돌아간 것이며, 그런 마음을 갖고 자연 속이나 사회 속에서 살아가는 것이라 할 수 있다."[4]

한때는 불교에 심취하여 인도에 살았던 헤르만 헤세는 『내면에의 길』에서 "강이 말하고 있으니 강에서 배운다"는 겸허한 말을 했다. 불교는 자연 자체보다는 마음의 순화 또는 마음에 쌓인 찌꺼기 청소에 온 힘을 기울였다. 불교의 관심사는 마음의 풍차를 돌리는데 있고, 자연의 풍차에는 거의 눈길조차 두지 않았던 것이다.

『주역』은 직선형 시간론에 입각한 생사론生死論을 즐겨 말하지 않는다. 그것은 차라리 저승의 문턱이 곧 이승으로서 저승과 이승은 붙어있다는 의미의 종시론終始論이다. 세상의 모든 종교는 삶과 죽음의 문제에서 출발하였다. 삶은 세상에 잠시 몸을 맡기는 것이요, 죽음은 다시 되돌아가는 것이다. 이것이 『주역』에서 말하는 자연과 인생의 '원시반종'이다. 삶이라는 것은 여행을 나온 것이요, 죽음은 다시 본래의 집으로 되돌아가서 맘껏 쉬는 것이다. 사물과 사람은 그곳으로부터 와서 다시 그곳으로 되돌아갈 뿐이다[原始反終].

이태백李太白(701-762)이 봄날 밤, 복숭아꽃이 활짝 핀 정원에서 잔치를 베풀면서 읊은 '춘야연도리원서春夜宴桃李園序'라는 시를 읽어보자. "무릇 천지는 만물이 쉬어 가는 숙소요, 시간은 영원한 나그네라.[夫天地者, 萬物之逆旅, 光陰者, 百代之過客.]" 천지는 만물이 잠시 쉬었다가는 여관이라는 뜻이다. 예컨대, 천지는 영화 "용문객잔"에 나오는 만두가게 여주인 장만옥이 운영하는 여관에 욕망이 우글거리는 숱한 인간 군상이 하룻밤 묵었다가 떠나는 쉼터인 것이다. '광음'은 무턱대고 앞으로만 흘러가는 무정한 세월 또는 바람 같은 시간을 뜻한다. 시간은 사람을 기다리지 않는다. 오히려 시간

---

4) 요코야마 고이츠/장순용, 『십우도』(서울: 들녘, 2001), 281-295쪽.

의 법칙에 따라 사람은 생로병사의 노화 과정을 거쳐 반드시 죽는다.

『주역』은 생사를 그대로 받아들이는 태도에서 삶과 죽음을 진솔하게 얘기한다. 인생의 최대 고민은 어떻게 살다가 어떻게 죽는가의 문제로 귀결된다. 천지는 순환의 이치[5]에 따라 만물을 낳아 기르고 열매 맺도록 도와줄 뿐이다. 그것은 삶과 죽음의 법칙 속에서 자식이 어버이의 숭고한 뜻을 이어받는 것이 바로 효의 근본으로 연결되는 것이다.

시인 천상병(1930-1993)은 인간 세상을 '소풍'으로 비유하고, 하늘로 돌아가는 것이 죽음이라고 읊었다. 천상병은 삶의 뿌리는 죽음이고, 죽음의 뿌리는 삶이라고 하여 '귀천歸天'을 덤덤히 받아들이는 자유인의 여유를 보였다.

나 하늘로 돌아가리라.
새벽빛 와 닿으면 스러지는
이슬 더불어 손에 손을 잡고,
나 하늘로 돌아가리라.
노을빛 함께 단 둘이서
기슭에서 놀다가 구름 손짓하면은,
나 하늘로 돌아가리라.
아름다운 이 세상 소풍 끝내는 날,
가서, 아름다웠더라고 말하리라.

---

5) 현대 신화학의 주춧돌을 놓은 세계적인 학자는 조셉 캠벨이다. 그는 신화야말로 인간 사유의 태초적 원형이라고 규정한다. "신화는 삶의 경험이 아니라, '살아 있음'의 내면적인 경험이며, 신화는 그 가락의 내력과 이름을 알지 못하면서도 맞추어 춤을 추는 '우주의 노래', 天球의 가락이다."(조셉 캠벨/이윤기, 『신화의 힘』서울: 고려원, 1996, 20-21쪽.) "동양인의 삶을 근본적으로 규정하는 영원회귀의 신화는 끊임없이 반복되는 일정한 형식의 질서를 보여준다. 태양의 一週, 달의 차고 이지러짐, 年 단위의 주기, 그리고 유기체의 출생과 죽음과 재생의 리듬은 우주의 본성을 이루는 영원한 생성의 기적을 표상한다."(조셉 캠벨/이진구, 『신의 가면 II; 동양신화』서울: 까치, 2003, 11-12쪽.)

종교에서는 삶과 죽음을 양극단의 현상으로 바라본다. 여기에는 종말론이 전제되어 있다. 기독교의 천년왕국설이 그런 경우가 아닐까? 종시론終始論은 서양의 직선적 진화론과 다르다. 그것은 종말론에 대한 극복인 동시에 처방이다. 왜냐하면 순환론에 기초한 『주역』의 논리에는 태생적으로 종말론이 성립할 수 없기 때문이다.

자연과 인간과 문명과 역사는 원을 그리며 운동한다는 것을 명심해야 할 것이다. 모든 것은 순환 반복한다는 말이다. 아이가 태어나 젊은이가 되고, 노인이 되고, 결국은 죽음을 맞는다. 이것은 계절이 변하는 것과 동일한 이치이다. 여름이 오면 가을이 멀지 않음을 알고, 그 다음에는 겨울이 오는 하나의 원(Circle)이 형성된다. 새로운 원이 시작되기 전에 어떤 틈이 있다. 이 틈을 잘 이용하면 격심하게 맴도는 수레바퀴에서 탈출할 수 있다. 이것이 바로 각종 종교에서 강조하는 구원론과 수행론의 요체라 할 수 있다.

도교인들은 칡넝쿨처럼 얽힌 삶과 죽음의 고통에서 벗어나기 위해서 특유의 방법을 제시했다. 그들은 불사약으로 알려진 신비스런 약초를 찾아 죽음에 대항하려 했으며, 또한 화학적 연금술로 불로장생의 환약을 제조함으로써 삶을 주관하는 신의 영역까지 침범하였다. 이밖에도 사변을 통해 삶과 죽음의 심오한 경지를 탐구하기도 했다.

『주역』은 하늘과 땅이 숨을 들이마시고 토해내는 호흡을 뜻하는 '정기精氣와 귀신鬼神'으로부터 천지의 숨결을 설명한다. 정기와 귀신이란 무엇인가? 이 넓은 우주 공간을 가득 메우면서 만물을 생성하고 소멸시키고 재생하도록 하는 에너지가 바로 '기운이자 힘[氣]'이다. 밤하늘에 반짝이는 별을 비롯하여 지구의 공전과 자전, 역사의 흥망성쇠에 이르기까지 만물은 생장수장生長收藏이라는 싸이클을 이루면서 돌아간다. '기氣'는 시간과 공간이라는 형식을 이루는 근본틀인 동시에 생명 에너지의 질서와 경로를 뜻한다면, 생명의 모태와 에너지(힘)의 본원을 통칭하여 '정精'이라 한다.

정精이 음陰이라면, 기氣는 양陽이다. 음양(정기)이 서로 얽히고 성겨서 물건을 만든다. 이 세상에 존재하는 모든 생명체는 정기가 응결한 결과물이다. 精을 정신이라 하고, 氣를 물질 혹은 물질의 토대라고 할 때, 이 둘은 신물일체神物一體의 관계로 존재한다. 생명체가 살아서는 '정기'의 상태를 유지하지만, 죽은 뒤에는 '유혼위변游魂爲變'의 단계로 접어든다는 것이다.

그렇다고 이 둘은 이원적으로 존재하지 않는다. '떠돌아다니는 영혼[游魂]'은 살아서는 신神이요, 죽으면 혼魂이 되므로 이 둘은 기능상의 두 측면으로 나누어 고찰한 것에 불과하다. 따라서 동양의 영혼관에 따르면, 혼은 살아 있는 생명체의 핵심으로 내재화되어 있다. 그러니까 육체는 겉사람, 혼은 속사람이라 말이 생겨났던 것이다. 정과 기의 결합으로 만들어진 생명체는 물질계와 정신계를 관통한다.

유교는 정精 → 기氣 → 신神의 흐름을 하늘의 길[天道]이라고 말하여 사람이 살기 위한 생명의 순환로라고 규정했다. 반면에 도교의 수행론에서는 신神 → 기氣 → 정精의 과정을 인간의 길[人道]이라고 말하여 하늘의 길로 거슬러 올라가는 방법을 취한다. 『주역』 비괘比卦(䷇) 5효는 '거스르는 것은 버리고 순응해 오는 것을 취한다[舍逆取順]'라고 말하여 거스르고 순응하는[逆順] 천지의 운동 방식[6]을 부각시키고 있다.

아버지의 정精과 어머니의 기혈氣血이 만나 아기가 생겨난다. 아기는 모체에서 영양분을 흡수하면서 (영)혼을 부여받는데, 혼은 육신의 핵심으로 자리잡는다. '정기위물精氣爲物'은 삶의 길이요, '유혼위변游魂爲變'은 죽음의 길이다. 하지만 육체가 죽으면 혼은 날아간다. 그래서 옛사람들은 무덤 앞에 '혼유석魂游石'이라는 화강암으로 만든 제사상을 만들었던 것이다. 혼유석은 자손들이 정성스레 마련한 음식을 조상의 영혼들이 마음껏 먹고 쉬라는 공간인 셈이다.

---

6) 이는 김일부의 정역사상에 이르러 한층 강화되어 우주와 시간의 본성을 설명하는 정교한 '順逆論'으로 정착한다. 그것은 선천의 '逆生倒成의 운동'과 후천의 '倒生逆成의 운동'으로 나타난다. 이를 바탕으로 생명의 본성과 시간의 본성을 밝히고 있다.

우리 속담에 몹시 놀라 어찌 할 바를 모르는 상태를 수식하는 '혼비백산魂飛魄散'이란 말이 있다. 혼은 하늘을 날고, 백은 산산히 부서져 사방으로 흩어진다는 뜻이다. 천지의 조화와 혼백(영혼)은 귀신의 작용으로 나타난다. 이를 상세하게 논의하기 시작한 것은 후대의 성리학이다.

주자학의 세계적인 권위자인 전목錢穆(1895-1990)은 주자가 말하는 귀신을 다음과 같이 정리한 바 있다.

"주자가 음양으로 귀신을 설명할 때 기氣를 형이하形而下에 귀속시킨 것은 이천伊川이 귀신을 조화지적造化之迹이라 한 것과 같으므로 거칠게 말했다. 조화의 배후에 신령神靈함 같은 것이 있는 듯하므로 횡거橫渠는 귀신을 리기지양능理氣之良能이라 했다. 마음은 기氣에 있는 양능良能과 같으므로 신神은 곧 마음 안에 있다고 했다. 리理는 기氣에 붙어 있고 보이지 않으므로 형이상形而上에 속한다. 신神은 기氣의 광채나는 부분이니 형이하形而下의 측면에서 말한 것이다. 능能은 적迹에 비하면 형이상形而上이라 하겠고, 신神은 리理에 비하면 형이하形而下인 것이다. 리理가 우주의 본체本體라면 신神은 우주의 화공化工(자연의 조화자, 자연 형성의 교묘함), 즉 이른바 능能이다. 귀신은 곧 기氣의 취산聚散을 지칭하니, 모이기 전에 미리 신神이 있는 것도 아니고 흩어진 다음 다시 귀鬼가 있는 것도 아니다. 귀신鬼神은 곧 천지조화天地造化의 일취일산一聚一散의 대과정이고, 조화 가운데 따로 귀와 신이 존재하는 것이 아니다."[7]

세상을 움직이게 하는 것은 귀신이다. 하지만 성리학은 이 귀신을 배제한 채 세계를 움직이는 궁극 원리는 무엇이며, 자연의 배후에 존재하는 태극을 파악하는 데에만 목표를 두었다. 『주역』에 따르면, 모든 생명체는 신에 의해 생겨나고, 신과의 끊임없는 교섭을 통해서 생명을 유지하는 것이다.

☆『주역』은 천문과 지리와 귀신의 문제를 융합하여 다룬다. 천지는 원시반종原始反終과 원시요종原始要終의 방식으로 움직인다.

---

7) 錢穆, 『朱子新學案- 1冊』(臺灣: 三民書局, 1972), 299-315쪽 참조.

2. 유교가 지향하는 최고 경지는 낙천지명樂天知命이다.

與天地相似라 **故**로 **不違**하나니 **知周乎萬物而道濟天下**라
여 천 지 상 사 　 고 　 불 위 　 　 지 주 호 만 물 이 도 제 천 하

故로 **不過**하며 **旁行而不流**하여 **樂天知命**이라
고 　 불 과 　 방 행 이 불 류 　 낙 천 지 명

故로 **不憂**하며 **安土**하여 **敦乎仁**이라 **故**로 **能愛**하나니라
고 　 불 우 　 안 토 　 돈 호 인 　 고 　 능 애

천지와 더불어 서로 같다. 그러므로 어긋남이 없으니, 지[8]는 만물에 두루
통하고 도는 천하를 구제할 방도를 갖추었다. 그러므로 지나치지 아니하
며, 곁으로 행해도 잘못된 곳으로 흐르지 아니하여 하늘의 섭리를 즐기
고 천명을 안다. 그러므로 근심하지 않으며, 땅의 이치를 본받아 편안해
서 인을 돈독하게 한다. 그러므로 능히 사랑을 베풀 수 있다.

위 문장의 주어는 역易이다. 역의 이치는 천지의 궁극 원리와 하등 다를
바가 없다. 역을 읽으면 세상 둥글어가는 이치에 두루 통하여 문명과 역사
에 어긋나는 행위를 하지 않는다. 천지의 이치를 깨달아 행동하는 것이 바
로 진리와 하나될 수 있는 유일한 방법이기 때문이다.

역의 진리[知] 체계는 유형과 무형의 세계를 두루 꿰뚫는 까닭에 인류의
정신계에 기여할 수 있는 보편성이 있다. 역의 세계에 능통하면 개인과 사
회는 물론 온 세상을 밝은 희망의 세계로 인도할 수 있는 지혜를 얻을 수
있다는 뜻이다. 역의 진리는 천하를 건질 수 있는 능력과 방법까지도 배양
하도록 한다.

역은 설령 곁가지로 흘러도 결코 그 종지에서 멀어지지 않는다. 설명 방
식이 너무도 다양하고 방대하기 때문에 잠시 샛길로 빠져 헤맬 수 있지만,
금방 샛길에서 벗어나 원래의 곳으로 돌아와 자리잡아야 한다. 선비는 선

---

8) 知의 진정한 주어는 易經이 아니라 하늘이다. 하늘의 원리는 만물 형성의 모든 유전
자 정보를 갖춘 모형도이기 때문에 『정역』은 하늘의 원리를 度數로 풀어나간다.

비의 길을 걸어가야 한다. 만약 현실 정치에 너무 깊숙이 개입하여 권력의 꿀맛에 도취된다면 그는 이미 정치꾼이지 선비가 아니다. 외도 기간은 짧으면 짧을수록 좋다. 빨리 제 고향으로 돌아가야 한다.

성인은 현실과 초현실 사이에서 갈등을 느끼지 않고, 하늘의 명령을 깨달아 그 섭리에 순응하고 하늘이 낳은 생명의 참모습을 즐긴다. 이것이 바로 동양인의 영원한 꿈인 '낙천지명樂天知命'의 경지인 것이다. 무언가를 아는 것보다는 지식 그 자체를 즐길 수 있는 태도야말로 최상의 경계이다. '낙천지명'은 하늘의 지상 명령을 운명으로 받아들이고, 더 나아가 삶의 좌표로 기꺼이 순응하는 까닭에 전혀 근심과 고민에 휩싸이지 않는다.

"땅의 이치를 본받아 편안해서 인을 돈독하게 한다. 그러므로 능히 사랑을 천하에 베풀 수 있다[安土, 敦乎仁. 故能愛]"라는 주제에 대한 해석은 구구절절하다. 특히 '토土'를 '흙에 편안히 해서',[9] 또는 '땅에 편안히 있고'[10]라거나 '흙에 안정하고'[11]라는 등 농부의 심정으로 풀이한 것이 대부분이다. 이밖에도 "자리에 편안하여"[12] "어떠한 곳에서도 만족하여 있는 것"[13]이라고 하였다. 이들은 한결같이 땅[土]이 가장 편안한 거주처라고 지극히 평범한 해석을 덧붙였다.

『정역』의 입장에서 보면 위의 해석들은 어처구니 없는 번역이다. 여기서 우리는 『정역』이 얼마나 선후천론을 강조하고 있는 지 확인할 수 있다. 넓은 의미에서 '땅[土]'은 만물을 풍요롭게 키워내는 어머니 대지를 뜻한다. 하지만 '토土'는 뒤에 나오는 '천지의 창조적 능동성[能]'과 연결해서 이해해야 옳다. 천지의 본래 정신이 능동적으로 발현되는 시기는 선천이 아니라 후천이기 때문이다.

9) 김석진, 『대산 주역강의(3)』(서울: 한길사, 2003), 50쪽.
10) 장기근 외, 『주역』(서울: 평범사, 1980), 428쪽.
11) 남만성, 『주역』(서울: 성균서관, 1976), 288쪽.
12) 성백효 역주, 『周易傳義』下(서울: 전통문화연구회, 2001), 533쪽.
13) 박일봉, 『주역』(서울: 육문사, 1989), 552쪽.

이러한 해석이 가능한 이유는 김일부에 의해 정역팔괘도의 구성 원리라고 불린 「설괘전」 6장에서 찾을 수 있다.

神也者는 妙萬物而爲言者니 動萬物者莫疾乎雷하고
신 야 자   묘 만 물 이 위 언 자   동 만 물 자 막 질 호 뢰

撓萬物者莫疾乎風하고 燥萬物者莫熯乎火하고
요 만 물 자 막 질 호 풍   조 만 물 자 막 한 호 화

說萬物者莫說乎澤하고 潤萬物者莫潤乎水하고
열 만 물 자 막 열 호 택   윤 만 물 자 막 윤 호 수

終萬物始萬物者莫盛乎艮하니 故로 水火相逮하며 雷風이
종 만 물 시 만 물 자 막 성 호 간   고   수 화 상 체   뇌 풍

不相悖하며 山澤이 通氣然後에야 能變化하여
불 상 패   산 택   통 기 연 후   능 변 화

旣成萬物也하니라"
기 성 만 물 야

"신이라는 것은 만물을 묘하게 함을 일컫는 것이다. 만물을 움직이게 하는 것은 우레보다 빠른 것이 없고, 만물을 흔드는 것은 바람보다 빠른 것이 없고, 만물을 말리는 것은 불보다 잘 말리는 것이 없고, 만물을 기쁘게 하는 것은 연못보다 잘 기쁘게 하는 것이 없고, 만물을 적시는 것은 물보다 잘 적시는 것이 없고, 만물을 그치고 시작하는 것은 간(산山이라고 하지 않은 점에 주목)보다 성한 것이 없다. 그러므로 물과 불이 서로 따르며, 우레와 바람이 서로 거슬리지 아니하며, 산과 연못이 기운을 통한 연후에야 능히 변화하여 이미 만물을 다 이룬다."

정역팔괘도는 우주 변화가 일어나는 과정과 원리를 도상화한 것이다. 특히 마지막 단락의 '능할 能'과 '이미 旣'를 주의 깊게 살펴야 한다. 이 대목은 선후천이라는 문제 의식이 없이는 생태학적인 꿈의 유토피아를 노래한 것으로 볼 수도 있다. 그러나 『정역』은 그것을 사실의 차원에서 언급한다. 선천이 후천으로 변화하는 것이 천지 자체의 능동적 변화이며, 그것

은 이미 창조의 설계도에 프로그래밍되어 있다는 뜻이다. 이런 의미에서 천지 창조의 핵심축은 '인지仁知'라고 할 수 있다.[14]

연담蓮潭 이수증李守曾이 선후천 변화의 수수께끼를 풀어보라고 김일부에게 내린 화두가 『정역』「십오일언」 "선후천주회도수先后天周回度數"에 나타나 있다.

余年三十六에 始從蓮潭李先生하니 先生賜號曰觀碧이요
여 년 삼 십 육   시 종 연 담 이 선 생   선 생 사 호 왈 관 벽

賜詩一絶曰 觀淡은 莫如水요 好德은 宜行仁을
사 시 일 절 왈 관 담   막 여 수   호 덕   의 행 인

影動天心月하니 勸君尋此眞하소
영 동 천 심 월   권 군 심 차 진

"내 나이 36세 때 처음으로 연담 이선생을 따르니, 선생이 호를 내리시니 '관벽'이라 하시고, 시 한 수를 주시되 '맑은 것을 보는 데는 물같은 것이 없고, 덕을 좋아함은 어짐을 행함이 마땅하다. 율려(달빛)가 천심월에서 움직이니 그대에게 권하노니 이 진리를 찾아 보시게나.'"

연담선생의 권유로 김일부는 영가무도의 정진과 『서경』과 『주역』 연구에 온 힘을 기울여 '영동천심월'의 진리를 깨달았다. 이를 풀기 위해 『서경』에 나오는 '366일 요임금의 기수朞數'와 '365¼일 순임금의 기수朞數'의 깊은 뜻을 헤아렸고, 『주역』 산풍고괘山風蠱卦의 '선갑3일先甲三日, 후갑3일後甲三日[辛酉, 壬戌, 癸亥, 甲子, 乙丑, 丙寅, 丁卯]'에서 갑자甲子를 중심으로 신유辛酉·임술壬戌·계해癸亥는 선갑3일이고, 을축乙丑·병인丙寅·정묘丁卯는 후갑3

---

14) 仁知에 대해서는 두 가지 풀이가 가능하다. 하나는 역의 진리 체계의 골간이 仁과 知이며, 다른 하나는 천지 자체의 본성이 仁과 知라는 것이다. 지금까지의 주역학자들은 전자의 입장을 견지하고, 『정역』은 후자를 견지한다. 때로는 주자의 해석도 후자의 입장과 근접한다. "天地之道, 知乎而已. 知周萬物者天也, 道濟天下者地也. 知且仁則知而不過矣." 한편 성리학적 해석도 있다. "蓋仁者愛之理, 愛者仁之用, 故其相爲表裏如此."

일이라는 이론과, 중풍손괘重風巽卦의 '선경3일先庚三日, 후경3일後庚三日[丁酉, 戊戌, 己亥, 庚子, 辛丑, 壬寅, 癸卯]'에서 경자庚子를 중심으로 정유丁酉·무술戊戌·기해己亥는 선경3일이고, 신축辛丑·임인壬寅·계묘癸卯는 후경3일이라는 뜻을 알았다. 이를 바탕으로 '자오묘유子午卯酉'에서 '진술축미辰戌丑未'로 전환하는 이치를 주의 깊게 살폈다.

해와 달의 변화에 대한 복잡한 이론들을 종합하고 관통하여 내놓은 결과가 바로 ① 천지는 '갑기甲己' 질서에서 '기갑己甲' 질서로 바뀌며, ② 일월은 회삭晦朔의 전도로 말미암아 선천 16일이 후천 초하루로 바뀌며, ③ '기朞(1년 구성의 메카니즘)'는 시간의 꼬리가 없는 360일 무윤역无閏曆의 세계를 읽어냈던 것이다. 그것은 우주와 시간의 신비를 풀어헤친 위대한 쾌거였다. 만고의 세월을 하염 없이 돌고도는 일월이 자신의 속살을 그대로 드러내는 이치를 깨달은 김일부는 손으로는 무릎을 치고 발로는 저절로 뛰었다고 전한다. 이는 진정으로 하늘과 땅과 하나되는 기쁨이 아니겠는가.

'영동천심월'의 비밀을 푸는 열쇠는 '관담막여수觀淡莫如水'에 있다. 연담선생의 오언절구는 오묘한 비유로 선후천 변화를 묘사하고 있다. 여기서 말하는 수水는 계해수癸亥水[15]이다. 왜냐하면 '기갑야반己甲夜半에 생계해生癸亥'라는 새로운 천지는 선천의 갑자甲子 대신에 계해癸亥를 사용함으로 인해 무진삭戊辰朔의 황중화皇中化[계미삭癸未朔]의 원리가 포함되어 있는 것이다.

즉 '관담막여수'에서의 수水는 계해수癸亥水이며, '호덕의행인好德宜行仁'의 인仁은 "평안히 거처하고 인仁에 돈독하기 때문에 능히 만물을 사랑할 수

---

15) 후천은 己土의 10무극이 직접 다스리므로[己位親政] 선천에서 작동한 戊土는 '尊空退位'한다. 하지만 선천은 낙서9궁이 작용하기 때문에 5土가 주재하고, 10數 己土는 尊空되었다. 김일부는 "아아! 축궁이 왕성한 기운을 얻으니 자궁은 자리를 물려가는도다[嗚呼! 丑宮得旺, 子宮退位.]"라고 하여 선후천의 교체를 암시했다. 복희팔괘도에서 1乾天이 남방에 위치하고, 8坤地는 북방에 자리잡았다. 하지만 후천에서는 '地闢於丑'이라는 이치에 의거하여 정역팔괘도로 바뀐다. 10乾은 북방으로 물러나고, 坤土는 남방에 왕성한 조화 기운을 받아 올라가 자리잡는 것이다. 실제로 후천은 '亥子丑寅'의 5元 運動을 하므로 '己甲夜半生癸亥'의 이법에 따라 후천은 '卯月歲首'를 쓰게 되는 것이다.

있다[安土敦乎仁, 故能愛]"는 '토土의 변화'에 근거하고 있다. 그것은 을축토乙丑土의 축토丑土를 뜻한다. 축토丑土는 음토陰土이다. 축토丑土[16]는 진토辰土·술토戌土·미토未土와 함께 우주 '조화'의 주체이다.

토화작용土化作用은 사물이 극도로 분열하여 사물 자체의 형태를 무형으로 전환시키는 계기를 만드는 작용이기 때문에 축토丑土는 상수론적 기호로는 '10토'라 부르며, 수지도수手指度數로는 도생倒生을 역생逆生으로 연결

16) '土化作用'은 우주변화의 黃婆[물결]'를 말한다. 그것은 寅申相火의 작용과 금화교역을 거쳐 변화를 통일하는 시작점을 뜻한다. 土化作用에는 두 가지 목적이 있다. 하나는 분열과정에서 일어나는 모순을 조화하며 발전을 선도하는 것과, 다른 하나는 통일과정에서 모순을 조절하며 통일을 매개하는 일이 있다. 전자는 미완성의 土를 주도하고, 후자는 완성의 土를 주도한다. 전자는 陽土이므로 丑辰土라 하고, 후자는 陰土이므로 未戌土라 한다. 특히 丑土는 子丑寅 운동의 中의 역할을 하며, 또한 卯辰巳의 기본을 이루어 놓는다. 선천은 3元運動이며, 후천은 5元運動이다. 선천은 亥子丑, 寅卯辰, 巳午未, 申酉戌의 (單數의) 3원운동을 하는데, 그것은 지축경사 상태의 운동방식이다(이는 문왕괘도가 증명한다). 후천은 '辰戌丑未'를 중심축으로 亥子丑寅卯와 巳午未申酉의 (複數의 3元運動인) 5元運動을 한다(이는 지축정립 상태의 운동방식이다). 우주운동은 음양이 本中末運動을 할 때에 정상화된다. 3元運動은 子(水)·丑(土)·寅(木)운동이 각각 陽水와 陽木이 土를 '中'으로 하는 본중말운동이었다. 즉 水와 木이 '陰'을 얻지 못한 단수로서의 本中末運動이다. 하지만 5元運動을 하게 될 경우는 4土(辰戌丑未)가 ① 모두 十字形으로 위치를 점유하며, ② 對化運動도 올바르게 되며, ③ 本中末이 복수로 작용하는 5원운동의 형태를 띠며, ④ 결과적으로 우주운동에서 파생되는 모순과 대립은 정상적인 운동으로 전환한다. ⑤ 亥子丑寅卯와 巳午未申酉의 5元運動의 목적은 水火의 互惠作用에 있는데, 水는 火를 만들고 火는 水를 만드는 것이 목적이다. 이것을 만족시키는 것이 바로 水火一體運動이다. ⑥ 3元運動은 五行의 운동원리만을 설명한 것에 지나지 않기 때문에 5行운동의 목적인 水火一體運動의 완전한 모습을 형상화하기에는 부족하다. ⑦ 우주의 통일과 분열운동을 '본체'의 측면에서 보면 통일은 '未'에서 시작하고, 분열은 '丑'에서 시작한다. 이를 '작용'의 측면에서 보면 통일현상은 '戌(戌五空)'에서 나타나고, 분열현상은 '辰'에서 나타나는 것이다. 이것이 바로 변화의 체용작용이다. 정역사상의 핵심이 체용론이라 불리는 까닭도 여기에 있다. 본체론적으로는 辰戌이 '中'이고, 丑未는 '本末'이다. 작용론적으로는 丑未가 '中'이고, 辰戌이 '本末'이 된다. 이처럼 체용은 本中末의 交互作用을 하는 것이다. ⑧'辰戌丑未' 작용이 정상화되지 못하는 이유는 바로 지축경사 때문이다. 요컨대 土化作用의 궁극목적은 10수 무극의 모습을 이루어 '空'을 만드는에 있다고 하겠다.(한동석, 『우주변화의 원리』서울: 대원출판, 2002, 164-175쪽 참조.) 후천은 5元 運動에 의한 조화의 세계다. 그래서 『繫辭傳』은 "'능히(can)' 만물을 사랑할 수 있는 터전이 마련된다"고 했던 것이다.

시켜 새로운 태극을 조성하며, 역생과정逆生過程을 도생倒生으로 연결시켜 10무극의 세계를 조성하는 역할을 담당하는 핵심인 것이다. 그러므로 선후천 변화에서 황극皇極 운동은 매우 중요하다고 하겠다.

'기갑야반己甲夜半에 생계해生癸亥'의 원칙에 의해 무진戊辰 천심월天心月은 황중월皇中月로 그 그림자를 움직여 계미癸未 초하루가 된다. 왜냐하면 '건원용구乾元用九'의 자리가 곧 계해癸亥이며, '용육用六'은 자연 무진戊辰에서 시작하게 되어 보름은 임오壬午이며, 16일은 계미癸未인 것이다. 다시 말해서 선천의 16일이 후천의 초하루가 되는 것이다.

15일이라는 시간은 귀공歸空(물리적 현상으로 보면 '무화無化'되는 이치)된다. 이를 풀어서 말하면 원역原曆 375에서 본체도수本體度數 15가 윤역閏曆으로 작동하여 시간의 거친 파도를 일으키는데, 후천 진입기에 이르러 윤도수閏度數 9와 6은 본체도수(10무극과 5황극)로 환원되는 현상이 일어나 '무윤역無閏曆' 360일의 정역正易(= 정역正曆)이 정립된다는 것이다. 이것이 바로 시간 질서의 근원적 전환이다. 『정역』에서 말하는 무진戊辰 초하루가 계미癸未 초하루로 되는 변화는 천지의 근본적 전환이므로 서양에서 말하는 역법 개정과는 완전히 다른 차원의 뜻이다.

이상의 논의들은 천지 질서의 대변혁을 시사하는 발언들이다. 『중용』에서도 "위로는 하늘의 시간성을 준칙으로 삼고, 아래로는 생명의 모체를 상징하는 물과 흙('수토水土')을 정역사상의 입장에서 보면, 하늘의 원리가 땅에서 구현된다는 의미의 계해수癸亥水와 을축토乙丑土를 본받고 따른다[上律天時, 下襲水土]"고 했다. 기존의 풀이들이 천지 창조의 시원을 언급한 것에 그쳤다면, 김일부는 이를 선후천 변화의 필연성으로 논증했던 것이다.

✡ '낙천지명'을 깨달은 성인은 하늘의 지상 명령을 운명으로 받아들이고, 삶의 좌표로 기꺼이 순응하는 까닭에 번민에 시달리지 않는다.

3. 이념과 현실을 하나로 융합하는 우주관과 신관이 만나다

範圍天地之化而不過하며 **曲成萬物而不遺**하며
범 위 천 지 지 화 이 불 과　　곡 성 만 물 이 불 유

通乎晝夜之道而知라 **故**로 **神无方而易无體**하니
통 호 주 야 지 도 이 지　　고　　신 무 방 이 역 무 체

천지의 조화를 포괄하여 지나침이 없으며, 만물을 원만하게 생성하여 이
루되 하나도 빠뜨리지 않으며, 밤낮의 원리를 통해서 지혜를 터득한다.
그러므로 신은 일정한 방소가 없고 역은 실체가 없다.

『주역』이 다루는 범위는 한없이 넓고 깊다. 설령 천지의 조화를 다양한
방법으로 표현하더라도 워낙 그 범위가 넓고 크고 깊기 때문에 『주역』의
가르침에 어긋나지 않는다. 천지는 시간적으로나 공간적으로 무한하다.
무한하기 때문에 유한에 제한받지 않는다. 시간적으로 영원한 천지는 과
거와 현재와 미래를 통틀어 온갖 종류의 범주를 포용하며, 공간적으로 천
지는 무한하므로 생명의 모체가 되기에 충분하다.

밤이 극한에 이르면 낮이 되고, 낮이 극한에 이르면 밤이 된다. 즉 밤과
낮은 일월의 주기적 교체로 인해 생겨난다. 밤이 없으면 낮도 없고, 낮이
없으면 밤도 없는 것이다. 따라서 밤과 낮은 자연에 나타나는 변화의 뚜렷
한 증거다. 이 세상에 존재하는 모든 것은 변화를 통해 생명을 유지한다.
음과 양의 양극단 사이에 일어나는 변화도 있지만, 음양은 하나의 극에서
다른 극으로 움직이기도 한다.

음과 양은 대립되는 것 사이에서 변화한다. 그렇다고 음양은 서로를 용
납하지 않는 적군이 아니다. 오히려 음양은 서로의 존재 근거다. 겉으로는
음양이 서로 모순 대립하는 것처럼 보이지만, 그 이면에서는 통일을 지향
하는 조화의 숨은 원동력으로 작동한다.

음과 양은 독자적으로는 아무 것도 일궈내지 못한다.[17] 음과 양은 동전

---

17) 삶과 죽음은 새의 두 날개와 같다. 새는 한쪽 날개로는 날 수 없다. 음양은 논리적

의 양면처럼 얼굴을 바꿔가면서 운동을 한다. 그 상태가 너무도 신비스럽기 때문에 '신神'이라고 묘사했다. 동양인들이 신을 바라보는 입장은 둘이 있다. 하나는 음양 운동의 미묘한 움직임을 지칭하는 '형용사'로 보는 경우이고, 다른 하나는 신은 감각으로 포착되지 않지만 경험을 넘어서 실제로 존재한다는 것이다.

신에 대한 『주역』의 논의는 크게 세 갈래로 나뉜다. 신은 형용사에 불과하다는 입장, 신은 실존하는 존재라는 입장, 그리고 이 둘을 혼합한 이론이 있다. 신의 세계는 인간의 이성으로 포착되지 않는다. 그러니까 신의 움직임은 일정한 방향이 없기(no locality) 때문에 역은 일정한 실체가 없다(no substance)는 것이다. 소강절의 다음의 말을 음미해보자.

"신은 있는 곳이 없으며, 있지 아니한 곳도 없다. 지극한 경지에 이른 사람이 다른 사람의 마음과 통하는 것은 '하나'에 근본했기 때문이다. '도道'와 '일一'은 신을 억지로 이름붙인 것이지만, 신을 신이라고 한 것은 극진한 표현이다."[18]

"귀신은 형체가 없지만 쓰임새는 존재하기 때문에 그 정상은 알 수 있으니, 쓰임에서 볼 수 있다. 사람의 귀, 눈, 입, 코, 손, 발과 초목의 가지, 잎, 꽃, 열매, 빛깔 등은 모두 귀신의 소산이다. 착한 것을 복주고 지나친 것에 화를 내리는 것을 누가 주관하는가? 총명하고 정직함을 누가 가지고 있는가? 서두르지 않았는데도 빠르고, 가지 않았는데도 이르는 것을 누가 맡는가? 모두 귀신의 정상이다."[19]

소강절은 사람의 형체를 비롯하여 초목의 형체는 모두 '귀신이 만들어

으로는 둘이지만, 실제로는 하나다.
18) 『皇極經世書』「觀物外篇」10장, "神无所在, 無所不在. 至人與他心通者, 以其本於一也. 道與一, 神之强名也, 以神爲神者, 至言也."
19) 같은 책, 6장. "鬼神者無形而有用, 其情狀可得而知也, 於用則可見之矣. 若人之耳目口鼻手足, 草木之枝葉華實顏色, 皆鬼神之所爲也. 福善禍淫, 主之者誰耶. 聰明正直有之者誰也. 不疾而速, 不行而至, 任之者誰也. 皆鬼神之情狀也."

낸 것'이라고 했다. "사람이 사람되고 나무가 나무되는 생겨나고 생겨나는 이치가 바로 귀신이다. 귀신이 초자연적 실체는 아니더라도 만물에 내재하고 있는 신성하고 신령한 어떤 존재를 의미한다. 이처럼 형체를 만들어주고 생명을 유지시켜주는 '귀신의 덕은 성대하다.' 모든 사물이 존재한다는 것은 귀신이 더불어 그곳에 있다는 것을 뜻한다. 귀신은 모든 사물에 구현되어 있어서 없는 곳이 없다. 귀신이 생명을 이어주는 공용功用은 아주 위대하다."[20]

✿ 신이여! 그대는 천지를 가득 채우고 만물의 변화와 균형을 이뤄주는 생명의 근원이어라.

───────────────── ✿ ─────────────────

정역사상의 연구자 이상룡李象龍은 「계사전」 상편 4장의 성격을 다음과 같이 설명한다.

能彌綸天地之道는 分六層而象之하여 以導陰陽也라
능 미 륜 천 지 지 도　　분 육 층 이 상 지　　이 도 음 양 야

"능히 천지의 도를 포괄할 수 있다"는 말은 6층으로 나누고 형상화하여 음양 원리를 도출한 것이다.

仰觀俯察은 耳目之聰明也오 知鬼神之情狀은
앙 관 부 찰　　이 목 지 총 명 야　　지 귀 신 지 정 상
凡百云爲匪鬼神之玅이면 則不極生成也라
범 백 운 위 비 귀 신 지 묘　　즉 불 극 생 성 야

"위로는 (천문을) 살피고, 아래로는 (땅의 이치를) 살핀다"는 말은 귀가 밝고 눈이 밝은 것이요, "귀신의 정상을 알 수 있다"는 것은 모든 사람들이 귀신의 미묘함이 아니면 생성을 궁구할 수 없다고 말

───────────────

20) 이창일, 『소강절의 선천역학과 상관적 사유』(서울: 한국학중앙연구원 박사논문, 2005), 287-289쪽 참조.

한 것이다.

與天地相似는 聖人之性理也오 範圍天地之化而不過는
여 천 지 상 사　　성 인 지 성 리 야　　범 위 천 지 지 화 이 불 과
包貫於无形之外也오 曲成萬物而不遺는 廣大周遍하여
포 관 어 무 형 지 외 야　　곡 성 만 물 이 불 유　　광 대 주 편
理氣圍焉也오 通乎晝夜之道而知는 万億年之日至를
리 기 유 언 야　　통 호 주 야 지 도 이 지　　만 억 년 지 일 지
可坐而算之也오 神无方易无體는 神以明之하여 爲閏爲正也라
가 좌 이 산 지 야　　신 무 방 역 무 체　　신 이 명 지　　위 윤 위 정 야

"천지와 더불어 서로 같다"는 것은 성인의 성리요, "천지의 조화를
포괄하여 지나침이 없다"는 것은 무형의 바깥까지를 포함하여 꿰
뚫었다는 것이요, "만물을 원만하게 생성하여 이루되 하나도 빠뜨
리지 않는다"는 것은 (시공간으로) 두루 포괄하여 넓고 커 리기理氣를
갖추었다는 것이요, "밤낮의 원리를 통해서 지혜를 터득한다"는 것
은 만억년이 지나도 해가 뜨는 원리를 앉아서 계산할 수 있다는 것
이요, "신은 일정한 방소가 없고 역은 실체가 없다"는 것은 윤역과
정역을 신명스럽게 밝힌 것이다.

繫辭傳 | 계사전 63

『주역』은 음양론의 정수를 밝히고 있다. 세상의 모든 현상은 정면과 반면의 상대적인 두 힘에 의해 형성된다. 만물은 모두 상대적으로 움직인다. 서양은 이를 모순이라 말하지만, 『주역』은 음양이 하나로 통일되어야 마땅하다고 얘기한다. 음양론은 독일의 철학자 헤겔Hegel(1770-1831)의 변증법과는 다르게 인식해야 할 것이다.

『주역』은 음양으로 자연과 역사와 인생의 변화를 설명한다. 음이 극에 이르면 양이 되고, 양이 극에 이르면 음이 된다. 음과 양은 서로가 꼬리와 머리가 되어 끊임없이 변화한다. 현상이 어떻게 변화하더라도 도 자체本體1)는 불변하는데, 이것을 이해하는 것이 동양학의 관건이었다. 형이상의 도는 일체의 선악과 시비를 넘어서 있다는 것이다. 형이하의 세계에서 선악시비가 생긴다. 선악을 절대적인 것처럼 생각하는 것은 음양의 어느 한 측면만을 고집하기 때문이다. 그래서 불교는 이러한 사유가 모든 번뇌와 고통의 씨앗이라고 말했던 것이다.

우리는 음과 양의 한 측면에 매달려서는 안 되고, 음양을 동시에 바라보는 안목을 틔어야 할 것이다. 이런 의미에서 "올바른 사람이 사법邪法을 사용하면 역시 정법正法이요, 올바르지 못한 사람이 정법을 사용하면 정법 역시 사법이다"라는 지적에 유의해야 할 것이다. 그래서 「계사전」은 수양을 통해 선善의 대업을 완성하는 것이 성인의 최고 목표라고 제시한다.

---

1) 음양의 상대성을 包越한 개념이 바로 태극이다. 음양은 태극의 양면성이다. 예컨대 손등이 양이라면, 손바닥은 음이다. 손바닥이 양이라면, 손등은 음이다. 이처럼 사물을 어떤 관점에서 보느냐에 따라 음이 되기도 하고 양이 되기도 한다. 음양의 통일성이 바로 태극인 것이다.

1. 진리와 선과 인간의 본성은 하나의 원리

一陰一陽之謂道니 **繼之者善也**오 **成之者性也**라
일 음 일 양 지 위 도   계 지 자 선 야   성 지 자 성 야

한 번은 음하고 한 번은 양하는 것을 도라고 일컬으니, 그것을 잇는 것은
선이요, 그것을 이루는 것은 원래부터 가지고 태어난 본성이다.

위 대목에 근거하여 맹자(BCE 372-BCE 289) 성선설性善說의 이론적 근거
가 확보되었고, 송대에 흥기한 성리학性理學과 이기론理氣論의 핵심이 녹아
있다. 음양을 어떻게 해석하느냐에 따라 일원론과 이원론으로 나뉘며, 유
물론과 유심론으로 나뉘기도 한다. 예컨대 '한 번은 음하고 한 번은 양하
는 것'이라 할 때, 음양을 운동의 추동력으로 보는 기氣로 규정하는 것이
기철학이며, 그 대표적 인물은 장횡거張橫渠(1020-1077)이다. 한편 정이천
程伊川(1033-1107)은 리와 기를 철저히 구분하고, 기에 대한 리의 우위성을
주장했다.

기철학은 기 개념으로 세상의 규칙적 움직임과 그 이치를 일관되게 설명
하는 일원론一元論을 지향한다. 기철학은 이 세상의 모든 것을 운동으로 설
명하는 방식을 취한다. 이른바 운동의 근거인 리는 단지 운동에 내재된 법
칙에 불과하다는 것이다. 하지만 리철학자理哲學者들은 기와 리를 확연하게
분리하고, 리에 원리적(논리적) 우선성을 부여한다. 운동이란 시공 안에서의
변화에 불과하기 때문에 불변의 이치[理]를 궁극 원인으로 상정한다. 따라
서 기의 운동은 태극인 리에 의해 제한받을 수밖에 없다. 이 리가 천도이며,
천도가 인간 본성의 근거를 이룬다는 성리학性理學이 성립한 것이다.

우암尤庵 송시열宋時烈(1607-1689)은 26세 때(1633년) 생원시生員試 출제 문
제인 '일음일양지위도一陰一陽之謂道'에 대해 멋진 답안지를 제출하여 장원
급제하였다. '일음일양지위도一陰一陽之謂道'에 대한 성리학자들의 견해를 살
펴보자.

A. 기철학의 입장

"음양이 교체하는 것은 기요, 그 이치가 이른바 도이다.[陰陽迭運者 氣也, 其理則所謂道.]"

B. 리철학의 입장

"하늘과 땅 사이에 혹 음이 되기도 하고 혹은 양이 되기도 하여 왕래소장하여 만고에 그치지 않는 것을 일컬어 도라 한다. 도는 음양이 아니라, 한 번은 음하고 한 번은 양하는 까닭이 도이다."[2]

"음양을 떠나서는 도가 없다. 음양이 음양일 수 있는 까닭이 도이다. 음양은 기이다."[3]

그렇다면 『주역』의 세계관은 실체론에 기반한 것일까? 아니면 유기체론의 사유일까라는 문제에 부딪친다. '일음일양지위도—陰—陽之謂道'라는 명제에 비추어 보면, '불변자'만을 존중하는 실체론을 부정한 성리학은 음양의 통일성을 뜻하는 태극을 우주의 궁극 원리로 상정하여 도덕률의 근거로 확보하였다.

『주역』은 애당초 음양은 상호 의존, 상호 요청, 상호 대립의 관계로 존재하지만, 이들은 고정된 형태로 머물지 않고 통일을 지향한다는 목적론의 성격이 강하다. 일부 몰지각한 서양의 관념론 철학자는 '일음일양지위도—陰—陽之謂道'를 해석하기를 "하나의 음, 하나의 양 그것을 일러 도라 한다"고 말하여 동양의 세계관을 정태적 우주관으로 규정한다. 문제는 여기에 그치지 않는다.

동양은 애초부터 정태적 세계관에 입각한 역사관만이 존재하기 때문에

---

2) 『伊川遺書』 권3, "天地之間 或爲陰或爲陽, 往來消長, 萬古不已者, 名之曰道. 道非陰陽也, 所以一陰一陽道也."
3) 『伊川遺書』 권15, "離了陰陽更無道, 所以陰陽者是道也. 陰陽氣也."

동양의 역사는 아무런 발전이 없는 과거 형태의 계승이라고 단정하고, 더 나아가 정태적 역사가 되풀이하였다고 지적함으로써 동양 정치의 봉건주의(황제 중심의 일인 지배만이 지속되었다고 강조)와 야만성을 고발했다. 이는 서양인의 오류가 아닐 수 없다. 그 이유는 이분법적 사고에 기초한 세계관이 모든 것의 기준이라는 관념은 각종 부작용을 낳기 때문이다.[4]

명말청초明末淸初의 유명한 문호였던 이어李漁(1611-1685)는 "세상은 본래 공연 중인 무대이다. 수 천 년 이래로 여기서 공연하고 있는 자는 두 사람밖에 없다. 하나는 여자요, 하나는 남자다"라고 읊었다. 이 세상은 양만으로 살지 못하며, 음만으로도 자라지 못한다. 그렇다면 음양론은 작용의 세계인 현실에만 적용되는가, 아니면 본체계의 내부 구조에도 적용되는가의 문제가 제기된다. 여기에는 양시론과 양비론이 대두될 수도 있다. 그것은 체용론體用論으로 분석해야 옳다. 체용이란 본체와 작용의 관계를 설명하는 말이다.

체용은 종종 물과 파도 혹은 파도와 바람의 관계로 표현될 수 있다. 물과 파도는 본체와 현상으로서 내부의 자율 관계로 존재한다. 물이 있어야 파도가 있을 수 있으며(물이라는 본체가 있어야 파도라는 현상이 나타날 수 있다), 일렁이는 파도는 물이 존재하기 때문이라는 비유이다. 혹자는 물에 바람이 불어야만 파도가 일어난다고 지적하기도 한다. 바람이라는 외부

4) 이에 힘입은 제국주의는 동양에 진출할 수 있는 힘을 얻게 되었다. 역사의 물줄기는 서양이 동양에 진출하는 모양으로 나타났다. 서양의 식민지 지배는 일정한 순서를 갖는다. 동양인의 의식을 뒤엎어버리는 고도의 책략으로 선교사들이 먼저 건너오고, 이것이 성공했을 경우에 상인들이 서양의 물산을 들여와 경제를 흔든 다음, 이 두 가지 요인에 의해 혼란에 빠졌다고 판단한 다음에야 비로소 총칼로 무장한 군사력이 동원되었다는 사실이다. 이는 서양인의 침략성을 적나라하게 드러낸다. 그것을 세계 정복을 향한 도전 정신이라고 자랑하기도 하다. 지금도 서양의 식민지를 지냈던 나라치고 국가 시스템이 제대로 돌아가는 나라가 있는가를 회고하면, 그들의 야비한 침략성을 엿볼 수 있다. 말로는 서양의 진취적 사고가 자본주의를 낳고 물질의 풍요를 가져왔다고 뽐내고 있다. 그 결과 세계는 이데올로기와 경제 전쟁 또는 땅뺏기 전쟁의 반복이었다는 점을 깊이 헤아려야 할 것이다.

조건이 없으면 파도는 출렁이지 않는다는 뜻이다. 하지만 우리는 다음의 결론을 이끌어낼 수 있다. 물과 파도의 관계는 이 둘 사이의 자율성을 바탕으로 맺어졌으나, 바람과 파도의 관계에서 바람은 외부 요인에 속하는 인과율이 적용되는 것이다.

체용론의 요지는, 작용은 본체의 작용이며 본체는 작용의 본체라는 것에 있다. 본체와 작용은 떼려야 뗄 수 없는 함수 관계가 성립한다. 인과율에 의해 움직이는 파도와 바람의 관계에서 종종 물을 놓치는 오류를 범하고 있다는 점을 간과해서는 안 될 것이다. 체용론의 종지는 본체가 있기에 작용이 나타날 수 있으며, 작용이 있기에 본체를 깨달을 수 있다는 점이다. 그래서 곧이어 '현저인顯諸仁, 장저용藏諸用'이라는 말이 나오는 것이다.

체용론하면 가장 먼저 떠오르는 명제는 바로 '월인천강月印千江'이다. 체용론은 불교 화엄학華嚴學의 이론인 동시에 '리일분수설理一分殊說'의 핵심이기도 하다. 월인천강月印千江[5]이란 말 그대로 우리 머리 위에 떠 있는 달은 '하나[一]'이지만 세상의 모든 강가에 비치는 달빛은 '여럿[多]'이라는 뜻이다.

경포대의 술잔과 사랑하는 연인의 눈에 비친 달의 모습은 여럿이다. 하지만 태고의 신비를 듬뿍 간직한 바이칼 호수와 경포대와 남산에 뜬 달은 똑같은 하나의 달이다. 뭇 사람들이 바라보는 달은 장소와 느낌에 따라 각각 다른 형태의 달로 나타난다. 이때의 달은 분명히 여럿이다.

그래서 화엄학에서는 달은 하나이지만 그 하나의 본체계의 진리가 현상계에 나타날 때에는 다양한 모습으로 나타난다고 지적한다. 본체와 현상

---

5) 대전 근교의 대청호에 뜬 달은 너무도 아름답다. 아무도 다니지 않는 구불구불한 오솔길은 세상의 시름을 잊도록 하는 감동의 물결이다. 시인 묵객조차도 감탄할 수밖에 없는 적막강산의 압권이다. 대청호 쪽빛 물에 비친 달은 우주의 신비에 휩싸이게 하는 그 무엇이다. 주위는 물을 끼얹은 듯이 고요하며, 간간히 풀벌레 소리만 찡하게 가슴을 적신다. 우주의 모습을 그대로 드러내주는 가을의 전령자 코스모스를 감상할 수 있으면 더더욱 좋다. 으스름한 가을 달빛, 밤안개로 뒤덮인 호수가의 코스모스를 바라보는 그날 밤 그곳의 경치는 잊을 수 없는 한 폭의 산수화였다. 특히 대청호 여기저기에 비친 달빛은 달이 자신의 신분을 알리려고 세상의 강에 온통 도장을 찍는 '월인천강'의 지혜를 떠올리게 만든다.

을 동시에 바라볼 수 있는 안목을 가져야 한다는 뜻이다. 이를 심화시킨 이론이 주자의 '리일분수설理一分殊說'이다. 이 세상 만물의 궁극적 근거는 태극이다. 태극이 양의, 사상, 팔괘로 분화되듯이, 온갖 종류의 사물에는 각각의 태극이 내재되어 있다는 뜻이다.

그렇다고 '일자一者'로서의 태극과 '다자多者'로서의 태극이 동일할 수는 없다. 왜냐하면 일자로서의 태극은 본체이며, 다자 세계의 사물에 내재화된 태극은 분화된 양태일 뿐이기 때문이다. 이 둘을 결코 혼동해서는 안된다. 그래서 「계사전」 상편 12장은 '형이상학과 형이하학'의 대상을 차별화했던 것이다.

그렇다면 음양론의 극치는 무엇인가? 그것은 음양으로 분화되기 이전의 경계를 언급한 무극, 태극, 황극의 3극론의 입장에서 조명해야 할 것이다. 무극은 아무 것도 없는 텅빈 상태를 형용하지만, 그것은 생명 창조의 본원이자 귀환처이다. 무극이 질서화되어 나타나는 경계가 곧 태극이며, 또한 무극과 태극이 살아 있도록 하는 운동의 추동력이 황극이다. 3극론의 의의는 사람의 살갗에 겉피부와 속살이 있다고 할 때, 기존의 음양론이 겉피부만을 언급한 것에 지나지 않는 한계점을 극복한 것에 있다. 김일부는 음양의 속살을 낱낱이 파헤쳐 선후천 변화의 당위성을 논증했던 것이다.

3극은 본체의 세 가지 존재 방식이다. 마치 신론에서 일신一神이 조화신造化神, 치화신治化神, 교화신敎化神으로 존재하는 것처럼 무극은 생명의 본원이고, 태극은 만물 창조의 근원이며, 황극은 운동의 본체라 말할 수 있다. 따라서 본체는 부동의 실체가 아니다. 3극의 본체 자체는 각자의 본질을 유지하면서 상호 유기적으로 율려운동律呂運動[6]하는 구조로 이루어져 있다는 뜻이다.

조선조 성리학의 큰 물줄기는 주리론主理論과 주기론主氣論이다. 이들은

6) 율려란 원래 우주 생성의 시공의 핵심이자 선후천 변화의 프로그램을 가리킨다. 그것은 시간의 질적 변화를 통해 드러난다. 따라서 율려란 생명의 물레이자 시간의 파수꾼이다.

특정 지역을 중심으로 발전했기 때문에 자칫 정치적 불협화음을 가져오는 배타성으로 작용하기도 하였다. 주리론은 영남지방을 중심으로, 주기론은 기호지방(경기 지방과 호서 지역, 넓게는 호남 지방까지도 포함)을 중심으로 발전하였다.

실학은 주기론에서 싹틀 기반이 마련되었고, 기철학에서 현실 대응이 뛰어난 사상이 출현했다는 점에서 조선조 후기에 성립된 후천개벽의 논리는 아무래도 주기론 쪽에 무게를 두는 것이 옳다. 왜냐하면 주리론은 명분론과 도덕적 엄숙주의로 흐르는 경향이 많았기 때문이며, 주기론에서 현실과 제도 개혁을 부르짖는 인물들이 많이 배출된 점으로 본다면 개벽사상은 주기론의 입장에서 주리론을 흡수 통합하는 형식을 지녔다고 할 수 있다.

🏶 만물이 생기기 이전의 상태는 어떤 언어로도 표현이 불가능하다. 아무런 형상도 없는 무극이 모든 것을 함축하고 있다. 이를 우리는 우주 생명의 씨앗이라고 부를 수도 있다. 이에 근거하여 물질이 형성되는 찰나에 한 번의 움직임만으로 상호 이질적인 두 힘이 발생한다. 그리고 음양 운동으로 인해 선악과 시비가 생기고 길흉이 나타난다. 이때 형이상학과 형이하학을 구분하는 열쇠는 'meta(초월超越)'를 어떻게 번역하는가에 달려 있다.

2. 진리에 대한 희망이 곧 삶의 힘이다

仁者見之애 **謂之仁**하며 **知者見之**애 **謂之知**오
인 자 견 지　위 지 인　　지 자 견 지　위 지 지
百姓은 **日用而不知**라 **故**로 **君子之道鮮矣**니라
백 성　일 용 이 부 지　고　군 자 지 도 선 의

어진 자는 그것을 봄에 '어질다' 하고, 지혜로운 자는 그것을 봄에 '지혜'라 하고, 백성은 날마다 사용하면서도 알지 못한다. 그러므로 군자의 도가 드물다.

이 귀절에 대한 해석은 크게 둘이 있다. 하나는 전통의 해석이고, 다른 하

나는 『정역』의 해석 방법이 있다. 전자는 인지仁知를 도의 특수 작용으로 보고, 보는 사람의 취향에 따라 달라질 수 있기 때문에 도[本體]에 대한 인식이 어렵다는 뜻이다. 후자에 따르면, 인간 본성과 우주 생명의 핵심은 인仁과 지知라는 것이다. 여기에서 우리는 작용 이전의 본체를 중시할 것인가, 본체에 근거한 운동 이후의 작용을 중시할 것인가 하는 문제에 부딪친다.

보통 사람은 매일 도를 접하여 살아가면서도 그것을 깨닫지 못한다. 그것을 어떻게 알 수 있으며, 어떻게 하면 도의 길을 걸을 수 있는가? 인간은 어떻게 태어나서 어디로 가고 있는가? 이것이 인생의 고민이다. 도는 어디 있는가? 도는 알 수도 없고, 볼 수도 없다. 감각적 인식을 초월해 있기 때문이다. 그러나 『주역』은 작용의 세계에 그 본체가 감추어져 있으며, 본체에 근거해서 활발한 작용이 전개되기 때문에 본체와 작용은 양면성으로 존재한다[顯諸仁, 藏諸用]고 일깨웠다.

『장자莊子』에는 도의 실재성에 대해 나눈 재미있는 일화가 있다. "도란 어디 있습니까?", "도는 무소부재無所不在하다." "너무 추상적입니다. 알기 쉽게 이야기 해주십시오." "도는 개미와 청개구리 속에 있다," "왜 하등한 것으로 내려갑니까?" "도는 기장과 피 속에 들어 있다" "하필 낮은 것에 비유합니까?" "기와장과 벽돌 속에 있다." "짜증납니다." 장자는 웃으면서 "도는 오줌이나 똥 속에 들어 있다."

이 대화의 요지는 도의 무소부재성無所不在性, 편재성遍在性, 초월성超越性과 내재성內在性이다. 도의 본체 인식은 불가능할지라도 도의 작용을 통해서 본체가 존재한다는 것을 알 수 있으며, 도의 작용인 변화 속에서 그 진리를 찾으라는 충고다. 도는 잠시도 인간을 떠나 존재한 적이 없다. 언제나 우리 곁에 있다. 도를 닦지 않으면 도망가고, 도를 닦으면 다시 되돌아오는 따위는 도가 아니다. 도를 닦든 말든 항상 우리 곁을 떠나지 않는 인식의 시발점인 동시에 귀결처인 것이다.

선불교는 순수한 인도 불교가 아니라 장자 사상을 불교화한 형태로 나타난 종교다. 불교를 중국인의 옷에 맞게 변형시킨 선불교의 아버지인 혜능慧能(638-718)은 선의 목적은 자유를 얻는 것이라 하였다. 그는 선배 신수神秀가 "마음에 머물러 침묵을 바라보되 눕지 말고 항상 앉아 있어야 한다[住心觀靜, 長坐不臥]"는 식으로 말한 것을 비판한다. "마음에 머물러 침묵을 바라보는 것은 일종의 병이지 선이 아니다. 마냥 앉아 눕지 않는 것도 육체를 학대하는 짓일 뿐 마음에 무슨 이득이 되겠는가?[住心觀靜, 是病非禪. 長坐拘身, 於理何益]" 혜능은 철저하게 집착함이 없음[無住]을 강조한 사람이다. 그는 승려인가 속인인가는 차별하지 않았지만, 마음을 바깥 대상에 집착하는가 여부에 대해서는 큰 차이를 두었다.

"바깥 세상에 집착하면 바다에 파도가 일렁이듯이 생과 사의 부침이 일어난다. 바깥 세상에 집착하지 않으면 잔잔히 흐르는 강물처럼 생과 사의 굴레에서 벗어난다.[著境生滅起, 如水有波浪, 即名爲此岸. 離境無生滅, 如水常流通, 即名爲彼岸]" 혜능은 도가 사상가들과 마찬가지로 우리의 마음이 죄를 짓지 말아야 할 뿐만 아니라 선행에도 집착하지 말고 선악을 초월해야 한다고 강조했다. "이미 모든 집착에서 자유롭고 선도 악도 생각하지 않는다면, 깍아지른 듯한 허공에 떨어지지 않도록 죽음 같은 고요에 빠지지 않게 주의하라. 그대는 모름지기 학문을 닦고 견문을 더 넓혀라."[7]

일반 사람들은 그것을 모르고 목숨을 걸고 도를 구하려 헤맨다. 그래서 『중용』은 "부부의 어리석음으로도 알 수 있으나, 그 지극함에 이르러서는 성인이라도 알 수 없는 것이 있다"[8]고 말하여 도는 세속을 초월한 관념적 존재가 아님을 강조했던 것이다.

🕮 진리는 항상 내 곁에 있다. 다른 곳에서 찾지 말라.

---

7) 吳經熊/류시화, 『禪의 황금시대』(서울: 경서원, 1998), 86-88쪽 참조.
8) 『中庸』 3장, "雖夫婦之愚, 可以與知焉, 及其至也, 雖聖人亦有所不知焉."

3. 천지의 이치는 말이 없으나 현실에 드러난다. 생명을 낳고 낳는 천지 사업은 참으로 위대하다

顯諸仁하며 **藏諸用**하여 **鼓萬物而不與聖人同憂**하나니
현 저 인   장 저 용   고 만 물 이 불 여 성 인 동 우
盛德大業이 **至矣哉**라
성 덕 대 업   지 의 재

(하늘과 땅의 이치는) 인에서 나타나고, 작용에 감추어져 만물을 고동하되 성인과 더불어 똑같이 근심하지 아니하니, 성대한 덕성과 위대한 사업이 지극하도다.

이 대목 역시 역의 제1의 작용과 효용성을 지적한 말이다. '현顯'은 안에서 밖으로 드러난다는 뜻이고, '저諸'는 '지어之於'의 준말로서 '지之'는 앞에서 나온 '일음일양지위도─陰─陽之謂道'를 가리키는 수식어다.

이 세상에 근거없이 존재하는 사물은 하나도 없다. 만물의 궁극적 원리가 바로 도道다. 이를 『주역』은 인仁으로 규정한 바, 묶어서 말하면 인도仁道다. 만물은 인도라는 유전자 정보의 자기 전개라고도 할 수 있다. 결국 인에 근거하여 음양이 분화되고 복잡다단한 현상으로 전개된다는 뜻이다.

'쓰임[用]'은 작용(function)의 뜻으로서 세상을 움직이는 힘과 질서를 가리킨다. 애당초 천지는 음양으로 만물을 길러내고 그 생명 의지[仁]를 밖으로 드러내지만, 인간이 알기 어렵게 만든다. 그 권능과 조화의 미묘함을 인간의 이성에 잘 포착되지 않도록 숨겨둔다는 뜻이다.

이를 설명하는 가장 적절한 예증은 식물의 성장 과정이다. 식물은 봄에 씨앗이 싹터 여름에는 예쁜 꽃을 피우고, 가을에는 열매를 맺고, 겨울에는 내년 봄에 싹틔울 씨앗을 저장하여 얼지 않도록 감춘다. 봄과 여름에는 가을과 겨울에 감추었던 인仁을 안에서 밖으로 드러내는 반면에, 열매 맺는

작용[用]은 가을과 겨울에 밖에서 안으로 거두어 감춘다는 뜻이다.

하늘과 땅은 생명의 의지가 발현되는 터전이다. 천지는 만물의 생장 활동을 촉진시키지만, 자연 현상으로 보여줄 따름이다. 더더욱 조화의 공로를 뽐내지도 않는다. 그렇다면 인仁을 어디에서 찾을 수 있는가? 그것은 자연 현상을 비롯하여 인류가 창출한 문명과 역사에 아로새겨져 있다. 인의 본체는 작용 속에 숨어 있는 양상으로 존재한다. 본체는 감각에 의존하는 인식 능력으로는 포착 불가능하다. 다만 인간은 작용을 통해서 본체를 직간접으로 읽어낼 수 있다는 것이다.

주자는 『주역』의 '현顯'과 '인仁', '용用'과 '장藏'에 대해 정이천의 말을 인용하면서 체용의 문제로 설명했다. "현은 안에서부터 밖으로 나옴이요, 인은 조화의 공용으로서 덕의 발로이다. 장은 밖에서부터 안으로 들어감이요, 용은 변화의 힘의 미묘함으로서 사업의 근본이다. 정이천은 '천지는 마음이 없으나 조화를 이루고, 성인은 마음이 있으나 인위적인 행위를 하지 않는다'고 말했다."[9]

🔯 본체와 작용은 어디에 새겨져 있는가? 철학의 명료함보다는 천지의 덕성을 배워라!

4. 역은 끊임없는 생성의 과정이다. 그것은 '있음(Being, 존재)'에서 '됨(Becoming, 생성)'으로의 철학을 지향한다.

富有之謂大業이오 **日新之謂盛德**이오 **生生之謂易**이오
부 유 지 위 대 업　　　　 일 신 지 위 성 덕　　　 생 생 지 위 역

成象之謂乾이오 **效法之謂坤**이오
성 상 지 위 건　　　　 효 법 지 위 곤

부유한 것을 위대한 사업이라 하고, 날마다 새로운 것을 성대한 덕성이

---

9) 『周易本義』, "顯, 自內而外也; 仁, 謂造化之功, 德之發也. 藏, 自外而內也; 用, 謂機緘之妙, 業之本也. 程子曰天地, 无心而成化; 聖人, 有心而无爲."

라 하고, 낳고 또 낳는 것을 역이라 하고, 형상을 이루는 것을 건이라 하고, 이치를 본받는 것을 곤이라 한다.

'부유富有'는 온갖 것을 다 갖추어 보듬는 것을 말한다. 모든 존재를 포용하는 것은 땅의 사명이다. 성대한 덕성의 특징은 날마다 새로워짐에 있다. 날마다 새로워져 생명 사랑을 멈추지 않는 것은 하늘의 본질이다. '대업'은 만물을 두루 포용하는 공간의 풍요로움을, '성덕'은 만물에게 생명력을 불어넣는 시간의 은혜를 뜻한다.

이 대목은 삶을 예찬하고, 죽음도 삶의 연장이라는 『주역』이 말하는 제2의 작용이다. '낳고 낳는 것을 역이라 한다[生生之謂易]'란 말이 시사하듯이, 생명이 영속하는 까닭은 '지극한 사랑' 때문이다. 그것은 온갖 종류의 만물이 각각 자신을 희생하여 다음 세대에게 넘겨주는 숭고한 정신이 곧 생명 의지인 까닭에 천지의 본성을 인仁으로 규정했던 것이다. 또한 천지의 작용에는 일정하고도 엄정한 규율이 있다는 것이 바로 '지知'이다.

'건乾'은 하늘을 대표한다. 또한 건은 생명력으로 가득 찬 만물을 변화하게 만드는 최종 근거다. 하늘은 천체권의 태양과 달과 별들의 운행을 비롯하여 모든 물체에 생명력을 부여한다. 이것이 바로 역의 제2의 작용이다.

'이치를 본받는 것을 곤이라 한다[效法之謂坤]'는 말은 역의 제3의 작용을 가리킨다. 노자 역시 '도는 하나를 낳고, 하나는 둘을 낳고, 둘은 셋을 낳고, 셋은 만물은 낳는다[道生一, 一生二, 二生三, 三生萬物]'라고 말하여 '천지의 끊임없는 공능[生生作用]'에 동의했다. 『주역』은 천지로부터 하찮은 사물에 이르기까지 모든 것은 변화한다고 말한다. 도의 구체적인 작용은 무엇인가? 도는 사물을 낳고 낳는 '생명의 영속성[生生]'이다.

✿ 천지의 위대한 공능은 생명의 지속에 있다.

5. 수의 극한을 통찰하여 미래를 예견하는 것이 곧 천지 사업을 아는 것이다

極數知來之謂占이오 **通變之謂事**오
극 수 지 래 지 위 점　　통 변 지 위 사

수의 궁극적 이치를 추구해서 미래를 아는 것을 점이라 하고, 변화의 일에 통하는 것을 사업이라 한다.

상수학의 극치는 미래를 인식하는 것에 있다. 이것이 바로 『주역』이 갖는 예언서의 특징이다. '수'란 아라비아 숫자로 나열된 단순한 숫자 배합이 아니라, 각 숫자 하나하나에는 고유한 의미가 담겨 있다. '미래를 아는 것'의 정체는 무엇인가? 그것은 개인의 운명을 예측하는 사주학四柱學의 범주를 넘어서 인류 역사 혹은 천지의 위대한 사업을 아는 것에 있다.

숫자로써 괘를 구하는 것이 점占이요, 짐승의 뼈를 불에 그을려 나타나는 형상을 보고 괘를 구하는 것은 '복卜'이다. 이밖에도 점치는 방법에는 동전 던지기, 시초점 등과 같은 다양한 수단이 동원되었다.

점은 미래의 일을 현재로 끌어들여 미리 파악하는 일종의 지식 행위다. 미래를 아는 일은 식욕, 성욕 다음으로 인간이 가장 알고 싶어 하는 것 중의 하나다. 그것은 신명이 가르쳐줘서 알거나, 어떤 도구(쌀, 동전, 시초풀 등)를 사용하여 나타난 징조를 보고 해석하는 경우가 있다. 옛 사람들은 점의 해석에 대한 합리성을 확보하기 위하여 무척 고심했다. 점의 신비는 하늘의 의지를 읽는 것에서 찾아야 마땅할 것이다. 여기서 벗어나면 술수가로 전락하고 만다. 결국 하늘의 의지를 중계 방송하는 작업이 바로 점치는 행위인 것이다.

일상에서 말하는 운명감정運命鑑定은 『주역』의 종지와는 거리가 한참 멀다. 『주역』에서 말하는 점占은 원래 하늘의 뜻을 묻는 데 있다. 점치는 행위를 영어로 옮긴다면 Divination(점占, 예언, 예견)과 Fortunetelling(점, 길

흉 판단; 따라서 fortuneteller는 점치는 사람 또는 사주 관상가로 번역된다)이다. 전자는 하늘의 뜻을 신에게 물어서 해결책을 찾는 신탁이며, 후자는 개인의 운명을 예견하는 일체의 행위를 가리킨다. 『주역』은 전자를 지향한다. 후자의 폐단은 동양의 역사에서 이루 헤아릴 수 없었다.

복희팔괘는 왜 1, 2, 3, 4[乾兌離震]와 5, 6, 7, 8[巽坎艮坤]이라는 비교적 안정된 배열임에도 불구하고 현실에서는 불균형 현상으로 나타나는가?[10] 또한 문왕팔괘는 왜 복희팔괘의 방위와 수가 다르게 나타나는가? 문왕팔괘는 낙서洛書의 숫자 배열과 일치한다. 문왕팔괘의 수 배열의 목적은 그 합이 '10'을 지향하는 데 있다. 그것은 정역팔괘로의 전환에 목적이 있다고 할 수 있다.[11]

『주역』과 마찬가지로 '미래를 아는 일'이 인간의 궁극적 관심사라는 것이 정역사상의 기본 입장이다. 그 근거는 바로 '하도낙서'에 있다. 따라서 '점'의 위상도 선후천 변화와 연관된 개념으로 확대시킬 수 있다. '점'은 진리를 아는 방법이며, 그 구체적 내용이 다름아닌 '통변通變'이다. '통변'의 풀이는 두 가지가 있다. 하나는 변화의 일에 능통한다는 것이고, 다른 하나는 선천에서 후천으로 바뀌는 일정한 절차를 통과하여 변화한다는 풀이가 있다. 정역사상은 후자를 견지한다.

🏵 상수론은 미래를 아는 것으로부터 비롯되었다. 그것은 『주역』이 예언서로 오해받는 이유 중의 하나였으나, 그 진정한 목표는 천지의 섭리를 아는 것으로 귀결된다.

---

10) 겉으로 보기에 복희괘는 남북의 乾坤卦를 비롯하여 서북과 동남의 艮兌는 少男少女, 동과 서의 離坎은 中男中女, 동북과 서남의 震巽의 長男長女가 음양짝을 이룬다. 하지만 남북의 乾坤이 天地否(䷋)의 형상으로 만물이 비정상으로 생성됨을 상징한다. 이처럼 복희괘를 天地否로 해석하여 『周易』에 대한 재해석을 시도한 것은 조선조 말기의 金一夫다.

11) 문왕팔괘도는 지축이 기울어진 상태를 묘사한 것이라고 한동석은 단언한다. 전국에서 점치는 것을 직업으로 삼는 이들이 문왕팔괘의 도상을 간판으로 내건 이유는 자못 흥미롭다.

6. 신은 명사인가, 형용사인가? 우주와 신의 문제를 융합할 수 있는 안목이 필요하다

陰陽不測之謂神이라
음 양 불 측 지 위 신

음과 양의 움직임을 헤아리기 어려운 것을 일컬어 신이라 한다.

'신神'을 순수한 우주 원리로 보는 것, 즉 추상적이기 때문에 알 수 없는 존재가 곧 신이라는 것이 전통의 해석이다. 즉 '음양의 조화를 헤아릴 수 없는 것이 바로 신'이다. 이런 연유에서 절대자를 신봉하는 종교가 성립되지 않았던 동양에서는 신 자체를 논의하는 신학이 발전하지 못했다. 달리 표현해서 불가사의한 것 자체가 신이라는 것이다. 그것은 언어와 인식의 한계를 넘어서는 경지를 뜻한다. 따라서 학자들은 인격신 또는 자연신 등의 존재를 의심하는 경향으로 나아갔다.

여러 문명권에서 숭배하고 있는 신은 수많은 모습을 지니고 있다. 즉 신은 얼굴 있는 신과 얼굴 없는 신이 있다. 이 세상에서 겉으로 드러난 모든 현상은 신의 또다른 얼굴이다. 모든 길은 신으로 향하고 있는 셈이다. 신은 모든 사물에는 내재해 있다.[12] 각각의 신들은 그들이 존재하는 이유와 목적이 있다. 만일 신들이 없다면 이 세계는 존립 기반이 무너질 것이다.

「계사전」5장은 '일음일양지위도-陰-陽之謂道'에서 시작하여 '음양불측지위신陰陽不測之謂神'으로 끝맺는다. 그것은 우주에 대한 본체와 작용의 문제 및 신관으로 압축된다. 음양은 도체道體의 작용이다. 과거에는 음양의 차원에서 운동을 말하고, 도체는 운동의 근거로서 영구 불변의 실체라고만 인정했다. 음양 운동의 현묘성을 우주관에서만 다루었다는 뜻이다. 따라서 신관의 시각으로 새롭게 조명할 필요가 있다.

---

12) 呪文은 모두 신을 향한다. 불교의 인사법인 合掌은 내 안에 있는 신이 상대방의 안에 있는 신을 알아본다는 뜻이 담겨 있다. 그것은 만물에 신이 깃들어 있다는 말과 틀리지 않다.

✿『주역』의 해석사에서 우주의 본체와 작용에 대한 담론을 신학과 결합하여 심도 있는 논의가 지속되지 못한 것이 아쉽다. 특히 상수에 기반한 점은 사주 명리학의 대상이 아니고, 하늘의 섭리를 깨닫는 것에 있다. 천문과 복서술卜筮術에 밝았던 곽박郭璞(276-324)과 정치가 왕돈王敦(266-324)의 비극적인 만남을 통해서도『주역』을 점서로 왜곡시켜서는 안 될 것이다.

정역사상의 연구자 이상룡李象龍은「계사전」상편 5장의 성격을 다음과 같이 설명한다.

一陰一陽之謂道는 曆數讓己也라
일 음 일 양 지 위 도　　역 수 양 기 야

"한 번은 음하고 한 번은 양하는 것을 도라고 일컫는다"는 말은 시간의 선험적 질서[曆數]가 천간의 기己 중심으로 넘어가는 사건을 뜻한다.

繼之者善, 成之者性은 圍后天之萬物而言之也라
계 지 자 선　성 지 자 성　　유 후 천 지 만 물 이 언 지 야

"그것을 잇는 것은 선이요, 그것을 이루는 것은 원래부터 가지고 태어난 본성이다"라는 것은 후천에 존재하는 만물을 지적해서 말한 것이다.

君子之道鮮矣는 仁知山水也나 而蒙昧而不知也라
군 자 지 도 선 의　　인 지 산 수 야　　이 몽 매 이 부 지 야

"군자의 도가 드물다"는 말은 인자요산仁者樂山 지자요수知者樂水이나, 무지몽매한 사람은 알지 못한다는 뜻이다.

不與聖人同憂는 天地之所不能也라
불 여 성 인 동 우　천 지 지 소 불 능 야

"성인과 더불어 똑같이 근심하지 아니한다"는 말은 천지도 능할 수 없다는 뜻이다.

生生之謂易은 天地不曾壞了也라
생 생 지 위 역   천 지 부 증 괴 료 야

"낳고 낳은 것을 역이라 한다"는 말은 천지는 파멸되지 않는다는 뜻이다.

成象之謂乾, 效法之謂坤은 天政垂虛影之事요
성 상 지 위 건 효 법 지 위 곤   천 정 수 허 영 지 사
地政彰實體之業也라
지 정 창 실 체 지 업 야

"형상을 이루는 것을 건이라 하고, 이치를 본받는 것을 곤이라 한다"는 말은 하늘의 정사는 빈 그림자를 드리우는 것이고, 땅의 정사는 실체의 사업을 빛내는 것이다.

極數知來謂之占, 通變之謂事는 无數无變이면
극 수 지 래 위 지 점 통 변 지 위 사   무 수 무 변
原易從何處認出來乎아
원 역 종 하 처 인 출 래 호

"수의 궁극적 이치를 추구해서 미래를 아는 것을 점이라 하고, 변화의 일에 통하는 것을 사업이라 한다"는 말은 수도 없고 변화도 없다면, 원역原易(윤역과 정역의 뿌리)을 어디서 알 수 있겠는가?

陰陽不測之謂神은 曆之陰陽이 有促短舒長之道니 大哉라
음 양 불 측 지 위 신   역 지 음 양   유 촉 단 서 장 지 도   대 재
神之所以爲神也인저
신 지 소 이 위 신 야

"음과 양의 움직임을 헤아리기 어려운 것을 일컬어 신이라 한다"는 말은 책력을 구성하는 음양 법칙에 짧고 길게 하는 이치가 있으니, 위대하도다. 신이 신 될 수 있는 까닭이여!

이 세상 모든 학문의 최고 원리에 통달하고자 한다면 반드시 역을 이해해야 한다. 그래야만 세상의 이치를 원용관통하여 현실적 응용이 가능하기 때문이다. 역의 세계는 너무도 넓고 커서 멀기로 말하면 끝간 데가 없을 정도로 한계가 없고, 가깝기로 말하면 고요히 눈앞에 있어 천지의 모든 것이 모두 갖추어져 있다는 것이다.

1. 지극히 깊고 넓고 무한한 역의 세계

夫易이 **廣矣大矣**라 **以言乎遠則不禦**하고
부 역   광 의 대 의   이 언 호 원 즉 불 어

以言乎邇則靜而正하고 **以言乎天地之間則備矣**라
이 언 호 이 즉 정 이 정   이 언 호 천 지 지 간 즉 비 의

대저 역의 세계는 넓고도 크다. 먼 곳을 말하면 포괄하지 못하는 것이 없고, 가까운 곳을 말하면 고요해서 올바르고, 천지 사이를 말하면 온갖 것을 다 갖추었다.

'넓은 광廣'은 곤괘의 이치를, '클 대大'는 건괘의 이치를 지시한다. 건곤괘에 담긴 이념을 비롯한 64괘 384효에 담긴 내용으로 세상의 온갖 사건을 설명할 수 있다. 먼 곳과 가까운 것을 막론하고 세상의 모든 이치를 담지했다는 뜻이다. 『주역』은 망원경으로 들여다보아도 한계가 없는 거시 세계[遠], 최첨단의 현미경으로 들여다보아도 이해할 수 없는 미시 세계[邇]를 꿰뚫고 있다. 더욱이 『주역』은 정당한[正] 가치의 문제를 얘기하고 있기 때문에 사악한 마음으로는 아무리 읽어도 제대로 알 수 없다는 것이다.

하늘은 너무 광대하여 하늘 아래의 모든 것을 다 덮어주고도 남고, 땅은 지극히 넓고도 두터워 땅 위의 모든 것을 다 실을 수 있다. 하늘과 땅 사이

의 모든 원리를 함축한 『주역』은 만물의 존재 이유를 설명할 수 있다는 것
이다. 만약 하늘의 일[天道]에만 매달리거나 혹은 땅의 일[地道]에만 편중
하거나, 인간사[人道]에만 몰두해서는 곤란하다. 편식이 건강에 해로운 것
과 마찬가지로 『주역』은 제반 학문 사이[學際'間']의 경계를 무너뜨릴 것을
부추긴다.[1] 이는 현대의 복잡다단하게 세분화된 학문 사이의 벽을 무너뜨
려 통합적 시각을 확보해야 한다는 경고라고 할 수 있다.

✡『주역』은 유형과 무형을 넘어서 거시와 미시를 함축한 거대 담론이다.

2. 건곤은 세상의 모든 이치를 포괄하다

夫乾은 **其靜也專**하고 **其動也直**이라 **是以大生焉**하며
부 건　　기 정 야 전　　기 동 야 직　　시 이 대 생 언
夫坤은 **其靜也翕**하고 **其動也闢**이라 **是以廣生焉**하나니
부 곤　　기 정 야 흡　　기 동 야 벽　　시 이 광 생 언

건은 고요할 때는 오로지 전일하고 움직일 때는 곧기 때문에 크게(큼이)
생한다. 곤은 고요할 때는 오므렸다가도 움직일 때는 활짝 펴지기 때문
에 광범위하게(넓은 공간을) 생한다.

고요함이 극한의 경지에 이른 상태가 '한결같음[專]'이고, 그것은 순수한
양[純陽]이 고요함의 극치에 도달한 것을 뜻한다. 그런데 고요함이 극한에

---

1) 우리나라 역사에서 오천 년 이래 최고의 명문장이라 손꼽히는 「夜出古北口記」를 지은
燕巖 朴趾源(1737-1805)은 『熱河日記』에서 '사이[間]'에 대한 깊은 철학적 사유의 통찰
을 실었다. "'사이'란 무엇인가? 흔히 생각하듯, 두 견해 사이의 중간이나 평균을 뜻하는
건 결코 아니다. 양변의 절충이나 타협으론 결코 새로운 길이 열리지 않기 때문이다. 이
것과 저것, 그 양변을 떠난 제3의 변이형이라 할 수 있다. 그것은 하나의 고정된 가치나
방향을 갖는 것이 아니라 삶의 구체적 장면 속에서 매 순간 새롭게 구성되어야 한다. 주
체와 대상 사이의 경계를 허물어야 한다. 그래야 外物 '사이에서' 나도 아니고 외물도 아
닌, 전혀 새로운 '관계의 장'이 펼쳐져 경이로운 생성의 장이 열린다. 이것이 바로 연암이
삶과 죽음 '사이에서' 도달한 경지이다."(고미숙·길진숙·김풍기, 『세계 최고의 여행기-
열하일기』서울: 그린비, 2008, 12-13쪽.)

이르면 '문득' 움직이기 시작한다. 건乾이 일단 움직이면 그 힘은 막강하다. 가냘픈 몸매의 여성 골프 선수를 예로 들어보자. 골퍼가 골프채로 공을 임팩트하는 순간에 빅뱅이 일어난다. 이처럼 어느 한 순간에 엄청난 힘이 퍼지는 것을 '대大'라고 표현한 것이다.

천지만물의 위대함은 바로 건의 작용에서 비롯된 것이다. 한 톨의 씨앗이 어떻게 땅 속에서 싹을 틔울까? 오직 정적 상태에서 씨앗이 발아되어 고요함을 유지하다가 생명력이 폭발할 시기에는 '곧게 쭉 뻗치는 양상[直]'으로 나타난다. 그 작용은 정말 놀라울 정도로 위대하다. 갓난아기가 어머니 뱃속에서는 고요하게 양육되다가 때가 되어 '펑'하는 소리와 함께 출생하는 이치와 똑같다. 곤괘의 작용 역시 고요한 때에는 움츠렸다가 활동할 때에는 활짝 펴진다. 그래야만 광대무변한 공간이 생길 수 있기 때문이다.

생명은 동정動靜 속에서 태어났다가 생성과 소멸의 과정을 거친다. 곤坤(토土가 새롭게 널리 펴진다는 뜻)은 건에 비해 정태적이다. 그러나 곤 역시 그 자체에 동과 정이 공존한다. 곤의 고요함[靜]은 꽃송이로 비유될 수 있다. 꽃이 피기 전의 꽃망울 상태가 바로 곤의 고요함[翕]이다. 일단 꽃이 필 때는 어느 순간 한꺼번에 '열린다(활짝 펼쳐질 벽闢)'는 것이다.

도교의 장생불사설에 "장생하려면 뱃속이 항상 비어 있어야 한다. 만약 죽지 않으려면 창자 속에 배설물이 없어야 한다"는 말이 있다. 인간은 대부분 '굶어 죽는 것'이 아니라 '먹어 죽는' 존재다. 건과 곤을 남녀의 생식기로 보는 견해가 심심치 않게 논의된 적이 있었다. 그것도 근세에 이르러 서양 인류학의 영향을 받은 학자들에 의해 제기되었다. 건은 뻣뻣한 남자의 생식기, 곤은 부드러운 여자의 생식기를 상징한다는 것은 생식기 숭배에서 비롯된 견해일 뿐이다. 전혀 틀린 말은 아니지만, 이러한 견해가 전부일 수는 없다.

☆ 건곤은 만물의 뿌리로서 장엄한 세계가 펼쳐지는 시공의 모체다.

3. 『주역』은 자연에 기초한 보편적인 학문이다

廣大는 **配天地**하고 **變通**은 **配四時**하고 **陰陽之義**는
광 대   배 천 지   변 통   배 사 시   음 양 지 의

配日月하고 **易簡之善**은 **配至德**하니라
배 일 월   이 간 지 선   배 지 덕

(공간적으로) 넓고 (시간적으로) 큼은 천지에 짝하고, 변통은 4계절에 짝하며, 음양의 뜻은 일월에 짝하며, 쉽고 간명한 선은 지극한 덕에 짝한다.

『주역』의 원리를 가장 잘 설명할 수 있는 술어는 원형이정元亨利貞[生長收藏]이다. 그것은 생명이 순환하는 원리다. 어떤 사물이 아무리 광대할지라도 시공간의 범위를 넘어서는 존재는 없다. 이는 광대한 하늘[天, 乾]과 땅[地, 坤]을 찬양한 표현이다.

역도易道는 생명이 순환하고 변화하는 이치를 뜻한다. 『주역』은 생명의 길을 64괘의 부호로 암호화했다. 『주역』은 생명의 길을 천지일월이 순환하는 음양 법칙으로 설명하는데, 천지일월은 음양의 변화로 나타난다. 이점에서 『주역』은 천지일월의 창조와 변화의 이치를 밝힌 생명 철학이라할 수 있다.

천지의 이법은 4계절의 변화를 통해 가장 뚜렷하게 드러난다. 봄은 왜 따뜻하고 여름은 더우며, 가을은 왜 신선하고 겨울은 추운가? 이런 4계절 변화의 대세를 안다면 인생의 이치도 알기 쉬울 것이다. 불교에서는 삶이 고달프다고 말하여 인생을 소금보다도 더 짠 '고해苦海의 바다'로 비유했다. 인간은 시간의 화살에 의해 생로병사의 과정을 거쳐 반드시 죽는다. 아무도 시간의 법칙을 비껴갈 수 없듯이 말이다.

노화의 법칙인 생로병사는 자연의 춘하추동과 하등 다를 바가 없다. 태어남은 봄이요, 성장함은 여름이요, 늙어서 병에 걸리는 것은 가을이요, 삶을 마감하는 것은 겨울이다[變通配四時]. 세상에 와서 한 바탕 실컷 놀다가, 뒤에 놀러 오는 사람을 위해 자리를 양보하는 것이 인생인 것이다.

무엇을 음양이라 하는가? 이를 설명하는 가장 좋은 예는 해와 달이다. 역의 이치는 이처럼 쉽고도 간단하다[易簡]. 세상에서 가장 심오한 것은 어려운 것이 아니라 오히려 쉽고도 간단한 것이다. 유교에서 말하는 최고의 이상적 경계는 도달하기 어려운 것이 아니라, 바로 가까이 있는 쉽고도 간단한 평범한 일상 생활에 있다. 그러므로 유교는 사람 냄새가 물씬 풍기는 공동체[大同世界]를 지향한다. 도덕의 성취는 피안의 세계에서 이루어지는 것이 아니라, 바로 지금 여기의 차안의 세계다. 그것은 역사 의식의 고취인 동시에 인간학의 목표이기도 하다.

해와 달은 역학 성립의 근간이다. 역易이라는 글자부터가 해[日]와 달[月]의 합성어다. 애당초 역학의 형성은 천문 현상과 밀접한 관련이 있다.[2] 『서경書經』에 따르면, 일월성신을 관찰하여 백성들이 농사짓는데 편리한 시간을 알려주는 것이 바로 역曆(= 역易)이라 규정했다.[3] 해와 달의 운행으로 말미암아 시간이 존재한다는 것이다. 이를 바탕으로 시간의 규칙성을 측정하는 천문학이 발전했던 것이다.

『주역』은 일월의 운행을 근간으로 삼아 자연의 법도를 밝힌 학술서다. 음양 법칙으로 시간을 재는 행위는 역학의 성립과 발전에 지대한 영향을 끼쳤다. 해와 달의 운행을 비롯한 천체의 움직임을 관측하는 일은 천문학의 전제인 동시에 우주변화의 원리를 탐구하는 사유의 틀로 자리잡게 하였다.

🏵 이를 바탕으로 후대에는 음양론과 오행론을 결부시켜 자연과 인간, 역사와 문명의 질서를 통일적으로 설명하는 시도가 활발하게 진행되었다.

---

2) 이밖에도 易에는 규칙적으로 운행하는 태양[日]과 달의 운행에 어긋나지 말라[勿]는 의미도 있다.
3) 『書經』「虞書」"堯典", "乃命羲和, 欽若昊天, 曆象日月星辰, 敬授人時."

정역사상의 연구자 이상룡李象龍은 「계사전」 상편 6장의 성격을 다음과 같이 설명한다.

以言乎遠則不禦는 大瀛之環이 无思不服也오
이 언 호 원 즉 불 어　대 영 지 환　무 사 불 복 야

以言乎邇則靜而正은 至人之方寸이 不回不撓也오
이 언 호 이 즉 정 이 정　지 인 지 방 촌　불 회 불 요 야

以言乎天地之間則備矣는 子開而丑闢이 乃无餘蘊也라
이 언 호 천 지 지 간 즉 비 의　자 개 이 축 벽　내 무 여 온 야

"먼 곳을 말하면 포괄하지 못하는 것이 없다"는 말은 넓은 바다의 둘레처럼 생각으로 수긍하지 않을 수 없을 정도이고, "가까운 곳을 말하면 고요해서 올바르다"는 것은 지인至人의 마음이 흔들리거나 어지럽지 않다는 것이고, "천지 사이를 말하면 온갖 것을 다 갖추었다"는 말은 선천이 자子에서 열리고, 후천은 축丑에서 열림은 분명한 사실이다.

四營而成易과 十有八變而成卦는 先天陰陽復之之度也오
사 영 이 성 역　십 유 팔 변 이 성 괘　선 천 음 양 복 지 지 도 야

九營而成爻와 五十四營而成卦는 后天陰陽復之之理也라
구 영 이 성 효　오 십 사 영 이 성 괘　후 천 음 양 복 지 지 리 야

"4번 경영을 거친 다음에 역이 이루어지고, 18번 변해서 괘를 이룬다"는 말은 선천 음양이 회복하는 도수요, 9번 경영해서 효를 이루고 54번 경영한 다음에 괘가 이루어지는 것은 후천 음양이 회복하는 이치인 것이다.

是以大生焉, 是以廣生焉은 闢之以地十하여 四方中央備矣라
시 이 대 생 언　시 이 광 생 언　벽 지 이 지 십　사 방 중 앙 비 의

"큼(시간)을 생기게 하고 넓음(공간)을 생한다"는 말은 땅의 수 10으로 열려 사방과 중앙이 갖추어진다는 뜻이다.

配天地配四時配日月配至德은 先生之光華也라
배 천 지 배 사 시 배 일 월 배 지 덕　　선 생 지 광 화 야

"(넓고 큼은) 천지에 짝하고, (변통은) 4계절에 짝하며, (음양의 뜻은) 일월에 짝하며, (쉽고 간명한 선은) 지극한 덕에 짝한다"는 말은 일부선생의 빛나는 업적을 의미한다.

2008년 금융 위기를 불러온 장본인들은 세계 최고의 명문 대학을 졸업한 우수생들이다. 돈을 벌기 위한 수단으로 배운 지식을 악용하여 도덕성을 팽개친 결과는 혹독했다. 사회와 조직 구성원의 행복은 거추장스런 굴레일 뿐이다. 사회적 가치와 개인적 가치의 전도로 말미암아 세상은 온통 돈벼락맞기에 여념이 없다. 하늘과 땅의 소중함을 잃어버리고 '나'를 위해 '우리'가 희생의 도구로 전락한 어처구니 없는 현상이다.

1. 성인을 통해『주역』의 세계가 밝혀지고 전승되다

子曰 易이 **其至矣乎**인저
자 왈 역　　기 지 의 호

夫易은 **聖人**이 **所以崇德而廣業也**니
부 역　　성 인　　소 이 숭 덕 이 광 업 야

知는 **崇**코 **禮**는 **卑**하니 **崇**은 **效天**하고 **卑**는 **法地**하니라
지　　숭　　예　　비　　숭　　효 천　　비　　법 지

공자가 말하기를 '역이 지극하구나!' 대저 역은 성인이 덕을 드높이고 사업을 넓히기 위해서 만든 것이다. 앎은 높임이고 예는 낮춤인데, 높임은 하늘을 본받고 낮춤은 땅을 본받은 것이다.

『주역』의 교훈은 지극하다.[1] 성인은 덕을 쌓아 천지 사업을 펼치기 위해 『주역』을 지었다. 지적인 형이상의 세계는 끝이 없고, 앎[知]의 세계는 하늘 같이 높다. 반면에 예는 몸을 낮추는 것이다. 뜻은 하늘처럼 높고 넓게 하고, 실천과 예절은 땅처럼 낮추어 쉽고 가까운 데서부터 시작해야 한다는 뜻이다.

---

1) 이곳의 주어는 만물의 변화를 뜻하는 易 자체로 보는 경우와, 만물의 변화를 성인이 체계적으로 집약한 『주역』 책으로 인식하는 경우가 있다.

지식에 대한 호기심의 차원에 머물거나 스스로를 낮추는 예의가 없다면, 그것은 지적 사유의 맴돌이에 지나지 않을 따름이다. 비록 앎이 먼저이지만 반드시 실천이 뒤따라야 한다. 평생 지행합일知行合─을 몸소 실천한 퇴계退溪 이황李滉(1501-1570)은 행위에 연결되지 않는 배움은 죽은 지식에 불과하다고 가르쳤다.

인간은 하늘에 대한 앎을 지향하고, 땅의 겸손한 덕성을 따라야 한다. 알면 알수록 스스로를 낮추는 행위는 인격의 키를 드높인다. 몸집은 예전에 비해 훨씬 커진 반면에 인격성이 얄팍해진 것이 현대 사회의 부작용이다. 지갑 불리기에 노력하는 만큼 마음의 무게도 두텁게 하려는 노력이 아쉽다. 한마디로 내면의 아름다움은 사라지고, 외모만 화려해지는 외화내빈外華內貧에 시달리는 것이 현대인의 자화상이다.

✡ 역학은 곧 성인학이다. 성인의 목표는 천지의 도덕 사업[崇德廣業]에 있다. 그것은 지식 탐구[知]와 실천[禮]을 통해 가능하다.

2. 천지는 가치의 근원이고, 정의와 윤리 세계로 들어가는 관문이다.

天地設位어든 **而易**이 **行乎其中矣**니
천 지 설 위　　이 역　　행 호 기 중 의
成性存存이 **道義之門**이라
성 성 존 존　　도 의 지 문

천지가 제자리를 베풀거든 역이 그 가운데서 실행되니, (이미) 이루어진 성품을 보존하고 보존하는 것이 도의를 지키는 문이다.

이 대목에 대한 전통의 해석은 「계사전」 상편 1장의 "하늘은 높고 땅은 낮다. 이를 본떠서 건곤이 정해진다[天尊地卑, 乾坤定矣]"라는 명제의 연장선에서 풀이하는 것이 정설이다. 복희팔괘도는 건곤이 남북으로 제자리를 잡는 것으로부터 시작하여 여섯 자녀[坎離震巽艮兌][2]의 출생을 거쳐 나머지 56괘를 낳는다는 것이다.

그렇다면 '천지설위天地設位'는 「설괘전」 3장의 '천지정위天地定位'와 『정역正易』에 나오는 '천지정위天地正位'와 무엇이 같고, 다른 점은 무엇인가? '천지설위天地設位'와 '천지정위天地定位'는 소강절에 의해 복희팔괘도 출현의 근거로 인정되었다. 복희팔괘도의 구조는 하늘이 위에, 땅은 아래에 위치하고 나머지 여섯 괘는 사방의 공간으로 확장된 형태이다.

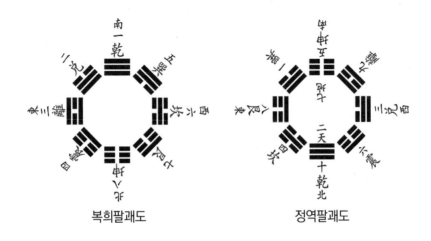

복희팔괘도   정역팔괘도

하지만 시종일관 선후천론을 견지한 김일부의 정역사상에 이르면, '천지정위天地定位'는 복희팔괘도의 선천을, '천지설위天地設位'는 제3의 정역팔괘도를 상징하는 후천을 뜻한다. 전자는 천지비天地否(䷋)를, 후자는 지천태地天泰(䷊)를 가리킨다. 거꾸로 놓였던 하늘과 땅이 제자리를 잡는 과정이 '천지설위天地設位'이며, 그 결과가 곧 '천지정위天地正位'라는 것이다.

이미 성숙된 성품를 보존하고 보존하는 것[成性存存]은 『중용』 1장의 "하늘이 명을 부여한 것을 본성이라 하고, 그 본성을 따르는 것을 도라 하고, 도를 닦는 것을 가르침이라 한다[天命之謂性, 率性之謂道, 修道之謂敎]"

2) 문왕팔괘도가 남북의 坎離를 핵심으로 삼아 天地正位에 도달하려고 몸부림치는 과정으로 인식하는 것이 바로 정역사상이다.

와 연결해서 이해해야 할 것이다. 인간 본성을 성숙시켜 완성한다는 것은 어떻게 가능할까? 유학의 궁극적 물음이다. 여기에는 시간 의식이 개입되어야 마땅하다. '성숙한 성품'은 묵은 때를 씻는 수양을 통해 이루어지는 도덕의 완성을 뜻한다.

맹자와 순자에서 비롯된 인간 본성론은 치열한 논쟁이 있었으나, 아직도 명쾌한 해답이 없다. 그렇다면 자연의 완성이 없이 과연 인간의 완성이 이루어질 수 있으며, 역사가 제대로 굴러 갈까라는 의문이 생기지 않을 수 없다. 조선조 말기의 재야학자였던 김일부는 이러한 문제에 대해 근원적 차원에서 물음을 던지고 해답을 얻으려고 골몰했던 것이다.

경제학자 아담 스미스Adam Smith(1723-1790)는 가장 이기적인 개인들이 가장 애국적인 국민이 될 때, 그것이 곧 이상 국가라고 했다. 그것은 자본주의적 발상 위에서 세워진 하나의 이론일 뿐이다. 인간의 욕망은 무한하고, 그 욕망을 채워줄 수 있은 재화는 유한하기 때문이다. 유한한 재화로 무한한 욕망을 충족시킬 수는 없다. 물론 욕망의 절제가 필요하다는 주장이 뒤따라 나올 수밖에 없다.

자본주의는 기본적으로 인간의 욕망을 인정하는 데서 출발한다. 그 욕망은 끝간 데를 모른다. 유교는 절제節制 혹은 절욕節慾을 강조했지, 금욕禁慾을 주장하지는 않았다. 그 방법으로 나타난 것이 곧 예의 질서다. 그럼에도 인류 역사를 통틀어 욕망을 채우기 위한 숱한 전쟁이 일어났다. 그래서 전쟁의 원인을 인간의 사악한 본성 내부에서 찾거나 정치 환경의 탓으로 돌리는 버릇도 생겼다.

공산주의의 목표는 전체가 '하나'로 되자는 것에 있다. 그래서 평등을 내세운다. 개성이 파괴되는 사회는 생명력이 없다. 하지만 자본주의는 개인의 자유를 바탕으로 능력을 최대한 이끌어내도록 유도한다. 자유의 충돌을 막을 재간이 없기 때문에 현대 사회의 관건은 자유와 평등을 어떻게 조화하는 것에 달려 있다.

🏠 천지는 천지비(䷋)의 세상에서 지천태(䷊)의 세상을 겨냥한다. 도道는 체體고, 의義는 용用이다. 도의道義는 곧 Kant가 말하는 일종의 정언명법定言命法(지상명령至上命令)의 당위에 해당된다고 할 수 있다. 한마디로 도체와 의리는 행위와 실천의 근거인 것이다.

정역사상의 연구자 이상룡李象龍은 「계사전」 상편 7장의 성격을 다음과 같이 설명한다.

崇效天, 卑法地는 二七乾巛之開闢乎指掌也라
숭 효 천   비 법 지   이 천 건 곤 지 개 벽 호 지 장 야

"높임은 하늘을 본받고 낮춤은 땅을 본받은 것이다"라는 말은 수지도수手指度數에서 이천二天 칠지七地의 건곤으로 개벽되는 것을 뜻한다.

天地設位而易行乎其中은 十五乾巛之成度於中指也라
천 지 설 위 이 역 행 호 기 중   십 오 건 곤 지 성 도 어 중 지 야

"천지가 제자리를 베풀거든 역이 그 가운데서 실행된다"는 말은 (정역팔괘도의) 십건十乾과 오곤五坤의 도수가 가운데 손가락[中指]에서 완수되는 것을 뜻한다.

成性存存, 道義之門은 性情正而義理直하여
성 성 존 존   도 의 지 문   성 정 정 이 의 리 직

出入乎十无之門也라
출 입 호 십 무 지 문 야

"(이미) 이루어진 성품을 보존하고 보존하는 것이 도의를 지키는 문이다"라는 말은 인간의 본성과 감정 및 의리가 곧고 올바르게 되어 10무극의 문으로 출입하는 것을 뜻한다.

진리와 언어의 문제는 철학자들의 골칫거리였다. 일찍이 노자老子는 "언어로 표현할 수 있는 도는 진정한 의미의 도가 아니다. 이름 붙일 수 있는 이름은 진정한 의미의 이름이 아니다[道可道非常道, 名可名非常名]"라고 갈파하여 언어의 한계성을 지적했다. 『주역』의 지은이 역시 진리의 언어화에 고민한 흔적이 있다.

1. 성인은 자연의 언어를 괘상으로 표현한 문명의 아버지

聖人이 **有以見天下之賾**하여 **而擬諸其形容**하며
성 인 　유 이 견 천 하 지 색 　　　이 의 저 기 형 용

象其物宜라 **是故謂之象**이오
상 기 물 의 　　시 고 위 지 상

성인은 천하의 뒤섞인 것에서 오묘한 이치를 살펴서 형용하여 비기며, 사물의 마땅함을 형상화하였다. 이런 까닭에 상이라 부른다.

『주역』의 저자는 성인聖人이다. 성인이 없으면 『주역』이 만들어질 수 없다. 우리가 『주역』을 공부하는 목적은 성인의 경지에 도달하려는 데 있다. 복희씨는 막대기를 그어 괘를 만들었고, 문왕과 주공은 괘사와 효사를 지어 복희씨의 창작물에 뼈대를 붙여 문자 체계로 전환시켰으며, 공자는 철학적인 해설을 덧붙여 진리의 체계화에 성공했다. 이들의 공헌이 없었다면 오늘날 한자 문화권의 자랑거리도 없었을 것이다.

'색賾'에 대해 『역정전』을 지은 정이천은 '깊고도 끝간 데가 없다[深遠]'고 했고, 『주역정의』를 저술한 공영달孔穎達은 '그윽하고 깊다[幽深]'고 풀이했으며, 주자는 '되섞여서 어지러운 모양[雜亂]'이라고 말했다. 성인은 복잡한 사건이 일어나는 원인과 결과를 파헤쳐 이론화 작업에 대한 실타

래를 풀었던 것이다[聖人, 有以見天下之蹟].

성인은 세상의 온갖 사물에 내재된 다양한 이치를 관찰한 다음에, 그것을 조목조목 분류하여 범주화하는 지혜를 발휘했다. 복희괘와 문왕괘는 음양이 서로 대립하고 보완하는 관계를 하늘, 땅, 연못, 불, 우레, 바람, 물, 산 등으로 나누어 각각 사물의 이치를 형용한 작품이다[擬諸其形容]. 더 나아가 생물체를 동물과 식물로 나누고, 동물은 다시 물고기와 산짐승으로 분류한 뒤에 더 세분화하여 강아지와 고양이를 혼동하지 않도록 하는 등의 방식으로 온갖 사물에 마땅한 의미를 부여했다[象其物宜(image making)].[1] 이를 성인은 독특한 용어를 사용하여 '상象'이라 불렀다.

☯ 64괘 384효 하나하나에는 다양한 의미가 담겨 있다. '괘'와 '효'는 일차적으로 사물 자체를 본뜬 다음에 이차적으로 올바른 가치를 부여한 것이다. 전자가 사실 판단이라면, 후자는 가치 판단이다. 결국 '상象'이 추구하는 목적은 존재와 당위의 일치를 겨냥하고 있는 셈이다.

2. 괘효는 가치와 길흉을 판단하는 준거

聖人이 **有以見天下之動**하여 **而觀其會通**하여
성 인　유 이 견 천 하 지 동　　이 관 기 회 통

以行其典禮하며 **繫辭焉**하여 **以斷其吉凶**이라
이 행 기 전 례　　계 사 언　　이 단 기 길 흉

是故謂之爻니
시 고 위 지 효

성인은 천하의 움직임을 살펴서 그 상통하는 이치를 모으고 깨달아 전례로 행하며, 말을 덧붙여 길흉을 판단하였다. 이런 까닭에 효라 부른다.

---

1) 예컨대『周易』,「說卦傳」11장에는 건괘의 특성을 14가지를 열거하고 있다. 즉 건괘는 하늘, 원, 임금, 아버지, 옥, 금, 추위, 얼음, 아주 큰 빨간색, 좋은 말, 늙은 말, 수척한 말, 얼룩말, 나무의 과일[乾爲天, 爲圜, 爲君, 爲父, 爲玉, 爲金, 爲寒, 爲冰, 爲大赤, 爲良馬, 爲老馬, 爲瘠馬, 爲駁馬, 爲木果라] 등이 그것이다.

이 대목의 주어 역시 성인이다. 성인은 이 세상이 둥글어가는 이치를 골똘히 살폈다. '견見'은 감각적 인식으로 새겨서는 안 된다. 감각은 항상 상대적이라는 한계를 갖기 때문이다. 어떤 사람은 호박꽃이 한국인의 정서를 대변하는 소박한 꽃이라고 뭉클한 감정을 드러낸다. 이와는 반대로 어떤 이는 장미꽃이 훨씬 예쁘다고 판단하는 것처럼, 감각적 판단은 객관적 지식으로 성립되기에는 한계가 있다. 『주역』에서 말하는 '본다 또는 살피다[見]'는 반성과 성찰과 통찰을 통한 깨달음의 눈으로 풀이해야 옳다.

사물이 움직이는 양상은 매우 다양하다. 운동은 시공의 제약을 받음에도 불구하고 일정한 법칙 있다. 개미의 움직임과 지구의 자전은 엄연히 다르다. 거시와 미시, 유형과 무형의 다양한 운동 방식을 꿰뚫어 하나의 보편적 인식에 도달하는 과정과 결과가 바로 '회통會通'이다. 회통이 지식에 대한 깨달음의 경계라면, '전례典禮'는 회통을 전제한 행위의 규범을 뜻한다.

다양한 견해를 하나로 모으는 것이 '회會'라면, 이러한 다양한 견해를 충돌없이 하나로 '융합한[通]' 경지가 바로 회통이다. 중구난방으로 흩어지고 찢긴 마음을 모아서 하나의 의사로 결집하여 불만을 잠재운다는 의미가 회통인 것이다. 임기응변이나 일시적인 봉합이 아닌 까닭에 회통을 이루기는 무척 어렵다.

우리는 원융회통의 대가로 신라 원효元曉(617-686)를 손꼽을 수 있다. 원효는 『십문화쟁론十門和諍論』을 지어 모든 분열과 갈등을 포용하는 소통의 길을 열었다. 그래서 의천義天(1055-1101)에 의해 "백가百家의 끊임없는 논쟁[異諍]을 화합하여 지극히 공평한 부처의 뜻을 얻었다"[2]는 평가를 받아 화쟁국사和諍國事라는 영광스런 명예가 추증된 바 있다.

원효의 화쟁 방법론에는 전개와 통합이 자유롭고, 긍정과 부정에 구애됨이 없다. 이 세상 모든 것은 유기적인 관련을 맺고 있는 연기緣起이기에 전체와 부분이 함께 존재한다. 어떤 경우에도 산을 보지 못한 채 골짜기

---

2) 『大覺國事文集』권 16

에서 헤매거나, 나무를 버리고 숲 속으로 달려가는 격이 되어서는 안 된다는 것이다. 원효는 "통합해서 논하면 일관一觀요, 전개해서 말하면 십문十門이다." "전개해도 하나가 늘어나지 않고, 통합한다고 열이 줄어들지 않는다." "전개해도 번거러워지는 것이 아니요, 합친다고 좁아지는 것이 아니다." "긍정과 부정에 아무런 구애가 없기 때문에[立破無碍], 긍정한다고 얻을 것이 없고 논파한다고 잃을 것이 없다." "하나가 아니기 때문에 능히 모든 방면이 모두 합당하고, 다르지 않으므로 말미암아 모든 방면이 한 맛으로 통한다"[3]는 명언을 남겼다.

세상의 이치는 하나가 아니지만, 그렇다고 서로 다른 것만도 아니다. 곧 비일비이非一非二다. 인생의 길이 어찌 하나뿐이랴. 고속도로도 있고, 뱃길도 있으며, 오솔길도 있다. 어찌 한 길만을 옳다고 하랴. 어느 길도 행복의 동산에 이를 수 있다. 비좁고 옹색한 가슴을 열면 창창한 하늘이 열린다.[4]

화쟁은 뭇 주장을 화회和會시키는 방법이다. 원효는 온갖 다양한 주장을 화회시켜 모든 강물이 바다에 가서 한 맛이 되듯이, 중생의 마음을 일심一心으로 회통시킨다. 그는 부정과 긍정, 초월과 내재, 있음과 없음, 세움과 깨뜨림, 불화와 조화 등 모든 상대적 이쟁異諍 등을 원융과 조화의 바다로 끌어들였던 것이다.[5]

8장의 키워드는 회통과 전례의 문제로 압축할 수 있다. 회통이 다양한 인식의 통합이라면, 전례는 실천 덕목으로서 원리[道]에 대한 구체적 방법[術]이라 할 수 있다. 주자는 회통의 문제를 풀려고 『장자』에 나오는 포정庖丁의 이야기를 인용하였다.

"'회'는 다양한 이치가 모여 있어 하나도 빠뜨릴 수 없는 것이고, '통'은 이치를 행할 수 있어 막힘이 없는 것을 말한다. 포정이 소를 해체할 때,

---

3) 원효가 한 말은 『金剛三昧經論』上, 『大乘起信論』上, 『涅槃宗要』에 차례로 나온다.
4) 김상현, 『역사로 읽는 원효』(서울: 고려원, 1994), 251쪽 참조.
5) 고영섭, 『원효』(서울: 한길사, 1997), 201-208쪽 참조.

'회'는 힘줄과 뼈가 모인 곳이요, '통'은 그 빈 곳과 같다."[6]

장자莊子(BCE 369-BCE 289)는 '포정해우庖丁解牛'라는 우화를 통해 득도의 경지를 묘사했다. 그가 말한 참된 도는 무엇일까? 그 경지는 두께 없는 칼날, 즉 허심虛心으로 사물의 속살을 헤집고 다니는 것을 뜻한다.

하루는 문혜군文惠君이 소 잡는 테크닉이 뛰어나다고 소문난 포정을 궁궐로 초청하였다. 포정는 왕 앞에서 소를 낱낱이 해부하기 시작했다. 그는 콧노래를 불러가면서 천천히 능숙한 손놀림으로 소를 가르기 시작했다. 소의 가죽과 근육이 갈라지면서 상쾌한 소리가 나고, 칼을 밀어 넣을 때는 '훅'하는 소리가 경쾌한 음율에 맞지 않는 것이 없었다. 문혜군이 "오! 훌륭하도다! 어쩌면 기술[術]이 이런 경지에까지 이를 수 있는가?" 칼을 잠시 내려놓은 포정이 말하기를 "제가 좋아하는 것은 도道로서 하찮은 기술의 경지를 넘어선 것입니다. 제가 처음 소를 잡을 때는 온통 소만 보였습니다. 삼 년 뒤에는 소의 몸체가 보이지 않게 되었습니다. 이제는 신명으로 만나되 눈으로 보지 않고, 감관과 사려 작용은 멈추고 신명이 움직이게 하였습니다. 소의 결을 따라 힘줄과 뼈의 틈 사이를 가르고 칼을 골절 사이의 빈 곳으로 집어넣습니다. 소 몸체의 자연을 따르니 경락과 뼈에 엉킨 힘줄조차 부딪히지 않는데, 하물며 뼈이겠습니까? 훌륭한 백정은 1년에 한 번은 칼을 바꾸는데, 그것은 억지로 자르는 방법을 쓰기 때문이지요. 보통 백정은 한 달마다 칼을 바꾸는데, 그것은 뼈를 치고 살을 베기 때문입니다. 지금 제 칼은 19년이나 썼으나 예리하기 그지 없습니다. 이미 잡은 소는 수천 마리나 됩니다. 그러나 칼날은 여전히 방금 숫돌에 갈아 낸 칼마냥 예리한 까닭은 억지로 베지도 치지도 않았기 때문입니다. 소의 골절에는 틈새가 있으나, 칼날에는 두께가 없습니다. 두께 없는 칼날로 골절 사이의 빈 틈에 넣으니, 넓어서 칼날을 놀림에 넉넉함이 있습니다. 뼈마

6)『周易本義』, "會謂理之所聚而不可遺處. 通謂理之可行而无所礙處, 如庖丁解牛, 會則其族而通則其虛也."

디와 근육과 살 사이로 자유롭게 움직이기 때문에 전혀 걸림이 없습니다. 내장과 살코기와 뼈를 갈라내도 피 한방울도 흘리지 않았을 뿐만 아니라, 소는 고통을 느끼지도 못합니다." 이 말은 들은 문혜군은 "훌륭하오! 자네의 얘기는 양생술養生術을 알려준 것일세"라고 하였다.[7]

포정은 문혜군이 소잡는 기술에 감탄하는 것에 매우 유감을 쏟아냈다. 칼을 다루는 무술이 검도劍道와 검술劍術로 나뉘듯이, 포정은 두 경계를 혼동한 문혜군에게 직접 시범을 보이면서 양자의 차별성을 부각시켰던 것이다.

🏠 현대의 첨단 기술 문명 사회에서는 전문가가 대접받는다. 그러나 오늘날의 전문가들은 장자가 말한 도道는 없고 오직 기능[術]만 뽐낼 뿐이다. 성인이 깨달은 진리는 보편적인 천리[天理의 會通]이다. 부귀영달을 추구하는 세속의 지식과는 본질적으로 거리가 멀다. 통합의 성격을 지닌 지식이야말로 진리의 노른자가 될 수 있다. 그것은 곧바로 도덕적 행위의 전범으로 직결되기 때문에 더더욱 소중하다.

3. 언어는 진리와 만물의 변화를 담아내는 그릇

言天下之賾호대 而不可惡也며 言天下之至動호대
언 천 하 지 색   이 불 가 오 야   언 천 하 지 지 동

而不可亂也니 擬之而後에 言하고 議之而後에 動이니
이 불 가 란 야   의 지 이 후   언   의 지 이 후   동

擬議하여 以成其變化하나라
의 의   이 성 기 변 화

천하의 오묘한 이치를 말하되 싫어해서는 안 되며, 천하의 지극한 움직임을 말하되 어지럽혀서는 안 된다. (형상으로) 헤아린 뒤에 말하고 상세히 논의한 뒤에 움직이니, 비겨서 헤아리고 논의해서 그 변화를 완수한다.

---

7)『莊子』「養生主」. 거짓말 조금 보태면 소가 부위별로 해체되었음에도 불구하고 소는 자신이 죽었는지도 몰랐을 정도로 포정의 기술은 뛰어났다.

『주역』의 '상象'과 '효爻'는 얽히고 설킨 복잡한 현상을 표현한 일종의 상징론象徵論이다. 그렇다고 불신의 눈으로 상징론의 모호성을 들먹이면서 진리의 언어화를 기피해서는 곤란하다. 심지어 상징 언어와 철학적 설명에 대한 책임감을 망각해서는 더욱 안 된다[言天下之蹟, 而不可惡也].

64개의 상과 384개의 효는 만물이 뒤엉켜서 둥글어가는 법칙을 포착한 의미의 체계다. 복잡한 현상을 단순화하여 인식한 다음에는 명료하게 발언해야 한다[言天下之至動, 而不可亂也]. 또한 '상'과 '효'의 질서에 의거하여 말하고 실천해야 한다. 그렇다고 언제 어디서나 꼭 64괘 384효에 대입해서 행동하는 것은 『주역』과 어긋난다. 시중時中의 정신에 이율배반된 기계적인 행동은 기피 대상이다.

행위의 지침은 변화[以成其變化]에 있다. 시간과 공간의 질서에 위배되거나, 384효의 문자에 얽매인 행위는 성인도 싫어할 것이다. 이를테면 건괘 초효에 나오는 '잠룡물용潛龍勿用'은 우선 자신이 처한 환경을 뒤돌아보고, 다시 미래 예측력을 바탕으로 행동 여부를 결정하라는 뜻이다. 점占을 쳐서 '잠룡물용'이 나왔다고 무조건 움직이지 않음은 어리석기 짝이 없다. 그것이 절대적인 규율일 수는 없다. 단지 삶의 지남침으로 삼고, 타인과의 교감을 통해 결정하면 되는 것이다.

🔯 언행일치를 위해서 헤아린 뒤에 말하고, 자신이 처한 상황을 점검한 다음에 다시 괘효사의 가르침을 살펴보고, 마지막으로 타인과 의견을 나눈 다음에 말하라고 권장한다. 그만큼 언행의 신중함을 지적한 내용이다. 공자는 '헤아린 다음에 말하고 의논한 다음에 움직인다'는 말에 대해서 일곱 개의 주옥같은 효사를 예증으로 내세워 설명한다.

4. 언행은 군자의 지도리

鳴鶴在陰이어늘 **其子和之**로다 **我有好爵**하여
명 학 재 음 　　　 기 자 화 지 　　 아 유 호 작

吾與爾靡之라 하니 **子曰 君子居其室**하여 **出其言**에
오 여 이 미 지　　　자 왈 군 자 거 기 실　　출 기 언

善이면 **千里之外應之**하나니 **況其邇者乎**여 **居其室**하여
선　　천 리 지 외 응 지　　　황 기 이 자 호　　거 기 실

出其言에 **不善**이면 **則千里之外違之**하나니 **況其邇者乎**여
출 기 언　불 선　　즉 천 리 지 외 위 지　　　황 기 이 자 호

言出乎身하여 **加乎民**하며 **行發乎邇**하여 **見乎遠**하나니
언 출 호 신　　가 호 민　　행 발 호 이　　현 호 원

言行은 **君子之樞機**니 **樞機之發**이 **榮辱之主也**라
언 행　　군 자 지 추 기　　추 기 지 발　　영 욕 지 주 야

言行은 **君子之所以動天地也**니 **可不愼乎**아
언 행　　군 자 지 소 이 동 천 지 야　　가 불 신 호

"우는 학이 그늘에 있거늘 그 새끼들이 화답하도다. 내게 좋은 벼슬이 있어서 나 그대와 더불어 함께 하리라"고 했다. 공자가 말하기를 "군자가 집에 살면서 말하는 것이 선하면 천리 밖에서도 반응하나니, 하물며 그 가까운 곳이랴! 집에 살면서 말하는 것이 선하지 않으면 천리 밖에서도 어기나니, 하물며 그 가까운 곳이랴! 말은 입에서 나와 백성에게 덧붙여지며, 행위는 가까운 곳에서 나와 먼 곳까지 나타나니, 언행은 군자의 지도리와 기틀이니 지도리와 기틀의 시작은 영예와 치욕의 주인공이다. 언행은 군자가 천지를 움직이는 바이니, 가히 삼가지 아니하랴!

이는 61번 풍택중부괘風澤中孚卦(☲) 2효에 나오는 말이다. 그것은 바람이 살랑살랑 부는 연못 위에 배가 떠 있는 형상이다. 서로 감응이 잘 되어 마음 깊은 곳에서 나오는 믿음을 인생의 지침으로 삼으라는 것이다.

어머니와 자식은 바꿀 수 없는 천륜 관계다. 호적은 바뀔지언정 모자관계는 바꿀 수 없다. 피를 나누었기 때문이다. 이것보다 위대한 인과 법칙은 없다. 어미가 울면 자식도 따라 운다. 누가 강제로 시켜서 그런 것이 아니라, 내면에서 우러나오는 자연스런 본능에서 비롯된 것이다. 중부괘 자체가 '믿음信'을 표상한다.

어미학과 새끼학(얼룩망아지와 엄마소)은 사랑으로 매듭지어져 있다. '작爵'은 벼슬이라는 뜻과 술잔이라는 뜻이 있다. 임금이 신하에게 벼슬을 내리고 기념으로 술을 따라주는 것을 '수작할 수酬'라 하고, 신하가 받아 마시고 임금에게 충성을 맹세하면서 술잔을 올리는 것을 '수작할 작酌'이라고 한다. 결국 수작이란 믿음을 바탕으로 give and take 한다는 말이다. 그것은 이익을 위한 것이 아니라, 마음이 일치된 상태를 뜻한다.

✡ 믿음 없는 인간 관계는 불꺼진 세상과 똑같다.

6. 똑같은 마음의 말은 난초 향기를 풍긴다

同人이 **先號咷而後笑**라 하니
동 인   선 호 도 이 후 소
子曰 君子之道或出或處或黙或語나 **二人**이 **同心**하니
자 왈 군 자 지 도 혹 출 혹 처 혹 묵 혹 어   이 인   동 심
其利斷金이로다 **同心之言**이 **其臭如蘭**이로다
기 리 단 금   동 심 지 언   기 취 여 란

'동인이 먼저 부르짖어 울고 뒤에는 웃는다'고 했다. 공자가 말하기를 "군자의 도가 나아가기도 하고 머물기도 하며, 침묵하기도 하고 말하기도 하나, 두 사람의 마음이 같으니 날카롭기가 쇠를 끊도다. 똑같은 마음의 말은 그 향기가 난초와 같도다."

13번 천화동인괘天火同人卦(䷌) 5효에 나오는 말이다. 위에는 하늘이 있고, 불은 하늘을 향해 타오르는 형상이다. 불이 하늘과 이웃하는 것처럼, 사람도 항상 가깝게 살아야 한다는 점을 강조한다.

동인괘 2효는 음이다. 음효 하나를 두고 나머지 모두가 한결같이 뜻을 모으고 있는 형상이다. 5효와 2효가 뜻을 같이 하려는데, 중간의 3, 4효가 만나지 못하도록 방해하고 있는 형국이기 때문에 처음에는 운다는 뜻이다. 서로 미팅이 이루어지지 않아 서글피 울부짖는다. 그러나 머지않아 만

난 뒤에는 한바탕 크게 웃는다는 것이다.

"두 사람의 마음이 같으니 날카롭기가 쇠를 끊도다. 똑같은 마음의 말은 그 향기가 난초와 같도다[二人同心, 其利斷金. 同心之言, 其臭如蘭.]" 이는 용과 봉황의 친밀한 관계처럼 마음의 일치를 가리킨다. 난초는 코를 찌르는 악취 속에서도 주위를 온통 향기로 가득 채우는 한 떨기 고결한 꽃이다. 일치된 마음은 실천에서는 매우 과감하다. 마음은 강풍같은 시련을 이겨내야 할 뿐만 아니라, 낙동강 처녀 뱃사공의 가슴을 훑어내리는 듯한 봄바람과 같아야 한다.

✿ 두 사람의 같은 마음은 쇠를 끊는 칼처럼 힘이 있다.

7. 하늘을 감동시키는 갸륵한 정성

初六藉用白茅니 无咎라 하니 子曰 苟錯諸地라도
초 육 자 용 백 모   무 구   자 왈 구 착 저 지

而可矣어늘 藉之用茅하니 何咎之有리오 愼之至也라
이 가 의   자 지 용 모   하 구 지 유   신 지 지 야

夫茅之爲物이 薄而用은 可重也니 愼斯術也하여
부 모 지 위 물   박 이 용   가 중 야   신 사 술 야

以往이면 其无所失矣리라
이 왕   기 무 소 실 의

'초육은 (제사를 지내는데) 흰 띠풀을 쓰니 허물이 없다'고 한다. 공자가 말하기를 "진실로 그냥 저 땅바닥에 놓더라도 괜찮거늘 그 밑에 띠풀을 쓰니 무슨 허물이 있겠는가? 신중함이 지극함이다. 대저 흰 띠풀의 물건됨이 하찮지만 그 쓰임은 매우 중요한 것이니, 이 방법을 삼가 써 간다면 잃는 바가 없을 것이다."

이것은 28번 택풍대과괘澤風大過卦(䷛) 초효에 나오는 말이다. '대과大過'는 크게 지나쳤다는 뜻이다. 정성스런 제물을 준비하여 하늘에 제사를 올리는데, 제물을 그냥 땅에 놓고 지내는 것도 갸륵한 일인데도, 지극한 마

음이 담긴 흰 띠를 깔고 제사를 지내는 모습을 공자가 칭찬한 말이다.

제사 지내는 것 자체도 지극한 정성인데, 게다가 형식일지는 몰라도 귀한 띠풀로 만든 자리를 깔고 모신다는 마음은 '지극한 정성이 하늘을 감동시킨다'는 경지와 똑같다. 그러니까 허물이 없을 수밖에 없는 것이다.

🔯 제사지내는 행위 자체보다 마음이 더 중요하다

8. 겸손은 최상의 덕목

勞謙이니 **君子有終**이니 **吉**이라 하니 **子曰 勞而不伐**하며
노 겸　　　군 자 유 종　　길　　　　　자 왈 노 이 불 벌

有功而不德이 **厚之至也**니 **語以其功下人者也**라
유 공 이 부 덕　　후 지 지 야　　어 이 기 공 하 인 자 야

德言盛이오 **禮言恭**이니 **謙也者**는 **致恭**하여
덕 언 성　　예 언 공　　겸 야 자　　치 공

以存其位者也라
이 존 기 위 자 야

'수고로운 겸이니 군자가 (좋은 결과로) 마침이 있으니 길하다'고 했다. 공자가 말하기를 "온갖 수고를 다하면서도 자랑하지 아니하며, 공이 있으면서도 덕으로 내세우지 않음은 (덕이) 두터움이 지극한 것이다. 그 공을 아랫사람에게 돌림을 말함이다. 덕은 성대함을 말하고 예는 공손함을 말하는 것이니, 겸손이란 공손함을 이루어 그 자리를 지키는 것이다."

이는 15번 지산겸괘地山謙卦(☷☶) 3효에 나오는 말이다. '겸'이란 하늘의 말씀[言]을 마음 속에 깊이 새겨두어[兼] 잊지 않는다는 글자다. 그러니까 군자는 겸허한 마음으로 매사를 신중하게 처리하면 마침내 유종의 미를 거둘 수 있다는 말이다. 산이 땅 위에 있어야 함에도 불구하고 땅 밑에 있는 형상은 겸손의 극치를 설명한 대목이다. 나를 낮춤으로써 다른 이를 높이는 겸손은 예의 지극함이다.

겸괘는 『주역』의 총결론이라고 말해도 과언이 아니다. '겸손[謙]'은 한 걸

음 뒤로 물러서 타인에게 양보하는 것이요, 오만하지 않는 태도를 뜻한다. 겸괘(☷☶)의 위아래와 내부의 음양을 바꾸면 천택리괘天澤履卦(☰☱)가 만들어진다. 리履는 행동, 실천하다는 뜻으로서 언제 어디서든지 항상 겸손의 덕목을 바깥으로 드러내라는 명령이다. 겸손한 덕을 내면으로만 파고들어 감추지 말고, 바깥으로 실천하라는 가르침이 괘의 구조에 반영되어 있다. 겸괘 3효는 음효 속에 유일한 양효다. 참으로 귀중한 겸손의 씨앗이다.

🎛 64괘 중에서 괘사의 내용이 가장 좋은 것은 15번 겸괘다. 형식적으로는 음효가 음 자리에, 양효가 양 자리에 있는 수화기제괘水火旣濟卦(☲☵)가 가장 이상적 형태이지만, 그 내용은 겸괘에 비할 바가 아니다.

9. 중용의 범위를 벗어나면 하늘이 용서치 않는다

亢龍이니 **有悔**라 하니 **子曰 貴而无位**하며 **高而无民**하며
항 룡   유 회   자 왈 귀 이 무 위   고 이 무 민

賢人이 **在下位而无輔**라 **是以動而有悔也**니라
현 인   재 하 위 이 무 보   시 이 동 이 유 회 야

'지나치게 높은 용이니 뉘우침이 있다'라 하니, 공자가 말하기를 "존귀해도 자리가 없으며, 아무리 높아도 백성이 없으며, 현인이 아래에 있어도 도움이 안 된다. 그러므로 움직임에 뉘우침이 있다."

이는 중천건괘重天乾卦(☰☰) 상효에 나오는 말이다. 하늘을 상징하는 건괘는 변화무쌍한 용龍으로 비유된다. 건괘에는 용이 자주 등장하는데, 가장 위에 자리잡은 용은 밑으로 내려올 날이 멀지 않다. 이러한 상황에서는 자기 반성이 최고의 명약이다.

공자는 건괘 상효의 말에 금과옥조의 풀이를 덧붙였다. 최고의 자리에 있는 국왕은 외롭기 짝이 없다. 일반인은 접근조차 어렵기 때문이다. 친근한 마음으로 가까이 다가가려 시도하지만 경호원이 부릅뜬 눈으로 가로막는다. 의자가 없어 앉을 자리가 없다는 것이 아니라, 편안하게 쉴 자리

가 없다는 뜻이다.

더욱이 믿을만한 신하마저 곁에 없다. 온통 아첨꾼만 곁에 들러붙어 있어 애처롭다. 이러한 환경에서는 고귀한 신분의 왕일지라도 눈과 귀가 어두워지게 마련이다. 곁에 아무도 없는 처지에서는 움직일수록 뉘우칠 일이 생기는 것은 필연이다.

🔯 우리 속담에 가지 많은 나무에 바람 잘 날이 없다는 말이 있다. 너무 높으면 밑으로 내려와야 안전하다. 그 자리를 지키려 고집하면 떨어지는 길밖에 없다. '뉘우침이 있다[有悔]'는 말은 고질적인 병폐를 뜯어고치지 않기 때문에 후회할 일이 생기게 마련이다.

10. 기밀은 지켜야 새나가지 않는다

不出戶庭이면 **无咎**라 하니
불 출 호 정　　무 구

子曰 亂之所生也則言語以爲階니 **君不密則失臣**하며
자 왈 난 지 소 생 야 즉 언 어 이 위 계　　군 불 밀 즉 실 신

臣不密則失身하며 **幾事不密則害成**하나니
신 불 밀 즉 실 신　　기 사 불 밀 즉 해 성

是以君子愼密而不出也하나니라
시 이 군 자 신 밀 이 불 출 야

'문 밖에 나가지 않으니 허물이 없다'고 한다. 공자가 말하기를 "난이 일어나는 것은 말이 그 계단(씨앗)이다. 임금이 기밀을 지키지 못하면 신하를 잃고, 신하가 기밀을 지키지 못하면 몸을 잃으며, 어떤 일을 도모하면서 기밀을 지키지 못하면 해를 이룬다. 이런 까닭에 군자는 삼가고 기밀해서 나가지 않는다."

이는 60번 수택절괘水澤節卦(䷁) 초효에 나오는 말이다. 물이 연못에 알맞게 차서 절도가 있다는 뜻이다. 모자라지도 않고 지나치지도 않은 상태의 '중中'을 가리킨다. 절괘는 일정한 마디를 뜻하기도 한다. 절도를 잃으면

총명한 판단을 기대하기 어렵다. 이런 연유에서 절괘(☵☱) 3효와 4효는 '안절부절安節不節'을 얘기하는 것이다. 음이 양 자리에 있는 3효는 부정不正인 데가 음인 상효와 짝을 이루지 못하는 까닭에 절도를 잃어버려 '부절不節'의 형상이며, 음이 음 자리에 있는 4효는 양이 양 자리에 있는 초효와 음양짝을 이루므로 절도를 지키는 '안절安節'의 형상이다.

'절괘'는 64괘 가운데 60번에 있다. 한자 문화권에서 60하면 가장 먼저 떠오르는 언어는 60갑자일 것이다. 60갑자는 동양의 시간관에서 전체적인 하나의 큰 마디를 이룬다. 하늘에는 24절기가 있고 땅에는 24방위가 있듯이, 천문과 인간의 세계가 동일한 구조를 갖는다는 뜻이다.

천문 현상은 아무렇게 움직이는 무정한 별덩어리의 발자취가 아니다. 천문 질서에는 일정한 주기가 있다. 군대의 행진에는 절도가 있어야 하고, 우리네 일상인들의 행동거지 하나하나에도 절도가 있어야 하며, 음악도 절도에 맞는 리듬이 있어야 하듯이 사회 제도 또한 절도에 알맞은 규범으로 만들어져야 한다는 것이다.

절괘의 여섯 효는 시간의 절도성과 공간의 상황에 알맞는 행위를 주문한다. 예를 들어 절괘는 '지게문' → '사립문' → '부절不節' → '안절安節' → '감절甘節' → '고절苦節'의 순서를 밟으면서 긍정과 부정의 변증법으로 절도의 미학으로 승화시켰다. 마음의 속도를 조절하라는 절괘의 가르침은 자연의 절도성[度數]과 부합할 때 비로소 그 효과가 극대화될 수 있다고 매듭짓는다.

애당초 문 밖을 나서지 않으면 타인이 시비를 걸지 않는다[不出戶庭, 无咎]고 했다. 공자는 이에 대해 언어와 기밀의 중대성을 덧붙여 생활의 지혜로 만들었다. 문 밖을 나서지 않는다는 것은 자신의 뜻을 바깥으로 내비치지 않는 뜻이고, 난이 일어나는 근본적인 이유는 입[口]에서 비롯되며, 임금이 기밀을 지키지 않으면 신하를 잃어버린다[君不密則失臣]는 말은 사전에 정보가 유출되면 사태를 망친다는 경고다.

"병은 입으로부터 들어오고 화는 입으로부터 나간다"는 말이 있다. 음식은 가려 먹고, 말은 가려서 해야 한다는 격언이다. 만물의 영장인 사람은 소화제를 복용하면서까지 식탁 위에 놓인 음식물을 마구 삼키다가 배탈을 앓는 경우가 허다하다. 한 번 내뱉은 말을 되삼킬 수 없는 것처럼, 말로 인한 싸움은 주위를 시끄럽게 하는 것이 우리네 인생사다. 이미 새내간 기밀은 중대한 정보로서의 가치를 상실한다.

피눈물 없는 독재자에게는 형제도 경재자로 보이는 모양이다. 보스 정치의 대명사인 청淸의 옹정제擁正帝(1678-1735)에게 관료란 모름지기 천자와 백성을 위해 존재해야지 관료 자신을 위해 존재해서는 안 된다는 신조를 불문율로 삼았다. 관료는 오로지 천자를 도와서 백성의 생활을 보호하고 천자의 임무를 대행하는 데 불과했다. 옹정제에게 군신 관계는 오로지 상하 관계일 따름였다. 그는 국정을 유지하는 수단으로 죽을 때까지 아무도 모르게 신하와 비밀 편지로 밀담을 나누었다.

옹정제의 거실에는 지방관이 올린 글에 황제가 붉은 붓으로 답장을 보낸 후 다시 되돌아온 문서, 이른바 '주비유지硃批諭旨'로 가득 차 있다. 검은 글씨는 신하가 올린 주접의 원문, 붉은 글씨는 황제가 붉은 글씨로 고치거나 다시 써넣은 112책에 달하는 『옹정주비유지擁正硃批諭旨』는 정보 정치에 매진한 결정체이며, 옹정제가 얼마나 심혈을 기울였는지를 보여주는 기념비적인 작품이다.

옹정제는 아침 7시 전에 식사를 끝낸 다음에 신하들과 정치를 논하고, 오후에는 알현자를 접접하는 빠듯한 일정을 소화했다. 틈나는 시간에는 학자들을 불러 경서와 역사 강의를 들었다. 옹정제는 밤 시간에 지방관들이 보내 온 주접들을 읽고 답장인 유지를 쓰느라 바쁜 나날을 보냈다. 매일 50-60통까지 훑어보고 검토할 정도로 휴식 시간은 전혀 없었다. 아버지 강희제康熙帝는 정치에 싫증나면 강남의 풍경을 예찬하여 여러 번 운하를 건너 소주蘇州와 항주杭州까지 유람을 나섰다. 하지만 옹정제는 단지 북경北京 근교에 있는 별장에 가끔씩 가는 정도였을뿐 한 발짝도 밖으로 나가지 않고 정무에 충실했다. "천하의 재물은 만민을 위한 것이다. 천자 한 사람의 욕망을 위하여 쓰는 것은 불경스러운 일이다." 그는 자신을 위해서는 궁전의 방 한 칸도 늘리지 않을 정도로 검소하게 생활했다. 이러한 천자의 부림을 받게 되어 견딜 수 없다는 관리가 있는 반면에, 다른 한편에서는 이런 천자 밑에서 일할 보람을 느낀다는 관리도 생겨났다.[8]

☗ 비밀을 지키지 않으면 비밀은 쓸모없는 정보에 지나지 않는다. 어떤 일이 성사되기 전까지는 철저히 비밀이 지켜져야 공공의 안녕을 위해 좋다. 속내를 깊숙이 감추어 드러내지 않아야 한다. 일이 성사된 나중에 밝히면 아주 흥미 있는 얘깃거리가 될 수도 있지만.

11. 마음을 들키자 말라

子曰 作易者 其知盜乎인저 **易曰 負且乘**이라
자왈 작역자 기지도호　　역왈 부차승
致寇至라 하니 **負也者**는 **小人之事也**오 **乘也者**는
치구지　　부야자　　소인지사야　　승야자
君子之器也니 **小人而乘君子之器**라 **盜思奪之矣**며
군자지기야　　소인이승군자지기　　도사탈지의
上을 **慢**코 **下**를 **暴**라 **盜思伐之矣**니 **慢藏**이 **誨盜**며 **冶容**이
상　만　하　포　도사벌지의　만장　회도　야용
誨淫이니 **易曰 負且乘致寇至**라 하니 **盜之招也**라
회음　　역왈 부차승치구지　　도지초야

공자가 말하기를 '역을 지은 자는 도둑의 심보를 들여다본 것이로구나!' 역에 이르기를 '마대를 둘러메고 말까지 탔으니 도적을 불러들이는 꼴이라' 했다. 둘러메는 것은 소인의 일이요, 타는 것은 군자의 그릇이니, 소인이 군자가 타는 말을 타고 있음이다. 도적이 빼앗을 것을 생각하며, 위를 거만하게 하고 아래를 포악하게 다룬다. 도적이 칠 것을 생각하니, 창

---

8) 미야자키 이치사다/차혜원, 『옹정제』(서울: 이산, 2001), 122-129쪽 참조.

고 지킴을 게을리함은 도적을 가르치는 것이며, 얼굴을 예쁘장하게 꾸미는 것은 치한을 불러들이는 것이다. 역에 이르기를 '마대를 둘러메고 말까지 탔으니 도적을 불러들이는 꼴이라' 하니, 그것은 도적을 스스로 초래한 것이다."

이는 40번 뇌수해괘雷水解卦(䷧) 3효에 나오는 말이다. 위는 우레이고 아래는 물이다. 북방의 찬 겨울[水]을 지내고 동방의 따뜻한 봄[震]이 돌아와 우레와 비가 내려 얼음이 풀리는 현상을 상징한다. 엄동의 얼어붙은 땅 속에서 씨앗이 싹트고, 백과초목이 껍질을 벗어던져 뚫고 나오는 형상이다. 만사형통의 시초를 시사하는 발언이다.

해괘의 종지는 「단전」에 잘 나타나 있다. "천지가 묵은 기운을 털어내어 풀림에 우레와 비가 일어나고, 우레와 비가 일어남에 백과초목이 모두 열려 나오니, '해'의 시간적 의미가 크도다."[9] 그것은 오랫동안 쌓였던 온갖 부조리 현상이 해소되어 새로운 기운이 발동하고, 뭇 생명들이 약동하는 모습을 형용한 내용이다.

왜냐하면 물 속에 우레가 갇혀 있으면 우레 소리가 물 밖으로 뚫고 나오지 못하기 때문에 '어렵다'는 의미의 수뢰둔괘水雷屯卦(䷂)가 나타난다. 하지만 물 위에 우레가 있다는 것은 우렁찬 소리가 밖으로 나와서 모든 것이 풀리는[解] 양상을 뜻한다.

도적[寇]은 틈새를 잘 노린다. 도적하면 가장 먼저 떠오르는 것은 서부 영화에 나오는 이름도 긴 '페르디난드 산체스 판초'가 있다. 그는 개기름이 번지르르 한데다 어깨에는 총알이 주렁주렁 박힌 총알띠를 엇갈리게 매고, 쓴 담배를 입에 물고 양민에게서 빼앗은 달러 뭉치를 헤아리는 무지막지한 사나이다. 그에게는 하루하루가 도적질이다. 취미도 특기도 도둑질이다. 도둑질에 그치는 것이 아니라 강도질도 서슴지 않는다. 도둑질은

---

9) 『周易』 解卦 「彖傳」, "天地解而雷雨作, 雷雨作而百果草木, 皆甲坼, 解之時大矣哉."

부하들을 시키고, 자신은 양민에게서 빼앗은 닭고기를 게걸스럽게 뜯으면서, 멕시코의 뜨거운 땡볕 아래서 자란 선인장 물로 만든 독하디 독한 데낄라를 거침없이 마셔댄다. 그 꼬락서니라니…

이와는 다르게 젊은 열정을 다 바쳐 사회주의 혁명 전쟁에 참여한 아르헨티나 출신의 체 게바라(1928-1967)가 있다. 그는 총알이 날아다니는 전쟁의 와중에서 망중한을 즐겼다. 50년대의 사각형 수영 팬티를 입고서 한 손에는 책을 들고, 다른 한 손에는 짙은 향내 나는 쿠바산 담배를 폐부 깊숙히 빨아들였다가 내뿜는 그의 모습에서는 무언가 인간의 순수한 땀냄새가 배어 나온다. 같은 담배에서 풍겨나는 페르디난드 산초와 체 게바라의 이미지가 어찌 이렇게 다른가?

『음부경陰符經』에는 다음과 같은 명언이 있다. "하늘에는 오적이 있고, 오적은 내 마음에도 있으니, 그것을 천리에 맞도록 베풀면 우주가 손바닥 안에 있게 되고, 만 가지 변화가 내 몸에서 나온다. … 천지는 만물의 도적이고, 만물은 사람의 도적이며, 사람은 만물의 도적이니 이 세 도적이 마땅하게만 베풀어지면 천지인 3재가 이미 편해진다."[10]

앞에서 '만물의 활동을 고취시키면서도 성인과 더불어 근심하지 않는다 [鼓萬物而不與聖人同憂]'라고 했듯이, 성인은 마음을 쓰지만 조화를 부리지 못한다. 그래서 천지만물의 이치를 훔칠 수밖에 없는 것이다. 소도둑이 소를 훔치면서 "소고삐를 잡으니까 소가 저절로 따라 오더라"는 말처럼, 도덕 의식이 마비된 현대판 대도가 되어서는 안 될 것이다. 오로지 인류를 위한 구원의 비밀을 알아채야 하는 도둑님이 되어야 마땅하다.

✡ 만물의 영장인 인간만이 자연을 도적질하는[天機漏泄] 유일한 존재다. 도적에는 작은 도적과 큰 도적이 있다. 작은 도적은 아파트 가스관을 타고 들어가 남의 물건을 훔치는 도둑'놈'이고, 큰 도적은 천지의 이치를 훔쳐서

---

10) "天有五賊, 五賊在心, 施行於天, 宇宙在乎手, 萬化生乎身. … 天地萬物之盜, 萬物人之盜, 人萬物之盜, 三盜旣宜, 三才皆安."

모든 사람이 잘 살 수 있도록 하는 도둑'님'이다.

정역사상의 연구자 이상룡李象龍은 「계사전」 상편 8장의 성격을 다음과
같이 설명한다.

聖人有以見天下之賾, 而擬諸其形容은 幽深而難見者를
성 인 유 이 견 천 하 지 색   이 의 저 기 형 용   유 심 이 난 견 자
洞見而細推以博이니 正易之義也라
통 견 이 세 추 이 박   정 역 지 의 야

"성인이 천하의 뒤섞인 것에서 오묘한 이치를 살펴서 형용하여 비
긴다"는 말은 그윽하고 깊어서 알기 어려운 것을 통찰하여 미세한
문제를 미루어 넓힌 것이 바로 『정역』의 의의다.

而觀其會通은 推衍乎元會運世면 年乃可通變也라
이 관 기 회 통   추 연 호 원 회 운 세   년 내 가 통 변 야

"상통하는 이치를 모으고 깨닫다"는 말은 소강절의 운회운세설로
미루어 부연하면 (올해가) 몇 년인지 통변할 수 있다는 것이다.

而不可惡, 而不可亂也는 出類拔萃示之而幷井之道也라
이 불 가 오   이 불 가 란 야   출 류 발 췌 시 지 이 병 정 지 도 야

"싫어해서 안 되고 어지럽혀서도 안 된다"는 말은 닮은 것을 벗어나
많은 것에서 뽑아 보여주는 것이 우물의 도를 함께 하는 것이다.

擬議以成其變化는 由辭闡意然后에 克成其變易之度也라
의 의 이 성 기 변 화   유 사 천 의 연 후   극 성 기 변 역 지 도 야

"비겨서 헤아리고 논의해서 그 변화를 완수한다"는 것은 언어로 뜻
을 천명한 뒤에 능히 변화의 도수를 완수할 수 있다는 뜻이다.

言行, 君子之樞機는 表裏交正하여 不涉妄誕이니 道人之本訥也라
언 행 군 자 지 추 기　 표 리 교 정　 불 섭 망 탄　 도 인 지 본 눌 야

"언행은 군자의 지도리이다"라는 말은 겉과 속이 서로 옳아 허망하고 그릇되지 않아 도인이 본래 경솔하지 않은 것을 뜻한다.

二人同心, 其利斷金, 同心之言, 其臭如蘭은 師弟之氣像也라
이 인 동 심　기 리 단 금　동 심 지 언　기 취 여 란　 사 제 지 기 상 야

"두 사람의 마음이 같으니 날카롭기가 쇠를 끊도다. 똑같은 마음의 말은 그 향기가 난초와 같도다"는 말은 스승과 제자의 모습이다.

茅之爲物, 薄而用, 可重也는 柔能制剛하여 剛而且愼이니
모 지 위 물　박 이 용　가 중 야　 유 능 제 강　 강 이 차 신
原易會之物이 无不宜也라
원 역 회 지 물　무 불 의 야

흰 띠풀의 물건됨이 하찮지만 그 쓰임은 매우 중요하다"는 말은 부드러움이 능히 강함을 제어하여 강하고 또한 신중하므로 원역原易이 쓰일 때의 만물이 올바르지 않음이 없다는 뜻이다.

君子愼密而不出은 唯吾夫子能之也라
군 자 신 밀 이 불 출　 유 오 부 자 능 지 야

"군자는 삼가고 기밀해서 나가지 않는다"는 말은 오직 우리 선생님만이 가능하다는 뜻이다.

慢藏誨盜, 冶容誨淫은 季世之情狀이니 可憎也라
만 장 회 도　야 용 회 음　 계 세 지 정 상　 가 증 야

"창고 지킴을 게을리함은 도적을 가르치는 것이며, 얼굴을 예쁘장하게 꾸미는 것은 치한을 불러들이는 것이다"는 말은 말세의 증상으로 미워할 만하다.

동양 상수론에서 말하는 시공관은 뉴턴이 말한 '절대 시간과 절대 공간 (Time and Space)'가 아니라, 아인슈타인이 지적한 시공 연속체로서의 '시공간(Time-Space)'이라는 유기체론의 입장과 같다. 시간과 공간은 독립적으로 떨어져 존재하는 것이 아니라 본래부터 맞물려 있다는 것이다. 『주역』에서 말하는 괘의 논리는 공간 중심이며, 하도낙서는 시간을 중심으로 하는 설명 방식이다. 특히 하도낙서의 도상은 시간의 흐름에 의해 공간의 확대로 전개되는 양상을 취하고 있다. 그래서 주자는 『주역본의』에서 하도낙서에 근거하여 괘의 논리가 성립한다고 말하여 하도낙서를 가장 먼저 등장시키고, 이어서 복희괘와 문왕괘를 배치시켰던 것이다.

동양의 대수학은 시간 흐름을 중심으로, 서양수학은 공간 분할의 기하학이 발전했다. 플라톤은 '기하학을 모르면 아카데미에 들어올 자격이 없다'고 한 것은 서양 수학의 특징을 단적으로 지적한 것이라고 할 수 있다. 이런 배경에서 서양과 동양의 수학이 다르게 전개되었다. 시간의 화살은 과거에서 현재로, 현재에서 미래로 날아간다. 직선으로 날아가는 미사일을 백업시킬 수 없는 것처럼, 시간의 화살을 현재에서 과거로 되돌릴 수는 없다. 이것이 바로 시간의 필연 법칙인 동시에 시간의 지배를 받는 인간의 운명이다. 일방 통행하는 시간의 흐름은 열역학 법칙의 정립으로 더욱 힘을 갖게 되었다. 열역학 법칙에 따르면, 열은 반드시 뜨거운 곳에서 차가운 방향으로 흐른다는 것이 그 핵심이다. 그것은 빅뱅 이후 뜨거워졌던 우주열이 점차 식어가면서 언젠가 우주는 파국을 맞이할 수 있는 이론으로 연결되기도 한다.

1. 수리數理란 우주의 숨겨진 패턴을 들춰볼 수 있는 자연의 언어 형식이다

天一地二天三地四天五地六天七地八天九地十이니
천 일 지 이 천 삼 지 사 천 오 지 육 천 칠 지 팔 천 구 지 십

天數五오 **地數五**니 **五位相得**하며 **而各有合**하니
천 수 오 지 수 오 오 위 상 득 이 각 유 합

天數二十有五오 **地數三十**이라 **凡天地之數五十有五**니
천 수 이 십 유 오 지 수 삼 십 범 천 지 수 오 십 유 오

此所以成變化하며 **以行鬼神也**라
차 소 이 성 변 화 이 행 귀 신 야

天一地二天三地四天五地六天七地八天九地十이다. 하늘의 수는 다섯이요 땅의 수도 다섯이니, 다섯 자리가 서로 얻으며 각각 합함이 있으니, 하늘의 수는 25요 땅의 수는 30이다. 무릇 천지의 수는 55이다. 이것이 변화를 이루며 귀신을 행하는 것이다.

주자는 이 대목에 대한 해설을 시작하기에 앞서 '천지지수天地之數'는 하도河圖라고 단정하면서 출발한다.[1] 하도낙서는 분합分合의 논리로 구성되어 있다. 낙서가 '분화分化'의 논리라면, 하도는 '통합統合'의 논리가 핵심이다. 분화가 분열과 팽창이라면, 통합은 수렴을 통한 통일과 종합을 뜻한다. 생성의 단계에서 1, 2, 3, 4, 5는 생수生數이며 6, 7, 8, 9, 10은 성수成數로 불린다. 생수와 성수의 총합 55는 천지의 수를 표상한다. 천지의 생성[生生之謂易]을 55수로 범주화하여 변화와 귀신의 움직임을 포착한 것이다.

천지는 분합의 방식으로 태어나 커나간다. 문법적인 의미에서 '각各'이라는 단어는 '나뉨[分]'과 '합함[合]'을 소통시키는 '분합'을 수식한다. '각'의 의미는 생수와 성수, 즉 음양짝을 이루도록 배합된 1과 6, 2와 7, 3과 8, 4와 9로 나뉘는 양상에서 찾을 수 있다. 하지만 그 속에는 이미 '합'의 원리가 내포되어 있음을 알 수 있다.

---

1) 『周易本義』, "此言天地之數陽奇陰偶, 卽所謂河圖者也."

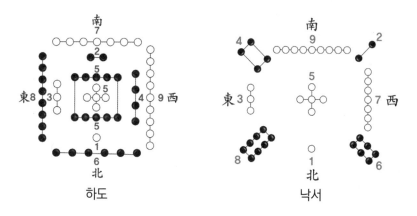

하도

낙서

'합'은 생수와 성수를 결합시키는 연결 고리인 '5'를 중심으로 생수가 성수로 전환되는 것을 뜻한다. 생수 1은 5의 매개에 의해 성수 6이, 생수 2는 5의 매개에 의해 성수 7이, 생수 3은 5의 매개에 의해 성수 8이, 생수 4는 5의 매개에 의해 성수 9가, 생수 5는 또한 5의 매개에 의해 완성수 10이 이루어지는 것이다.

따라서 '천지지수'는 만물 생성 변화의 수학적 패턴과 운동 방식이라 할 수 있다. 그것의 구체적인 내용이 바로 음양오행이며, 3재三才이다. 하도를 표상하는 '천지지수'에는 우주 창조의 프로그램 및 우주 변화의 전개 방식이 투영되어 있는 것이다.

이는 시간론을 전제하지 않고는 해명이 어렵다. 즉 하도낙서가 전하고자 했던 핵심 메시지는 바로 시간 흐름의 과정과 그 목표는 어디에 있는가라는 문제였다. 시간론이 바로 『주역』의 근본 명제라는 뜻이다. 이런 의미에서 하도낙서는 시간의 암호 해독판이라고 할 수 있다. 하도와 낙서는 분열과 통일을 반복하면서 소강절의 이른바 원회운세설元會運世說에서 말하는 129,600년이라는 거대한 시간대를 중심으로 순환 반복한다. 129,600년이 계속 반복된다는 점에서는 분명히 순환론이다. 하지만 순환이 지속되기 위해서는 반드시 시간의 직선적 흐름이 전제되어야 한다. 따라서 소강절의 원회운세설은 직선형 순환론적 시간관이라 할 수 있다.

주자는 『주역본의』에서 '천지지수天地之數'를 하도河圖라 하고, 대연지수 大衍之數는 '설시구괘법揲蓍求卦法'으로 단정했을뿐, 낙서를 '대연지수'와 연결시키지는 못했다. 천지지수가 하도라면 대연지수는 낙서임이 분명하다. 하도와 낙서는 서로의 근거로서 '공존의 관계'로 존재한다. 하도가 없으면 낙서가 작용할 수 없으며, 낙서가 없으면 하도 또한 의미가 없다.[2] 그리고 하도는 원래 그 내부에 낙서의 이치를 함축하고 있다.[3] 다시 말해서 하도 라는 완전한 프로그램이 전제되어 낙서로 작용하는 방식이 곧 천지지수와 대연지수의 차이점인 것이다.

그럼에도 주자는 '대연지수'를 풀이할 때, 원래 『주역』은 복서라는 관점과 '뽑을 설揲'이라는 단어에 중독되어 하도[天地之數]와 낙서[大衍之數]의 관계를 절름발이로 만드는 결과를 초래했다. 이는 주자만의 잘못도 아니다. 왜냐하면 당나라 때에 이미 '동전던지기' 또는 '시초'를 뽑아 점을 쳤다는 당시 문화의 영향권에서 벗어날 수 없었기 때문으로 추정된다. 그는 '대연지수'장을 전거로 삼아 시초를 뽑는 6번의 과정을 거쳐 나타난 괘의 형태로 그 날의 운세 혹은 앞날의 운명을 예측하는 복서卜筮를 아주 영험하게 여겼던 것이다.

흔히 『주역』은 복서역卜筮易, 의리역義理易, 상수역象數易이라는 세 분야로 나뉜다. 복서역은 복희 이래로 문왕과 주공이 체계를 갖추기 이전의 역易이며, 거기에 담긴 의리(철학: 넓게 보아 윤리 도덕학)와 상수는 복서를 합리적으로 뒷받침하는 이론이라는 견해다.

의리역은 왕필王弼(226-249)이 대표적 주창자로 유명하다. 그는 『주역』을 세계의 생성과 기원 문제를 합리적으로 이해하는 기초를 세웠다. 또한 왕필은 복서와 상수는 의리에 종속되는 까닭에 상수는 의리를 밝히는 일종

---

2) 이것이 앞에서 말한 '顯諸仁, 藏諸用'의 논리다.

3) 우리는 하도하면 낙서가 뒤따르고, 낙서하면 하도가 뒤따른다는 사실을 잘 알고 있다. 하도와 낙서를 세팅해서 이해해야 옳다. 하도와 낙서는 논리적으로 확연하게 구분할 수 있지만, 사실 차원에서 이 둘은 체용 관계로 존재하는 점을 주목해야 한다.

의 보조 수단쯤으로 여겼다. 그는 매우 번거롭고 견강부회하는 상수역을 혹독하게 비판했다. 예외적으로 '대연지수'의 합리성에 대해서는 너그럽게 인정한다. 한편 왕필이 의리역을 드높인 이래, 송대 정이천程伊川의 의리역은 학술계의 주도권을 장악했다. 그는 의리역의 관점에서 『주역』과 『중용』을 결합하여 성리학의 기초를 확고하게 정립하였다.

주자의 주역관[4]은 복서역이 중심이다. 왜냐하면 『주역』의 역사는 점치는 책으로 출발했기 때문이다. 하지만 주자는 종합의 달인답게 복서와 의리와 상수를 하나로 통합했다. 이런 연유에서 그는 '과거 주역학의 집대성자'라고 손꼽히게 되었다. 주자 이후 현재에 이르기까지 줄곧 복서와 의리와 상수는 주역학에 입문하는 필수 과목으로 간주되었다. 복서를 기초로 삼았던 주자의 주역관은 '대연지수'의 해석에서 두드러지게 나타난다. 그는 '뽑는다[揲]'는 단어에 초점을 맞추어 대연지수는 점치는 방법 혹은 괘를 구성하는 수단으로 인식했던 것이다.

『주역』의 독특한 논리인 체용론體用論의 특징은 하도와 낙서의 관계로 압축할 수 있다. 하도가 체라면 낙서는 용이며, 낙서가 체라면 하도는 용이다. 상생과 상극 또한 체용의 관계다. 하지만 그 관건은 시간대에 따라 다르게 드러난다는 점이다. 상극이 주도권을 잡느냐, 상생이 주도권을 잡느냐에 의해 체와 용이 결정되는 것이다. 선천은 하도'체體(상생)' 낙서'용用(상극)'이며, 후천은 낙서'체' 하도'용'의 관계가 성립된다. 따라서 체용은 우주 변화의 두 얼굴인 셈이다.

☷ 천지의 수는 하도의 도상에 나타난 것처럼, 음양오행이 아름다운 대칭의 구조를 이룬다. 하도가 기독교에서 말하는 하나님의 천지 창조의 설계도라면, 낙서는 진화론자인 찰스 다윈Charles Darwin(1809-1882)이 말하는 진화의 과정을 설명한 그림으로 비유할 수도 있다. 이처럼 『주역』은 창조와 진화의 문제를 체용의 논리로 설명하고 있다.

---

4) 필자는 『朱子의 易學思想에 關한 硏究(- 河圖洛書를 중심으로)』로 박사학위를 받았다.

2. 대연지수는 설시법이 아니라, 낙서를 바탕으로 괘가 성립하는 이유를 역법으로 밝히고 있다

大衍之數五十이니 **其用**은 **四十有九**라 **分而爲二**하여
대 연 지 수 오 십　　기 용　　사 십 유 구　　분 이 위 이

以象兩하고 **掛一**하여 **以象三**하고 **揲之以四**하여
이 상 양　　괘 일　　이 상 삼　　설 지 이 사

以象四時하고 **歸奇於扐**하여 **以象閏**하나니 **五歲**에 **再閏**이라
이 상 사 시　　귀 기 어 륵　　이 상 윤　　오 세　재 윤

故로 **再扐而後**에 **掛**하나니라
고　재 륵 이 후　괘

아주 크게 펼치는 수가 50이니 그 쓰임새는 49이다. 둘로 나눔은 양의를 상징하고, 하나를 (손가락에) 거는 것은 3재를 상징하고, 넷으로 셈하는 것은 4시를 상징하고, 나머지를 손가락 사이에 끼우는 것은 윤달을 상징하니, 5년에 두 번 윤달이다. 그러므로 다시 끼운 뒤에 괘를 만든다.

'대연지수大衍之數' 장은 태극과 음양과 3재와 4상에 의거한 역법曆法의 문제가 근간을 이루고 있다. 그럼에도 주자를 비롯한 대부분의 학자들은 마지막에 나오는 '설괘揲卦'에 초점을 맞추어 어떤 하나의 6효괘가 나타나는 점치는 방법으로 설명했다. 하지만 '5년 재윤再閏(5년에 2번의 윤달을 끼어 넣는 역법)'의 뜻을 보더라도 하도낙서는 역법을 넘어 시간론의 관점에서 해명되어야 그 본래 의미가 밝혀질 수 있다고 할 수 있다.

그러면 달력을 작성하는 법칙[曆法]과 역법의 구성 근거를 밝히는 원리 [曆理]는 어떻게 다른가? 역법은 책상 앞에 걸린 달력을 연상하면 쉽게 알 수 있다. 현재 우리는 양력과 음력을 겸용해서 사용한다. 일상 생활에 편리하도록 만든 달력(Calendar; 365¼의 태양력과 354일의 태음력으로 이루어진 달력)을 보고 매일 아침 일어나 스케줄을 짠다. 달력은 자연 법칙을 토대로 제작된 인류의 위대한 발명품이다. 태양과 달의 운행(시간 법칙)에 맞도록 인위적으로 작성된 것이 바로 캘린더인 것이다.

　　매년 년말이면 전국의 인쇄업계는 달력을 만드느라 들썩인다. 유명 연예인이 화려한 한복을 입은 달력을 구하느라 애쓴 추억이 있을 것이다. 그리고 길거리에서는 각종 자연의 절경을 찍은 선물용 캘린더가 불티나게 팔린다. 기상대에서 만드는 달력은 역법의 구성 원칙에 기초한 것이다. 누구든지 자연에 기초한 역법을 조금만 습득해도 달력을 쉽게 만들 수 있다.

　　그러나 역리曆理는 역법과 근본적으로 차원이 다르다. 역리는 역법의 구성 근거를 가리킨다. 그것은 달력이 왜 360일을 중심으로 365¼의 태양력[閏曆] 또는 354일의 태음력[閏曆]이 형성되는가에 의문을 던지는 데서 출발한다.[5] 김일부는 왜 360일의 정역正曆을 중심으로 각각 태양력과 태음력이 형성되는가에 물음을 던지고 그 궁극 이유를 풀어헤쳤다. 그는 『정역』이 자신의 노력만으로 이루어진 것이 아니라, '신이 알려준 은혜[神告]' 또는 '상제의 가르침[上敎]'이라고 고백한 바 있다.[6]

　　서양의 신학자이면서 철학자인 아우구스티누스(Augustinus: 354-430)는 『고백론』 제11권의 대부분을 시간 탐구에 바쳤는데, 그는 다음과 같은 농담을 했다. "하느님은 천지를 창조하기 이전에 무엇을 하고 있었을까? 그처럼 심오한 수수께끼를 꼬치꼬치 파고들려는 자를 위해서 지옥을 마련하고 있었다." 그는 역시 기독교 신자였다. 인간의 합리적 인식을 초월한 시간의 수수께끼를 신의 영역으로 돌렸다.

　　기독교의 발상에 따르면, 모든 인간의 직업은 신의 영광을 증명하는 세속적 삶일 따름이다. 예술가는 작품을 통해서 신의 전지전능함을 찬양하기 위해서 활동하고, 음악가는 신의 소리를 그대로 재현하는 것이 최고의

---

5) 이 문제는 태양계의 타원궤도의 운동과 관련되어 있다. 曆理는 비록 자연과학적 개념과 관련성이 있으나, 본질적으로 자연과 시간의 본성을 뜻하는 술어다.

6) 김일부는 「大易序」에서 공자를 찬양하면서도 한편으로 자신은 공자가 언급하지 못했던 문제까지도 밝혔다고 말하여 한국인의 자존심을 한층 드높였다. "천지 무형의 경개를 훤히 꿰뚫어 들여다보기는 일부가 능히 이뤘고, 천지 유형의 이치를 올바르게 깨친 것은 공자께서 먼저 하셨네[洞觀天地無形之景, 一夫能之, 方達天地有形之理, 夫子先之.]"

목표이며, 소설가는 신의 정신을 작품에 넣어 일반인들의 삶에 영향을 끼치는 것이 그 의무였다. 인간의 땅뺏기 시합인 전쟁도 언제나 신의 이름으로 행해졌음을 볼 때, 유일신관에 기초한 기독교의 직선적 사유를 엿볼 수 있다.

이러한 문화적 배경에서 철학자들은 기독교 교리에 부합하는 시간관을 수립하는 것에 정열을 바쳤던 것이다. 과거는 흘러가서 이미 존재하지 않으며, 미래는 아직 오지 않았기 때문에 확실하게 존재하는 것은 오직 현재뿐이라는 결론에 도달한다. 현재는 시간의 영원성을 머금고 있다는 것이다. 이러한 논리를 바탕으로 과거는 현재로 흘러오고, 미래 역시 현재를 지향함으로써 과거와 미래가 현재에서 '통일지양統一止揚'된다고 하여, 시간을 의식할 수 있는 존재는 만물의 영장인 인간뿐이라고 강조한다.

이것이 바로 서양 시간관의 특징이다. 이는 시간을 인식할 수 있는 유일한 존재는 인간이기 때문에 인간의 존엄성과 위대성을 확보했다는 점에서 높이 평가할 만하다. 하지만 그것은 시간의 근거를 인간의 본성에서 찾는 실존론적實存論的 시간관(불교의 시간관도 어느 정도는 이와 유사하다. 불교에서는 3계三界를 마음의 그림자가 지어낸 것으로 본다)의 다른 형태에 불과하다. '나' 바깥의 객관적 시간을 인정하지 않는다는 문제가 있다.

김일부는 수많은 동서양 시간관의 한계를 극복하고 새로운 시간관을 수립했다. 그는 "역은 책력이니 책력이 없으면 성인도 없고 성인이 없으면 역도 없다"[7]고 하여 『정역』의 3대 명제를 제시했다. 이는 기존의 역학관을 뒤집는 혁명적 사유이며, 한국 철학의 독창성을 발휘한 세계사적 사건였다. 또한 철학의 목표는 시간의 해명에 있다고 제언하여 동서 철학의 새로운 지평을 열었던 것이다. 이런 의미에서 김일부는 전통 철학의 사유를 뒤엎다는 의미에서 '혁명적 사상가'인 동시에 『주역』의 궁극 명제는 시간의

---

7) 『正易』「大易序」, "易者曆也, 無曆無聖, 無聖無易."

본질 해명에 있다는 점을 제시하여 철학의 물꼬를 새롭게 텃다는 의미에서 '사상적 혁명가'다.[8]

『정역』은 시간 흐름의 과정과 목적을 제시한 사상이다. 전자가 낙서의 '역생도성逆生倒成'과 하도의 '도생역성倒生逆成'과 그 구체화의 원리인 금화교역론金火交易論이라면, 후자는 선천이 문닫고 후천이 열린다는 후천개벽론이다. 선천 낙서의 질서는 ①, ②, 3, 4, 5, 6, 7, 8, 9의 순서로 진행한다. 후천 하도의 질서는 10, 9, 8, 7, 6, 5, 4, 3, ②, ①의 순서로 진행한다. 이처럼 시간의 흐름도 '음양법칙[一陰一陽], 일합일벽一闔一闢, 굴신운동屈伸運動'에 의거하여 움직이는 것이다.[9]

'연衍'은 불린다는 글자다. '연'은 부동의 일자─者가 다양한 현상 세계로 전개되는 이치를 수학 방정식으로 극한까지 미루어 확대시킨다는 뜻이다. 낙서를 의미하는 대연지수의 수리 구조는 다음과 같이 이루어진다.

① 낙서수는 45이다. 여기에 10 무극을 플러스(이는 선천 낙서가 후천 하도로 전환하는 이치)하면 하도수 55가 된다. 그래서 주자도 천지지수 55를 하도라고 규정했던 것이다.

② 하도수 55와 낙서수 45의 균형을 잡아주는 수는 5이다. 천지지수 55 - 황극수 5 = 50이며, 낙서수 45 + 황극수 5 = 50이 된다. 그러므로 천지의 수를 실제로 운용하는 수는 대연지수 50이다.

③ 하도수(천지지수) 55 + 낙서수 45 = 100의 등식이 성립한다. 대연지수 50은 일원수─元數 100[10]을 음양으로 나눈 것이다. 즉, 대연지수 50이 음양

---

8) 양재학, 『김일부의 생애와 사상』(대전, 상생출판, 2014), 4-11쪽 참조.
9) 『정역』이 원론에 충실했다면, 증산도사상은 아주 구체적으로 수화일체운동水火一體運動에 의한 선후천 변화를 얘기한다. "수화목금(四象)이 때를 기다려 생성되나니 물水이 불火에서 생성되는 까닭에 천하에 서로 극剋하는 이치가 없느니라.[水火金木이 待時以成하나니 水生於火라 故로 天下에 無相克之理니라.]"(『도전』, 4:152:3)
10) 『周易』과 『正易』은 100이라는 숫자를 언급하지 않았으나, 음양의 전체 작용수는 100이 전제됨을 알 수 있다. 이를 집중적으로 해명한 것이 바로 정역사상이다.

짝을 이루면 일원수 100이다. 그것은 음양의 균형을 이루는 핵심이다.

④ 낙서 45 + (무극 10 + 황극 5) = 육갑六甲의 수 60이 된다. 또한 하도 55 + 황극 5 = 육갑의 수 60이 된다. 따라서 귀신의 조화를 부리는 '6갑'은 신명원리神明原理라고 할 수 있다.

⑤ 대연지수 50 = 천지지수 55 - (금목수화토) 5의 등식이 성립된다. 하도와 낙서에 똑같이 중앙에 위치한 5는 수의 근원[祖宗]이다. 5는 삼천양지三天兩地의 음양수를 합한 것이다. 이 5를 불리고[衍] 10을 곱하면[乘] 총합 50이 된다.[11]

⑥ '크게 불린다'는 의미의 '대연大衍'은 무엇에 근거하는가? 그것은 생명의 씨앗, 즉 만물 창조의 근원인 1태극의 분화 활동을 수의 극한까지 미루어 나간다는 뜻이다. 따라서 대연에서 '연역演繹'이란 단어가 파생되어 나온 것이다. 연역이란 일자에서 만물이 비롯되고, 다자의 세계는 단순한 단계에서 복잡한 단계로 분열되어 전개된다는 말이다.

⑦ 여기서 일원수一元數 100의 문제가 등장한다. 일원수 100은 3극 논리에 근거한다. 1태극부터 10무극까지는 분명히 10이다. 그러면 왜 '곱셈

---

11) 『易解參攷註』, "朱子曰 大衍之數五十五者, 以天地之數五十有五, 除出金木水火土五數也. 河圖洛書皆五居中, 而五者數之祖宗, 而參天兩地之陰陽合數故也. 卽此五數, 衍而乘之, 各極十卽合爲五十也." 펜타드를 가리키는 5는 새로운 단계의 우주의 설계(朱子도 '5를 數의 祖宗'이라 불렀다)를 나타낸다. 즉 생명 자체의 도입이다(그래서 저자는 5를 再生數로 규정한다). 5수는 자연의 생산력과 생식력의 열쇠로서 생명의 신선함과 완전성과 번식력을 제공한다. 펜타그램이 피타고라스학파에서 인간성과 건강의 상징이 되었던 것은 이런 이유에서이다. 자연은 기하학을 통해 우주의 철학을 표현한다. 여기서 힘의 원천 또는 자연에 나타나는 비밀과 우리에게 미치는 심리적 효과를 발견할 수 있다. 부분으로부터 전체가 자라나는 재생의 원리는 도처에서 발견된다. 그것은 우주가 살아 있음을 알리는 맥동 리듬이다. 부분 속의 전체라는 원리는 큰 나무의 가지로부터 작은 나무를 자라나게 하는 盆栽의 원리이다. 부분의 각각은 전체의 모형이다. 자연과 수학에서 이러한 조화를 인식하는 것은 자신의 깊은 내면의 조화와 동등하게 만든다. 펜타드는 재생의 기하학이란 원리를 지니고 있다."(『자연, 예술, 과학의 수학적 원형』, 101-111쪽 참조.) 여기에 착안해서 고안된 것이 바로 현대의 '프랙탈 이론'이다. 그것은 宇宙의 指紋인 것이다. 그래서 피타고라스는 '5'를 남성수인 3과 여성수인 2가 결합한 婚姻數라고 불렀다. 이는 『周易』의 '삼천양지설'과 연결하여 이해하면 도움이 될 것이다.

[乘]'의 법칙에 의해 10 × 10 = 100이라는 추론이 필요할까? 그것은 무극과 태극의 피드백(feedback) 원리에서 비롯된다. 1태극은 생명의 모체인 씨앗이다. 그것은 수리적 '분열의 최소치'이며, 100은 수리적 '분열의 최대치인 동시에 완성'을 뜻한다. 그래서 정역사상은 이 100을 중심으로 시간대의 극적 전환을 설명한다.

⑧ 10과 5는 우주의 중심축을 상징한다. 그것을 시간으로 계산하면 15 × 12시간 = 180시간이다. 이 180시간 중에서 일원수 100은 시간 흐름의 과정이 엉뚱한 방향으로 흐르지 않도록 하는 작용의 '중추' 본체수다. 그러므로 실제로 시간 흐름의 변화는 (180 - 100) + 1[12] = 81이다. 이 81이 원역原曆이다. (9 × 9 = 81) - 9 = 72(9 × 8)[13]는 '요임금이 사용한 366일[堯之朞]'의 윤역閏曆이며, (9 × 8 = 72) - 9 = 63(9 × 7)은 '순임금 때부터 지금까지 사용되는 365 ¼일[舜之朞]'의 윤역閏曆 시대인 것이다.

⑨ 그것은 '용구用九(9를 작용수로 썼던 건도乾道의 시대)'가 '용육用六을 작용수로 쓰는 곤도坤道 시대로 넘어가는 극한 분열의 막바지를 시사한다. 이는 (9 × 6)로 요약할 수 있다. 정역사상은 거시적으로나 미시적으로 '구구단[九六法則]'의 원리가 근간으로 되어 있다. 이들은 모두 건곤괘에 나오는 내용인데도 불구하고, 선후천 교체가 시간 질서의 변화로 나타난다는 내용을 아무도 몰랐던 것이다.

⑩ 하도수 55에서 생수 5를 빼면 50이 된다. 50이라는 수는 옛사람이 장대를 세워 그림자의 길이를 보고 작물의 재배 시기를 정할 때에 발견한 구句, 고股, 현弦의 제곱의 합과 일치한다. 이것을 피타고라스 정리법으로 셈하면 '$3^2 + 4^2 + 5^2 = 50$'이 성립한다. '대大'는 우주의 광대무변한 지극

---

12) 우주의 순수 정기인 1태극, 그것은 선후천을 통틀어 변화하지 않는 '천지의 불변수'다.
13) 72시간은 옛날식으로 하면 6일이며, 63시간은 5일과 ¼일이다. 현행의 캘린더는 365¼의 舜之朞인 셈이다. 결국 정역 세계 360일이 전제되어 윤역 세계인 요임금과 순임금의 캘린더를 쓰다가 마지막에는 선천이 후천으로 넘어가서는 다시 360일의 캘린더를 사용한다는 것이 『正易』의 핵심인 시간 흐름의 목적성이다.

함, '연衍'은 연산演算을 뜻한다. 대연지수는 천지의 모든 이치를 포괄하며, 특히 시공간 안에서 변화 운행의 수학적 본성을 의미한다. 또한 천원지방설天圓地方說에서의 (원圓 3 × 경徑 7 = 21) + (4 × 7 = 28) = 49가 나온다. 이것은 28수宿 이론의 근거도 된다.

⑪ '대연지수에 대한 결론': 왕성한 생명 활동을 부추기는 건곤의 작용을 수학 방정식으로 추론 결과가 곧 대연지수의 본뜻이다.

이밖에도 대연지수를 전통적인 '설시구괘법揲蓍求卦法'으로 풀이한 학자들은 너무 많다. 처음부터『주역』을 점서占書로 인식한 주자는『주역본의』첫머리에「서의筮儀」를 실었다. 그는 정성스런 마음으로 시책蓍策을 뽑는 방법과 과정 등을 괘의 형성과 연관시켜 상세하게 서술했다.

🎴 주자는 천지지수를 하도수라고 규정했으나, 대연지수가 낙서수임을 알지 못했다.

3. 공자는 이미 1년 360일이 이루어지는 이치를 알고 있었고, 역의 핵심은 시간의 본질 해명에 있다는 것을 시사했다

乾之策이 二百一十有六이오 坤之策이 百四十有四라
건 지 책   이 백 일 십 유 육   곤 지 책   백 사 십 유 사

凡三百有六十이니 當期之日하고 二篇之策이
범 삼 백 유 육 십   당 기 지 일   이 편 지 책

萬有一千五百二十이니 當萬物之數也하니 是故로
만 유 일 천 오 백 이 십   당 만 물 지 수 야   시 고

四營而成易하고 十有八變而成卦하니 八卦而小成하여
사 영 이 성 역   십 유 팔 변 이 성 괘   팔 괘 이 소 성

引而伸之하며 觸類而長之하면 天下之能事畢矣리니
인 이 신 지   촉 류 이 장 지   천 하 지 능 사 필 의

顯道하고 神德行이라 是故로 可與酬酌이며 可與祐神矣니
현 도   신 덕 행   시 고   가 여 수 작   가 여 우 신 의

子曰 知變化之道者 其知神之所爲乎인저
자 왈 지 변 화 지 도 자 기 지 신 지 소 위 호

건의 책수는 216이요, 곤의 책수는 144다. 무릇 360이니 1년[碁]의 날수에 해당하고, 두 편의 책수가 11,520이니 만물의 수에 해당한다. 이런 까닭에 네 번 경영해서 역을 이루고, 열 여덟 번 변해서 괘를 이룬다. 8괘는 작게 이루어 (손가락을) 이끌어서 펼치며 종류를 느껴서 자라나가면 천하의 능한 일을 마친다. 도를 드러내고 덕행을 신비스럽게 한다. 이런 까닭에 (귀신과) 더불어 수작할 수 있으며 더불어 신을 도울 수 있으니, 공자가 말하기를 '변화의 도를 아는 자는 신의 하는 바를 아는 것이로다!'

이 대목에 이르면 역법의 계산과 괘의 구성 법칙이 본격적으로 등장한다. '책策'은 점칠 때 사용하는 산가지를 뜻하는 글자다. 건괘의 작용수는 9[用九]이며, 곤괘의 작용수는 6[用六]이다. 건괘의 총 작용수와 곤괘의 총 작용수를 더한 360은 1년의 날수와 동일하다[凡三百有六十, 當期之日]는 것이 공자의 견해다. 이를 알기 쉽게 정리하면 다음과 같다.

건책수 216의 성립 근거 : { 9 × 4(4상四象 작용수) } × 6효六爻 = 216
곤책수 144의 성립 근거 : { 6 × 4(4상四象 작용수) } × 6효六爻 = 144
건곤책수 360의 성립 근거 : 216 + 144 = 360

여기서 우리는 이 세상이 둥글어가는 이치를 수리 법칙에 의존하여 세계를 이해할 수밖에 없었던 공자의 고뇌를 읽을 수 있다. '이편二篇'은 건곤괘에서 감리괘에 이르는 상경上經과 함항괘에서 기제미제괘로 끝맺는 하경下經을 의미한다. 64괘 384효 중에서 양효와 음효는 각각 192효다. 공자는 수학적 합리성에 기초하여 만물의 생성 원리를 헤아리려는 의도에서 특유의 논리를 개발했던 것이다.

$$(192 × 36) + (192 × 24) = 6{,}912 + 4{,}608 = 11{,}520$$

공자가 1년을 360일로 규정한 근거는 무엇인가? 단순히 짜맞추기 형식에서 비롯된 결과인가? 혹시 1년 354일 태음력과 1년 365¼일 태양력의 근원적 중심이 360이라는 사실을 깨우치려는 속셈은 아닌가라는 의문을 던질 수 있다. 필자는 『정역』이 전제되어 거꾸로 『주역』이 전개되어 나왔다고 제안한다. 비록 역사적으로는 『주역』 다음에 『정역』이 출현한 것이 사실이지만, 원(논)리적으로는 『정역』의 원리를 바탕으로 『주역』이 진정으로 얘기하려는 이치를 밝힐 수 있다는 뜻이다. 다시 말해서 공자는 1년 360일을 중심으로 354일의 음력과 365¼일의 양력이 분화되는 원리를 후인들이 밝히라고 주문했던 것이다.

태극의 양 측면이 음양이다. 태극의 분화가 바로 음양이다. 360을 태극이라 한다면, 이 360을 중심으로 마이너스Minus[陰] 방향으로 분리되면 354이고, 플러스Plus[陽] 방향으로 분리되면 365¼이 되는 것이 음양의 실체라는 뜻이다. 이 점이 바로 공자가 김일부의 사유에 힌트를 제공한 것으로 보인다.

주역사의 발걸음에서 「계사전」 9장에 대한 해석은 종종 역법曆法과 연계되어 정밀한 달력 제작의 형태로 나타나기에 이른다. 그 결실은 한대漢代에 이르러 활짝 꽃피운다. 하도낙서가 하늘이 계시한 일종의 시계판이라면, 역법은 하늘이 운행하는 걸음걸이를 측정하여 환산한 시간표였다. 동양인들이 하늘의 세계를 들여다보는 두 가지 방식은 천문과 역법의 체계다. "천문이 하늘의 세계에 나타나는 변화를 관찰하고 그 의미를 해석하는 일종의 정태적인 작업이라면, 역법은 천체들의 주기적인 움직임을 수량적으로 파악하는 일종의 동태적인 작업이다. 따라서 천문학의 역사는 곧 역법의 발달사로 간주"[14]되기도 하였다.

동양의 역법은 언제 어떻게 정립되었는가? 기원전 2세기 무렵 한무제漢

---

14) 이문규, 『고대 중국인이 바라본 하늘의 세계』(서울: 문학과 지성사, 2000), 207-208쪽 참조.

武帝의 태초력太初曆(BCE 104)으로부터 비롯되었다. 동양에서는 시간을 어떻게 질서화했는가? 인간의 생활에서 시간의 기본 단위는 낮과 밤이 갈마드는 하루이다. 하루가 쌓이고 쌓여 한 달과 한 해를 이룬다. 하지만 날과 달과 해의 변화를 통합하는 규칙성을 도출할 때는 곧바로 난해한 문제에 부딪치곤 한다.

여기서 가장 문제 되는 것이 치윤법置閏法이다. 하루보다 긴 단위는 달의 차고 이지러지는 위상 변화를 통해 시간의 주기를 만든 것이 달[月] 주기다. 달이 열 두 번 차고 이지러지고, 지구가 태양을 한 번 공전하는 시간이 1년이다. 그래서 1년을 12'달'이라 한다. 문제는 달의 변화에만 의존한 것을 '순태음력純太陰曆'이라 하는데, 그 태음력의 변화와 계절의 변화가 몇 년 안 가면 어긋나게 마련이다. 이에 음력월과 계절을 일치시키기 위하여 윤달을 넣어주지 않으면 안 된다. 이를 '치윤법'이라 한다. 그러니까 1년 12달 형식은 '순태양력純太陽曆' 전통에서는 나오기 어렵다. 태양력에 달의 삭망朔望 변화를 반영한 '태음태양력太陰太陽曆'에서나 가능한 체제인 것이다.

치윤법은 불규칙한 운동을 하는 해와 달의 주기를 일치시켜서 시간의 질서화를 도모하는 중요한 장치였다. 이런 윤월법閏月法은 이미 태음태양력 전통에 서게 된다. 대략 1년에 12번 만나는 해와 달, 즉 1태양년과 1태음년의 매년 값 차이는 약 10.8751일이다. 1태양년 속에 삭망월이 12번하고도 약 11일 정도 더 들어가는 셈이다. 매년 이 차이는 태음월을 계절에 근접시키기 위해서 윤달의 도입이 필수적이라는 사실을 깨닫게 했다. 윤달을 넣지 않으면 대략 16년 만에 계절은 정반대로 바뀌어 음력 1월이 한 여름이 되는 기이한 현상이 나타날 수밖에 없는 것이다.

이때 여분으로 남는 11일이 3년 쌓이면 약 33일로 또 하나의 한 달을 만들고도 3, 4일이 남는다. 5년이면 약 55일로 2삭망월에 4일 정도 모자라며, 8년이면 약 87일로 약 3삭망월을 만들 수 있다. 그래서 윤법을 일컬을 때 '3년 1윤, 5년 재윤再閏, 8년 3윤'이란 말이 생겨났다. 더욱 정확하게 달과 해의 주기를 일치시키기 위해서는 19년 만에 7번 윤달을 넣어야 한다. '19년 7윤법'이 바로 그것이다. 서양은 아테네의 메톤(Meton: BCE 460-?)이 정리했다고 하여 메톤주기(Meton cycle)라 불렀고, 동양에서는 '장법章法'이라 불렀다.

태양과 달이 한 기점에서 출발했다가 그 출발점으로 다시 복귀하는 주기는 19태양년이며, 달의 공전 주기로는 235삭망월이 걸린다는 뜻이다. 이같은 '장법'은 중국 최초의 국가 반포력인 한무제의 태초력에 도입되었다. 그런데 미세한 오차가 아직도 남아 있어 235태음월은 19태양년보다 0.0865일(= 2시간 05분) 만큼 길기 때문에 이 여분을 줄여주는 새로운 치윤법을 고안하기에 이른다. 이를 기존 장법을 깬 것이란 의미에서 파장법破章法이라 부른다. 지금까지 논의된 것을 정리하면 다음과 같다.

$$19태양년 = 365.2422일 \times 19년 = 6939.6018일$$
$$= 10태음년(6732.9749) + 7삭망월(206.6269일)$$
$$= 235삭망월$$
$$19태음년 = 354.3671일 \times 19년 = 6732.9749일 = 228개월$$
$$7삭망월 = 206.6269일 \div 29.5307일 = 6.9970삭망월 = 약 7개월[15]$$

유향劉向(BCE 77-BCE 6)은 과거 역법들을 자세히 고찰했으며, 그의 아들 유흠劉歆(BCE 23-6)은 아버지의 학설을 계승했고, 더 나아가 태초력의 기본 상수[16]를 채용하여 삼통력三統曆을 만들었다. 유흠은 삼통력의 원리를

---

15) 이상의 내용은 김일권, 『동양 천문사상- 하늘의 역사』(서울: 예문서원, 2007), 197-201쪽을 주로 참고하였다.
16) 『漢書』「律曆志」 첫머리는 역법 계산의 장치를 소개하는 것으로부터 시작한다. 기본 常數는 다음과 같다. "日法 81, 閏法 19, 統法 1539, 元法 4617, 會數 47, 章法(月) 235, 月法 2392, 通法 598, 中法 14530, 周天 562120, 歲中 12, 月周 254, 朔望之會 135, 會月 6345, 統月 19035, 元月 57105, 章中 228, 統中 18468, 元中 55404, 策餘 8080, 周至 57 등이다.

『춘추』와 『주역』에 가탁하여 설명했다. 태양의 운행을 보여주는 일법日法과 달의 운행을 보여주는 월법月法, 그리고 이 둘을 매개하는 윤법閏法이 갖추어지면 태음태양력의 구성 틀이 마련된다. 『한서』「율력지」에 나타난 역법 성립의 메카니즘을 정리하면 다음과 같다.[17]

統法 = 日法 × 閏法 = 81 × 19 = 1,539

元法 = 3 × 통법 = 3 × 1,539 = 4,617

= (3 × 天終數) + (2 × 地終數)[18] = (3 × 9) + (2 × 10) = 47

章月 = 五位 × 會數 = 5 × 47 = 235

通法 = 月法 ÷ 4 = 2,392 ÷ 4 = 598

中法 = 章月 × 通法 = 235 × 598 = 140,530

周天 = 章月 × 月法 = 235 × 2,392 = 562,120

歲中 = 三統 × 四時 = 3 × 4 = 12

月周 = 章月 + 閏法 = 235 + 19 = 254

= (3 × 天數) + (2 × 地數) = (3 × 25) + (2 × 30)

= 75 + 60 = 135

會月 = 會數 × 朔望之會 = 47 × 135 = 6,345

統月 = 3 × 會月 = 3 × 6,345 = 19,035

元月 = 3 × 統月 = 3 × 19,035 = 57,105

章中 = 閏法 × 歲中 = 19 × 12 = 228

統中 = 日法 × 章中 = 81 × 228 = 18,468

元中 = 3 × 統中 = 3 × 18,468 = 55,404

策餘 = 10 × 元中 - 周天 = 10 × 55,404 - 562,120 = 8,080

周至 = 3 × 閏法 = 3 × 19 = 57

17) 이문규, 앞의 책, 219-220쪽 참조
18) '天終數'는 1에서 10까지의 수에서 마지막 홀수[天數] 9를 가리키고, '地終數'는 마지막 짝수[地數]인 10을 가리킨다.

동양 정치권에서 왕조가 바뀔 때마다 시행한 역법의 교체는 왕권의 정통성을 확보하는 유효한 수단이었다. 역법의 개선은 천문학의 발전과 함께 자연학의 관심을 고조시키는 부수적인 효과를 획득했다. 정교한 역법의 계산은 『주역』과 간접적으로 관계를 맺으면서 송대까지 이어진다. 주자는 친구이자 제자였던 채원정蔡元定(1135-1198)의 견해[19]를 받아들여 역법의 구성을 치밀하게 계산했다.[20]

$$365 = 365 \qquad : 태양력 1년(해의 1주천周天)$$
$$365 \div 12 = 29 : 1 삭망월(달의 1주천周天)$$
$$29 \times 12 = 354 : 태음력 1년(12 삭망월朔望月)$$
$$365 - 354 = 10 : 1년 동안의 윤일閏日$$
$$10 \times 19 = 206 : 19년 동안의 윤일閏日$$
$$206 \div 29 = 7 \quad : 19년 7 윤월閏月$$

채침은 주자의 유언을 받들어 『서경』의 주석을 완결지었다. 그는 "요전"에 나오는 내용을 풀이하면서 360에 대한 주목할 만한 해석을 내놓았다. "360일은 1년의 상수이다. 그래서 태양의 운행의 5일 많은 것을 '기영氣盈'이라 하고, 달의 운행의 5일 적은 것을 '삭허朔虛'라 하는데, 기영과 삭허를 합쳐서 '윤'이 생긴다."[21]

과연 채침蔡沈(1167-1230)이 말하는 360일과 상수常數는 어떤 의미인지는 불분명하지만, 360일을 태음력과 태양력으로 가늠하는 중심으로 본 것만

---

19) 주자와 蔡元定(1135-1198)과 그의 아들 蔡沈(1167-1230)은 『書經』「虞書」"堯典"의 "(1년의) 기는 366일이니 윤달을 사용하여야 4시를 정하여 해를 이루어 진실로 백관을 다스려서 모든 공적이 빛날 것이다.[朞, 三百有六旬有六日, 以閏月, 定四時成歲, 允釐百工, 庶績咸熙.]"는 명제에 특별한 관심을 표명했다.

20) 이는 『朱子語類』권2「理氣」下 "天地"下의 내용을 정리한 것이다.

21) "三百六十者, 一歲之常數也. 故日與天會而多五日九百四十分日之二百三十五者, 爲氣盈. 月與日會而少五日九百四十分日之五百九十二者, 爲朔虛, 合氣盈朔虛而閏生焉."

은 틀림없는 사실이다. 하지만 그의 관심사는 역법과 계절의 어긋남을 조정하는 완벽한 이론의 구축에 있었다. 채침을 비롯한 천문학자들은 역법의 구성 법칙을 명료하게 설명했으나, 오히려 김일부는 역법의 구성 근거에 의문을 던졌다. 하나로 결합된 태음태양력의 역법은 천문학의 탐구 대상였으나, 무엇 때문에 양력과 음력이 분리되며, 근원적(본질적)으로 음양력이 360일로 통합되는 가능성은 없는가를 파헤친 것이 바로 정역正易(=정역正曆)이다. 김일부는 이런 문제의식을 가지고 공자가 말한 1년 360일의 문제에 접근했던 것이다.

1년 360일은 건곤책수의 성립 근거이므로 만물지수萬物之數 11,520의 성립을 다음과 같이 정리할 수 있다. (192효 × 36) + (192효 × 24) = 11,520의 등식에서 36 + 24 = 60이라는 '육갑'의 도입이 눈에 띤다. 또한 네 번 걸쳐서 운영된다는 '4영四營'은 4상四象의 원리를 가리킨다. 그것은 생수 1, 2, 3, 4와 성수 6, 7, 8, 9로 이루어진다.

'(손가락을) 이끌어서 펼치며 종류를 느껴서 자라나가면 천하의 능한 일을 마친다[引而伸之, 觸類而長之, 天下之能事畢矣]'는 말은 수지도수手指度數에 의거하여 9수 세계에서 10수 세계로(『주역』에서 『정역』으로 나아감) 넘어가는 이치를 밝히라는 뜻이다. 그래야만 선후천 변화의 원리를 알 수 있을 뿐만 아니라, 천도의 신묘한 덕행이 수행되며 귀신의 작용과 일치되는 경지에 이를 수 있다는 것이다.

이처럼 『주역』은 만물과 세상이 순환하는 이치를 훤히 들여다볼 수 있는 방법은 수리 철학에 통달하는 것에 있다고 가르친다. 인격의 성숙은 배움과 마음의 수양을 통해서 가능하지만, 천지가 움직이는 원리를 깨우치는 일은 수리론에 대한 이해가 지름길이다. 그러면 굳이 점占에 의존하지 않고도 역사를 비롯한 천하사를 미리 알 수 있으며, 수리론에 정통하면 귀신의 신비한 움직임까지도 포착할 수 있는 경지에 도달할 수 있다는 것이다.

이를 통틀어 공자는 '수작酬酢'이라고 표현했다. 수작은 원래 마음 통하는 사람들이 술잔을 주고받는 음주법에서 비롯된 말이다. 한마디로 귀신과 무언의 대화를 나누어 소통하며, 심지어 귀신의 도움을 받는 최고의 방법이라고 상수론의 위상을 드높였다.

『주역』의 핵심은 상수론이다. 그것은 도덕과 역사와 문명을 비롯하여 귀신의 영역까지 다루는 근본적이고 총체적인 이론이기 때문이다. 그래서 「계사전」의 지은이는 "변화의 도를 아는 자는 신의 하는 바를 아는 것일진저!"라고 매듭지은 것이다.

공자가 귀신의 일을 감탄한 배경에는 다양한 의미가 내포되어 있다. 첫째, 귀신은 귀신을 두려워하는 마음의 그림자가 빚어낸 산물에 지나지 않는다는 무신론을 부정하려는 의도가 아니다. 둘째, 이 세상은 귀신만 판치고 인간은 그 부속물에 지나지 않는다는 극단적 의미의 유신론을 외친 것도 아니다. 만약 유신론이나 무신론에 얽매인다면 『주역』의 종지를 잃어버릴 것이다. 수리론에 투영된 천지의 신비를 깨우치면 신의 영역, 즉 귀신이 하는 일까지도 헤아릴 수 있다는 뜻이다.

☪ 성인은 신의 조화를 그윽히 들여다본 존재다. 상수학의 극치는 귀신이 작용하는 원리를 깨닫는 일로 귀결된다.

정역사상의 연구자 이상룡李象龍은 「계사전」 상편 9장의 성격을 다음과 같이 설명한다.

天地之數의 自一至十은 先天之生數也오 自十至一은
천지지수　자일지십　선천지생수야　자십지일

后天之成數也라
후천지성수야

'천지의 수'에서 1에서 10으로 진행하는 것은 선천의 생수요, 10에서 1로 진행하는 것은 후천의 성수를 상징한다.

凡天地之數五十有五는
범 천 지 지 수 오 십 유 오

先后天之每一朔之五度之无月光之法象也라
선 후 천 지 매 일 삭 지 오 도 지 무 월 광 지 법 상 야

"무릇 천지의 수 55"는 선후천의 매달 그믐을 기준으로 달빛이 없
는 5도度의 형상을 본받은 것이다.

大衍之數五十, 其用四十九는
대 연 지 수 오 십   기 용 사 십 구

先天五行生成於五子會之初甲子也라
선 천 오 행 생 성 어 오 자 회 지 초 갑 자 야

"대연 수는 50이고 그 작용이 49"라는 것은 선천의 5행이 자회子會
(60갑자의 지지地支에서 자子가 5번 나온다)의 첫 번 째인 갑자에서부터
생성한다는 뜻이다.

乾앗之策, 三百有六十當朞之日은 正曆之象數也라
건 곤 지 책   삼 백 유 육 십 당 기 지 일   정 역 지 상 수 야

"건곤의 책수 360이 1년 날 수에 부합하는 것"은 정역의 상수이다.

二篇之策, 當万物之數는 數以盡三極之變化也라
이 편 지 책   당 만 물 지 수   수 이 진 삼 극 지 변 화 야

"(건곤) 2편의 책수는 만물의 수와 부합한다"는 수학으로 3극의 변
화를 극진히 한 것이다.

八卦而小成은 運之指上也라
팔 괘 이 소 성   운 지 지 상 야

"8괘가 작게 이루어짐"은 손가락 움직임으로 운용한다는 뜻이다.

引而伸之, 觸類而長之, 天下之能事畢矣는 屈伸之掌이
인 이 신 지   촉 류 이 장 지   천 하 지 능 사 필 의   굴 신 지 장

乃成乎先后天之八千一百九十二卦也라
내 성 호 선 후 천 지 팔 천 일 백 구 십 이 괘 야

"(손가락을) 이끌어서 펼치며 종류를 느껴서 자라나가면 천하의 능한 일을 마친다"는 말은 손가락을 펴고 굽히는 것에서 선후천의 8,192괘가 형성되는 것을 뜻한다.

可與酬酌, 可與祐神은 天上天下와 地上地下之獨尊者라야
가 여 수 작   가 여 우 신   천 상 천 하   지 상 지 하 지 독 존 자
能之也라
능 지 야

"(귀신과) 더불어 수작할 수 있으며 더불어 신을 도울 수 있다"는 말은 천상천하와 지상과 지하를 통틀어 능히 홀로 존귀하게 자만이 가능하다는 뜻이다.

知變化之道者 其知神之所爲乎는 一閏一正이 匪人之私意也라
지 변 화 지 도 자 기 지 신 지 소 위 호   일 윤 일 정   비 인 지 사 의 야

"변화의 도를 아는 자는 신의 하는 바를 아는 것이로다!"라는 말은 한 번은 윤역이 되고 한 번은 정역이 되는 것은 인간의 사사로운 뜻이 아니다.

  유교에서는 인격이 완숙한 경지에 들어선 성인을 추앙해 왔다. 광범위한 의미에서 『주역』은 미래의 대안을 마련하고, 문명의 비젼을 제시한 인물을 진정한 성인으로 높였던 것이다.

1. 성인의 지혜는 언어, 변화, 상, 점에 녹아 있다

易有聖人之道四焉하니 **以言者**는 **尙其辭**하고
역 유 성 인 지 도 사 언　　이 언 자　　상 기 사

以動者는 **尙其變**하고 **以制器者**는 **尙其象**하고
이 동 자　　상 기 변　　이 제 기 자　　상 기 상

以卜筮者는 **尙其占**하나니
이 복 서 자　　상 기 점

역에 성인의 도가 넷이 담겨 있다. 말하는 자는 말을 숭상하고, 행동하는 자는 변화를 숭상하고, 기물을 만드는 자는 형상을 숭상하고, 복서하는 자는 점을 숭상한다.

  성인은 언어, 변화, 문물, 복서의 방법으로 자신의 뜻을 가르쳤다. 첫째, 성인은 언어와 문자로 의사를 전달하는 지혜를 발휘했다. 둘째, 변화에 재빨리 대응하지 못하면 기회를 놓치기 쉽다. 그래서 성인은 변화의 철학을 수립하여 행동하려는 사람에게 변화에 익숙하도록 도움을 주었다. 셋째, 성인은 문물 제도의 원형을 괘의 형상으로 남겨 인류가 본받도록 하였다. 넷째, 길흉을 쉽게 알 수 있도록 신과 접선하는 방법을 알려주었다. 따라서 『주역』을 배우자는 이 네 가지를 몸소 익혀야 할 것이다.

  성인은 진리를 표현하는 부호인 괘효卦爻와 그 설명 체계인 괘사卦辭, 상사象辭, 효사爻辭로서 각종 변화의 성격을 음양으로 압축했다. 음양의 변화를 알면 세상이 돌아가는 이치를 알 수 있고 똑바로 처신할 수 있다.

✡「계사전」하편 2장에는 고대의 성인들이 괘의 형상에 빗대어 그물, 배 등 생활의 도구를 만들었다는 내용이 나오듯이, 문명의 이기를 만들어내려면 아이디어가 필요하다. 그래서 성인은 신과 교접하여 명령을 수신할 수 있는 안테나인 복서의 방법을 창안하였다.

2. 군자의 모델은 성인

是以君子將有爲也하며 **將有行**에 **問焉而以言**하거든
시 이 군 자 장 유 위 야　　　 장 유 행　　 문 언 이 이 언

其受命也如嚮하여 **无有遠近幽深**히 **遂知來物**하나니
기 수 명 야 여 향　　　 무 유 원 근 유 심　　 수 지 래 물

非天下之至精이면 **其孰能與於此**리오
비 천 하 지 지 정　　　 기 숙 능 여 어 차

이런 까닭에 군자가 장차 어떤 일을 하거나 장차 행위를 하려 함에 (점으로) 물어서 (신이) 말하거든, 그 명을 받음은 메아리치는 것 같아서 먼 곳과 가까운 곳, 그윽한 것이나 깊은 것을 막론하고 마침내 미래의 일을 알수 있다. 천하의 지극한 정묘함이 아니면 그 누가 이에 참여하겠는가!

이 대목의 주어는 군자다. 군자는 이상적 인간상인 성인의 경지에 도달하려고 몸과 마음을 닦는 존재다. 그러나 도덕적 수양의 경계를 넘어서 점占과 신神의 세계를 넘나들어야 진정한 군자될 자격이 있다. 군자에게는 신명과의 직간접인 대화를 통해 그 명령에 즉각적으로 반응해야 하는 아주 소중한 책무가 있다. 삶과 죽음을 비롯하여 극미와 극대의 세계는 물론 원근을 뛰어넘어 유형과 무형의 세계를 관통하려면 신과의 접촉은 불가피하다는 것이다.

신에게 나아가는 이유는 미래를 아는 일에 있다. 이것이 바로『주역』이 지향하는 종교의 극치인 것이다. 철학의 합리성과 신비 체험을 통합한 정묘한 깨달음이 아니면 들어갈 수 없다. 이 세상에 대한 합리적 이해에만 몰입할 경우는 관념의 미이라에 빠져 종교의 세계를 부정할 위험이 있으

며, 반대로 오직 신비 체험만이 전부인 것으로 착각하면 미신과 광신으로 치닫는 위험이 있다. 양자의 진정한 통합이 군자에게 주어진 소명이다.

『주역』은 미신과 순수한 신비 체험을 구분한다. 전자가 밑도 끝도 없이 이성의 마비를 가져온다면, 후자는 신에 대한 종교적 경건성의 표출이다. 천지의 정교한 원리[精]와 미묘하게 존재하는 신의 세계[妙]에 정통하려면 마음이 맑고 깨끗한 군자라야 한다. 군자는 신탁에 매달리는 주술사가 아니다. 군자는 접신 행위를 통해 미래의 일을 전달하는 예언자 혹은 영매靈媒는 더더욱 아니다. 신의 명령만을 받드는 주술사들은 도덕 의식이 없다. 그렇다고 형이상학의 수학적 질서에만 매달려서도 안 된다.

🜚 신의 명령에 즉각 감응할 수 있는 사람이 『주역』이 요구하는 군자다.

3. 변화의 지극한 경지에 도달하려면 수의 세계에 정통해야

參伍以變하며 **錯綜其數**하여 **通其變**하여 **遂成天地之文**하며
삼 오 이 변　　　착 종 기 수　　　통 기 변　　　수 성 천 지 지 문

極其數하여 **遂定天下之象**하니 **非天下之至變**이면
극 기 수　　　수 정 천 하 지 상　　　비 천 하 지 지 변

其孰能與於此리오
기 숙 능 여 어 차

3과 5로써 변하며(3으로 세고, 5로 세어), 그 수를 교착하고 착종하여 변화에 능통해서 마침내 천지의 무늬(질서)를 완수한다. 수를 극진히 셈하여 마침내 천하의 상을 판정하니, 천하의 지극한 변화가 아니면 그 누가 능히 이에 참여하겠는가!

'삼오參伍'는 생명의 수학적 리듬을 뜻한다. 『주역』의 지은이는 함부로 수리 법칙을 조작하여 하늘에 대한 불경죄를 저지르지 않았다. 자연수 1부터 10까지의 수에서 3과 5를 중심으로 64괘 384효의 조직을 체계화했다는 말이다. 문자적으로 '착종錯綜'은 괘가 변하여 어지럽고 복잡하게 구

성된 것을 뜻하지만, 그 내부에는 엄정한 수학적 질서가 내재되어 있음을 가리킨다.

전통의 해석은 천편일률적으로 3효와 5효의 대응 또는 시초를 뽑아서 괘를 구하는 문제라고 보는 것이 대부분이었다.[1] 상수론자 이외의 학자들은 하도낙서를 배제하거나, 괘상에만 치중한 까닭에 엉뚱한 결론에 도달했다. 그러나 '삼參'은 생수의 중앙인 '3', '오伍'는 생수를 성수로 전환시키는 핵심으로 이해해야 앞 뒤 문장 전체를 일관시킬 수 있다. 복잡한 변화의 이치를 꿰뚫어야 천지 질서의 압축 파일을 풀어낼 수 있기 때문이다.

『주역』에서 수數는 상象의 근거다. 분명코 변화의 목적과 과정을 추론하는 수리 법칙의 외형은 괘상卦象이다. '착종기수'라는 수학적 질서를 네트워크(net work)화 하는 과정을 거친 다음에 비로소 변화 원리에 능통할 수 있다. '하늘과 땅의 무늬[天地之文]'는 변화의 이치를 담은 지도이고, '상象'이란 거기에 이르도록 하는 이정표 또는 하드 웨어(hard ware)이며, '수數'는 이정표를 쉽게 읽어낼 수 있는 소프트 웨어(soft ware)라고 할 수 있다.

☼ 상수론은 변화에 대한 자연의 수학적 본성을 밝힌 이론이다.

4. 천지에 대한 느낌과 감통의 정서가 최상의 앎이다. 감통은 생명의 본질을 알 수 있는 최상의 코드!

易은 **無思也**하며 **無爲也**하여 **寂然不動**이라가
역　무사야　　무위야　　적연부동

感而遂通天下之故하나니 **非天下之至神**이면
감이수통천하지고　　　비천하지지신

其孰能與於此리오
기숙능여어차

1) 김경방·여소강/한국철학사상연구회 기철학분과, 『易의 철학- 계사전』(서울: 예문서원, 1993), 115쪽. "옛사람들의 '삼오'에 대한 용례를 종합적으로 살펴볼 때, 여러 요소를 연관시키고 서로 참고하여 실제와 부합하는 결론을 얻는 것을 의미한다."

역은 사특한 생각함이 없고 인위적인 함도 없어 고요히 움직이지 않다가 문득 느껴서 천하의 연고에 통하니, 천하의 지극한 신이 아니면 그 누가 능히 이에 참여할 수 있겠는가!

이 대목의 키워드는 형이상의 본체[道]에 대한 느낌[感]과 깨달음이다. 학자들은 특별히 만물의 궁극적 근원을 찾아내기 위한 명료한 분석을 '철학함'의 으뜸으로 여기는 버릇이 있다. 『주역』은 일체의 명료한 사유 활동마저 무작정 금지하지 않는다. 다만 주관적 억측에 빠진 인위적 사유를 배제할 뿐이다.

'무위無爲'란 아무 것도 하지 말라는 금지어가 아니다. 오직 작위적(artficial = 인위적)인 행동을 하지 말라는 뜻이다. 어둡고 욕망으로 가득 찬 마음, 무언가 비밀을 캐내려는 욕심을 잔뜩 품고 『주역』의 세계에 접근하려는 태도는 부당하다는 것이다. 한마디로 순결하고 경건한 마음씨, 한결같은 마음가짐을 유지하여[敬以直內] 하늘의 목소리를 경청하라는 말이다.

이는 원형이정元亨利貞이라는 하늘의 질서를 사무치게 느끼고, 하늘이 사람에게 내린 평생의 좌우명으로 받아들이라는 깨달음의 명령이다. 하늘의 이치는 말이 없다. 그러니까 『주역』을 배우는 자는 마땅히 조용히 말을 삼가며 근신해야 옳다는 것이다.

하늘의 심장부와 소통할 수 있는 방법은 언어를 초월한다. 하늘의 의지는 '느낌으로' 읽어내는 수밖에 없다. 즉 정감으로 하늘과 무언의 대화를 주고받아야 한다. 이성적 판단보다는 감성으로 진리를 만나는 것이 최상이다. 『주역』은 냉철한 뇌에 의존하여 진리를 캐보는 방법보다는 마음의 거울로 진리를 들여다보고 가슴으로 품는 방식을 선호한다. 『주역』은 도구적 이성보다도 세상사를 직접 체험하는 소통의 진리를 요청한다. 불교가 돈오頓悟'를 내세워 깨달음[悟]을 강조했듯이 …

『주역』이 말하는 최상의 인식은 감통感通이다. '수작酬酢'하라는 것이다.

하늘의 의지를 인간의 언어로는 포착할 수 없기 때문이다. 하늘의 명령은 오직 무의식의 심층에 있는 본성에 바탕한 마음 또는 신의 감응을 통해 가능하다.

'감感'은 모두 함咸과 마음 심心의 합성어다. 하늘의 소리와 인간의 마음이 감응하여 하나로 결합한다는 뜻이다. 만물은 복잡한 그물망 속에서 접촉하며 반응한다. 사물 사이에 일어나는 최초의 접촉이 느낄 '감感'이고, 그에 대응하는 접촉을 '응應'이라 한다. 이 둘의 작용과 반작용이 바로 감통인 것이다.

감응은 생명의 근원에 대한 반응인 동시에 행위의 힘이다. 하늘과의 소통에서 주관적인 판단과 행위는 금물이다. 마음을 흩뜨리는 일체의 사유와 행동의 금지는 감통에 이르는 전제 조건이다. 그래야만 일상적인 감응을 넘어서 생명의 뿌리인 천지의 본질과 마주칠 수 있기 때문이다. 『주역』은 감응을 통해서 만물의 근원과 상통하는 것을 감통感通이라 했다. 감통은 생명의 본질을 이해하는 최고의 코드이므로 『주역』은 감응의 학문이라 할 수 있다.

도의 본체는 만물의 뿌리이다. 이 본체는 적막하여 움직이지 않는 경계[寂然不動]에 존재한다. 그것은 느낌(feeling)의 대상이며, 영성의 계발로 깨달을 수 있는 실재(Reality)이다. 수리 법칙의 오묘함을 깨달은 사람이 아니고는 신의 존재와 신이 조화부리는 작용을 전혀 알 수 없다는 것이다.

신은 만물이 운행하는 법칙의 신묘함을 의미한다. "신이란 것은 만물을 신묘하게 작동하게 하는 것을 일컫는다"[2]는 말이 그것이다. 만물은 신의 손길에 의해 빚어지고 생성된다. 만물 변화의 극치가 바로 '지극한 신[至神]'이다. 그것은 역의 본질인 동시에 성인이 도달한 최고 경지라 할 수 있다. '지신'을 단순히 시초점이나 복서의 방법으로 한정시키는 것은 『주역』

---

2) 『周易』 「說卦傳」 6장, "神也者는 妙萬物而爲言者也니"

의 종지에서 벗어난다.

'의식의 만다라'를 그려 세계를 깜짝 놀라게 했던 켄 윌버(Ken Wilver: 1949-현재)는 포스트모더니즘의 핵심을 다음과 같이 지적한 바 있다. 세계는 인식하는 것이 아니라 다만 해석될 뿐이다. 과학만이 세계에 대한 개념화의 특권을 갖는 것이 아니다. 과학도 단지 수많은 대등한 해석 가운데 하나라는 것이다. 과학 자체는 세계에 대한 지식이 아니고, 단지 세계에 대한 해석일 뿐이므로 과학은 시나 예술과 마찬가지로 그 이상도 그 이하도 아닌 동일한 타당성을 갖는다.

그리고 과학은 사실에 의해 지배되는 것이 아니라 패러다임에 의해 지배된다. 패러다임은 필요에 따라 만든 특별한 구성들이나 자유롭고 유동적인 해석들보다 더 나을 게 없다. 켄 윌버는 근대 과학이 형성된 이후, 서양 사유의 흐름을 이렇게 진단하고 세계를 바라보는 미래인의 안목을 틔어주었다. 그는 소강절처럼 '육신의 눈', '마음의 눈', '관조의 눈'을 꼽는다. 결국 '관조의 눈'에 기초한 세계관의 정립이야말로 앞으로의 영성 시대에 걸맞은 대안이라고 주장한다.

"경험 과학은 육신의 눈에 의해 전달되는 사실에 대해 분명히 말할 수 있으며, 종교는 정신의 눈(관조의 눈)에 의해 전달되는 사실에 관해 분명히 말할 수 있다. 그렇지만 근대성의 주요 사상적 조류는 정신의 눈에 관한 실재성을 완강하게 거부해 왔다. 근대성은 육신의 눈에 멍에가 지워진 이성의 눈만을 인정한다. 화이트헤드의 말처럼, 근대성의 지배적인 세계관은 과학적 유물론이고, 그 과학이 시스템 이론의 전일적 과학이건 양자적 사건의 아원자 물리학이건 간에 과학은 경험적 감각에 의해 제공되는 증거에 연결되어 있는 이성의 눈이다. 관조의 눈이나 정신의 눈은 요구되지도 않고, 또 허용되지도 않는다."[3]

3) 켄 윌버/조효남, 『감각과 영혼의 만남』(서울 : 범양사, 2000), 45쪽.

켄 윌버의 주장을 요약하면 다음과 같다. 관조와 영성의 도입이 배제된 세계관은 자격상실한 세계관이다. 경험주의는 육신의 눈에, 합리주의는 마음의 눈에, 신비주의는 관조의 눈에 기초한다. 이런 의미에서 앞으로의 세계관은 이들을 통합할 수 있는 새로운 세계관의 정립이 절대 필요하다는 뜻이다.

현대 과학은 '물질에서 마음을 향해' 달리고 있다. 지금의 과학계가 풀어야 할 최대의 과제는 통일장이론統一場理論이다. 양자 역학의 미시 세계와 아인슈타인의 거시 세계를 한꺼번에 설명할 수 있는 통일장이론이 정립되어야만 보편 이론으로서의 자격을 갖출 수 있는 것이다.

켄 윌버가 의식이 개입된 과학 이론이어야 정신과 물질을 동시에 설명이 가능하다고 말한 것은 전혀 터무니없는 주장이 아니다. 신비주의의 극치는 결코 도스또에프스키의 작품에 나오는 악령만이 판치는 미지의 세계가 아니다. 세상은 보이지 않는 신의 손길로 빚어진다고 말하면 지나친 논리의 비약일까? 한마디로 『주역』은 느낌의 방정식으로 신의 세계에 접근하라고 권고한다.

✡ 인류가 남긴 수많은 지식 체계를 넘어서 영성과 깨달음의 눈으로 세상을 바라봐야 신의 세계에 나아갈 수 있다.

6. 성인의 경지는 어떻게 알 수 있는가?

夫易은 聖人之所以極深而研幾也니 唯深也故로
부 역   성 인 지 소 이 극 심 이 연 기 야   유 심 야 고

能通天下之志하며 唯幾也故로 能成天下之務하며
능 통 천 하 지 지   유 기 야 고   능 성 천 하 지 무

唯神也故로 不疾而速하며 不行而至하나니
유 신 야 고   부 질 이 속   불 행 이 지

子曰 易有聖人之道四焉者 此之謂也라
자 왈 역 유 성 인 지 도 사 언 자 차 지 위 야

대저 역은 성인이 심오한 이치를 파헤치고 기미를 연구한 것이다. 오직 심오하기 때문에 능히 천하의 뜻에 통할 수 있으며, 오직 기미이기 때문에 천하의 일을 이룰 수 있으며, 오직 신이기 때문에 급하게 서두르지 않아도 빠르고 가려 하지 않아도 이를 수 있다. 공자가 말하기를 '역에 성인의 도가 네 가지 있다'는 것은 이것을 말한 것이다."

『주역』은 성인이 인류를 위해 실행한 내용을 기록한 책이다. 이곳에서는 성인의 탐구열과 『주역』의 활용 방안을 얘기했다. '심深'은 만물의 이치가 너무도 심오하여 파악하기 어려움을, '기幾'는 만물의 이치가 너무도 은미하여 잘 드러나지 않음을 뜻한다.

앞 절에서는 '지극한 정미함[至精]'과 '지극한 변화[至變]'와 '지극한 신(신묘함)[至神]'은 성인이 도달한 궁극의 경지라고 말했다. 성인은 '지정'과 '지변'과 '지신'의 정신으로 만물의 오묘한 이치와 변화의 조짐을 살피고, 신의 경계에 들어가 종교성의 극치를 깨달았다고 했다.

성인은 만물의 심오한 이치를 탐구했기 때문에 세상 사람들이 진정으로 알고 싶어하는 원리에 능통했으며, 변화의 조짐과 기미를 연구했기 때문에 천하사를 능히 완수할 있으며, 종교성의 극치에 도달했기 때문에 행동에 얽매임이 전혀 없다.

만물의 이치와 세상의 뜻, 변화의 기미와 천하사, 신과 접속하여 걸림 없는 행위는 만고에 없는 성인의 깨달음과 실천의 경계를 찬탄한 말이다. 공자는 『주역』 속에 담긴 성인의 도를 네 가지로 매듭지었다. 그것을 주자는 변화원리[變化之道]라고 단언했다.[4] 만물의 이치를 탐구하고, 변화의 조짐을 살피고, 신의 경지에 도달하려는 궁극 이유는 세상이 둥글어가는

---

4) 『備旨具解 原本周易』, 1050쪽, "朱子曰 易有聖人之道四焉, 所謂變化之道也." 또한 "성인의 도란 '無思, 無爲, 極深, 研幾'이다. 이것이 가능할 때 비로소 '以言者尙其辭, 以動者尙其變, 以制器者尙其象, 以卜筮者尙其占'을 진정으로 체득할 수 있다. 그것은 모두 성인의 致用의 도이다." (南懷瑾/신원봉, 『주역강의』 서울: 문예출판사, 2000, 276쪽.)

변화원리를 아는 것으로 귀결된다는 것이다.

『주역』의 최종 목표는 신의 경지에 도달하는 것[入神]에 있다. 신의 세계는 언어로 규정할 수 없고 알 수도 없다. 이성의 논리로 설명할 수 없을 뿐만 아니라 감성의 글로 묘사할 수도 없다. 이성과 감성을 뛰어넘는 깨달음의 세계가 바로 신의 영역이다.

✡『주역』의 세계를 설명하는 상수와 의리는 단지 신의 경지에 들어가는 안내자일 따름이다.

───────────── ✿ ─────────────

정역사상의 연구자 이상룡李象龍은「계사전」상편 10장의 성격을 다음과 같이 설명한다.

易有聖人之道四焉은 擴言其變易之度也라
역 유 성 인 지 도 사 언   확 언 기 변 역 지 도 야

"역에 성인의 도가 넷이 담겨 있다"는 말은 변역의 도수를 넓혀서 얘기한 것이다.

无有遠近幽深, 遂知來物은 格爾泰筮면 感之以神也라
무 유 원 근 유 심   수 지 래 물   격 이 태 서   감 지 이 신 야

"먼 곳과 가까운 곳, 그윽한 것이나 깊은 것을 막론하고 마침내 미래의 일을 알 수 있다"는 말은 당신이 평안한 마음으로 복서하면 신이 감응한다는 뜻이다.

參伍以變, 錯綜其數, 通其變, 遂成天下之文, 極其數,
삼 오 이 변   착 종 기 수   통 기 변   수 성 천 하 지 문   극 기 수
定天下之象은 三連之乾과 三絕之㐃이
정 천 하 지 상   삼 련 지 건   삼 절 지 곤
一崇一卑如直布之有經緯하여 而爲大成度之原易八卦也라
일 숭 일 비 여 직 포 지 유 경 위   이 위 대 성 도 지 원 역 팔 괘 야

"3과 5로써 변하며(3으로 세고, 5로 세어), 그 수를 교착하고 착종하여 변화에 능통해서 마침내 천지의 무늬(질서)를 완수한다. 수를 극진히 셈하여 마침내 천하의 상을 판정한다." 막대기가 이어진 건(☰)과 끊어진 곤(☷)이 높이고 낮춤은 마치 옷감의 가로 세로와 같아서 원역原易 8괘를 크게 이루는 도수인 것이다.

寂然不動, 感而遂通天下之故는 神明有正하여 與心黙契也라
적 연 부 동　감 이 수 통 천 하 지 고　　신 명 유 정　　　여 심 묵 계 야

"고요히 움직이지 않다가 문득 느껴서 천하의 연고에 통한다"는 말은 신명이 올바르기 때문에 마음과 더불어 일치한다는 뜻이다.

極深而研幾는 超然乎今人之意褾也
극 심 이 연 기　　초 연 호 금 인 지 의 박 야

"심오한 이치를 파헤치고 기미를 연구한 것이다"라는 말은 지금 사람들의 뜻을 초월했다는 뜻이다.

唯神也故, 不疾而速, 不行而至는 有豁然悟之者라야
유 신 야 고　부 질 이 속　불 행 이 지　　유 활 연 오 지 자
忽焉而能之也라
홀 언 이 능 지 야

"오직 신이기 때문에 급하게 서두르지 않아도 빠르고 가려 하지 않아도 이를 수 있다"는 말은 활연관통한 사람만이 문득 능통할 수 있다는 뜻이다.

성인은 천하의 뜻에 통달하여 앞으로 구현할 천하사의 규모를 결정하고, 천하의 의문점을 결단했다. 성인은 '개물'의 이치에 근거하여 천하의 꿈은 무엇이고, '성무'를 목표삼아 천하의 급선무를 파악한 다음에, 해결하기 어려운 천하사의 고삐를 푸는 지혜를 베풀었다.

1. 성인의 관심사, 천지에서 천하의 문제로

子曰 夫易은 何爲者也오 夫易은 開物成務하여
자 왈 부 역　　하 위 자 야　　부 역　　개 물 성 무

冒天下之道하나니 如斯而已者也라
모 천 하 지 도　　　　여 사 이 이 자 야

是故로 聖人이 以通天下之志하며 以定天下之業하며
시 고　　성 인　　이 통 천 하 지 지　　　이 정 천 하 지 업

以斷天下之疑하나니라
이 단 천 하 지 의

공자가 말하기를 "대저 역은 무엇 때문에 만들어졌는가? 역은 만물의 본질을 열고 완수하여 천하의 도를 덮나니(포괄하니) 이와 같을 따름이다. 이런 까닭에 성인이 천하의 뜻에 통하여 천하의 사업을 정하고, 천하의 의심스러움을 판단하였다.

이 글은 『주역』의 성격과 성인이 존경받는 이유를 밝힌 소중한 내용이다. 공자는 『주역』이 씌여진 목적을 묻는 것으로부터 이야기를 시작한다. '개물'은 천지의 근본을, '성무'는 인생의 목적과 성공을 말한다. '개물성무'란 만물의 시원[天道]을 밝히고, 최고의 가치 표준을 설정하여 떳떳한 인간의 도리[人道]를 세우는 것을 뜻한다.

『주역』은 만물의 시초에 대한 '개물'과 세상의 일을 완수하는 '성무'에 관한 학문이다. '개물'은 사물이 최초로 탄생한 시간의 시초, '성무'는 일

을 마무리짓는 완성을 뜻한다. '태초에 사물이 처음으로 열림[開物]'은 천
문과 지리와 인류의 출현을 비롯한 광활한 세계가 펼쳐지는 원리를 가리
킨다. '성무'는 세상을 정화하여 모든 사람이 잘 사는 대동 사회를 건설하
여 완성하라는 뜻이다. '모冒'는 덮다, 가리다, 포괄하다는 글자다. 『주역』
은 천지 탄생의 기원과 생성, 과정과 종결에 이르는 온갖 원리를 밝히기
위해 쓰여졌다는 것이다.

　이 글의 주어는 '개물'과 '성무'와 '도'다. 목적어는 문명과 역사를 비
롯한 현실을 뜻하는 천하이며, 술어는 정치의 원리[志]와 사업의 규모[業]
와 막힌 곳을 뚫는 지혜[道]다. 따라서 『주역』은 만물의 궁극 원리와 천하
사를 꿰뚫기 위해 지어진 책이다. 현실을 외면한 원리는 공허하고, 원리를
배제하고 현실에만 치중한 이론은 맹목적이다. 이론과 현실의 연결고리가
완비되어야 의심이 해소될 수 있는 것이다.

☷ 세상 일을 완성하는 것은 천하의 임무 중에서 으뜸가는 덕목이다.

2. 시초와 괘에 담긴 지혜는 문명의 촉진제

是故로 蓍之德은 圓而神이오 卦之德은 方以知오
시 고　시 지 덕　원 이 신　　괘 지 덕　방 이 지

六爻之義는 易以貢이니 聖人이 以此로 洗心하여
육 효 지 의　역 이 공　　성 인　이 차　洗 심

退藏於密하며 吉凶에 與民同患하여 神以知來코
퇴 장 어 밀　　길 흉　여 민 동 환　　신 이 지 래

知以藏往하나니 其孰能與於此哉리오
지 이 장 왕　　　기 숙 능 여 어 차 재

古之聰明叡智神武而不殺者夫인저
고 지 총 명 예 지 신 무 이 불 살 자 부

이런 까닭에 ('대연지수' 장의 낙서에 근거한) 시초의 덕성(작용)은 원만하고
신묘하며, 괘의 덕성은 방정한 앎을 베풀고, 6효의 뜻은 변화로써 공덕을
알려준다. 성인은 이것으로 마음을 깨끗이 하여 물러나서는 그윽한 내면

으로의 여행에 잠기며, 길흉을 백성들과 함께 근심한다. (미래에 대한 믿음과 확신을 바탕으로) 신의 경지에서 미래를 알고, (박학다식으로는) 지나간 과거의 일들을 모두 훤히 꿰뚫는다. 그 누가 이같은 경지에 참여할 수 있겠는가? 옛날의 총명하고 지혜롭고 신비한 무도를 지니면서도 다른 사람을 죽이지 않았던 사람이로구나!

이 글 전체는 주로 시초와 괘효의 성격과 성인의 역할을 말한다. 시초가 드러내는 효과는 원만하고 신묘하며, 괘사의 효과는 험난한 천하사를 뚫고 나갈 수 있는 올바른 방법을 알려주는 것에 있고, 효사는 천하의 의문점을 쉽게 해결해주는 장점이 있다.

시초와 괘와 효는 세상이 둥글어가는 변화를 읽어낼 수 있는 원리인 동시에 수단이다. 『주역』은 시초와 괘효가 지시하는 배움을 통해 마음을 세탁하는 일종의 세심경洗心經이다. 성인은 이 세 가지로 마음닦기에 전심전력한다. 그것은 마음이 빚어내는 산물이 이 세상이라는 불교의 심학心學과는 전혀 다르다.

『주역』은 시간을 중심으로 세계의 원리를 탐색하는 하도낙서[蓍之德, 圓而神]와 공간을 중심으로 세상의 이치를 추구하는 괘의 원리[六爻之義, 易以貢]를 바탕으로 천하 경영에 참여하라고 권고한다. 그리고 신의 경지에 들어가 미래를 현재의 시각으로 꿰뚫어볼 수 있는 지혜와 과거의 온갖 지식을 관통하는 최고의 길을 제시하였다.

'신묘함으로 미래를 안다[神以知來]'는 말은 시초의 효용성에 의거하여 미래를 알 수 있으며, '지식으로 과거의 숨겨진 일을 안다[知以藏往]'는 말은 괘의 효용성에 의거하여 과거의 일을 알 수 있다는 뜻이다. 과거와 미래와 현재의 정보를 알려면 반드시 미래의 일을 담지한 시초와, 과거사의 문제를 풀이한 괘효사를 읽어야 한다는 것이다.

성인은 시초와 괘효에 대한 배움의 특권을 홀로 누리지 않았다. 성인은 배움의 결과를 독점하지 않고, 사회에 동참하여 길흉을 백성들과 함께 근심하고 기뻐한다. 성인은 슬픔을 백성에게 돌리는 야비한 행동을 하지 않는다. 역사에 대한 책임감을 짊어지고 백성들과 함께 뒹굴면서 산다. 그러니까 시대를 초월하여 존경을 한몸에 받는 것이다.[1]

진정으로 도를 터득한 성인은 순수한 까닭에 가장 평범하다. 그는 과거와 현재와 미래를 훤히 알고 있다. 성인은 앎을 실천하는데는 남이 따라올 수 없을 정도로 빠르다. 실천이 중요하다고 앎을 팽개치지 않는다. 그리고 앎과 실천의 이율배반에 고민하지 않는다. 사후세계를 관장한다는 지장보살地藏菩薩은 "지옥이 텅 비지 않는 한 절대로 부처가 되지 않겠다"고 다짐했다. 성인 역시 백성들과 애환을 같이 하려는 숭고한 이타주의의 정신을 보여주었다.

『주역』의 지혜는 참으로 위대하다. 누가 미래와 과거를 아는 지혜를 터득할 수 있는가? 총명하고 예지가 넘치며 무인의 덕성을 지닌 용감한 영웅만이 가능하다. 그는 함부로 사람을 죽여서 용감한 사람이 아니다. 오히려 생명을 살리려고 노력하기 때문에 용감한 것이다.

✡ 성인은 미지의 미래를 두려워하지 않는다. 다만 인류의 장래를 근심할 따름이다. 과거와 미래를 알기 때문에 현실을 회피하지 않는다. 성인은 과거사에 대한 지식을 꿰뚫고, 인류의 미래를 근심하면서 『주역』의 가르침을 몸소 실천한 위대한 문화 영웅이다.

3. 역사에 책임지는 것이 성인의 사명

是以明於天之道而察於民之故하여 **是興神物**하여
시 이 명 어 천 지 도 이 찰 어 민 지 고　　시 흥 신 물

---

1) 戰國時代를 풍미했던 楊朱의 극단적 이기주의와 墨子의 극단적 이타주의는 중용의 정신에 어긋난다. 양극단을 걷는 이론은 가치관 혼란의 주범이다. 그렇다고 본질 문제를 회피하는 어정쩡한 절충주의는 사회를 혼돈으로 몰아간다.

以前民用하니 **聖人**이 **以此齋戒**하여 **以神明其德夫**인저
이 전 민 용   성 인   이 차 재 계   이 신 명 기 덕 부

이런 까닭에 천도를 밝게 안 뒤에는 인간 삶의 목적을 살펴서 (하도낙서라 는) 신물을 흥성케 하여 다른 사람들보다 먼저 사용하였다. 성인은 이것 으로 재계하여 그 덕을 신명스럽게 밝혔구나!

성인은 하늘의 이치[天道]를 아는 단계에 머물지 않는다. 곧바로 삶의 현 장에 직접 뛰어든다. 현실은 거부와 혐오의 대상이 아니라, 보듬어 안아야 하는 인류의 생명의 집이기 때문이다. 성인은 세상이 잘 다스려지든 다스 려지지 않든간에 역사 현실에 발을 담그고 이바지한다. 그렇다고 혼탁한 정치 세력과 타협하거나 불의와는 결코 협상하지 않는다. 성인'다움'의 극 치가 아닐 수 없다.

지혜가 최정상에 도달한 성인은 세상 물정과 천문과 지리를 두루 알았 다. 그리고 처세는 조심스러움을 넘어 경건했다. '재齋'란 욕망으로 오염된 생각이 전혀 없는 심리 상태를 뜻한다. 장자 또한 '심재心齋[2]'를 강조했다. '재'란 사특한 생각이 없고 인위적 행위를 하지 않는[無思無爲] '고요하기 그지없는 경지[寂然不動]'를 뜻한다. '계戒'란 그윽한 깨달음의 경지[退藏於 密]에 이르면 진정으로 마음 안팎의 모든 것이 외부 상황에 동요되지 않는 상태를 뜻한다.

🔯 '신성한 보물[神物]'은 용마의 등에 새겨진 하도와, 거북이 등껍질에 하늘

---

2) 莊子의 心齋는 보통 '마음을 맑게 함'으로 번역된다. "귀로 들으려 하지 말고 마음으로 듣 게나. 마음으로 듣지 말고 氣로 듣게나. 귀는 소리에만 매달리고 마음은 현상과 관념에만 매 달리는 데 반해, 氣는 텅 비어 있으면서도 일체 사물을 다 포용한다네. 道는 이 텅 빈 상태 속 에만 깃든다네. 이렇게 텅 빈 상태가 곧 마음을 맑게 하는 것일세." 이것이 바로 '텅 비어 있음 의 효과'인 것이다. 장자의 마음닦기에서 중요한 '마음을 잊음[坐忘]'에 대해 오경웅은 여러 학 설들을 소개한다. ① Legge: 앉아서 일체를 잊음. ② Giles와 林語堂: 앉아서 자기 자신을 잊 음. ③ 馮友蘭: 일체를 잊음. ④ 스즈끼 다이세스: 마음을 잊음. ⑤ 吳經熊: 잊는 상태로의 침잠. 이상의 내용은 吳經熊/류시화, 『선의 황금시대』(서울: 경서원, 1998), 26-28쪽 참조바람. 하 지만 『주역』은 내면으로의 순례와 함께 현실 참여를 통해 인간 사랑의 실천을 강조한다.

의 뜻이 아로박힌 낙서를 의미한다. 하도낙서는 동양 문화의 정수를 알리는 고급 정보가 담긴 수리 철학의 원형이다. 신물은 시간의 수수께끼와 문명의 향방이 숨겨져 있는 지혜의 창고다. 따라서 신물을 시초蓍草로 한정해서 번역하는 것은 무리가 뒤따른다.

4. 삶 속에 뿌리박은 신

是故로 **闔戶**를 **謂之坤**이오 **闢戶**를 **謂之乾**이오
시 고　　합 호　　위 지 곤　　　벽 호　　위 지 건

一闔一闢을 **謂之變**이오 **往來不窮**을 **謂之通**이오
일 합 일 벽　　위 지 변　　　왕 래 불 궁　　위 지 통

見을 **乃謂之象**이오 **形**을 **乃謂之器**오 **制而用之**를
현　　내 위 지 상　　　형　　내 위 지 기　　제 이 용 지

謂之法이오 **利用出入**을 **民咸用之**를 **謂之神**이라
위 지 법　　　이 용 출 입　　민 함 용 지　　위 지 신

이런 까닭에 문을 닫는 것을 곤이라 하고 문을 여는 것을 건이라 하며, 한 번 닫히고 한 번 열리는 것을 변화라 하고, 왕래하여 다하지 않음을 '통'이라 한다. 나타나는 것을 '상'이라 하고, 형성됨을 '기'라 하고, 만들어 쓰는 것을 '법'이라 하고, 쓰임을 이롭게 하여 출입하여서 백성이 모두 사용하는 것을 '신'이라 한다.

천지는 음양으로 움직인다. 음陰[坤]은 닫히는 일을 맡고, 양陽[乾]은 열리는 일을 맡는다. 천지는 닫히고 열리는 운동을 반복한다. 낮은 열려서 활동하고 밤은 닫혀서 휴식을 취한다. 밤낮이 교체하면서 하루가 돌아간다. 천지는 폐쇄된 세계가 아니므로 항상 변화가 일어난다. 변화는 천지가 살아 있음을 증거하는 생명의 본질인 것이다.

천지는 열리고 닫히는 변화를 거듭한다[一闔一闢謂之變]. 아이가 어른이 되듯이, 변화가 지속되면 모든 사물의 형태는 달라진다. 음은 양으로 변하고 양은 음으로 변해서 생명을 지속시킨다. 하루의 밤낮이 쌓이면 한 달이

되고, 한 달의 변화가 쌓이면 한 해가 되듯이, 세월이 오고 가면 막힌 것도 뚫린다[往來不窮謂之通]. 밤은 어김없이 낮으로 바뀌고, 낮 역시 시간이 지나면 반드시 밤으로 바뀐다. 밤과 낮은 고정된 실체가 아니라, 하루라는 통일성의 두 측면인 것이다.

닫힌 문은 전혀 쓸모가 없다. 천지는 문을 열고 닫는 일로 자신의 의지를 드러낸다. 천지는 음양이 순환 반복하여 변화를 일으키는 현상[見]으로 나타난다. 음양과 건곤의 양태, 즉 열렸다가 다시 닫히는 변화[變]는 끊임없이 지속되어 통한다. 이같은 변통을 괘의 형태로 보여준 것이 바로 '상象'이다. 이러한 형상에 빗대어 삶의 유용한 물건 만드는 것을 '기器'라 한다. 형상과 틀을 본받아서 실용적인 물건을 제작하여 현실에 이바지하는 것이 '법法'이다.

☖ 성인은 인간이 편리한 생활을 영위할 수 있도록 수많은 법칙을 제정했다. 백성들이 성인의 은택을 이용하는 것은 신이 내린 은총과 다르지 않다. 『주역』은 만백성을 살리자는 취지로 지어진 책이다.

5. 수학 방정식으로 전개되는 만물의 공식

是故로 **易有太極**하니 **是生兩儀**하고 **兩儀生四象**하고
시 고 　　역 유 태 극 　　시 생 양 의 　　　양 의 생 사 상

四象이 **生八卦**하니 **八卦定吉凶**하고 **吉凶**이 **生大業**하나니라
사 상 　생 팔 괘 　　팔 괘 정 길 흉 　　길 흉 　생 대 업

이런 까닭에 역에 태극이 있으니, 태극이 양의를 낳고, 양의가 사상을 낳고, 사상이 팔괘를 낳으며 팔괘는 길흉을 정하고 길흉이 대업을 낳는다.

『주역』의 시발점과 귀착점은 태극으로 집약된다. 태극을 아리스토텔레스처럼 '부동不動의 동자動者'로 인식해야 하는가, 아니면 부동의 불변자로 규정해야 하는가는 동양 철학의 첨예한 논쟁거리였다. 태극은 음양과 동정의 궁극자다. 태극은 만물 생성의 뿌리이며 모체로서 우주의 근원이다.

태극은 현대 철학자 화이트헤드Whitehead(1861-1947)가 말한 창조성 자체일 수도 있다.

역[3] → 태극 → 음양 → 사상 → 팔괘의 논리는 냉엄한 자연의 법칙이다. 그것은 천지의 생성과 발전 과정을 추론한 보편적인 방정식이다. 정명도程明道(1032-1085)는 이를 가리켜 '가일배법加一倍法'이라고 규정하여 성리학의 이론적 기초를 제공한 바 있다. 음양론은 후대에 세계를 설명하는 오행론과 결부되어 음양오행론이 수립되었고, 다양한 해석 방법이 뒤따랐다. 주자는 '역유태극' 장의 성격을 다음과 같이 정리했다.[4]

"하나가 매번 둘을 낳음은 자연의 이법이다. 역은 음양의 변화요 태극은 그 이법이다. 양의는 처음 한 획을 그어 음과 양으로 나눈 것이요, 사상은 다음 두 획을 그어 크고 작음을 나눈 것이요, 팔괘는 다음 세 획을 그어 삼재의 상이 비로소 갖춰진 것이다. 이 몇 마디 말은 실제로 성인이 역을 지은 자연의 질서로서 털끝 만큼의 지혜와 힘을 빌려서 이루어진 것이 아니다. 괘를 긋고 시초를 뽑아 세는 것은 그 차례가 모두 그러하다. 이는 서례와 『역학계몽』에 자세히 보인다."

🏵 태극과 음양은 이 세상을 설명하는 최상의 언어!

6. 괘상의 준거는 천지일월에서 비롯된 하늘의 문양이고, 성인은 괘상의 이치를 바탕으로 삼아 길흉을 판단하는 준거를 시초와 거북점에서 찾다

是故로 **法象**이 **莫大乎天地**하고 **變通**이 **莫大乎四時**하고
시 고　　법 상　　막 대 호 천 지　　　변 통　　막 대 호 사 시

---

3) 필자는 '역에 태극이 있다[易有太極]'에서의 '易'을 정역사상의 無極이라고 제안한다.
4) 『周易本義』, "一每生二, 自然之理也. 易者陰陽之變, 太極者其理也. 兩儀者始爲一畫7分陰陽, 四象者次爲二畫以分太少, 八卦者次爲三畫而三之象始備. 此數言者, 實聖人作易自然之次第, 有不假絲毫智力而成者. 畫卦揲蓍其序皆然, 詳見序例啓蒙."

縣象著明이 莫大乎日月하고 崇高莫大乎富貴하고
현상저명　　막대호일월　　숭고막대호부귀

備物하며 致用하며 立成器하여 以爲天下利莫大乎聖人하고
비물　　치용　　입성기　　이위천하리막대호성인

探賾索隱하며 鉤深致遠하여 以定天下之吉凶하며
탐색색은　　구심치원　　이정천하지길흉

成天下之亹亹者莫大乎蓍龜하니라
성천하지미미자막대호시귀

이런 까닭에 상을 본받음이 천지보다 큰 것이 없고, 변하고 통함이 4시보다 큰 것이 없고, 상을 매달아 밝음을 드러냄이 일월보다 큰 것이 없고, 숭고함이 부귀보다 큰 것이 없고, 물건을 구비하여 쓰임을 지극히 하며 기물을 만들어 천하의 이로움으로 삼음은 성인보다 큼이 없고, 뒤섞인 것을 찾아내고 숨어 있는 것을 탐색하며, 깊은 것을 찾아내고 먼 것을 이룸으로써 천하의 길흉을 판정하며, 천하의 힘써야 할 일을 이룸은 시초와 거북보다 더 큼이 없다.

『주역』에서 말하는 '상象'은 우주의 법칙과 현상을 총칭하는 개념이다. 우주의 이치를 본받는다[法象]는 의미의 근거는 천지에 있다. 천지에서 일어나는 가장 큰 변화는 춘하추동의 사계절이다. 사계절은 해와 달의 운행이 빚어낸다. 망원경을 들여다볼 필요 없이 육안으로 밝음과 어둠을 식별할 수 있는 것은 밤하늘에 빛나는 일월이다.

천지와 사시와 일월은 자연을, 부귀와 제작물을 이롭게 사용함은 사회활동을 뜻한다. 공자에 따르면, 숭고함은 부귀와 비교할 것이 없다. 부귀는 특정인의 전유물이 될 수 없다. 생명의 아버지인 하늘과 만물의 어머니인 땅은 만물로 하여금 부귀를 누릴 수 있는 선물을 부여했다. 이 대목은 천명을 받들어 인류에게 이로움을 베푼 성인의 위대성을 지적한 말이다. 만민의 행복과 이익을 위해 제도를 마련하고 산업을 일으키는 지혜를 발휘한 문화 영웅의 면모를 갖춘 성인이 아니면 도덕의 숭고함과 마음의 부귀를 누릴 수 없다는 뜻이다.

천지는 아무런 이유 없이 문을 열고 닫지 않는다. 천지는 만민이 살아 가도록 각종 생활의 도구를 만들 수 있는 틀을 제공했다. 성인은 백성들이 문명의 혜택을 입도록 제도를 구축하고 개선하였다. 천지가 세계를 열어[開物] 풍요로운 만물을 베풀었다면[備物], 성인은 만물을 이용하여[致用] 현실을 완수하는[成務] 은덕을 베풀었다. 따라서 성인은 천지의 은혜에 보답하고 인류에게 봉사하는 사명을 띤 사람이다.

'색賾'은 보이지 않는 곳에 숨겨진 이치를 뜻하는 글자이고, 탐색探賾은 그것을 연구하여 찾아낸다는 뜻이다. 색은索隱은 배후에 가려진 것을 발굴해서 전면으로 드러낸다는 뜻이다. 구심鉤深은 아주 깊은 곳에 있는 물건을 갈고리로 끄집어내는 것이고, 치원致遠은 먼 곳에 있는 것을 가깝게 끌어당긴다는 뜻이다. '구심치원'은 '탐색색은'을 더욱 구체적으로 설명한 말이다. 은폐되어 보이지 않는 이치를 찾아내는 이유는 길흉을 미리 판단하여 행동 방침을 결정하는 길잡이가 되기 때문이다.

보통 사람들은 의심이 생겨도 그냥 넘기기가 일쑤이다. 하지만 한 번 결단내리면 부지런히 힘쓰는 것 또한 인간의 본능이다. '미미亹亹'는 점이 지시하는 효율성에 의지하여 힘써 노력한다는 것을 의미한다. '시귀蓍龜'는 시초와 거북이 등껍질로 점치는 수단을 가리키는 글자다. 시초와 복서는 길을 쫓고 흉을 피할 수 있는 방법을 알려준다. 또한 점은 길흉화복을 판단하여 득실을 명백히 가리게 할 뿐만 아니라 의혹에 빠지지 않게 하여 각자의 생업에 힘쓰도록 하는 장점이 있다. 이렇듯 점은 예로부터 믿음의 의지처 역할을 톡톡히 수행했던 것이다.

☖ 성인은 깊숙이 잠겨 있는 이치를 뽑아내어 길흉에 대한 정확한 예측 방법을 고안하여 천하사의 완수에 힘썼다.

7. 하도와 낙서, 성인이 모델로 삼은 천지의 섭리!

是故로 **天生神物**이어늘 **聖人**이 **則之**하며 **天地變化**이어늘
시 고　천 생 신 물　　성 인　칙 지　　천 지 변 화

聖人이 **效之**하며 **天垂象**하여 **見吉凶**이어늘 **聖人**이
성 인　효 지　　천 수 상　　현 길 흉　　성 인

象之하며 **河出圖**하며 **洛出書**이어늘 **聖人**이 **則之**하니
상 지　　하 출 도　　낙 출 서　　성 인　칙 지

이런 까닭에 하늘이 신령한 물건을 내림에 성인이 본받으며, 천지가 변화
함에 성인이 본받으며, 하늘이 형상을 드리워서 길흉을 나타냄에 성인이
형상화하며, 하수에서 하도가 나오고 낙수에서 낙서가 나옴에 성인이 본
받았다.

'신비스런 사물[神物]'의 연원은 최고 궁극자인 '하늘'이다. 하늘은 '신
물'을 통해 자신의 의지를 세상에 펼쳤다. 하늘로부터 최고의 선물을 받은
성인은 의심 없이 본받아 법칙화했다[則之, 效之, 象之]. '신물'에는 두 가지
의미가 있다. 하나는 성인이 반드시 본받을 만한 합리적 우주 원리를 가리
키며, 다른 하나는 이성적 사유를 넘어선 신비주의적 측면이 함축되어 있
다. 그래서 '하늘이 천문현상으로 드리웠다[天垂象]'고 말했던 것이다. 신
물의 내용이 바로 『주역』의 뿌리인 하도낙서다. 그것은 일종의 하늘이 내
린 계시록이라 할 수 있다.

하늘이 내린 '신물'이 하도낙서라고 가정한다면, 하도낙서는 하늘이 형
상으로 드리운 괘상과 더불어 『주역』의 두 핵심축에 해당된다. 하도낙서
가 시간을 중심으로 『주역』을 설명하는 논리라면, 괘상은 공간을 중심으
로 『주역』의 진리를 설명하는 방식이다. 이런 의미에서 하늘이 내린 신물
을 시초점과 거북점[蓍龜]으로 못박을 이유는 하나도 없다. 그것은 성인이
본받은 것이 하도낙서라고 규정한 말이 증명하기 때문이다.

'천지 변화'의 해석은 두 가지가 있다. 하나는 현상계에서 일어나는 모

든 변화를 가리키는 일반적 의미의 해석이고, 다른 하나는 천지 자체가 변화한다는 뜻이 있다. 만일 전자라면 『주역』은 현실에서 일어나는 구체적인 역사, 정치, 문화, 생명체를 다루는 현상학에 지나지 않을 것이다. 후자는 전자의 근거인 천지 자체가 얼굴을 바꾼다는 뜻이다. 즉 선천이 후천으로 변화하는 것을 가리킨다. 이는 조선조 말기에 태동한 동학과 정역사상이 강조하는 개벽사상의 입론 근거인 것이다.

하도낙서의 진리는 원만하고 신명의 경지를 알려주며, 괘상은 인간에게 올바른 방향을 제공한다. 이밖에도 하도낙서는 선후천 변화라는 천지의 대변혁을 시간 질서의 전환 문제로 담아내고 있다. 특히 김일부는 역의 본질은 시간의 해명에 있다고 하여 '역은 캘린더= 책력[易者曆也]'이라는 새로운 명제를 제시했다. 그리고 「대역서大易序」를 '위대한 변화(Great Change) = 위대한 열림(Great Open)'의 뜻으로 사용했음을 주의 깊게 살필 필요가 있다.

✡ 성인이 본받은 대상은 하도낙서[神物]와 괘상卦象[5]이다. 신물의 정체는 하도낙서이다.

8. 『주역』이 알려주는 이 세상을 아는 방법

易有四象은 **所以示也**오 **繫辭焉**은 **所以告也**오
역 유 사 상   소 이 시 야   계 사 언   소 이 고 야
定之以吉凶은 **所以斷也**라
정 지 이 길 흉   소 이 단 야

역에 4상이 있음은 보여주는 것이요, 글귀를 붙임은 알려주는 것이요, 길흉을 판정함은 결단하는 것이다.

이 대목의 주제는 4상으로 보여줌[示], 언어로 알려줌[告], 길흉으로 의

---

5) 「繫辭傳」 하편 1장에서는 "상이라 함은 이것을 형상한 것이다[象也者, 像此者也.]"라고 하여 『周易』은 '象學'임을 밝혔다.

혹의 해결[斷]에 있다. 앞에서 '하늘이 형상을 드리워준다[天垂象]'고 했듯이, 사상四象에 새겨진 의미를 깨우치면 하늘의 뜻을 읽을 수 있으며, 더 나아가 천하사를 비롯한 길흉에 대한 예측도 가능하다는 것이다.

역은 자연의 순환에 의거한 4상의 구조를 갖는다. 하늘은 우주의 이법을 육안으로 식별할 수 있는 네 개의 카테고리 현상으로 보여준다. 4상에 대한 해석은 매우 다양하다. 우선 대표적으로 원형이정을 비롯한 동서남북, 춘하추동 등이 바로 그것이다. 그리고 태극에서 양의로, 양의에서 사상이 생겨났다는 원론적 해석이 있다. 음양이 분화되어 나타난 4상은 노음老陰, 노양老陽, 소음少陰, 소양少陽이다.

역은 본질은 '생명을 낳고 낳음'에 있다. 생명의 사계절은 1 → 2 → 4 → 8로 표현할 수 있다. 소강절은 사상四象에 근거하여 '원회운세설元會運世說'로 우주와 역사의 발전 과정에 대한 시간표를 작성하였다. 원회운세설의 핵심은 자연의 율동과 역사적 사실이 상응한다는 것에 있다. 소강절의 사상론은 조선의 이제마李濟馬(1838-1900)의 사상의학四象醫學의 형성에 깊은 영향을 끼쳤다. 이제마는 체질에 따라 약을 처방해야 한다는 사상체질론四象體質論을 수립했다. 우리 귀에 익숙한 태양인太陽人, 소양인少陽人, 소음인少陰人, 태음인太陰人의 분류에서 소강절의 철학과 친근한 유사점을 발견할 수 있다.

『주역』은 원래 소박한 형태로 출발하였다. 복희씨가 그린 막대기는 단순한 모양의 그림에 불과했다. 이러한 약점을 보강하기 위해서 문왕은 글로 간략한 괘사를 지었고, 주공은 효사를 덧붙였던 것이다. '계사繫辭'는 이해하기 어려운 괘의 의미를 문자로 걸어 매어[繫] 쉽게 알려준다는 것을 뜻한다.

이처럼 『주역』의 역사에서 간단한 형태의 괘가 출현한 다음에 설명이 붙여진 이유는 무엇인가? 그 목적은 길흉을 판단하는 데 있다. 여기서의 '단斷'은 모든 의혹을 끊는다는 의미 외에도 판단, 판정이라는 뜻이 있다. 길흉의 판단은 아무런 목적 없이 함부로 내리거나, 누구나 언제든지 내릴 수는 없다. 길흉은 성인이 아니면 판정할 수 없다는 뜻이다.

🕎 개인의 운명을 알아보려고 길흉을 점치는 행위는『주역』과 성인에 대한 모독이다. 천하사 혹은 국가대사를 위한 문제에 한정되어야 마땅하다. 길흉의 판단은 성인을 모델로 삼는 것이 옳다.

***

정역사상의 연구자 이상룡李象龍은「계사전」상편 11장의 성격을 다음과 같이 설명한다.

以斷天下之疑는 認之於无形而示之以有跡也라
이 단 천 하 지 의   인 지 어 무 형 이 시 지 이 유 적 야

"천하의 의심스러움을 판단하였다"는 말은 무형의 세계에서 인식한 것을 눈에 띄게 보여준다는 뜻이다.

古之聰明叡知神武而不殺者는 啓其來하여 今之神武也라
고 지 총 명 예 지 신 무 이 불 살 자   계 기 래   금 지 신 무 야

"옛날의 총명하고 지혜롭고 신비한 무도를 지니면서도 사람을 죽이지 않았던 사람이로구나"라는 말은 미래에 바탕하여 지금 신비한 무도를 펴는 것을 뜻한다.

是興神物, 以前民用은 質之神明也라
시 흥 신 물   이 전 민 용   질 지 신 명 야

"(성인이) 신물을 흥성케 하여 다른 사람들보다 먼저 사용하였다"는 말은 신명에게 질정했다는 뜻이다.

一闔一闢謂之變은 子水于歸에 可見其闢丑之廣廣大大也라
일 합 일 벽 위 지 변   자 수 우 귀   가 견 기 벽 축 지 광 광 대 대 야

"한 번 닫히고 한 번 열리는 것을 변화라 한다"는 말은 북방에서 싹

터 나온 자수子水가 원래의 고향으로 돌아가는 것에서 후천이 (지지가) 축丑으로 열리는 광대한 광경을 볼 수 있다는 뜻이다.

易有太極, 是生兩儀는 无極而爲太極하고 兩儀而成四象者는
역 유 태 극   시 생 양 의   무 극 이 위 태 극   양 의 이 성 사 상 자
后天之不易之理也라
후 천 지 불 역 지 리 야

"역에 태극이 있으니, 태극이 양의를 낳는다"는 말은 무극이 (변해서) 태극으로 되고, 양의가 4상으로 되는 것은 후천의 바뀌지 않는 원리라는 것이다.

成天下之亹亹者 莫大乎蓍龜는 四十九之用之先天과
성 천 하 지 미 미 자 막 대 호 시 귀   사 십 구 지 용 지 선 천
八十一之用之后天者는 太陰太陽復之之理也라
팔 십 일 지 용 지 후 천 자   태 음 태 양 복 지 지 리 야

"천하의 힘써야 할 일을 이룸은 시초와 거북보다 더 큼이 없다"는 말은 49를 사용하는 선천과, 81을 사용하는 후천은 태음과 태양이 회복하는 원리를 뜻한다.

河出圖洛出書, 聖人則之는 子政은 有閏이오 丑政은 无閏이니
하 출 도 낙 출 서 성 인 칙 지   자 정   유 윤   축 정   무 윤
隨時變革而金火益彰也라
수 시 변 혁 이 금 화 익 창 야

"하수에서 하도가 나오고 낙수에서 낙서가 나옴에 성인이 이를 본받았다"라는 말은 지지의 자로 시작하는 정사는 시간의 꼬리가 붙는 윤역閏易이고, 축丑으로 시작하는 정사는 시간의 꼬리가 없는 정역正曆이다. 시간의 흐름에 따라 (자연 자체가) 변혁하므로 금화교역金火交易이 더욱 빛난다는 뜻이다.

定之以吉凶, 所以斷也는 善則吉而惡則凶일새니
정 지 이 길 흉   소 이 단 야   선 즉 길 이 악 즉 흉

垂象而深誡之也라
수 상 이 심 계 지 야

"길흉을 판정함은 결단하는 것이다"라는 말은 선은 길하고 악은 흉
하기 때문에 象으로 드리워진 것을 깊이 경계하라는 뜻이다.

대유괘에는 공자의 종교 철학이 스며들어 있다. 종교적 진리를 분석하여 조각조각 내는 것은 철학의 면도날이다. 따라서 종교 철학과 철학적 종교는 믿음과 분석을 가늠하는 척도이다. 믿음 없는 종교는 신앙심이 메말라 있고, 하늘에 순응하지 않는 인간은 종교인이 될 수 없다. 주역학의 극치는 종교가 지향하는 목적지에 이르는 것이다.

1. 하늘의 가호는 인간의 순응과 믿음에 반응한다

易曰 自天祐之라 吉无不利라 하니 子曰 祐者는 助也니
역왈 자천우지　길무불리　　자왈우자　조야

天之所助者順也오 人之所助者信也니 履信思乎順하고
천지소조자순야　인지소조자신야　이신사호순

又以尙賢也라 是以自天祐之吉无不利也니라
우이상현야　시이자천우지길무불리야

역에 이르기를 '하늘로부터 돕는다. 길하여 이롭지 않음이 없다'고 했다. 공자가 말하기를 도움이라는 것은 돕는 것인데, 하늘이 돕는 바는 '순'이요, 사람이 돕는 바는 '믿음'이다. 믿음을 실천하여 하늘의 법도에 순응함을 생각하고 또한 어진 이를 숭상함이다. 이로써 하늘로부터 도와서 길하여 이롭지 않음이 없다.

이 글은 14번 화천대유괘火天大有卦(䷍) 상효의 '하늘로부터 도와서 길하여 이롭지 않음이 없다[自天祐之, 吉无不利]'에 대한 공자의 해석이다. 진정한 행복과 성공의 원천은 하늘로부터 비롯된다. 하늘이 돕기 때문에 만사가 형통한다. 하늘은 순응의 법칙[順]으로 인간에게 도움을 베풀며, 사람이 하늘의 은혜에 보답하여 돕는 길은 믿음[信] 이외에는 없다. 하늘의 일에 참여하는 길은 내면 깊숙한 곳에서부터 진심으로 믿음을 실천하고, 하늘의 섭리에 순응하는 것만을 거듭 생각하고, 또한 어진이를 숭상하는 것에 있다. 그러면 하늘이 도와 이루어지지 않는 일이 없다. 하늘은 뭇 생명의 부모로서 인간의 길흉화복을 주재하기 때문이다.

대유괘(䷍)는 밝은 해가 하늘 위에서 모든 것을 훤히 비춰주고 있는 형상이다. 태양빛이 없는 상황을 상상해보라! 온통 죽음의 그림자가 드리울 것이다. 하늘에 떠 있는 태양은 아낌없이 생명 에너지를 뿜어낸다. 만물을 보듬는 생명의 아버지인 하늘과 태양은 자애롭기 그지없다. 그래서 '위대한 소유[大有]'는 부유富有인 셈이다.

사랑[仁]을 베푸는 하늘은 인간의 신분, 명예 등을 가리지 않는다. 하늘은 생명체 모두에게 사랑을 골고루 베푼다. 그래서 땅은 하늘에 순응하여 독초와 약초를 가리지 않고 생명을 일궈내는 것이다. 그러니까 인간은 하늘과 땅의 섭리에 맞추어 살아가는 것이 최고의 삶이다. 이것이 바로 '믿음을 실천하여 하늘의 법도에 순응함을 생각한다[履信思乎順]'는 뜻이다.

13번 동인괘同人卦를 거쳐 14번 대유괘를 지나면 15번 겸괘謙卦가 나온다. 그것은 선후천 변화를 자연스럽게 거치는 통과 의례를 상징한다. 그 결과의 내용이 이미 정해졌다는 의미의 16번 예괘豫卦의 '예'라는 글자에 나타나 있다. 그것은 라이프니츠의 '예정조화설豫定調和說(Pre-established Theory)'과 아주 흡사하다.

🔯 하늘로부터 내려오는 명령은 '순順의 과정'이며, 인간이 그것을 실천해야 할 당위성은 '역逆의 과정'이다

2. 진리에 대한 『주역』의 독특한 표현 방식

子曰 書不盡言하며 **言不盡意**니 **然則聖人之意**를
자왈 서부진언　　언부진의　　연즉성인지의

其不可見乎아 **子曰 聖人**이 **立象**하여 **以盡意**하며 **設卦**하여
기불가견호　자왈 성인　입상　　이진의　　설괘

以盡情僞하며 **繫辭焉**하여 **以盡其意**하며 **變而通之**하여
이 진 정 위　　　계 사 언　　　이 진 기 의　　　변 이 통 지

以盡利하며 **鼓之舞之**하여 **以盡神**하니라
이 진 리　　　고 지 무 지　　　이 진 신

공자가 말하기를 "글은 말을 다하지 못하며, 말은 뜻을 다하지 못한다. 그렇다면 성인의 뜻을 가히 볼 수 없는가?" 공자가 말하기를 "성인이 상을 세워 그 뜻을 다하며, 괘를 만들어 참과 거짓을 다 보여주며, 말을 매어놓아 그 뜻을 다하며, 변하고 통함으로써 이로움을 다하며, 두드리고 춤을 춤으로써 신을 다함이다."

이 대목의 주제는 『주역』의 독특한 표현 방식에 있다. '글은 말을 다 표현하지 못하고, 말은 뜻을 다 표현하지 못한다[書不盡言, 言不盡意]'는 것은 언어의 한계성을 지적한 말이다. 언어의 기능은 의사 전달에 있다. 의사 전달은 문자와 언어를 통하지 않고는 불가능하다. 문자와 언어는 시공간의 제약을 받기 때문에 진리를 설명하는 데 한계가 있다는 것이다. 그렇다면 입을 다물고 언어를 포기해야 하는가? 공자는 진리를 표현하는 방법은 없는가라고 반문하면서 역전을 시도한다.

성인은 세상의 이치를 상징화하여 문화의 불씨를 댕겼다[聖人立象, 以盡意]. 더 나아가 팔괘라는 부호를 만들어 진리와 거짓[1]을 분별화하는 작업에 몰두하였다[設卦, 以盡情僞]. 성인은 64괘에다 상세한 설명을 가하여 합리성을 보강하였다[繫辭焉, 以盡其意]. 게다가 괘상의 변화를 통하여 세상사에 적응할 수 있는 이로움을 밝혀 문명의 혜택을 입도록 하였다.

성인은 최고의 경지인 신명의 세계에 드나들었다. 귀신이 움직이는 변화 원리를 깨달으면 자신도 모르게 맥박이 뛰어 신명이 나고[鼓之], 신명이 나면 손발이 저절로 춤추는 지경에 이르러[舞之] 신과 함께 노닐 수 있다[盡神]. 생명의 약동을 몸으로 체험하라는 뜻이다. 『주역』은 언어로 씌여진 문

---

1) 情은 진실을 뜻하는 글자로서 情僞는 眞僞와 다르지 않다.

자를 낱낱이 분석하는 앎을 반기지 않는다. 오히려 무형의 영험한 지혜를 선호한다. 이것이 바로 『주역』이 말하는 신비 체험의 우월성이다.

『주역』이 직관의 형식으로 진리를 표현하려는 확고한 의지는 복희씨로부터 유래된 전통이었다. 문화의 전승자인 문왕은 '괘'라는 형상을 통해 진실과 허위를 구분하고, 거기에다 합리적 풀이를 덧붙이고 칼날 같은 객관성을 확보하여 진리의 햇불을 밝혔던 것이다.

『주역』은 우선 언어로 포착할 수 있는 세계를 괘의 논리로 포괄한다. 더 나아가 괘상의 표현 방식으로 실용적 가치를 극대화하고 종교적 경지에 출입할 것을 주문하였다. 저절로 마음의 북을 치고 덩실덩실 추는 춤사위로 정신을 극도로 상승시키고, 인격의 키를 드높여 삶의 변화를 꾀하는 것이 가장 중요하다. 생명의 약동은 얄팍한 지식보다는 정신계의 계발이 훨씬 좋다는 뜻이다.

이는 무당들이 겪는 무아경無我境(ecstacy)과는 질적으로 다르다. 무당은 귀신의 명령에 따라 황홀경을 경험하지만, '고무鼓舞'는 맑고 깨끗한 마음으로 신과 직접 교감하여 진리의 노른자를 터득하는 최상승의 지혜를 뜻한다.

✡『주역』은 노자의 '진리관과 언어관'과는 다르게, 진리의 양태를 괘상으로 압축한다. 이 대목은 『주역』 공부의 과정을 설명한 것이다. 공자는 진리에 대한 상징화[立象]의 모색 → 상징체 설정[設卦] → 진리의 체계적 언어화[繫辭] → 변화의 능통[變通] → 신과의 교감[鼓舞盡神 = 精義入神]을 통해 삶의 길을 새롭게 열어 제쳤다.

3. 건곤은 변화의 원동력이자 『주역』의 열쇠

乾坤은 **其易之縕耶**인저 **乾坤**이 **成列而易**이 **立乎其中矣**니
건 곤　　기 역 지 온 야　　　건 곤　　성 렬 이 역　　입 호 기 중 의
乾坤이 **毁則无以見易**이오 **易**을 **不可見則乾坤**이
건 곤　　훼 즉 무 이 견 역　　　역　　불 가 견 즉 건 곤

或幾乎息矣리라
혹 기 호 식 의

건곤은 역의 핵심이로구나! 건곤이 배열을 이루어 역이 그 가운데 세워진 다. 건곤이 무너지면 역을 볼 수 없고, 역을 볼 수 없다면 건곤이 혹시 거 의 종식될 것이다.

건곤의 작용은 위대하고도 지극하다. 건곤이 없으면 역의 체계는 누구 도 알 수 없다. 건곤이 있기 때문에 『주역』이라는 학문이 성립되고, 만물의 변화도 역을 통해 인식할 수 있다. 건곤의 생성 변화가 없다면 『주역』은 공허한 메아리에 불과할 것이다.

건곤은 『주역』의 뼈대이다. 『주역』은 건곤괘에 압축되어 있는 까닭에 나머지 62괘의 내용은 건곤괘를 이해하면 쉽게 알 수 있다는 뜻이다. 『주 역』은 음양의 변화로 만물의 전개 양상을 설명하는 데, 64괘의 알맹이는 건곤이다. 『역위건착도易緯乾鑿度』에 "건곤은 음양의 뿌리요, 만물의 조종 이다"[2]라는 말이 있다. 건곤을 중심으로 나머지 62괘와 384효가 그려진 다. 건곤이 형성된 이후에 하늘과 땅 사이의 변화와 조화가 베풀어진다 는 뜻이다.

인간은 하늘과 땅 사이에서 태어나 삶을 마감한다. 만약 건곤괘가 허물 어진다면 역의 변화는 인식할 수 없다. 역의 변화를 볼 수 없다면 건곤 역 시 변화를 멈추는 것처럼, 천지가 없다면 인간과 만물은 존재할 수 없다. 마찬가지로 천지를 설명한 『주역』이 존재하지 않았다면 인간이 창출한 문 명 역시 다른 형태로 나타났을 것이다.

🏶 건곤괘는 『주역』을 떠받치는 기둥이다. 하늘과 땅이 세상의 뿌리인 것처 럼 건곤은 나머지 62괘의 부모에 해당된다.

---

2) "乾坤者, 陰陽之根本, 萬物之祖宗也."

4. 왜 형이상학과 형이하학의 구분이 필요한가?

是故로 形而上者를 謂之道요 形而下者를 謂之器요
시고 형이상자 위지도 형이하자 위지기
化而制之를 謂之變이오 推而行之를 謂之通이오
화이제지 위지변 추이행지 위지통
擧而措之天下之民을 謂之事業이라
거이조지천하지민 위지사업

이런 까닭에 형체를 넘어선 세계를 도라 하고, 형체의 세계를 기라 하고,
변화하여 마름질하는 것을 변화라 하고, 미루어서 나아가는 것을 통이라
하고, (그것을) 들어서 천하의 백성들에게 두는 것을 사업이라 한다.

『주역』은 형이상과 형이하의 세계를 통합한 일원적 세계관을 지향한다.
이것을 망각하면 형이상은 고급이고, 형이하는 저급한 것으로 취급함으로
써 세속적인 형이하학을 팽개치는 오류를 범하기 쉽기 때문이다. 『주역』이
비록 형이상자와 형이하자를 구분했지만, 이 양자를 통합해서 인식할 것
을 강조한다. 그렇지 않을 경우는 『주역』의 종지에 어긋난다.

　형이상학과 형이하학의 대상은 분명히 다르다. 이를 서양인들은 명확
하게 설명한 바 있다. 아리스토텔레스 당시에 이미 형이상학(Metaphysics)
이란 말을 썼다. 원래 아리스토텔레스가 사용한 '메타피직'이란 말은 '물
리학(Physics) 다음에 배우는 책'이라는 뜻이었다. 즉 당시로는 최고의 학
문인 물리학을 배우고 난 다음에 배우는 학문이 곧 형이상학이다. 따라서
'Meta'라는 개념을 어떻게 이해하는가에 따라 형이상학의 특성을 이해할
수 있는 실마리를 잡을 수 있는 것이다.

　'Meta'에는 '이상以上', '배후背後', '초월超越'이란 세 가지 의미가 있다. 서
양 철학은 불변자의 인식을 최고 목표로 삼기 때문에 '초월'을 강조할 수
밖에 없었다. 그러므로 물리학의 탐구 대상을 초월한 불변자를 추구하는
학문이 형이상학에 대한 본래 의미였다. 하지만 『주역』은 형이하의 세계

를 포함하면서 초월하는[包越] 형이상학을 최고의 학문으로 간주한다.

아리스토텔레스의 스승은 플라톤이며, 플라톤의 스승이 바로 소크라테스이다. 이들 3대 철인은 인류 역사상 거의 유례를 찾을 수 없는 업적을 남겼다. 오늘날 서양의 문화와 문명은 이들의 업적을 재해석하는 조류에 있다고 해도 과언이 아니다.

그래서 화이트헤드가 서양 철학은 플라톤 사상의 해석사라고 단언할 정도였다. 플라톤은 이런 말을 하였다. "나는 신에게 모든 영광을 돌린다. 노예가 아닌 그리스인으로 태어나게 한 신에게 무한한 영광을 돌린다. 여자가 아닌 남자로 태어나게 한 신에게 무한한 영광을 돌린다. 소크라테스를 스승으로 모시게 한 신에게 무한한 영광을 돌린다."

소크라테스가 있었기에 플라톤[3]이 있을 수 있으며, 플라톤이 있었기에 아리스토텔레스 같은 위대한 철학자가 탄생되었던 것이다. 바꾸어 말해서 플라톤이 존재했기에 아리스토텔레스의 업적이 빛날 수 있었으며, 소크라테스가 존재했기에 플라톤의 업적이 빛날 수 있었다. 그래서 이 시대를 독일 철학자 야스퍼스(Jasperse: 1883-1969)는 '제 1의 차축시대車軸時代'라 일컫는다. 동양의 석가와 공자도 비슷한 시기에 황금의 문명을 꽃피웠던 것이다.

동양에는 비록 직전 제자와 스승은 아니지만, 문왕文王의 경우가 그렇다. 아버지 왕계王季는 아들이 온갖 고통을 이겨낼 수 있는 인내심을 가르치면서 왕업의 기반을 다졌다. 아들 문왕은 유리羑里에 갇혔으면서도 『주역』 괘사를 지었으며, 그의 아들 무왕武王은 주나라를 창업하여 동양의 문

___

3) 그리스 최고 가문 출신인 젊은 플라톤이 부와 명예의 세습을 헌신짝처럼 던져버리고, 소크라테스의 제자가 된 것은 서양의 축복이었다. 당시 레스링 그레꼬르망 2년 연속 우승자였던 플라톤은 원래 '巨人(giant)'이라는 뜻이다. 그는 뭇 여성의 가슴을 설레게 했던 미남이었다. 리처드 기어는 감성적이지만 너무 가냘퍼 보이고, 실베스톤 스탤론은 야성미는 넘치지만 띵한 인상을 지울 수 없다. 플라톤은 지성과 야성을 함께 갖춘 호남아였다. 벤허의 주인공인 찰톤 헤스톤 또는 반항아 제임스 딘이 출현했던 '쟈이언츠'에 나오는 록 허드슨을 연상하면 플라톤의 이미지가 쉽게 떠오를 것이다.

물 제도를 완비하는 업적을 남겼다. 무왕의 동생인 주공周公은 효사爻辭를 지었다고 알려졌다.

형체가 나타나기 이전은 도道의 세계이고, 형체로 드러난 이후는 기器의 세계이다. '기器'는 산천과 동식물 등 일정한 형상을 갖춘 구체적인 물건을 뜻한다. 주자는 괘효와 음양은 형이하자, 괘효와 음양을 형성시키는 근거는 형이상자로서의 도라고 규정했다.[4] 형이상자는 만물의 근거인 본체[體], 형이하자[器]는 현상이다. 본체와 현상은 어떤 양상으로 존재하는가? 본체와 현상은 붙어 있는가, 떨어져 있는가의 문제는 일원론과 이원론으로 나뉘는 분기점이다.

현상 바깥에 존재하는 본체는 관념에 불과하고, 본체 없는 현상은 아예 생길 수 없다. 도는 기에 의지하지 않으면 그 실체를 나타낼 방법이 없고, 기는 도에 근거하지 않으면 성립할 수 없다. 도는 기 속에 내재하고, 기는 도에 근거하여 존재한다. 도와 기는 원래 하나이다. 『주역』에서 굳이 형체를 뜻하는 '형形'이라는 글자를 공통으로 사용한 것은 도와 기가 별도의 존재라고 오해할 우려 때문이었다. 도는 기 속에 언제 어디서나 깃들어 있다는 것이다.

도와 기가 맞물리면서 만물은 생성되고 발전한다. 만물은 오직 변화에 기인하여 존재하고 생성한다. 변화가 없는 세상은 어둠과 고요함만이 흐르는 죽음의 세계일 것이다. 정신과 물질이 교차하고 변화하면서 사물이 생겨나고 생명이 지속된다고 할 수 있다.

괘효는 일정한 형태를 갖춘 음양[器 = 氣]을 상징한다. 음양은 자주 얼굴을 바꾼다. 영원한 음이 없고 영원한 양 또한 없다. 잠시 음의 신분으로 머물다가 다시 양의 신분으로 변화한다. 이처럼 음양을 끊임없이 바뀌게 하는 최종 근거가 바로 도道이다.

---

4) 『周易本義』, "卦爻陰陽, 皆形而下者, 其理則道也."

괘는 형이하자요, 괘의 구성 근거인 도는 형이상자이다. 성인은 형이상학과 형이하학을 관통하는 변화 원리를 마름질하여 인문 문화를 창출하는 지혜를 발휘했다[化而制之謂之變]. 자연학과 인문학에 깊숙이 아로박힌 변화 원리를 현실로 옮겨야 비로소 세상사에 능통할 수 있을 것이다[推而行之謂之通].

형이상학과 형이하학을 통합하는 주역학은 소통의 학문이다. 성인은 '도기변통道器變通'을 하나로 묶어서 천하사, 즉 인류를 위해 공헌하였다. 이것이 진정한 의미의 사업이다. 개인의 명예를 위한 학문은 아무런 쓸모가 없다. 성인은 벤처기업을 운영하는 대표이사가 아니다.

🎲 성인은 천하의 안정과 발전을 도모하는 문화 영웅인 것이다.

5. 성인, 상징 문화를 꽃 피우다

是故로 **夫象**은 **聖人**이 **有以見天下之賾**하여
시 고 부 상 성 인 유 이 견 천 하 지 색

而擬諸其形容하며 **象其物宜**라 **是故謂之象**이오
이 의 저 기 형 용 상 기 물 의 시 고 위 지 상

聖人이 **有以見天下之動**하여 **而觀其會通**하여
성 인 유 이 견 천 하 지 동 이 관 기 회 통

以行其典禮하며 **繫辭焉**하여 **以斷其吉凶**이라
이 행 기 전 례 계 사 언 이 단 기 길 흉

是故謂之爻니
시 고 위 지 효

이런 까닭에 무릇 상은 성인이 천하의 뒤섞인 것에서 오묘한 이치를 깨달아 형용하여 헤아리며, 사물의 마땅함을 형상화한 것이다. 이런 까닭에 상이라 부른다. 성인은 천하의 움직임을 살펴서 그 모이고 통함을 깨달아 전례로 행하며, 말을 덧붙이는 것으로써 길흉을 판단하였다. 이런 까닭에 효라 부른다.

이 대목은 「계사전」 상편 8장의 내용을 반복 서술한 것이다. 그것은 문맥을 매끄럽게 하여 다음 글을 도입하기 위한 강조 용법으로 사용된 것으로 보인다. 『주역』의 기본 형식은 괘와 문자적 설명이다. 괘상卦象은 진리의 상징체이며, 언어적 설명은 괘상에 대한 지식의 백과사전이라 할 수 있다.

이 세상은 복잡하게 얽힌 그물에 비유할 수 있다. 역사는 한 사람이 이끌어가는 가는 것 같지만, 사실은 지배자와 피지배자 사이의 복잡한 관계를 형성하면서 굴러간다. 성인은 복잡다단한 현상을 단순화시켜 하나의 그림으로 만들어내어 '상'이라는 이름을 붙였다.

또한 성인은 역동적으로 움직이는 자연사와 세상사에서 인간 삶의 규범이 될 만한 법칙을 도출하여 설명을 덧붙였는데, 그것이 바로 효爻다. '계사繫辭'는 384효의 뜻을 문자로 풀이하여 길흉을 올바르게 판단할 수 있는 방법을 알려준다.

🔯 괘효에 대한 언어 문자, 즉 「계사전」이 없었다면 『주역』은 점치는 책으로 남아 있을 것이다.

6. 철학에서 인간 주체성의 도덕으로

極天下之賾者는 **存乎卦**하고 **鼓天下之動者**는 **存乎辭**하고
극 천 하 지 색 자　　존 호 괘　　고 천 하 지 동 자　　존 호 사

化而制之는 **存乎變**하고 **推而行之**는 **存乎通**하고
화 이 제 지　　존 호 변　　추 이 행 지　　존 호 통

神而明之는 **存乎其人**하고 **黙而成之**하며 **不言而信**은
신 이 명 지　　존 호 기 인　　묵 이 성 지　　불 언 이 신

存乎德行하니라
존 호 덕 행

천하의 뒤섞인 것을 극명하게 드러낸 것은 괘에 있으며, 천하의 움직임을 고무하는 것은 언어에 있으며, 변화하여 마름질하는 것은 변화에 있으며, 미루어서 나아가는 것은 능통에 있으며, 신묘하게 밝게 하는 것은 사람

에 있으며, 묵묵히 완수하고 굳이 말이 없더라도 믿음은 덕행에 있다.

이 글은 「계사전」 상편을 매듭지으면서 괘, 언어, 변화, 능통, 인간, 믿음, 덕행을 제시하여 『주역』 공부의 방법과 목표를 제시한 것이다. 진리에 대한 『주역』의 독특한 표현 방식은 괘상이며, 또한 괘상이 다하지 못한 부분을 문자로 설명한 것이 성인의 가르침이다.

천하의 움직임을 고취하고 분발시킨다[鼓]는 말은 효사의 설명을 통해 현실의 역동적인 변화를 알 수 있다는 뜻이다. 인간의 활동을 독려하여 삶을 풍요롭게 하는 것은 384효를 풀이한 효사에 있다. 괘상이 총론이라면 효사는 각론이다. 가령 건괘 전체의 성격을 규정한 '원형이정'은 변화를 설명하기에는 부족하다. 그래서 초효는 '쓰지 말라[勿用]'는 판단을 제시하여 변화의 흐름에 알맞은 해석과 행위를 부추겼던 것이다.

세상의 변화를 올바르게 재단하여 도덕적인 떳떳한 행위로 연결했을 때, 비로소 음양의 변화에 일치할 수 있다. 자연과 역사의 변화를 하나의 관점으로 통합시켜야 세상사에 능통할 수 있는 것이다.

『주역』이 강조하는 궁극적 경지는 신에 의존하는 삶인가, 인간의 주체성에 근거한 삶인가의 문제는 종교와 인문주의로 나뉘는 분수령임이 분명하다. 『주역』은 종교의 문제를 인간 안으로 끌어들이고 있다. 무조건 신에게 의지하는 인간의 삶은 신의 종속물에 불과하며, 종교적 신비를 마냥 인문적 가치로 환원하여 인간의 존엄성으로 뿌리내리는 것 역시 일종의 인본주의라는 독선이 숨어 있다.

인간은 신의 경지[入神]에 들어설 수 있는 능력을 갖추고 태어났다. 다만 올바른 마음에서 비롯된 명료한 판단이 곁들여졌을 때, 신의 세계에 접근할 수 있다. 세상을 움켜쥐려는 야심과 이익을 좇아헤매는 정신으로 신과 교접하려는 태도는 죄악이다. 신을 받아들이려는 순수한 믿음이 전제되어야 신이 감응한다. 신의 세계는 영적 능력이 뛰어난 사람보다 인격을 갖춘 인간만이 밝힐 수 있는 것이다[神而明之, 存乎其人].

『주역』을 달달 외운다고 신의 의지를 알 수 있다는 보장은 없다. 세상이 알아주지 않더라도 하늘을 원망하지 않고 신의 뜻에 기꺼이 순응하는 인격자만이 접신할 자격이 있다.[5] 야망이 들끓는 세상사에 휩싸이지 않고, 하늘의 섭리를 사무치는 마음으로 말없이 믿으면서 자아완성을 실천하는 도덕적 품성을 갖춘 군자만이 『주역』을 읽을 수 있다[黙而成之, 不言而信, 存乎德行].

『주역』은 '덕행'으로 결론짓는다. 그것은 마음의 칼을 찬 선비들이 고루한 규범을 지키려고 삶 전체를 투자하는 것과는 무관하다. '덕'은 하늘의 원리를 나의 실존적 삶의 방식으로 받아들여 의식 혁명을 통해 거듭난 군자의 품성을 의미한다. '행'은 깨달은 바 하늘의 섭리를 반드시 현실에 구현해야 한다는 당위성을 뜻한다.

송대의 주역학자 양만리楊萬里(1127-1206)[6]는 「계사전」 상편 12장의 의의를 다음과 같이 말한 바 있다. "이 장은 성인이 역을 지은 뜻을 말한 것이다. 흩어 놓으면 64괘 384효에 있고, 모아 놓으면 건곤 두 괘에 있다. 성인이 역을 세상에 펼친 법도를 흩어 놓으면 천하의 사업에 있고, 모아 놓으면 일신의 덕행에 있다." 또한 "역은 세 가지가 있다. 하나는 하늘의 이치를 밝힌 '천역'이고, 다른 하나는 대나무에 인간의 도리를 문자로 새긴 '죽역'이고, 마지막으로 신의 경지에 도달한 인간을 밝힌 '인역'이다. '천존지비, 건곤정의'는 천역이고, '서부진언, 언부진의'는 죽역이고, '존호기인, 존호덕행'은 인역이다. 성인이 역의 실천적 도리를 언급한 '신이명지, 묵이성지'라는 말은 역이 하늘과 대나무에 새긴 문자에 있는 것이 아

---

5) 『周易本義』, "卦爻所以變通者在人, 人之所以能神而明之者在德."
6) 廖名春 외/심경호, 『주역철학사』(서울: 예문서원, 1995), 532-533쪽, "양만리의 주역관은 두 가지 특징이 있다. 첫째, 『주역』은 인간사의 변화 법칙을 강론한 책이라 보고, 『주역』 연구의 목적은 인간사의 득실과 사회의 흥망 변화의 법칙을 밝히는 데 있다. 둘째, 史傳을 인용해서 經을 증명하여 진퇴와 존망과 치란의 이치를 논하였다."

니라, 인간에게 달려 있다는 뜻이다."⁷⁾

☖ 신의 세계는 영적 능력이 뛰어난 사람보다 인격을 갖춘 인간만이 밝힐
수 있다.

──────────────❀──────────────

정역사상의 연구자 이상룡李象龍은 「계사전」 상편 11장의 성격을 다음과
같이 설명한다.

天之所助者順, 人之所助者信은 天感而人應하여 自己求之也라
천지소조자순 인지소조자신   천감이인응   자기구지야

"하늘이 돕는 바는 순응이요, 사람이 돕는 바는 믿음이다"라는 말
은 하늘이 느끼면 사람이 부응하여 인간 스스로가 구하는 것이다.

變而通之, 以盡利는 鹹變成陸 以利天下也오 鼓之舞之,
변이통지 이진리   함변성륙 이리천하야   고지무지
以盡神은 天下舞蹈而彰神明之德也라
이진신   천하무도이창신명지덕야

"변하고 통함으로써 이로움을 다한다"는 말은 소금밭이 변해서 육
지를 이루어 천하에 이로움을 주는 것이고, "두드리고 춤을 춤으로
써 신을 다한다"는 것은 천하의 모든 사람이 영가무도를 하여 신명
의 덕이 드러난다는 뜻이다.

乾坤成列而易, 立乎其中은 乾十坤五가 錯綜而成正易하며
건곤성렬이역 입호기중   건십곤오   착종이성정역
乾坤毀則无以見易, 易不可見則乾坤 或幾乎息은
건곤훼즉무이견역 역불가견즉건곤 혹기호식

7)『備旨具解原本周易』, 1070쪽. "誠齋楊氏曰 此章言聖人作易之意. 其散在六十四卦之爻章, 其聚
在乾坤二卦. 聖人用易之道, 其散在天下之事業, 其聚在一身之德行也. 又曰易有三, 一曰天易, 二曰
竹易, 三曰人易. 天尊地卑, 乾坤定矣, 天易也. 書不盡言, 言不盡意, 竹易也. 存乎其人, 存乎德行,
人易也. 聖人焉(言)能行易之道, 神而明之, 黙而成之, 則易不在天, 不在竹, 而在人矣."

反覆詳說하여 以明其先天之乾一哭八之道가 有時乎窮也라
반복상설　　이명기선천지건일곤팔지도　　유시호궁야

"건곤이 배열을 이루어 역이 그 가운데 세워진다"는 것은 십오十五
건곤이 착종하여 정역을 이룬다는 것이고, "건곤이 무너지면 역을
볼 수 없고, 역을 볼 수 없다면 건곤이 혹시 거의 종식될 것이다"라
는 말은 반복해서 자세하게 설명하여 선천 8수의 도를 밝힌 것이
궁색한 시간대라는 것이다.

形而上者 謂之道는 氣化之爲先天也오 形而下者 謂之器는
형이상자 위지도　　기화지위선천야　　형이하자 위지기

形化之爲后天也오 化而制之 謂之變, 推而行之 謂之通과
형화지위후천야　　화이제지 위지변　추이행지 위지통

擧而措之天下之民 謂之事業은 造之以曆之无量하여
거이조지천하지민 위지사업　　조지이력지무량

使人知之也라
사인지지야

'형체를 넘어선 세계를 도라 한다'는 것은 기화氣化가 시작하는 선천
이요, '형체의 세계를 기라 한다'는 것은 형화形化가 이룩되는 후천
이요, "변화하여 마름질하는 것을 변화라 하고, 미루어서 나아가는
것을 통이라 하고, (그것을) 들어서 천하의 백성들에게 두는 것을 사
업이라 한다"는 것은 항구불변의 무량한 책력을 만들어 사람들이
알게 한다는 뜻이다.

極天下之賾者 存乎卦, 鼓天下之動者 存乎辭는
극천하지색자 존호괘　고천하지동자 존호사

硏其卦辭然后에 易曆得正也라
연기괘사연후　　정역득정야

"천하의 뒤섞인 것을 극명하게 드러낸 것은 괘에 있으며, 천하의 움
직임을 고무하는 것은 언어에 있다"는 것은 괘사를 연구한 뒤에 역
과 책력이 옳음을 얻는다는 뜻이다.

神以明之, 存乎其人은 上元无量之道를 以聖繼聖也오
신 이 명 지 존 호 기 인   상 원 무 량 지 도   이 성 계 성 야

默而成之, 不言而信, 存乎德行은
묵 이 성 지 불 언 이 신 존 호 덕 행

畫之以至人之手而吻合於性理之原也라
획 지 이 지 인 지 수 이 물 합 어 성 리 지 원 야

"신묘하게 밝게 하는 것은 사람에 있다"는 것은 상원의 무량한 도
를 성인이 성인을 계승한 것이고, "묵묵히 완수하고 굳이 말이 없더
라도 믿음은 덕행에 있다"는 것은 지인至人의 손을 빌려 괘를 그은
것이 성리의 궁극 원리와 부합한다는 뜻이다.

8괘는 자연의 전체 모습을 하늘(☰), 연못(☱), 불(☲), 우레(☳), 바람(☴), 물(☵), 산(☶), 땅(☷) 등의 여덟 개의 범주로 요약한 것이다. 8괘의 명칭은 건태이진손감간곤乾兌離震巽坎艮坤이다. 문명의 아버지 복희씨는 3효로 이루어진 단괘單卦를 그었고, 문왕은 6효로 이루어진 중괘重卦를 그은 다음에 그에 대한 설명인 괘사를 지었고, 주공은 효사를 지었다고 알려져 있다.

1. 8괘의 확대판은 64괘

八卦成列하니 **象在其中矣**오 **因而重之**하니 **爻在其中矣**오
팔 괘 성 렬　　　상 재 기 중 의　　　인 이 중 지　　　효 재 기 중 의

剛柔相推하니 **變在其中矣**오 **繫辭焉而命之**하니
강 유 상 추　　　변 재 기 중 의　　　계 사 언 이 명 지

動在其中矣라
동 재 기 중 의

팔괘가 차례로 배열을 펼치니 상이 그 가운데 있다. 이를 바탕으로 거듭하면 효가 그 가운데 있다. 굳셈과 부드러움이 서로 밀치니 변화가 그 가운데 있다. 글귀를 덧붙여서 알리니 움직임이 그 가운데 있다.

이 글은 「계사전」 상편 11장의 "역에 태극이 있으니, 태극이 양의를 낳고, 양의가 사상을 낳고, 사상이 팔괘를 낳는다"는 말에 근거하여 부연설명한 것이다. 8괘를 거듭하면(곱하면)[1] 8 × 8 = 64괘, 64괘 × 6효 = 384효가 만들어져 『주역』의 외형적인 뼈대가 완성된다. 3효 단괘에서 6효와 중괘 384효를 거치면 음양의 변화를 설명하는 데 아주 큰 효과가 있다.

---

1) 김상일, 『한의학과 러셀역설 해의』(서울: 지식산업사, 2005), 333-383쪽 참조. "氣의 상생 상극 작용의 비밀은 제곱 작용을 통해 알 수 있다. '더하기'는 직선적으로 단순 점진하지만, '곱하기'는 점진과 반복 그리고 순환을 하게 만든다. 비선형적 운동의 공식이 제곱 작용이다. (수학의) meta化는 더하기에서는 불가능하고 곱하기에서만 가능하다."

만물은 속과 겉의 양면성으로 존재한다. 만물의 외면적 형태는 내면에 근거하여 나타난다. 이는 복희팔괘도의 구조가 증명한다. 복희팔괘도와 문왕팔괘도는 안에서 밖을 향하여 만물이 태어나 성장하는 진화의 모양을 취하고 있다. 변화에는 두 얼굴이 있다. 하나는 안에서 밖으로 분열 팽창하는 방식이고, 다른 하나는 밖에서 안으로 수렴 통일하는 방식이 있다. 전자는 복희팔괘도와 문왕팔괘도이고, 후자는 정역팔괘도가 그것이다.

복희팔괘도   문왕팔괘도   정역팔괘도

384효 속에 투영된 변화는 양효[剛]와 음효[柔]의 바뀜에 근거한다. 하늘에서는 음양이라 부르고 땅에서는 강유라 부를뿐, 음양과 강유의 교체에 의해 변화가 생겨난다. 그래서 「계사전」 상편 2장은 '굳셈과 부드러움이 서로 미루어 변화를 낳는다[剛柔相推而生變化]'라고 했다. 『주역』은 강유의 차별화를 위하여 양효는 9九, 음효는 6六으로 규정하여 만물의 다양한 변화를 설명한다. 강유가 서로를 밀어낼 때, 9는 7[少陽]로 얼굴을 바꾸고 6은 8[少陰]의 얼굴로 바꾸어 무궁무진한 변화를 일으킨다.

여기서의 '계사'란 괘와 효의 의미를 풀이한 것이다. 음양효의 위상이 어디에 있는가에 따라 괘의 명칭이 달라진다. 이를 바탕으로 성인은 괘사와 효사를 지어 길흉을 판정하였다. '명命'은 주제를 찾아내거나 명확하게 지시한다는 뜻이다. 따라서 '계사'는 행위를 결정하는 지남침인 동시에 방향을 알려주는 신호등 역할을 한다.

세상의 온갖 변화를 설명한 64괘 384효에는 특정한 상황의 사건과 길흉이 언급되어 있다. 움직임은 변화를 일으키고, 변화 역시 움직임을 부추겨 이 둘은 시너지 효과를 불러와 다양한 형태의 길흉으로 나타난다. 성인이 효사를 지어 길흉을 명확하게 판단했기 때문에 인간의 모든 행동 역시 그 범위에 포괄되는 것이다.

⬦ 수학에서 '곱하기(×)'는 차원의 전환을 가리키는 부호다.

2. 강유는 변화의 근본이고, 변통은 시간의 정신에 접근하는 핵심이다

吉凶悔吝者는 **生乎動者也**오 **剛柔者**는 **立本者**오
길 흉 회 린 자　　생 호 동 자 야　　강 유 자　　입 본 자
變通者는 **趣時者也**라
변 통 자　　취 시 자 야

길하고 흉하고 뉘우치고 인색한 것은 행동의 결과로 생기는 것이요, 강과 유는 근본을 세운 것이요, 변하여 통하는 것은 때(시간)에서 취한 것이다.

길흉은 대부분 괘사에 나타나는 반면에, 길흉회린은 효사에 등장한다. 회린의 결과가 길흉이라면, 길흉의 원인은 회린이다. 길흉회린은 행동하자마자 생긴다. 행동하지 않는다고 길흉에서 벗어날 수는 없다. 행동하지 않는 인간은 존재할 수 없기 때문이다. 길흉은 서로의 근거이다. 길의 뒤는 흉이고, 흉의 뒤 또한 길이 기다리고 있다. 회린은 작은 흉일뿐, 우리네 인생은 길흉에 얽매여 있다.

'길흉회린이 행동에서 생긴다'는 말은 인간의 행위에 의해 길흉회린이 결정된다는 뜻이다. 행위가 바뀌면 길흉 역시 바뀐다. 길은 흉으로, 흉은 길로 바뀐다. 길흉이 바뀌는 이유는 인간의 행위가 도덕 법칙을 준수했는가에 달려 있기 때문이다. 움직이면 움직일수록 길흉이 생기므로 길흉에

는 가치 중립이 없다. 그만큼 흉이 길로 바뀌는 열쇠는 도덕적 의지에 결정된다는 뜻이다.

음양은 하늘의 일을 맡고, 강유는 땅의 일을 맡고, 인간은 도덕의 의무를 맡는다.[2] 음양과 강유와 인의는 어떤 각도에서 보느냐에 달라질 뿐 이 삼자는 동일하다. 강은 굳세고, 유는 부드럽다는 뜻이다. 세상의 모든 것은 굳세거나 부드러운 측면이 동시에 존재한다. 64괘 384효는 '굳센' 양효와 '부드러운' 음효로 이루어져 있다. 굳셈과 부드러움은 상대적 관계를 형성하지만, 천지는 강유가 조화와 균형을 잡으려고 운동회를 벌이는 생명의 바다라고 할 수 있다.

강유는 잠시도 멈추지 않고 돌아가는 땅에서 일어나는 변화의 실체다. 자동차의 엔진은 사람의 심장과 비슷하다. 엔진이 멈추는 순간 자동차는 움직일 수 없는 것처럼, 이 세상에 변화가 중단된다면 곧장 종말을 맞이할 것이다. 이 세상은 변화의 끈으로 연결되어 있다. 변화는 생명의 원리인 까닭에 괘효의 구성에는 시간의 흔적이 배어 있는 것이다.

시공에 인간이 동참한다는 것이 바로 『주역』의 세계관이다. 종적으로는 시간이요, 횡적으로는 공간이다. 시간과 공간으로 엮어진 천지에 수많은 생명체가 살아간다. 천지의 형성 자체가 시공간에 바탕한 까닭에 인간은 시간의 흐름에 민감하지 않을 수 없다. 시간의 변화에 적절하게 대응해야 올바른 삶을 영위할 수 있는 것이다[變通者, 趣時者也].

여름에 씨앗을 뿌려 겨울에 수확하는 농부는 없다. 봄에 씨앗을 뿌리고 여름에 김을 매준 다음에 가을에 열매를 거두는 것이 시간의 정신에 맞추어 살아가는 농부의 생존 방식이다. 『주역』은 이를 '시중時中'이라 한다. 그것은 상황을 이리저리 살피는 기회주의적 발상이 아니라, 삶의 근본 지평인 시간의 본성에 부합하려는 태도라 하겠다.

---

2) 『周易』 「說卦傳」 1장, "昔者聖人之作易也, 將以順性命之理, 是以立天之道曰陰與陽, 立地之道曰柔與剛, 立人之道曰仁與義."

✿ 시중이란 무엇인가? 그것은 기회를 엿보는 상황론이 아니다. 언제 어디서나 올바른 가치를 추구하는 자세와 정신을 가리킨다.

3. 천지인을 통틀어 최고의 가치는 올바름이다

吉凶者는 貞勝者也니 天地之道는 貞觀者也오
길 흉 자　　정 승 자 야　　천 지 지 도　　정 관 자 야
日月之道는 貞明者也오 天下之動은 貞夫一者也니라
일 월 지 도　　정 명 자 야　　천 하 지 동　　정 부 일 자 야

길흉은 올바르게 이기는 것이다. 천지의 도는 올바르게 보는 것이요, 해와 달의 도는 올바르게 밝히는 것이요, 천하의 움직임은 무릇 하나에서 올바르게 이루짐이다.

이 글에 『주역』의 핵심 메시지가 압축되어 있다. 『주역』이 가르치는 실천 덕목은 '올바름[貞 = 正]의 추구'에 있다. '길흉은 올바름으로 극복할 수 있다[吉凶者, 貞勝者也]'는 말은 길흉에 얽매이지 말라는 뜻이다. 거짓은 정직 앞에 오금을 못추리고, 불의는 정의 앞에 맥을 못추고, 길흉은 올바른 가치 앞에는 꼼짝 못한다. 길과 흉은 서로 의존하여 존재하므로 시시각각 바뀌기 때문이다.

가끔은 흉이 우연하게 길로 바뀔지언정 올바른 가치[正]를 이길 수는 없다. 화복은 운명적으로 결정되는 것이 아니라, 마음을 어떻게 먹는가와 행동하기에 달려 있는 것이다. 우리 속담에 콩 심은 데 콩 나고, 팥 심은 데 팥 난다는 말이 있다. 곤괘坤卦의 "선을 쌓은 집안에 반드시 생각지도 않은 경사스런 일이 있다[積善之家, 必有餘慶]"는 말에는 길흉은 언제나 선을 쌓은 곳으로 제자리를 찾아간다는 뜻이 묻어 있다.

『주역』에서 곧을 정貞은 올바를 정正과 같은 뜻이다. 곧음은 굽음[曲]에 의해 왜곡되지 않는다. 곧음은 언제 어디서나 올바르다. '천지의 도는 올

바르게 보는 것'[3]은 상대적 지식을 넘어서 항상 올바른 눈으로 천지를 바라보라는 가르침이다. 인간은 이따금씩 욕심과 야망의 눈으로 천지를 속이지만, 천지는 스스로를 속인 적이 없기 때문이다.

'일월의 도는 올바르게 밝힌다'라는 말은 해와 달의 운행은 자신의 궤도를 한 번도 이탈한 적이 없다는 항구성을 밝힌 것이다. 해와 달은 하늘과 땅 사이를 서로 왕래하면서 밝음과 어둠의 질서를 빚어낸다. 일월은 천지의 운동을 일으키는 엔진이다. 일월은 엔진이 고장나 쉰 적이 없다. 햇빛만 쏟아지고 물이 부족하면 식물은 말라버리고, 홍수가 나 햇빛이 부족하면 식물은 썩기 마련이다. 물과 불의 조화로 인해 지구의 생명체는 먹이사슬을 형성하면서 진화하는 것이다. 해는 낮을 밝혀서 사람이 활동하기에 좋은 환경을 만들고, 달은 어둠을 몰고와 사람이 쉬도록 만든다. 해와 달은 올바름[貞 = 正]의 도리를 어기지 않는 광명을 상징한다. 어둠이 걷히면 새벽이 온다. 새벽이 지나면 온 세상이 밝아진다. 그러니까 밝은 햇빛을 손바닥으로 가려 남을 속여서는 안 되는 것이다.

천하의 움직임은 복잡하고 다양하게 전개되지만 하나의 법도로 집약 통일된다[天下之動, 貞夫一者也]. 천하의 움직임은 『주역』의 이치에서 벗어나지 않는다는 뜻이다. 만물은 태극에서 비롯되어 다시 태극의 품으로 돌아간다. 조선조 후기의 재야 사상가 김항의 호 '일부一夫'는 이 구절을 근거로 만들어졌다. 김항은 이 명제를 통해 천지의 큰 변혁의 문제를 자신이 밝혔다는 자신감을 과시하였다.

김일부의 호에 얽힌 이정호의 연구를 소개하면 다음과 같다.

"1881년 정역팔괘도를 긋자 孔夫子의 影像이 나타나 '己甲夜半에 生癸亥라' 하고 '一夫'라 부르며 계속 推數하기를 권하므로, 그제서야 일부가 자신의 호칭인 줄을 알았다 하니, 이 말로 미루어 생각해 보면 '一夫'란 본시 唯一無二한 至尊의 칭호 즉 하나님의 존칭인데, 이것을 乾坤의 長子(雷風) 恒

---

3) 당태종 이세민은 이 글에 근거해서 년호를 '貞觀'으로 정했다.

에게 내리신 것으로 짐작된다. … '夫'가 '님'이라면 일부는 말할 것도 없이 '하나님'의 뜻이 된다. 一夫란 유일무이한 至尊者의 名號인데 이것을 건곤의 장자인 雷風恒에게 내리신 것이다. … 그가 鼓舞盡神 중에 들은 '一夫'라는 소리는 하늘이 그에게 그 이름을 許與하심이요, 팔괘도를 畫了하매 孔夫子가 그를 '一夫'라 부른 것은 그가 一夫임을 증거한 사실이라 하겠다."[4]

천지의 도는 객관적이고 보편적인 이치이기 때문에 인간의 삿된 마음으로 바라보는 것은 불경죄에 해당된다. 그것은 『주역』을 공부하는 사람이 지켜야 하는 불문율이다. 해와 달은 언제나 삶의 방향을 올바르게 제시해주는 등불임에도 불구하고 인간은 종종 시간의 정신에 위배된 행동을 한다. 도를 터득하려는 사람은 반드시 천지일월의 질서를 몸소 실천해야 할 것이다.

세상의 온갖 변화는 천태만상이지만, '올바름[正]'의 법도로 귀결된다. '올바름'을 떠난 길흉은 아무런 의미가 없다. 행동으로 옮겨서 정당한 것이 '길吉'이다. 이 글은 올바름이 배제된 행복과 성공은 일시적인 것에 지나지 않기 때문에 '올바름[貞＝正]'이 최상의 가치[善]라는 사실을 밝히고 있다.

☆ '올바름[正]'의 존재와 가치를 밝히는 것이 역의 목적이다.

4. 괘효는 쉽고 간단한 건곤의 이치를 본뜨다

夫乾은 **確然**하니 **示人易矣**오 **夫坤**은 **隤然**하니 **示人簡矣**니
부건　확연　　시인이의　부곤　퇴연　　시인간의
爻也者는 **效此者也**오 **象也者**는 **像此者也**라
효야자　효차자야　상야자　상차자야

대저 건은 확실하므로 사람에게 보여주기가 쉽고, 대저 곤은 순하므로 사람에게 보여주기가 간단하다. 효는 이것을(쉽고 간단한 건곤의 이치) 본받은 것이고, 상은 이것을(강유의 상호 작용)을 본받은 것이다.

4) 이정호, 『正易과 一夫』(서울: 아세아문화사, 1985), 367-369쪽 참조.

'확연確然'은 굳건하고 강건한 모양새를, '퇴연隤然'은 부드러워 유순한 모양을 뜻한다. 건의 성격은 굳고 강건한 원리를 쉽게 사람에게 알려준다. 곤의 성격은 유순한 원리를 간단하게 알려준다. 이처럼 천지의 항구적인 법도인 건곤의 원리는 쉽고 간단하다는 것이다.

건곤의 법칙은 쉽고 간단하다[易簡 = easy and simple]. 건곤이 쉽고 간단하다면 『주역』 역시 쉽고 간단하게 해독할 수 있다는 뜻이다. 쉽고 간단한 건곤의 법칙을 흉내내고 본받아[效] 설명한 것이 바로 384효다. 괘상을 뜻하는 '상象' 역시 건곤의 이간 법칙을 본받아 특정한 형상으로 그려놓은 것[像]이다. 레오나르도 다빈치는 새가 창공을 날아다니는 모양에서 힌트를 얻어 비행기를 만들었고, 이순신은 거북이가 바다 속을 드나드는 모양을 흉내내어 거북선을 만들었다는 얘기가 있듯이, 상징은 문명을 창출하는 영감의 원천이다.

⬡ 쉽고 간단한 이치를 본받는 상징 작업은 문명화의 첫걸음이다.

5. 성인을 알려면 경전을 읽어야

爻象은 **動乎內**하고 **吉凶**은 **見乎外**하고 **功業**은 **見乎變**하고
효상　동호내　　길흉　현호외　　공업　현호변
聖人之情은 **見乎辭**하니라
성인지정　현호사

효와 상은 안에서 움직이고, 길함과 흉함은 밖으로 나타나고, 공로와 업적은 변하는 데서 나타나고, 성인의 뜻은 언어의 설명에서 나타난다.

얼굴은 마음의 거울이란 말이 있다. 마음의 인과율인 선악의 의지가 외면적으로 표출되면 길흉으로 나타난다. 김연아를 디지털 카메라로 찍은 사진은 형상이다. 사진으로 찍힌 김연아의 웃는 모습은 국민에게 희망을 주고, 연습 중에 넘어져 부상당한 뉴스를 들으면 가슴이 아프다. 64괘

384효에 근거한 행동은 겉으로 드러난다[爻象動乎內, 吉凶見乎外]는 뜻이다. 반대로 길흉으로 나타난 행동의 결과를 효상에 의거하여 일체의 행위를 합리화하는 못된 버릇은 『주역』에 대한 모독이다. 효상으로 길흉을 판단하는 준거로 삼아야지, 행동하고 나서 잘잘못을 효상으로 판단해서는 안 된다는 교훈이다.

사람이 쌓은 공로와 업적은 변화로 드러나고, 성인이 하늘의 뜻을 받들어 천하의 운명을 근심한 뜻은 괘사를 보면 알 수 있다. 사업가는 시대의 추세, 즉 미래를 내다보는 안목을 갖추어야 성공할 수 있다. 현실에 안주하여 변화를 거부하면 경쟁에 뒤떨어져 금방 망한다. 정치와 역사는 살아 있는 생명체다. 과거에 발목잡혀 빠르게 변화하는 현실에 대처하지 못하면 천하의 이익을 도모할 수 없다.

괘효사에는 성인의 참된 가르침이 담겨 있다. 성인은 지식을 뽐내지 않는다. 다만 천하의 백성과 함께 인류와 역사를 근심하는 마음과 뜻이 괘효사 곳곳에 배어 있다. 성인은 백성들이 흉과 허물의 구렁텅이에 빠지는 것을 바라지 않는다. 허물을 벗어던지는 방법 또는 흉을 길로 전환시킬 수 있는 지혜를 가르칠 따름이다.

🔯 취길피흉趣吉避凶하기 위해서는 주역책이 닳도록 읽고 또 읽어야 한다.

6. 천지의 존재 이유는 '생명의 지속'에 있고, 유교의 핵심은 인의仁義로 집약된다

天地之大德曰生이오 **聖人之大寶曰位**니 **何以守位**오
천 지 대 덕 왈 생　　　성 인 지 대 보 왈 위　　　하 이 수 위
曰仁이오 **何以聚人**코 **曰財**니 **理財**하여 **正辭**하며
왈 인　　　하 이 취 인　　왈 재　　이 재　　　정 사
禁民爲非曰義라
금 민 위 비 왈 의

천지의 위대한 덕은 생명을 낳고 낳음이라 하고, 성인의 위대한 보배를

자리라고 한다. 무엇으로 자리를 지키는가? 사람을 어질게 대하는 사랑이다. 무엇으로 사람을 모으는가? 재물이다. 재물을 잘 관리하고 말을 올바르게 하며 백성이 잘못함을 금지하는 것을 의라 한다.

하늘과 땅이 만물을 낳고 키워서 생명을 지속시키는 일만큼 위대한 것은 없다. 천지가 존재하는 이유와 목적은 생명체의 '살림[生]'에 있다. 그래서『주역』은 천지의 크나큰 덕성을 생명의 살림이라 했다. 주자에 따르면, 천지는 만물을 낳고 낳는 것을 본래의 마음으로 삼는다. 곽옹郭雍(1091-1187) 역시 천지가 만물을 낳는 일 자체가 바로 본질적 덕성이기 때문에 인간은 천지를 영원한 귀환처로 삼아야 한다고 주장했으며, 오징吳澄(1249-1333)은 생명의 영속이 천지의 위대한 덕성이며, 생명은 천지와 합덕의 관계를 맺는다[5]고 했다. 만물을 낳고 낳는 '생명 사랑'이 바로 천지의 정신이라는 것이다.

우리는 여기서 천지의 인격성[6]과『주역』의 낙관적 세계관을 엿볼 수 있다. 천지는 만물을 낳아 생명을 성숙시키려는 목적으로 존재하고, 성인은 인류를 건지기 위한 장엄한 프로젝트를 기획한다. 성인은 우선 천지와 하나되는 문명의 영웅이라는 반열[寶]에 올라서 천지를 대행하여 사랑[仁]을 베풀고, 인류의 현실적 삶을 위해 경세치용[財]에 힘쓰고, 야생의 조건을 인간다운 삶으로 살아가도록 올바른 이념[正辭]을 정립하고, 물질욕이 빚어내는 싸움에서 벗어나 정의로운 사회 공동체의 건설에 필요한 도덕적 가치[義]를 내세웠다.

사회는 '사랑과 관대함[仁]'과 '정의로움[義]'이 조화를 이루었을 때 가장

---

5)『備旨具解原本周易』, 1075쪽, ① "朱子曰 天地以生物爲心." ② "白雲郭氏曰 天地以生物爲德, 故人以大德歸之." ③ "臨川吳氏曰 生生不已者, 天地之大德. 然天地生物生人, 又生與天地合德之."
6) 서양인은 비가 오는 현상을 'It is rain'라고 하여 객관적으로 서술하는 데 비해, 우리 조상들은 '비가 오신다'고 표현하여 자연에 인격성을 부여하는 습관이 있다. 자연 친화적 사고가 아닐 수 없다.

건강하다. 관대하면서도 정의로와야만 그 관대함이 한층 돋보인다. 정의만 앞세우면 차갑거나 냉정하고, 관대함만 앞세우면 기강이 흩뜨려져 법은 있으나마나한 지경에 이른다. 관대함은 정의로부터 나와야만 진정으로 공명정대한 기강이 확립될 수 있는 것이다. 그래서 동양의 정치인들은 한결같이 인의仁義를 최상의 통치 이념으로 표방하였다. 특히 맹자는 첫마디부터 인의의 가치를 부르짖었고, 강희제康熙帝(1654-1722)는 인의의 통치술로 청나라를 굳건한 반석 위에 올려놓아 칭송을 받았던 것이다.

이는 정치와 경제를 비롯한 인간의 심리에만 적용되지 않는다. 그것은 사회와 문화와 문명과 역사를 관통한다. 이들은 모두 천지의 이법에 종속되기 때문이다. 천지의 도는 생명을 살림만으로는 유지될 수는 없다. 천지는 살림[生]과 죽임[殺]의 방식을 교체하면서 삶을 한층 빛나게 한다.[7] 죽음이 없다면 그 삶은 단순히 관조의 대상이 되어 시인조차도 시상詩想에서 배제시킬 것은 너무도 뻔한 사실이기 때문이다.

🔯 성인은 사랑의 교화[仁], 경제적 풍요[財], 보편타당한 이념[正辭], 도덕적 정의[義]의 일체화라는 공헌을 이루었다. 결국『주역』의 근본 명제는 생명의 완성에 있다고 할 수 있다.

정역사상의 연구자 이상룡李象龍은 「계사전」 하편 1장의 성격을 다음과 같이 설명한다.

八卦成列은 始於乾一하고 終於坤八者는 先天之成列也오
팔 괘 성 렬   시 어 건 일   종 어 곤 팔 자   선 천 지 성 렬 야

紀於乾十하고 止於巽一者는 后天之成列也라 象在其中은
기 어 건 십   지 어 손 일 자   후 천 지 성 렬 야   상 재 기 중

---

7) 특히 밝음과 어둠을 동시에 알아야 한다. 어려움을 극복한 인생은 더욱 아름답다. 쉬움만 있다면 그 인생은 무미건조하기 짝이 없다. 인간은 불만과 허전함과 공허감을 달래기 위해 마약 같은 환락 문화와 쉽게 손잡는다. 또한 인간은 욕망이 부글부글 들끓는 길거리에서 헤매거나, 무한 욕망을 채우기 위해 명예와 권력과 돈에 빠져 허우적거리는 존재인 것이다.

万象悉具也오 因以重之는 交易變易之各爲六十四卦也오
만상실구야　인이중지　교역변역지각위육십사괘야

爻在其中은 生成之六位也라
효재기중　생성지육위야

'팔괘가 차례로 배열을 펼친다'는 것은 1건乾에서 시작하여 8곤坤으
로 끝나는 것은 선천의 배열이고, 10건乾에서 새롭게 시작하여 1손
巽에서 그치는 것은 후천의 배열이다. '상이 그 가운데 있다'는 것은
온갖 형상이 갖추어졌다는 뜻이다. '이를 바탕으로 거듭한다'는 것
은 교역과 변역 속에는 64괘가 이치가 있다는 것이고, '효가 그 가
운데 있다'는 것은 6위位를 생성한다는 뜻이다.

剛柔相推, 變在其中은 三百八十四爻가 悉爲 ■ ✖ 하여
강유상추　변재기중　삼백팔십사효　실위

遂成正易也오 繫辭焉而命之, 動在其中은
수성정역야　계사언이명지　동재기중

后天卦爻 亦有動變也라
후천괘효　역유동변야

"굳셈과 부드러움이 서로 밀치니 변화가 그 가운데 있다"는 말은
384효가 모두 ■✖에 갖추어져 마침내 정역을 이룬다는 것이고,
"글귀를 덧붙여서 알리니 움직임이 그 가운데 있다"는 것은 후천의
괘효 역시 움직이고 변화한다는 뜻이다.

吉凶悔吝者, 生乎動者也는 卦爻之有七情也라
길흉회린자　생호동자야　　괘효지유칠정야

"길하고 흉하고 뉘우치고 인색한 것은 행동의 결과로 생기는 것이다"
란 말은 괘효 속에 인간의 감정인 7정이 갖추어져 있다는 뜻이다.

剛柔者, 立本者也는 陽剛陰柔하니 閏正之大本也오 變通者,
강유자　입본자야　　양강음유　　윤정지대본야　변통자

趣時者也는 變易而隨時也라
취시자야　　변역이수시야

"강과 유는 근본을 세운 것이다"라는 것은 양은 강하고 음은 부드러워 윤역과 정역이 성립하는 근본이라는 뜻이다. "변하여 통하는 것은 때(시간)에서 취한 것이다"라는 것은 변역하여 시간의 흐름을 따른다는 것이다.

吉凶者, 貞勝者也는 凶多吉少는 先天之否往也오 吉多凶少는
길흉자 정승자야 흉다길소 선천지비왕야 길다흉소
后天之泰來也라
후천지태래야

"길흉은 올바르게 이기는 것이다"라는 것은 흉은 많고 길이 적은 선천 비괘(䷋) 시대가 간다는 것이고, 길은 많고 흉이 적은 후천 태괘(䷊) 시대가 온다는 뜻이다.

天地之道, 貞觀者也는 乾之坤坤之乾而爲大成度之原易然后에
천지지도 정관자야 건지곤곤지건이위대성도지원역연후
乃有久視之无量也오 日月之道, 貞明者也는 光華乎上元하여
내유구시지무량야 일월지도 정명자야 광화호상원
度无薄蝕也라
도무박식야

"천지의 도는 올바르게 보는 것이다"라는 것은 건은 곤으로 바뀌고 곤은 건으로 바뀌는 (후천) 원역原易의 도수가 완수된 뒤에 항구토록 무량하게 볼 수 있다는 뜻이다. "해와 달의 도는 올바르게 밝히는 것이다"라는 것은 상원上元은 원래 빛나 그 도수가 변하지 않는 것이다.

天下之動, 貞夫一者也는 動必大闢而歸于一也라
천하지동 정부일자야 동필대벽이귀우일야

"천하의 움직임은 무릇 하나에서 올바르게 이루어진다"는 것은 움직이면 반드시 (후천이) 크게 열려 원래의 '하나'로 귀결된다는 뜻이다.

夫乾 確然, 示人易矣는 ━實而化之也오 夫坤 隤然, 示人簡矣는
부건 확연 시인이의   양실이화지야   부곤 퇴연 시인간의

━━虛而生之也라
음 허 이 생 지 야

"대저 건은 확실하므로 사람에게 보여주기 쉽다"는 말은 양이 가득
차게 변화한다는 것이고, "대저 곤은 순하므로 사람에게 보여주기
가 간단하다"는 것은 음이 비어 낳는다는 뜻이다.

爻也者 效此者也, 象也者 像此者也는
효야자 효차자야 상야자 상차자야

示人以效之像之之理也라
시 인 이 효 지 상 지 지 리 야

"효는 이것을(쉽고 간단한 건곤의 이치) 본받은 것이고, 상은 이것을(강
유의 상호 작용)을 본받은 것이다"라는 말은 본뜨고 형상화하는 이치
를 사람에게 보여준다는 뜻이다.

爻象, 動乎內는 ◻✖之三變也오 吉凶,
효상 동호내   지삼변야   길흉

見乎外는 善惡之辨報也오 功業, 見乎變은
현호외   선악지판보야   공업 현호변

有大勳勞而特著於變革會上也오 聖人之情,
유 대 훈 로 이 특 저 어 변 혁 회 상 야   성 인 지 정

見乎辭는 至公无私而開來之心이 溢於言外也라
현호사   지공무사이개래지심   일어언외야

"효와 상은 안에서 움직인다"는 것은 ◻과 ✖이 세 번 변한다는 것
이고, "길흉은 밖으로 나타난다"는 것은 선악이 판별되어 알려진다
는 것이고, "공로와 업적은 변하는 데서 나타난다"는 것은 큰 공로
가 특별히 변혁 시기에 드러난다는 뜻이고, "성인의 뜻은 언어의 설
명에서 나타난다"는 것은 지공무사하여 앞으로 곁에 드러날 마음이
언어 밖으로 넘쳐난다는 뜻이다.

天地之大德曰生은 一元之醇而醇하고 徹上而徹下也오
천 지 지 대 덕 왈 생　　일 원 지 순 이 순　　　철 상 이 철 하 야

聖人之大寶曰位는 卦有君位也라
성 인 지 대 보 왈 위　　괘 유 군 위 야

"천지의 위대한 덕은 생명을 낳고 낳음이라 한다"는 것은 만물의
모체는 순일純一하여 상하를 꿰뚫는다는 뜻이다. "성인의 위대한 보
배를 자리라고 한다"는 것은 괘에 임금의 자리가 있다는 뜻이다.

8괘란 무엇인가? 천문과 지리와 인간의 문제를 음양의 논리로 통합하여 천지가 둥글어가는 이치를 표현한 도상이다. 8괘는 고정된 부호가 아니다. 아버지와 어머니는 건곤으로 통용되지만, 아버지와 아들의 관계 역시 건곤이다. 그리고 나와 아들의 관계도 건곤으로 변모한다. 아버지에 대한 아들은 곤이었으나, 자신의 아들에 대해서는 건이다. 사물의 질서에 따라 관계 방식이 달라진다는 것이다. 따라서 8괘는 유기체적 부호 논리로서 어디에든 다 적용될 수 있다.[1] 이를 「계사전」 상편 1장은 '방소로써 종류를 모은다[方以類聚]'라고 표현하여 8괘를 모든 상황에 두루 통용할 수 있는 최고의 상징체로 묘사했던 것이다.

1. 복희는 문명의 아버지

古者包犧氏之王天下也에 **仰則觀象於天**하고
고 자 포 희 씨 지 왕 천 하 야　　앙 즉 관 상 어 천

俯則觀法於地하며 **觀鳥獸之文**과 **與地之宜**하며
부 즉 관 법 어 지　　관 조 수 지 문　　여 지 지 의

近取諸身하고 **遠取諸物**하여 **於是**에 **始作八卦**하여
근 취 저 신　　원 취 저 물　　어 시　　시 작 팔 괘

以通神明之德하며 **以類萬物之情**하니
이 통 신 명 지 덕　　이 류 만 물 지 정

옛날에 포희씨가 천하에서 왕노릇을 할 적에 우러러서는 하늘의 형상을 관찰하고 굽어서는 땅의 이치를 관찰했으며, 새와 짐승의 무늬와 땅의 마땅함을 관찰하며, 가깝게는 몸에서 취하고 멀게는 물건에서 취하였다. 이에 처음으로 팔괘를 만들어 신명의 덕을 통하고 만물의 실정을 분류하였다.

---

1) 남회근/신원봉, 『주역강의』(서울: 문예출판사, 2000), 357쪽 참조.

포희씨는 문명을 일으킨 전설적인 제왕을 가리킨다. 포희는 포희疱犧, 복희宓犧, 복희伏羲, 복희伏犧, 희황犧皇, 황희皇犧라는 여러 이름으로 불린다. 신화에서는 복희와 여와女媧를 남매인 동시에 부부로 본다. 기록에 따르면, 풍씨風氏 성을 가진 태호太昊 포희씨는 뱀의 몸에 사람의 얼굴을 지녔다고 한다.

포희씨는 천문과 지리와 사물의 이치를 자세히 들여다보고 8괘를 그었다. 머리를 들어서는 천문 현상을 관찰하여 하늘의 걸음걸이를 쟀고, 고개를 숙여서는 땅 위의 동식물들이 살아가는 법칙을 살폈고, 가깝게는 인간의 신체와 멀게는 사물의 이치를 살펴서 8괘로 형상화했다. 이른바 복희팔괘도에는 자연의 이치와 인륜의 질서가 무르녹아 있다.

복희팔괘도

자연은 일정한 수학 법칙을 바탕으로 진화한다. 1, 2, 3, 4는 좌측으로 벌어지고 5, 6, 7, 8은 우측으로 벌어지는 음양의 분화를 상징한다. 복희팔괘도는 1, 건(☰), 하늘, 아버지; 2, 태(☱), 연못, 소녀; 3, 리(☲), 불, 중녀; 4, 진(☳), 우레, 장남; 5, 손(☴), 바람, 장녀; 6, 감(☵), 물, 중남; 7, 간(☶), 산, 소남; 8, 곤(☷), 땅, 어머니의 구조로 이루어져 있다. 또한 아버지[乾]와 어머니[坤], 장남[震]과 장녀[巽], 중남[坎]과 중녀[離], 소남[艮]과 소녀[兌]가 각각 대응하도록 자연과 인륜의 질서를 동일 지평에서 결합했다. 『주역』은 8괘의 구조를 통하여 인문학의 부활을 꿈꾸고 있는 현대인에게 자연과 인간의 통섭에 대한 중요성을 밝히고 있다.

8괘는 고대인의 지혜가 묻어 있는 문화의 결정체다. 그것은 딱딱한 논리에 그치지 않고, 종교와 철학과 역사 등을 통합한 문명의 총체를 반영한다. 8괘 384효는 자연의 전 과정을 함축한다. 조셉 니담은 8괘 384효는 시공간의 운동이 규칙적으로 배열된 질서로서 자연에 대한 보편적 문자의 맹아萌芽인 동시에 추상적 또는 보편적 개념의 저장창고라고 규정한 바 있다.[2]

🔯 8괘는 동양 문화의 결정판이다.

2. 복희, 문자와 수렵의 원칙을 가르치다

作結繩而爲網罟하여 **以佃以漁**하니 **蓋取諸離**하고
작 결 승 이 위 망 고　　　이 전 이 어　　　개 취 저 리

노끈을 매어 그물을 만들어 사냥하고 물고기를 잡으니, 대개 이괘의 원리에서 취한 것이다.

동양의 문명 사회를 최초로 개척했던 포희씨는 끈으로 매듭지어 글자로 사용했다. 8괘는 일종의 원시적인 문자인 셈이다. 결승結繩은 문자 이외에도 생존을 유지하기 위한 사냥의 수단이었다. 포희씨는 날카로운 칼이나 화살이 만들어지기 훨씬 이전에, 물고기와 들짐승을 잡고자 노끈을 엮어서 그물을 만드는 지혜를 발휘했다. 망網이 들짐승을 사냥하는 그물이라면, 고罟는 물고기를 잡는 그물이다. 산과 들판에서 짐승을 사로잡는 수렵을 전佃이라 하고, 냇가와 강에서 물고기를 잡는 것을 어漁라 한다.

---

2) 조셉 니담/이석호 외, 『중국의 과학과 문명(II)』(서울: 을유문화사, 1986), 440-445쪽 참조. 조셉 니담은 매슨 오르셀(Masson Oursel)의 "易經은 하나의 辭典이며, 사람들은 이것에 의거하여 지적 목표나 실제적인 목표를 생각하여 펼쳐 놓은 책을 읽듯 자연을 읽을 수 있다"는 말을 인용했다.

그물을 만드는 이치는 『주역』 30번 중화리괘重火離卦(☲)에서 본떴다. 리괘(☲)의 형상은 가운데는 비어 있고 위아래는 이어져 있는 그물눈과 비슷하다. 물건을 담으려고 가운데가 빈 모양이다. 포희씨는 아래위의 빈 공간을 노끈으로 그물을 만들어 고기를 포획하는 도구로 사용했던 것이다. '리離'는 붙는다, 걸린다는 뜻이다. 그것은 새나 사슴, 혹은 물고기 등의 사냥감이 빠져 나가지 못하게 만든 그물에 걸려드는 것을 상징한다.

포희씨의 사회는 야생의 열매에 의존하는 생활에서 벗어나 단백질이 풍부한 고기를 잡아먹는 수렵 사회로 접어들었음을 짐작할 수 있다. 아프리카 열대 우림에 사는 고릴라는 나뭇잎이나 과일을 먹는 습성이 지금도 남아 있다. 고릴라에게는 전혀 진보를 발견할 수 없다는 말이다. 인류는 최초의 진화를 거치면서 사냥 도구의 발달과 함께 생존 전략의 비약을 가져왔다.

🔯 성인의 지혜로 인해 야생의 삶이 수렵 사회로 진보하다.

3. 신농, 농사의 신으로 받들어지다

包犧氏沒커늘 **神農氏作**하여 **斲木爲耜**하고 **揉木爲耒**하여
포 희 씨 몰　　신 농 씨 작　　착 목 위 사　　유 목 위 뢰

耒耨之利로 **以敎天下**하니 **蓋取諸益**하고
뇌 루 지 리　　이 교 천 하　　개 취 저 익

포희씨가 죽거늘 신농씨가 일어나 나무를 깎아 보습을 만들고, 나무를 구부려 쟁기를 만들어 밭갈고 김매는 이로움을 천하에 가르치니, 대개 익괘의 원리에서 취한 것이다.

불꽃 임금 염제炎帝라 불리는 신농은 소전少典의 아들로 사람 몸에 소머리를 했다고 알려져 있다. 신화에서는 남방 천제로 높여지며, 삼황 중 두 번째다. 황제黃帝와는 어머니가 같고 아버지가 다른 이복 형제간이다. 어른

이 되어 신농과 황제는 각각 다른 부족의 수령이 되어 140년간 즉위했다. 신농 부락은 강수姜水의 물가에 위치해서 성이 강姜이고, 황제 부락은 희수姬水의 물가라서 성이 희가 되었다. 염제의 많은 후예들 중에서 치우蚩尤, 과보夸父, 공공共工 등은 모두 뛰어난 영웅들이다. 백릉伯陵, 적송자赤松子 등도 특별한 능력을 지녔다. 딸 요희瑤姬와 여와女娃는 빼어난 미모를 지닌 미녀였다. 신농은 의약, 도자기 제작, 경작과 무역에 공을 세웠고, 평생 밭갈고 씨뿌리는 것을 가르친 농업의 시조이기도 하다.[3]

　신농은 몸으로 부대끼면서 세상을 바꾸려고 노력했던 성인이다. 농업과 약초의 신이었던 신농은 먹거리 부족을 해결하기 위해 직접 농기구를 발명하여 힘든 농사일에 직접 뛰어들었다. 그는 전제 군주처럼 화려한 궁궐에서 명령을 내리고 그 결과를 보고받는 통치자가 아니다. 몸소 백성에게 이익을 베풀 수 있는 농기구를 제작하고, 온몸이 독초로 인해 중독될 정도로 질병으로부터의 해방이라면 물불을 가리지 않고 약초를 찾아 천하를 헤맨 의사 겸 약사였다.

　착斲은 깎다, 사耜는 보습 또는 쟁기, 뇌耒는 쟁기의 자루 또는 굽정이, 누耨는 호미를 뜻하는 글자다. 쇠를 주조하지 못했던 미개 사회에서 신농씨는 나무를 깎아서 쟁기를 만들고, 불에 달군 나무를 구부려서 따비 등의 농기구를 만들었다. 보습으로 땅을 깊게 파 씨앗을 뿌리기 좋게 만들고, 밭갈이 혹은 잡초 제거용 호미를 만들어 농부들의 힘을 덜어줘 생산력을 높이는 농사법을 가르쳤다. 이를 통해 수렵 생활을 벗어나 농업 사회로 진입했음을 짐작할 수 있다. 농사의 신, 신농씨는 농사 방법을 『주역』 42번 풍뢰익괘風雷益卦(☲☲)에서 찾았다.

　✡ 8괘는 성인이 정치적 교화를 베푸는 원리이자 정책 실천의 본보기였다.

---

3) 倪泰一·錢發平/서경호·김영지, 『山海經』(서울: 안티쿠스, 2008), 20쪽.

5. 상업의 신, 신농씨가 물물교환의 혜택을 베풀다

日中爲市하여 **致天下之民**하며 **聚天下之貨**하여
일 중 위 시　　치 천 하 지 민　　취 천 하 지 화
交易而退하여 **各得其所**케 하니 **蓋取諸噬嗑**하고
교 역 이 퇴　　각 득 기 소　　개 취 저 서 합

한낮에 시장을 열어 천하의 백성을 모이게 하며, 천하의 재물을 모아서
교역하고 물러가 각각 필요한 바를 얻게 하였으니, 대개 서합괘의 원리에
서 취한 것이다.

　신농씨는 시장 경제의 원조이다. 지폐가 없었던 옛날에는 시장에서 물물
교환을 통해 필요한 물건을 직접 사고팔았다. 농부는 곡식을, 어부는 물
고기를, 대장장이는 자신이 만든 호미와 낫을 들고 시장으로 나와 물건을
교환했다. 새벽부터 물건을 가득 챙겨서 장터에 물건을 늘어놓고 손님을
기다린다. 정오쯤에는 물물교환의 피크타임을 이루어 수많은 사람들이 장
터에 몰린다. 그때는 장사치들의 목소리가 시끄러울 정도로 교역이 성황
을 이룬다.

　시장이 조용하면 장사가 안 된다. 옛날의 장터는 온갖 인물들이 판치는
공간이었다. 사기꾼으로부터 점잔 빼는 양반네에 이르기까지 인간 시장
을 방불케 하는 야단법석판이었다. 엄마를 잃고 징징 울어대는 꼬맹이, 골
패돌리는 야바위꾼, 글 읽는 남편 뒷바라지를 위해 남새 몇 무더기를 들고
나왔지만 하루종일 하나도 팔지 못해 좌불안석의 착한 아낙네, 예쁜 옷을
차려 입고 남정네에게 꼬리 치는 기름집 처녀, 오랜만에 탁배기로 목 축이
고 육보에 여념이 없는 구도자들, 갖가지 추태를 보이는 인간 군상들 …
그곳은 민초들의 삶에 찌든 냄새가 진동하는 아기자기한 교차로였다. 하
지만 해질 무렵이면 어김없이 집으로 발길을 돌려야 한다.

　백성들은 돈이 될 만한 것은 들고 나와 필요한 물건과 맞바꾼다. 한낮이

지난 3시쯤이면 장터의 열기는 점차 식는다. 시장이 파하면 장꾼은 썰물처럼 빠져나가는 것이 시장의 생리이다. 장똘뱅이는 시장이 서는 곳이면 지뢰밭도 두려워하지 않는다. 이익이 있는 곳이면 어디든지 간다. 이익이 없으면 두 번 다시 돌보지 않는다. 하지만 모처럼 시장에 나온 농부는 열심히 농사지은 푸성귀를 팔아서는 늙은 부모가 먹기 좋은 떡과 자식들에게 먹일 생선 꾸러미를 잔뜩 지게에 짊어지고 집으로 천천히 발걸음을 옮긴다. 이러한 상업의 원리는 『주역』 21번 화뢰서합괘火雷噬嗑卦(䷔)에서 찾을 수 있다.

상업은 시장에서 출발하였다. 시장의 형성은 서합괘에 반영되어 있다. 예전의 장터는 보통 길게 늘어선 모양으로 형성되었다. 서합괘는 이른 아침에 사람들이 움직이기 시작하여(☳) 밝은 해(☲)가 중천에 도달하면, 시장은 발 디딜 틈이 없을 만큼 장사꾼과 손님들이 북적거리는 이미지가 강하다.

☖ 신농, 장사의 원칙을 꿰뚫다. 서합괘(䷔) 상하의 두 양효는 장터 양쪽의 통행로를, 가운데 세 음효는 오고가는 사람들, 중간에 있는 하나의 양효는 시장의 질서를 관리하는 포졸이라 할 수 있다.

6. 황제와 요순의 교육 방침, 사람을 사랑하는 것으로부터

神農氏沒커늘 **黃帝堯舜氏作**하여 **通其變**하여 **使民不倦**하며
신농씨몰　　황제요순씨작　통기변　사민불권
神而化之하여 **使民宜之**하니 **易**이 **窮則變**하고 **變則通**하고
신이화지　사민의지　역　궁즉변　변즉통
通則久라 **是以自天祐之**하여 **吉无不利**니 **黃帝堯舜**이
통즉구　시이자천우지　길무불리　황제요순
垂衣裳而天下治하니 **蓋取諸乾坤**하고
수의상이천하치　개취저건곤

신농씨가 죽자 황제와 요순씨가 일어나 변화 원리에 능통하여 백성들로

하여금 게으르지 않게 하며, 신묘하게 교화시켜 백성으로 하여금 마땅하

게 하였다. 역이 궁색한 경지에 이르면 변하고, 변하면 통하고, 통하면 오래 지속된다. 이런 까닭에 하늘로부터 도와서 길하여 이롭지 않음이 없다. 황제와 요순이 의상을 드리우고 천하를 다스리니, 대개 건곤괘의 원리에서 취한 것이다.

신농씨가 죽자 황제와 요순이 차례로 등극했다. 「계사전」 하편 2장은 성인이 도통을 이어받은 일종의 '성인열전聖人列傳'이라 할 수 있다. 복희와 신농을 거쳐 황제에 이르면 한층 고급스런 문명화의 단계에 도달한다. 황제의 이름은 공손公孫이요 이름은 헌원軒轅이다. 요는 도당陶唐, 순은 유우有虞로도 불린다. 문명의 발전에는 진통이 뒤따르기 마련이다. 세월이 흘러 옛날의 구태의연한 방식은 더 이상 약발이 먹히지 않는다는 것이다. 인구는 늘어난 반면에 식량은 부족하고, 사회는 복잡하게 변하여 예전의 제도를 뜯어고치지 않으면 체제 유지가 불가능한 지경에 이르렀던 것이다.

세태의 변화에 적응할 만한 새로운 문물의 제도 정비가 급선무라는 사실을 인식한 성인은 자연의 변화 원리를 깨닫고, 백성들이 나태하지 않도록 신묘한 교화 정치를 베풀어 올바른 삶을 영위할 수 있게 가르쳤다. 신묘한 교화의 정체는 하늘과 땅의 변화와 시대의 변화로 요약할 수 있다. 자연과 현실이 언제 어떻게 변화할 것인가를 미리 알고서 대비해야 올바른 행위가 가능하다.

『주역』은 음양의 소식으로 자연과 역사와 인생의 변화를 추론하였다. 음이 극한에 이르면 양으로 변하고, 양이 극한에 이르면 음으로 변하여 천지는 영구토록 돌아간다. 위 인용문의 주제는 두 가지가 있다. 하나는 음양의 운동은 끊임없이 순환하여 천지는 오래도록 존속한다는 것이며, 다른 하나는 천지 자체가 변화한다는 선후천론이 그것이다. '궁색함[窮]'은 상극의 유전이 극한에 이르러 묵은 기운이 세상에 가득 차는 것을 뜻하는 말이다. 상극의 끝이 곧 상생의 시작이라는 원리[極卽反]에 따라 음양 운동의 구조가 변한다. 판 자체가 바뀌는 것이다. 판을 갈아 끼웠기 때문에 상황이 전환되어 통한다[變則通]. 그래서 대유괘 상효의 '하늘이 도우면 이롭지 않음이 없다[自天祐之, 吉无不利]'는 말을 빌려 하늘이 도와 인류 전체에 진정한 부귀와 행복이 넘칠 것을 예고했다.

복희, 신농, 황제, 요순은 법률에 의존하지 않고, 자연법에 입각하여 다스렸다. 옷자락을 드리운 채 조용히 다스렸건만 세상은 제대로 굴러가 백성들은 게으르지 않았고, 행동거지 하나하나가 도덕률에 들어맞았다는 것이다. 억지 춘양의 인치人治로 백성들을 들볶지 않고, 아무 것도 하지 않아도 저절로 다스려지는 이른바 무위지치無爲之治의 감화력으로 이끌었기 때문이다.

성인의 다스림은 아주 간단하다. 인위적인 제도를 마련하는 것이 자그마한 교화라면, 천지의 섭리를 구현하는 일이야말로 가장 크고 위대한 정치 행위다. 이를 백성들은 저절로 수용했기 때문에 그 효력은 지극하다. 성인은 소박한 저고리와 바지 차림으로도 새로운 문화정치를 실현하였다. 이는 『주역』의 으뜸인 건곤(☰, ☷)에서 취했던 것이다.

☆ 천지는 말이 없다. 말 없는 천지는 만물의 창조와 생성의 과업을 그친 적이 없다. 성인은 요란한 법치를 들먹이지 않고, 묵묵히 천지의 과업을 대행할 따름이다.

7. 배, 운송 수단의 혁명!

刳木爲舟하고 **剡木爲楫**하여 **舟楫之利**로 **以濟不通**하여
고 목 위 주　　염 목 위 즙　　주 즙 지 리　　이 제 불 통
致遠以利天下하니 **蓋取諸渙**하고
치 원 이 리 천 하　　개 취 저 환

나무를 쪼개서 배를 만들고 나무를 깎아 노를 만들어 배와 노의 이로움

으로 통행하지 못하는 데를 건너서 먼 곳에 이르게 하여 천하를 이롭게

하니, 대개 환괘의 원리에서 취한 것이다.

고夬는 쪼개서 가른다, 염剡은 깎는다는 뜻이다. 인류는 수렵 사회에서 농경 사회로, 농경 사회에서 상업 사회로 발전하고, 더 나아가 문명의 옷을 갈아입는 세상으로 진입하였다. 상업은 물자의 활발한 교역으로 이루어진다. 물자의 수송 방법에는 육로와 수로가 있는데, 수로는 사람들의 교통은 물론 한꺼번에 많은 물자를 운반하는 데 유용하다.

성인은 나무의 속을 파내어 통나무배를 만들고, 나무를 불에 달구어 노를 만들어 먼 곳까지 이동할 수 있는 교통 수단을 획기적으로 발전시켰다. 옛날의 배는 노를 젓거나 바람을 이용하는 돛단배가 전부였다. 특히 돛단배는 바람의 방향과 세기라는 자연의 힘을 이용하는 훌륭한 발명품이었다. 풍수환괘風水渙卦(☴☵) 자체는 배가 앞으로 나아가는 모습을 형상화한 것이다. 위는 바람, 아래는 물이다. 물 위에 바람이 불어 배가 앞으로 쑥쑥 전진하는 모양이다.

☆『주역』59번 환괘는 한 바퀴 순환하는 주기인 60의 문턱에 해당한다. 한 걸음만 내디디면 모든 것이 절도에 잘 들어맞는다는 60번 수택절괘水澤節卦(☵☱)에 닿는다. 환괘에는 지금까지 단절되었던 이곳과 저곳을 소통시키는 수상 교통의 유익함을 말하고 있다.

8. 소와 말을 이용한 육로 교통의 개척

服牛乘馬하여 **引重致遠**하여 **以利天下**하니 **蓋取諸隨**하고
　복 우 승 마　　　인 중 치 원　　　이 리 천 하　　　개 취 저 수

소를 길들이고 말을 타서 무거운 물건을 운반하여 먼 곳에 이르게 함으로써 천하를 이롭게 하니, 대개 수괘의 원리에서 취한 것이다.

소금과 물자를 등에 지고 험한 고갯길을 넘는 것은 전문 등짐꾼에게도

힘든 일이다. 소를 길들여 우마차로 사용하고, 거친 야생의 말을 길들여 먼 곳까지 달려가는 이동 수단으로 삼았다. 군대에서 걸으면서 주특기를 발휘하는 것이 보병의 임무라면, 수송부 소속 군인은 삼보 이상은 승차가 원칙이다. 수로를 이용한 배타기 사회에서 우마차와 승마 사회로 한걸음 진보했다.

『주역』 17번 택뢰수괘澤雷隨卦(☱☳)는 위가 기쁨(☱)을, 아래는 소가 천천히 뚝심 있게 움직이는 모습(☳)이다. 잘 길들여진 소와 말은 수레를 앞에서 끌고, 바퀴 달린 수레는 그 뒤에서 따라가는[隨] 이미지가 수괘에 담겨 있는 것이다.

🔯 가축을 이용한 운반을 통해 물자 이동의 시간이 짧아졌다.

9. 야경꾼의 고마움

重門擊柝하여 **以待暴客**하니 **蓋取諸豫**하고
중 문 격 탁　　　이 대 포 객　　　개 취 저 예

문을 꼭 닫아 놓고 야경꾼이 목탁을 쳐서 사나운 도둑을 막으니, 대개 예괘의 원리에서 취한 것이다.

상업 활동은 물자의 교환을 통해 이루어진다. 배와 우마차를 이용한 교통의 발달은 경제적인 이익의 창출이 비약하는 결과를 가져 왔다. 하지만 개인간의 현격한 소득 격차는 상대적 박탈감과 위화감의 조성은 물론 각종 범죄를 저지르는 역기능을 일으킨다. 부자들은 자신의 재산을 지키기 위해 고심한다. 이 대목은 도둑을 예방하기 위해 대문을 이중으로 걸어 잠그는 것도 불안하여 방범 대원이 필요한 시간대로 접어들었음을 얘기한다.

『주역』 16번 뇌지예괘雷地豫卦(☳☷)의 '예'는 미리 내다보고 사전에 예방한다는 뜻이 함축되어 있다. 여닫는 문(--)을 상징하는 음효 다섯 개는 도둑을 대비한 오중五重의 잠금 장치를, 한 개의 양효는 딱따기를 울리는 경비원

이라 할 수 있다. 특히 하괘 땅[地, ☷]은 사방으로 뻥 뚫려 도둑에게 노출된 상태를, 상괘[雷, ☳]는 움직이면서 도둑을 막는 방범 대원을 상징한다.

　한 사람의 도둑을 열 명이 막지 못한다는 말이 있다. 인류는 문명의 발전과 함께 범죄의 발생을 경험하기에 이르렀다. 요즈음은 도둑을 막으려고 복잡한 비밀 번호로 무장한 철제 대문과 더불어 무인 경비 시스템이 한참 유행하고 있다.

☖ 도둑을 미리 방지한다는 것은 일종의 범죄와의 전쟁을 선포하는 것과 다를 바 없다.

10. 방아, 식생활의 개선을 가져오다

斷木爲杵하고 **掘地爲臼**하여 **臼杵之利**로 **萬民**이 **以濟**하니
단 목 위 저　　　굴 지 위 구　　　구 저 지 리　　만 민　　이 제

蓋取諸小過하고
개 취 저 소 과

나무를 끊어 공이(도곳대)를 만들고 땅을 파서 절구를 만들어서, 공이와 절구의 이로움으로 만민이 곡식을 찧어 먹게 되니, 대개 소과괘의 원리에서 취한 것이다.

　저杵는 절구공이, 구臼는 절구를 뜻하는 글자다. 나무를 잘라 공이를 만들고, 땅을 파 절구를 만들어 힘들게 지은 농작물의 껍질을 벗겨내 맛있는 음식을 지어 먹는 방앗간 시대가 열렸음을 얘기한다.

　곡식을 도정하는 도구의 발명은 주역 62번 뇌산소과괘雷山小過卦(☳☶)에서 취했다. 상괘[☳, 우레]는 위에서 움직이는 공이를, 하괘[☶, 산]는 아래에서 움직이지 않는 절구를 상징한다. 인류의 생활은 곡식을 찧는 방아에서 출발하여 지금은 밀가루로 빵을 만들고, 믹서로 과일을 갈아 쥬스로 마시는 편리한 시대로 진화했던 것이다.

☖ 식재료의 개선이 인구의 증가를 이룩하다.

11. 활, 전쟁의 위협

弦木爲弧하고 **剡木爲矢**하여 **弧矢之利**로 **以威天下**하니
현목위호　　염목위시　　호시지리　　이위천하

蓋取諸暌하고
개취저규

나무에 시위를 걸어 활을 만들고 나무를 깍아 화살을 만들어 활과 화살
의 이로움으로 천하에 위엄을 보이니, 대개 규괘의 원리를 취한 것이다.

현弦은 활에 먹인 시위, 호弧는 나무로 만든 활을 뜻한다. '염목위시剡木爲矢'
는 나무를 뾰족하게 깍아 만든 화살을 가리킨다. 활과 화살은 살상 무기이
다. 이 대목에서 인류는 자신의 재산을 지키거나 남을 위협해 손쉽게 물자를
빼앗는 무기를 발명하여 전쟁을 일으키는 시대로 돌입했음을 암시한다.

상괘[離: ☲]의 밝음은 위엄을, 하괘[兌: ☱]는 기쁨을 표현한다. 위에서는
무기로 잔뜩 위엄을 과시하지만 아래에서는 기쁨으로 따른다. 2효와 상효
는 나무로 만든 활, 3효와 5효는 활이 굽은 모양새, 4효는 시윗줄, 초효는
화살을 상징한다.

사회가 진보하면 할수록 삶의 여건은 한층 개선되지만, 집단간의 다툼
이 증폭되어 전쟁으로 폭발한다. 『주역』은 이를 어길 규暌라 한다. 규괘에
서 불은 위로 올라가고 물은 아래로 내려가는 음양의 부조화로 인해 싸움
이 시작되어 무력이 판치는 불안 상태가 지속됨을 상징한다. 38번 화택규
괘火澤暌卦(☲☱)는 모순과 사리에 위배되는 동상이몽의 갈등을 언급한다. 그
러나 규괘는 천지와 남녀와 만물이 반목질시反目嫉視하는 상황이 길어서는
안 된다는 것을 말한다. 그래서 주자는 "규는 어그러진 뒤에 위엄으로 복
종시키는 것이다"[4]라고 풀이했다.

🔯 성인은 활과 화살이라는 문명의 이기로 위엄을 과시하였다.

---

4) 『周易本義』, "暌乖然後, 威以服之."

12. 집, 심신을 편안하게 쉬게 하는 둥지

上古앤 **穴居而野處**러니 **後世聖人**이 **易之以宮室**하여
상 고　　혈 거 이 야 처　　　후 세 성 인　　　역 지 이 궁 실

上棟下宇하여 **以待風雨**하니 **蓋取諸大壯**하고
상 동 하 우　　　이 대 풍 우　　　개 취 저 대 장

상고에는 굴 속에서 생활하고 들판에서 거처하더니, 후세의 성인이 궁실로 바꿔서 기둥을 올리고 지붕(서까래)을 내림으로써 바람과 비를 막으니, 대개 대장괘의 원리에서 취한 것이다.

인류는 천연의 굴에서 살다가 점차 들판으로 거처를 옮기기까지는 오랜 세월이 걸렸다. 눈과 비를 피해 굴에서 살면 여름은 시원하고 겨울에는 따스하게 지낼 수 있었다. 하지만 비좁은 동굴은 그럭저럭 작은 가정을 꾸려 나갈 수 있으나, 여러 부족이 동거하기에는 비좁아 넓은 공간으로 이주하지 않으면 안 되었다.

성인은 34번 뇌천대장괘雷天大壯卦(䷡)에서 힌트를 얻어 집을 만들었다. 성인은 집과 궁실을 지어 수많은 사람에게 주거 생활의 안락한 혜택을 안겨주었다. 기둥을 올려 지붕을 받치고 서까래를 내려서는 물이 밑으로 흐르게 고안하여 비바람을 막는 주택을 건설하였던 것이다.

✡ 성인은 휴식 공간의 확보를 통해 내일의 건강한 노동 의욕을 고취시킨다.

13. 무덤, 조상과 후손을 연결하는 사다리

古之葬者는 **厚衣之以薪**하여 **葬之中野**하여 **不封不樹**하며
고 지 장 자　　후 의 지 이 신　　　장 지 중 야　　　불 봉 불 수

喪期无數러니 **後世聖人**이 **易之以棺槨**하니 **蓋取諸大過**하고
상 기 무 수　　　후 세 성 인　　　역 지 이 관 곽　　　개 취 저 대 과

옛날의 장사지내는 방법은 섶나무로 두텁게 입혀 들판 한가운데에 장사

지내고, 무덤을 만들지 않고 나무도 심지도 않았으며, 장사를 지내는 기간도 일정하지 않았다. 후세 성인이 관곽으로 바꾸니, 대개 대과괘의 원리에서 취한 것이다.

신薪은 섶나무, 봉封은 흙을 높이 쌓아 만든 무덤, 관棺은 시체를 넣는 속널, 곽槨은 관을 담는 궤를 뜻하는 글자다. 옛날에 시신을 땅에 파묻는 장례법이 존재하지 않았을 때에는 부드러운 풀을 깐 다음에 시체를 올려놓고 그 위에 다시 잡목을 두텁게 덮는 방식으로 마무리되었다. 원시 시절에는 옷을 두텁게 입혀서 멀리 떨어진 교외에 봉분도 쌓지 않고, 단순히 측백나무로 무덤의 표지로 삼아 간소하게 장례를 치렀다.

단지 땅을 파서 묻는 매장법은 시신이 짐승들에 의해 훼손당하지 않게 하는 손쉬운 방법이었다. 당시에는 봉분을 쌓거나 무덤 부근에 나무를 심어 꾸미지도 않았으며, 정해진 상례 기간조차 없었다. 매장 방법이 간단하면 할수록 상복 입는 절차와 기간을 비롯한 까다로운 의례는 거추장스러웠을 것이다. 삶에서 터득한 인류의 장례법은 매우 다양했다. 환경과 문화에 따라 각 민족은 토장土葬, 화장火葬, 수장水葬, 풍장風葬, 조장鳥葬 등이 있는데, 동양에서는 토장이 보편적인 장례법이었다.

가장 먼저 시체를 보관하는 나무관을 만들고, 다시 관을 곁에서 싸는 곽을 만들어 부모의 은혜에 대한 효성의 마음을 담았던 것이다. 이러한 장례법은 『주역』 28번 택풍대과괘澤風大過卦(䷛)에서 취했다. 위아래의 두 음효는 흙을, 가운데의 네 양효는 이중의 관을 상징한다. 이는 땅 속에 묻는 매장법의 표출이라 할 수 있다. 관곽을 만드는데 지나치게 많은 돈을 들이는 후장厚葬에 대해서 공자는 너무 과분하다[大過]고 비판한 바 있다.

🏛 시신을 묻는 순간 슬픈 마음마저 금방 잊혀지는 폐단을 느낀 성인은 지금까지의 장례법을 뜯어고쳐 정중한 절차를 마련했다.

14. 글자, 인류의 번영을 가져온 최고의 발명

上古엔 **結繩而治**러니 **後世聖人**이 **易之以書契**하여
상고　　　결 승 이 치　　　후세성인　　　역 지 이 서 글

百官이 **以治**하며 **萬民**이 **以察**하니 **蓋取諸夬**니라
백 관　　이 치　　　만 민　　이 찰　　　개 취 저 쾌

상고에는 노끈을 묶어서 다스렸으나 후세의 성인이 '서글'로 바꾸었다. 이를 바탕으로 백관은 다스리고 만민이 살피니, 대개 쾌괘의 원리에서 취한 것이다.

아주 옛날에는 노끈[繩]으로 매듭짓는 행위가 생활의 지혜였다. 문자가 없었을 때에 매듭의 크기와 형태가 곧 거래 약속이었던 것이다. 한 그릇의 국밥과 막걸리 한 잔의 외상값을 새끼로 꼬아놓는 것 자체가 신용이었던 때가 있었다. 손님이 몇 달 후에 돈을 갚으면 주인은 노끈을 풀어 셈을 끝맺는다. 노끈은 문자 아닌 문자였던 셈이다.

경제는 발달하고 신용이 타락하면서부터 노끈을 대신할 수 있는 새로운 약속 체계가 필요했다. 성인은 새김문자[書契]를 고안한 다음에 문건을 제정하여 통치술로 삼았다. 성인은 문자의 발명을 통해서 신용이 소통하는 사회의 첫걸음을 내딛도록 하였다. 또한 관리들은 글로 새겨진 문서로 행정을 펴나갈 수 있고, 백성들 역시 문자의 혜택을 톡톡히 누리게 되었다. 문자의 시대는 『주역』 43번 택천쾌괘澤天夬卦(䷪)에서 비롯되었다.

🏯 쾌괘는 마지막 남은 하나의 음 또는 소인을 다섯 양 또는 군자가 몰아내는 모양이다. 그것은 막힌 것을 시원하게 터놓다[夬]는 뜻을 내포한다. 말이 할 수 없는 일을 인류 최대의 발명품인 문자가 곧바로 해결할 수 있다는 뜻이 반영되어 있는 것이다.

이상 2장의 내용을 정리하면 다음과 같다. 성인과 문명의 발전사를 설명하는 건곤괘를 비롯한 총 13개가 등장한다[離, 益, 噬嗑, 乾坤, 渙, 隨, 豫,

小過, 睽, 大壯, 大過, 夬]. 성인은 괘상의 형태에 따라 문물 제도를 창제하여 문명의 발전에 기여했다. 또한 『주역』에 근거하여 정치와 경제를 비롯한 문명의 비젼을 제시했음을 엿볼 수 있다. 복희는 리괘에서 '삶의 원칙'을 세웠으며, 신농은 '도구를 사용하는 방법'을 익괘에서 찾아 백성들을 교화시켰으며, 또한 '시장의 원리'를 서합괘에서 도출하였다. 황제와 요순은 건곤괘에서 '치화治化의 원리'를 깨닫고, 또한 환괘의 원리에 의거해 '배'라는 운송 수단을 만들어 어렵게 다리품을 팔지 않도록 했으며, 우마차를 이용해 무거운 짐을 나르도록 하는 '이용후생의 가르침'은 수괘에서 도출하였다. 밤손님을 예방하는 지혜는 예괘에서 취했으며, 음식 문화에 도움이 되는 도구를 만드는 방법은 소과괘를 이용했다. 짐승을 잡는 데 필요한 화살은 통치자의 위엄을 상징하는데, 이는 규괘에서 근거하였다. 움막집을 지어 비바람을 피하는 원시 주거 생활에서 벗어나 대들보를 세워 튼튼한 집을 지음으로써 기후 변화에 대응하는 방법은 대장괘에서 근거하였다. 또한 장례지내는 데 필요한 의복과, 왜 상례가 필요한 지에 대한 방법은 소과괘에서 근거하였다. 문자가 없던 원시 시대에는 노끈을 사용하여 문자를 대신했는데, 성인은 글씨를 제작하여 백성들의 삶에 도움을 주는 원칙을 쾌괘에서 찾았다.

정역사상의 연구자 이상룡李象龍은 「계사전」 하편 2장의 성격을 다음과 같이 설명한다.

始作八卦, 以通神明之德은 正易이 體象하여 囿萃於閏易하니
시 작 팔 괘　이 통 신 명 지 덕　　정 역　체 상　　유 췌 어 윤 역

神之妙(竗)用也라
신 지 묘　　용 야

"처음으로 팔괘를 만들어 신명의 덕을 통하고 만물의 실정을 분류하였다"는 것은 정역이 자연의 형상을 주체화하여 윤역閏易으로 모

은 것은 신의 묘용[5]이다.

作結繩而爲網罟는 日午於仁壽之域이니
작 결 승 이 위 망 고   일 오 어 인 수 지 역
則人皆有不合圍之德也라
즉 인 개 유 불 합 위 지 덕 야

"노끈을 매어 그물을 만들다"는 것은 어진 사람이 오래 산다[6]는 지
역에 해가 중천에 뜨는 것은 모든 사람이 자존自存하는 덕을 갖추었
다는 뜻이다.

耒耜之利, 以敎天下는 涮鹹徹井하여 民受其極饒也라
뇌 루 지 리   이 교 천 하   전 함 철 정   민 수 기 극 요 야

"나무를 구부려 쟁기를 만들어 밭갈고 김매는 이로움을 천하에 가
르친다"는 것은 소금을 깨끗이 씻어내 고 우물을 뚫어 백성들이 극
도의 풍요로움을 누리게 한다는 뜻이다.

日中爲市는 午會中天에 天下交易風物하여 和合於濟濟하니
일 중 위 시   오 회 중 천   천 하 교 역 풍 물   화 합 어 제 제
相讓之域也라
상 양 지 역 야

"한낮에 시장을 연다"는 것은 ('원회운세설'에서 말하는 129,000년의 한
여름에 해당하는) 오회午會 (12지지에서 그림자가 없는) 정오에 천하의 풍
물을 교환하고 기쁘게 화합하여 서로 양보하는 지역을 뜻한다.

易, 窮則變, 變則通, 通則久는 所以有原易之无量也라 大哉라
역   궁 즉 변   변 즉 통   통 즉 구   소 이 유 원 역 지 무 량 야   대 재
乾坤之爲十五也인저
건 곤 지 위 십 오 야

---

5) 玅는 妙가 옳다.
6) 『論語』 「雍也」, "지혜로운 자는 물을 좋아하고, 어진 자는 산을 좋아하니 지혜로운 자는 물
같이 움직이나 어진 자는 산같이 고요하며, 지혜로운 자는 즐거하고 어진 자는 오래 사느니
라[知者樂水, 仁者樂山, 知者動, 仁者靜, 知者樂, 仁者壽.]"

"역이 궁색한 경지에 이르면 변하고, 변하면 통하고, 통하면 오래 지속된다"는 것은 원역原易이 무량한 까닭이다. 위대하구나. 건곤이 (9와 6에서) 십+과 오五로 전환되는 것이여!

舟楫之利, 以濟不通은 極於輪船하여 化无不屈也라
주 즙 지 리 이 제 불 통   극 어 윤 선   화 무 불 굴 야

"배와 노의 이로움으로 통행하지 못하는 데를 건너게 한다"는 것은 윤선(수레바퀴 모양의 키를 회전시켜 움직이는 배)이 극도로 발달하여 그 변화에 순응하는 것을 뜻한다.

服牛桀馬, 引重致遠은 丑旺午中之元에 天下之殷盛絡緯也라
복 우 승 마 인 중 치 원   축 왕 오 중 지 원   천 하 지 은 성 락 위 야

"소를 길들이고 말을 타서 무거운 물건을 운반하여 먼 곳에 이르게 한다"는 것은 (자子 중심의 세계가 바뀌어) 축丑의 기운이 왕성할 즈음 의 천하는 명주실의 씨줄처럼 번화하게 구성된다는 뜻이다.

重門擊柝, 以待暴客은 安不敢忘危하여
중 문 격 탁 이 대 포 객   안 불 감 망 위

所以无爭戰於丑元也라
소 이 무 쟁 전 어 축 원 야

"문을 꼭 닫아 놓고 야경꾼이 목탁을 쳐서 사나운 도둑을 막는다" 는 것은 편안할 때 감히 위태로움이 닥칠 것을 잊지 않아 (선천의 자 子의 시대가 물러가고 후천) 축의 시대에 전쟁이 없어진다는 말이다.

春杵之利, 万民以濟는 精供之饒로 始極於變이니 鹵爰稼也라
용 저 지 리 만 민 이 제   정 공 지 요   시 극 어 변   노 원 가 야

"공이와 절구의 이로움으로 만민이 곡식을 찧어 먹게 한다"는 것은 (곡식의) 풍성함을 정성스레 바치는 극한의 변화가 일어나는 시초로 서 황무지를 개간한다는 뜻이다.

弧矢之利, 以威天下는 大定於己日에 我武維揚也라
호 시 지 리 이 위 천 하 대 정 어 기 일 아 무 유 양 야

"활과 화살의 이로움으로 천하에 위엄을 보인다"는 것은 기일己日(선천이 갑甲으로 시작한다면, 후천은 음陰인 기己로 시작한다. 여기서 일日은 년年과 동일하다)에 크게 정해져 내가 굳세게 드날린다는 뜻이다.

上棟下宇, 以待風雨는 櫛比於己戊니 平而无疆也라
상 동 하 우 이 대 풍 우 즐 비 어 기 무 평 이 무 강 야

"기둥을 올리고 지붕(서까래)을 내림으로써 바람과 비를 막는다"는 것은 5토와 10토인 무기戊己가 즐비하게 늘어서 지경이 없을 정도로 평한하다는 뜻이다.

喪朞无數는 后必有三十六朔之定朞也라
상 기 무 수 후 필 유 삼 십 육 삭 지 정 기 야

"장사를 지내는 기간이 일정하지 않았다"는 것은 뒷날 반드시 36일로 기간을 정한다는 뜻이다.

后世聖人, 易之以書契은 ■✕━━━之觸類生生者文字也로되
후 세 성 인 역 지 이 서 글   지 촉 류 생 생 자 문 자 야
而極其功於大瀛之內也라
이 극 기 공 어 대 영 지 내 야

"후세의 성인이 '서글'로 바꾸었다"는 것은 ■✕과 ━━━이 서로 촉류하여 생기는 문자로되 그 공덕은 넓고 넓은 바다보다 크다는 뜻이다.

중국의 지식인 호적胡適(1892-1962)[1]에 의하면, 『주역』은 '상학象學(sym-bolism)'이다. 그것은 잘못된 주장이다. 『주역』은 단순 상징론의 범주에 한정될 수 없다. 『주역』은 상수론을 바탕으로 자연학과 인간학과 역사 철학을 아우르는 종합 학문이기 때문에 상징론으로 단정짓는 것은 무리가 있다.

1. 상징의 차원을 넘어 길흉의 뿌리를 찾아서

是故로 **易者**는 **象也**니 **象也者**는 **像也**오 **彖者**는 **材也**오
시 고　　역 자　　상 야　　상 야 자　　상 야　　단 자　　재 야

爻也者는 **效天下之動者也**니 **是故**로 **吉凶**이 **生而悔吝**이
효 야 자　　효 천 하 지 동 자 야　　시 고　　길 흉　　생 이 회 린

著也니라
저 야

이런 까닭에 역이란 형상화의 원형이며, 상이란 (하늘과 땅에 대한) 표현체이고, 단이란 판단의 재료이며, 효는 천하가 움직이는 모습을 본받은 것이다. 이런 까닭에 길흉이 생기고 후회와 인색함이 드러나는 것이다.

역은 원래 낳고 낳는 생명의 본질[生生之謂易]을 뜻하는 개념이다. 상象은 무엇인가? 그것은 천문과 지리와 인문을 통틀어서 생명을 상징의 방

---

1) 호적은 安徽省 출신으로서 자는 適之이다. 그는 27세 때에 Pragmatism의 창시자인 미국의 John Dewey(1859-1952)의 지도 아래 실용주의 철학으로 박사학위를 받았다. 귀국 후 북경대학의 교수로 재직하면서 陣獨秀(1879-1942)와 함께 딱딱한 문어체에서 벗어나 구어체의 사용을 계몽하는 白話文學의 지도자로 활약하였다. 모택동의 공산당이 중국을 지배하자 1948년 미국으로 망명했다. 그 후 대만과 미국을 오가면서 문화 운동에 참여했다. 그는 중국의 현대화를 위해서는 전통 사상보다는 외래 사상의 도입을 부르짖었기 때문에 지식인층의 반발을 일으키기도 했다.

법으로 언급한 포괄적인 개념이다. 역易(생명 철학) = 상象[記號學]이라는 등식이 성립한다면, 『주역』은 의미론과 상징론의 통합이라 할 수 있다. 그래서 주자는 "역에서 말하는 괘의 형태는 우주의 궁극적 이치를 모사한 것이다"[2]라고 했던 것이다.

'상像'은 자연의 모습을 있는 똑같이 베끼고 본뜬[人 + 象] 글자이고, '상象'은 인간의 주관적 억측을 배제하고 객관성을 담보하기 위한 조건으로 사람 인人 변을 제거한 글자다. '단彖'은 괘의 전체적인 대의를 괘 아래에 덧붙인 독특한 설명 체계로서 괘의 성격을 단 번에 읽어낼 수 있는 중요한 재목이다. 집을 지을 때는 설계도와 기둥이 필요하듯이, 64괘의 상象이 설계도라면, 기둥은 집 전체를 지탱하는 재료[彖]라고 할 수 있다.

효爻는 본받는다[效]는 뜻이다. 무엇을 본받는다는 것인가? 384효는 천하의 움직임을 언어로 포착한 지붕의 서까래에 해당된다. 64괘 384효에는 대상大象과 소상小象이 있다. 「상전」은 자연의 율동이 인간 행위의 본보기임을 얘기한다. 자연은 인간사의 전제이기 때문에 본뜸의 논리[象]는 『주역』의 근간이라 할 수 있다.

인간의 의지가 현실로 벌어지는 순간부터 길흉의 조짐이 생겨나고, 심지어 인색하고 후회하는 심리가 겉으로 드러난다[是故吉凶, 生而悔吝, 著也]. 길흉은 성공과 실패의 득실로 판가름난다. 길흉은 행동으로 옮기자마자 겉으로 표출되는 것이 특징이다. 반대로 회린은 아직 길흉으로 나타나기 전단계인 의식의 잠재 상태를 뜻한다.

☼ 길흉이 생기고 후회와 인색함이 드러나는 것은 인간의 마음과 행동이 빚어낸 뚜렷한 결과다. 성인은 상징의 논리와 괘의 전체 의미를 판단하는 괘사를 짓고, 더 나아가 만물의 변화를 언어 문자로 설명한 문화의 영웅이다.

---

2) 『周易本義』, "易, 卦之形, 理之似也." 또한 胡炳文(1250-1333)은 정이천과 주자의 이론을 결합하여 "至著者象, 至微者理, 易之象, 理之似也"라고 했다.(『備旨具解原本周易』, 1086쪽.).

정역사상의 연구자 이상룡李象龍은 「계사전」 하편 3장의 성격을 다음과 같이 설명한다.

是故, 易者 象也, 象也者 像也는 觀象制器니 乃極於電線也라
시 고   역 자 상 야 상 야 자 상 야   관 상 제 기   내 극 어 전 선 야

"이런 까닭에 역이란 형상화의 원형이며, 상이란 (하늘과 땅에 대한) 표현체이다"란 말은 상을 살펴서 기물을 만드는 것이니 곧 전기줄을 극도로 발전시킨 것이다.

彖者 才也는 斷而言之者니 參爲三才也라
단 자 재 야   단 이 언 지 자   참 위 삼 재 야

"단이란 판단의 재료이다"라는 것은 판단하여 말한 것으로 3재에 참여한다는 뜻이다.

爻也者 效天下之動者也는 爻有 ▫ ✖이니 示其動變也라
효 야 자 효 천 하 지 동 자 야   효 유   시 기 변 동 야

"효는 천하가 움직이는 모습을 본받은 것이다"라는 것은 효에 ▫과 ✖이 있는데, 그 변동을 보인 것이다.

공자는 음양괘 구성의 원칙을 설명한 다음에 군자와 소인을 확연하게
구분한다. 복희팔괘도를 예로 들어보자. 양괘는 장남인 진괘震卦(☳)와 중
남인 감괘坎卦(☵)와 소남인 간괘艮卦(☶)이다. 이들은 하나의 양효와 두 개
의 음효로 이루어져 있다. 음괘는 장녀인 손괘巽卦(☴)와 중녀인 리괘離卦
(☲)와 소녀인 태괘兌卦(☱)이다. 이들은 하나의 음효와 두 개의 양효로 이
루어져 있다.

1. 음양은 어떻게 존재하는가?

陽卦는 **多陰**하고 **陰卦**는 **多陽**하니 **其故**는 **何也**오
양 괘　　다 음　　음 괘　　다 양　　　기 고　　　하 야

陽卦는 **奇**오 **陰卦**는 **耦**일새라 **其德行**은 **何也**오
양 괘　　기　　음 괘　　우　　　　기 덕 행　　　하 야

陽은 **一君而二民**이니 **君子之道也**오
양　　일 군 이 이 민　　　군 자 지 도 야

陰은 **二君而一民**이니 **小人之道也**라
음　　이 군 이 일 민　　　소 인 지 도 야

양괘는 음이 많고, 음괘는 양이 많은데, 그 이유는 무엇인가? 양괘는 홀
수이고 음괘는 홀수이기 때문이다. 그 덕행은 어떠한가? 양괘는 한 군주
에 두 백성으로서 군자의 도요, 음괘는 두 군주에 하나의 백성으로서 소
인의 도이다.

왜 양괘에는 음효가 많고, 음괘에는 양효가 많은가? 양은 홀수(-)이고,
음은 짝수(--)이기 때문이다. 이는 음양이 서로의 존재 근거임을 밝힌 것
이다. 복희팔괘도 역시 이러한 방식으로 배열되어 있다. 건과 곤, 리와 감,
진과 손, 태와 손 등이 서로를 기다리는 대대待對 관계로 배치되어 있다. 이

들의 상호 교감, 상호 요청이라는 들락거림에 의해 괘도가 형성된다. 만물의 생성이 합리적 질서에 의거하여 전개되는 과정이 괘도의 배열과 구조에 반영된 것이다.

'양괘다음, 음괘다양'은 남녀 관계를 비롯하여 모든 생명권에 적용되는 법칙이다. 우리 속담에 여자가 한을 맺으면 오뉴월에도 서릿발이 내린다는 말이 있다. 여자의 질투는 오랜 시간에 걸쳐 나타나지만, 남자의 그것은 일시적으로 또는 즉각적으로 나타나는 것이 특징이다. 그 이유는 남자들의 성급한 성격에 원인도 있지만, 그 근거는 남자의 뿌리가 여성적 요소로 이루어졌기 때문에 더욱 그렇다.

괘의 구성 법칙은 어떻게 가치 문제와 맞물려 있는가? 그것은 현실의 모순과 대립 양상으로 직결되기 때문에 매우 중요하다. '일군이민-君二民', '이군일민二君一民'은 군자의 길과 소인의 길로 나뉜다. 양은 임금[君], 음은 백성[民]이므로 양괘는 군자, 음괘는 소인이라는 등식이 성립한다. 정치적으로 이런 원칙이 지켜질 때. 상하의 신분 질서를 통해 사회 전체가 안정될 수 있다는 것이다. 후자에 따르면, 이 세상에 두 개의 태양이 있다면 뜨거운 열 때문에 생명체는 붕괴할 것이다. 태양계의 행성들이 하나의 태양을 중심으로 공전하는 것처럼, 한 사람의 임금을 정점으로 관리와 백성이 국가를 형성하는 것이 정상이라는 뜻이다. 만일 피지배자가 소수이고, 지배자가 다수일 경우는 나라가 금방 혼란에 휩싸일 것이다.

원칙적으로 건곤괘를 제외한 모든 괘는 '일양이음-陽二陰', '일음이양-陰二陽'의 원칙으로 조직된다. 그만큼 현실에 부합하는 가치 질서를 확립하기 위한 노력이 괘의 구조에 투영되어 있는 것이다. 그것은 『주역』의 역사에서 복희팔괘도 → 문왕팔괘도 → 정역팔괘도의 발전 형태로 나타났다.

복희팔괘도는 아동기[生], 문왕팔괘도는 청소년기[長], 정역팔괘도는 성숙한 장년기[成]에 해당될 것이다. 천지와 문명과 역사는 '생장성生長成'의 발전 과정을 겪는다는 발상이다. 먼저 복희팔괘도에 숨겨진 구도를 살펴보자. ❶ 시간적 생성의 측면에서 보면, 미래에 전개될 하도 10무극의 완성을 전제로 하여 과거에 이미 생성된 낙서 1태극이 창조되는 원리를 뜻한다. 태극의 창조는 만물이 태어나는 '생生'의 과정을 표상한다. ❷ 천지부모를 뜻하는 건곤乾坤을 비롯하여 6남매인 진震(장남) - 손巽(장녀), 감坎(중남) - 리離(중녀), 간艮(소남) - 태兌(소녀)가 각각 음양이 상응하는 대대待對의 논리로 구성되어 있다. ❸ 모든 괘는 안에서 밖으로 향하는 양상을 띠는데, 이는 만물이 태어나서 분열하는 모습을 상징한다. ❹ 건1, 태2, 리3, 진4, 손5, 감6, 간7, 곤8의 배열은 분열에서 아직 성장의 단계에 이르지 못한 '생장성'의 '생生'에 해당된다. ❺ '건북곤남乾北坤南'의 방위를 이룬다. 이는 만물이 애당초 갈등 구조를 바탕으로 전개됨을 시사하는 '천지비괘天地否卦(☰☷)'의 이치를 형상화한 것이다.

다음으로 문왕팔괘도의 특징은 다음과 같다. ❶ 복희팔괘도가 문왕팔괘도로 전환됨은 만물이 왕성한 활동에 접어들었음을 표상한다. ❷ 중앙에 5황극을 포함하여 -실제로 문왕팔괘도에는 '5'가 직접 등장하지 않는다- 1부터 9까지의 수가 만물의 성장이 극한에 도달했음을 상징한다. ❸ 문왕팔괘도는 '생장성'에서 '성장[長]'에 해당된다. ❹ 남북의 감리坎離만 음양이 서로 상응하고, 나머지 곤坤(어머니)과 간艮(막내아들), 진震(맏아들)과 태兌(막내딸), 건乾(아버지)과 손巽(맏딸)은 모두 음양의 부조화를 이룬다. 그것은 윤리적 패륜 현상을 나타낸다. 그러니까 문왕팔괘도는 만물이 상극의 구조로 진화하는 것을 대변한다. ❺ 복희팔괘도와 마찬가지로 문왕팔괘도는 괘의 구조가 내부에서 외부로 향한다. 그것은 만물이 무한 성장하는 모습을 지적한 것이다. ❻ 문왕팔괘도는 낙서洛書의 구조와 일치한다. 이 둘의 운동 본체는 5황극이다. 5황극을 중심으로 서로 대응하는 음양을 합칠 경우 모두 만물의 완성을 뜻하는 10수를 지향한다. 하지만 생수生數 1·2·3·4와 성수成數 6·7·8·9가 5황극을 중심으로 1과 9, 2와 8, 3과 7, 4와 6의 형상으로 배열됨으로써 음양이 조화를 이루지 못하는 성장 과정을 표상한다. ❼ 문왕팔괘도의 두드러진 특징은 건곤이 서북쪽과 서남쪽에 기울어져 있다는 점이다. 이러한 시스템이 생태계의 거대한 무질서를 창출 했을 뿐만 아니라 도덕적 타락을 가져온 원인이 되었던 것이다.

정역팔괘도의 특징은 다음과 같다. ❶ 완전수인 10이 처음으로 등장한 다. 이 10수에는 선천의 '억음존양抑陰尊陽'의 과정을 거쳐 후천의 '조양율 음調陽律陰'으로 전환된다는 선후천 변화의 문제가 응축되어 있다. 즉 문왕 팔괘도는 9까지의 수로 생성의 극한 분열을 표현했다면, 정역팔괘도에는 분열로 치닫는 생장이 역전되어 새로운 창조 운동의 필연성이 함축되어 있다. ❷ 정역팔괘도의 근간은 음양의 조화에 있다. 10과 5의 건곤이 남북 축을 형성하고, 소남소녀의 간태는 동서에서 대응하고, 중남중녀의 감리 는 동북과 서남에서 대응하며, 장남장녀의 진손은 서북과 동남에서 조화 를 이루는 형상을 보인다. ❸ 정역팔괘도가 복희팔괘도나 문왕팔괘도와 현저하게 다른 점은 괘의 형상이 밖에서 안으로 향한다는 것이다. 이는 팽 창만을 일삼던 음양이 수축 운동으로 인해 통일을 지향하는 시간대(time zone)에 접어들었음을 시사한다. 특히 남북의 건곤괘 내부에 '이천칠지二天 七地'가 자리매김한 점이다. 즉 생수 2화[二火]가 10건북乾北의 내부에, 성수 7화[七火]는 5곤지坤地의 내부에 위치함으로써 새로운 우주가 태동하는 조 화의 원동력을 의미한다. ❹ 정역팔괘도가 복희팔괘도와 근본적으로 다른 점은 괘 구성의 핵심축인 건곤乾坤이 180° 역전되어 '지천태괘地天泰卦(䷊)' 의 형상을 이룬다는 사실이다. 『정역』은 이를 원론 차원에서 시공의 기하 학적 근본틀이 전환됨은 물론 문명과 역사와 인간 삶의 향방까지도 바뀔 것을 시사했다. ❺ 정역팔괘도의 배열 원칙은 문왕팔괘도를 단순히 형식 적으로 대체한 것이 아니라, 선후천 변화의 필연성을 얘기한 독창적인 이 론이다. ❻ 우주사의 긴 여정은 반드시 세 번의 굴곡을 거친다는 것이 『정 역』의 기본 입장이다. ❼ 김일부는 복희팔괘도의 발전적 측면이 문왕팔괘 도요, 문왕팔괘도의 발전적 측면을 정역팔괘도로 규정하여 복희팔괘도와 정역팔괘도를 매개하는 중간 과정을 문왕팔괘도라고 판단했다. 그러니까 정역팔괘도의 질서는 천지의 완성을 전제한 배열이다. 이 3단계는 탄생[生 = birth] → 성장[長 = growth] → 완성[成 = complete]으로 요약할 수 있다.

이상의 세 괘도에 나타난 특성을 하도와 낙서의 구조와 결합하여 요약하면 다음과 같다.

하도河圖	낙서洛書
음양의 조화	음양의 부조화(불균형)
양수(25) + 음수(30) = 55	양수(25) + 음수(20) = 45
정음정양正陰正陽의 구조	정음정양正陰正陽이 목표
남서 방향(二七·四九)	서남 방향(二七·四九)
전체수 10의 짝수로 구성	전체수 9의 홀수로 구성
목화토금수의 좌선운동左旋運動	금목토금수의 우선운동右旋運動
상생의 논리	상극의 논리
후천 10수(10土)의 통일 시대	선천 9수(5土)의 분열 시대
본체本體(선천에서)	작용作用(선천에서)
작용作用(후천에서)	본체本體(후천에서)

☆ 『주역』에는 '억음존양抑陰尊陽'의 사유가 짙게 깔려 있다.

정역사상의 연구자 이상룡李象龍은 「계사전」 하편 4장의 성격을 다음과 같이 설명한다.

陽卦 多陰, 陰卦 多陽은 互宅之體象也라
양 괘 다 음 음 괘 다 양   호 택 지 체 상 야

"양괘는 음이 많고, 음괘는 양이 많다"는 것은 음양이 서로의 집이

라는 본질을 형상화한 것이다.

陽卦 奇, 陰卦 耦는 生之於 ▬--故也라
양 괘 기 음 괘 우   생 지 어 양 음 고 야

"양괘는 홀수이고 음괘는 홀수이다"라는 것은 음양이 ▬과 --에서

생겼기 때문이다.

一君而二民은 后天之統於尊也오 二君而一民은
일 군 이 이 민   후 천 지 통 어 존 야   이 군 이 일 민

先天之爭其長也라
선 천 지 쟁 기 장 야

'한 군주에 두 백성'은 후천은 존귀한 것으로 통합된다는 것이요,

'두 군주에 하나의 백성'은 선천에는 벼슬을 다투는 것을 뜻한다.

5장은 알기 어려운 『역경』의 글을 쉽게 풀이한 공자의 글을 싣고 있다. 또한 공자의 글을 통해 진정한 삶의 가치에 접근하는 길을 제시하였다.

1. 천하는 어디로 가는가?

易曰 憧憧往來면 **朋從爾思**라 하니 **子曰 天下何思何慮**리오
역 왈 동 동 왕 래   붕 종 이 사   자 왈 천 하 하 사 하 려

天下同歸而殊塗하며 **一致而百慮**니 **天下何思何慮**리오
천 하 동 귀 이 수 도   일 치 이 백 려   천 하 하 사 하 려

역에서 '마음이 안절부절 못하여 왔다 갔다 하면 벗이 너의 생각을 따른다'고 했다. 공자가 말하기를 "천하가 무엇을 생각하고 무엇을 근심하겠는가. 천하가 돌아가는 곳은 같아도 길이 다르며, 하나에서 일치되지만 생각은 백 가지로 다르다. 천하가 무엇을 생각하고 무엇을 근심하겠는가.

위의 글은 택산함괘澤山咸卦(䷞) 4효에 나오는 말이다. 함괘는 하경下經의 첫머리에 등장한다. 상경上經은 천도天道이므로 하늘과 땅으로 시작한 반면에, 하경은 인사人事를 상징하기 때문에 남녀의 육체적 교접을 하경의 으뜸 자리에 놓았다. 부부 관계는 한 가정의 생명을 지속적으로 잇는 책임이 있다. 그래서 뇌풍항괘雷風恒卦[1]가 뒤를 이어받는다. 함괘 「단전」은 "천지가 서로 느껴서 만물이 화생하고 성인이 인심을 느껴서 천하가 화평해진다. 느끼는 바를 살펴서 천지만물의 실정을 가히 볼 수 있다"[2]고 말하여 함괘의 요지를 느낄 '감感'으로 매듭지었던 것이다.

---

1) 김일부는 자신의 이름을 '恒'이라 하였다. 자신이 지은 『정역』은 선후천을 통틀어 항구적으로 지속될 이론이란 의미에서 '항'이라 이름 붙였던 것이다.
2) 『周易』, 咸卦 「彖傳」, "天地感而萬物化生, 聖人感人心而天下和平, 觀其所感而天地萬物之情, 可見矣."

함괘는 남녀의 육체 결합에 비유하여 설명한다. 초효는 '엄지발가락의 느낌[咸其拇]', 2효는 '장딴지의 느낌[咸其腓]', 3효는 '넓적다리의 느낌[咸其股]', 4효는 '자주자주 오고 가면(마음이 안절부절 못하여 왔다 갔다 하면) 벗이 너의 뜻을 따른다[憧憧往來, 朋從爾思]'고 했는데, 4효는 심장에 해당된다. 욕망 덩어리 육체는 하체로부터 느끼기 시작하면서 그 교감은 점차 위로 상승한다. 교감은 마음이 일치될 때, 완전한 일심동체가 되는 것이다. 5효는 '등심의 느낌[咸其脢: 노년기 혹은 부부가 등을 맞대고 누워 있는 형태], 6효는 '볼과 뺨과 혀로 느낌[咸其輔頰舌]'이라고 하여 서로 볼부비기와 뺨부비기와 입술박치기만으로 느끼는 것이다. 그것은 입으로만 한몫 잡으려는 심산을 뜻한다.

사람마다 사고와 습관이 다르며, 나름대로의 삶의 방식과 가치관이 있다. 천지의 이치는 시간의 흐름과 공간적 상황에 따라서 다르게 전개되며,[3] 특히 그것이 현실로 나타날 때는 사람마다 다르게 인식한다는 것이다. 그러면 만물의 근거는 어디에 있으며, 어디로 귀결되는가? '하나'에서 비롯되어 '하나'로 돌아갈 뿐이다.

사람을 치료하는 행위가 돈벌이 수단으로 전락되서는 안 된다. 질병을 치료하는 행위는 비록 양방洋方과 한방漢方으로 나뉘지만, 생명을 살리는 존엄한 '인술仁術(醫)'의 목적은 하나일 뿐이다. 의학의 분과는 여럿이며, 치료 방법 역시 수없이 많다. 환자의 질병을 돌보되 환자 자신을 돌보지 않는 의원은 '작은 의사[小醫]'이고, 사람을 돌보되 사회를 돌보지 않는 의원은 '중간의 의사[中醫]'이고, 질병과 사람과 사회를 통합적으로 인식하여 그 전체를 치료하는 의원을 '위대한 의사[大醫]'라 한다.[4] 의료 행위는 병

---

3) 공간은 共存의 秩序(넓은 의미에서 삶과 죽음도 공존 관계)이며, 시간은 繼起의 秩序다. 시간과 공간은 一者에서 多者로 전개되는 두 개의 중심축인 셈이다.
4) 캐나다 공산당원으로서 모택동의 공산당과 장개석의 국민당이 싸움을 벌일 때, 중국의 신민민주의 혁명과 항일 투쟁의 최전선에서 종군 의사로 몸 바쳤던 Norman Bethune(1890-1939: 수술 중에 손가락 감염에 의한 패혈증으로 사망함)이야말로 이 시대의 진

든 이를 살리는 숭고한 행위인 것이다.

🔯 연못[澤]은 소녀이고, 산山은 소남이다. 그들은 왕성한 기운으로 새로운 세상을 이끌어갈 주도적 존재라는 의미에서 아주 소중하다. 소남과 소녀는 건곤 부모의 뜻을 이어받아 앞 세상을 책임질 세대이다. 정역팔괘도에 따르면, 함괘는 간태합덕艮兌合德을 표상한다.

2. 일월의 윤택, 가치와 반가치를 만들어내다

日往則月來하고 月往則日來하여 日月相推而明生焉하며
일 왕 즉 월 래   월 왕 즉 일 래   일 월 상 추 이 명 생 언
寒往則暑來하고 暑往則寒來하여 寒暑相推而歲成焉하니
한 왕 즉 서 래   서 왕 즉 한 래   한 서 상 추 이 세 성 언
往者는 屈也오 來者는 信也니 屈信相感而利生焉하니라
왕 자   굴 야   내 자   신 야   굴 신 상 감 이 리 생 언

해가 가면 달이 오고 달이 가면 해가 와서 해와 달이 서로 밀쳐서 밝음이 생긴다. 추위가 가면 더위가 오고 더위가 가면 추위가 와서 추위와 더위가 서로 밀쳐서 일년이 이루어진다. 가는 것은 굽힘이요 오는 것은 펼침이니, 굽히고 펼침이 서로 감응하여 이로움이 생긴다.

천지의 이치는 둘이 아니라 하나다. 우리는 해와 달의 움직임으로부터 생기는 변화를 쉽게 볼 수 있다. 물리학적 의미에서 지구의 자전축은 23.5° 기울어져 있다. 이 기울기를 유지한 채 지구는 태양을 안고서 돌아간다. 이것이 바로 계절의 변화와 온도의 차이가 생기는 이유다. 밤낮의 주기적 교체를 비롯하여 1년 4계절과 추위와 더위 등은 모두 태양과 달과 지구의 삼각 구도에서 벌어지는 현상인 것이다.

태양의 출몰은 하루의 낮과 밤을 만들어내고, 달의 이지러지고 가득 차

정한 의사였다. 孫文(1866-1925)의 부인였던 宋慶齡(1893-1981: 중화인민공화국의 명예 주석)은 그를 영웅으로 추앙하였다.

는 현상은 한 달의 경과를 나타내고, 이것이 12번 반복하여 1년을 형성한다. 하루, 한 달, 1년은 태양과 달의 주기적 교체가 만들어낸 대자연의 위대한 질서인 것이다. 밤이 지나면 낮이 오고, 낮이 가면 밤이 돌아온다. 낮은 덥고 밤은 추우며, 여름은 덥고 겨울은 춥다. 추위와 더위가 번갈아가면서 바뀌어 1년 사계절을 빚어낸다.

'간다[往]'는 것은 굽힘이고, '온다[來]'는 것은 펴짐이다. 굽힘이 없다면 펴짐 역시 존재할 수 없다. 서로 감응하면서 움직이는 굽힘과 펴짐은 만물의 운동 방식을 대표한다. 이처럼 일월의 운동으로 말미암아 각종 차이와 다양성이 생겨나는 것이다.

낮이 있으면 밤이 있고, 밤이 있으면 낮이 있다. 추위가 있으면 더위가 있고 더위가 있으면 추위가 있다. 자연의 밤과 낮, 추위와 더위는 상대적으로 존재한다. 자연의 상대성은 현실에서 온갖 가치를 창출하는 원인이다.

☼ 『주역』은 신화에 의존하지 않고, 해와 달의 상호 교감을 통한 어둠과 밝음의 세계가 가치의 근원이라고 말한다.

3. 신의 경계와 도덕의 경지는 똑같다

尺蠖之屈은 以求信也오 龍蛇之蟄은 以存身也오
척 확 지 굴   이 구 신 야   용 사 지 칩   이 존 신 야
精義入神은 以致用也오 利用安身은 以崇德也니
정 의 입 신   이 치 용 야   이 용 안 신   이 숭 덕 야

자벌레가 몸을 굽히는 것은 펼치기 위함이요, 용과 뱀이 겨울잠을 자는 것은 자신의 몸을 보전하기 위함이다. 천지의 이치를 정밀히 살펴서 신묘한 경지에 들어가는 것은 (인류를 위한) 쓰임을 다하기 위해서이며, 사물을 활용하여 몸을 편안히 하는 것은 덕을 숭상함이다.

『주역』은 대립항들의 순환 교체에 의한 굽힘과 펼침을 자연 법칙의 두드

러진 특징으로 제시한다. 천지天地, 일월日月, 음양陰陽, 동정動靜, 개폐開閉, 소장消長, 주야晝夜, 사생死生, 한서寒暑, 동서東西, 남녀男女 등이 그것이다. 한마디로 음이 극한에 이르면 양으로 바뀌고, 또한 양이 자라서 극한에 이르면 음으로 바뀌는 순환이 끊임없이 지속된다. 이것이 바로 4계절로 펼쳐지는 대자연의 뚜렷한 질서인 것이다.

『주역』은 곧잘 사람 사는 이치를 동물의 생존 법칙에 빗대어 설명한다. 동물만큼 자연의 이치를 충실히 따르는 존재가 없기 때문이다. 믿을 신信은 펼 신伸과 같다. 올림픽 육상 영웅인 우사인 볼트는 무릎 굽히기를 잘 이용하여 금메달을 거머쥐었다. 2보 전진을 위한 1보 후퇴라는 평범한 진리가 운동의 본질인 것이다.

바둑에서도 명인과 달인은 상대방의 수를 미리 읽을 수 있는 까닭에 '입신의 경지'에 도달했다고 말한다. 군자가 천지의 이치를 탐구하는 이유는 실학實學에서 말하는 '이용후생利用厚生'에 목표를 두기 때문이다. 학문하는 자는 반드시 자신의 지식을 사회에 기여해야 한다는 당위성을 역설한 대목이다.

조선의 중세에서 근세로 넘어가는 시기에 성리학적 사유를 탈피하려는 실학 사상이 흥기했다. 실학은 실제 사물에서 참된 이치를 추구한다는 '실사구시實事求是'를 근간으로 삼는다. 그것은 관념이나 이념이 아닌 사실적 경험에서 진리를 추구하는 철학적 담론이다. 하지만 실학은 문헌의 철저한 고증을 통해서 진리를 탐구하려는 고증학考證學의 수준에 머무는 한계도 있다. 백성의 실생활과 격리된 학문은 '허학虛學'이고, 실제로 생활에 도움이 되는 학문이 실학의 근본 정신이다.

독일의 괴테를 훌쩍 뛰어넘는 박지원朴趾源(1737-1805)은 문학자, 실학 사상가로 널리 알려져 있다. 그의 대표적 여행기인 『열하일기熱河日記』는 압록강을 건너는 지점에서 시작하여 마테오 리치의 무덤 방문에서 끝난다. 『열하일기』는 정통 고문체에서 벗어나 소품체小品體를 종횡으로 넘나든다.

박지원은 실학자답게 이용후생의 관점을 멋지게 표현했다. 그는 "이용利用이 있은 뒤에야 후생厚生이 될 것이요, 후생이 된 뒤에야 정덕正德을 이룰 수 있을 것이다. 이롭게 사용할 수 없는데도 삶을 도탑게 할 수 있는 건 세상에 드물다. 그리고 생활이 넉넉지 못하다면 어찌 덕을 바르게 할 수 있겠는가"[5]라고 하여 이용후생파의 종지를 유감없이 발휘했다.

"소중화주의에 찌든 사대부들은 오로지 오랑캐의 야만을 발견한 곳에서 문명의 풍요로움을 발견할 수 있는 힘도 얻었다. '있는 그대로' 보는 것, 그것이야말로 인식의 출발이자 토대였던 것이다. 그런 연암의 눈에 가장 눈부시게 다가온 것은 화려한 궁성이나 호화찬란한 기념비가 아니었다. 구체적인 일상을 이끌어가는 벽돌과 수레와 온돌과 가마 등이었다."[6]

🏮 개인이 학술에 정통하고 귀신과 대화를 나누는 행위만을 최고로 삼는 것은 외로운 신선을 꿈꾸는 일에 불과하다. 군자는 오히려 백성들의 춥고 배고픔을 달랠 수 있는 경제적 풍요에 힘써야 한다.

4. 최상승의 도덕은 귀신과 변화의 실상을 아는 것

過此以往은 **未之或知也**니 **窮神知化 德之盛也**라
과 차 이 왕　　　미 지 혹 지 야　　　궁 신 지 화 덕 지 성 야

이것을 넘어서는 이후에 대해서는 혹시 아는 사람이 있을 지도 모른다. 신묘하기 이를 데 없는 신의 세계를 궁구하여 변화를 아는 것이 덕의 성대함이다.

이상은 함괘 4효의 내용에 대한 공자의 해석이다. 공자는 『주역』이 지향하는 최종 목표를 '궁신지화窮神知化'의 경계에 도달하는 것에 두었다. 그

---

5) 박지원/고미숙 외, 『세계 최고의 여행기- 열하일기(상)』「渡江錄」(서울: 그린비, 2008), 81쪽.
6) 고미숙, 『열하일기- 웃음과 역설의 유쾌한 시공간』(서울: 그린비, 2006), 213-215쪽 참조.

것은 자연의 운동[屈伸], 의리를 추구하여 귀신의 경지에 들어감[精義入神], 이용후생, 변화의 문제와 도덕의 숭상을 총괄할 수 있는 인간 삶의 궁극적 경지를 표상한다.

공자는 스스로가 이런 경지를 경험할 수 없었다고 유감을 표현하면서 다른 사람은 혹시 알 수 있을지도 모르겠다고 말했던 것이다. 궁窮은 밑바닥까지 파고들어 연구하는 태도이고, 신묘한 최고의 경계까지 명확히 이해하는 것이 바로 '궁신窮神'이다. 이는 철학과 과학에 매몰된 인식을 무너뜨리고, 변화의 세부 실상까지 아는 것이 최상의 지혜라는 것이다.

☪ 신묘한 지혜로 변화의 본질을 이해하는 것이 영성문화의 꽃이다

5. 어려울수록 주어진 상황을 즐겨라

易曰 困于石하며 據于蒺藜라 入于其宮이라도
역 왈 곤 우 석   거 우 질 려   입 우 기 궁

不見其妻니 凶이라 하니 子曰 非所困而困焉하니
불 견 기 처   흉   자 왈 비 소 곤 이 곤 언

名必辱하고 非所據而據焉하니 身必危하리니
명 필 욕   비 소 거 이 거 언   신 필 위

旣辱且危하여 死期將至어니 妻其可得見耶아
기 욕 차 위   사 기 장 지   처 기 가 득 견 야

역에 이르기를 "돌에 끼어 곤란하며 가시덤불에 앉아 있다. 집에 들어가더라도 아내를 만나 보지 못하므로 흉하다." 공자가 말하기를 "곤궁할 바가 아닌데도 곤궁하니 이름이 반드시 욕될 것이요, 앉을 곳이 아닌데도 앉았으니 몸이 반드시 위태로울 것이다. 이미 욕되고 또한 위태로워 죽을 시기가 장차 이르니, 아내인들 볼 수 있겠는가."

이는 47번 택수곤괘澤水困卦(☲☵) 3효에 나오는 말이다. '곤困'은 사전적 의미에서 나무가 꽉 막힌 공간에 갇혀 더 이상 자라지 못하는 형국을 뜻하는 글자다. 공기가 통하지 않기 때문에 나무는 클 수 없다. 사면초가의 처

지에 놓인 모습이다.

또한 곤괘는 연못에 고였던 물이 다 새어나간 형상이다. 생명을 윤택하게 하는 물이 모조리 빠져 없어졌으므로 생명체는 물 부족에 허덕일 수밖에 없다. 괘의 형태로는 물이 없어서 곤란한 모습이고, 효로 해석하면 양때문에 음이 곤경에 빠진 형세다.

"돌에 막혀 가시덤불에 앉아 있다. 집에 들어가도 아내를 만나 보지 못하므로 흉하다." 곤괘(☱☵) 3효는 위로 4효의 딱딱한 양陽(= 石)에게 막힌 형상이고, 아래로 가시덤불 2효를 올라타고 있는 모습이다. 더구나 상효와도 상응하지 못하므로 집에 들어가더라도 아내를 보지 못하여 극도로 흉하다는 뜻이다.

3효 밑에 있는 2효는 양이고, 바로 위에 있는 4효 또한 양이다. 3효는 양이 양 자리에 있어야 함에도 불구하고 음의 신분으로 두 양 틈바구니에 끼어 있다. 3효는 음이 양 자리에 있는 까닭에 자신의 정체성을 잃고 있다. 그래서 위의 4효와 친교를 맺으려 시도하지만, 4효 양은 초효 음과 상응관계에 있기 때문에 거절당하는 모습이 딱딱한 돌에 막힌 것과 흡사하다. 또한 밑에 있는 2효 양을 깔고 앉아 있는 모습이 마치 가시방석에 앉아 있는 것처럼 편안하지 않다. 결국 3효는 집에 들어가도 아내를 쳐다볼 수 없는 처절한 상황이다. 그래서 공자는 먼저 자신의 처지를 알고 타인과의 교류를 시도하라고 가르쳤던 것이다.

🏛 인간은 가끔씩 마음의 감옥을 만드는 버릇이 있다. 마음의 감옥은 쓸모가 없는데도 갇히면 모욕당하고 위태롭기 쉽다. 예컨대 장사 경험이 전혀 없는 사람이 아무런 시장 조사 없이 통행인이 별로 없는 장소에 음식점을 차렸다고 하자. 그 가게는 머지않아 망할 것이다. 준비 부족과 현실 감각이 없는데다가 가장 가까운 아내의 동의 없이 무모하게 투자했기 때문이다. 그것은 스스로가 안팎으로 갇혀 위험을 초래한 꼴이다.

6. 소인의 제거는 사회의 안정의 첫걸음

易曰 公用射隼于高墉之上하여 **獲之**니 **无不利**라 하니
역 왈 공 용 석 준 우 고 용 지 상　획 지　무 불 리

子曰 隼者는 **禽也**오 **弓矢者**는 **器也**오 **射之者**는 **人也**니
자 왈 준 자　금 야　궁 시 자　기 야　석 지 자　인 야

君子藏器於身하여 **待時而動**이면 **何不利之有**리오
군 자 장 기 어 신　대 시 이 동　하 불 리 지 유

動而不括이라 **是以出而有獲**하나니 **語成器而動者也**라
동 이 불 괄　시 이 출 이 유 획　어 성 기 이 동 자 야

역에 이르기를 "왕공이 높은 언덕에서 매를 쏘아 잡으니, 이롭지 않음이 없다." 공자가 말하기를 "새매는 새요, 활과 화살은 그릇(수단으로서의 무기)이요, 쏘는 것은 사람이다. 군자가 그릇을 몸에 간직하여 때를 기다려 움직이면 어찌 이롭지 않음이 있겠는가. 움직여도 막히지 않는다. 이 때문에 나아가서 얻음이 있으니, 그릇을 이룬 뒤에 움직이는 것을 말함이다."

이 글은 40번 뇌수해괘雷水解卦(䷧) 상효에 나오는 말이다. '해解'는 원래 소를 부위별로 나눈다는 글자다.[7] 그것은 사물의 본질을 낱낱이 분해하여 그 실상을 아는 것을 뜻하며, 그리고 맺힌 것을 푼다는 해결과 해원의 뜻도 있다.

『주역』 3번 수뢰둔괘水雷屯卦(䷂)는 우레가 물 속에 갇혀 있는 형상으로 '어려움'이란 의미가 강하다. 만물은 비록 태어날 때의 어려움이 있지만, 그 목적을 달성하기 위하여 험난한 질곡을 견디면서 진화한다. 하지만 해괘는 우레가 물 밖으로 나와서 모든 것이 풀린다는 것을 형상화한 것이다.

상효는 음으로서 소인을 상징한다. 해괘는 임금을 상징하는 5효가 높은 담에서 새매를 쏘는 것처럼, 거들먹거리며 호의호식하는 소인을 단호하게

---

7) '解'는 뿔 角과 소 牛와 칼 刀자의 합성어다. 소를 부위별로 낱낱이 해체하여 사물의 모든 부분을 빠짐없이 파악한다는 의미가 바로 解이다. 이는 장자의 '庖丁'의 우화에 나오는 내용이다.

처결하는 방법을 표현했다. 그러면 해묵었던 모든 문제가 해결되어 이롭지 않음이 없다는 것이다. 그래서 「상전」에서는 "왕공이 새매를 쏘는 것은 거스르는 것을 풀음이다[公用射隼, 以解悖也]"라고 하여 소인의 제거가 사회 안정의 지름길이라고 강조했던 것이다.

해괘는 국정의 주체[公], 국정 운영의 방해가 되는 대상[小人 = 隼], 국가의 암적 요소를 수술하는 수단[弓矢 = 무력]을 정당하다고 지적하였다. 국정의 지표는 정적의 제거와 반대파 숙청이 아니라, 소인배 소탕을 통한 평화와 안정과 백성의 복리 증진에 있다.

🏛 국정의 주체인 왕공은 반드시 지도력을 갖추고, 시간의 상황에 유연하게 대처하면서 난국을 헤쳐나가는 돌파력이 필요하다.

7. 이익에 밝은 소인이여!

子曰 小人은 **不恥不仁**하며 **不畏不義**라 **不見利**면
자 왈 소 인 불 치 불 인 불 외 불 의 불 견 리

不勸하며 **不威**면 **不懲**하나니 **小懲而大誡 此小人之福也**라
불 권 불 위 부 징 소 징 이 대 계 차 소 인 지 복 야

易曰 屨校하여 **滅趾**니 **无咎**라 하니 **此之謂也**라
역 왈 구 교 멸 지 무 구 차 지 위 야

공자가 말하기를 "소인은 어질지 않음을 부끄러워하지 않고 불의를 두려워하지 않는다. 이익이 없으면 아무리 권장해도 하지 않고, 위엄으로 대하지 않으면 징계로 여기지 않으니, 가볍게 징계하여 크게 경계시키는 것은 소인의 복이다. 역에 이르기를 '형틀을 발에다 채워 발꿈치를 멸하니, 허물이 없다'라 한 것은 이를 말한 것이다.

이 대목은 21번 화뢰서합괘火雷噬嗑卦(☲☳) 초효에 나오는 말이다. 초효가 경범죄인이라면, 상효는 중죄인이다. 형틀로 다리 아래의 발꿈치를 채우는 것이 바로 구교屨校(교는 나무를 엇비슷하게 조여서 만든 도구)이다. 아직은

큰 죄를 짓는 데는 이르지 않았으므로 허물될 것은 없다는 뜻이다.

『주역』과 노장 사상을 편협하게 사용하면 법가[法治]로 연결되기 쉽다. 법가 사상의 기원은 서양의 소피스트 철학과 유사한 명가사상名家思想[8]에 있다. 특히 공자의 제자임을 자처한 순자荀子는 불행하게도 제자를 잘못 만났다. 법가 사상의 대표자인 한비자韓非子와 이사李斯가 순자의 제자들이기 때문이다. 『주역』의 가르침 그대로 관용의 정신[9]으로 정치를 베풀면 인치仁治가 된다.

알렉산더 대왕이 스승인 아리스토텔레스에게 진정한 통치 방법은 무엇이냐고 물었다. "그대는 저 앞의 밭에 자라는 밀이 보이지 않는가? 그 중 특별히 크게 자란 몇 포기를 잘라버리면 된다네." 농익은 밀밭에 밀이 고르게 잘 자라고 있는데, 그 중에서 피 몇 포기가 들쑥날쑥 크게 자랐으니 보기에도 밉살스럽게 보이는 것은 당연하다. 아리스토텔레스는 그것을 아낌없이 제거하라고 충고한다. 이것은 용병술의 극치이다. 제왕이 가장 아끼는 신하를 파직시키거나 강등시키는 것은 이런 연유에 있다.

소인은 부끄러운 일을 당해도 인자해지려는[仁] 노력을 기울이지 않는다. 두려움이 없으면 의로운 행동을 하지 않으며, 이득이 없으면 꿈쩍하지 않으며, 징벌당하지 않으면 경계하지도 않는다. 비록 소인일지언정 작은 벌을 받으면서 성장하면 나중에 다시는 허물을 짓지 않는다는 교훈이다.

---

8) 名家(Schools of Logics)는 논리를 중시여기는 학파이다. 그들의 초기 직업은 대부분이 변호사였다. 변호사는 법 체계를 꿰뚫고 언변이 뛰어나다. 그들은 법의 허점을 이용해 사회 질서가 무너지든 말든지 의뢰인을 만족시켰다. 변호사가 판치면 판칠수록 그 사회의 도덕은 망가지고, 법의 잣대는 체제를 유지하는 도구로 전락한다. 명가사상을 바탕으로 법치주의가 생겼다.

9) 우리 시대의 평화주의자 달라이 라마는 관용과 용서의 정신이야말로 최상의 가치라고 한다. "용서는 단지 우리에게 상처를 준 사람들을 받아들이는 것만을 의미하지 않는다. 그것은 그들을 향한 미움과 원망의 마음에서 스스로를 놓아주는 일이다. 그러므로 용서는 자기 자신에게 베푸는 가장 큰 자비이자 사랑이다." (달라이 라마·빅터 챈/류시화, 『용서』 서울: 오래된 미래, 2004, 57쪽.)

✡ 공자는 소인에 대한 심리 분석을 통해서 신체의 구속이 없으면 맘보를 고치지 않는 뻔뻔스러움을 지적했다.

8. 선에 무관심한 소인

善不積이면 **不足以成名**이오 **惡不積**이면 **不足以滅身**이니
선 부 적　　　　　부족 이성명　　　　 악 부 적　　　　　부족 이 멸 신

小人은 **以小善**으로 **爲无益而弗爲也**하며
소 인　　 이 소 선　　　위 무 익 이 불 위 야

以小惡으로 **爲无傷而弗去也**라 **故**로 **惡積而不可掩**이며
이 소 악　　　위 무 상 이 불 거 야　　고　 악 적 이 불 가 엄

罪大而不可解니 **易曰 何校**하여 **滅耳**니 **凶**이라 하니라
죄 대 이 불 가 해　　역 왈 하 교　　　멸 이　　흉

선을 쌓지 않으면 이름을 이룰 수 없고, 악을 쌓지 않으면 몸을 멸할 수 없다. 소인은 작은 선을 무익하다고 하여 행하지 않고, 작은 악은 무방하다고 하여 버리지 않는다. 그러므로 악이 쌓여서 가릴 수 없고, 죄가 커져 풀지 못한다. 역은 '차꼬(형틀)를 매서 귀를 멸하니, 흉하다'고 말했다."

공자는 윗글을 이어 아무리 사소한 선이라도 쌓아야 하고, 작은 악은 용감하게 털어내야 함을 서합괘(☲☳) 상효의 말로 결론지었다. 초효는 경범죄인이므로 발에 형틀을 채우고[屨校], 중범죄인에 해당되는 상효는 위로 형틀에 맨다[何校]. 형틀을 발에 채우면 발꿈치를 다치듯이, 형틀을 목 위에 매다보니까 귀를 다치기 쉽다[滅耳]는 뜻이다. 서합괘는 실제로 발꿈치를 다치는 것이 아니라 다시는 죄를 저질러서는 안 되고, 또한 귀를 다친 것이 아니라 말귀를 알아듣는 귀가 없기 때문에 죄를 짓는다고 가르친다.

서합괘의 결론은 소인을 형벌에 처하는 것은 사회 안녕을 위해 당연한 일이라고 일깨운다. 그것은 마치 입 안의 음식물을 씹어야 입 속이 편안해지는 것처럼, 죄인을 엄하게 다루되 강유를 겸전하여 법령을 강력하게 적용하라는 교훈이다.

🎗 소인의 죄는 감출 수 없을 정도로 날마다 늘어난다.

9. 마음의 유비무환

子曰 危者는 安其位者也오 亡者는 保其存者也오
자왈 위자 안기위자야 망자 보기존자야

亂者는 有其治者也라 是故로 君子安而不忘危하며
난자 유기치자야 시고 군자안이불망위

存而不忘亡하며 治而不忘亂이라 是以身安而國家를
존이불망망 치이불망란 시이신안이국가

可保也니 易曰 其亡其亡이라야 繫于苞桑이라 하니라
가보야 역왈 기망기망 계우포상

공자가 말하기를 "위태롭게 여기는 것은 지위를 편안히 하는 것이고, 망할까 근심하는 것은 생존을 보존하는 것이며, 혼란스러울까 근심하는 것은 다스림을 간직하는 것이다. 이런 까닭에 군자는 편안하되 위태로움을 잊지 않고, 생존하면서 망함을 잊지 않으며, 다스려져도 혼란을 잊지 않는다. 이 때문에 몸이 편안하여 국가를 보존할 수 있다. 역은 '망할까 망할까 하면서 뽕나무 뿌리에 매리라'고 했다."

이 글은 12번 천지비괘天地否卦(䷋) 5효에 나오는 내용을 설명한 대목이다. 5효는 양陽이 양 자리에 있어 중도中道 얻었지만, 아주 비색한 세상에 처해 있는 형국이다. 왜냐하면 비괘 전체는 음양의 소통이 전혀 이루어지지 않기 때문이다. 가벼운 하늘기운은 위로 올라가고 무거운 땅기운은 아래로 내려와 음양이 부조화된 세상을 형성한다. 그러니까 비괘는 '이 세상이 망하면 어찌 할꼬, 이 세상이 망하면 어찌 할꼬' 하면서 탄식하는 모습을 형용했다.

선후천론의 입장을 고수한 김일부는 『정역』에서 선천은 '삼천양지三天兩地', 후천은 '삼지양천三地兩天'으로 구분하여[10] 천지비괘와 지천태괘를 상

10) 『正易』「十五一言」, "日極體位度數", "先天, 三天兩地. 後天, 三地兩天."

극의 세상(선천)과 상생의 세상(후천)으로 나누었다.[11] 그리고 "아아! 금과 화가 올바르게 바뀌니, 비색한 세상은 가고 태평한 세상이 오는도다"[12]라고 읊어 선후천 전환의 문제에 자신감을 보였다. 김일부는 조화옹造化翁의 섭리로 말미암아 선후천 변화가 이루어진다고 보았다. 그리고 그는 항상 선후천 전환의 당위성을 『주역』에서 찾았다. 12번 지천태괘地天泰卦(☷☰) 괘사의 "태는 작은 것은 가고 큰 것이 오니, 길하여 형통한다[泰, 小往大來, 吉亨]"와 15번 지산겸괘地山謙卦(☷☶) 「단전」의 "'겸이 형통한다'는 것은 하늘의 도가 아래로 내려와 밝게 빛나고, 땅의 도는 낮은 곳에서 위로 올라간다[13] 는 말에 근거하여 선후천의 전환을 확신했던 것이다.

복희팔괘도의 건곤乾坤이 천지비天地否의 형상이라면, 정역팔괘도의 건곤은 지천태地天泰의 형상이기 때문에 김일부는 괘도의 변천을 통해 천지의 변화를 설명하였다. 천지의 변화는 엄청난 격변을 수반하기 때문에 인간의 의식 역시 혁신이 필요하다. 그래서 비괘는 뽕나무 뿌리와 같은 변하지 않는 마음이 요구된다고 강조했다.

✿ 뽕나무는 질기기가 한이 없다. 질기디 질긴 뽕나무에 세상을 붙들어 매어놓은 것과 같이 상황이 어떻게 변하든 항구불변의 자세를 가지라고 권고한다. 이 세상을 반석 위에 굳건히 세우려는 의지와 함께 극심한 변화에도 흔들리지 않는 불변심이 절대로 필요하다.

10. 능력에 맞는 일을 맡아야 탈이 없다

子曰 德薄而位尊하며 **知小而謀大**하며 **力小而任重**하면
자왈 덕박이위존　　　지소이모대　　　역소이임중

鮮不及矣나니 **易曰 鼎**이 **折足**하여 **覆公餗**하니 **其形**이
선불급의　　　역왈 정　절족　　　복공속　　　기형

---

11) 『周易』 否卦 卦辭, "不利君子貞, 大往小來."
12) 『正易』 「十五一言」, "化翁親視監化事", "嗚呼! 金火正易, 否往泰來."
13) 『周易』 謙卦 「彖傳」, "謙亨, 天道下濟而光明, 地道卑而上行."

渥이라 **凶**이라 하니 **言不勝其任也**라
악   흉   언 불 승 기 임 야

공자가 말하기를 "덕은 적은데 지위는 높고, 지혜는 작은데 도모하는 것은 크며, 힘은 모자라면서 맡는 일이 무거우면 화가 미치지 않음이 드물다. 역에서 '솥의 다리가 부서지고 뜨거운 음식이 쏟아져 얼굴이 젖어 엉망이 되었으니, 흉하다'고 했는데, 이는 자신의 임무를 제대로 수행할 수 없음을 말한 것이다."

공자는 우선 부덕한 사람, 지혜가 모자란 사람, 능력이 부족한 사람이 높은 지위에서 권력를 행사하면 자신의 불행 뿐만 아니라 사회 전반에 재앙을 끼칠 것을 경고하면서 50번 화풍정괘火風鼎卦(䷱) 4효의 말로 부적임자의 간담을 서늘하게 만들었다. 옛사람들은 정괘의 형태에 빗대어 솥을 만들었다고 한다. 초효는 솥의 발, 2효와 3효와 4효는 음식물이 든 솥의 배, 5효는 솥의 귀, 6효는 솥의 고리가 된다.

4효의 짝인 초효는 솥 속의 더러운 것을 씻어내기 위해 솥을 엎은 것을 상징한다. 4효 신하는 5효 임금에게 바칠 음식을 초효 백성에게 지으라고 시켰다. 초효는 음효인 까닭에 능력이 부족하여 밥이 들어 있는 솥을 엎어버린 형국이다.

소인은 자신을 화려하게 꾸민다. 능력은 없으면서 맡은 바 임무가 무겁다면 분수에 넘치는 짓거리를 벌여도 무엇이 잘못인지도 모르고, 혼란의 책임은 타인에 돌리고 자신은 미꾸라지처럼 쏙 빠져나간다. 오늘날에도 낙하산 인사, 코드 인사, 친인척 비리로 인한 폐해는 헤아릴 수 없을 정도로 많다. 그 피해는 국민이 뒤집어쓰고 만다. 그것은 혈세를 낭비하고 국가의 성장 동력을 끊어버리는 어리석은 짓인 동시에 국민에게 엄청난 고통을 안기는 행위가 아닐 수 없다.

🏛 덕은 낮으면서 벼슬만 턱없이 높은 사람은 긴장을 조성하고 공포 분위

기를 만들어 자신의 부덕함을 감춘다. 지혜는 간장 종재기 만큼 작으면서 야심만 크면 국력을 낭비하는 불행을 가져온다.

11. 군자는 세상의 희망이로다

子曰 知幾神乎인저 **君子上交不諂**하며 **下交不瀆**하나니
자 왈 지 기 신 호   군 자 상 교 불 첨   하 교 부 독

其知幾乎인저 **幾者**는 **動之微**니 **吉之先見者也**니
기 지 기 호   기 자   동 지 미   길 지 선 현 자 야

君子見幾而作하여 **不俟終日**이니 **易曰 介于石**이라
군 자 견 기 이 작   불 사 종 일   역 왈 개 우 석

不終日이니 **貞**코 **吉**타 하니 **介如石焉**커니 **寧用終日**이리오
부 종 일   정   길   개 여 석 언   녕 용 종 일

斷可識矣로다 **君子知微知彰知柔知剛**하나니 **萬夫之望**이라
단 가 식 의   군 자 지 미 지 창 지 유 지 강   만 부 지 망

공자가 말하기를 "기미를 알아챔이 신묘할 따름이다. 군자는 위와 사귀되 아첨하지 않고 아래와 사귀되 모독하지 않으니, 기미를 알아챔이여! 기미란 움직임의 은미함이니, 길함이 먼저 나타나는 것이다. 군자는 기미를 보고 일어나 하루가 마치기를 기다리지 않는다. 역에 이르기를 '절개가 돌처럼 굳어 하루를 마치지 않으니, 올바르고 길하다'고 하였다. 절개가 돌처럼 굳어 어찌 하루를 마치겠는가. 판단함을 빨리 알 수 있다. 군자는 은미함을 알고 밝게 드러난 것을 알고, 부드러운 것과 강한 것도 아니, 온 천하 사람들이 우러른다."

이 글은 16번 뇌지예괘雷地豫卦(䷏) 2효에 나오는 말이다. 이 글의 요지는 '기미[幾]'에 있다. 기미란 움직임의 미묘한 기틀로서 길함을 미리 아는 것이다[吉之先見者也]. 군자는 기미를 깨닫자마자 움직인다. 하루를 기다리지 않는다는 것은 한 번 판단하여 뚝심있게 추진한다는 뜻이다. 바위처럼 꿋꿋한데 어찌 하루를 허송세월하겠는가? 의심의 여지가 없다. 군자는 미시와 거시를 꿰뚫어 훤하게 알고, 강유의 이치를 알기 때문에 모든 사람의

등불이자 희망이다.

군자의 행동은 사람을 낮춰 보지 않는 인간사랑의 정신이 듬뿍 담겨 있다. 소인은 손금이 다 닳도록 아첨하여 인사권자의 비위 맞추기에 여념이 없다. 하지만 군자는 윗사람과 대화를 나눌 때는 존경하는 태도로 접대하지만, 결코 비굴하게 행동하지 않는다. 또한 아랫사람이 비록 배운 것 없고, 가진 것 없을지라도 무시하지 않는다. 오직 군자만이 매사를 공평하게 처신하고, 사물의 움직임을 쉽게 포착할 수 있다.

기미와 길함[幾, 吉]의 요체는 「단전」에 녹아 있다. 예괘에 대한 「단전」의 총론은 기막히다. "천지는 순함으로써 움직인다. 그러므로 일월이 지나치지 않아 사시가 어긋나지 않고, 성인은 순함으로써 움직이므로 곧 형벌이 맑아져서 백성들이 복종하니, 예의 시간적 의의(때와 뜻)가 크도다!"[14]

🔯 예괘에서 말하는 시간 원리가 위대하다는 발언은 매우 의미심장하다. 공자가 '길함을 미리 보여준다[吉之先見者也: 인류에게 축복의 선물을 미리 앞질러 보여준다는 뜻]'고 말했듯이, 시간의 질적 전환은 하루를 기다릴 수 없을 정도로 빠르게 순식간에 닥친다고 암시했다.

12. 안연의 슬기로움

子曰 顔氏之子 其殆庶幾乎인저 **有不善**이면 **未嘗不知**하며
자 왈 안 씨 지 자 기 태 서 기 호   유 불 선   미 상 부 지

知之면 **未嘗復行也**하나니 **易曰 不遠復**이라 **无祗悔**니
지 지   미 상 부 행 야   역 왈 불 원 복   무 지 회

元吉이라 하니라
원 길

공자가 말하기를 "안씨의 아들은 도에 거의 가까울 것이다. 선하지 않은 일이 있으면 일찍이 모른 적이 없으며, 알면 다시 행하지 않았다. 역에 이르기를 '멀리 가지 않고 되돌아온다. 뉘우침에 이르지 않으니, 크게 길하

---

14) "天地而順動, 故日月不過而四時不忒, 聖人以順動, 則刑罰清而民服, 豫之時義大矣哉."

다'고 하였다."

이 글은 24번 지뢰복괘地雷復卦(䷗) 초효에 나오는 말이다. 안씨의 아들은
안연顔淵(이름은 회回, 자는 자연子淵이며 후대에 복성復聖으로 받들어졌음)을 가리
킨다. 안연은 공자의 수제자로서 젊은 나이에 일찍 죽었다. 안연은 잘못을
저지르면 그 원인을 꼭 찾아서 똑같은 실수를 반복하지 않았다. 잘못은
한 번으로 끝나야지 습관이 되어서는 곤란하다는 것이다.

'멀리 가지 않고 되돌아온다'는 구절은 순환론의 중요한 명제다.『주역』
의 순환론은 단순 반복형의 순환인가, 창조적 전진의 순환론인가는 논란
의 대상이다. 또한 일정한 시간대를 중심으로 천지가 옷을 갈아입는다는
선후천의 순환론이 있는데, 정역사상이 바로 그것이다. '멀리 가지 않고
되돌아온다[不遠復]'는 말 역시 새로운 천지 운동이 시작되는 날이 멀지 않
음을 뜻하는 것으로 풀이할 수 있다.

☖ 하필 복괘가 24절기에 들어맞는 24번에 있을까? 우연의 일치인가, 아니
면 필연인가? 24절기 × 15 = 360일의 등식이 성립한다. 15는 정역팔괘도의
중심축인 10건[十乾]과 5곤[五坤]을 합한 수를 가리킨다. 복괘가 24번에 배
당된 이유를 「단전」은 '복괘의 원리에서 천지의 마음을 볼 수 있다[復, 其見
天地之心乎]'라고 말했다. 이는 인간 삶의 표준은 하늘의 규칙적인 운행 질
서에 있음을 밝힌 것이다.

13. 천지는 덜고 보태는 방식으로 만물에 대한 사랑을 실행한다

天地絪縕에 萬物이 化醇하고 男女構精에
천 지 인 온　만 물　화 순　남 녀 구 정
萬物이 化生하나니 易曰 三人行엔 則損一人코 一人行엔
만 물　화 생　역 왈 삼 인 행　즉 손 일 인　일 인 행
則得其友라 하니 言致一也라
즉 득 기 우　언 치 일 야

천지의 기운이 실타래처럼 뒤엉킨 상태에서 만물이 번성하고 남녀가 교접하여 만물이 화생한다. 역에 이르기를 '세 사람이 같이 가면 한 사람을 덜고, 한 사람이 가면 벗을 얻는다'는 것은 하나로 합치됨을 말한 것이다."

이 글은 41번 산택손괘山澤損卦(䷨) 3효에 나오는 말이다. 음양의 조화를 상징하는 지천태괘地天泰卦(䷊)의 양효 셋은 하늘괘를 이루어 세 효가 동행하다가[三人行] 3효 하나를 덜어낸[損一人] 양효가 맨 위로 올라가서[一人行] 아래의 3효 음과 배합하면 손괘(䷨)가 된다는 것이다[得其友].

덜어내고 보태주는 것을 다른 말로 표현하면, '일음일양一陰一陽'의 구체적인 운동 법칙이다. 즉, 천지는 하나의 양을 덜어내거나 보태는 방식으로 조절한다는 것이다. 그러니까 「단전」에서 "덜고 보태고 차고 비는 것은 시간의 법칙에 따라 함께 움직인다[損益盈虛, 與時偕行]"라고 말한 것은 지극히 옳다.

🔯 천지 운동은 음양의 균형을 목적으로 삼는다.

14. 군자의 행동 원칙

子曰 君子安其身而後에아 動하며 易其心而後에아 語하며
자왈 군자안기신이후　　　동　　　이기심이후　　　어
定其交而後에아 求하나니 君子脩此三者故로 全也하나니
정기교이후　　　구　　　군자수차삼자고　　전야
危以動하면 則民不與也코 懼以語하면 則民不應也코
위이동　　　즉민불여야　구이어　　　즉민불응야
无交而求하면 則民不與也하나니 莫之與하면
무교이구　　　즉민불여야　　　막지여
則傷之者至矣나니 易曰 莫益之라 或擊之리니
즉상지자지의　　　역왈 막익지　혹격지
立心勿恒이니 凶이라 하니라
입심물항　　　흉

공자가 말하기를 "군자는 몸을 편안히 한 뒤에 움직이며, 마음을 화평히 한 뒤에 말하며, 사귐을 정한 뒤에 구하니, 군자는 이 세 가지를 닦는 까닭에 온전한 것이다. 위태롭게 움직이면 곧 백성들이 더불지 않고, 두려움으로써 말하면 곧 백성들이 응하지 않고, 사귐이 없으면서 구하면 백성들이 (마음을) 주지 않으니, 주는 이가 없으면 곧 해롭게 하는 자가 이를 것이다. 역은 '보태지 말라. 혹 공격할 것이니 마음을 세워 항상하지 못하니, 흉하다'고 하였다."

이 글은 42번 풍뢰익괘風雷益卦(☴☳) 상효에 나오는 말이다. 달이 이지러지면 곧이어 다시 차고, 차면 다시 이지러지는 것이 세상 둥글어 가는 법칙이다. 손해를 더 이상 볼 것이 없으면 머지않아 이익을 볼 것이란 말이 있다. 증권가에서도 주가가 바닥을 치면 금방 회복될 것을 철칙으로 믿는다. 모든 것은 '일음일양一陰一陽'의 원칙에서 한 치도 벗어나지 않는다.

상효는 중정中正도 아니고, 양이 제자리를 벗어나 음 자리에 있다. 그것은 자신의 사리사욕만을 채우는 데 급급하여 더 이상은 욕심을 부리지 말라는 경고다. 만일 욕심을 더 부리다간 불특정한 사람에게 공격을 받는 일이 있을 것이라는 뜻이다. 마음을 올바르게 세워서 변하지 않는 덕을 쌓아야 한다. 그렇지 못할 경우는 흉하다.

호병문胡炳文(1250-1333: 자는 중호仲虎, 호는 운봉雲峯)은 「계사전」 상편에서 일곱 개의 효를, 하편에서 열 한 개의 효를 인용한 것은 상전象傳의 문언文言에 해당한다고 했다.[15] 이곳에서 공자는 총 11개[함괘咸卦 4효, 곤괘困卦 3효, 해괘解卦 상효, 서합괘噬嗑卦 초효와 상효, 비괘否卦 5효, 정괘鼎卦 4효, 예괘豫卦 2효, 복괘復卦 초효, 손괘損卦 3효, 익괘益卦 상효]의 효를 예증으로 내세워 『주역』의 이치를 생활의 지혜로 풀어냈다.

🏛 공자는 평범 속의 진리를 추구한 성인이다. 그는 종종 형이상학을 논의하다가 생활의 수칙을 군자의 말을 빌려 얘기했다. 군자는 뜬구름 잡는 사람이 아니다. 익괘는 잠시도 일상의 마음을 잃어서는 안 된다[立心勿恒]는

15) 『原本周易備旨具解』, 1101쪽, "雲峯胡氏曰 上繫七爻, 下繫十一爻, 皆象傳之文言也."

원칙을 내세웠다. 군자는 입지의 안정, 평상심을 지키는 태도, 건전한 교제의 원칙을 지키므로 타인과의 충돌이 없다. 위정자가 마냥 위기감을 조성하면 백성들이 동조하지 않으며, 불안과 의심스런 자세로 협조를 요청하면 백성들은 응답하지 않으며, 진정성을 갖추지 않은 채 동의만 구하면 백성들은 보답하지 않는다는 것이다. 먼저 주어야 되돌려 받을 수 있다는 교훈이다. 자신의 것은 잔뜩 움켜쥐고 남의 것에 욕심내면 협조는커녕 자기 것도 지킬 수 없는 것이다. 상생의 사고와 삶을 지켜야 한다는 뜻이다.

정역사상의 연구자 이상룡李象龍은 「계사전」 하편 5장의 성격을 다음과 같이 설명한다.

天下何思何慮는 己日之熙皞也라
천 하 하 사 하 려   기 일 지 희 호 야

"천하가 무엇을 생각하고 무엇을 근심하겠는가"라는 것은 (후천) 기일己日이 밝게 빛나는 것을 뜻한다.

寒暑相推而歲成焉은 當朞之爲上元也라
한 서 상 추 이 세 성 언   당 기 지 위 상 원 야

"추위와 더위가 서로 밀쳐서 1년이 이루어진다"는 것은 시공의 모체인 상원上元의 1년 360일을 가리킨다.

屈伸相感而利生焉은 陰屈陽伸하여 曆元之利大矣라
굴 신 상 감 이 리 생 언   음 굴 양 신   역 원 지 리 대 의

"굽히고 펼침이 서로 감응하여 이로움이 생긴다"는 것은 음은 굽히고 양은 펼쳐 책력의 근원에서부터 이로움이 크다는 뜻이다.

窮神知化 德之盛은 原易正之之化가 在乎至人也라
궁 신 지 화 덕 지 성   원 역 정 지 지 화   재 호 지 인 야

"신묘하기 이를 데 없는 신의 세계를 궁구하여 변화를 아는 것이 덕의 성대함이다"라는 것은 원역原易이 올바르게 변화하는 것은 지인至人에 달려 있다는 뜻이다.

語成器而動者는 益致其鍊磨之功也라
어 성 기 이 동 자　익 치 기 연 마 지 공 야

"그릇을 이룬 뒤에 움직이는 것을 말한 것이다"라는 것은 연마하는 공덕을 더욱 극진해야 한다는 뜻이다.

不恥不仁, 不畏不義는 下元之末俗也라
불 치 불 인　불 외 불 의　하 원 지 말 속 야

"(소인은) 어질지 않음을 부끄러워하지 않고 불의를 두려워하지 않는다"는 것은 하원下元의 말세 풍습을 뜻한다.

惡積而不可掩, 罪大而不可解는 一番新換하니
악 적 이 불 가 엄　죄 대 이 불 가 해　일 번 신 환
天理之昭昭也라
천 리 지 소 소 야

"악이 쌓여서 가릴 수 없고, 죄가 커져 풀지 못한다"는 것은 한 번 새롭게 바꾸니 천리가 아주 밝아진다는 뜻이다.

万夫之望은 及其至也에 天下尊之也라
만 부 지 망　급 기 지 야　천 하 존 지 야

"온 천하 사람들이 우러른다"는 것은 지극한 경지에 도달하면 천하가 존귀하게 받든다는 뜻이다.

言致一也는 万殊一本이 莫大於曆也라
언 치 일 야　만 수 일 본　막 대 어 력 야

"하나로 합치됨을 말한 것이다"는 것은 만물은 특수하고 근본은 하나인 것은 책력보다 큰 것이 없다는 뜻이다.

危而動 則民不與, 懼而語 則民不應은 當己神武가
위이동 즉민불여 구이어 즉민불응   당기신무

必反於是也라
필 반 어 시 야

"위태롭게 움직이면 곧 백성들이 더불지 않고, 두려움으로써 말하면 곧 백성들이 응하지 않는다"는 것은 10토 기리 세상의 신묘한 변화의 힘은 반드시 옳음으로 돌아간다는 뜻이다.

　건곤은 『주역』 전체를 이해하는 열쇠다. 이태백李太白(701-762)은 「춘야연종제도리원서春夜宴從弟桃李園序」에서 가족들과 함께 밤 정원에 핀 복사꽃을 보면서 춘정을 읊었다. "천지는 만물이 쉬어가는 숙소요, 시간은 영원한 나그네라."[1]

　이태백은 해와 달이 빚어내는 시간의 율동과 흐름을 광음光陰이라는 감성 언어로 표현했다. 세월은 어느 누구도 비껴갈 수 없고 교통 경찰도 시간의 흐름 만큼은 정지시킬 수 없다. 젊은이는 청춘을 즐기고, 늙은이는 빠르게 흘러가는 세월을 아쉬워하고 과거를 회상하면서 하루하루를 보낸다. 이는 시간의 무한성과 인간의 유한성을 일깨우는 대목이다.

1. 건곤은 역으로 들어가는 관문(Golden gate)

子曰 乾坤은 **其易之門耶**인저 **乾**은 **陽物也**오 **坤**은 **陰物也**니
자 왈 건 곤　　기 역 지 문 야　　　건　양 물 야　　곤　음 물 야
陰陽이 **合德**하여 **以剛柔有體**라 **以體天地之撰**하며
음 양　합 덕　　　이 강 유 유 체　　이 체 천 지 지 선
以通神明之德하니
이 통 신 명 지 덕

　공자가 말하기를 "건곤은 역의 문이다. 건은 양물이요 곤은 음물이다. 음양이 덕을 합하여 강과 유라는 실체가 있게 되었다. 천지의 일을 능동적으로 체득하고 신명의 덕에 통한다.

　천지는 만물이 생성을 거듭하는 집이며, 시간은 쏜살같이 날아가는 화살이다. 시위에서 벗어난 화살은 멈추거나 궁수의 손으로 다시 되돌릴 수

---

1) "夫天地者, 萬物之逆旅. 光陰者, 百代之過客."

없다. 시간의 흐름은 명예도 권력도 돈도 개입할 수 없는 자연 법칙이다. 시간은 생명의 탄생과 직결되어 있는 까닭에 철학의 주제가 되었고, 모든 종교가 버틸 수 있었던 영원한 옵션이다.

시간의 비가역성非可逆性은 현대 물리학에서 정설로 굳어진 이론이다. 벨기에의 프리고진(1917-2003)은 열熱은 항상 뜨거운 곳에서 낮은 곳으로 흐른다(열은 낮은 곳에서 뜨거운 흐르지 않는다)는 점에 착안하여 시간의 비가역성을 주장했다. 그것은 시간의 직선적 일방향성을 내포한다. 즉 시간은 과거에서 현재로, 현재에서 미래로 단선적으로 흐른다는 것을 입증한 과학적 성과였다. 현실적으로는 시간의 비가역성은 종교의 종말론과 결부되기 쉽다는 위험이 있다.

종말론의 요지는 천지창조로부터 시작된 우주는 조물주의 의지에 의해 인류 역사와 함께 멸망당하도록 예정되어 있으며, 그것이 세상의 운명이라는 것이다. 이러한 종말론의 한계를 간취한 아우구스티누스는 시간의 근원은 분명히 창조주인 신(God)의 영역에 속하지만, 인간은 단지 시간의 내면화를 통해 은총을 받을 수 있다는 실존론적 시간관을 정초하기에 이른다. 아우구스티누스의 시간론은 서양 시간론의 전형이 되어 현대에 이르기까지 강력한 힘을 발휘하였다.

창조설에 의하면 천지창조 이전에는 시간도 공간도 없었다. 창조주는 아무 것도 없는 텅 빈 상태에서 시공간을 비롯한 모든 것을 무無에서 유有를 빚어냈다는 것이다. 여기에는 논리적인 모순이 내재되어 있다. 첫째, 시공간이 만들기 이전에는 오로지 창조주만 존재했다. 하지만 창조주 자신도 어떤 형태로든지 시공간 안에 들어서야만 존재할 수 있고, 또한 만물을 창조할 수 있기 때문이다. 둘째, 우주를 만들어낸 창조주는 인류에 대한 역사적 책임을 갖지 않는다는 것이다. 그것은 천지창조 이래로 시간은 종말을 향해 줄달음쳐 세상은 한꺼번에 끝장난다는 이념을 태생적으로 안고 있는 숙명론과 함께 인간의 이성적 능력까지도 의심하는 결과를 가져

온다. 여기에 염증을 느낀 서양인들은 인간 이성의 생득적 고유성을 주장하기에 이르며, 심지어는 창조주에게 빼앗겼던 선악과 자유 의지의 문제를 들먹이기에 이르렀다. 그래서 '신은 죽었다'는 니체(1844-1900)의 판결문이 나타났을 뿐만 아니라, 요즈음은 인간의 존엄성을 증거하는 이성보다는 감성과 본능이야말로 인간의 본질을 이루는 요소라고 창조설에 전면 도전하는 학설까지 낳았다.

『주역』의 우주관은 기독교의 천지창조설과 다르다. 천지는 원래부터 음양의 구조로 존재하고 만물을 생성한다는 것이다. 건乾은 양물陽物이요 곤坤은 음물陰物이다. 맑고 가벼운 양 기운은 위로 올라가 하늘이 되고, 무겁고 탁한 음 기운은 아래로 내려와 땅이 된다는 논리가 짙게 깔려 있다. 『주역』은 음양으로 천지의 구조와 생성을 동시에 설명한다. 하늘의 기운인 음양이 덕을 합치면 땅에서는 강유라는 실체를 갖추고, 만물의 영장인 인간은 천지가 만물을 길러내는 원리를 체득하여 신명의 덕에 통할 수 있는 능력을 소유했다는 것이다.

'음양합덕陰陽合德'은 하늘의 운행을, '강유유체剛柔有體'는 땅에서 이루어지는 구체적 작용을 뜻한다. 인간은 천지가 만물을 길러내는 의지를 주체적으로 자각하여 신명의 덕에 통하는 것을 목적으로 삼는다. 건乾은 양성적인 것(아버지, 강함, 마른 것, 낮 등)을, 곤坤은 여성적인 것(어머니, 부드러움, 습한 것, 밤 등)을 대표한다. 건곤은 자연과 사회와 역사와 인간을 관통하는 보편성을 뜻하는 음양이다.

양물과 음물은 남자와 여자의 생식기를 가리키는 말이 아니다. 그런 주장은 한대 이전의 어떤 의학책에도 나타나지 않았다. 그것은 송대에 이르러 처음으로 남성의 거시기는 양물, 여성의 거시기는 음물로 불렸을 뿐이다. 역은 성性 심리학이 아니다. 『주역』을 단지 실증주의 입장에서 접근해서는 곤란하다. 그것은 『주역』을 모독하는 일이다.

그럼에도 중국 근대의 일부 학자들은 서양의 인류학과 철학을 접목시키는 가운데, 『주역』을 생리학의 모델로 삼았다. 이는 19세기 서양 학문에 중독된 상태에서 주장된 것이므로 고전의 권위를 훼손하는 결과를 가져왔다.

동양학에서 신명神明이란 말은 다양한 의미로 사용되었다. 신명은 세상을 가득 채우는 영혼의 실재성을 의미하는 자연신과, 인간의 사후에 존재하는 조상신을 총칭한다. 『주역』에서의 신명은 인간의 본성을 가리키는 경우가 대부분이다. 신명은 신령스럽게 밝은 인간의 본성,[2] 또는 그것에 근거하여 일체의 사유와 행위로 연결되는 도덕적 인격성을 뜻한다.

서양의 심리학은 인간의 의식을 '집단 무의식', '마음의 원형' 또는 '그림자', '에고', '이드' 등의 여러 방면으로 분석했다. 인간 의식의 심층부(center)에 자리잡고서 외부와의 접촉을 통해서 드러나는 마음의 원형을 신명神明이라 할 수 있다. 자연의 외면적 질서가 원형이정元亨利貞이라면, 인간 내면성의 질서(도덕적 본질)는 인의예지仁義禮智이다. 『주역』은 인의예지를 근거로 천지의 이치를 체득할 수 있는 가능태를 '신명'이라 불렀다.

☖ 하늘의 이법[天道]은 원형이정이고, 인간의 도덕적 본성이 인의예지다. 인간의 마음이 어떻게 대응하는가 여부에 따라 현실적 태도가 결정된다. '신명의 경지에 통한다[以通神明之德]'는 것은 곧 내 안에 잠든 영혼(유교의 개념으로는 인간의 본성)을 깨워 하늘의 질서와 완전히 하나로 일치되는 경계를 뜻하는 것이다.

2. 사물의 명칭은 시대 정신을 반영한다

其稱名也 雜而不越하나 **於稽其類**엔 **其衰世之意耶**인저
기 칭 명 야 잡 이 불 월　　어 계 기 류　　기 쇠 세 지 의 야

이름을 칭함이 복잡하면서도 뛰어 넘지 않으나, 종류를 상고함에는 쇠미한 세상의 뜻일 것이다.

---

2) 『大學』에 이르러 본격적인 학술적 의미의 明'明德'이란 개념으로 정초되었다.

『주역』의 용어 선택은 우주, 역사와 문명과 정치 및 일용 생활 등을 포괄하는 의미로 다양하게 사용되었다. 또한 『주역』의 지은이는 당시의 쇠퇴한 세상 인심이 반영된 사상과 역사를 기초로 삼았다.

여기서 쇠미한 세상은 구체적으로 은말주초殷末周初의 정치적 격변을 의미한다. 은나라의 마지막 왕인 주紂와 서쪽에서 야망을 키워 백성들의 인심을 얻었던 문왕文王 사이에 일어났던 갈등과 민심의 향배를 염두에 둔 발언이다. 주지육림酒池肉林에 둘러싸여 민심을 돌보지 않았던 주왕紂王에게는 '세 사람의 어진이[三仁]', 즉 미자微子·비간比干·기자箕子 등의 충신이 있었음에도 불구하고 국운은 급격하게 쇠퇴하고 말았다. 은주의 교체기는 정치적 충돌, 민족적 갈등과 사상적인 혼란을 가져 왔던 이면에 『주역』이 비약적으로 부흥하던 시기였다.

은나라는 지금의 중국 동부 지역에서 발원하여 농경이 편리한 지역에서 역사를 발전시켜 왔다. 주나라는 먹거리가 부족했던 중국의 서북쪽에서 국가 형태를 이루어 동쪽으로 이동하는 역사를 거친다. 동서 대결의 형태로 나타난 두 나라는 문화를 서로 주고 받으면서 발전했지만, 민족과 혈통은 엄연히 달랐다. 은나라는 종교문화宗敎文化가 극성한 반면에, 주나라는 인문문화人文文化가 발전하였다. 은주의 교체는 정치를 비롯하여 종교문화의 전환을 가져와 사상의 물꼬가 새롭게 터지는 사건이었다.

은말주초의 기자箕子는 불행하고 고독한 문화 영웅이었다. 그는 왕족임에도 불구하고 조카인 주紂에게 탄압받아 미친 사람 행세하면서 불우한 나날을 보내는 가운데, 주나라가 마침내 천하를 통일했다. 기자는 동포들의 민생의 안정과 진리의 전수를 위해서는 변절자로 낙인 찍히는 운명을 감수해야 했다. 그는 대국적 차원에서 문왕의 아들인 무왕武王에게 정치철학의 요체인 '홍범구주洪範九疇'를 전달하였다. 기자는 진리를 위해서는 독배를 아낌없이 마셨던 소크라테스와 한 치도 다르지 않은 진리의 수호자였다. 동이족의 후예였던 기자가 고구려와 고려를 이어 조선에서까지도

사당에 모셔져 배향되어 왔던 사실은 그가 얼마나 위대한 인물인가를 증명하고도 남는다.

✡ 위대한 철학자나 종교가는 난세에 태어났다. 시대가 영웅을 낳고 영웅이 시대를 낳는다는 말처럼, 역사는 영웅을 필요로 하고 영웅에 의해 새로운 시대가 열렸다. 예수가 유대인들에게 수난을 당하고, 석가도 자기 고향에서 환영받지 못했으며, 공자도 사생아로 태어나 온갖 고초 끝에 마침내는 성인으로 추앙받았다. 『주역』은 고난이 발생하는 원인과 그 해결책을 제시하면서 역사의 전면에 등장했던 것이다.

3. 과거와 현재와 미래를 꿰뚫는 지혜로 사유하라

夫易은 **彰往而察來**하며 **而微顯闡幽**하며 **開而當名**하며
부 역　　창 왕 이 찰 래　　　이 미 현 천 유　　　개 이 당 명

辨物하며 **正言**하며 **斷辭**하니 **則備矣**라
변 물　　정 언　　단 사　　즉 비 의

무릇 역은 지나간 것을 분명히 알고 올 것을 살피며, 드러난 현상에서 숨어 있는 이치를 살피고 그윽한 이치를 겉으로 드러내며, (괘의 논리로) 사물의 법칙을 열어서 마땅한 명칭을 부여했으며, 옳고 그름으로 사물을 분변하며, 말을 올바르게 하고 말을 판단하니, 역이 완비되었다.

인간은 현재를 점검한 뒤에 과거를 되살피고, 미래를 전망하는 존재이다. 과거는 기억 속에 현재까지 살아 있다는 인간의 정체성과 역사성을 이끌어내는 원천[彰往而察來]이다. 과거는 기억의 영역이고, 미래는 언제나 미지의 세상으로 남아 있으나, 『주역』은 과거와 현재를 종합하여 미래를 앞당겨 예견하는 책이라는 점에서 위대하다.

인간은 언어를 사용하는 동물이다. 언어는 대상과 주체 사이의 간격을 최소화하는 수단이다. 8괘는 사물에 이름 붙이는 개념화 작업의 결과물이다. 세상의 모든 현상과 원리를 8괘의 형상으로 요약했기 때문에 간략하

지만, 괘효에는 방대한 정보가 담겨 있다. 『주역』은 이러한 정보를 음양으로 간결화했다. 음양론은 연역법과 귀납법을 자유롭게 구사하는 장점이 있다.

『주역』은 진정한 미래학이다. 사회 과학이 부르짖는 미래 예측은 시대의 변동 같은 특수한 측면에 초점을 맞추는 경우가 많다. 진정한 미래학은 보편성을 띠어야 마땅하다. 『주역』은 유형과 무형, 숨겨진 질서와 펼쳐진 질서를 관통하여 사물의 옳고 그름을 판단할 수 있는 체계[開而當名, 辨物, 正言, 斷辭, 則備矣]를 갖추고 있다.

☖ 역은 미래학이다. 역은 단순한 문명사적 의미에서의 미래학이 아니라, 철학과 종교와 역사를 아우르는 총체적 의미의 미래학이다.

4. 명료한 언어 사용으로부터 인류를 구제하는 큰 뜻을 품어라

其稱名也小하나 **其取類也大**하며 **其旨遠**하며 **其辭文**하며
기 칭 명 야 소　　기 취 류 야 대　　기 지 원　　기 사 문
其言이 **曲而中**하며 **其事肆而隱**하니 **因貳**하여 **以濟民行**하여
기 언　곡 이 중　　기 사 사 이 은　　인 이　　이 제 민 행
以明失得之報니라
이 명 실 득 지 보

이름을 칭함은 작으나 종류를 취함은 크다. 뜻은 원대하고 말에는 문리가 있으며, 언어가 곡진하면서도 이치에 알맞으며, 일이 나열되어 있으면서도 숨겨져 있다. 의심나는 것으로 인하여 백성들의 행위를 제도하여 잃고 얻음의 응보를 밝힌 것이다."

한 편의 글이 만고에 빛나려면 시공간을 뛰어 넘는 보편적 주제이어야 할 것이다. 바이블이나 금강경 또는 『중용』과 같은 서적은 시대 상황을 초월하여 지금도 생명의 글로 불린다. 마찬가지로 『주역』의 서술 역시 인간의 이성과 정서를 만족시켰기 때문에 명료하다[其旨遠, 其辭文]는 것이다.

괘효사에 담긴 메시지는 시대를 넘나드는 호소력이 강하다. 괘를 비롯하여 괘효사의 언어 체계와 그것의 이론적 근거가 서로 그물망처럼 얽혀 일종의 유기체적 관계를 형성한다. 특별히 『주역』의 문장은 역사와 문명과 자연의 운명[吉凶]을 설명하는 데 타당하다[其言, 曲而中]. '곡曲'은 원래 부드러운 곡선을 뜻하는 글자이지만, 여기서는 곡선과 직선을 함축한 객관성의 의미로 씌여졌다.

☖ '중中'은 존재론과 가치론과 행위의 실천적 준거라는 뜻이 있다. 우선 '중'은 도덕적 규범을 비롯한 모든 것의 근원이다. '중'은 부동의 실체가 아니라, 역동적인 생명력 자체를 가리킨다. '중'은 모든 갈등과 대립을 하나로 묶어 조화를 이루는 현실태로서 살아 꿈틀거리는 생명의 본원인 것이다.

정역사상의 연구자 이상룡李象龍은 「계사전」 하편 6장의 성격을 다음과 같이 설명한다.

乾兲, 其易之門은 六宗運化하여 出入乎其中也라
건 곤 기 역 지 문   육 종 운 화   출 입 호 기 중 야

'건곤은 역의 문이다'라는 것은 6종(건곤의 여섯 자녀)이 운행하고 변화하여 건곤 속으로 출입하는 것을 뜻한다.

其衰世之意耶는 易道가 三衰而三興也라
기 쇠 세 지 의 야   역 도   삼 쇠 이 삼 흥 야

"쇠미한 세상의 뜻일 것이다"라는 것은 역도가 세 번은 쇠하고 세 번은 흥한다는 뜻이다.

夫易, 彰往而察來는 戊子宮始計己丑之數也라
부 역   창 왕 이 찰 래   무 자 궁 시 계 기 축 지 수 야

"무릇 역은 지나간 것을 분명히 알고 올 것을 살핀다"는 것은 무자

궁戊子宮에서 기축己丑의 수를 계산하기 시작한다는 말이다.

因貳, 以濟民行은 先開后闢以利生民也라
인 이 이 제 민 행   선 개 후 벽 이 리 생 민 야

"의심나는 것으로 인하여 백성들의 행위를 제도한다"는 것은 선천
개벽과 후천 개벽으로 백성들을 이롭게 한다는 뜻이다.

『주역』이 흥성한 이유는 어수선한 세상을 바로잡고 고통에 허덕이는 백성들을 구제하려는 정신이 지식층의 호응을 얻었기 때문이다.

1. 역은 성인의 우환의식에서 싹트다

易之興也 其於中古乎인저 **作易者 其有憂患乎**인저
역 지 흥 야 기 어 중 고 호 　　작 역 자 기 유 우 환 호

역이 흥성함은 중고일 것이다. 역을 지은이는 우환이 있었을 것이다.

『주역』의 역사에서 상고上古는 복희씨의 시대, 중고中古는 문왕의 시대, 하고下古는 공자의 시대를 뜻한다. '중고'는 유리옥羑里獄[1]에 갇혀서 괘사를 지은 문왕과 효사를 지은 주공周公이 주나라의 문물 제도를 정비하여 새로운 역사를 펼쳤던 시기를 가리킨다.

『주역』의 진정한 흥성은 고난과 역경을 딛고 일어선 문왕으로부터 시작한다. '우환'은 단순히 한 시대의 아픔과 고난을 슬퍼하는 개인적인 비애감과는 거리가 멀다. 우환의 대상은 모든 백성들의 생존권과 직결된 천하에 있다.

『주역』이 꿈꾸는 세상은 하루아침에 저절로 이루어지지 않았다. 오로지 안팎의 극심한 시련을 이겨내는 불굴의 의지로 인류를 사랑하고 제도하는 마음이 하늘에 닿았을 때 가능하다.

---

1) 南懷瑾/신원봉, 『주역강의』(서울: 문예출판사, 2000), 452쪽. "문왕이 갇힌 감옥은 보통 감옥이 아니었다. 주왕은 언제든 그를 죽일 수도 있었다. 주왕은 학문과 도덕 및 능력이 가장 뛰어난 문왕의 큰아들을 소금에 절여 육장을 만들어 찐빵 속에 넣어 문왕더러 먹게 했다. 그가 주역공부하는 것을 보고, 과연 자기 아들의 고기인지 알고 있는가를 알아보려는 것이었다. 문왕은 너무도 잘 알고 있었으나 먹을 수밖에 없었다. 그의 내면의 고통이 어떠 했는지 충분히 상상할 수 있다."

🛡 우환을 말끔하게 쓸어버리는 방안은 천하를 경영하는 도덕적 전략과 덕성 외에는 없다.

2. 고난의 극복은 세상의 이치를 아는 것으로부터

是故로 **履**는 **德之基也**오 **謙**은 **德之柄也**오
시 고　　리　　덕 지 기 야　　겸　　덕 지 병 야

復은 **德之本也**오 **恒**은 **德之固也**오 **損**은 **德之修也**오
복　　덕 지 본 야　　항　　덕 지 고 야　　손　　덕 지 수 야

益은 **德之裕也**오 **困**은 **德之辨也**오 **井**은 **德之地也**오
익　　덕 지 유 야　　곤　　덕 지 변 야　　정　　덕 지 지 야

巽은 **德之制也**라
손　　덕 지 제 야

이런 까닭에 리괘는 덕의 기초요, 겸괘는 덕의 자루요, 복괘는 덕의 근본이요, 항괘는 덕의 확고함이요, 손괘는 덕의 닦음이요, 익괘는 덕의 넉넉함이요, 곤괘는 덕의 분별함이요, 정괘는 덕의 땅자리요, 손괘는 덕의 지음이다.

『주역』 속에는 인생의 고뇌와 시대의 아픔을 극복하는 방법이 담겨 있다. 이른바 삼진구덕괘三陳九德卦 이론이 바로 그것이다.[2] 9덕괘의 요지는 자신을 반성하여 덕을 닦는 일로 집약할 수 있다.[3] 그리고 9덕괘는 낙서의 9궁 원리와 일치한다. 기자箕子는 수학 방정식[象數論]으로 압축한 낙서 원리를 홍범구주라는 정치 철학으로 해명하여 무왕에게 전수했다.『서경』은 홍범구주가 곧 낙서라고 규정한 적은 없다. 하지만 그 내용은 낙서 원리와 동일하기 때문에 홍범구주와 『주역』은 직간접인 연관이 있다고 말해도 과언이 아니다.[4]

---

2)『周易本義』, "此章三陳九卦, 以明處憂患之道."
3)『周易本義』, "九卦, 皆反身修德, 以處憂患之事也而有序焉."
4)『周易』에는 일체 "洪範"에 관련된 얘기가 없고,『書經』은『周易』을 언급하지 않았다. 주나라와 은나라 사이에 얼마나 민족적, 정치적, 종교적, 사상적 갈등이 깊었는가를 짐작할 수 있는

천택리괘天澤履卦(☰☱)의 위는 하늘이고 아래는 연못이다. 위와 아래는 천지가 생성한 이래로 바뀌지 않은 상하의 질서다. 사회 조직의 뼈대인 상하의 질서를 존중하면서 실천하는 덕목이 바로 '예禮'이다. 예절은 사람이 살아가는 기본이므로 리괘의 가르침을 '덕의 기초[基]'라 한다.

겸괘는 내면적으로 닦아야 하는 덕을, 리괘履卦는 그 덕을 외면적으로 실천하는 예를 말한다. 전자는 스스로를 낮춤으로써 최하위에 거처하는 것이며, 후자는 밖으로 의연하면서도 굳건하게 밟아나가는 것을 의미한다. 그래서 겸손은 '덕의 자루[柄]'라고 했던 것이다.

겸손은 자신을 낮추고, 타인을 배려하는 마음을 내면에 집중하는 것이라 할 수 있다. 진정으로 겸허한 사람은 타인들로부터 존경받기를 원하지 않는다. 오직 자아의 완성을 도모할 뿐이다. 그렇다고 『주역』은 침묵의 겸손을 강요하지 않는다. 오히려 안으로 쌓은 덕성을 사회에 이바지하라고 적극 권장한다. 겸손한 마음씨를 익힌 다음에는 반드시 강력한 실천력이 뒷받침되어야만 군자의 면허증을 획득할 수 있다는 것이다.

64괘 중에서 가장 좋은 내용은 지산겸괘地山謙卦(☷☶)에 있다. 음양의 균형을 이루는 지천태괘地天泰卦도 아니며 수화기제괘水火旣濟卦도 아니다. 겸괘는 『정역』에서 말하는 숨겨진 질서로서의 10무극과 5황극[十五原理]이 핵심축으로 형성되었기 때문이다. 유독 겸괘만이 천도와 지도와 인도와 귀신의 이치를 총체적으로 언급한 까닭에 가장 긍정적인 내용으로 일관되어 있는 것이다.[5]

지뢰복괘地雷復卦(☷☳)는 땅 속 깊은 곳으로부터 우레가 꿈틀거리고 있는 형상이다. 복괘는 어둠을 상징하는 음들 가운데 하나의 밝은 양이 솟아나 생명의 씨앗을 싹틔우는 모습을 형상화했다. 그래서 「단전」은 "복괘의

대목이다.
5) "彖曰 謙亨, 天道下濟而光明, 地道卑而上行. 天道虧盈而益謙, 地道變盈而流謙, 鬼神害盈而福謙, 人道惡盈而好謙."

이치에서 천지의 마음을 읽을 수 있다[復, 其見天地之心乎]"라고 말하여 자연의 순환을 감탄했다. 이 자연의 순환이 곧 춘하추동 사계절의 운행이다. 춘하추동은 시간이고, 동서남북은 공간이다. 시공은 존재와 가치의 근원으로서 자연의 원형이다. 그래서 복괘는 자연의 원형을 '덕의 근본[本]'이라 말했다.

『주역』은 자연의 변화 원리를 밝힌 역학易學이다. 역학의 기본 구조는 천지인 3재이다. 하늘과 인간은 서로 감응한다는 것이 『주역』의 대전제인 까닭에 하늘의 원리에 순응하여 살아가는 것이 가장 인간다운 삶이다. 하늘의 원리가 역사로 펼쳐지는 것을 탐구하는 것이 바로 역사 철학(歷歷의 이론)이다. 역사는 시간의 차원으로 전개되므로 역법曆法[6]은 역학易學과 역사歷史를 매개하는 기능을 갖는다.

자연의 변화와 역사의 진행은 모두 시간의 범주 안에서 일어나기 때문에 역학易學은 곧 역학曆學이다. 이를 종합하면 역易 = 역歷 = 역曆이다. 한대漢代에는 괘의 이론과 자연 현상을 일치시켜 『주역』을 해석하는 학문이 발달하였다. 이것이 곧 괘기설卦氣說[= 괘기역학卦氣易學]이다. 그것은 『주역』과 역법이 결합된 세계관이다. 괘기역학은 자연의 변화를 절기節氣의 변화, 즉 음양소식陰陽消息으로 설명하는 이론이다. 달리 표현하면 1년 12달과 24절기의 순환을 배합하여 천지의 합법칙성을 설명한 것이다.

24절기라는 용어는 『회남자淮南子』에 최초로 나타난다. 24절기는 동지冬至에서 출발하여 다시 동지에 이르면 1년이 된다. 그것은 정밀하게 측정된 천문학적 지식이 뒷받침되지 않으면 불가능하다. 괘기설과 24절기의 기준점 혹은 역법 계산의 원점은 동지冬至다. 괘기설과 24절기와 괘의 변화를 동짓달 중심으로 정리하면 다음과 같다.

(동지冬至) 11월 地雷復卦(䷗) → 12월 地澤臨卦(䷒) → 1월 地天泰卦(䷊)

---

6) 실제로 역법은 자연과 윤리의 결속 형식으로 나타난다.

→ 2월 雷天大壯卦(☳☰) → 3월 澤天夬卦(☱☰) → 4월 重天乾卦(☰☰) → 5월 天風姤卦(☰☴) → 6월 天山遯卦(☰☶) → 7월 天地否卦(☰☷) → 8월 風地觀卦(☴☷)→ 9월 山地剝卦(☶☷) → 10월 重地坤卦(☷☷)

납갑법納甲法과 24절기를 결합하면, 1년 360일의 정역正曆의 체계가 구성된다. 360일 ÷ 24절기 = 15이다. 여기서 15는 정역사상이 강조하는 「십오일언十五一言」에서의 10무극과 5황극에 상응한다. 즉 24절후가 자연 현상이라면, 15는 그 배후에서 24절후가 360일이라는 큰 틀에서 벗어나지 않도록 하고, 음양의 균형을 유지하도록 하는 중심체라고 할 수 있다.

冬至	小寒	大寒	立春	雨水	驚蟄
春分	淸明	穀雨	立夏	小滿	芒種
夏至	小暑	大暑	立秋	處暑	白露
秋分	寒露	霜降	立冬	小雪	大雪

24절후는 '이미' 후천에서 사용될 360일 정역正曆이 전제되어 있는 것이라 하겠다. 이런 의미에서 『정역』 맨 마지막에 나오는 「십이월이십사절기후도수十二月二十四節氣候度數」의 내용은 '절후'의 시스템과 하등 다를 바가 없다. 선천이 후천으로 넘어가는 과정에서 천지는 능동적인 창조 운동을 하는 까닭에 『정역』은 조화調和(Harmony)보다는 조화造化(Creative Change: 창조적 변화)'를 더 중시여겼던 것이다.

뇌풍항괘雷風恒卦(☳☴)는 위가 우레, 아래는 바람이다. 우레와 바람은 만물을 생장케하는 원동력이다. 인간적으로 우레는 장남, 바람은 장녀이다. 육체적으로 성숙한 장남과 장녀가 한 몸을 이루는 과정을 뜻한다. 그래서 항괘는 한결같은 마음이 바로 '덕의 견고함[固]'이며 성공의 지름길이라고 말했다.

건곤으로부터 시작하는 상경上經이 천도天道에 대한 설명 체계라면, 남녀의 결합[人事]으로 시작하는 하경下經의 첫 번 째(31번)는 택산함괘澤山咸卦이며, 남녀의 사랑과 생명은 계속 이어져야 한다는 것이 뇌풍항괘雷風恒卦다. 항괘는 자연의 영속성을 본받아 인간은 항구적인 마음을 유지하라는 의미를 담고 있다.

산택손괘山澤損卦(☶☱)의 위는 산, 아래는 연못이다. 즉 연못의 가벼운 수증기가 산으로 에너지를 발산하면서 덜어내는 형상이다. 손괘는 덜어내는 것(-)이 머지않아 보탬(+)으로 되돌아온다고 가르친다. 예를 들어 내가 먼저 밥값을 내면 당장은 손해지만, 친구는 고마움을 느끼고 언젠가 다시 나에게 보답한다. 그래서 손괘의 위아래를 뒤바꾼 택산함괘澤山咸卦(☱☶)는 음양의 교감을 말하고, 손괘를 180° 뒤집어엎은 익괘는 보탬의 이로움을 얘기했다. 한편 정신적으로나 육체적으로 나쁜 마음과 기운을 덜어내라는 의미도 있다. 이런 연유에서 손괘의 가르침을 '덕의 닦음[修]'라고 했던 것이다. 잠시 금전적인 손해를 보거나 좌절당하는 것을 두려워해서는 안 된다. 더욱 도덕적인 함양과 함께 진취적인 자세가 요구된다는 교훈이다.

풍뢰익괘風雷益卦(☴☳)는 위가 바람, 아래는 우레로서 만물을 진작시키는 우레의 기운을 바람이 실어 나르는 까닭에 '유익하다[益]'는 것이다. 안팎으로 마음이 넉넉하고 웃음이 넘쳐흐르는 것을 익괘는 '덕의 여유[裕]'라고 했다.

택수곤괘澤水困卦(☱☵)는 연못 밑에 다시 물이 있는 모습이다. 물이 흔함에도 불구하고 매우 곤궁한 처지에 놓인 양상이다. 『주역』에서 물은 험난함[坎]을 상징한다. 글자의 형태도 '곤困'은 닫힌 공간에 있는 나무는 제대로 성장할 수 없음을 뜻한다. 여기서 곤궁한 환경일수록 덕의 소중함과 냉철한 분변이 필요하다는 지혜를 얻을 수 있다. 군자는 난국을 돌파하려는 의지가 견고하지만, 소인은 도리어 곤궁에서 벗어나고자 편법을 쓰거나 불의와 손잡는다. 곤궁한 시기일수록 어떤 사람이 덕이 있는가 없는가를 시험하기 좋은 기회다. 그래서 곤괘의 내용을 '덕의 분별[辨]'이라고 말했던 것이다.

수풍정괘水風井卦(☵☴)의 위는 물이고 아래는 바람이다. 옛사람들은 땅 속 깊은 곳에서 나오는 물을 마시기 위해 샘머리에 돌을 쌓아 우물을 만들었다. 한마디로 우물은 땅에 근본한다[井, 德之地也]는 것이다. 땅에서 솟은 우물물은 갈증을 느끼는 자에게 목을 추기게 하고, 마을 사람 모두의 생명수 노릇을 톡톡히 한다.

문제는 우물 자체를 고스란히 다른 곳으로 옮길 수 없다는 것에 있다. "마을은 바뀌어도 우물은 바뀌지 않는다[改邑不改井]."[7] 평생 잘 마시던 우물을 뒤로 하고 다른 곳으로 삶의 터전을 옮길 수 있으나, 우물터는 붙박이라는 뜻이다. 인간은 이동하면서 살아가지만, 고정된 우물터는 옮길 수 없기 때문에 정괘는 '덕의 땅[地]'이라고 규정했다. 우물은 마치 덕망 높은 사람은 외롭지 않고 반드시 그를 따르는 사람이 있을 것이라는 '덕불고德不孤, 필유린必有隣'[8]의 격언을 실감나게 한다. 덕은 결단코 상황 논리에 의해 좌우되어서는 안 된다. 덕은 진리에 대한 외경심과 하늘에 대한 경건성에서 우러나오는 자연스러움의 발로이기 때문이다.

몇 년 전에 부처님 오신 날을 기념하여 KBS가 다큐멘타리 특집으로 제작한 "고요한 성자의 나라, 티벳의 무스탕을 찾아서"가 방영된 적이 있다. 자연과 부처에 대한 경건한 마음으로 삶의 여유를 만끽하며 사는 티벳인의 생활을 영상으로 찍은 프로그램에서 아나운서는 이런 멘트를 하였다. "수행자가 험난한 고원 지대를 숨가쁘게 넘어가면서 듣는 것이라곤 신령을 모시는 장소에 걸린 깃발이 바람에 나부끼는 소리와 야크의 목에 걸린 방울소리 뿐이다." 그 수행자가 마부에게 말했던 '바람은 대지가 숨쉬는

---

7) '마을은 바뀌어도 우물은 바뀌지 않는다[改邑不改井]'는 말은 井卦 「象傳」에 나온다.
8) 坤卦 2효 「文言傳」에서 "直, 其正也. 方, 其義也, 君子敬以直內, 義以方外, 敬義立而德不孤, 直方大不習无不利, 則不疑其所行也."고 했다.

소리'라는 화두가 지금도 귀에 생생하다. 바람은 천지가 살아 있음을 증거하는 숨결이다. 바람은 천지의 에너지를 이곳에서 저곳으로 전달하는 자연의 호흡인 것이다.

중풍손괘重風巽卦(☴)는 위 아래 모두가 바람이다. 바람은 하늘로부터 땅으로 내려온다. 바람은 힘의 상징이다. 바람은 틈을 비집고 모든 곳에 스며든다. 그래서 '손은 들어감[巽, 入]'이라고 했던가? 바람의 등에 업혀 날아온 에너지는 온갖 만물을 빚어내는 동력이다. 자동차는 휘발유를 먹고 달리지만, 인간은 밥을 먹고 덕을 쌓으면서 살기 때문에 손괘는 '덕의 지음[制]'이라고 했던 것이다. 덕을 짓는 행실에서 공손함보다 더 나은 것은 없다.

☆ 9덕괘의 원리는 낙서와 일치한다. 왜냐하면 상수론이 전제되어 있기 때문이다. 고단한 세상을 반영한 9덕괘 원리는 홍범구주洪範九疇와 연결시켜 이해할 필요가 있다.

3. 덕의 효과

履는 和而至하고 謙은 尊而光하고 復은 小而辨於物하고
리　화 이 지　　겸　존 이 광　　복　소 이 변 어 물

恒은 雜而不厭하고 損은 先難而後易하고
항　잡 이 불 염　　손　선 난 이 후 이

益은 長裕而不設하고 困은 窮而通하고
익　장 유 이 불 설　　곤　궁 이 통

井은 居其所而遷하고 巽은 稱而隱하니라
정　거 기 소 이 천　　손　칭 이 은

리는 조화하면서도 지극하고, 겸은 높으면서도 빛나고, 복은 작으면서도 사물을 분변하고, 항은 섞여 복잡하면서도 싫어하지 않고, 손은 먼저는 어렵지만 나중은 쉽고, 익은 길고 여유로우면서도 인위적 행위를 베풀지 않고, 곤은 곤궁하면서도 통하고, 정은 제자리에 머물면서도 옮겨가는 것이고, 손은 일에 잘 맞으면서도 숨기는 것이다.

이 글은 '삼진구덕괘'에서 이진二陳에 해당한다. 일진一陳이 덕의 기초와 그 성격을 얘기했다면, 여기서는 덕을 실천했을 때의 효과를 언급하고 있다. 리괘는 예절을 표상한다.『주역』에서 말하는 예절이 과연 사회를 유지하기 위한 타력적 규범인가, 아니면 인간의 도덕성에 근거한 자율적 규범인가의 문제가 부각된다. 리履는 인간의 자율성에 근거한 도덕의 기초[履, 德之基也]이다. 예절의 본질은 소통에 있다. 소통이 배제된 예절은 허례에 불과하다. 상대방을 존중하는 소통의 예절을 통해 조화의 지극한 경계[和而至]에 도달할 수 있다.

리履는 신발[履]이다. 신발을 신지 않으면 발을 다치기 십상이듯이, 예절을 실천하지 않으면 공부 열심히 하고 시험 치르지 않는 것과 같다. 예절은 사회 구성원 사이의 조화가 생명이다. 조화는 중용에 부합하는 것을 뜻한다. '지至'는 지나치거나 모자람이 없는 중용의 도리에 들어맞는 것이다. 나와 너, 우리가 모두 조화롭게 살아가는 것이 예의 본질이다.

겸괘(䷎)에서 3효는 뭇 여성에 둘러싸인 청일점青一點으로서 유일한 양陽이다. 그 지위가 높음에도 불구하고 스스로를 낮추는 겸손한 행실은 더욱 빛나기 때문에 덕의 손잡이[謙, 德之柄也]라고 했다. 산이 땅 위에 있는 것이 정상인데, 도리어 산이 땅 아래에 숨어 있는 형상이다. 자신을 낮추는 겸손의 극치를 나타낸다. 겸괘는 몸을 낮추는 미덕이 되돌아와 빛난다[尊而光]는 겸손의 효력을 가르친다.

복괘(䷗)는 하나의 양이 싹트기 시작하지만 아직은 그 세력이 미미하다. 복괘 초효는 박괘剝卦(䷖) 상효가 아래로 내려온 것이다. '복'은 한 바퀴 순환하여 원래의 자리로 되돌아온다는 덕의 근본[復, 德之本也]을 상징한다. 아이가 갑자기 어른으로 성장할 수 없는 것과 마찬가지로 봄이 여름을 뛰어넘어 가을이 될 수 없다. 세상은 비약을 허용치 않는다는 뜻이다. 복괘의 하나의 양 에너지는 비록 작지만 만물의 이치를 분변하면서[復, 小而辨於物] 서서히 위로 올라가 6양六陽의 건괘乾卦에 이를 수 있다.

항恒은 처음부터 끝까지 일관성을 고수하는 자세를 의미한다. 잡雜은 온갖 모순되는 사건들이 뒤섞여 마음을 혼란스럽게 한다는 글자다. 언제나 일정한 마음을 갖기는 쉽지 않다. 혼란의 극한 상황 속에서도 마침과 시작의 진리에 부합하는 마음을 잡아야 한다. 어려움을 극복하는 일이 지겹다고 샛길에 곁눈질하거나, 일심一心 지키는 것을 싫증내서는 안 된다[雜而不厭].

세상일 어느 것 하나 쉬운 일이 없다. 중학교 시절, 선생님이 "영어는 처음에는 쉽고 나중은 어려운 반면에, 독일어는 처음에는 어렵지만 나중에는 쉽다"고 한 말이 떠오른다. 수도승조차도 생존의 동력인 욕망과 욕심을 덜어내기는 무척 어렵다고 고백한다. 덕을 닦는 일 또한 처음은 어렵지만 차츰 쉬워진다[先難而後易]. 자신을 덜어내 남을 이롭게 하는 것이 바로 '덕의 닦음[損, 德之修也]'이다.

마음은 평온하고 얼굴에 미소를 띤 성자의 모습이 새삼 그립다. 위선으로 가득 찬 마음으로 덕을 베푸는 것은 거지에게 밥을 던져주는 동냥과 하등 다를 바 없다. 덕은 남에게서 빌릴 수 있거나 돈으로 살 수 있는 상품이 아니며, 억지로 팔 수 있는 물건도 아니다[益, 長裕而不設]. 덕은 키울수록 남에게 베풀 여유가 생긴다. 타인에게 덕을 베푸는 행위는 천지에 보은報恩하는 길로 통한다.

곤困에는 힘든 처지를 꾹 참고 견디면서 덕을 분변한다[困, 德之辨也]는 의미가 함축되어 있다. 쇠는 자주 담금질할수록 아주 단단해진다. 곤경은 비록 육체는 힘들어도 정신을 강인하게 만드는 치료약이다[困, 窮而通].

샘물은 항상 그 자리를 지키면서 목마른 자의 목을 추겨준다. 우물은 옮길 수 없지만[井, 德之地也] 그 혜택은 널리 옮겨질 수 있다[井, 居其所而遷]. 우물을 트럭에 싣고 이사갈 수 없으나, 우물물은 이동이 가능하다. 군자는 우물의 덕성을 본받아 자신의 자리를 지키면서 정도를 실천하여 모든 사람이 이익을 누릴 수 있도록 해야 한다.

손괘(☴)는 하나의 음이 두 양 아래에 움추린 모습이 마치 남의 시선을 아랑곳하지 않고서 묵묵히 덕을 짓는 일[巽, 德之制也]로 비유할 수 있다. 덕을 짓는 행위를 공개하여 자랑해서는 안 된다. 공손[巽: ☴]의 도리에 어긋나기 때문이다. 누룽지를 오래 삶은 숭늉이 고소한 것처럼, 사물의 경중 輕重을 헤아리고 덕을 감춰 자신을 내세우지 않는 것[稱而隱]이 공손의 덕목이다.

🔯 ☞ 덕의 함양을 통해 여유로운 삶을 살찌우자.

4. 어려움을 극복하는 방법

履以和行코 謙以制禮코 復以自知코 恒以一德코
리 이 화 행　　겸 이 제 례　　복 이 자 지　　항 이 일 덕
損以遠害코 益以興利코 困以寡怨코 井以辨義코
손 이 원 해　　익 이 흥 리　　곤 이 과 원　　정 이 변 의
巽以行權하나니라
손 이 행 권

리의 원리로써 조화롭게 행동하고, 겸의 원리로써 예를 제정하고, 복의 원리로써 스스로 알고, 항의 원리로써 덕을 한결같이 하고, 손의 원리로써 해로움을 멀리하고, 익의 원리로써 이로움을 일으키고, 곤의 원리로써 원망을 적게 하고, 정의 원리로써 의를 분변하고, 손의 원리로써 권도를 행한다.

이 대목은 구덕괘 이론의 삼진三陳에 해당한다. 여기서는 군자의 실천 강령을 중심으로 우환에 대처하는 방법과 천하를 구제하는 이치를 말하고 있다. 첫째, 리는 예절의 실천이다. 예절은 조화가 생명이다. 나의 예절을 남에게 강요할 수는 없다. 타율이 개입되기 때문이다. 타인이 기쁜 마음으로 받아들일 때 진정한 소통이 가능하다. 리괘는 예절의 획일적인 통일이 아니라, 조화의 감화력[履以和行]을 강조한다.

둘째, 겸손은 덕을 이끌어 나가는 덕의 손잡이다. 겸괘는 인간의 자율적

인 도덕성을 바탕으로 예를 제작하라[謙以制禮]고 권고한다. 겸손하고 양보하는 일이 예의 실질이다. 반대로 교만한 마음으로 자신을 앞세우는 일은 예의 정신을 퇴보시킨다. 『주역』은 원리의 예와 실천의 예를 나눈다. 원형이정이 원리의 예라면, 리괘와 겸괘에서 말하는 예는 구체적인 실천 방안을 짓는 것이라 할 수 있다.

셋째, 되돌아 옴[復]은 자연의 필연 법칙이다. 그것은 저절로 이루어진다. 예컨대 직장인은 아침에 출근하여 열심히 일한 다음에 저녁에는 집으로 돌아와 내일을 위해 휴식을 취한다. 산악인 역시 정상에 오른 뒤에 원래의 자리로 돌아온다. 자연과 역사와 인간사 모두는 하나의 원리로 순환한다는 것이다. 인간의 마음 역시 욕망을 불태웠다가도 이성을 되찾는다. 인간은 타율에 의존해 반성하는 것이 아니라, 스스로 알아서 본성을 회복하여[復以自知] 잘못을 고쳐나가는 위대한 동물이다.

넷째, 항恒은 일정한 덕성을 굳게 지켜나가는 것을 뜻하는 글자다. 항덕恒德은 상도常道를 한결같이 붙잡는[恒以一德] 것이고, 감정의 기복이 심한 것을 변덕變德이라 부른다. 군자는 상덕을 지켜 존경받으나, 소인은 변덕을 부려 사람들을 괴롭히고 곤란하게 만드는 데 달인이다. 군자와 소인은 일심一心으로 덕을 지키느냐의 여부에 따라 준엄한 평가를 받기 마련인 것이다.

다섯째, 손損과 익益은 반대 일치의 논리이다. 상인들이 장사에 손해보면 망할뿐 명예는 손상당하지 않는다. 언제든지 재기할 수 있기 때문이다. 『주역』은 욕심을 덜어내면 해로움에 멀어진다[損以遠害]는 원칙을 내세워 수신修身의 첫걸음으로 삼았다. 욕망의 몸무게를 다이어트시키면 행복해지는 반면에 욕망의 체중을 불릴수록 악의 구렁텅이에 빠진다.

여섯째, 인간이 영원히 소유할 수 있는 물건은 이 세상에 존재하지 않는다. 잘 나가는 사람도 돈과 명예와 권력을 내놓고 죽는다. 움켜쥘수록 불행하다. 익益의 일차적 의미는 나의 것을 더 보탠다는 것이 아니라, 남의 부족한 것에 더욱 보태준다는 뜻이다. 익괘는 잘못을 고쳐 선善으로 옮기고, 날마다 덕을 쌓는다면 이로움이 저절로 불어나는[益以興利] 개과천선을 으뜸의 덕목으로 삼는다.

일곱째, 곤괘困卦는 곤궁을 말한다. 곤궁할수록 남을 원망해서는 안 된다[困以寡怨]. 공자에 따르면, 곤괘의 핵심은 덕을 분변하는 것[困, 德之辨也]이고, 곤궁의 극한에 이르면 새로운 국면을 맞이한다[困, 窮而通]고 했다. 옳고 그름을 분별하여 곤궁한 처지에서 벗어나면 오랫동안 쌓인 원망은 한 순간에 해소된다. 불행의 원인을 남탓으로 돌리면 돌파구가 생기지 않는다. 잘잘못은 나에게서 비롯되기 때문이다. 하늘을 원망하지 말고, 남을 책망하는 일이 없으면 원망 살 일은 사라진다.

여덟째, 우물은 물을 마시는 사람의 신분이나 빈부의 차별을 두지 않는다. 정괘井卦는 우물물에 빗대어 공사公私의 구분에 엄정할 것을 일깨운다. 우물의 가치는 사람을 기르는 것에 있기 때문에 군자는 의로움[井以辨義]을 따져 불의를 배척할 의무가 있다. 군자는 옮겨서는 안 되는 우물을 옮기려 고집피우거나, 옮겨야 할 우물의 혜택은 옮기지 않는 어리석음을 저질러서는 안 된다. 어느 독재자도 자신을 반대하는 국민을 외국인으로 대체할 수는 없다. 독재자(우물물)는 바뀔 수 있지만, 백성(우물)을 바꿀 수는 없다. 불의와 정의는 양립할 수 없는 것이다.

아홉째, 손巽은 순종하여 따름 또는 들어감[入], '저울'이라는 의미가 있다. 유교의 도덕률에 상도常道와 권도權道가 있다. 목숨을 내던져 상도를 지키는 사람이 원칙론자라면, 상도를 잠시 벗어나지만 결과는 상도에 부합하는 권도[臨機應變]를 중시하는 사람을 변칙론자라 부른다. 능률을 소중한 가치로 여기는 권도는 한 번으로 그쳐야 한다. 권도의 사용에는 조건이 있다. 시간의 정신 또는 도덕적 가치와 상충하지 않는 범위에 한정된다.

『주역』은 고리타분한 원칙론만 숭상하지 않는다. 그렇다고 효율의 극대화를 위한 권도를 항상 인정한다는 것도 아니며, 특히 이들의 어설픈 절충론에도 동의하지 않는다. 다만 시세의 흐름과 백성의 이익이라는 전제 조

건이 충족될 경우는 권도 역시 필요하다.[9]

	九卦	德	性	用
1	履	德之基也	和而至	履以和行
2	謙	德之柄也	尊而光	謙以制禮
3	復	德之本也	小而辨於物	復以自知
4	恒	德之固也	雜而不厭	恒以一德
5	損	德之修也	先難而後易	損以遠害
6	益	德之裕也	長裕而不設	益以興利
7	困	德之辨也	窮而通	困以寡怨
8	井	德之地也	居其所而遷	井以辨義
9	巽	德之制也	稱而隱	巽以行權

🎴 공자는 아홉 개의 괘를 뽑아 우환에 대처하는 자세와 천하를 다스리는 방법을 깨우치고 있다. 호병문胡炳文(1250-1333)[10]은 9덕괘 이론이 상경과 하경을 중심으로 대대논리待對論理와 상수론의 원칙에 맞추어 배열되었음 발견했다. 즉 상경의 건괘乾卦 → (9번) 리괘履卦 : 하경의 항괘恒卦 → (9괘) 손익괘損益卦가 구성된다. 또한 상경의 리괘 → (5번) 겸괘謙卦 : 하경의 익괘 → (5번) 곤정괘困井卦가 구성된다. 또한 상경의 겸괘 → (9괘) 복괘復卦 : 하경의 정

---

9) 남회근, 앞의 책, 457-458쪽 참조, "도덕적 기초 위에서는 임기응변이 가능하다. 마르틴 루터의 '어떤 수단도 가리지 말고 최고의 도덕을 완성하라'는 말에서, 일반인은 앞 구절인 '수단을 가리지 말라'만 말하고, 뒤 구절 '최고의 도덕을 완성하라'는 말에는 주의하지 않는다. 『易經』의 관점에서 볼 때, 마르틴 루터의 말은 수정되어야 한다. 마땅히 '수단을 가려 최고 도덕을 완성하라'로 수정되어야 할 것이다."

10) 元나라 徽州 婺源 사람으로 자는 仲虎, 호는 雲峰이다. 어려서부터 배우기를 좋아했다. 朱熹의 宗孫에게 『주역』과 『서경』을 배워 주자학에 잠심했으며, 특히 『주역』에 뛰어났다. 저서에 『周易本義通釋』과 『書集解』, 『春秋集解』, 『禮書纂述』, 『四書通』, 『大學指掌圖』, 『五經會義』, 『爾雅韻語』 등이 있다.

괘 → (9괘) 손괘巽卦가 구성된다. 또한 상경의 복괘 → (8괘) 하경의 항괘 : 손괘 → (8괘) 미제괘未濟卦가 구성된다. 이러한 논리는 결코 우연히 형성된 것이 아니다.[11] 그것은 5황극을 핵심으로 움직이는 낙서洛書에 근거한 이론이라 하겠다.

정역사상의 연구자 이상룡李象龍은 「계사전」 하편 7장의 성격을 다음과 같이 설명한다.

作易者 其有憂患은 一羗一錦也라
작 역 자 기 유 우 환　일 유 일 금 야

"역을 지은이는 우환이 있었을 것이다"라는 것은 한 번 착한 말을 하면 한 번 아름다워 진다는 뜻이다.

九德之卦는 唯作易者能之也라
구 덕 지 괘　유 작 역 자 능 지 야

9덕괘는 역을 지은 사람만이 능히 할 수 있다는 뜻이다.

---

11) 『原本周易備旨具解』, 1109쪽, "雲峯胡氏曰 此章三陳九德, 雖夫子偶卽九卦言之. 然上經自乾至履九卦, 下經自恒至損益亦九卦, 上經履至謙五卦, 下經益至困井亦五卦, 上經謙至復又九卦, 下經井至巽又九卦, 上經自復而後八卦而爲下經之恒, 下經自巽而未濟亦八卦."

『주역』은 인류가 낳은 사유의 발전소이자 지혜의 보물 창고다. 역은 우주와 이 세상의 이치를 객관적으로 읽어내어 그것의 현실화를 모색한 책이다. 『주역』은 자연학과 인간학을 하나로 통합하여 인류가 지향할 보편적 가치를 제시한 책으로서 인간이면 누구든지 잠시도 눈을 뗄 수 없는 무오류의 경전이다.

1. 역은 변화의 영속성을 탐구하는 학문이다

易之爲書也 不可遠이오 **爲道也屢遷**이라 **變動不居**하여
역 지 위 서 야 불 가 원　　위 도 야 루 천　　변 동 불 거

周流六虛하여 **上下无常**하며 **剛柔相易**하여 **不可爲典要**오
주 류 육 허　　상 하 무 상　　강 유 상 역　　불 가 위 전 요

唯變所適이니
유 변 소 적

주역이란 책은 멀리하지 못할 것이요 도 됨은 자주 옮긴다. 변동하여 한 곳에 머물지 않고 상하사방에 두루 흘러서 오르내림에 일정한 법칙이 없으며, 강유가 서로 바뀌어 불변의 전범으로 삼을 수 없으며, 오로지 변화하여 나아간다.

　만물은 변화한다. 세상과 역사도 끊임없이 변화한다. 『주역』은 변화 속에서 불변의 가치를 추구한다. 진리는 변화하지 않는다. 사람과 상황에 따라 달라지는 상대적, 주관적, 우연적인 지식은 진리의 범주에 들어설 수 없다. 오직 절대적, 객관적, 필연적인 지식이어야만 신뢰할 수 있다. 그렇다면 불변의 진리[道]와 자주 옮기는 도[爲道也屢遷][1]란 무엇인가? 이는 시

---

1) '爲道'는 생성(Becoming)과 궁극 원리(Ultimate Principle)의 조합어로서 생명의 창조적 전진을 가리키는 개념이다. 『주역』에서 말하는 天地陰陽은 하늘과 땅, 남성과 여성, 균형과 불

공을 초월한 불변의 진리를 찾으라는 것인가, 아니면 시공에 내재한 진리를 찾으라는 것인가? 전자가 서양 철학의 주요 관심사라면, 『주역』은 초월성과 내재성을 충족하는 진리를 추구하라고 깨우친다. 만물의 변화의 속에서 항구불변의 원리라는 두 마리 토끼를 잡으라는 것이다. 불변에만 매달리면 현실에 대한 적응력이 부족하고, 변화에만 매달리면 임기응변의 상황 논리를 부추기거나 세속에 물들기 쉽기 때문에 『주역』은 양자의 겸비를 강조했던 것이다.

『주역』의 세계는 한 곳에 머물지 않고[變動不居] 현장에서 살아 꿈틀거리는 지식을 선호한다. 고정된 일정 불변의 지식은 닫힌 시간과 공간에서 만들어진 기계적 사고의 부산물에 불과하다. 『주역』은 이러한 사유를 단연코 거부한다. 그것은 이곳과 저곳, 삶과 죽음, 밝음과 어둠의 세계를 넘나들어 시공을 꿰뚫는[周流六虛] 진리의 눈동자, 생명의 길이다. 주역책은 수직과 수평을 가로질러 강유剛柔에 얽매이지 않으며, 낡고 녹슨 과거만을 지향하는 지식을 거부하면서[不可爲典要] 항상 새롭고 변화에 능통할 수 있는 진리를 찾으라고 강조한다. 현실과 미래에 대한 전망을 극명하게 밝힌 『주역』을 날마다 곁에 두고 행동의 지침으로 삼아야 마땅하다[易之爲書也不可遠].

Ken Wilber(1949-현재)는 『아이 투 아이』라는 책에서 앞으로 종교와 과학과 철학의 궁극적 통합이야말로 21세기가 나아갈 방향이라고 지적한다. 실로 개별 학문 사이의 벽을 허물고 종교와 과학과 철학을 통합을 위해서는 가장 먼저 감각의 눈, 이성의 눈, 초월의 눈이라는 인식론의 차이점을 분명히 알고, 이들의 통합화 과정에서 범주 오류를 범해서는 안 된다는 당위성을 제기한다. 현대 과학은 감각의 눈에, 철학은 합리적인 이성적

균형, 변화와 불변의 대립과 통일의 원리다. 음양은 서로 대립하고 서로 통일하는 관계로 존립한다. 이 둘을 포함하면서 새롭게 나타나는 새 차원과 기존 차원 사이의 교차 논리가 바로 역동적 '時中'이다.

사유에, 신비주의는 명상의 눈(관조의 눈)에 의해 지식이 형성되는데, 종종 현대 과학과 신비주의를 동일선상에서 논의하는 것 자체가 범주 오류를 범하는 것이라고 혹독하게 비판한다.[2] 즉 지식인들은 이같은 문제를 너무 쉽게 간과한다는 사실이다.

그것의 대표적 예가 바로 신과학新科學이다. 신과학은 신비주의와 물리학을 동일선상에서 논의하는 것으로부터 출발한다. 하지만 과학적 용어와 개념과 세계관을 가지고 현대 물리학과 신비주의를 통합하려고 시도하는 까닭에 진정한 통합이 불가능하다. 켄 윌버는 여태까지의 여러 학문 간에 이루어지는 학제 교류는 평면상에서만 이루어졌기 때문에 어쩔 수 없이 범주 오류를 범할 수밖에 없었다고 지적한다. 이를테면 6층의 건물이 있고, 각 층마다는 아주 많은 방들이 있는데, 현재는 각 층의 이 방 저 방을 기웃거리면서 인접 학문의 특성을 엿보면서 서로를 종합하려고 했다는 것이다. 따라서 더 이상 건물의 특정층에 안주해서는 안 되며, 자기가 속한 층을 중심으로 위아래 층 모두에 속해 있는 학문의 성격과 패러다임을 인식한 다음에야 비로소 신비주의 입장에서 과학과 철학과 종교의 통합 가능성이 열릴 수 있다고 말한다.[3]

---

2) 켄 윌버는 앞으로의 문화는 신비주의의 극치인 영성 문화일 것이라고 단언한다.

3) 과학의 경험적 분석적 탐구는 자연 속의 사물을 대상으로 연구한다. 정신적 - 현상학적 탐구는 역사 속의 상징들을 연구한다. "가장 중요한 전제는 (감각 영역에서 드러난 혹은 감각 영역으로서 드러난) 자연과 (지적 영역에서 혹은 지적 영역으로 드러난) 인간 역사 사이의 구별일 것이다. 경험적 - 분석적 탐구는 상징하려는 연구자가 비상징화된 상황을 바라본다는 점에서 독백적(monologue)이다. 그러나 정신적 - 현상학적 탐구는 상징화하는 연구자가 다른 상징화하는 상황을 본다는 점에서 대화적(dialogue)이다. 간단히 말해서 경험적 - 분석적 탐구는 자신의 핵심 자료로 감각 영역을 수용한다. 정신적 - 현상학적 탐구는 지적 영역을 자신의 핵심 자료로 수용한다. 켄 윌버는 관조(명상)의 눈으로 볼 수 있는 영역을 초월적 탐구라고 한다. 바로 선불교에서의 禪이 그것이다. 선의 핵심이자 기초는 어떤 이론, 교리, 신념 또는 명제가 아니라 모든 진정한 지적 추구에서와 마찬가지로 하나의 교시, 전범에 있다. 이러한 교시적 요소 - 좌선 혹은 정관 - 는 수 년에 걸친 특수한 훈련과 혹독한 수행을 요구한다. 좌선은 단순히 가능한 인지적 드러남을 위한 교시적 도구일 뿐이며, 읽기를 배우지 않으면 결코 『맥베스(Macbeth)』를 이해할 수 없는 것처럼 그 사람은 그런 드러남에 발달적으로 적절

역의 세계는 가공架空(fiction)의 유희가 아니다. 오히려 삶에 직간접적으로 도움을 준다. 『주역』은 구체적인 현실 타개의 방법을 제시해 준다기보다는 합당한 사유와 행위의 법도를 가르친다. 『주역』은 지혜의 책이지 지식을 얻는 수험서가 아니다. 이 세상 모든 종교의 경전은 삶의 지침서라는 점에서 『주역』은 생각의 지도[4]이다.

생각이 녹슬면 행동은 거칠게 나타나기 마련이다. 공자는 "배우기만 하고 생각하지 않으면 얻음이 없고, 생각만 하고 배우지 않으면 위태롭다"[5]라고 했다. 무조건 배우기만 하고 사색이 뒤따르지 않으면 위태롭고, 동굴에 파묻혀 생각만 하고 책 읽는 배움이 뒤따르지 않으면 허망하다. 사색 없이 글공부에만 전념하면 단편적인 지식은 획득할 수 있을지언정 체계적인 지식은 얻을 수 없다는 것이 전자의 폐단이고, 후자만 강조할 경우는 선각자들의 지적 교훈은 아무런 쓸모가 없다. 오로지 좌선을 통해 부처의

해야만 한다는 것이다. 언어적 인식이나 추론이 지적 영역인 것처럼, 우리는 명상적 각성 또는 관조는 초월적 영역에 대한 것이라고 말할 수 있을 것이다. 둘 다 도구이자 인지적 드러남의 영역이다. 좌선의 교시는 언제나 "그대가 불성이 있는 지 알고 싶으면, 그대는 먼저 이것을 하라"는 형식을 취한다는 것은 놀라운 일이 아니다. 그것은 실험적이며 체험적인 교시이다. 가장 중요한 조건은 올바르게 보기 위해서는 오직 훈련된 눈으로 보아야 한다는 것이다. 물론 초월적 지각의 대상물인 그 자료는 정신적이거나 감각적인 눈으로는 지각될 수 없다. 깨달음은 저 밖에 있는 감각 대상이 아니며 안에 있는 정신적 주관도 아니다. 깨달음은 그렇게 존재하는 비이원적 영성, 즉 영성에 의한 영성으로서의 영성의 직접적인 파악, 주체와 객체 이전의 것을 드러냄으로써 주체와 객체를 통합하는 파악, 따라서 객관적 – 경험적 또는 주관적 – 현상학적 인지 능력을 전적으로 넘어선 파악을 자체의 대상물로 취하고 있다. 헤겔이 말한 것처럼 이것은 "정신이 더 높은 차원, 즉 주관성이나 객관성이 하나의 무한한 작용 속에서 통합된 수준에서 자신에게로의 회귀이다."(『아이 투 아이』 서울: 대원출판, 2004), 128-137쪽 참조.
4) 리처드 니스벳/최인철, 『생각의 지도』(서울: 김영사, 2004), 목차 참조. 니스벳은 동서양 사상에 대한 생각(사유)의 지형을 탐색하였다. 그는 동양의 道의 정신과 서양의 3단논법, 더불어 사는 삶과 홀로 사는 삶, 전체를 보는 동양과 부분을 보는 서양(세상을 지각하는 방법의 차이), 동양의 상황론과 서양의 본성론(인과론적 사고), 동사를 통해 세상을 보는 동양과 명사를 통해 세상을 보는 서양(동양의 관계와 서양의 규칙), 논리를 중시하는 서양과 경험을 중시하는 동양(서양의 논리와 동양의 중용), 경제 구조와 사회적 행위의 기원은 실생활에 주는 교훈이라고 밝힌다.
5) 『論語』「爲政」, "學而不思則殆, 思而不學則罔."

경지에 이르려고 노력하는 일체의 행위는 맹목적이라는 말이다.

『주역』의 진리가 보편성을 띠는 까닭은 자주 옮기는 영속적인 변화의 문제를 포착할 수 있는 장점이 있기 때문이다. 『주역』에서 말하는 도는 변동하여 잠시도 머무르지 않고, 우주에 두루 흘러 위로 올라갔다 아래로 내려갔다 하면서 강유가 서로 뒤바뀌어 시공에 구속되지 않는다. 이 세상에 고정된 법칙은 존재할 수 없다. 만물은 시공의 법칙에 따라 변할 뿐이다.

장횡거張橫渠(1020-1077)[6]는 기氣의 '모이고 흩어지는[聚散] 운동 방식'으로 우주를 설명했다. 우주를 가득 채우는 에너지가 모였다 흩어지는 과정에서 기의 양量에는 가감加減이 없다는 것이다. 이를 물과 얼음으로 비유할 때, 물이 얼음이 되면 양은 줄어들지만, 얼음이 녹으면 다시 물이 되어 원래의 양을 유지하는 것처럼 에너지의 전체 양은 전체적으로 변동이 없다는 뜻이다. 이는 인간의 삶과 죽음의 논리에도 그대로 적용된다.

'육허六虛'는 상하사방의 시공간을 뜻한다. 육허는 곧 우주다. 생명의 에너지는 온 우주를 가득 채운다. 수증기가 모이면 구름이 되고, 구름이 무거워지면 비가 되어 땅을 적신다. 더운 날씨에 수증기는 하늘로 올라가 구름이 되어 굵은 빗방울을 만든다. 추운 겨울에는 구름이 얼어붙어 온 세상에 흰눈이 펑펑 내린다.[7] 이렇듯 수증기(물기운)는 온갖 변화를 일으키는

---

6) 그의 기철학은 조선의 徐敬德(1489-1546)으로 이어지고, 다시 그 제자인 土亭 李之菡(1517-1578)으로 계승되었다. 서울과 경기도를 중심으로 충청도와 호남 지방에 널리 퍼진 기철학은 영남의 退溪(1501-1570)를 중심으로 하는 理 哲學과는 그 성격이 다르다.

7) 세상과 자신을 원망하면서 삿갓 하나를 재산삼아 동가식서가숙했던 떠돌이 시인 金炳淵(1807-1863)에 얽힌 얘기가 있다. 다음은 嚴冬雪寒의 아침에, 눈 속에 삿갓 하나 받치고 동쪽에서 불끈 솟는 해를 바라보며 다시 길 찾아 떠나는 신세를 읊은 내용이다.

天皇崩乎人皇崩 천황이 돌아가셨느냐, 인황이 돌아가셨느냐?

万樹靑山皆被服 만가지 나무들과 푸른 산이 모두 흰 상복을 입었네.

明日若使陽來弔 날이 밝아 태양이 문상을 오자,

家家擔前淚滴滴 집집마다 처마끝에 눈물이 뚝뚝 떨어지네.

김삿갓은 들판과 바위와 냇가와 산 등 온 세상이 흰눈을 뒤집어쓴 모습을 보고 '상복'이라고 표현하였다. 그리고 밝음의 래원인 태양은 천황이 돌아가셨다는 부고장을 받고서는 즉각 햇빛으로 부조금을 대신했다. 차가웠던 눈은 햇빛을 받자마자 아뜨거라 하면서 녹아내렸다.

원동력이 되어 대지에 생명을 불어넣는다.

상하사방의 우주[六虛]에서 만물이 한 곳에 머물지 않는 현상은 효(음양)가 6효 속에서 두루 흘러 변화하는 이치와 똑같다. 자신이 현재 서 있는 자리가 다르거나, 보는 시야가 다르면 사물을 바라보는 관점도 달라진다. 산지박괘山地剝卦(☶☷)와 지뢰복괘地雷復卦(☷☳)를 뒤집어보면 이같은 상황을 금방 이해할 수 있다. 양이 극단에 이르면 음이 생겨나고, 음이 극단에 도달하면 양이 생겨나는 것처럼 강이 극단에 이르면 유로 변화하고 유가 극단에 이르면 강으로 변화하는 까닭에 '불변의 전범으로 삼을 수 없으며, 오로지 변화하여 나아가는 것[不可爲典要, 唯變所適]'이다.

물체는 부드러움과 강한 실체로 이루어져 있다. 강유는 언제나 서로 조화롭게 뒤바뀐다.[8] 이런 연유에서 이 세상에는 고정되고 획일화된 법칙이란 존재하지 않는다. 오직 시간의 제약을 받으면서 알맞게 변화할 뿐이다.

세상은 음양의 이치, 즉 밝음과 어둠, 삶과 죽음이라는 양면성을 지니면서 변화한다. 사람이 삶을 마쳐 죽으면 자식이 다시 부모의 뜻을 이어간다. 이것이 바로 생명 유전자의 원리인 것이다. '적適'은 타당하고 합당한 이치를 의미한다. 사물은 오직 시간의 법칙에 의해 변화한다. 변화는 시간의 얼굴이다. 그래서 『주역』은 '유변소적唯變所適'이라고 했다.

🏮『주역』은 과거와 현재와 미래라는 어느 한 곳에 집착하는 사고를 경계한다.『주역』은 천문과 인문을 비롯하여 사회와 역사를 꿰뚫는 넓은 안목을 틔우라고 일깨운다. 획일화된 관념은 개인과 사회의 불행이다. 감성과 이성과 도덕성을 두루 함양하는 길이 최상이다.

태양은 말없이 문상을 하지만, 애꿎게도 겨울의 비서실장인 고드름이 녹아 눈물을 흘리면서 꾸벅꾸벅 절한다고 천재적 재기를 발휘했다.

8) 강함과 부드러움이 조화를 이룬다는 '剛柔相濟'란 말이 있다. "강함과 부드러움이 조화를 이루기 위해서는 양극단을 금기사항으로 삼아야 한다. 너무 부드러우면 상대방은 당신을 업신여길 수 있으며, 너무 굳세면 상대방은 당신이 위협한다고 비난할 수 있다. 이것은 두 수단이 조화를 이루는 것이 아니라 서로 분리된 것이라 할 수 있다."(李一宇/장연, 『세치 혀가 백만 군사보다 강하다』 서울: 김영사, 2004, 484쪽.)

2. 천지를 나의 실존 근거로 인지하라!

其出入以度하여 **外內**에 **使知懼**하며 **又明於憂患與故**라
기 출 입 이 도　　외 내　사 지 구　　우 명 어 우 환 여 고

无有師保나 **如臨父母**하니 **初率其辭而揆其方**컨댄
무 유 사 보　여 림 부 모　　초 솔 기 사 이 규 기 방

旣有典常이어니와 **苟非其人**이면 **道不虛行**하나니라
기 유 전 상　　구 비 기 인　　도 불 허 행

나가고 들어옴에 절도(법도)로써 하여 밖과 안에 두려움을 알게 하며, 또한 우환과 그 까닭을 밝혀 놓았다. 스승과 보필자가 없으나 부모가 임한 것 같이 한다. 처음에 그 말을 따라 방법을 헤아려보면 이미 떳떳한 법도가 있거니와, 진실로 지극한 사람이 아니면 도는 헛되이 행해지지 않는다.

『주역』이 씌여진 목적은 '나아가고 물러가는 것은 절도로써 하고, 안팎의 변화에 두려움을 알도록 하는 것'에 있다. 여기서 가장 중요한 것은 바로 '헤아릴, 법도 도度'라는 개념이다. 이를 수학 언어로 표현하면 절도節度 또는 도수度數[9]이다. 절도가 춘하추동 사계절의 규칙적 움직임이라면, 도수란 피타고라스가 말하는 '우주의 언어'일 것이다. 그것은 하늘의 규칙적인 패턴 또는 질서로서 어떤 개인이 인위적으로 창안한 주관적 억측이 아니라, 우주의 객관적인 보편성을 뜻한다.

64괘는 물과 불의 절도 있는 결합에 의한 완성과 미완성을 드러낸다. 그것은 수화기제괘水火旣濟卦(䷾)와 화수미제괘火水未濟卦(䷿)가 대변한다. 물과 불을 상징하는 음양이 제자리에 존재하는가, 즉 절도를 지켰는가에 따라 완성과 미완성이 결정되는 것을 뜻한다. 특히 물[水]의 조화가 빚어낸 주역 60번 째 수택절괘水澤節卦(䷻)에는 마음이 초조하고 불안해서 어찌할 바를 모른다는 뜻으로 사용한 '안절부절安節不節'이란 말이 3효와 4효에 나

---

9) 『書經』「周書」, "無逸"에는 周公의 말이 실려 있다. '하늘의 명은 스스로의 법도가 있다天命自度'는 말에서 '度'는 하늘의 말 없는 명령 혹은 하늘의 질서(도수), 언어를 가리킨다. 度는 곧 하늘과 시간의 선험적인 수학 법칙을 가리킨다.

온다. 시간과 공간의 상황에 부합하는가에 따라 '안절'과 '부절'로 나타나는 것이다. 우리 모두는 시간의 본성, 즉 철을 모르기 때문에 불안한 나날을 보낼 수밖에 없는 운명이다. 따라서 먹고 살기에 바쁜 대부분의 현대인들은 모두 철부지節不知 인생이다. 성인은 자연 법칙을 본받아 문물 제도를 비롯한 도덕적 규범을 세우고, 욕망을 조절하는 교과서인 경전을 만들어 문화인을 양성했던 것이다.

어떤 텔레비젼 광고에 유명 코메디언이 건전지를 끼운 인형과 북을 두드리는 시합이 있었다. 시간이 갈수록 지치고 힘든 코메디언의 모습과 건전지의 강력한 힘을 비교하는 광고였다. 인형은 건전지가 방전되면 북을 치지 못한다. 하지만 우주라는 밧데리는 한 번도 방전된 적이 없다.

우주는 만물을 생성하는 에너지로 가득 채워져 있다. 에너지의 총체가 바로 우주인 것이다. 우주는 봄, 여름, 가을, 겨울의 4계절이 끊임없이 돌아가도록 하는 운동의 순환성을 본질로 한다. 따라서 6효는 바로 원형이정元亨利貞 또는 생장수장生長收藏으로 우주의 순환을 형상화한 것이다. 학자들은 위에 있는 3효 단괘單卦를 상괘上卦라 하고, 아래에 있는 3효 단괘를 하괘下卦라 표현했다.

정역사상은 하괘를 선천, 상괘는 후천으로 간주한다. 이런 의미에서 '밖과 안에 두려움을 알게 한다[外內使知懼]'는 말은 선천의 하괘에서 후천의 상괘로 넘어가는 상황(3爻에서 4爻로 넘어가는 단계)에서 생기는 두려움을 뜻한다고 할 수 있다. 이는 선후천의 전환이 전제된 풀이다. 하지만 대부분의 해석서는 '출입'을 이곳에서 저곳으로 옮길 때의 조심스럽고 올바른 행위라고 풀이하였다. 이는 『주역』 사상을 윤리 차원에서 이해한 것으로 이웃나라 중국과 조선조 말기 이전까지의 전통이었다.

'출입에 따른 두려움'은 하늘의 운행 질서인 도수度數에 근거하여 선천이 후천으로 전환될 때의 위급성을 암시한다.[10] 그래서 「계사전」 9장에서는

---

10) 주자는 학자적 양심에 입각하여 잘 모르겠다고 풀이했다. "此句未詳, 疑有脫誤."

'2효는 영예로운 일이 많고 4효는 두려운 일이 많고, 3효는 흉한 일이 많다[二多譽, 四多懼, … 三多凶]'라고 3효와 4효의 상황을 반복해서 얘기한 것이다. 도수에는 역도수逆度數와 순도수順度數가 있다. '역도수는 고난의 행군'을 뜻하는 개념이다. 선천의 역도수는 자연과 역사와 문명의 발전 과정에 숱한 두려운 일[懼]이 수반된다는 사실을 담지한다. 반면에 순도수로 돌아가는 후천은 혹독한 시련을 극복한 사람에게 다가오는 희망의 전령인 것이다. 굽이굽이 곡절 많은 것이 인생사라는 말이 있다. 하늘과 땅이 움직이면서 수놓는 발걸음에 의거하여 행동하면 한결 두려움이 가벼워질 것이다.

　기독교의 역사관은 종말론과 직결되어 있는 까닭에 『주역』의 논리와 충돌을 빚을 수밖에 없다. 종말은 역사를 비롯한 모든 것을 파멸로 치닫게 하는 시간의 종말을 뜻한다. 그것은 공포의 대상이다. 하지만 '두려움[懼]'은 눈에 보이지 않는 까닭에 불안에 잠기도록 한다. 『주역』에서 말하는 종말은 새로움의 창조적 진화를 겨냥한다. 종말이 시간의 직선적 진행으로 인해 파국으로 치닫지만, 『주역』의 종말론에는 우주가 순환하여 원점으로 돌아간다는 영원회귀의 논리가 확고부동한 전제로 깔려 있다.

　『주역』에서 말하는 두려움은 '홀로 있음을 삼가는 정신[愼獨]'과 다르지 않다. 마음은 몸으로 말하듯이, 하늘은 자연으로 말한다. 하늘은 항상 인간의 마음과 행위를 들여다보고 있다. 타인을 속일 수 있을지언정 자신의 마음과 하늘을 속일 수는 없기 때문이다. 사람의 마음을 지켜보고 있는 하늘을 어찌 속일 수 있겠는가.[11] 『중용』은 홀로 있을 때 생기는 온갖 마음병, 즉 두려움을 치유하는 법방은 마음단속이라는 주장을 펼친다.[12]

　인류 역사에서 태평성대를 제외하고 우환과 가난과 고통은 형제 사이보

---

11) 『詩經』「大雅」"生民之什·板", "하늘은 밝고 밝아 네가 나가서 가는 곳까지 미치며, 하늘은 밝고 밝아 네가 놀고 방종하는 것까지 지켜본다.[昊天曰明, 及爾出王, 昊天曰旦, 及爾游衍.]"
12) 『中庸』1장, "숨은 것보다 더 잘 드러나는 것이 없고, 은미한 것보다 더 잘 나타나는 것이 없다. 그러므로 군자는 홀로 있을 때를 삼간다.[莫見乎隱, 莫顯乎微, 故君子愼其獨也.]"

다도 가까웠다. 위 문장에서 가장 중요한 술어는 '고故'이다. 그것은 원인, 까닭, 이유 등을 일컫는 만물의 근원을 뜻한다. 『주역』은 절망과 희망, 괴로움과 기쁨의 원인, 만물이 생겨나는 이유를 밝히고 있다. 세상의 온갖 근심과 걱정을 피하기 위한 방법[避凶趣吉]이 바로 절도 있는 사고와 행동 [出入以度]이라는 것이다.[13]

우환에 빠진 인류에게 든든한 후원자가 있다. 만물의 본원인 천지가 바로 그 주인공이다. 그러므로 특정한 스승이나 보필자가 없더라도 천지는 인자한 부모처럼 무언의 가르침을 주면서 늘 우리 곁에 있다[如臨父母]. 이런 점에서 『주역』은 수평의 논리보다는 수직의 논리가 핵심이다. 이를테면 지천태괘(䷊)의 이름을 붙일 때는 위에서 아래로(땅을 먼저, 하늘은 나중에), 해석할 때는 초효로부터 시작해서 상효로 올라간다. 생명은 하늘이 부여하기 때문에 인간은 평생 하늘을 머리에 짊어지고 하늘의 뜻을 받들며 살아가라는 의무가 괘의 형태에 반영되어 있는 것이다. 그러니까 생명 창조의 원천인 하늘[天 = 父]과 무한한 삶의 터전인 땅[地 = 母]의 숨결을, 즉 천지부모를 '나의 실존의 근거'로 인식하라[如臨父母]고 가르친다.

조선조 말기의 학자였던 김항金恒(1826-1898)은 천지를 자신의 부모로 인지했다. 그는 상제上帝를 천지부모로, 자신은 못난 자식으로 표현했다. 더 나아가 가슴에서 우러나오는 눈물을 흘리며 『정역』을 받들어 썼다고 술회했다.[14] 천지는 말을 하지 않으나 규칙적으로 움직이는 자연 현상으로 스스로를 드러낸다는 사실을 사무치게 깨닫고는 자신은 하늘의 말씀

---

13) 『周易』은 우환을 해소하는 방법과 그 궁극적 이유를 밝혀 놓았다. 여기서의 우환은 직접적으로는 文王과 紂(殷周 교체 시기의 은나라 마지막 왕) 사이에 벌어진 천하 쟁탈의 극심한 혼란을 가리킨다. 일반적인 의미의 정권 교체는 당연하다. 그러나 세상을 뒤바꾸는 혁명은 명분과 실리의 싸움으로 비쳐지기 십상이기 때문에 오랜 시일이 지나야 그 정당성이 입증된다. 정치를 왜곡하여 백성의 행복을 외면하는 위정자는 바뀌어야 한다는 것이 동양 정치학의 불문율이다.

14) 『正易』「十五一言」“化无上帝重言”, “推衍无或違正倫, 倒喪天理父母危. 不肯敢焉推理數, 只願安泰父母心. 歲甲申七月十七日己未, 不肖子金恒, 感泣奉書.”

(logos)를 대신 구술한 증언자에 불과하다고 낮추었다. 그가 천지와 인간의 관계를 고백한 다음의 시는 영혼을 울린다.

아아! 천지가 말씀이 없으시면,
일부가 무엇을 말하리오.
천지가 말씀이 계시니,
일부가 감히 말하노라.
천지가 일부에게 말하라고 말씀하시니
일부는 천지의 말씀을 말하노라.[15]

천지가 무슨 말을 하는가? 앞에서 말한 '여림부모如臨父母'에서 무엇무엇과 같다는 뜻의 '같을 여如'[16)는 무궁한 상상력을 일으키는 언어다. '여'는 천지부모에 대한 외경심에서 비롯된 종교성의 극치를 뜻한다. 그것은 생명의 근원인 천지부모에 대한 내면적 체험을 표현한 것이므로 천지를 대화의 파트너 정도로 설정하는 일 자체는 불경스런 태도가 아닐 수 없다.

왜냐하면 그것은 천지와 인간을 부자 관계로 통찰한 사무친 체험에서 우러나온 깨달음의 언어이기 때문이다. 한마디로 성인의 종교 체험이 바로 '여림부모如臨父母[incarnation]'의 본질적 의미인 것이다. 이는 탈자연화脫自然化가 근대성의 출발이라고 인식하는 계몽주의적 발상과는 전혀 다르다. 오히려 합자연화合自然化야말로 미래의 문화가 지향해야 할 방향성을 제시한 것이라고 할 수 있다.

김항은 천지와 성인[至人]과 인간의 관계를 다음과 같이 설파하였다. "천지는 일월이 아니면 빈 껍질이요, 일월은 지인이 아니면 헛된 그림자에

---

15) 『正易』「十五一言」"一歲周天律呂度數", "嗚呼! 天地无言, 一夫何言. 天地有言, 一夫敢言. 天地言一夫言, 一夫言天地言."
16) 『論語』「八佾」, "祭如在, 祭神如神在. 子曰 吾不與祭, 如不祭." 공자는 죽은 조상을 살아 있는 것같이 모시고, 제사에 참석하지 않으면 제사를 지내지 않는 것과 같다고 했다.

불과하다."[17] 천지의 분신이 곧 일월이고, 천지일월이 낳은 만물의 영장이 인간이라는 것이다. 인간은 한낱 피조물에 불과한 동물이 아니라, 천지와 동격으로 자기 초월할 수 있는 위대한 존재다. 결국 인간론은 천지론으로 환원되고, 천지론은 인간론을 수렴하는 것이다.

『주역』 공부는 누구에게나 개방되어 있다. 공부는 각자가 하기 나름이다. 배우면 배울수록 어려운 것도 쉽게 깨우칠 수 있다. 공부에는 일정한 순서가 있다. 처음에는 괘효사의 말을 공부하다보면 차츰 깊은 세계로 나아가는 방법을 터득할 수 있다[初率其辭而揆其方]. 비록 『주역』 공부에는 다양한 기초 지식을 습득할 필요하지만 정열을 쏟는 만큼 얻는 것도 많다.

예컨대 음양으로 구성된 괘, 괘의 의미를 설명한 괘사, 괘사에 내재된 상수와 의리, 64괘의 명칭과 의미, 하도낙서 등 다양한 상식은 초보자로 하여금 쉽게 접근할 없도록 하는 장치가 도사리고 있다. 하지만 서둘지 않고 하나하나씩 익히면 천변만화 속에 일정하고 떳떳한 법도[旣有典常]가 있다는 것을 알 수 있다. 괘사卦辭와 상사象辭와 효사爻辭를 차근차근 읽고 단사彖辭를 음미할 줄 알면 반쯤은 성공한다. 지금까지 미로와 같았던 64괘를 얽어맨 틀이 보이기 시작하면서 『주역』이 지향하는 방향과 목표를 알 수 있는 것이다.

진실로 궁극의 경계에 도달한 사람이 아니고는 『주역』의 의미는 자칫 허상에 불과한 것으로 왜곡되기 쉽다. 『주역』은 무턱대고 마음을 비우라고 가르치지 않는다. 오로지 학문에 정진하여 현세의 시대 정신과 우환을 고뇌하며, 변화 가운데 두려움을 알고 하늘의 법도대로 배우고 실천해야 한다. 인간은 아무리 세상살이가 힘들고 어려울수록 정도를 걸어야 할 것이다.[18]

17) 『正易』 「十五一言」 "一歲周天律呂度數", "天地匪日月空殼, 日月匪至人虛影."
18) 알렉산드르 푸쉬킨(Aleksandr Sergeevich Puskin: 1799-1837)은 「삶이 그대를 속일지라도」라는 시에서 고난을 겪은 다음에는 희망이 다가옴을 노래했다. "삶이 그대를 속일지라도 슬퍼하거나 노하지 말라. 슬픈 날을 끝까지 참고 견뎌라. 그러면 즐거운 날은 오고야 말

진리는 살아서 생사를 넘나드는 불멸하는 생명의 길이다. 진리가 무엇이라고 규정하는 인간은 고작 생사의 윤회에서 헤매고 있음을 고백하는 것에 불과하다. 진리는 하늘의 도를 온몸으로 깨달은 자에게만 제대로 보인다. 문화유산은 제대로 볼 줄 아는 사람에게 역사적 진실을 보여준다는 말이 있듯이, 진실로 깨달은 사람[至人]이 아니면 도가 헛되이 행해지지 않는다[苟非其人, 道不虛行]. 진리를 깨우친 사람이 아니면 천지의 도는 아무런 의미가 없다.

✿ 도는 인간의 주체적 자각을 통해서 진리의 보편성이 한층 빛나고, 인간은 진리를 통해서 거듭 태어날 수 있는 것이다.

정역사상의 연구자 이상룡李象龍은 「계사전」 하편 8장의 성격을 다음과 같이 설명한다.

不可爲典要, 唯變所適은 三代之易이 變爲正易也라
불 가 위 전 요　유 변 소 적　　삼 대 지 역　　변 위 정 역 야

"(강유가 서로 바뀌어) 불변의 전범으로 삼을 수 없으며, 오로지 변화하여 나아간다"는 것은 3대의 역이 정역으로 바뀐다는 뜻이다.

其出入以度, 外內 使知懼는 乃使裨瀛之外內로 懼而從道也라
기 출 입 이 도　외 내　사 지 구　　내 사 비 영 지 외 내　　구 이 종 도 야

"나가고 들어옴에 절도로써 하여 밖과 안에 두려움을 알게 한다"는 것은 작고 넓은 바다를 통틀어 안팎으로 하여금 두려워하면서 도를 따르게 한다는 뜻이다.

리니. 마음은 미래를 바라보지만, 현재는 한없이 우울한 것, 모든 것 하염없이 사라지나, 지나가 버린 것은 그리움으로 남게 되리니."

无有師保, 如臨父母는 一元之人이 感之敬天也라
무 유 사 보   여 림 부 모   일 원 지 인   감 지 경 천 야

"스승과 보필자가 없으나 부모가 임한 것 같이 한다"는 것은 궁극
으로 깨달은 사람이 감동하여 하늘을 공경한다는 뜻이다.

苟非其人, 道不虛行은 天生至人이어늘 大道貫天也라
구 비 기 인   도 불 허 행   천 생 지 인   대 도 관 천 야

"진실로 지극한 사람이 아니면 도는 헛되이 행해지지 않는다"는 것
은 하늘이 지인至人을 낳아 대도가 하늘을 꿰뚫었다는 뜻이다.

시간의 본질은 생명의 창조와 지속성이다. 시간의 흐름에 부응하기 위한 유일한 방법은 인간의 주체적인 판단에 따른 시간 경험이다. 『주역』의 시간 경험은 시간 자체를 따지는 근본적 물음보다는 도덕성 함양의 방법 또는 행위의 적합성과 직결된 문제였다. 『주역』은 시간의 특수한 상황에 부합하는 올바른 행위가 성공을 담보하는 조건으로 꼽는다.

1. 역은 시간의 창문으로 들여다보아야

易之爲書也 原始要終하여 **以爲質也**코 **六爻相雜**은
역 지 위 서 야　원 시 요 종　　　이 위 질 야　　　육 효 상 잡

唯其時物也라
유 기 시 물 야

역의 글됨은 처음을 근원으로 하여 마침을 살피는 것을 본질로 삼는다. 여섯 효가 서로 뒤섞임은 오직 시간의 전개 과정을 밝힌 물건이다.

역의 목표는 원시요종原始要終의 원리를 밝히는 데 있다. 원시요종이란 만물이 처음으로 생겨난 이유와 그 최후는 어떻게 되는가라는 천지의 목적과 과정을 뜻한다. 역은 생명의 시작[始]을 근원으로 하여[原] 끝매듭[終]을 알아보려는[要] 의도에서 지어졌다. 『주역』은 생명이 왜 무엇 때문에 생겨났고[최초의 원인＝原始] 생명의 귀환처는 어딘가[최종의 결과＝要終]의 궁금증을 풀기 위해 만들어졌다. 천지가 창조된 궁극적 이유를 알면 그 이후의 과정과 결과도 알 수 있다는 것이다.

'시'가 원인이라면 '종'은 결과일 것이다. 그렇다면 '원시요종'은 과학에서 말하는 인과론인가? 그러나 '원시요종'을 인과론과 혼동해서는 안 된다. 인과론은 원인이 있으면 반드시 그것에 상응하는 결과가 있으며, 원인

이 없으면 결과도 없다는 뜻으로 사물의 탄생과 발전을 설명하는 아주 좋은 방법이다.

인과율이 갖는 강점은 사고의 명료성에 있다. 인과율에 의하면, 왜군이 쏜 총알(원인)이 이순신의 가슴에 박혀 피를 흘리며 죽은 것이지(결과), 이순신이 죽은 다음에 총알이 날아와 심장에 박힐 수는 없다. 결과가 원인을 앞설 수는 없다는 것은 인과율의 철칙이다. 아기를 낳은 다음에 임신할 수 없다는 말은 원인이 있어야 반드시 결과가 있다는 말과 전혀 다를 바가 없다. 이는 곧 시간의 모태는 과거에 있기 때문에 인간은 현재에서 과거로, 즉 할아버지가 소년으로 되돌아갈 수 없다는 이치와 같다. 인과론은 시간의 역전 현상이 불가능하다는 것을 내포한다.

그러나 괘의 구성 원리를 설명한 「설괘전」은 처음에서 끝으로[始終 = 直線]의 사유가 아니라, 끝과 시작은 서로 맞물려 있다는 종시론終始論을 얘기한다.[1] 종시론은 시공간이 처음으로 생겨난 이후, 자연과 문명과 역사는 둥그런 원을 그리면서 돌아가는 것을 뜻한다. 이를테면 뱀이 자신의 꼬리를 물고 도는 우로보로스 형상처럼 순환한다는 말과 같다. 『주역』에서 말하는 우주와 시간의 순환은 과거의 것이 마냥 되풀이한다는 단순 반복형의 논리가 아니다. 한마디로 원시요종은 시간에 대한 순환의 지평에서 규정한 대목이다. 그러니까 인과론은 『주역』의 순환론에 수렴된다고 할 수 있다.

인과론은 홀로그램 우주론에서 보면 흡족한 대답을 줄 수 없다. 인과론은 이미 펼쳐진 질서를 설명하는 방법으로 유용할지 모르지만, 숨겨진 질서의 패턴에 대해서는 침묵할 수밖에 없다. 그래서 과학은 인과론을 벗어난 문제에 대해서는 곧잘 신의 영역으로 돌리고 만다. 무책임의 극치다. 그것은 인과론적 지식을 신봉하는 믿음에서 나오는 당연한 귀결이다.

『주역』은 주로 괘와 효의 논리로 구축되어 있다. 괘효卦爻가 진리의 공간화 표상 방식이라면, 하도낙서河圖洛書는 진리의 시간화 표상 방식이다. 시

---

1) 『周易』 「說卦傳」 6장, "終萬物始萬物者, 莫盛乎艮." 결단코 『周易』은 始終論(終末論)이 아니다.

간과 공간의 경계선은 언어를 초월한다. 괘는 생명의 신비와 시간의 수수께끼를 하늘의 뜻[天命]²⁾이라는 형식을 빌려 기호로 표상한 것이다. 또한 6효는 시공간 안에서 사물이 변화하는 모습을 단계적으로 구분한 상징체다. 그렇다면 6효가 형성된 근거는 무엇인가? 그것은 시간의 본성이다. 6효가 뒤섞여 복잡한 것 같지만 질서정연하게 배열된 것은 오직[唯 = only에 주목] 시간의 전개 과정을 밝히기 위한 것[六爻相雜, 唯其時物也]이다.

주역학자들은 시물時物을 '때와 사건'으로 분리하여 시간의 흐름과 공간적 확장이라고 풀이했다. 물론 이를 시공의 정황에 적절하게 대처하라는 상징적 문건文件이라고 번역해도 틀리지 않다. 『주역』은 왜 '시간'의 중요성을 강조하는가. 그것은 '때의 정신(시간의 본질)'을 파지해야만 현재와 미래에 대한 올바른 전망과 함께 행위의 타당성을 확보할 수 있기 때문이다.

힘쓰고 힘써 시간의 정신에 의거하여 두려워하면 비록 위태로우나 허물이 없을 것이다.³⁾

군자가 덕 쌓는 일에 나아가고 세상일을 닦는다는 것은 때에 맞추고자 하는 것이다. 그러므로 허물이 없다.⁴⁾

덜고 보태고 차고 비는 것은 때와 함께 움직인다.⁵⁾

하늘에 부응하여 시간의 정신으로 행한다.⁶⁾

움직이고 고요함에 그 때를 잃지 않는다.⁷⁾

때(시간의 본성)를 잃음이 극심하기 때문이다.⁸⁾

---

2) 「說卦傳」1장, "昔者聖人之作易也, 將以順性命之理, 立天之道曰陰與陽, 立地之道曰柔與剛, 立人之道曰仁與義."
3) 乾卦 「文言傳」3효, "乾乾, 因其時而惕, 雖危, 无咎矣."
4) 乾卦 「文言傳」4효, "君子進德修業, 欲及時也, 故无咎."
5) 損卦 「象傳」, "損益盈虛, 與時偕行."
6) 大有卦 「象傳」, "應乎天而時行."
7) 艮卦 「象傳」, "動靜不失其時."
8) 節卦 2효, "失時極也."

변하여 통하는 것은 때(시간)에서 취한 것이다.[9]

(군자가) 그릇을 몸에 간직하여 때를 기다려 움직이면 어찌 이롭지 않음이 있겠는가.[10]

천지에 둥지를 틀고 사는 만물은 생로병사의 과정을 겪는다. 시간은 과거에서 현재로 현재에서 미래로 하염없이 흘러간다. 시공의 형식으로 벌어진 천지부모의 의지 또는 제약을 받는 인간은 시간의 정신을 제대로 파악해야만 올바른 길을 찾을 수 있는 것이다.

🀫 때[時間]에 알맞은 행위는 불운을 행운으로 돌리는 열쇠이다.

2. 처음을 잘 보아야 끝도 잘 보인다네

其初는 **難知**요 **其上**은 **易知**니 **本末也**라 **初辭擬之**하고
기 초　난 지　기 상　이 지　본 말 야　초 사 의 지
卒成之終하니라
졸 성 지 종

처음은 알기 어렵고 위는 알기 쉬우니, 본말을 뜻한다. 처음의 말을 견주어보고 끝내는 마침을 이룬다.

우리는 어떤 시간과 공간에 위치하느냐에 따라 운명이 결정되는 것을 종종 경험한다. 건괘는 시공간의 특수한 상황으로 인해 군자의 행동 방식이 달라짐을 말한다. 건괘의 6효는 잠룡潛龍 → 현룡見龍 → 종일건건終日乾乾 → 혹약재연或躍在淵 → 비룡飛龍 → 항룡亢龍의 과정을 거치면서 변화한다.

일반인은 나팔꽃과 백합의 작은 씨앗을 식별하지 못하지만, 활짝 핀 나팔꽃과 백합꽃은 누구도 잘 구분한다. 땅 속에 파묻힌 씨앗의 실체는 잘 모르지만, 씨앗이 발아하여 싹이 터서 가지와 열매와 꽃을 피우면 씨앗의

---

9) 『周易』「繫辭傳」하편 1장, "變通者, 趣時者也."
10) 『周易』「繫辭傳」하편 5장, "藏器於身, 待時而動, 何不利之有."

정체를 알 수 있다는 것이다. 처음은 알기 어렵고 나중은 알기 쉽다[其初
難知, 其上易知]는 사실은 농부가 가장 잘 안다. 씨앗 → 싹 → 줄기 → 가
지 → 잎 → 열매의 과정을 밟는 것이 바로 식물의 일생이다. 자그마한 옹
달샘에서 발원한 물이 냇물을 이루어 뚜렷이 드러나는 것처럼 세상살이는
처음은 알기 어렵지만 나중은 잘 알 수 있는 것이다.

　도둑이 어느 집 담을 넘어 숨었다가[潛龍] 거실을 어슬렁거리면서[見龍]
값진 물건을 잽싸게 챙기느라 무척 바쁘다[終日乾乾]. 훔친 물건을 비싼 값
으로 장물애비에게 넘긴[或躍在淵] 다음에 유흥가를 돌면서 흥청망청 돈을
낭비하다가[飛龍] 끝내는 경찰에 붙잡혀 쇠고랑을 찬다[亢龍]. 한편 경찰은
절도 사건의 미세한 실마리를 찾아 사건을 종결짓는다. 경찰은 도둑을 검
거하기 위해 한 올의 머리카락이나 지문을 수집하고 목격자의 증언을 토
대로 수사를 펼친다. 증거 확보와 사건의 배경을 알면 의외로 도난 사건은
쉽게 해결될 수 있다. 그토록 어렵다던 『주역』의 세계도 알고 보면 쉽다.
그것은 근본과 말엽[本末]을 구분하는 것으로부터 시작하면 된다.[11]

　☆『대학』역시 근본과 지엽, 끝과 시작, 먼저 할 일과 나중에 할 일을 아는
것이 학문의 목표라고 했다.

3. 중도는 윤리와 시비 판단의 준거

若夫雜物과 **撰德**과 **辨是與非**는 **則非其中爻**면 **不備**하리라
약 부 잡 물　선 덕　변 시 여 비　즉 비 기 중 효　불 비

만약 물건을 섞은 것과 덕을 가리는 것과 옳음과 그름을 분변하는 것은
중효가 아니면 갖추지 못할 것이다.

　64괘의 성격을 알 수 있는 방법은 세 단계가 있다. 복잡다단한 사물의
세계를 읽고[雜物], 거기에 내재된 품성을 찾아[撰德] 옳고 그름을 판단하

---

11) 『大學』 1장, "物有本末, 事有終始, 知所先後, 則近道矣."

는 지혜[辨是與非]가 바로 그것이다. 먼저 각 괘의 중앙 효[中爻]들의 내용을 정확히 독파해야 한다. 왜냐하면 초효와 상효는 본말本末의 관계이며, 중효가 바로 괘의 구성의 근거이기 때문이다.

괘를 읽는 방법은 우선 효가 어떤 구조로 섞여 있는지를 잘 알아야 한다. 그리고 괘에 함축된 성격을 뽑아낸 다음에 길흉의 옳고 그름을 분변하는 것이다. 곧 만물의 복잡성[雜物]에서 보편적 원리[撰德 = 仁]를 도출하고, 올바른 도덕적 가치 판단[是非 = 義]을 내려야 하는 것이다.

주자는 '중'을 초효와 상효를 제외한 2효, 3효, 4효, 5효라고 풀이했다. 초효와 상효가 본말이라면, 나머지 네 효는 내용물이라는 것이다.[12] 각 괘의 초효와 상효 사이에서 벌어지는 변화와 운동이 바로 64괘의 바탕이라는 뜻이다. 만약 원인과 결과만 있고[本末: 초효와 상효] 과정이 없다면(네 효) 사물의 인과율은 허상에 불과하기 때문이다.

괘의 구성 문제에 심혈을 기울였던 소강절은 복괘팔괘차서도伏犧八卦次序圖를 염두에 두고 팔괘는 텅빈 중中에서 출현한다고 술회했다. "선천의 학문은 심법이기 때문에 그림은 중(앙)에서 비롯되니 온갖 변화와 일들은 마음에서 생겨난다. 그림에는 비록 문자가 없으나 내가 하루종일 말한다고 할지라도 이것에서 벗어나지 않으니, 대개 천지만물의 이치는 그 중에 다 갖추어져 있다."[13]

✡ 『주역』의 주제는 '중中'의 정신으로 집약할 수 있다. '중'에는 다양한 의미가 있으나, 그 가운데 최초의 아기우주(Baby Universe)를 형성시킨 우주의 배꼽, 만물 생성의 근거 또는 핵심(Core)을 뜻하는 형이상학적 일자一者의 의미가 가장 중요하다. 우주의 배꼽[中]의 자기 전개에 의해 유출되는 생

---

12) 『周易本義』, "此, 謂卦中四爻." 한편 '중'이란 하괘의 2효, 상괘의 5효를 가리키는 것으로 해석할 수 있다.

13) 『皇極經世書』「觀物外篇」, "先天學, 心法也, 故圖皆自中起, 萬化萬事生乎心也. 圖雖無文, 吾終日言而未嘗離乎是, 蓋天地萬物之理, 盡在其中矣." 소강절은 복희팔괘도와 문왕팔괘도의 구성에 대해서 '도상은 모두 中으로터 비롯된다[圖皆自中起]'라고 말한 바 있다.

성 과정이 괘의 질서로 형상화된 것이라 할 수 있다.

4. 괘사의 중요성을 가볍게 여기지 말라

噫라 亦要存亡吉凶인댄 則居可知矣어니와
희　　역요존망길흉　　　즉거가지의

知者觀其彖辭하면 則思過半矣리라
지자관기단사　　　즉사과반의

아아! 또한 존망과 길흉을 요구할진대 앉아서도 알 수 있다. 지혜로운 자가 단사를 보면 생각의 절반 이상을 알 수 있을 것이다.

'희噫'는 탄식한다는 감탄사다. 『주역』의 요체는 나아갈 때 나아가고 물러날 때 물러나 흉을 피하고 길한 삶을 영위하는 것에 있다. 나아갈 때 물러나거나 물러날 때 나아가면 흉하다. 진퇴를 분명히 하는 것이 생존의 갈림길인 것이다.

공자는 밤길을 비추는 가로등보다도 밝은 마음의 방향등을 「단전」에 담아냈다. 단사는 괘의 총론[14]일 뿐만 아니라 인간다운 삶의 길을 근본적 차원에서 밝힌 명언이다. 단사를 알면 굳이 효사를 읽지 않아도 세상사를 알 수 있는 까닭에 점칠 필요가 없다. 괘 전체를 압축한 단사를 읽으면 『주역』 전반에 대한 이해의 심화는 물론 역을 지은 성인의 심층 세계의 절반 이상을 알 수 있는 것이다[知者觀其彖辭, 則思過半矣].

사람은 삶에서 갖가지 세상사와 만나 다양한 인생을 연출한다. 『주역』을 읽으면 취길피흉趣吉避凶의 길을 눈 감고도 찾을 수 있다. 단 조건이 있다. 전체 틀을 보는 안목과 윤리적 자세가 필요하다. 도덕을 팽개친 채 행운만을 쫓는 행위는 소인의 심보와 다르지 않다.

☆『주역』을 아는 자는 길흉에 의존하지 않는다.

---

14)『周易本義』, "彖, 通論一卦六爻之體."

5. 부드러운 중용의 손길

二與四同功而異位하여 其善이 不同하니 二多譽코
이 여 사 동 공 이 이 위　　　기 선　　부 동　　　이 다 예

四多懼는 近也일새니 柔之爲道不利遠者컨마는 其要无咎는
사 다 구　　근 야　　　유 지 위 도 불 리 원 자　　　기 요 무 구

其用柔中也일새라
기 용 유 중 야

2효와 4효가 공능은 같지만 위치가 다르기 때문에 그 선함이 같지 않으므로 2효에 명예가 많고 4효에 두려움에 두려움이 많은 것은 (5효에) 가깝기 때문이다. 부드러움의 도 됨이 (5효에) 먼 것이 이롭지 않지만 그 허물 없는 요령은 부드러움으로 중도를 쓰기 때문이다.

이 대목은 5효를 중심으로 2효와 4효의 관계에서 발생하는 기능과 가치를 얘기한 내용이다. 효의 효용성은 강유와 음양을 떼놓고 언급할 수 없다. 2효와 4효는 5효 양을 배후에 두고 똑같이 음이 음 자리에 있다[同功]. 하지만 2효와 4효는 각각의 위상이 다른 까닭에 등급이 다르다. 이를테면 2효 도지사는 5효 대통령에게서 멀리 떨어진 반면에 4효 장관은 아주 가깝다. 명함에서 나오는 권력의 힘이 다르기 때문에 백성들에게 베푸는 손길 역시 다를 수밖에 없는 것이다[其善, 不同].

2효에 영예가 많고 4효는 두려운 일이 많은 이유는 5효와의 거리에서 비롯된다[二多譽, 四多懼, 近也]. 지방관은 중앙 정부에서 멀리 떨어져 여유로운 반면에 승진의 기회는 적다. 4효 장관은 막중한 권한에 비례해서 각종 책임이 뒤따르는 구설수가 생기게 마련이다. 또한 2효 지방관은 중앙으로 진출하는 것이 꿈이지만 허물 없이 관직을 마칠 수 있다[柔之爲道不利遠者, 其要无咎]. 높은 벼슬에 욕심부리지 않고 부드러운 중용의 덕목을 온몸으로 지켰기 때문이다[其用柔中也].

『주역』이 지향하는 최고의 가치는 중용이다. 중용의 손길은 자신을 둘

러싼 주변의 타인까지도 허물을 짓지 않도록 영향을 미친다. 2효는 음이 음 자리에 있고 하괘의 중도로서 유중柔中이며, 5효는 양이 양 자리에 있고 상괘의 중도로서 강중剛中이다. 따라서 부드러운 중용과 강한 중용의 만남은 최상의 효과를 빚어낸다.

그래서 2효에 명예가 자주 나타나고, 특히 건괘의 경우에 2효와 5효에만 '대인'이 등장한다. 하지만 건괘 4효는 혹시나 뛰어 오를 것인지 그만 둘 것인지 두려워 망설이는 '혹약재연或躍在淵'을 말한다. 유비가 제갈공명을 찾아가 천하 통일의 지혜를 구할 때, 공명이 출세할지를 쉽게 결정하지 못하는 상황과 비슷하다. 그것은 온몸을 던지지 않고는 통일을 기약할 수 없는 두려움 때문이다.

『주역』의 가르침은 한마디로 '무구无咎'로 압축할 수 있다. 4효는 2효보다 허물이 많다. 왜 그런가? 2효는 음이 음 자리에 있으면서 하괘의 중도[其用柔中也 = 中正]이고, 4효는 음이 음 자리에 있지만 상괘의 중도가 아니기 때문이다[正, 不中]. 4효는 '정正'의 상태로서 비록 5효와 가깝지만 두려운 일이 많고[多懼], 2효는 5효와 멀리 떨어져 있으나 하괘의 중도인 까닭에 명예롭다. 후원자의 지원을 많이 받는 장관일지라도 중도가 아니면 두려움이 생기고, 후원자의 후광이 별로 없는 지방관은 중도를 지켜서 명예가 많다는 것이다. 이것은 결국 음양의 결속력보다 중도의 지킴이 더 중요하고, 또한 고집스런 올바름[正]보다는 만물의 본질[中]이 훨씬 소중하다는 것을 의미한다.

상하괘에서 2효와 5효만 중도이다. 중도의 실천에 의해 존망과 길흉이 결정된다. 택수곤괘澤水困卦(☱☵) 괘사의 "곤은 형통하고 올바르니 대인이라야 길하고 허물이 없다[困, 亨, 貞, 大人, 吉, 无咎]"는 말은 2효와 5효 강剛이 중도를 얻은 것을 뜻한다. 한편 뇌산소과괘雷山小過卦(☳☶) 「단전」의 "부드러움이 중도를 얻은 까닭에 작은 일은 길하고, 강함이 위치를 잃고 중도를 벗어난 까닭에 큰 일은 흉하다[柔得中, 是以小事吉也. 剛失位而不中, 是以不

可大事也]"는 말은 2효가 부드러운 중도[柔中]에 있어 길하다는 뜻이다.

강한 중도인가, 부드러운 중도인가는 시간과 공간과 상황에 따라 다르다. 소인은 상황의 노예로 행동하지만, 군자는 도덕적 가치관으로 무장하여 상황에 대응한다. 『주역』은 군자가 배우는 경전이지, 이익만을 쫓는 소인들이 배우는 지침서가 아니다. 효는 비록 중정中正을 달리 하지만, 군자는 중도의 지킴과 인의의 실천을 숭고한 사명으로 삼는다.

왜 『주역』은 괘효라는 부호를 통해 중용과 인의를 강조하는가. 『주역』의 진리는 씨줄과 날줄로 정교하게 배열된 64괘 384효라는 정보망으로 얽혀 있다. 384효에는 균형과 불균형의 모순과 대립의 파도를 넘어 위대한 화합[保合大和]으로 나아가는 방향키로 설정된 중용과 인의가 밑바탕에 깔려 있다고 할 수 있다.

괘와 효는 독특한 부호 논리로 구성되어 있다. 예전의 학자들은 여섯 효의 관계를 정正, 응應, 비比, 화和의 논리로 『주역』을 해석했다. '정正'은 수화기제괘(☵☲)처럼 양효陽爻가 양위陽位, 음효陰爻가 음위陰位에 있는 것을 뜻한다. 반면에 화수미제괘(☲☵)처럼 양효가 음위에, 음효가 양위에 있는 경우는 '부정不正'이다. 괘효라는 부호에 가치와 당위라는 피를 수혈한 것이 『주역』의 생명관이다. 풍화가인괘風火家人卦(☴☲)는 어버이는 어버이답게, 자식은 자식답게, 남자는 남자답게, 여자는 여자답게 행동하라는 정언명법定言命法을 제시했다. 이처럼 '정正과 부정不正'은 음양의 공간적 위상과 효 사이의 관계에서 성립하는 것이다.

그리고 응應과 비比는 음양의 균형과 불균형을 통해 효를 읽는 방법이다. 넓은 의미에서 하괘와 상괘의 대응, 좁은 의미에서 초효와 4효, 2효와 5효, 3효와 상효의 대응 관계를 살피는 것이 바로 응應이다. 양과 음이 만나면 '응應', 양과 양 또는 음과 음이 만나면 '불응不應'이라 한다. 가정에서 남편이 남편답게 처신하고 아내가 아내답게 처신하면 '응'이라 하며, 남편이 최선을 다해 아내와 자식을 돌보는데도 불구하고 아내가 볼손하게 대

꾸하는 것은 '불응'이다. 불응 관계를 이루는 효에서 흉과 허물을 자주 언급하는 까닭은 조화를 최상의 가치로 인정하는 『주역』의 속성 때문이다.

그렇다고 『주역』은 모순 자체를 부정하지 않는다. 『주역』은 음양의 불균형, 불안정, 모순과 대립을 넘어서 화해와 상생과 소통을 지향하기 때문이다. 겉으로 보면 기제괘가 음양의 안정과 균형과 대응 관계를 형성하지만, 실제로 효사의 내용은 그다지 좋지 않다. 음양의 안정과 균형이 자연의 길이라면, 대립과 모순으로 가득 찬 현실을 대화와 화합으로 바꾸는 일은 인간의 길이다. 기제괘의 전체 모습은 매우 안정적이다. 음양의 역동적인 균형잡기가 핵심인 『주역』은 미제괘를 마지막에 배열하여 이 세계가 끊임없는 순환의 과정에 있음을 시사했다.

'응'이 효의 대응 관계를 읽는 방법이라면, '비比'는 효의 상하 관계를 읽는 방법이다. '비'는 서로 이웃하는 초효와 2효, 2효와 3효, 3효와 4효, 4효와 5효, 5효와 상효라는 효의 상하가 빚어내는 관계를 뜻한다. 예컨대 산수몽괘(䷃)의 경우에 초효와 2효는 '비', 2효와 3효도 '비', 3효와 4효는 '불비不比', 4효와 5효 역시 '불비', 5효와 상효는 '비'의 관계를 이룬다.

'비'가 괘 내부에서 두 개의 효가 서로 이웃하는 음양의 균형 관계라면, '응'은 상괘와 하괘('비'에 비해서 멀리 떨어진 관계) 사이에 존재하는 음양의 균형을 말한다. 결국 '비'는 '응'의 상보적인 역할을 하는 균형 관계를 가리킨다. 이밖에도 음양의 상보적 균형을 뜻하는 '승承'과 '승乘'도 있다. 전자는 밑에 있는 효가 위의 효를 이어받는 관계를, 후자는 위의 효가 아래의 효를 밟는 형상에 빗대어 음양의 균형을 말한다.

'정'과 '응'과 '비'의 관계를 묶어 음양의 실현 과정을 읽는 방법으로 '화和'가 있다. 부정을 정으로, 불응을 응으로, 불비를 비의 상황으로 음양의 균형을 바로잡는 것이 바로 조화[和]인 것이다.[15] 화합과 소통의 정신을

---

15) 末木剛博/최승호, 『동양의 합리사상』(서울: 이문출판사, 1987), 162쪽 참조.

바탕으로 부정을 긍정으로, 대립을 대화로, 모순을 통일로, 상극을 상생으로, 원한을 해원으로 이끌어 음양의 상보적인 상등 관계로 실현하는 힘이 바로 『주역』에서 말하는 조화와 중용이다.

일본의 논리학자 스에키 다께히로[末木剛博: 1921-2007]는 『주역』을 모순 대립하는 음양의 상호 관계를 통하여 만물의 생성 변화를 설명한 일종의 변증법이라고 규정한 바 있다. 그는 『주역』에 투영된 변증법의 특징을 긍정의 변증법, 과정의 변증법, 조화의 변증법, 순환의 변증법으로 정리했다.

① 긍정의 변증법: 음양 변화의 원리는 용수龍樹(150?-250?)가 말하는 부정의 변증법처럼, 합리적 사고를 부정해서 비합리적 체험으로 이행하기 위한 논리가 아니다. 오히려 합리적 사고의 범위에서 모순을 매개로 하여 새로운 긍정을 획득하기 위한 긍정의 변증법이다.

② 과정의 변증법: 『주역』은 비단계적, 비과정적인 동시적·직감적 사고법이 아니다. 그것은 만물의 상호 연관 속에서 음양의 교체를 통하여 발전한다는 과정의 변증법이다.

③ 조화의 변증법: 『주역』은 음양이 일으키는 모순과 대립의 사태를 부정하는 것이 아니라 모순되는 것의 조화를 추구하는, 이른바 투쟁을 내포한 조화의 변증법이다. 어버이는 자식에 대해서 양陽이고, 자식은 어버이에 대해서 음陰이다. 어버이와 자식은 모순 관계가 아니라 서로 돕는 상보적 관계다. 음이 없으면 양도 없고, 양이 없으면 음도 없기 때문에 음양은 서로 긍정의 관계로 승화한다. 이것이 바로 음양의 균형이요 그 실현은 음양의 조화로 나아가는 과정이다. 결국 『주역』의 본질은 조화의 변증법이다.

④ 순환의 변증법: 모든 것은 순환한다. 음양의 교체로 인해 만물은 변화한다. 교체는 되풀이요 변화는 순환이다.[16] 1년 4계절과 하루가 영원히 순환한다는 것을 건괘乾卦는 '하루종일 멈추지 않고 계속하는 것은 도를

---

16) 앞의 책, 165-166쪽 참조.

반복하는 것이다[終日乾乾, 反復道也]'라고 설명하면서 자연의 순환에서 도덕률을 도출하였다. 『주역』은 동일한 생성의 시발점과 귀환점에서 조화를 이루기 위해 순환을 지속하는 과정을 논의한 순환의 변증법이다.

☷ 효의 상호 관계를 보는 방법은 아주 간단하다. 초효와 4효, 2효와 5효, 3효와 상효의 관계는 각각 음양짝을 이룬다. 만약 2효도 음이고 4효도 음일 경우 부드러운 음[柔道]은 힘이 약하기 때문에 강剛에 의지해야 한다. 이 부드러운 2효 음이 5효에서 멀리 떨어져 불리한 상황이지만[不利遠者] 중도인 반면, 강력한 5효와 이웃한 4효는 방심하여 물질의 유혹에 빠지기 쉽다. 상황이 유리하든 불리하든 허물 짓지 않는 것이 중요하다.

6. 중용, 존재와 가치와 인식의 준거

三與五同功而異位하여 **三多凶**코 **五多功**은
삼 여 오 동 공 이 이 위　　삼 다 흉　　오 다 공

貴賤之等也일새니 **其柔**는 **危**코 **其剛**은 **勝耶**인저
귀 천 지 등 야　　기 유　　위　　기 강　　승 야

3효와 5효는 공능이 같지만, 자리가 달라서 3효는 흉이 많고 5효에 공이 많음은 귀천의 차등이 있기 때문이다. 부드러운 것은 위태하고 강한 것은 이겨낼 것인저.

3효와 5효는 똑같이 양이 양 자리에 있다. 하지만 3효는 하괘의 맨 끝에, 5효는 상괘의 중앙에 있기 때문에 공능은 같으나 그 위치가 다른 까닭에 3효의 지위는 낮고 5효는 지위가 높다는 것이다. 이것이 바로 자연의 본래 모습이다.[17] 이 명제는 인간에 의해 규정된 선악을 비롯하여 가치 판

---

17) 우리는 差等과 差別을 구별해서 이해해야 할 것이다. 공자의 가르침은 '차등'에서 출발한다. 공자는 나의 어버이를 사랑[孝]한 다음에 다른 사람의 어버이를, 그리고 순서에 따라 세상의 모든 어른들을 사랑하라고 강조한다. 이런 이유로 가정 윤리에서 출발하여 사회 윤리로의 확대를 주장한 유교에서 인척간의 친소를 따지는 촌수가 발달했다. 이와 다르게 墨子의 윤리관은 無差別主義가 특징이다. 그는 공자와 맹자의 실천 윤리가 잘못되었다고 비판한다. 인간

단이 전혀 개입될 수 없는 순수한 자연의 질서와 패턴을 뜻한다.

5효는 상괘의 중도로서 양이 양자리에 있는 최고의 덕목[中正]을 상징한다. 특히 2효가 음이고, 5효가 양일 경우는 최상의 대응 관계를 형성한다. 만약 3효에 음이 있고, 5효에도 음이 있으면 아주 유약하여 위태로운 모습[其柔, 危]인 반면에, 3효와 5효에 양이 있으면 힘든 고난과 역경을 이겨낼 수 있는 강력한 힘[其剛, 勝耶]을 뜻한다.

한편 위 글의 문맥에서 음을 낮추고 양을 높이는 억음존양抑陰尊陽의 관념을 읽을 수 있다. 하괘가 선천이고 상괘가 후천이라 할 때, '3효에는 흉이 많고 5효에는 공이 많다[三多凶, 五多功]는 의미를 선후천론의 입장에서 들여다보면 재미있는 해석이 가능하다.

중국 독재 정치의 완성자이자 실행자로 불리는 청의 옹정제雍正帝(1678-1735)는 등극한 뒤에 형제들을 참혹하게 죽였다. 독재자에게 피를 나눈 형제는 거추장스런 존재에 불과하다. 옹정이 황제에 오른 뒤, 형제는 한순간에 군신 관계로 변한다. 옹정은 여덟 째 동생을 평민으로 내려앉힌 다음에 이름마저도 '개(만주어로는 아키나)'로 바꾼 비정한 황제였다. 옹정제에게 세월은 달콤한 약이었으나, 정적으로 낙인찍혀 죽임을 당한 동생에게 세월은 독약이었다.

🎴 지나치게 부드러운 것은 유약하고, 지나치게 강한 것은 부러지기 쉽다는 격언이 있다. 강한 자가 항상 승리자가 될 수 없다. 때로는 부드러운 손길이 뻣뻣한 것을 능가하기도 한다. 이는 지나치게 강한 것을 경계하는 중용의 위력을 일깨우는 말이다.

———

의 정서상 누구든지 자기 부모에 효도하는데 그친다는 것이다. 묵자는 애당초 나의 부모와 다른 사람의 부모를 아무런 차별 없이 사랑하라는 '兼愛說'을 부르짖었다. 차등이란 일정한 순서를 거치라는 뜻이 강하다. 차등설은 1과 2와 3이 다르듯이, 모든 사물은 나름대로의 질서가 존재한다는 이론이다.

정역사상의 연구자 이상룡李象龍은 「계사전」 하편 9장의 성격을 다음과 같이 설명한다.

六爻相雜, 唯其時物은 先天火水之理와 后天金火之象을
육 효 상 잡　유 기 시 물　선 천 화 수 지 리　후 천 금 화 지 상

悉備矣라
실 비 의

"여섯 효가 서로 뒤섞임은 오직 시간의 전개 과정을 밝힌 물건이다" 라는 것은 선천 수화의 이치와 후천 금화의 모습을 모두 갖추었다 는 뜻이다.

初上本末은 斷必有互宅之時也라
초 상 본 말　단 필 유 호 택 지 시 야

"처음은 알기 어렵고 위는 알기 쉬우니, 본말을 뜻한다"는 것은 서 로가 서로의 집이 되는 시간대에 판정이 필요하다는 것이다.

非其中爻, 不備는 中應四象하여 己日乃辨也라
비 기 중 효 불 비　중 응 사 상　기 일 내 변 야

"중효가 아니면 갖추지 못할 것이다"는 것은 중용을 이루는 효가 4 상에 부응하는 것은 곧 기일己日에 판명난다는 뜻이다.

二與四同功而異位는 揚陋明明하여 自各不同也라
이 여 사 동 공 이 이 위　양 루 명 명　자 각 부 동 야

"2효와 4효가 공능은 같지만 위치가 다르다"는 것은 높고 낮음이 명명백백하여 각자 다르다는 뜻이다.

三與五同功而異位는 三元爲否요 五元爲泰也라
삼 여 오 동 공 이 이 위　삼 원 위 비　오 원 위 태 야

"3효와 5효는 공능이 같지만 자리가 다르다"는 것은 3원은 천지비 天地否(䷋)요, 5원은 지천태地天泰(䷊)라는 뜻이다.

역이란 무슨 책인가?『주역』은 유형과 무형을 통틀어 자연의 모든 현상을 포괄하는[廣大悉備] 거대 담론이다. 때문에 천지인 3재를 근거로 형이상과 형이하의 세계를 연역할 수 있으며, 반대로 세상의 숱한 사건과 사태를 3재 원리로 귀납시키는 일도 가능하다. 연역과 귀납의 논리를 하나로 통섭한『주역』은 만물의 이론이 담긴 고차원의 책이다.

1. 3재, 우주를 구성하는 세 가지 요소

易之爲書也 廣大悉備하여 **有天道焉**하며 **有人道焉**하며
역 지 위 서 야 광 대 실 비 　 유 천 도 언 　 유 인 도 언

有地道焉하니 **兼三才而兩之**라 **故**로 **六**이니 **六者**는
유 지 도 언 　 겸 삼 재 이 양 지 　 고 　 육 　 육 자

非他也라 **三才之道也**니
비 타 야 　 삼 재 지 도 야

역의 글됨이 지극히 넓고 커서 (만물의 이치를) 모두 갖추어 천도가 있으며 인도가 있으며 지도가 있다. 3재를 겸하여 둘로 거듭한 것이기 때문에 여섯이니, 여섯은 다른 것이 아니라 3재의 도다.

천지는 공간의 연속성과 시간의 지속성이 본질이다. '광廣'은 공간의 무한성을, '대大'는 시간의 영속성을 의미한다. 하늘은 세상을 물샐틈없이 덮고, 땅은 만물을 하나도 빠뜨림없이 싣고, 인간은 하늘과 땅의 섭리를 받드는 천지의 경영자로 우뚝 선 존재다. 복희씨는 이를 괘의 구성 원칙에 적용했다. 건괘(☰)에서 맨 밑의 효는 땅[地]을, 가운데 효는 인간[人]을, 맨 위 효는 하늘[天]을 표상한다. 또한 중천건괘(䷀)에서 초효와 2효는 땅[地], 3효와 4효는 인간[人], 5효와 상효는 하늘[天]을 표상한다.

『주역』은 생명권의 범주를 하늘의 길, 땅의 길, 인간의 길로 나누어 표현

했다. 천도와 인도와 지도를 3재三才로 묶어 기호로 상징한 괘는 생명의 언어인 셈이다. 괘는 복희 혹은 문왕의 시대에만 통용된 부호가 아니라, 생명 현상을 해명하는 보편적 방법인 것이다. 거시와 미시, 보이는 세계와 보이지 않는 세계, 정신과 물질 등 세상의 균형과 불균형을 음양의 부호로 설명한 것이 곧 괘의 논리이다.

기윤紀昀(1724-1805)은 건륭제乾隆帝(1711-1799) 47년에 황제의 칙명에 따라 『사고전서四庫全書』 200권의 총목록을 기록하고 각 서적의 이름 밑에 그 대요를 설명했는데, 『주역』을 '용광로의 불'이라고 호칭했다. "역의 도는 광대하여 포함하지 않은 것이 없다. 천문, 지리, 악률, 병법, 음운학, 산술 등과 그 밖의 것들을 포함한 용광로의 불이므로 모든 학설들은 『주역』을 원용하여 세워졌다."[1]

용광로는 각종 광석을 녹여 불순물을 제거한 다음에 필요한 금속을 만들어내는 큰 그릇이다. 다양한 학설이 『주역』의 용광로에 용해되면 흔적도 없이 사라진다는 뜻이다. 또한 각양각색의 학파들은 『주역』의 권위를 빌려 자신들 이론의 정당성으로 내세웠기 때문에 『주역』이 총론이라면, 한 시대를 풍미하는 학설들은 각론에 불과하다.

만물의 다양한 관계와 사건과 변화를 압축한 64괘 384효를 조셉 니담은 '보편적인 개념의 창고(a universal concept-repository)'라고 불렀다.[2] 3선형의 괘는 여덟 개에 불과하므로 수많은 사건과 상황을 표현하기에는 부족하다. 그래서 문왕은 두 개의 3선형을 결합하여 6선형의 괘를 만들었다.[3] 동일한 3선형 두 개를 쌓아올려 만든 6선형의 이름은 3선형과 똑같다. 3선형

1) 『四庫全書總目提要』, "易道廣大, 無所不包. 旁及天文, 地理, 樂律, 兵法, 韻學, 算術, 以逮方外之爐火, 皆可援易以爲設."
2) 김영식, 『주희의 자연철학』(서울: 예문서원, 2005), 143쪽 재인용.
3) 존슨 얀/인창식, 『DNA와 周易』(서울: 몸과 마음, 2002), 69쪽, "64괘 배열은 라이프니츠의 이진법 숫자 체계와 정확히 일치한다. 이것은 음효 0을 대응시키고 양효에 1을 대응시키면 쉽게 확인할 수 있다. 즉 곤괘(여섯 개의 음효)에서 건괘(여섯 개의 양효)까지 6선형은 000000에서 111111까지의 이진수 하나하나에 대응한다."

건괘[單卦: ☰]를 두 겹으로 만들면 중천건괘[重卦: ☰]가 된다. 6선형 괘를 각각 둘 씩 조합하여(8 × 8 = 64) 오늘의 『주역』 64괘가 만들어진 것이다.

역의 구성 원리는 무엇인가? 소성괘小成卦(☰)는 천지인 3재로 구성되었고, 이를 다시 음양 법칙으로 중첩했을 때[兼三才而兩之] 비로소 대성괘大成卦(☰)가 성립되어 만물의 변화 현상을 설명하는데 큰 도움이 되었다. 우주는 3수로 구성되지만 만물은 6이라는 숫자로 작용한다[4]는 것이다. 서양에서는 '파이(π)'를 자연의 가장 아름답고 신비로운 숫자로 보았다면, 『주역』은 3과 6(3에 대한 음양)을 우주에 존재하는 변하지 않는 '상수常數(constant number)'로 간주했다.

천문학자 갈릴레이Galileo Galilei(1564-1642)는 "수학은 신이 써내려간 우주의 언어다"라고 했으며, 물리학자 폴 뒤랙Paul Dirac(1902-1984)은 "신은 세상을 창조하는 데 아름다운 수학을 사용했다"고 말한다. 『주역』의 체계에는 이미 상수론이 전제되어 있다. 세상은 1(太極), 2(陰陽), 3(三才), 4(四象=元亨利貞), 5(太極+四象 = 信+仁義禮智)의 수학적 패턴으로 진화한다는 것이다. 더 나아가 생수生數(1, 2, 3, 4, 5)와 성수成數(6, 7, 8, 9, 10)라는 음양오행으로 생성 발전한다. 이들 모두가 총체적으로 투영된 하도낙서는 우주가 존재하는 이유를 비롯하여 만물의 생성과 목적을 해명한 생명과 시간의 지도라고 할 수 있다.

---

4) 마이클 슈나이더/이충호, 『자연, 예술, 과학의 수학적 원형』(서울: 경문사, 2002), 179-182쪽 참조. "6의 산술적 성질과 육각형의 기하학적 성질을 조사하면 헥사드(Hexad)는 모나드와 트리아드, 즉 원과 삼각형, 통일성과 삼위일체, 전체성과 균형잡힌 구조와 밀접한 관계가 있다. 육각형에는 효율적인 구조, 작용, 질서가 나타난다는 메시지가 담겨 있다. 헥사드의 원리는 '구조-작용-질서'와 '공간-힘-시간'을 뜻한다. 과학자들은 시간과 공간을 분리하는 것은 옳지 않다는 사실을 인식하고 있으며, 둘을 합해 시공간이라 부른다. 거기에는 반드시 포함시켜야 할 제 3의 요소인 힘이 있다. 전체적인 사건은 모두 이 세 측면이 교차하는 곳에서 나타난다. 헥사드는 그것들의 틀을 나타낸다. … 1은 모든 수를 낳고 모든 수의 성질을 공유한다면, 펜타드는 이러한 자기 재생을 생명체 속에서 표현한다. 헥사드는 스스로 보강하는 구조-작용-질서 속에서 '자기 닮음'을 표현한다. … 오각형의 대칭성은 생물의 구조에서만 발견되는 반면, 헥사드는 생물과 무생물 모두에서 나타난다."

『주역』의 논리를 움직이는 동력은 3재다. 3재에서 인간은 '알파요 오메가'로 작동한다. 서양의 데카르트가 사유하는 '나'의 발견을 통해 인간성[理性]을 찾았다면, 동양은 인간의 존엄성을 천지와 병존[天地竝存]한다는 점에서 찾았다. 3재를 구성하는 핵심인 인간이란 무엇인가? 인간은 천지의 참여자인가, 자연을 이용하고 정복하는 이성적 동물인가?

『주역』은 인간 중심주의를 표방한다. 천지만물과 더불어 호흡하는 인간의 위대성은 자연과의 관계망 안에서 가능하다. 천지는 인간을 낳은 부모다. 인간 역시 만물의 하나이기 때문에 인간이 만물을 지배할 어떤 이유나 권한이 없는 것이다. 그럼에도 단 하나밖에 없는 지구촌은 물질 만능을 부추기는 반생명적인 문명으로 인해 극심한 환경 재앙과 기후의 위기로 온통 몸살을 앓고 있다. 지금도 만년빙이 녹아버린 얼음덩이 위에서 북극곰이 울고 있다. 애당초 『주역』에는 친환경, 친생태의 사유가 잉태되어 있다. 이 말은 생명과 윤리의 지평을 망각한 채 논리적으로 접근하려는 『주역』 읽기는 무익하다는 뜻이다.

『주역』은 생성과 변화를 일으키는 천지와의 관계성에서 인간을 바라본다. 만일 인간이 천지가 만들어 놓은 만물로부터 독립을 선언할 때, 인간의 도덕적 본성과 정신이 육체로부터 이탈하여 이분화되기 시작할 때, 『주역』의 근본 정신은 붕괴되고 말 것이다.

🔯 인간과 천지 사이의 근원적 동일성은 동양 사유의 원천이다. 천지인 3재 사상 속에는 생명과 도덕률의 무한 긍정의 의식이 짙게 배어 있다. 삶에 대한 긍정은 생명을 약동시키는 둘도 없는 백신(Vaccine)인 것이다.

2. 괘효, 만물과 길흉이 출현하는 순서를 설명하다

道有變動이라 **故曰爻**오 **爻有等**이라 **故曰物**이오 **物相雜**이라
도 유 변 동　　　　고 왈 효　　효 유 등　　　　고 왈 물　　　물 상 잡

故曰文이오 **文不當**이라 **故**로 **吉凶**이 **生焉**하니라
고 왈 문　　　문 부 당　　　고　　길 흉　　생 언

도에는 변동이 있기 때문에 효라 부르며, 효에는 차등이 있기 때문에 물건이라 부르며, 물건이 서로 섞여 있기 때문에 무늬라 부르며, 무늬가 마땅치 않기 때문에 길흉이 생기는 것이다.

이 문장은 보편에서 특수, 존재[道]가 가치[吉凶]로 전환되는 과정을 일목요연하게 설명한 귀절이다. 진리[道] → 변화[變動] → 진리의 객관화[爻] → 질서의 계열화[有等] → 사물의 복합성[物相雜] → 개체의 특수화에 따른 다양성[文不當] → 인생의 파노라마[吉凶]라는 일련의 연속성으로 천도가 인문 세계로 펼쳐지는 단계를 논의했다.

도는 변화하여 움직인다[道有變動]. 움직이지 않는 도는 관념적 존재에 불과하다. '도'에는 천도와 인도와 지도가 있다. 하늘에는 음양陰陽이 뿜어내는 힘으로 인해 사계절과 밤낮(하루)의 움직임이 있고, 땅에는 강유剛柔의 손길이 빚어내는 메마름과 습함[燥濕] 등의 수많은 변동이 있고, 사회에는 인간의 마음과 행동이 만들어내는 선악과 길흉이 있다.

'도유변동道有變動'이란 명제는 두 가지 해석이 가능하다. 하나는 만물이 변화하는 양태를 효의 움직임으로 포착했다는 뜻이고, 다른 하나는 도 자체가 변화한다는 정역사상의 입장이 있다. 도의 두 얼굴인 체용體用의 극적인 전환으로 말미암아 진리의 메카니즘mechanism이 뒤바뀐다는 말이다. 본체가 작용이 되고, 작용이 본체로 전환되는 입론 근거가 바로 『정역』의 존재론인 '무극, 태극, 황극의 3극론'이다.

3재론에서 말하는 천도와 인도와 지도는 우주를 구성하는 불변의 핵심이라면, 3극론(Programming Universe)은 우주의 궁극적 본원인 10무극, 우주 창조의 본체인 1태극, 우주 운동의 본체인 5황극의 자율적인 작동으로 말미암아 선천이 후천으로 전환한다는 것이다. 이정호李正浩[5]는 어머니

---

5) 이정호 박사(1913-2004)는 평생을 『정역』 연구로 지낸 우리 시대의 뛰어난 학자였다. 선생은 맹자를 즐겨 읽으셨다. 60년대 중반까지 충남대학교에서 가르침을 베풀다가 정년 퇴임 후 국제대학교로 옮기셨다. 지금 충남 향적산 국사봉에는 선생이 젊어서 공부하던 집이 외롭게

의 태반을 무극, 태반과 아기를 연결하는 탯줄을 황극, 탯줄을 통해 산모의 영양을 공급받는 핏덩이를 태극으로 비유하였다. 이들은 3위일체적 관계를 갖는다. 이를 현대적 용어로 말하면 무극은 발전소, 황극은 엔진의 터빈, 태극은 점화 플러그에 해당될 것이다.

천지인 3재는 음양의 운동을 표상한 효의 변화(천의 얼굴)로 극명하게 드러난다. 하늘은 춘하추동의 양상으로 변화하고, 동식물을 비롯한 생명체를 일구는 땅은 생로병사의 과정으로 변화하고, 인간은 온 누리에 도덕적 이상 세계를 건설하려고 노력한다. 비록 『주역』이 3재(천도, 인도, 지도) 또는 3극(무극, 황극, 태극)의 도를 포괄하여 말하지만, 건괘 「문언전」의 대인이 '천지와 더불어 그 덕을 합치한다[與天地合其德]'라는 말에 비추어보면, 그 중심은 도덕의 궁극적 표준[人極]의 확립에 있음을 알 수 있다. 이는 휴머니즘의 극치를 뜻한다.

효爻란 무엇인가. 「계사전」 하편 1장에서 '효는 이것을 (쉽고 간단한 건곤의 이치) 본받은 것이다[爻也者, 效此者也]'라고 했다. 여기에는 생명의 본원인 천도[乾坤]를 주체화하여 순응한다는 의미가 묻어 있다. 효는 '본받는다[效]'는 글자다. 누가 무엇을 본받는다는 말인가? 본받음의 대상은 천문이고, 그 주체는 인간이다. 인문은 천문에 대한 인간화의 결정체라 할 수 있다.

인간의 눈에 하늘의 변화(천문)는 다양한 형태로 비쳐지게 마련이다. 동양의 천문학은 밤하늘에 빛나는 별들의 발걸음[文: 무늬]에 대한 담론으로 출발하였다. "천문을 글자 그대로 번역하면 하늘에 수놓아진 온갖 문체를 뜻하는 '하늘의 글월(the writings of heaven)'이다. 또한 하늘의 표상 속에 담겨 있는 규범의 궁구라는 측면에서는 '하늘의 문법(the grammar of heaven)'

새로운 주인을 기다리고 있다. 후학들은 선생의 저술에 담긴 내용을 심화하여 한국 사상의 세계화에 앞장서야 할 것이다. 넓고 깊은 정역사상의 대중화는 후학의 몫이다.

이다."[6] 주역학은 한마디로 천문[天道]에 대한 인문화라고 할 수 있다.

괘[三才陰陽]는 여섯 개의 효로 구성된다. 효에는 질서정연한 차등이 있는 까닭에 만물의 층차 역시 천차만별이다. 효의 층차 즉 효의 특성은 만물의 위계 질서를 반영하고, 만물의 복잡한 질서는 개체의 특수한 무늬[文]로 드러난다. 개체는 시공의 상황 또는 음양의 균형에 따라 정당성과 부당성[文不當]이 결정된다. 예컨대 생물과 무생물, 동물과 식물의 위계로 분류되듯이, 만물은 등급에 따라 개성이 달라지는 것이다[物相雜, 故曰文].

효의 변화를 살피는 방법은 몇 가지가 있다. 음은 음자리에, 양은 양자리에 있는 것을 당위當位·득위得位·정위正位라 하고, 음이 양자리에 혹은 양이 음자리에 있는 경우는 부당위不當位·실위失位(非其位)라 한다. 이밖에도 효는 응應·승乘·승承의 관계로 변화한다. 효의 변화로 하늘과 땅과 인간사를 살피는 데, 가장 중요한 것은 하늘의 변화 현상이다.

사람은 각자의 자질과 능력을 발휘하면서 타인과의 협조를 이루면서 살아야 한다. 양이 음 자리에 있거나 음이 양 자리에 있는 것처럼 행동해서는 안 된다[文不當]. 자신을 길러준 조국을 배반하고 적국을 이롭게 하는 행위는 국민의 비난을 피할 수 없다. 애국자와 매국노의 위상은 역사의 준엄한 심판을 받기에 칭찬과 비난이 엇갈리는 것은 당연하다[故, 吉凶生焉]. 하늘은 무늬만 그럴듯한 행위는 절대 용납하지 않는다. 하지만 진정으로 무늬다운 행위에 대해서는 언젠가 성공으로 보답한다.

☖ 사마천은 하늘의 별자리는 각각 맡은 바의 벼슬이 있다는 점성학占星學과 연관된「천관서天官書」를 지었다. 한대漢代 이후 지구의 산은 뼈대, 산맥은 근육, 강은 혈관이라고 주장하는 풍수학風水學의 발달은 물론, 한의학에서 손가락 다섯 개는 오행을, 세 개의 관절은 3재에 부응한다는 천인일관天人一貫의 사유는『주역』을 밑바탕으로 삼아 이루어졌다.

---

6) 김일권, 『동양의 천문사상- 하늘의 역사』(서울: 예문서원, 2007), 24-26쪽 참조.

정역사상의 연구자 이상룡李象龍은 「계사전」 하편 10장의 성격을 다음과 같이 설명한다.

物相雜, 故曰文은 經天緯地니 文在其中也라
물 상 잡   고 왈 문   경 천 위 지   문 재 기 중 야

"물건이 서로 섞여 있기 때문에 무늬라 부른다"는 것은 하늘은 경도로, 땅은 위도로 삼기 때문에 무늬가 그 가운데에 있다는 뜻이다.

계사전 하편 | 11장

앞의 8장, 9장, 10장은 주역책의 성격을 세 번에 걸쳐 강조하였다. 11장은 『주역』이 씌여진 시기를 중심으로 그 동기와 목적을 얘기한다. 여기서 동양 철학의 주제는 천하가 혼란한 시기에 자연의 본질 문제를 비롯하여 윤리와 정치 철학 등 삶의 제반 문제로 싹텄음을 발견할 수 있다. 이에 비해서 서양의 소크라테스와 플라톤 시절의 철인들은 신화神話와 경제적 풍요를 바탕으로 인생과 세계에 대한 담론을 펼쳐 서양 문화의 초석을 다졌다.

1. 은말주초에 흥성한 역의 핵심은 허물 짓지 않는 것에 있다

易之興也 其當殷之末世周之盛德耶인저
역 지 흥 야 기 당 은 지 말 세 주 지 성 덕 야

當文王與紂之事耶인저 是故로 其辭危하며 危者를
당 문 왕 여 주 지 사 야 　 시 고 　 기 사 위 　 　 위 자

使平하고 易者를 使傾하니 其道甚大하여 百物을 不廢하나
사 평 　 이 자 　 사 경 　 기 도 심 대 　 백 물 　 불 폐

懼以終始면 其要无咎리니 此之謂易之道也라
구 이 종 시 　 기 요 무 구 　 차 지 위 역 지 도 야

역의 흥기는 은나라 말세와 주나라의 덕이 성할 때일 것이다! 문왕과 주왕의 일이 해당할 것이다. 이런 까닭에 그 말이 위태로워 위태한 자를 평안하게 하고, 쉽게 여기는 자를 기울어지게 하니, 그 도가 매우 깊고 커서 온갖 사물을 없애지 않으나, 두려워함으로써 마치고 다시 시작하면 그 요점은 허물이 없으리니, 이것을 역의 도라 이른다.

은말주초殷末周初는 정치적 격변기인 동시에 새로운 사상의 태동기였다.[1]

---

1) 복희의 8괘는 천도[自然], 문왕의 64괘와 괘효사는 신도[宗敎], 공자의 십익은 인도[人事]로

문왕은 유리옥羑里獄에 갇힌 몸에도 불구하고 우환 의식과 천하를 구원하려는 목표로 『주역』을 지었다. 우환 의식은 하늘의 의지를 받들려는 숭고한 천명관天命觀과 직결될 뿐만 아니라, 세상사를 고민하면서 역사에 대한 책임감을 고취시키는 방법으로 나타났다. 이런 전통을 이어받은 공자와 맹자 같은 성인들 역시 현실 정치에 깊숙이 참여했던 것이다.

역사에는 가정법(if)이 통하지 않는다. 만약 문왕이 정적[紂]에 의해 죽임을 당했다면, 지금의 『주역』은 없었을 것이다. 또한 주공周公이 효사를 짓지 않았다면 복희씨가 그은 암호 글자만 전해졌을 것이다. 불굴의 정신으로 고난을 이겨낸 문왕은 성인의 반열에 올랐고, 아들 무왕은 천하 통일을 이룩하였다. 괘효사를 지은 문왕은 복희씨에 이어 새로운 문명을 개창한 문화 영웅으로 칭송받았다. 은말주초는 강태공, 백이와 숙제, 기자 등 기라성 같은 위인들이 천하의 안정과 평화를 이룩하는 방법을 두고 다퉜던 시기였다.

문왕과 기자 사이의 긴장 관계가 직설적으로 언급된 곳은 지화명이괘地火明夷卦(䷣)이다.[2] 불[光明]이 땅 속으로 들어가 암담한 형상인 명이괘에는 당시의 위급한 상황을 경고하는 용어[是故, 其辭危]들이 많이 있다. 문왕이 난세를 바로잡아 새로운 세상을 열어제친 내강외유형 영웅이라면, 기자箕子는 민족의 핏줄은 다르지만 세상을 다스리는 방법인 '홍범구주'를 무왕에게 전수한 대인이었다. 명이괘는 진리에 대한 팽팽한 신경전을 벌였던 문왕과 기자를 성인의 표상으로 기록했던 것이다.

괘사와 효사는 두려워하는 마음으로 살아가라는 내용이 수두룩하다. 그렇다고 함부로 직언을 내뱉거나 지나치게 공포에 떨면서 살면 위태롭

<hr>

분류될 수 있다. 이는 高懷民, 『大易哲學論』(臺灣: 東吳大學, 1975), 231-232쪽 참조.
2) "단전에 이르기를 밝음이 땅 속에 들어감이 '명이'다. 안으로는 문명하고 밖으로는 유순해서 큰 어려움을 무릅쓴 것은 문왕이 그러했다.… 안으로는 어려우면서도 능히 그 뜻을 올바르게 한 것은 기자가 그러했다[彖曰 明入地中, 明夷, 內文明而外柔順, 以蒙大難, 文王以之.… 內難而能正其志, 箕子以之.]"

다. 위태로운 자를 안정토록 하고, 매사를 평안하게 여기는 사람을 기울도록 하기 때문에 『주역』의 말 한마디는 감화력이 아주 크다[危者使平, 易者使傾, 其道甚大].

『주역』의 가르침은 결함이 없다. 세상만사에 적용되지 않는 것이 없기 때문이다. 진리는 경계가 없다. 왜냐하면 지극히 넓고 커서 조그만 사물 하나도 빠져 나갈 수 없기 때문이다[百物不廢]. 만물의 이치를 헤아리면서 항상 두려워하는 자세로 끝매듭을 잘 마무리하고 다시 시작하면 허물을 짓지 않을 수 있다.

'구이종시懼以終始'는 급변하는 상황과 변화에 민감하게 대처하고 조심하라는 말이다. 기존의 학자들은 변화[終始]보다는 '두려움[懼]'과 '허물[咎]'을 중심으로 매순간 일어나는 변화의 마디, 기회를 잘 포착하라는 선택의 문제로 돌렸다. 여기에는 두 가지 풀이가 가능하다. 하나는 '두려워하는 마음으로 변화를 맞이한다'는 것이고, 다른 하나는 시간에 대한 새로운 통찰을 뜻하는 선후천론의 시각이 있다.

『주역』의 우주론과 시간론의 정체는 바로 종시론終始論이다.[3] 이를 종말론과 구별해야 한다. 종말론은 이 세상의 끝장이 '언제' '어떻게' 오는가에 초점을 맞추었다면, 종시론의 요지는 하나의 주기가 끝나면 다음 주기가 시작되어 창조적 진화의 방향으로 순환하고 반복한다는 것에 있다. 새로운 주기가 시작되려면 이전의 주기는 끝이 나야 한다. 『주역』에서 말하는 주기는 일종의 패턴(pattern)을 뜻한다. 산지박괘山地剝卦(☶☷) 상효가 끝[終]이라면, 지뢰복괘地雷復卦(☷☳) 초효는 새로운 시작[始]이다. 끝과 시작은 맞

3) 종시론을 언급한 곳은 몇 곳이 있다. 山風蠱卦(☶☴) 「단전」의 "마치는 자리에서 다시 시작하는 것이 바로 하늘의 운행 법칙이다[終則有始, 天行也]." 인간 삶의 질서를 얘기한 雷澤歸妹卦(☳☱) 「단전」은 "처녀가 시집가는 것은 천지의 큰 의리다. 천지가 교통하지 못하면 만물이 흥하지 않으므로 귀매는 인간의 마침과 시작이다[歸妹, 天地之大義也. 天地不交而萬物不興, 歸妹, 人之終始]"라고 했다. 괘도의 변천(문왕팔괘도에서 정역팔괘도로)으로 자연 변화를 설명한 「설괘전」은 "만물을 마치게 하고 다시 시작하는 것이 간보다 왕성한 것은 없다[終萬物始萬物者, 莫盛乎艮]."라고 했다.

물려 있다. 이런 연유에서 23번 박괘[終]를 이어서 24번 복괘[始]가 자리잡는 것이다.

『주역』에 나오는 패턴은 자연의 리듬에 기반을 둔 것이다. 자연의 패턴은 모든 곳에 존재한다. 태극, 음양, 사상, 오행, 천간지지 등을 비롯한 하도낙서는 자연의 리듬을 보듬고 있다. 인간은 자연의 주기가 무엇인지 직관적인 체험을 통해 아는 경우가 많다. 옛 선조들은 여자의 생리 현상이 달의 주기인 28일과 연관된 사실을 삶의 지혜로 터득했다. 태곳적부터 줄곧 낮과 밤의 리듬과 주기는 지속되어 인간의 몸은 아침에 일어나 밥먹고 일하다가 저녁에 다시 잠드는 24시간의 생체 시계에 맞추어져 있는 것이다.

최근 20년 넘게 자연의 패턴과 연관된 마야 달력과 종말론을 연구한 그렉 브레이든(Gregg Braden)은 다음과 같은 결과를 책으로 펴냈다. "자연의 주기를 자세히 살펴보면, 각각의 주기는 보다 큰 주기의 일부라는 것을 알 수 있다. 그리고 그 큰 주기도 그보다 더 큰 주기로 끝없이 이어진다. 이 모든 것들이 우주와 삶의 리듬을 다스리는 시간과 에너지의 주기 안에 깃들어 있다. 낮과 밤에 익숙한 우리의 경험은 이러한 주기가 어떻게 작동하는가를 알게 하는 완벽한 메시지다. 랠프 왈도 에머슨Ralph Waldo Emerson(1803-1882)은 '우리의 삶은 모든 주기가 또 다른 주기를 이끈다는 진실을 알아가는 과정이다. 즉 삶에는 본질적으로 끝이 없으며 모든 끝은 또 다른 시작이다.'"[4]

그리고 그는 프랙탈 타임Fractal time(하나의 패턴이 그 자체로 반복되며 여러 다른 크기와 유사한 방식으로 거듭되어 나타나는 것)을 도입하여 삶과 자연이 암호 패턴으로 움직인다면 시간 역시 이러한 패턴을 따른다는 타임 코드 Time code 이론으로 달력의 메카니즘을 분석했다. "예컨대 주식 시장의 오

---

4) 그렉 브레이든/김형준, 『2012- 아마겟돈인가, 제2의 에덴인가?』(서울: 물병자리, 2009), 32쪽 참조.

름세와 내림세의 간격이 측정 가능하고 타임 코드를 인식할 수 있다면, 그에 따른 주기들을 알 수 있다. 한 주기가 언제 시작되고 언제 그 패턴이 발생하는지를 안다면 어디에서 어떻게 그 주기가 종료되는지를 알 수 있다는 것이다. 그 이유는 자연계의 타임 코드가 '작동되고 있기' 때문이다."[5] 그것은 우주와 문명과 시간에 대한 사고 방식을 바꾸는 인식일 수도 있다.

64괘 384효는 자연의 리듬과 패턴을 반영한다. 끝마치고 다시 시작한다[終始]는 말은 생명의 순환, 시간의 순환을 뜻한다. 6효는 자연이 순환하는 리듬과 반복하는 주기가 자아내는 생명의 춤을 상징한다. 『주역』에서 말하는 자연계의 순환과 주기를 가능하게 하는 숫자들의 질서를 이해한다는 것은 사실상 생명의 언어를 아는 것과 같다고 할 수 있다.

정역사상은 건괘 「문언전」에 나오는 '선천과 후천'을 '종시'와 결합하여 선후천 전환의 문제를 다루었다. 『정역』의 선후천론은 우주와 시간의 질서가 뒤바뀌어 새로운 세계가 전개되는 이유와 과정을 논의했다. 즉 거대한 주기와 미세한 주기는 선천과 후천으로 나뉘어 이 세계가 둥글어간다는 것이 곧 종시론의 본질이라는 것이다. '끝과 시작[終始]'은 우주의 극대와 극미의 세계를 관통하는 순환의 패턴을 뜻한다.

하루에서 오전은 선천, 오후는 후천이다. 한 달에서 초하루에서 보름까지는 선천이고, 16일부터 그믐까지는 후천이다. 1년의 전반기 6개월은 선천이고, 후반기 6개월은 후천이다. 이처럼 선천과 후천은 전 우주에 아로새겨진 불변의 패턴인 것이다.

하루는 24시에 도달해야 종결된다. 그래야 다음날이 올 수 있다. 마찬가지로 하나의 주기가 종결되는 것은 그 다음 주기가 탄생하기 위한 필수조건이다. 초효부터 3효까지는 선천, 4효부터 상효까지는 후천이다. 그러니까 선천의 마지막 3효[終]에서 후천의 처음 4효[始]로 넘어가는 변화의

---

5) 앞의 책, 36-64쪽 참조.

단계를 두려워하라[懼以終始]는 것이다. 따라서 두려움과 허물[懼, 咎]이 생기는 궁극 원인은 우주의 선후천 전환에서 비롯된다고 할 수 있다.

11장의 결론은 '시간의 변화를 깨달아 어떻게 처신할 것인가[懼以終始]'에 있다. 그러면 시간의 정신을 어떻게 알 수 있는가? 건괘에서는 "끝나고 다시 시작하는 것을 크게 밝히면(조건절의 문법), 6효로 표상된 이 세상에 시간 질서가 완성된다[大明終始, 六位時成]"라고 하여 3효에서 4효로 넘어가는 과정에서 일어나는 변화 원리의 파악이 중요하다고 지적한다.

시간의 전환을 통해서 현재 인류가 서 있는 시점은 어디인가를 알 수 있고,[6] 그러한 바탕 위에서 진정한 자아 발견의 새로운 길을 찾을 수 있기 때문에 변화의 계기를 두려워하면서 허물 짓지 말라고 주문한 것이다.

'무구无咎'란 말은 64괘 중에서 4효에 가장 많이 나타난다. 허물은 과실을 뜻한다. '회悔'와 '인吝'과 '흉凶'은 정도의 차이가 있을뿐, 허물의 범주에 속한다. 『주역』은 아예 허물 짓지 말라고 강압하지 않고 도리어 잘못을 저지른 뒤에 다시는 재발하지 않도록 보완하라[无咎者, 善補過者也]고 가르친다. 허물 없는 인간은 아무도 없다. 잘못을 저지르고서도 고치지 않는 것이 가장 큰 병폐이다. 그래서 공자는 "잘못이 있고서도 고치지 않는 것이 허물이다"[7]라고 말했던 것이다.

'보과補過'의 출발점은 허물을 뉘우치고 후회하는 마음에 달려 있다. 진정으로 후회하는 마음이 생기면 허물을 잘 단속하고 보완하여 올바른 길로 나아갈 수 있다. 그래서 「계사전」 상편 3장은 '움직여서도 허물이 없는 것은 회개하는데 있다[震无咎者存乎悔]'고 했다.

결국 '허물을 짓지 않는다'는 말은 '과실을 잘 보충하는 것[善補過]'과 다르지 않다. 하괘의 3효에서 상괘의 4효로 넘어가는 시기가 바로 끝맺고

---

6)『正易』「十五一言」, "嗚呼! 今日今日, 六十三七十二八十一, 一乎一夫." 김일부는 乾道가 坤道로 전환되는 지금의 시대성을 '63 + 72 + 82 = 216'이라는 독특한 수의 논리로 설명한 바 있다.
7)『論語』「衛靈公」, "過而不改, 是謂過矣."

[終] 다시 시작하는[始] 전환기다. 이때는 특히 허물이 있어서는 안 된다. 이것이 바로 종시론終始論을 강조한 이유라 할 수 있다.

　세상의 변화[終始]는 '내면의 변화[懼, 无咎]'를 위한 촉매제가 된다. 변화에 대한 인간의 '대응 방식'이 매우 중요하다. 변화는 필연의 과정이지만 그 변화에 대한 반응은 인간의 선택으로 결정된다. 변화에 적응하느냐의 여부에 따라 삶의 내용[吉凶]이 달라지기 때문이다. 사랑과 미움, 소유와 무소유, 봉사와 이익, 균형과 불균형, 밝음과 어둠의 양면적 가치 가운데 무엇을 선택하는가는 인간의 몫인 것이다.

　『주역』은 마음의 조절을 통해 세상을 치유하는 학문이다. 허물은 하늘이 내리는 시간의 정신과 역사적 사명을 의식하느냐 의식하지 못하느냐가 관건이다. 길흉은 허물과 무구의 결과로 나타나기 때문에 은말주초에 흥성한 『주역』의 관심사는 '무구'로 집약되었던 것이다.

　✿『주역』은 과오를 적게 하는 방법을 가르친 책이라고 할 수 있다.

　정역사상의 연구자 이상룡李象龍은 「계사전」 하편 11장의 성격을 다음과 같이 설명한다.

> 危者 使平, 易者 使傾은 丑會之庚革也라
> 위 자 사 평　이 자 사 경　축 회 지 경 혁 야
>
> "위태한 자를 평안하게 하고, 쉽게 여기는 자를 기울어지게 한다"는
> 것은 후천 축회丑會 때 일어나는 변혁을 뜻한다.

건곤은 천지의 생명 의지요,[1] 만물을 생성시키는 천지의 작용을 뜻한다. 천지는 살아 있는 거대한 생명체다. 항상 건강하게 살아 있기 때문에 만물을 생산할 수 있다. 건괘 「상전」은 "하늘의 운행이 건실하니, 군자가 이를 본받아 스스로 강해지기를 쉬지 않는다[天行健, 君子以, 自彊不息]"라고 했다. 하늘의 창조성은 지극히 건실하다. 하늘의 창조적 의지를 본받아 땅에서 만물을 일궈내는 곤은 지극히 유순하다[至順]. 강건함과 유순함이 결혼하여 수많은 생명체를 빚어내는 건곤은 생명과 진리의 원형인 것이다.

1. 건곤괘의 지은이는 이 세상이 이미 어렵고 막혀 있음을 알고 있었다

夫乾은 **天下之至健也**니 **德行**이 **恒易以知險**하고
부 건　　천 하 지 지 건 야　　덕 행　　항 이 이 지 험
夫坤은 **天下之至順也**니 **德行**이 **恒簡以知阻**하나니
부 곤　　천 하 지 지 순 야　　덕 행　　항 간 이 지 조

대저 건은 천하의 지극히 건실한 것이니, 그 덕행은 언제나 쉬움으로써 험난한 것을 안다. 대저 곤은 천하의 지극히 유순한 것이니, 그 덕행은 언제나 간단함으로써 막히는 것을 안다.

'건健'은 건강하다, 건실하다, 굳세다는 뜻이다. 세상에서 '건'보다 강건한 것은 없다. 하늘이 강력한 에너지를 뿜어내 만물의 생명력을 북돋는 것이 곧 '건'의 성격이다. 만물을 끊임없이 만들어내는 건의 창조력은 무궁하다. 하늘의 운행은 빨리 가지 않고, 늦게 가지도 않는다. 이것이 바로 춘하추동과 밤낮으로 구분되는 천연 시간표의 근원이다.

---

1) 「繫辭傳」 하편 1장, '天地之大德曰生.'

역의 3대 원칙은 변역(changing)과 불역(non changing)과 쉬움과 간단함 (easy, simple)이다. 하늘의 운행은 강건하고 굳세어 한 번도 멈춘 적이 없다. 천지가 생겨난 이래로 태양은 여전히 활활 불타고 있으며, 미래에도 바뀌지 않을 것이다. 그만큼 하늘은 만물을 생성시키는 원동력이므로 '건실할 수밖에 없다.'

생명의 질서를 주재하는 하늘의 운행은 쉬우면서도 간단하다. 또한 하늘은 세상의 험난한 미래를 이미 알고 있는 까닭에 한결같이 움직일 수 있다. 순탄함만 알고 험난함을 모르면 중도에 멈출 수도 있기 때문이다. 땅은 하늘에 순응하는 것을 으뜸으로 삼는다. 땅은 능동적인 하늘의 기운을 수동적으로 받아들인다. 땅은 언제나 '순응성'이라는 간략한 방식으로 막히는 것을 잘 알아 극복할 수 있다. 「계사전」 상편 1장에서는 '건은 쉬움으로써 주장하고 곤은 간단함으로써 능하다[乾以易知, 坤以簡能]'라고 했으며, 「계사전」 하편 1장에서도 '무릇 건은 확실하므로 사람에게 보여주기가 쉽고, 대저 곤은 순하므로 사람에게 보여주기가 간단하다[夫乾確然, 示人易矣, 夫坤隤然, 示人簡矣]라 했던 것이다.

'건'의 창조의 정신[德行]은 시공을 초월하여[恒] 지극히 쉽다[易]. 생명에 혼과 숨결을 불어넣는 하늘의 손길은 위에서 아래로 내려온다면, 만물을 길러내는 땅의 정신은 항상 유순하여 하늘의 섭리를 간단하게[簡] 이어받는다. 산모가 아이를 출산할 때처럼, 하늘이 축복을 땅으로 내려보내는 과정에는 진통[險]이 뒤따르기 마련이다.

예를 들어 높은 하늘에서 밧줄을 타고 내려오는 것은 아주 쉽지만 위험하다. 반대로 땅에서 밧줄을 붙들고 위로 올라가는 것은 너무도 힘들다[阻]. 하늘은 험난함을 알면서도 생명을 낳고 낳는 것을 목적으로 삼기 때문에 위대하다. 땅이 만물을 양육하는 과정이 힘들고 때로는 벼랑 끝에 막히는 것을 알면서도 싫은 내색을 드러내지 않는 사랑의 포용력은 무한하

다. 생명을 낳고 키우는 천지의 사랑은 위대하고도 지극하다.[2]

천지가 부여한 험조險阻의 이법을 빼놓고 형이상학적 관념만을 말하는 것은 『주역』의 가치를 훼손시키는 일이다. 왜 생명을 찬양하는 『주역』에서 갑자기 험난함과 막힘[險阻]를 말하는가? 그것은 아마도 역사와 인생의 좌절과 고난을 통해 희망의 소식을 전달하려는 의도 때문일 것이다. 다만 어리석은 인간은 막힌 것을 뚫어주고 험난한 곳에서 빠져나오게 하는 건곤의 이치에만 현혹될 뿐이다.

건곤은 쉽고 간단한[易簡] 이치 외에도 은밀히 감추어진 험난함과 막힘[險阻]의 원리로 자연사와 인류사를 지배한다. 하늘은 자신이 베푼 땅의 험난한 상황을 알고, 땅은 생명의 귀향처인 하늘로 올라가는 길이 때로는 막혀 힘든 것을 안다. 하늘과 땅은 이미 험난함과 막힘을 알고 있다. 이런 이유에서 64괘의 명칭을 붙일 때, 예컨대 지산겸괘地山謙卦(☷☶)의 경우 위에서 아래로의 순서로 '지산'이라 부르고, 효를 해석할 때는 아래[初爻]에서 위[上爻]로의 순서를 밟아가면서 읽었던 것이다.

🔯 천지는 창조의 긍정과 부정의 측면을 감싸면서 생명을 창조하고 조화를 이루어 나간다. 이렇듯 하늘과 땅의 권능은 서로를 보완하고 요청하는 관계로 존재하면서 어떠한 어려움도 쉽게 해소시켜 창조력을 발휘하는 것이다.

2. 괘효사의 변화에 정통해야 길흉을 알 수 있다

能說諸心하며 能研諸(侯之)[3]慮하여 定天下之吉凶하며
능 열 저 심   능 연 저 후 지 려   정 천 하 지 길 흉
成天下之亹亹者니
성 천 하 지 미 미 자

2)『周易』,「繫辭傳」 상편 5장, '生生之謂易.'
3) 주자는 '侯之' 두 글자는 쓸데없이 들어간 글자로 간주하여 읽지 않았다. 만약 원래대로라면 '능히 제후의 생각을 알아야 한다'는 조건절이 되어 앞뒤 문맥이 매끄럽지 못한 결과가 나타난다.

능히 마음으로 기뻐하며 능히 생각을 연구하여 천하의 길흉을 정하며, 천하의 아름답고 부지런함을 이루도록 한다.

인간은 누구든지 천지부모의 음성을 직접 듣지는 못해도 만물을 낳아서 키우는 은혜에 대해 무한한 감동을 받지 않을 수 없다. 천지는 자식을 한없이 사랑한다. 자식은 부모가 생명을 낳는 기적을 사무친 마음으로 기뻐한다[能說諸心].[4] 천지의 마음을 뜻하는 생각[慮]은 하나의 양陽이 싹터 나와 만물을 새롭게 창조하려는 모습을 복괘復卦(䷗) 「단전」이 '복에서 천지의 마음을 볼 수 있다[復, 其見天地之心乎]'라고 찬탄한 말과 같다. 오직 성인은 천지의 마음을 헤아려서[能研諸慮] 모든 사람이 길흉을 알 수 있는 모델을 확립하는 책무[定天下之吉凶]가 있다.

천지의 속내[天地之心]는 무엇이고, 인간은 어떤 태도를 취해야 하는가? 험난한 것을 알면서도 언제나 쉬운 방법으로 만물을 낳는 아버지 하늘의 뜻[乾]을 기쁜 마음으로 받아들이고[說], 하늘의 섭리에 순응하여 만물을 살리는 어머니 땅의 숭고한 사랑[坤]을 생각하는 것[慮]이 마땅하다. 하늘과 땅은 영원한 파트너이기 때문에 인간은 천지[乾坤]의 창조성과 포용성을 가슴에 새겨서 행위의 지침으로 삼아야 할 것이다.

성인은 '이간'과 '험조'의 원리에 근거하여 천하의 길흉을 정함으로써 문명의 새벽을 틔웠다. 성인의 몸짓 하나하나는 천지가 벌이는 사업을 돕는 행위다. '미미亹亹'는 아름답다, 노력하다, 힘쓰다는 뜻으로서 일종의 아름답고 성숙한 세상을 만들어나가는 것을 수식하는 글귀다. 그것은 성인이 험난하고 어려운 현실을 쉽고 간단한 방법으로 슬기롭게 변화시켜 만인이 꿈꾸는 이상사회를 이룩하는 것[成]을 가리킨다.

4) 『周易本義』 "마음에 기쁘다는 것은 마음이 이치와 더불어 부합하니 건의 일이다. 생각을 연구한다는 것은 이치가 생각으로 인하여 살펴짐이니 곤의 일이다. 마음에 기쁘기 때문에 길흉을 정할 수 있고, 생각을 연구하기 때문에 힘써야 할 일을 이룰 수 있는 것이다[說諸心者, 心與理會, 乾之事也. 研諸慮者, 理因慮審, 坤之事也. 說諸心, 故有以定吉凶, 研諸慮, 故有以成亹亹.]"

✡ 천지의 섭리와 하나된 성인은 비록 험난함에 빠지더라도 번민하지 않는다. 또한 앞길이 막혔더라도 괴로워하지 않는다. 성인은 건곤의 이간易簡 법칙을 진실로 기뻐하고, 그 속에 담긴 험난함과 막힘[險阻]을 잘 알고 있기 때문이다.

3. 괘의 변화를 상수와 의리로 표현한 이유는 미래를 아는 것에 있다

是故로 **變化云爲**에 **吉事有祥**이라 **象事**하여 **知器**하며
시 고   변 화 운 위   길 사 유 상   상 사   지 기

占事하여 **知來**하나니
점 사   지 래

이런 까닭에 변하고 화하며 말하고 행함에 길한 일에는 상서로움이 있다.
일을 형상하여 기물을 알며, 일을 점쳐서 미래를 안다.

'변變'은 유형의 변화, '화化'는 무형의 변화, '운云'은 진리를 표현한 언어 (괘효사), '위爲'는 실천을 뜻하는 글자다. 크게 보아서 '변화'는 천도天道를, '운위'는 진리에 대한 언행일치[人事]라고 할 수 있다.

『주역』은 음양의 변화를 근거로 지행합일知行合一을 가르친다. 천지는 인간이 올바르게 말하고 실천할 때는 좋은 징조를 보여주고, 그릇되게 말하거나 나쁜 일을 할 때는 좋지 않은 조짐을 미리 일러준다. 천도는 자연의 거울이고, 인간은 거울에 비친 자신의 마음 씀씀이를 잘 성찰해야 한다. 그러니까 좋은 일에는 상서로운 감응이 뒤따른다[吉事有祥].

이 글의 주어는 성인이다. 성인은 세상의 온갖 사건을 형상화한 괘효사의 지혜를 바탕으로 문화 사업을 펼쳤다. 그리고 무형의 제도라든가 유형의 물건을 만들어[象事知器] 백성들의 삶을 윤택하게 하는 책임을 수행했다. 따라서 도덕의 체계를 비판하는 것은 학자들이 담당할 몫에 불과하다. 실제로 역사와 문명의 발전에 대한 뚜렷한 전망을 밝혀야 성인다울 수 있

는 것이다.

　조광조趙光祖(1482-1519)와 더불어 성리학의 이념으로 개혁 정치에 힘쓴 기준奇遵(1492-1521)은 젊은 나이에 유배를 당했다. 기준은 함경도 온성溫盛에 위리안치圍籬安置(죄인의 거주지를 제한하기 위한 방안으로 집 둘레에 가시덤불로 쌓아 출입을 막았던 형벌)된 조그만 집에서 울분을 달래려고 주변에 보이는 60여 가지의 물건에 빗대어 자신의 반성을 일깨우는 「육십명六十銘」을 지었다.

　기준은 다리가 세 개인 밥솥에서 한쪽 발이라도 부러지면 무용지물이 되고 만다는 『주역』 50번 화풍정괘火風鼎卦(䷱)에서 힌트를 얻어 "폐정廢鼎"을 읊었다. 솥발 하나가 부러져 엎어지는 것은 제 모습을 잃는 것이요, 정도에 어긋나는 것이다. 또한 정괘는 솥 안에서 일어나는 물과 불의 대립과 해소의 문제가 담겨 있다.

　　顚其趾 솥의 발이 엎어졌으나,
　　전 기 지

　　利出否 나쁜 것을 꺼내는 데 이롭다.
　　이 출 비

　　革其耳 솥의 귀가 변하여,
　　혁 기 이

　　行且塞 행하는 게 막혔나니.
　　행 차 색

　　雉之膏 꿩의 아름다운 고기를,
　　치 지 고

　　非所食 먹지 못하는도다.
　　비 소 식

　　烹乃腴 좋은 고기를 삶을 때라면,
　　팽 내 유

　　愼厥趨 가는 바를 삼가야 하리라.
　　신 궐 추

　물과 불이 만나 서로 화합하고 조화를 이루면 변화가 일어나며, 물건을 변화시키는 것으로 솥 만한 것이 없다. 딱딱한 쌀이나 날고기를 물과 함께 솥에 넣어 불을 때면, 부드러운 밥과 익은 고기가 된다. 음식이 새롭게 탄생하는 순간이다. 서로 상반된 성질을 가진 물과 불이 조화 속에서 자기의 기능을 극대화한 결과, 우리는 맛있는 음식을 먹을 수 있다. 이때는 물과 불이 더 이상 상극 관계가 아니다. 오히려 서로 조화를 이루고 있으며, 그 매개체가 바로 솥이다. 솥은 생명을 살리는 도구다.

더 나아가 솥은 제위帝位를 상징하는 보물로 여겨지기도 했다. 우禹 임금은 구정九鼎을 만들었는데, 이것은 훗날 주나라 때까지 천자에게 대대로 전해진 보물이었다. 그래서 기존의 낡은 나라를 무너뜨리고 새로운 나라를 세우는 것을 정혁鼎革 또는 정신鼎新이라 하기도 한다.

낡은 왕조를 무너뜨린 다음, 새로운 왕조를 세웠다 하여 나라가 저절로 안정되는 것은 아니다. 법령을 정비하고 민심을 수습하여 나라 안의 모든 게 균형을 잡고 제 기능을 발휘할 수 있도록 해야 한다. 그래야 나라가 안정된다.[5] 이처럼 성인은 괘의 형상을 근거로 문명의 이기를 만들어 인류의 안정을 모색했다.

🎴 괘의 변화를 상수象數와 의리義理로 표현한 목적은 미래를 아는 데 있다. 개인의 앞날과 운명을 점치는 일은 『주역』을 모독하는 행위다. 점의 원래 목적은 미래사를 예견하여 천하에 이로움을 주는 것에 있다.

4. 『주역』의 논리, '참여' 우주관을 지향하다

天地設位에 **聖人**이 **成能**하니 **人謀鬼謀**애 **百姓**이
천 지 설 위　　　 성 인　 성 능　　 인 모 귀 모　　 백 성

與能하나니라
여 능

---

5) 기준/남현희, 『조선의 선비, 일상의 사물들에게 말을 걸다』(서울: 문자향, 2009), 120-126쪽 참조.

하늘과 땅이 원래의 제자리를 베풂에 성인이 모든 능력을 발휘하여 이루니, 사람이 도모하고 귀신이 도모함에 백성이 참여하여 모두가 능력을 한껏 발휘하도다.

하늘과 땅이 상하에 자리잡아 조화의 공능을 베풀면 그 사이에 만물이 생겨나 각자의 위상에 걸맞는 권리와 의무를 부여받는다. 오직 성인만이 하늘과 땅의 창조성에 부합하는 (『주역』을 지은 공덕) 성공을 능동적으로 이룰 수 있다[聖人成能].

'하늘과 땅이 자리를 베푼다[天地設位]'는 말은 「계사전」 상편 1장의 '하늘은 높고 땅은 낮으니 건곤이 정해진다[天尊地卑, 乾坤定矣]'라는 의미와 같다. 복희팔괘도에서 상하에 건곤이 정해진 뒤에 나머지 여섯 괘가 배열되고, 팔괘를 거듭해서 64괘 384효가 성립되어 만물 형성의 근거가 밝혀지게 되었다. '하늘땅이 자리를 베풀고, 건곤이 정해졌다'는 말은 어떤 절대자가 무無에서 유有의 천지를 만들어냈다는 것이 아니라, 원래부터 존재했던 천지 자체의 자율적 운동 방식으로 말미암아 하늘과 땅이 열렸다는 발언이다. 그 이후 하늘에는 해와 달을 비롯한 수많은 별들이 자리잡고, 땅에는 동식물이 번성하기 시작하여 자연계에 놀라운 변화와 더불어 왕성한 생명 활동이 일어남을 뜻한다.

이 대목의 주요 술어는 천지의 조화 공능과 모든 사물의 창조적 능동성을 뜻하는 '능能'과 참여하다는 의미의 '여與' 자에 있다. 『주역』은 천지가 인격적 존재라는 사실로부터 출발한다. 천지가 인격성을 띠었다면 성인 역시 최고의 인격자이며, 사람은 물론 귀신까지도 인격적 의미의 신神이라 할 수 있다. 이들은 공동 운명체다. 그것은 천지가 정밀한 시계의 톱니바퀴처럼 움직인다는 차가운 기계론機械論이 아니라, 천지와 인간이 서로 의지를 주고받는다는 일종의 '참여우주론參與宇宙論'이다.

천지가 조화를 베풀어 만물에게 생명 활동의 터전을 마련하면, 성인은 인류로 하여금 모두가 성인의 경지에 이르도록 도덕적 규범을 비롯하여 제반 문물 제도를 만든다. 자연에는 수많은 신神이 존재한다. 이 세상은 얼굴 없는 신과 얼굴 있는 신을 비롯해 조상신과 자연신 등 다양한 신들로 가득 차 있다. 『주역』은 자연과 귀신과 인간이 어우러진 삼박자의 생명관을 갖추고 있다. 인간은 성인의 공로와 업적에 동참 의사를 표시하면서 기꺼이 참여한다. 백성들은 천지의 말 없는 말씀(logos)과 성인의 가르침에 따라 삶을 살아간다.

천지는 만물 형성의 최종 근거이다. 성인은 하도낙서라는 신비스런 문서[神物]를 바탕으로 문명의 발전을 꾀하고, 점占은 이러한 신물을 이용하여 미래를 알 수 있는 수단이었다[神以知來]. 성인은 하도낙서를 근거로 백성들에게 귀신의 도리를 가르쳐 믿고 따르게 하는 방법으로 삼았다. 「계사전」 상편 9장에 따르면, 하도낙서는 우주변화의 이치와 귀신의 움직임을 포착할 수 있는[知變化之道者, 其知神之所爲乎] 일종의 계시록이다.

'천지설위天地設位'에 대한 해석은 두 가지가 있다. 하나는 전통적 해석 방법이고, 다른 하나는 선후천론에 입각한 정역사상의 입장이 바로 그것이다. 전자는 태초에 천지가 열린 이후, 성인이 밝힌 귀신과 인간의 도리를 실천하여 천지의 사업에 일반 백성도 능동적으로 참여해야 한다는 당위성을 말했다. 그리고 전자가 복희팔괘도의 '천지설위天地設位 = 천지정위天地定位'를 지칭한다면, 후자는 「설괘전」 6장의 이른바 '능히 변화하여 이미 만물을 완수한다[能變化, 旣成萬物也 = 天地正位]'는 논리에 근거하여 김항金恒이 새롭게 수립한 정역팔괘도를 뜻한다.

김항에 따르면 복희팔괘도는 천지가 탄생하는 원리를, 문왕팔괘도는 천지가 발전하고 성장하는 과정을, 정역팔괘도는 선천을 마감하고 후천이 들어서는 이유와 과정을 밝힌 것이다. 그러니까 선천은 오직 성인을 통해서만 귀신의 운동 방식이 백성들에게 알려졌다면, 후천은 진실로 새로운 환경이 조성되어 천지, 성인, 인간, 귀신, 백성이 함께 한바탕 어우진다는 우주의 극치를 뜻하는 세상을 가리킨다고 하겠다.

귀신의 실체는 무엇인가? 귀신에 대한 이야기는 다양하다. 귀신은 단순히 상수론의 합리성을 뒷받침하는 신묘한 법칙에 한정되는가? 아니면 제사나 조상의 영혼과의 교감을 통해 변화의 원리를 추구하는 수단인가? 도교에 등장하는 수많은 인격신과 자연신을 말하는가? 정역사상은 우주를 살아 있는 영체靈體로 보아 물질적 에너지 뿐만 아니라 영혼의 손길에 의해서 움직인다는 일종의 영성靈性 우주관이다.[6] 우주는 음양오행의 힘[氣運]과 혼백이 가득 찬 살아 있는 유기체有機體라는 것이다.[7]

🏵 천지를 구성하는 중대한 요소는 힘과 귀신과 인간이다. 이 셋은 조화 공능을 이루어나가는 세상의 실질적 주인공이다. 성인은 천지의 공능에 참여하여 성취할 수 있으며, 인간은 점서占筮를 통해 신과 카운셀링할 수 있으며[人謀鬼謀], 만백성은 성인의 혜택을 입어 천지의 조화 공능을 살필 수 있는 경지에 돌입했다[百姓與能]는 것이다. 그것은 귀신과 인간이 의사 소통하는 환경에서 백성들도 참여할 수 있는 유교의 이상적 공동체 형성을 시사하는 말이다.

─────────

6) 김항은 「十五一言」에서 "一水之魂, 四金之魄 … 七火之氣, 八木之體."라고 하여 우주는 魂魄과 에너지[氣體]로 이루어졌다고 말했다.

7) 켄 윌버는 오늘의 우주관은 물질에서 생명으로, 또는 마음에 이르는 여러 영역에 걸쳐 드러나는 진화의 과정을 담아내야 한다고 주장한다. 그는 물질 혹은 우주(cosmos), 생명 혹은 생물권(biosphere), 마음 혹은 정신권(noosphere)을 합쳐서 '온우주(Kosmos)'라고 일컫는다. "통상 '우주(cosmos)'라고 번역되고 있는 '온우주(Kosmos)'란 용어는 피타고라스 학파에 의해 도입되었다. 그렇지만 '온우주'의 최초의 의미는, 물질에서 마음으로 나아가 '신'에 이르기까지 존재의 전 영역에 걸쳐 있는 패턴화된 본성이나 과정이었다. 그러므로 온우주는 오늘날 통상 '코스모스(cosmos)' 또는 '우주(universe)'를 뜻하는 단순히 물질적 우주만을 가리키는 것이 아니다. 온우주는 코스모스 물질계 혹은 물질권(physiosphere), 생물계(bios) 혹은 생물권(biosphere), 정신계(psyche/nous) 정신권(the noosphere), 神界(theosphere) 혹은 신성의 영역(divine domain)을 모두 내포한다.⋯ 내가 원하는 것은 '온우주론(Kosmology)'이지 우주론(cosmology)이 아니다."(켄 윌버/조효남, 『모든 것의 역사』 서울: 대원출판, 2005, 49-51쪽 참조.)

5. 8괘, 생김새로 세계의 변화상을 알리다

八卦는 **以象告**하고 **爻象**은 **以情言**하니 **剛柔雜居而吉凶**을
팔 괘　　이 상 고　　효 단　　이 정 언　　강 유 잡 거 이 길 흉

可見矣라
가 견 의

팔괘는 상으로써 알려주고, 효와 단은 실정으로 말하니 강유가 섞여 있으므로 길흉을 볼 수 있다.

8괘의 형상은 질서정연하다. 건(☰), 진(☳), 감(☵), 간(☶)은 양괘陽卦이고 곤(☷), 손(☴), 이(☲), 태(☱)는 음괘陰卦이다. 즉 8괘는 규칙적 배합과 배열을 통해 음양 변화를 드러내주는 장점이 있다. 특히 음양의 분화와 전개를 공시적共時的·통시적通時的으로 상징한 복희팔괘도는 1에서 8까지의 순서로 좌우의 대칭의 모양새를 취하고 있다. 그것은 만물의 생성과 변화에 대한 명확한 판단과 함께 올바른 세계관의 정립을 통해 바람직한 삶의 지침을 알려준다[八卦, 以象告].

8괘는 또한 시간의 흐름에 따라 역동적으로 변화하는 세계상을 그려내고 있다. 복희팔괘도는 만물의 탄생[生], 문왕팔괘도는 만물의 생장[長], 정역팔괘도는 만물의 성숙[成]을 나타내기 때문에 8괘는 '생김새로 세계의 변화상을 알려준다[以象告]'고 했던 것이다.

'효'는 효사爻辭를, '단'은 단사彖辭(卦辭)를 뜻한다. 64괘 384효는 단사와 효사로 만물의 변화와 인간사를 말한다. '정情'은 사물의 의미 또는 본성을 가리키는 글자다. 단사와 효사는 변화의 논리로 사물의 법칙과 떳떳한 삶의 규범을 얘기한다.

🔆 사물에 옳고 그름이 있는 것과 마찬가지로 8괘는 삶의 여정에도 시비와 길흉이 뒤따름을 말한다. 강함이 있어야 할 곳에 강함이 있으면 정正이고, 부드러움 있어야 할 곳에 강함이 있으면 부정不正이다. 이러한 원칙에 의거하여 나아갈 때 머물고, 물러날 때 나아가면 일을 그르치게 된다[凶]. 사회

가 요구할 때 나아가고, 할 일을 마치면 물러나 후배에게 자리를 물려주는 것은 옳다[吉]. 이 모든 것들은 시간과 공간의 상황에 부합해야 마땅하다.

6. 『주역』, 천하의 이로움을 겨냥하다

變動은 **以利言**하고 **吉凶**은 **以情遷**이라 **是故**로
변 동　　이 리 언　　　 길 흉　　　 이 정 천　　　　 시 고

愛惡相攻而吉凶이 **生**하며 **遠近**이 **相取而悔吝**이 **生**하며
애 오 상 공 이 길 흉　　생　　　 원 근　　 상 취 이 회 린　　 생

情僞相感而利害生하나니 **凡易之情**이 **近而不相得**하면
정 위 상 감 이 이 해 생　　　　범 역 지 정　　근 이 불 상 득

則凶或害之하며 **悔且吝**하나니라
즉 흉 혹 해 지　　　회 차 린

변하여 움직임은 이로움으로써 말하고, 길흉은 실정에 따라 바뀐다. 이런 까닭에 사랑과 미움이 서로 공격하여 길흉이 생기며, 멀고 가까운 것이 서로 취하여 뉘우침과 인색함이 생기며, 참과 거짓이 서로 느낌에 이로움과 해로움이 생긴다. 무릇 역의 실정이 가까우면서도 서로 얻지 못하면, 흉하거나 혹 해치며 뉘우치고 또한 인색한 것이다.

『주역』의 진정한 메시지는 천하의 이로움에 있다. 건괘의 원형이정에서 '이利'는 벼 화禾와 칼 도刀의 합성어다. 그것은 가을에 잘 여문 알곡을 칼로 도려내어 먹거리로 삼음으로써 생명의 살림에 이로움을 준다는 뜻이다. 열매가 생명을 북돋우는 이로움[利]은 천지의 위대한 공덕이다. 천지는 생명을 살려 이로움을 주기 위해 변화하고, 변화는 이로움을 본질로 삼는다[變動, 以利言]. 길흉은 사람에게 이로운가 불리한가에 의해 갈린다. 이러한 길흉은 사물의 법칙에 의거하여 옮긴다[吉凶, 以情遷]. 길흉은 인간의 사사로운 마음에 의해 좌지우지되는 것이 아니라, 일정한 질서에 따라 움직이는 까닭에 길흉의 나뉨은 칼날과 같은 것이다.

인간의 영원한 주제는 사랑이다. 사랑의 어원은 사람이다. 사람은 사랑

을 먹고 산다. 사랑과 미움은 인간 본성의 양극단이다. 사랑과 증오, 밝음과 어둠, 복과 화, 참과 거짓, 남과 여, 강함과 부드러움 등의 이원적 가치는 하나의 사물의 두 측면에 지나지 않는다. 증오는 하나의 대상을 집착하는 것으로부터 시작되어 상대를 궁지에 몰아넣는다. 사랑과 증오는 동일한 마음의 뿌리에서 나왔다. 마음을 어떻게 쓰느냐에 따라 사랑이 증오로 바뀌고, 증오가 사랑으로 승화될 수 있는 것이다.

이익을 추구하는 삶은 인간의 본능이다. 괘효의 변화에 따라 사랑과 미움의 감정도 변화하여 부딪치거나 화해의 양태로 나타난다. 이로움이 맞부닥치면 다툼이 일어날 수밖에 없다. 이익은 큰 것을 취하고, 해로움은 작은 것을 취하는 불만에서 비롯되어 미움이 싹트고 싸움으로 번진다. 괘효의 변화는 상황의 변동을 수반한다. 음양과 강유가 뒤섞인 가운데 서로가 사랑하면 길하고, 다투면 흉이 생기게 마련이다. 상호 협조 혹은 모순 대립하는 음양의 결합에서 길흉을 쉽게 판단할 수 있다.

이익이 목표에 도달하면 길하고, 목표를 달성하지 못하면 원망이 생겨 흉하다. 이러한 원인을 『주역』은 세 가지로 진단한다. 사랑과 미움의 전쟁[愛惡相攻], 가깝고 먼 곳의 대상을 먼저 차지하려는 분쟁[遠近相取], 진실과 허위의 감정 대립[情僞相感]이 바로 그것이다. 이들은 타인과의 인연을 어떻게 맺느냐에 운명이 달려 있다. 개인의 행동은 인간 관계망을 벗어나 고립되어 존재할 수 없기 때문이다. 결국 타인과 친밀한 관계를 맺는가, 충돌하는 원수 사이가 되느냐의 여부에 따라 길흉이 정해지는 것이다.[8]

사랑과 증오, 가깝고 멀음, 진실과 거짓 등의 정서 역시 효의 관계로 풀어낼 수 있다. 이른바 『주역』의 독특한 논리인 응應과 비比가 바로 그것이다. 초효와 4효, 2효와 5효, 3효와 상효가 각각 음양 관계가 성립되는가

8) 余敦康, 『周易現代解讀』(北京, 華夏出版社, 2006), 368쪽 참조.

를 알면 미래의 길흉을 미루어 짐작할 수 있다는 것이다. '비'는 서로 이웃하는 효 사이에 음양이 결합하는가에 따라 친근이 결정되는 것을 뜻한다.

괘효를 통해 진실과 허위[情僞]도 읽을 수 있다. 진실이 허위로 변질되고, 거짓이 참으로 바뀌는 것은 상대적 진리에 불과하다. 참과 거짓은 양립할 수 없다. 다만 길흉은 고정된 것이 아니라, 변화에 능동적으로 대처하면 흉을 길로 바꿀 수 있다는 교훈을 전하고 있는 것이다.

서기徐幾는 64괘에서 '애오상공愛惡相攻과 원근상취遠近相取'의 구체적인 증거를 다음과 같이 제시했다.

상애相愛는 천수송괘天水訟卦(䷅) 4효와 초효, 지산겸괘地山謙卦(䷎) 3효에 대한 5효와 상효의 관계다. 천화동인괘天火同人卦(䷌) 3효와 5효는 상오相惡이다. 천풍구괘天風姤卦(䷫) 5효와 상효가 초효를 찾는 것은 원취遠取이며, 뇌수해괘雷水解卦(䷧) 3효가 2효와 4효를 찾는 것은 근취近取, 뇌지예괘雷地豫卦(䷏) 3효가 4효를 찾는 것 역시 근취近取이다. '정위상감情僞相感'은 풍택중부괘風澤中孚卦(䷼) 2효가 5효를 찾는 경우, 수뢰둔괘水雷屯卦(䷂) 4효가 초효를 찾는 경우, 산수몽괘山水蒙卦(䷃) 3효가 초효를 찾는 경우, 풍산점괘風山漸卦(䷴) 3효가 4효를 찾는 경우가 그것이다. 이것들은 주어진 상황과 사정에 따라 바뀌는 것이다[凡此皆以情遷者也].[9]

☼ 효가 비록 멀리 떨어져 있더라도 음양 관계가 성립되면 원만한 협조가 이루어지고, 아무리 가까운 사이라도 음양의 조화를 이루지 못하면 긴장이 고조되고 싸움이 일어난다. 이처럼 '애오愛惡', '원근遠近', '정위情僞'는 인간이 어떤 마음을 갖고서 갈등을 해소하려는 실천력에 따라 결과가 달라지며, 뿌리 깊은 원한 관계일지라도 사전에 뉘우치면 인색한 지경에 빠지지 않을 수도 있다.

---

9) 『備旨具解原本周易』, 1124쪽 참조.

7. 마음은 말의 씨앗이며, 말과 행동은 마음의 일란성 쌍둥이

將叛者는 **其辭慙**하고 **中心疑者**는 **其辭枝**하고
장 반 자   기 사 참   중 심 의 자   기 사 지

吉人之辭는 **寡**하고 **躁人之辭**는 **多**하고
길 인 지 사   과   조 인 지 사   다

誣善之人은 **其辭游**하고 **失其守者**는 **其辭屈**하니라
무 선 지 인   기 사 유   실 기 수 자   기 사 굴

장차 배반하려는 사람의 말에는 부끄러워 하는 기색이 있고, 속마음에서

부터 의심하는 사람의 말에는 가지가 돋아 있고, 길한 사람의 말은 적고,

조급한 사람은 말이 많고, 착한 것을 속이는 사람의 말은 애매하여 이리

저리 헤엄치고, 줏대 없는 사람의 말은 비굴하다.

이 글은 「계사전」의 에필로그에 해당된다. 공자는 형이상학으로부터 출발하여 마음이 빚어내는 언어의 어두운 그림자로 결론내린다. 특히 이 대목은 사람의 속마음을 꿰뚫어 들여다보고 '말의 힘과 폐단'을 언급한 명문장이다. 아마도 공자는 독심술讀心術이 뛰어난 현대판 정신 분석학의 대가였던 것으로 보인다. 배반하려는 사람은 부끄러운 마음으로 말하고, 쉽게 믿으려 하지 않는 사람의 말에는 핵심이 없고, 착한 사람은 말이 적고, 조급증에 걸린 사람은 뭔가를 감추려다 들킨 것같이 말이 많으며, 용기 없이 다른 사람을 모함하는 사람은 횡설수설하여 본질을 흩뜨리며, 스스로 명예와 자존심을 헌신짝처럼 팔아넘긴 사람의 말은 아부가 심하다.

반대로 말해서 초지일관의 마음으로 충성하는 사람의 말투는 항상 떳떳하고, 속마음이 굳은 사람의 말투는 곧고, 흉한 사람은 말이 많고, 느긋한 사람은 말이 적고, 거짓하고는 거리가 먼 사람의 말은 명백하고, 줏대 있는 사람의 말은 누구에게나 당당할 수밖에 없다.

말은 마음의 얼굴이다. 마음은 몸과 말을 지배한다. 말은 마음의 그림자요 자동차 핸들과 같다. 핸들 조작을 잘못하면 사고를 저지르기 쉽다. 마

음이 안정된 상태에서의 핸들 조작은 안전 운행의 지름길이기 때문이다. 그러니까 말과 행동은 마음의 일란성 쌍둥이인 것이다.

자연은 인생을 닮았고, 인생은 자연을 닮았다는 것을 그림으로 표현했던 청淸의 유명한 화가, 주약극朱若極(1642-1707: 호는 석도石濤로서 저서에 『석도화어록石濤畵語錄』이 있다)은 자연과의 대화를 통해 인생의 지혜를 터득했다. 그는 "산천은 나로 하여금 산천을 대신하여 말하라 하네. 산천은 나에게서 새롭게 태어나고, 나는 산천으로부터 또한 새롭게 태어나네"[10]라고 읊었다. 주약극을 비롯한 동양의 문인과 화가와 시인은 자연과 마음의 대변자였던 것이다. 감각의 눈에 보이는 산천은 마음이 빚어낸 산물에 지나지 않으나, 자연과 일치된 감회야말로 새로운 인격으로 태어나는 순간이 아닐 수 없다.

요즈음 생태계 파괴로 인한 기상 이변과 지나친 자원 확보의 경쟁과 식량 전쟁 등은 인간의 이기심과 마음의 불기운[火]에서 비롯되었다는 얘기가 설득력을 얻고 있다. "요즈음에는 닭이 최신 시설을 갖춘 대규모 농장에서 사육된다. 닭이 걸을 수도 없고 뛸 수도 없고 흙 속에서 먹이를 찾아 먹지도 못하고 순전히 사람이 주는 모이만을 먹고 자란다. 밤낮 없이 한곳에서 꼼짝도 못하고 지내야 하는 상태를 상상해보라. 틀림없이 미쳐버릴 것이다. 닭이 알을 더 많이 낳게 하기 위해서 농부는 인공적으로 밤과 낮을 만들어낸다. 조명등을 이용해서 낮을 짧게 만들고 밤을 길게 만들면 닭은 그새 24시간이 지난 것으로 믿고 또다시 알을 낳는다. 그런 악순환을 반복하는 사이 닭은 엄청난 화와 좌절과 고통을 안게 된다. 그 같은 닭이 낳은 계란을 먹을 때 우리는 그 화와 좌절을 먹는 셈이 된다. 그 화를 먹으면 우리가 분노하게 되고 그 화를 표현하게 된다. … 우리의 마음은 밭이다. 그 안에는 기쁨, 사랑, 즐거움, 희망과 같은 긍정의 씨앗이 있다.

10) 『苦瓜和尙畵語錄』 「山川章第八」, "山川使予代山川而言也. 山川脫胎于予也, 予脫胎于山川也."

어떤 씨앗에 물을 주어 꽃을 피울지는 자신의 의지에 달렸다."11)

현대인들은 사무실에 공기 청정기를 설치하여 쾌적한 환경에서 일하는 것을 자랑으로 삼는다. 그러나 가장 중요한 내면의 영혼이 오염된 것에는 아예 관심도 없다. 자신에 대해서는 한없이 관대하지만, 타인에 대한 선입견과 편견은 좀처럼 부수지 않는다. 우리는 과거보다 더 많은 돈을 벌었으나 윤리가 퇴보하고 있음조차 의식하지 못한다. 햄버거를 먹은 결과 몸의 키는 커졌으나 인격의 키는 훨씬 낮아졌다. 아파트는 고급스러워졌지만 단란한 가정의 화목은 깨진 지 이미 오래되었다.

노인 병원에 가보라. 노인의 가족은 뒷전이고 간병인과 문병객들만 득실거린다. 병원은 돈의 천국이다. 온통 돈냄새가 풍길 뿐이다. 병실에는 도란도란 가족들의 얘기는 아예 들리지 않는다. 오직 무덤덤한 얼굴의 의사와 간호사들만 바삐 움직이고, 고통을 호소하는 환자들은 손님에 불과하다. 인술仁術은 어디에도 찾기 힘들고, 컴퓨터 오락기, 커피 자판기, 심지어 휘발유보다 비싼 생수까지도 돈이 없으면 마실 수 없는 자본주의의 극심한 폐단을 종합 병원에서 목격할 수 있다.

동양의 고전은 마음의 속살을 끄집어내어 인간 심성의 두 얼굴을 적나라하게 보여주고 있다.12)

"말에는 조리가 있어야 한다[言有序]."(간괘艮卦, 5효)

"도리가 있으면 말이 당당하고 억울하면 소리가 꼭 높다[有理言自壯, 負屈聲必高]."(『경세통언警世通言』)

"병균은 입을 통해 들어가고 재앙은 입을 통해 생긴다[病從口入, 患自口出]."(『의림意林』)

"말이 아주 달면 그 속에 쓴 것이 있고, 헐뜯는 말이 있다[言之大甘, 其中必苦, 譖在中矣]."(『국어國語』「진어晉語」)

---

11) 틱낫한/최수민, 『화(Anger)』(서울: 명진출판, 2002), 1-18쪽 참조.
12) 조희천 외, 『중국고대명언명구집』(연변: 인민출판사, 1995), 360-367쪽 참조.

"꾸민 말은 꽃과 같고, 참된 말은 열매 같고, 바른 말은 약과 같고, 감언은 질병 같다[貌言華也, 至言實也, 苦言藥也, 甘言疾也.]"(『사기史記』「상군열전商君列傳」)

선불교의 영원한 주제는 마음이다. 선불교는 혜능慧能(638-713)을 조사로 삼는다. 일자무식의 나무꾼이었던 혜능의 유명한 법문이 있다. 『육조단경六祖壇經』에 따르면, 법성사에 인종印宗 스님이 학인들에게『열반경涅槃經』을 강론하고 있었다. 마침 바람이 불자 절 앞 당간지주에 걸린 깃발이 나부꼈고, 강론을 듣던 두 스님이 "저것은 바람이 움직인 것이다." "아니다. 깃발이 움직인 것이다" 하며 열띤 논쟁이 붙었다. 논쟁은 계속되었고, 대중들까지 끼어들어 뜨겁게 달아오른 채 서로가 상반된 주장을 굽히지 않았다. 이를 보고 있던 혜능이 다가서서 "그것은 바람이 움직인 것도, 깃발이 움직이는 것도 결코 아니며, 오직 임자들의 마음이 움직인 것일 뿐이다"라고 말해 주었다. 이 말은 듣고 난 대중들은 모두가 놀라면서 물을 끼얹은 듯이 숙연해졌다. 이른바 '풍번문답風幡問答'이라는 지혜가 번뜩이는 혜능의 선문답이었던 것이다.[13]

불교 혁명가인 혜능의 유심론은 이른바 천지론과 결부된 도덕의 문제는 찾을 수 없고, 오로지 해탈의 경지에서 '마음자리'만 언급했을 따름이다. 그가 말하는 마음이란 곧 청정한 인성, 평상심, 깨달음의 주체성을 뜻한다. 그것은 의식의 스펙트럼을 강조한 켄 윌버Ken Wilver의 '초인격超人格'과 다르지 않다.

「계사전」은 형태 없는 마음이 빚어낸 말은 상대방의 심리 상태를 반영한다고 마지막을 매듭짓는다. 마음은 언어와 행동의 창窓이자 씨앗이다. 마음의 씨앗이 어떻게 발아하느냐에 따라 인생의 질이 결정된다. 비뚤어진 마음은 사회를 오염시키고, 다른 사람을 불행하게 만든다. 마음먹기가

13) 이은윤, 『혜능평전』(서울: 동아시아, 2004), 33-75쪽 참조.

개인의 의식과 사회의 정화에 꼭 필요하다. 무의식의 심층에서 싹터 나온 마음과 언어의 일치는 『주역』의 한결같은 가르침이다.

　오늘의 사회는 참으로 말도 많고 탈도 많다. 반면에 참다운 사람은 보기 드물다. 공자는 다음과 같은 금과옥조의 말을 남겼다. "더불어 말할 만한데도 말하지 않으면 사람을 잃을 것이요, 더불어 말할 만하지 못한데도 말하면 말을 잃을 것이다. 지혜로운 자는 사람을 잃지 않고 또한 말을 잃지 않는다."[14] '실인失人'과 '실언失言'은 유교의 금기 사항이다. 인간을 한없이 사랑했던 공자는 말의 신중함을 통해 사람들 사이의 원만한 만남을 강조했다. 이는 바람직한 인간 관계가 거의 사라진 현대인들에게 따끔한 충고가 아닐 수 없다.

　말은 마음의 소리요, 행동은 마음의 자취라는 말이 있다. 대화해서 안될 때 말을 하거나, 대화를 나눌 만한 상대가 아닌데도 대화하면 과오를 저지르기 일쑤이다. 갈등의 중심에는 항상 사람을 믿지 못하는 불신의 불씨와 말실수가 도사리고 있기 때문이다.

🕎 좋은 만남과 좋은 말이 꽃피는 상생의 사회는 지극히 아름답다.

　정역사상의 연구자 이상룡李象龍은 「계사전」 하편 12장의 성격을 다음과 같이 설명한다.

　　乾坤之至健至順은 大父母之體象也라
　　건 곤 지 지 건 지 순　　대 부 모 지 체 상 야

　　"건곤의 지극히 건실함과 유순함"은 하늘땅의 위대한 부모의 본질
　　을 형상화한 것이다.

---

14) 『論語』「衛靈公」, "子曰 可與言而不與之言, 失人; 不可與言而與之言, 失言. 知者不失人, 亦不失言."

占事, 知來는 道人之格神也라
점사 지래   도인지신격야

"일을 점쳐서 미래를 안다"는 것은 도인이 신을 인식한다는 뜻이다.

以象告, 以情言은 所以推金火之互鄕也라
이상고 이정언   소이추금화지호향야

"(팔괘는) 상으로써 알려주고, (효와 단은) 실정으로 말한다"는 것은
금과 화가 서로의 고향이라는 것을 미루어 밝힌 것이다.

說卦傳

설괘전

『주역』은 음양의 변화를 상징하는 기호(—, --)와 괘효에 대한 해설문으로 이루어진 암호의 바다다. 잔잔한 파도가 물결치는 『주역』의 바다에서 표류하지 않도록 괘의 구성 원칙을 밝힌 것이 곧 「설괘전」이다. 「설괘전」은 십익十翼 중의 하나로 괘의 구성을 전문적으로 다룬 글이다. 괘는 어떤 원리를 근거로 성립되었으며, 괘가 표상하는 성격과 의미를 다양한 각도로 설명하고 있기 때문에 '설괘說卦'라는 명칭이 붙여졌던 것이다.

공영달孔穎達(574-648)은 「설괘전」을 "8괘가 지시하는 사물의 성질과 괘가 드러내고 있는 기능과 작용[卦德], 변화의 법칙과 그 의미를 해명한 것"[1]이라 말했다. 오징吳澄(1249-1333)은 "설괘전 속에는 괘의 시공간적 위상[卦位], 괘의 작용 및 의리적 품성[卦德], 괘의 이미지에 대한 성격[卦象] 등이 담겨 있다"[2]고 말한 바 있다.

후대에 이르러 주역학은 음양의 변화를 뜻하는 '괘위'를 중시한 상수학파, 괘덕을 중시한 의리학파, 괘상을 중시한 실증주의 학파로 발전하였다. 우리나라의 정약용丁若鏞(1762-1836)은 '팔괘취상설八卦取象說'을 지어 상수론 만큼은 적극 비판하였다.

괘는 『주역』의 세계관을 들여다볼 수 있는 인식의 틀이자 창문이다. 8괘는 과연 진리를 객관적으로 투사하여 우주에 대한 생성 문제를 지적한 것인가? 단지 우주를 합목적 또는 합법칙적으로 설명한 체계인가는 아직도 논란의 대상으로 남아 있다. 조선의 김항金恒(1826-1898)은 전자의 입장을 견지한다. 그는 하도낙서를 천지에 대한 시간의 질서화로 인식했고, 팔괘는 시간의 공간화 방식을 해명하는 방식으로 보았다.

---

1) 孔穎達, 『周易正義』, "陳說八卦之德業, 變化及法相之所爲也."
2) 『備旨具解原本周易』, 1127쪽, "說卦者, 備載卦位卦德卦象之說."

1. 시초, 수, 괘, 효에 의거하여 역이 씌여지다

昔者聖人之作易也에 **幽贊於神明而生蓍**하고
석 자 성 인 지 작 역 야　유 찬 어 신 명 이 생 시

參天兩地而倚數하고 **觀變於陰陽而立卦**하고
삼 천 양 지 이 의 수　　관 변 어 음 양 이 입 괘

發揮於剛柔而生爻하니 **和順於道德而理於義**하며
발 휘 어 강 유 이 생 효　　화 순 어 도 덕 이 리 어 의

窮理盡性하여 **以至於命**하니라
궁 리 진 성　　　이 지 어 명

옛날 성인이 역을 지을 때에 그윽히 신명의 경지에 침잠하여 시초를 내고, 하늘은 셋으로 삼고 땅은 둘로 삼아 수에 의거하고, 음양의 변화를 관찰하여 괘를 세우고, 강유를 발휘하여 효를 만들어내니, 도덕에 화순하고 의리에 알맞게 하며, 이치를 궁구하고 본성을 극진히 하여 천명에 이르렀다.

옛날 성인은 천하를 다스리기 전에 세상 돌아가는 이치를 알고 통치할 필요가 있었다. 그래서 가장 먼저 생명의 원리와 떳떳한 이념을 세우기 위해 역을 지었다. 공자는 역이 형성된 과정과 법칙과 목적을 밝혀 천하 사람들이 도덕 문화가 꽃피는 사회의 구성원이 될 수 있는 튼튼한 징검다리를 놓았던 것이다.

성인이 역을 집필하는 과정에서 필요한 수단은 시蓍, 수數, 괘卦, 효爻였다. '시'는 점칠 때 사용하는 톱풀[蓍草]을 뜻하는 글자다. "거북이 천 년을 살면 연잎 위에서 노닌다. 시초는 한 뿌리에서 백 개의 가지가 나오는데, 그것이 난 곳에는 맹수와 독풀이 사라진다."[3] 시초는 하늘이 내린 신비한 식물이다. 처음에는 시초풀을 썼으나, 너무 희귀한 식물이라 나중에는 대나무[策]로 바꾸었다.

---

3) 『史記』「龜策列傳」, "龜千歲乃遊蓮葉之上, 蓍百莖共一根, 又其所生, 獸無虎狼, 草無毒螫."

'신명'이란 무엇인가? 신명에는 다양한 의미가 있다. 첫째, 죽은 조상신을 비롯하여 이승과 저승을 떠돌며 활동하는 귀신을 뜻한다. 둘째, 살아 있는 사람이 겉사람이라면 산 사람의 영혼에 깃든 속사람[神明]을 가리키는 경우도 있다. 이는 인간을 살아 있는 신[靈 = Spirits]으로 간주하는 입장이다. 셋째, 『대학』에서 말하는 인간의 내면에 뿌리박은 신묘하고 밝은 도덕적 본성[明德]이 있다. 이처럼 신명은 동양의 귀신관을 엿볼 수 있는 아주 소중한 개념이다. 이 대목에서는 귀신과 소통하는 '은밀하고도 언어를 초월한 경지'를 뜻한다. '유찬幽贊'은 신명의 도움을 받아 하늘의 섭리에 동참하여 시초를 뽑는 지극한 경계를 가리키는 수식어다.

원래 시초를 뽑는 행위는 천하의 중대사 또는 국가의 흥망성쇠의 뜻을 하늘에게 묻는 신탁神託이라는 의례에서 비롯되었다. 하늘의 의지는 신명이 알려 주는 까닭에 성인은 영험한 시초로 괘를 뽑는 행위를 신성하게 다루었다. 신명은 하늘의 뜻을 인간에게 알려 주는 일종의 안테나 역할을 한다. 따라서 괘는 인간과 신명이 의사 소통하는 유효한 통로라고 할 수 있다. 『주역』에서 시초를 뽑는 방법은 「계사전」 상편 9장의 '대연지수장大衍之數章'에 나온다. 대연지수는 철저히 수리론을 배경에 깔고 있다. 수는 하늘의 언어이자 신명의 행위를 알 수 있는 천상의 독법이다. 후대의 학자들은 '대연지수 50'에 대한 이론을 천문학에 뿌리를 두고 각종 이론을 창안하였다.[4]

경방京房 : 대연지수 50 = 12일十二日(10) + 12신十二辰(12) + 28수二十八宿(28)

마융馬融 : 대연지수 50 = 태극太極[= 북신北辰](1) + 양의兩儀(2) + 일월日月(2) + 4시四時(4) + 5행五行(5) + 12월十二月(12) + 24기二十四氣(24)

4) 楊在鶴, 「朱子의 易學思想에 關한 硏究- 河洛象數論을 中心으로」(충남대 박사학위논문, 1992), 92쪽.

정현鄭玄 : 대연지수 50 = 천지지수天地之數(55) - 오행五行(5)

순상荀爽 : 대연지수 50 = 6효六爻(6) × 8괘八卦(8) + 건곤乾坤(2)

요신姚信·동우董遇 : 대연지수(50)의 작용수(49) = 천지지수天地之數(55) - 6효六爻(6)

오대년吳大年 : 대연지수 50 = 태극太極(1) + 양의兩儀{양의陽儀(1)+음의陰儀(2)} + 4상四象{태양太陽(1)+소음少陰(2)+소양少陽(3)+태음太陰(4)} + 8괘八卦{건乾(1)+태兌(2)+리離(3)+진震(4)+손巽(5)+감坎(6)+간艮(7)+곤坤(8)}

시초와 괘효에 나타난 수는 고대의 천원지방설天圓地方說에서 유래하였다. 단순히 하늘은 둥글고 땅은 네모났다는 말은 유치한 발상이다. 그 이면에는 하늘의 원리는 땅에서 성숙되고 완결된다는 천상의 문법이라는 의식이 깔려 있다. 그것은 바로 '하늘은 3이고, 땅은 2라는 수에 의거하여[參天兩地而倚數]' 상수론이 출현했던 것이다.

'삼천양지'는 『주역』의 독특한 수리론이다. 그것은 고대의 천문학에서 비롯된 천지가 운동하는 불변의 수[常數]다. 3은 하늘의 수인 홀수[奇數], 2는 땅의 수인 짝수[偶數]를 뜻한다. 왜 하늘의 수는 1이 아니라 3인가? 하늘은 원래 땅의 수 2를 함축하고 있기 때문에 하늘의 수는 3이다. 주자는 이를 기하학으로 풀어낸 바 있다.

하늘은 둥글고[圓] 땅은 네모졌다[方]. 원주圓周는 대략 지름의 세 배이므로 하늘의 수는 3이다. 네모꼴의 둘레는 한 변의 네 배이지만 4는 2의 두 짝인 까닭에 땅의 수는 2이다. 이를 바탕으로 하늘의 수는 3, 땅의 수를 2라는 기본수[基數]로 설정한 다음에 괘를 세우는 노양수老陽數(☰) 9, 노음수老陰數(☷) 6, 소양수少陽數(☳) 7, 소음수少陰數(☴) 8을 만들었다.[5] 노양수

---

5) 『周易本義』, "天圓地方, 圓者一而圍三, 三各一奇, 故參天而爲三. 方者一而圍四, 四合二偶, 故兩地而爲二. 數皆倚此而起, 故揲蓍三變之末, 其餘三奇卽三三而九, 三偶卽三二而六, 兩二一三爲七, 兩三一二則爲八."

9는 3이 셋[參天], 노음수 6은 3이 둘[兩地], 소양수 7은 2가 둘에 3이 하나, 소음수 8은 3이 둘에 2가 하나를 뜻한다. 이리하여 상수론의 기틀(건괘의 9, 곤괘의 6)이 마련되어 만물의 질서를 설명하는 데 부족함이 없게 되었던 것이다.

소강절은 주자와는 입장을 달리한다. 왜냐하면 그는 태극을 말하지 않고 『주역』을 철저히 4상四象의 구조로 인식했기 때문이다. "역에는 참된 수가 셋이 있을 따름이다. '삼천'은 3을 셋으로 하여 9이고, '양지'는 3을 두 배로 하여 6이다. '하늘은 셋으로 삼고 땅은 둘로 삼아' 숫자에 의지함은 하늘땅의 올바른 수가 아니다. '의'는 본뜬다는 것이므로 하늘땅의 올바른 수를 본떠서 나온 것이다."[6]

『주역』 상수론의 꽃은 하도낙서다. 하도가 음양의 조화로 구성된 놀라운 대칭형의 도상이라면, 낙서는 대칭이 깨져 활발한 운동이 전개됨을 반영한다. 낙서의 비대칭과 음양의 불균형은 일정한 방향성을 갖고 운동하고 진화한다는 시간의 화살을 도상으로 드러내고 있다. 따라서 하도낙서는 생명과 시간의 언어라고 할 수 있다.

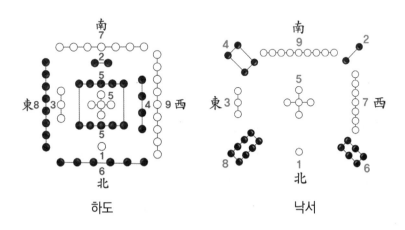

하도   낙서

---

6) 『皇極經世書』「外篇」, "易有眞數三而已. 參天者三三而九, 兩地者倍三而六, 參天兩地而倚數, 非天地之正數也. 倚者擬也, 擬天地正數而生也."

하도는 1-6, 2-7, 3-8, 4-9, 5-10이 각각 음양의 균형과 조화를 이루는 상생의 구조를, 낙서는 1-9, 2-8, 3-7, 4-6이 각각 음은 음끼리 짝을 이루고, 양 또한 양끼리 짝을 이루는 음양의 불균형을 형성하는 상극의 구조를 띤다. 따라서 낙서는 만물이 태어나고[生] 자라나[長] 진화를 거듭하는 모습을 그려내고 있는 것이다.

이 세상에 숫자가 없는 곳은 없다. 천지의 수는 1부터 10까지의 홀수와 짝수로 이루어져 있다. 홀수는 1, 3, 5, 7, 9로 다섯 개이며 짝수 역시 2, 4, 6, 8, 10으로 다섯이다. 그리고 1, 2, 3, 4, 5는 생수生數이며, 6, 7, 8, 9, 10은 성수成數이다. 생수를 다시 음양으로 구분하면 1, 3, 5는 양陽으로서 하늘을 상징하는 '삼천參天'이며 2, 4는 음陰으로서 땅을 상징하는 '양지兩地'이다. 『주역』은 생수와 홀수 위주의 우주론을 전개시키고 있다면, 『정역』은 성수와 짝수 위주의 우주론을 지향한다고 할 수 있다.

정역사상에 따르면, 생수가 선천이고 성수는 후천이다. 즉 전자가 '삼천양지參天兩地'라면, 후자는 '삼지양천參地兩天'의 구조를 이룬다. 성수 6, 7, 8, 9, 10에서 짝수는 셋(6, 8, 10)이고 홀수(7, 9)는 둘이기 때문이다. 시종일관 선후천론을 견지한 정역사상은 체용體用의 극적인 전환을 통해 선천 삼천양지의 시스템이 후천 삼지양천의 시스템으로 탈바꿈한다는 것을 간명하게 풀어헤쳤다.[7]

'시·수·괘·효'로 『주역』을 지은 이유와 목적은 도덕 법칙에 순응하여 의리를 밝히고[和順於道德而理於義], 천지의 궁극적인 이치를 궁구하고 자신의 본성을 극진히 함으로써[窮理盡性] 하늘의 명령을 몸과 마음으로 체득하는 것[以至於命]에 있다.

하늘에서는 음양의 변화를 살펴 괘를 세우고, 땅에서는 딱딱한 것이 움직여 양 에너지가 음 에너지로 물러나는[揮] 이치를 살펴서 효를 만든다.

---

7) 『正易』, 「十五一言」"日極體位度數", "先天三天兩地, 后天三地兩天."

인간은 하늘땅의 운동 방식에 거스리지 않게 주체화하여[和順於道德] 정의의 정신과 일치시켜 행위해야 한다[理於義]. 그리고 갖가지 사물의 이치를 깊이 연구하고[窮理] 인간의 내면에 깊이 자리잡은 도덕적 본성을 끄집어내어 극진히 한다[盡性]. 더 나아가 하늘이 생명을 낳는 의지를 깨닫는 경지에 도달하는 것이 사람다운 삶의 궁극 목표인 것이다[以至於命].

이는 「계사전」 상편 7장의 '이미 이루어진 성품을 보존하고 보존하는 것이 도의를 지키는 문이다[成性存存, 道義之門 = 和順於道德而理於義, 窮理盡性, 以至於命]'라는 말과 거의 비슷하다. 이에 대해 주자는 "이치란 일에 따라 그 조리와 질서를 얻는 것을 분석하여 말한 것이요, 천하의 이치를 궁구하고 인물의 본성을 다하여 천도에 합하게 되는 것이다. 이것이 바로 성인이 역을 지은 지극한 공로"라고 말했다.

천명의 자각은 유교의 본령이다. 공자는 천명을 아는 것[知命]으로 『논어』의 마지막을 장식했을 정도로 하늘의 명령은 유교의 출발점인 동시에 귀결점이다. 명命은 '나에게' 주어진 하늘의 명령을 뜻한다. 하늘의 명령[天命]은 인간이 거부할 명분이나 권한과 힘이 없다. 그것은 하늘이 내린 진리의 표현체인 로고스logos이기 때문이다.

천명은 화이트헤드의 이른바 '창조성(Creatvity)'과 유사하다. 천명은 생명과 인간 존립의 원천이다. 또한 인격성의 근원이자 생명의 법칙을 주관하는 궁극적 이법이다. 천명은 자연 질서의 근거이며, 인륜 도덕의 원초적 근원이다. 천도에 의해 태어난 인간이 천명을 주체적으로 자각하는 일은 주역학의 가장 본질적 체험이며 또한 유교의 목표인 것이다.

역을 지은 동기는 도덕에 부응하여 의리를 밝히고 천명을 깨닫는 데 있으며, '삼천양지'는 수의 세계로 들어가는 관문이다. 64괘 384효의 형식과 내용은 도덕 원리에 거슬리는 일이 없으며, 각 괘효사에는 인간이 반드시 따라야 할 올바른 도리와 규범이 담겨 있다. 음양의 변화는 하늘의 원리를, 강유의 변화는 땅의 원리를 얘기한다. 그것은 사물의 원리인 동시에 존재와 당위 법칙이다. 따라서 사물이 존재하는 원리를 깊이 연구하여 아는 것이 곧 인간의 본성을 아는 것으로 직결된다. 인간의 본성을 알면 인격을 완수하는 일은 쉽다. 만물이 변화의 길을 걷는다면, 인간사에는 얻고 잃음[得失]과 나아가고 물러남[進退]의 현상으로 나타난다.

☷ 만물의 이치를 궁구하고 인간의 본성을 극진히 하면 하늘의 명령과 합일할 수 있는 것이다.

정역사상의 연구자 이상룡李象龍은 「설괘전」 1장의 성격을 다음과 같이 설명한다.

幽贊於神明而生蓍는 生滿百莖으로 以當己獨百之數也라
유 찬 어 신 명 이 생 시   생 만 백 경   이 당 기 독 백 지 수 야

"그윽히 신명의 경지에 침잠하여 시초를 낸다"는 살아서 백 개의 줄기를 갖는 신비한 시초풀을 기로로 시작하는 100수에 상응시킨다는 뜻이다.

參天兩地而倚數는 先天之甲丙戊는 天數요 庚壬은 地數也라
삼 천 양 지 이 의 수   선 천 지 갑 병 무   천 수   경 임   지 수 야
后天之己辛癸는 天數요 乙丁은 地數也니 屈伸指掌을
후 천 지 기 신 계   천 수   을 정   지 수 야   굴 신 지 장
則可見矣라
즉 가 견 의

"하늘은 셋으로 삼고 땅은 둘로 삼아 수에 의거한다"는 것은 선천의 갑·병·무는 천수요, 경·임은 지수이다. 후천의 기·신·계는 천수요, 을·정은 지수이다. 손가락을 굽히고 펴는 것에서 알 수 있다.

천지만물이『주역』의 모체라면, 성인은 천지만물에 대한 최고의 통찰자다. 여기서는 앞 장을 이어 성인이 괘의 부호를 통해 역을 지은 목적은 모든 사람이 성명의 이치를 따르기 위한 방법이라고 밝혔다.

1. 괘효의 핵심은 성명론이고, 괘는 3재를 거듭하여 형성된다

昔者聖人之作易也는 **將以順性命之理**니
석 자 성 인 지 작 역 야　　장 이 순 성 명 지 리

是以立天之道曰陰與陽이오 **立地之道曰柔與剛**이오
시 이 입 천 지 도 왈 음 여 양　　입 지 지 도 왈 유 여 강

立人之道曰仁與義니 **兼三才而兩之**라
입 인 지 도 왈 인 여 의　　겸 삼 재 이 양 지

故로 **易**이 **六畵而成卦**하고 **分陰分陽**하며 **迭用柔剛**이라
고　　역　　육 획 이 성 괘　　분 음 분 양　　질 용 유 강

故로 **易**이 **六位而成章**하니라
고　　역　　육 위 이 성 장

옛날에 성인이 역을 지은 것은 장차 성명의 이치에 순응하고자 함이니, 하늘의 도를 세움은 음과 양이요, 땅의 도를 세움은 유와 강이요, 인간의 도를 세움은 인과 의로서 3재를 거듭한 것이다. 그러므로 역이 여섯 획으로 괘를 이루고, 음과 양으로 나뉘며, 유와 강을 차례로 사용했다. 그러므로 역이 여섯 위상으로 문장을 이루었다.

성명이란 무엇인가?『주역』은 천도가 천명의 형식으로, 천명은 다시 천성의 형식으로 드러나는 논리를 취한다. 천도는 하늘의 존재 방식이고, 천명은 만물에게 천도의 내용을 명령내리는 것이고, 천성은 천명을 자신의 본질로 품부받는 것을 뜻한다. 천명은 천도와 천성을 연결시키는 콘덴서다. 따라서 천명을 알면 천도와 천성을 동시에 알게 되는 것이다. 결국 성

명론은 천도 → 천명 → 천성이라는 논리가 성립되는 까닭에 인간은 천성을 극진히 하여 천명을 깨닫고 실천해야 마땅하다.

천성은 개체의 본성[個性]을 뜻한다. 개성은 개체적 본성의 준말로 모든 사물의 본질을 가리킨다. 개체는 각각 하늘로부터 선천적인 본질을 부여받는다. 예컨대 강아지와 송어의 본성은 다르다. 천명이 인간에게 주어지면 인성人性이고, 동물에 주어지면 물성物性이다. 동물과 인간이 다른 이유는 물성에는 도덕의 세계가 없으나, 인성은 도덕적 품성이 본질이기 때문이다. 물성과 인성을 공통으로 근거지우는 것이 바로 명命이다. 즉 개체 사물은 수없이 많고 다양하지만, 만물의 최종 근거는 '하나[天命]'로 귀결되는 것이다.

천명과 천성은 일자와 다자라는 관계가 성립한다. 일자의 속성이 개체의 본질로 내재화된 것이 바로 천성이기 때문이다. 천성은 모든 사물에 주어진 자연 그대로의 본질이라면, 인간의 입장에서는 도덕성[人性]이 된다. 따라서 인성과 물성은 다르지만 천성은 똑같다고 할 수 있다. 한마디로 성명은 인간 고유의 타고난 본성, 즉 인격성의 진실한 존재 방식이라 할 수 있다.

인간의 도덕성은 하늘이 내려주고, 인간은 그 본원인 하늘의 명령에 좇는 것을 사명[命]으로 삼는다. 성과 명은 하나의 이치[理 = Principle]이다. 성명학性命學이 곧 성리학性理學이다. 따라서 『주역』의 성명학은 이름과 사주를 따지는 점술가들의 명리학命理學 혹은 성명학姓名學과는 근본적으로 차원이 다른 것이다.

'성명'은 건괘의 '건도가 변화하여 만물이 각자 성명이 올바르게 된다[乾道變化, 各正性命]'는 말과 동일한 뜻이다. 건도가 변화하는 과정에서 하늘의 명령이 만물에 내재화된 것이 '성'이다. 건도 즉 천도는 시공과 더불어 만물의 근거라는 뜻이다.

『중용』 1장은 「설괘전」과 동일선상에서 천명과 본성을 관계를 밝히고 있다. "하늘이 명을 내리신 것을 성이라 하고, 성을 온전히 따르는 것을 도라 하고, 도를 닦는 것을 교라 한다"[1] 천명이 만물에게 주어질 때는 절대적인 까닭에 천명 자체는 보편성을 띤다. 천명이 사물에게 주어지면 사물의 본성[物性]이며, 인간에게 주어지면 사람의 본성[人性]이 된다. 천부의 덕성이 바로 인간의 본질이다. 인간 도덕성의 근거가 하늘에 있는 까닭에 『중용』은 천명의 주체화라는 윤리적 믿음과 철학적 신앙에 기초한 책이다.

하늘을 인간 도덕성의 근원으로 이해하는 것은 하늘의 뜻 자체가 도덕성[仁]이며, 인간 본성으로 내면화된 윤리적 준거가 하늘의 명으로부터 유래한다는 것을 뜻한다. 인간 본성으로서의 도덕률은 하늘이 부여한 것이다. 따라서 인간 본성의 온전한 발현이야말로 하늘의 명을 이어받는 숭고한 도덕적 삶인 것이다.

괘효에서 천인성명天人性命의 이치를 발견하는 일은 음양의 변화를 살피는 것만큼 매우 중요하다. 그것은 천명과 인간 일반을 연결시키는 보편적 주제이기 때문이다. 양자의 결합에 대한 의심은 『주역』의 정신에 위배된다. 천명은 천지를 닮으려는 인류에게 한없는 진리와 종교와 도덕의 원천이고, 천지는 항상 생명과 진리의 길을 알려 준다.

괘는 생명의 논리를 온전히 품고 있다. 괘는 하늘과 땅과 인간의 절묘한 조화를 생명의 춤과 미학으로 노출시키고 있다. 천지인 3재는 『주역』의 헌법으로서 생명과 시간의 보편성을 상징한다. 천도와 지도와 인도를 괘로 표현한 것은 진리에 대한 표상(representation)이다. 또한 천도를 음양, 지도를 강유, 인도를 인의로 배합시킨 것은 진리에 대한 대응성(correspondence)을 뜻한다.

천지인 3수와 음양 2수는 어떤 함수 관계가 있는가? 3재를 음양 법칙으

---

1) 『中庸』, "天命之謂性, 率性之謂道, 修道之謂敎."

로 두곱한다[兼三才而兩之]는 문맥에서 보면, 3재가 음양보다 논리적으로 선행한다고 할 수 있다. 한편 3재 문화와 음양 문화의 결합은 『주역』 6수 문화의 종합이라는 견해도 있다. 『주역』에서 '거듭한다[兼]'는 개념은 변화의 다층적이고 복잡한 전개를 뜻하는 생물학적 진화를 가리키는 말이다.

역은 여섯 개의 효가 완성되어야 제대로 작용이 가능하다[六畫而成卦]. 음양과 강유의 운동은 분리와 결합의 방식으로 움직인다[分陰分陽, 迭用柔剛]. 천도와 지도와 인도를 반영한 것이 소성괘小成卦라면, 이들은 각각 짝으로 나뉘어 작용하므로 대성괘大成卦가 형성된다. 예를 들어 중천건괘(䷀) 맨 위의 두 효는 천도[陰陽]를, 아래의 두 효는 지도[剛柔]를, 가운데의 두 효는 인도[仁義]를 표상한다. 그리고 여섯 효에서 홀수의 위치에 있는 초효와 3효와 5효는 양, 짝수의 위치에 있는 2효와 4효와 상효는 음이다. 따라서 괘의 구조에는 인간이 자연을 지배하는 막강한 힘을 소유한 존재가 아니라, 자연을 닮으려고 애쓰는 생태학적 사유가 묻어 있다고 할 수 있다.

3재는 『주역』의 삼위일체三位一體라 말해도 틀리지 않는다. 원래 '삼위일체'라는 말의 trinity는 '하나로 통일된 셋'이란 뜻의 'tri-unity'에서 유래했다. "물리학자들은 이러한 삼위일체를 '작용, 반작용, 협력'이라 부르고, 철학자들은 '정正, 반反, 합合'이라 부른다. 세 요소는 함께 더 큰 새로운 장을 이루고, 그것은 다시 그 반대를 낳아, 다시 더 큰 합을 준비한다.… 트리아드의 원리는 어느 곳에나 존재하고 있다. 새로운 전체를 종합함으로써 양극성의 진동을 지나가면, 균형의 기능이 나타나고, 자연의 형태들이 안정한 구조가 되고, 순서대로 질서 잡힌 과정이 실현된다. 그것은 '구조-기능-질서'와 '공간-힘-시간'의 삼위일체는 3의 배수인 수들의 원리로 팽창해나가는 것을 볼 수 있다."[2]

인간이란 어떤 존재인가? 『주역』은 하늘과 땅 사이의 중간에 있는 인간

2) 마이클 슈나이더/이충호, 『자연, 예술, 과학의 수학적 원형』(서울: 경문사, 2002), 52-59쪽.

(데카르트가 주장하는 신과 악마의 중간자가 아니다)이 주체가 되어 생명을 존중하라는 지혜를 가르친다. 왜냐하면 인간의 본질을 이루는 인의를 실현하지 않는다면 동물과 다를 바가 없기 때문이다. 인의의 가치를 구현하지 않으면 천도와 지도는 물론 인도마저도 설 땅이 없다. 이런 경지에 도달해야 비로소 여섯 효가 드러내는 우주의 미학적 가치가 한층 아름답게 빛날 수 있는 것이다.

천도는 음양의 변화, 지도는 강유의 텃밭, 인도는 인간의 본성인 인의를 대변한다. 3수와 2수의 결합으로 인해 괘는 6효로 구성되어야 작용이 가능하다. 천도와 지도와 인도는 우주를 구성하는 근본이고, 둘로 겹치는[兼 = 음양의 분합] 작용은 일자와 다자를 잇는 출생出生의 문이라 할 수 있다. 3 재에서 어느 하나라도 결여되면 우주는 아무런 존재 의미가 없다. 또한 모든 괘효에는 음양의 이원성을 품고 있다.

☖ 천도와 지도와 인도를 음양의 원리로 꿰뚫고 통섭하는 것이 바로 천명이다.

정역사상의 연구자 이상룡李象龍은 「설괘전」 2장의 성격을 다음과 같이 설명한다.

> 易, 六位而成章은 先后天之十二位가 文章之大成也라
> 역 육 위 이 성 장　선 후 천 지 십 이 위　문 장 지 대 성 야
>
> "역이 여섯 위상으로 문장을 이루었다"는 것은 선후천의 12 위상이 하늘과 땅의 문장을 크게 이룬다는 것을 뜻한다.

「설괘전」 3장은 우주에 대한 숱한 이론과 영감을 불러일으킨 내용이다. 「계사전」은 단순히 태극 → 음양 → 사상 → 팔괘로의 전개 또는 '한 번은 음하고 한 번은 양한다[一陰一陽之謂道]'고 말했으나, 음양이 어떻게 분화하는가에 대한 구체적인 언급은 없었다. 단지 원론 차원에서 음양의 직선적인 분화를 설명한 것에 지나지 않는다. 우리는 「설괘전」 3장에서 천지의 생성력이 상하팔방으로 분화하는 괘 구성의 원칙성을 발견할 수 있는 것이다.

1. 괘, 자연을 품고 있다

天地定位하며 **山澤**이 **通氣**하며 **雷風**이 **相薄**하며
천 지 정 위　　　산 택　통 기　　　뇌 풍　상 박

水火不相射하여 **八卦相錯**하니
수 화 불 상 석　　　팔 괘 상 착

하늘과 땅이 자리를 정하며, 산과 연못이 기운을 통하며, 우레와 바람이 서로 부딪치며, 물과 불이 서로 쏘지 않아 팔괘가 서로 교착한다.

8괘 성립의 근원은 천지다. 아버지 하늘의 창조성과 어머니 땅의 포용성이 만물을 생성하는 무대가 바로 천지다. 하늘과 땅을 푸른 창공과 지구라는 협소한 의미로 한정시켜서는 곤란하다. '천지'는 시간과 공간의 축인 동시에 직접 만물을 빚어내는 조화의 바탕이자 힘이기 때문이다. 하늘과 땅이 위아래(남북)로 자리잡아 수직의 틀[天地定位]과 교류의 마당[場, field]이 형성된 뒤 비로소 에너지 생성이 가능하다는 것이다.

산과 연못은 땅에서 가장 높고 낮은 위치에서 서로 기운을 주고받으면서 생명 활동을 시작하는 것을 상징한다. 하늘은 높은 산을 대행자로 삼

아 땅과 교통하고, 땅 역시 친근한 연못을 대행자로 삼아 하늘과 교통한다. 이를테면 산은 하늘에서 내리는 눈과 비 등을 가장 먼저 받아들인 후 땅으로 전달하고, 땅거죽과 가까이 맞닿은 연못은 수증기를 하늘로 올려 보내는 방식으로 에너지를 교류하여[山澤通氣] 지상의 세계를 살아 있게 만든다. 산은 간艮(☶)이고 연못은 태兌(☱)로서 물이다. 산이 뿜어내는 정기와 연못의 생명수가 결혼하여 생명 활동을 부추긴다.

그 다음에 우레[震, ☳]는 하늘의 소리를 머금고 위에서 아래로 위엄을 떨치며, 바람[巽, ☴]은 생명의 전령사로서 하늘과 땅의 교감을 수평적으로 널리 퍼뜨려 극대화한다[雷風相薄]. 우레와 바람은 이곳저곳으로 에너지를 확장시켜 천지의 생명력을 멀리까지 배달한다. 우레와 바람이 맞부딪침으로써 생성의 힘이 한층 강화되는 것이다.

천지가 장엄하게 열린 뒤에 산과 연못이 서로 기운을 통하고, 우레와 바람이 서로 부딪치는 형국이 생기면 다시 물과 불이 서로 교감하는 양상으로 번진다. 물과 불은 생명체에게 없어서는 안 되는 특별한 에너지 원源이다. 물은 생명의 창조를 잉태하고 불은 에너지 원을 태워 동력을 일으킨다.

예컨대 밭솥에 물이 없으면 밥을 지을 수 없고, 불이 없으면 익힐 수 없다. 물과 불의 만남에 의해 날것이 익힌 음식으로 탈바꿈한다. 둘 중에 어느 하나라도 없으면 만물의 생성은 이루어질 수 없다. 이런 연유에서 복희팔괘도는 물과 불이 동서에서 마주보면서 사랑의 큐피드 화살을 날리는 형국[水火不相射]으로 묘사했던 것이다.

물과 불은 오행론에서 상극 관계를 이룬다. 상극이란 원래 서로를 극하여 상대방을 이긴다는 뜻이지만, 물불의 만남은 천생연분이다. 흔히 태양과 달[坎離]로 비유되는 물과 불은 생명을 낳는 천지라는 발전소가 자랑하는 엔진에 해당한다.

세상은 반대되는 것들의 잔치판이다. 그렇다고 『주역』은 반대를 위한 반대 또는 현실에 대한 부정, 염세주의를 선호하지 않는다. 오히려 만물은 물불의 상대성 운동으로 말미암아 생명이 성숙하고 새로움의 창조를 지속하는 것이다.

우선 복희팔괘도는 반대되는 것이 서로 섞이면서 조화를 이루어 세상이 번창한다는 사실을 알려 준다. 천지는 시간의 축, 감리는 공간의 축을 만들면서 움직인다. 남북의 건곤(☰↔☷), 동서의 리감(☲↔☵) 서북과 동남의 간태(☶↔☱), 동북과 서남의 진손(☳↔☴)은 서로가 대립하면서 상대를 요청하는 모양새다. 남자만 득실거리거나 여자만 있는 세상은 끔찍하다. 음과 양, 즉 남과 여는 원수가 아니라 생명의 지속을 위해서 반드시 만나야 하는 영원한 파트너인 것이다. 이 세상은 잠시 불화와 부조화를 겪으면서 화해와 조화의 관계로 돌아간다.

물과 불은 숙명적인 라이벌이자 동반자 관계로 존재한다. 물은 불을 끄지만 불이 없으면 물을 끓일 수 없고, 불은 물을 끓여서 소멸시킬 수 있으나 물이 없으면 생명을 유지할 수 없다. 물불[水火]의 운동은 수분과 열기를 창출하는 에너지의 창고다. 수화가 얼마나 중요하면 하도낙서에서 동서가 아닌 남북에 위치하는가가 여실히 증명하고도 남는다. 또한 수양론에서 수승화강水昇火降 이론 역시 물불의 운동 법칙에서 연역한 것이다.

복희팔괘도는 남북축을 중심으로 좌우로, 즉 음양이 날개짓하는 형상인 1, 2, 3, 4와 5, 6, 7, 8의 대칭형으로 펼쳐졌다. 우리 조상들은 복희팔괘도를 암기할 때, 질서있게 배열된 숫자의 순서대로 읽었다. 일건천一乾天(☰: 아버지), 이태택二兌澤(☱: 소녀), 삼리화三離火(☲: 중녀), 사진뢰四震雷(☳: 장남), 오손풍五巽風(☴: 장녀), 육감수六坎水(☵: 중남), 칠간산七艮山(☶: 소남), 팔곤지八坤地(☷: 어머니)가 바로 그것이다. 이처럼 복희팔괘도는 자연의 모습 이외에도 가족 구성의 원칙도 밝히고 있다.

8괘가 교착하여[八卦相錯] 64괘가 형성된다. 괘의 구성은 천지의 역사와 시간과 자연을 관통하는 원리라는 점에 의의가 있다. 복희팔괘도는 천지에 내재된 음양의 법칙이 질서화되면서 진화하는 과정을 프로그램화한 형상이라 할 수 있다. 한마디로 복희팔괘도는 만물이 방금 태어나 커나가는 [生] '아기 천지'의 형상이다. 따라서 8괘는 자연과 인생의 길을 품고 있는 것이다.

복희팔괘도는 소강절에 이르러 지금의 도상으로 확정되었다. 그 이전의 학자들은 괘의 합리성만 소중하게 다루어 왔으나, 소강절은 괘의 성립과 분화를 체계적인 이론으로 밝힌 인물이다. 그는 처음으로 선후천론의 불씨를 댕긴 사상가로서 「설괘전」 3장의 내용은 복희씨가 창안한 선천팔괘도의 방위라고 지적했다. "이는 복희팔괘도의 자리이다. 건은 남쪽에 있고 곤은 북쪽에 있으며, 이는 동쪽에 있고 감은 서쪽에 있으며, 태는 동남쪽에 거하고 진은 동북쪽에 거하며, 손은 서남쪽에 거하고 간은 서북쪽에 거한다. 이에 8괘가 서로 사귀어 64괘가 이루어진다. 이른바 선천학이다."[1]

선천과 후천이란 말은 건괘 「문언전」에 나온다. "하늘보다 앞서 가도 하늘이 어기지 않으며, 하늘보다 뒤로 해도 하늘의 시간을 받든다. 하늘이 또한 어기지 않는데 하물며 사람이며 귀신이랴![先天而天弗違, 後天而奉天時, 天且弗違, 而況於人乎, 況於鬼神乎.]" 공자 이후 1,500년 동안 선천과 후천에 대한 깊은 논의는 잠들었다가 송대의 철학자들에 의해 본격적으로 탐구되기 시작했다.

성리학자들은 유교의 이상적 인간상인 성인[大人]은 하늘의 경지와 완전히 하나가 될 수 있다고 풀이했다. 그리고 인간은 인식 능력의 확충에 따라 진리[道]와 하나될 수 있으며, 진리를 체득하면 하늘의 섭리에 대한 실천도 가능하다고 주장하기에 이른다. 또한 대인과 하늘이 본래 하나라는 사실을 인식의 문제로 파고든 경우가 대부분이다. 선천은 진리의 원형이므로 후천은 선천을 본받고 온몸으로 터득하여 이상적 인간이 되도록 노

---

1) 『周易本義』, "邵子曰 此伏羲八卦之位, 乾南坤北, 離東坎西, 兌居東南, 震居東北, 巽居西南, 艮居西北. 於是八卦相交而成六十四卦, 所謂先天之學也."

력하는 무대에 지나지 않는다는 결론이다.

선천과 후천은 다양한 의미로 쓰인다. 가장 많이 사용되는 용례는 크게 세 가지가 있다. 첫째, 인간으로 태어나기 이전은 선천이고, 그 이후는 후천이라는 생리학적 의미가 있다. 서양의 데카르트를 비롯한 합리론자들이 인식의 기원 문제를 중심으로 다루는 경향이 여기에 해당된다. 그들은 경험론과는 반대로 지식의 원천으로서의 '본유관념本有觀念(innate idea)'을 제시하여 인간의 영혼은 이미 정신적인 본질, 즉 '이데아idea'를 직관할 수 있는 능력을 가지고 세상에 태어났다고 주장한다. 경험으로부터 독립된 본유관념은 인간의 본질에 내재한 공통적인 표상이라는 것이다. 합리론은 인간이 태어날 때 선천적으로 가지고 있는 본유 관념을 내세워 생리적 출생을 기준으로 선천과 후천을 나누는 근거를 마련했던 것이다.

둘째, 직선적 시간관에 입각하여 진취적 역사관을 확립한 서양과는 다르게, 천지만물은 네 단계의 순서로 반복한다는 동양의 순환 우주관에 입각한 선후천관이 있다. 이는 봄, 여름, 가을, 겨울의 계절 변화가 잘 반영한다. 자연의 4계절은 이미 프로그램화된 선천의 질서를 모델로 삼아 순환한다는 이법성을 뜻한다.

셋째, 전통 주역학의 선후천관이 있다. 괘에 투영된 방위는 인간의 개념적 사유에 의한 안배로 이루어진 것이 아니라, 괘도가 그어지기 이전의 자연 질서 자체를 형상화한 것으로 간주한다. 한마디로 천지가 창조되기 이전은 선천, 그 이후는 후천이다. 인류가 '지금, 여기에서' 살고 있는 이 세계가 바로 후천이라는 것이다. 따라서 선천은 인간의 감각으로 직접 포착할 수 없는 형이상학의 영역이다. 이는 현실에 의존하여 획득한 경험으로는 시공을 초월한 진리에 대한 인식이 불가능하다는 판단에 연유한 것이다.

이처럼 존재와 가치의 근거를 선천에 큰 비중을 두는 학설은 과거 지향의 세계관과 직결된다. 선천은 '이미 선험적으로 주어진 질서', '인간이 태어나기 이전의 세계' '경험 이전의 사태', '태초의 천지'에 주안점을 두는 이론이라 할 수 있다.

소강절이 선후천관을 수립한 목적은 자신이 살던 시대가 복희씨와 요임금 시절을 제외한 최고의 태평성대라는 사실을 우주론으로 입증하려는 의도 때문이었다. 그는 역사적으로 요임금을 중심으로 선천과 후천을 구분했다.

"요임금의 앞은 선천이고, 요임금의 뒤는 후천이다. 후천은 (선천을) 본받아야 할 법칙이다. 호천은 만물을 낳고, 성인은 만민을 낳는다."[2]
"하늘의 학문은 마음 닦는 일이요, 사람의 학문은 몸 닦는 일이라.
몸은 편안하고 마음으로 즐길 수 있다면 하늘과 인간사를 알 수 있네.
하늘과 사람의 거리가 멀지 않은 것을,
모르는 자는 많고, 아는 자가 드물구나.
몸은 사람의 주인이요 마음은 하늘의 주인이라.
마음이 즐겁지 않으면 몸이 어찌 편안하겠는가."[3]

선천과 후천은 천지의 두 얼굴이다. 소강절이 주장하는 선후천론의 핵심은 선천이 후천의 존재 근거라는 점이다. 그것은 이원론(dualism)을 의미하지 않는다. 다만 밤과 낮은 미시의 선천과 후천이고, '원회운세'의 129,600년을 주기로 순환하는 것은 거시의 선후천이며, 선천과 후천이 일정한 시간대에 맞추어 옷을 갈아입는다는 사실이 다를 뿐이다. 선천이 후천의 근거라는 발상은 곧 요임금의 태평성대를 모범으로 삼아 과거로의 회귀를 꿈꾸는 역사관의 전형이라 할 수 있다.

---

2) 『皇極經世書』「觀物外篇」, "堯之前, 先天也; 堯之後, 後天也; 後天乃效法也. 昊天生萬物, 聖人生萬民."
3) 『伊川擊壤集』「天人吟」, "天學修心人學修身, 身安心樂乃見天人, 天之與人相去不遠, 不知者多知之者鮮, 身主於人心主於天, 心旣不樂身何由安."

복희팔괘도   문왕팔괘도   정역팔괘도

소강절은 객관적으로 존재하는 하늘의 이법이 인간의 마음에 내재한다고 선천학의 주제를 심리학의 방향으로 돌린다. "선천학은 심법이다. 그러므로 도상은 모두 '중中'에서 생겨난다. 온갖 변화와 사건은 마음에서 일어난다."[4] 따라서 선천학이 마음학[心學]이라면, 후천학은 마음에 비쳐진 만물의 법칙을 탐구하는 학문이다. 보이는 세계와 보이지 않는 세계를 넘나드는 것이 곧 도의 궁극적 경지다. '마음'은 감정의 동요를 겪는 보통 사람의 마음이 아니라, 괘를 그은 복희씨의 마음을 가리킨다. 그러니까 선천학은 주관을 넘어선 우주의 객관적 원리를 체득하는 것이 열쇠인 것이다.

☆ 8괘, 우주사와 시간사와 자연사가 동일한 궤도를 걷는다는 것을 밝히다.

2. 수, 시간의 궤적을 그려내다

數往者는 **順**코 **知來者**는 **逆**하니 **是故**로 **易**은 **逆數也**라
수 왕 자   순   지 래 자   역   시 고   역   역 수 야

지나간 것을 셈하는 것은 순이고, 미래를 아는 것은 거스리는 것이다. 이런 까닭에 역은 거슬러 세는 것이다.

괘는 천지만물에 대한 정태적 사유가 아니라, 시간의 연속적인 동태적

4) 『皇極經世書』「觀物外篇」, "先天學, 心法也. 故圖皆自中起, 萬化萬事, 生乎心也."

과정을 담고 있다. 갈 '왕往'은 과거, 올 '래來'의 미래는 시간 관념을 빼놓고는 얘기할 수 없다. 시간은 만물의 근거이자 형식이며 내용을 담는 그릇이다. 『주역』의 논리는 수에 의존한다. 수는 지나간 일과 아직 오지 않은 미래를 알 수 있는 유효한 수단이다. 결국 수는 천지의 언어로서 성인의 마음을 읽을 수 있는 『주역』의 문법인 것이다.

괘의 형성은 시간의 문제와 맞물려 있다. 어떤 하나의 괘는 특정한 시공간의 정황에 알맞은 행동 방침을 알려주는 안내판이라 할 수 있다. 인간의 정당한 행위는 시간 의식에서 비롯되기 때문이다. 시간 의식은 과거와 현재와 미래의 근거는 어디에 있는가를 묻는 것으로부터 출발한다. 과거·현재·미래를 기준으로 어떤 사건에 순서를 매기는 것은 동서양 문화의 시간에 대한 공통된 의식이었다.

과거 → 현재→ 미래의 순서로 진행하는 시간 흐름의 과정을 읽는 방법은 두 가지가 있다. 하나는 과거가 원인이 되어 현재라는 결과가 나타난다는 '순順의 방식'이다. 다른 하나는 미래의 가능 결과, 즉 행위의 목표 기대치에 대한 명확한 판단에 근거하여 현재의 원인을 추구하는 '역逆의 방식'이다. 전자는 '원인과 뿌리를 과거로부터 연역하는 방법[數往]'이고, 후자는 '미래를 앞당겨 추측하는 방법[知來]'을 가리킨다.

'수왕'은 과거의 역사와 경험적인 교훈을 종합하여 지식을 축적하는 것이고, '지래'는 이성적 판단으로 앞으로 일어날 징조를 미리 예견하여 문명과 역사의 굵직한 패러다임을 세우는 것이 목적이다.

이 둘은 긴밀한 관계로 얽혀 있다. '수왕'은 '지래'의 전제 조건이다. '수왕'이라는 지식의 쌓임이 없으면 미래를 예측하는 일은 공허하기 때문이다. 수왕의 최종 목표는 '지래'에 있다. 미래에 대한 전망은 아예 포기하고 단순히 과거에 전념한다면 실용에 아무런 도움을 주지 못한다. '지래'가 '수왕'보다 훨씬 중요하다. 『주역』은 사물을 열어 완수하는[開物成務] 미래학이기 때문이다. 지나간 일을 셈하는 것은 '순'의 방법이고, 미래를 아는 것은 성공을 담보할 수 있기 때문에 '역易은 역수逆數'라고 했던 것이다.

'역易'이라는 글자가 형성된 배경을 살펴보면, 바뀔 '역'은 날 '일日'과 '아니 물勿'의 조합어다. '역'에는 자연의 섭리, 즉 해와 달의 운행 법칙에 역행逆行하지 말라는 숨은 뜻이 담겨 있다. 해와 달은 자연계의 변화, 즉 시간의 변화를 일으키는 원초적 동력인 까닭에 시간의 법칙에 거슬려 행동해서는 안 된다는 것이다.

그리고 산천대축괘(䷙) 「상전」은 '과거 성인의 말씀과 지난 행위를 많이 알아서 덕을 쌓는다[多識前言往行, 以畜其德]'라고 했다. 무엇을 배울 것인가? 사람은 배워야 할 것이 너무 많다. 성현들의 언행을 기록한 경전을 많이 읽고[多識前言], 찬란한 역사적 업적[往行]을 알아서 지식을 축적하여 덕성을 함양한다. 미래를 뚜렷하게 조망하기 위해서는 학식을 넓히고 덕행을 길러야 한다는 것이다. 그래야 역사와 문명의 노른자를 뽑을 수 있는 혜안이 생기는 것이다.

🪷 「계사전」 하편 6장은 '역은 지나간 것을 분명히 알고 올 것을 살핀다[夫易, 彰往而察來]'고 했다. 과거는 현재의 거울이다. 과거를 잘 되살펴야 밝은 미래를 기획할 수 있다. 만약 과거는 아련한 기억 속에 남아 있고, 아직 다가오지 않은 미래의 세상에 무지하다면 문명의 발전을 꾀할 수 없다.

――――――――――――――――― ✿ ―――――――――――――――――

정역사상의 연구자 이상룡李象龍은 「설괘전」 3장의 성격을 다음과 같이 설명한다.

八卦相錯은 羲氏之八卦變을 以爲吾夫子之八卦也라
팔 괘 상 착　　희 씨 지 팔 괘 변　　이 위 오 부 자 지 팔 괘 야

"팔괘가 서로 교착한다"는 것은 복희 8괘가 변한 것이 우리 선생님 (일부 선생)의 8괘라고 생각한다.

易, 逆數也는 逆以推之면 知有陽曆也라
역　역수야　　역이추지　　지유양력야

"역은 거슬러 세는 것이다"라는 것은 거슬러 미루어 보면 양력이 존재한다는 것을 알 수 있다는 뜻이다.

4장은 3장에 이어 8괘의 기능과 덕목을 얘기한다. 처음 넷은 괘의 작용과 운동의 측면을 말하고, 나머지 넷은 괘의 명칭을 중심으로 논리를 전개한다. 전자는 자연계에 존재하는 운동의 효능, 후자는 인간사의 원리를 풀이한다. 결국 자연과 인문의 결합이다. 그리고 3장이 천지에서 만물이 발생하는 순서대로 설명했다면, 4장은 세상이 우레 - 바람, 비 - 해, 간 - 태, 건 - 곤의 짝을 이루어 둥글어가는 법칙을 설명한다. 또한 가족 구성원도 자식으로부터 따져서 천지부모로 귀결되는 순서를 밟고 있다.

1.『주역』은 천상과 지상을 융합한 학문

雷以動之코 **風以散**之코 **雨以潤**之코 **日以晅**之코
뇌 이 동 지 　 풍 이 산 지 　 우 이 윤 지 　 일 이 훤 지

艮以止之코 **兌以說**之코 **乾以君**之코 **坤以藏**之하나니라
간 이 지 지 　 태 이 열 지 　 건 이 군 지 　 곤 이 장 지

우레로써 움직이고, 바람으로써 흩뜨리고, 비로써 적시고, 해로써 말리고, 간으로써 그치고, 태로써 기뻐하고, 건으로써 다스리고, 곤으로써 갈무리한다.

4장은 복희팔괘도의 겉과 속, 즉 양면성을 동시에 드러낸다. 3장이 위에서 아래로[上下: ↓]의 운동 방식을 취했다면, 4장은 아래에서 위로[下上: ↑]의 운동 방식을 취한 점이 다르다. 먼저 천지가 처음으로 열리는 신호탄은 우레가 팡파레를 울리면서 위엄을 떨치는 것으로부터 출발한다[雷以動之]. 우레(☳)는 하나의 양 에너지가 밑에서 솟구치는 모습이다. 두꺼운 땅거죽을 뚫고 나오는 최초의 양 에너지만큼 힘이 센 것이 없다. 위에는 두 개의 음이 열려 있어 앞으로 양이 널리 퍼져나갈 수 있는 세상을 준비

하고 있는 형상이다.

바람은 천지에 가득 찬 에너지를 흩어놓는다[風以散之]. 흩어놓는다는 말은 파괴하고 소멸시킨다는 것이 아니라, 천지의 생성력을 사방팔방으로 옮긴다는 뜻이다. 손괘(☴)는 하나의 음이 두 개의 양을 공손하게 따르는 형상이다. 즉 음이 양 밑으로 들어가 양 에너지를 널리 퍼뜨리는 역할을 한다. 바람이 일어나지 않으면 생명의 확산을 기대할 수 없기 때문이다.

하늘은 비를 내려 만물의 수를 불리고 윤택하게 만든다[雨以潤之]. 하늘이 비를 내리지 않으면 땅은 생명을 낳고 키울 방법이 없다. 빗물이 바로 생명수인 것이다. 감坎(☵)은 물이 흙 중간에 스며들어 대지를 흠뻑 적시고 생명력을 북돋는 뜻을 담고 있다.

불은 젖은 물건을 말리는 장점이 있다[日以晅之]. 태양(☲)은 밝은 양 기운이 바깥에서 빛나고, 안은 비어 형상이다. 불은 생명의 활동을 촉진시키는 힘의 원천이다. 태양은 하나의 음이 두 개의 양의 상하에 붙어서 광명의 빛을 쏟아낸다.

높은 산은 항상 묵직하게 제자리를 지킨다. 산[艮: ☶]은 하나의 양이 두 개의 음이 올라오는 것을 가로막는 형세다[艮以止之]. 군자가 양이고 소인이 음이라 할 때, 간괘는 소인이 득세하려는 형국을 군자가 듬직하게 막는다는 뜻을 함축하고 있다.

산 위의 뭉게구름을 거울처럼 비추는 맑은 연못의 경치는 한 폭의 수채화처럼 아름답다. 태兌(☱)는 하나의 음이 두 개의 양 위에서 입을 벌리고 웃으면서 기뻐하는 모양새다[兌以說之]. 앞으로 돌진하는 양의 기세를 음의 부드러운 손길로 어루만져 음양이 서로 기뻐한다는 것이 태괘의 핵심이다.

아버지가 가정을 책임지듯이, 밝고 강건한 건乾(☰)은 만물 위에서 군림하여 다스린다[乾以君之]. 곤坤(☷)은 세 개의 효 모두가 음이다. 어머니 대지는 부드러운 덕성으로 만물을 모두 실어 길러낸다[坤以藏之]. 건은 만물을 다스리고, 곤은 만물을 키워 완수하는 것을 목적으로 삼는다.

복희팔괘방위도가 전하는 핵심은 천지만물이 시간의 공간적 전개의 방식(직선의 원형화圓形化)으로 진화한다는 것으로 압축할 수 있다. 복희팔괘도의 왼편은 양[乾]·음[兌]·음[離]·양[震]이고, 오른편은 음[巽]·양[坎]·양[艮]·음[坤]이다. 전자는 양이 음을 안고, 후자는 음이 양을 안고 있는 형상이다. 이들은 애당초 각각 음양짝을 이루어 시공 속에서의 화해와 조화와 균형의 이념을 잉태하고 있는 모습이다.

또한 하나의 양이 시작되는 진震에서 모두가 양인 건乾에 이르는 과정과, 하나의 음이 시작되는 손巽에서 모두가 음인 곤坤에 이르는 과정을 결합하면 하나의 원圓이 형성된다[震→離→兌→乾→巽→坎→艮→坤]. 이를 그림으로 만들면 태극문양太極紋樣이 나타난다. 팔괘도에서 태극도로의 전환은 곧 음양의 대립쌍은 서로 극복의 대상이 아니라, 공존의 질서라고 가르친다. 한마디로 8괘는 자연의 이법을 통해 인류는 잠시 대립과 분열의 파열음을 겪더라도 화해와 통일의 길로 나아가야 한다는 의무감을 촉구하는 것이다.

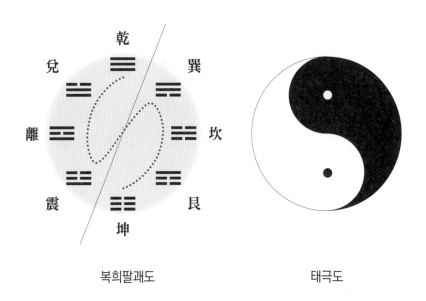

복희팔괘도   태극도

🎴 이 글은 맷돌처럼 돌아가는 괘의 작용을 설명한 것이다.「설괘전」3장은 천지로부터 연역의 방법으로 현실을 풀어냈다면, 4장은 현실을 먼저 말한 다음에 천지로 마무리 짓는 귀납의 형식을 취하고 있다. 이는 일종의 순환론이라 할 수 있다. 하지만 직선적인 진화의 논리를 배제한 순환은 반복의 재탕에 불과하다. 3장은 직선적인 분화의 방법론으로 만물의 생성을 해명한 것이고, 4장은 만물이 거대한 질서 속에서 순환한다는 것을 말한다.

정역사상의 연구자 이상룡李象龍은「설괘전」4장의 성격을 다음과 같이 설명한다.

> 成言乎艮은 箕子之適來와 孔聖之欲居者는
> 성 언 호 간   기 자 지 적 래   공 성 지 욕 거 자
> 實爲道統之終始乎艮東也라
> 실 위 도 통 지 종 시 호 간 동 야

"(하늘의) 말씀이 간에서 이루어진다"는 것은 기자箕子가 때에 맞춰 오고, 성인 공자가 와서 살고자 했던 것은 실제로 도통이 간艮 동방에서 끝맺고 다시 시작한다는 것을 뜻한다.

「설괘전」 5장은 4장과 순서를 바꾸어 만물의 생성을 설명한다. 소강절에 의하면 3장은 복희팔괘도, 5장은 문왕팔괘도를 설명한 내용이다. 복희팔괘도가 천지에서 만물이 갓 태어난 형상[生]이라면, 문왕팔괘도는 만물이 부쩍 크는 성장의 단계[長]에 진입한 모습을 형상화한 것이다.

1. 방위로 천상의 지도를 풀어내다

帝出乎震하여 齊乎巽하고 相見乎離하고 致役乎坤하고
제 출 호 진　　　제 호 손　　　상 견 호 리　　　치 역 호 곤

說言乎兌하고 戰乎乾하고 勞乎坎하고 成言乎艮하니라
열 언 호 태　　　전 호 건　　　노 호 감　　　성 언 호 간

상제의 권능이 진에서 나와 손에서 가지런히 하고, 이에서 서로 만나보고, 곤에 일을 맡기고, 태에서 말씀을 기뻐하고, 건에서 싸우고, 감에서 위로하고, 간에서 말씀을 이룬다.

『주역』은 태양과 달의 천체 운행에 주목한다. 특히 태양은 태양계의 꽃인 지구에 생명의 빛과 열을 던져주기 때문이다. 태양은 동방에서 떠서 서방으로 진다. 진괘(☳)는 방위(공간)로는 동쪽, 계절(시간)로는 봄, 오행으로

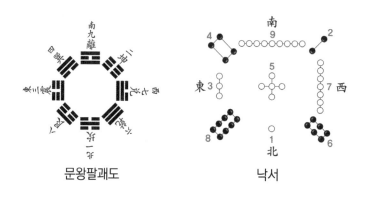

문왕팔괘도　　　　　　　　낙서

는 목木이다. 「설괘전」 5장의 주어는 '제帝'다. 한문에서 '제'는 임금 제 자가 아니라, 하느님을 뜻하는 글자였다.

'동쪽의 진방에서 상제가 출현한다[帝出乎震]'는 말의 '제'에 대한 해석은 분분하다. 첫째, 만물을 생성시키는 최초의 근원자로 풀이하는 철학적 입장이 있다.[1] '제'는 하늘[天]에 대한 의인화의 존칭일 따름이라는 것이다. 하늘의 주재 권능이 '진震'에 깃들어 있기 때문에 만물의 생성은 동방에서 비롯된다. 이는 인격성이 배제된 관념적 의미의 하늘(조물주)를 뜻한다. 둘째, 천제天帝, 상제上帝가 직접 동방에 출현하여 만물을 주재하고 섭리하는 천지의 주재자로 규정하는 종교적 의미가 있다.[2] 상제는 밝음[光明]의 원리로 천지만물을 주재한다는 뜻이다. 셋째, 철학과 종교의 절충안으로 천지의 근원자에 대해 인격성[3]을 부여하는 경우다.[4] 결국 '진'은 생명이 최초로 탄생하는 자궁 또는 천지를 주재하는 상제가 머무는 신성한 집을 뜻한다고 할 수 있다.

상제는 손괘의 위치에서 잠시 숨결을 고르면서 만물의 질서를 가지런히 정리한다[齊乎巽]. 손巽(☴)은 방위로는 동남방이고, 계절로는 봄에서 여름으로 나아가는 길목에 해당한다. 이때는 만물을 생성시키는 힘이 점점 강해져 나무의 잎과 가지가 점점 붉어지고 키가 부쩍 자라기 시작한다.

나무는 여름에 이르면 줄기가 휘어질 정도로 잎이 무성해진다. 리離(☲)의 방위는 남방이며, 계절로는 여름, 오행으로는 화火다. 여름의 큼직한 나뭇잎은 그늘을 만들고, 열매도 풍성하게 열리기 시작한다. 태양이 떠올라 정오에 이르면 가장 밝아 서로 만나기가 쉽다[相見乎離].

농부는 농작물이 잘 자라도록 한여름 땡볕일지라도 잡초를 솎아낸다.

---

1) 『備旨具解原本周易』, 1136쪽, "節齋蔡氏曰 帝者以主宰乎物爲言也. 出者發露之謂."
2) 『備旨具解原本周易』, 1137쪽, "雲峯胡氏曰 自出震以至成言乎艮, 萬物生成之序也. 然孰生孰成之, 必有爲之主宰者, 故謂之帝."
3) 『周易本義』, "帝者, 天之主宰. 邵子曰 此卦位, 乃文王所定, 所謂後天學也."
4) 『備旨具解原本周易』, 1136쪽, "朱子曰 帝出乎震與萬物出乎震, 只這兩段說文王卦." "帝出乎震, 萬物生成, 便是他主宰從這裏出."

농부는 평생 논과 밭을 떠나서 살 수 없다. 힘들인 만큼 되돌려주는 땅은 정직하기 때문에 만물을 맡아 양육하기에 부족함이 없다[致役乎坤]. 여름은 결실의 계절인 가을을 위해서 존재하는 것이다.

태兌(☱)의 방위는 서방이며, 계절로는 가을, 오행으로는 금金이다. 황금빛 들판에서 알곡이 익어가는 가을은 풍요의 계절이다. 가을은 농부에게만 특혜를 베풀지 않는다. 가을은 모든 생명이 성숙하는 계절이기 때문에 온 천지에 기쁨이 넘쳐난다. 이밖에도 방금 수확한 곡식을 제단에 쌓아놓고 하늘에 보은하는 잔치를 벌여 즐거움을 만끽한다[說言乎兌]는 뜻도 있다.

손괘에서 출발하여 이괘와 곤괘를 거쳐 도달한 태괘는 모두 음괘陰卦다. 마침내 양의 건괘乾卦(☰)와 도킹한다. 건괘의 방위는 서북방이고, 계절로는 겨울의 문턱에 해당된다. 겨울의 혹독한 추위와의 싸움에서 이기려면 음양이 만나야 한다. 음양이 피 튀기게 싸우는 것은 생명력을 저장하려는 천지의 몸짓이다. 그래서 음과 양의 결합에 의해 에너지가 생성되기 때문에 싸움이 일어난다[戰乎乾]고 표현했던 것이다.

격렬한 싸움 뒤에는 체력을 회복하기 위해 충분한 휴식이 필요하다. 마찬가지로 겨울이 오면 식물은 낙엽을 떨구고 다음 봄까지 잠을 잔다. 힘 쓰다, 일하다는 뜻의 '노勞'는 위로받는다는 의미도 있다. 만물을 낳고[出], 가지런히 정리하고[齊], 서로 만나보고[相見], 열심히 일하고[致役], 맘껏 기뻐하고[說], 내일의 힘을 비축하기 위한 싸움을 벌이고서는[戰], 한동안 휴식을 취하면서 생명을 지속한다[勞].

긴 겨울이 지나면 봄이 성큼 다가와 춘하추동의 사계절이 다시 순환한다. '진'에서 출발한 순환이 '간'에서 매듭짓고 다시 새로운 주기로 준비하는 것이다. 그래서 하늘의 말씀(logos) 혹은 조물주의 섭리가 '간'에서 완수된다[成言乎艮]고 말했던 것이다. '간'은 방위로는 동북이고, 계절로는 만물이 소생하는 봄의 문턱에 해당한다. 그것은 또한 동트는 새벽이며, 24절기로는 입춘立春이다. 우리 조상들은 액운을 막고 건강을 기원하는 마음으로 대문에 '입춘대길立春大吉 건양다경建陽多慶'이란 글귀를 써 붙여 봄맞이를 축하하는 의례를 소중히 여겼다.

🔯 상제의 마음에 근거하여 괘도가 만들어지다. 또한 간괘는 마침의 자리에 새로운 시작을 머금고 있음을 얘기한다.

2. 문왕팔괘도로 상제의 마음을 읽다

萬物이 出乎震하니 震은 東方也라 齊乎巽하니
만물 출호진 진 동방야 제호손

巽은 東南也니 齊也者는 言萬物之潔齊也라
손 동남야 제야자 언만물지결제야

離也者는 明也니 萬物이 皆相見할새니 南方之卦也니
리야자 명야 만물 개상견 남방지괘야

聖人이 南面而聽天下하여 嚮明而治하니 蓋取諸此也라
성인 남면이청천하 향명이치 개취저차야

坤也者는 地也니 萬物이 皆致養焉할새
곤야자 지야 만물 개치양언

故로 曰致役乎坤이라 兌는 正秋也니 萬物之所說也일새
고 왈치역호곤 태 정추야 만물지소열야

故로 曰說言乎兌라 戰乎乾은 乾은 西北之卦也니
고 왈열언호태 전호건 건 서북지괘야

言陰陽相薄也라 坎者는 水也니 正北方之卦也니
언음양상박야 감자 수야 정북방지괘야

勞卦也니 萬物之所歸也일새 故로 曰勞乎坎이라
노괘야 만물지소귀야 고 왈로호감

艮은 東北之卦也니 萬物之所成終而所成始也일새
간 동북지괘야 만물지소성종이소성시야

故로 曰成言乎艮이라
고 왈성언호간

만물이 진에서 나오니, 진은 동방이다. 손에서 가지런하니, 손은 동남방이다. '가지런하다'는 것은 만물이 깨끗하고 가지런한 것을 말한다. 이는 밝음이니, 만물이 모두 서로 보기 때문에 남방의 괘다. 성인이 남쪽을 향하여 천하의 의견을 듣고, 밝은 곳을 향하여 다스리니, 여기서 취한 것이다. 곤은 땅이다. 만물이 모두 양육을 이루기 때문에 '곤에 일을 맡긴다'고 말한 것이다. 태는 곧 가을이다. 만물이 기뻐하는 바이기 때문에 '태에서 말씀을 기뻐한다'고 말한 것이다. '건에서 싸운다'는 것은 건이 서북방의 괘이니, 음양이 서로 부딪침을 말한 것이다. 감은 물이다. 곧 북방의 괘이니, 노고를 위로하는 괘다. 만물이 돌아가는 바이므로 '감에서 위로한다'고 말한 것이다. 간은 동북방의 괘다. 만물이 마침을 이루고 새로운 시작을 이루기 때문에 '간에서 말씀을 이룬다'고 말한 것이다.

이 글은 자연이 발산하는 공능에다가 4시와 방위를 결합하여 팔괘 방위도가 형성되는 원리를 풀이한 것이다. 이를 소강절은 문왕팔괘도, 즉 후천팔괘도라고 불렀다. 문왕팔괘도의 요지는 계절의 순환과 방위의 음양 운동이 맞물려 시공의 세계가 질서정연하게 운행하는 과정을 설명한 것에 있다.

자연은 천지에서 일어나는 시간과 공간의 변화상을 기억하고 흔적을 남긴다. 인간은 어두운 밤이 가고 낮이 오면 '하루'가 생기고, 초승달과 보름달을 본 다음에 그믐달이 뜨면 '한 달'이 지났음을 안다. 또한 봄과 여름과 가을이 지나 겨울이 오고, 다시 봄이 오면 '일년'이라는 시간이 생겨난다. 시간과 공간은 서로 맞물려 존재한다는 아인슈타인의 상대성이론(time-space)처럼, 『주역』의 시공 역시 떼려야 뗄 수 없는 함수 관계가 있다.

현대의 물리학은 아직도 시간의 정체가 무엇인지 파악하지 못했다. 이 시대의 마지막 거인, 괴물 같은 마음의 소유자라고 불렸던 존 휠러John Archibald Wheeler(1911-2008)는 "시간은 모든 것이 한꺼번에 일어나는 것을 방지하는 자연의 방식이다"라고 말했다. 시간은 일정한 질서와 방향성을 갖는다는 뜻이다. 즉 『주역』의 시간은 춘하추동의 순환 질서와 함께 직선의 진화를 본질로 한다.

시간의 수수께끼를 풀기 위해서는 상대성 이론과 양자론을 융합한 '양자 중력 이론'의 정립이 필요하다. 그 유력한 후보는 '초끈이론'이다. 최신 물리학은 소립자의 크기를 '0'이 아니라, 매우 작지만 길이에 하한이 있는 끈(String)으로 생각한다. 초끈이론이 뛰어난 점의 하나는 모든 소립자를 한 종류의 끈으로 표현할 수 있다는 것이다. 자연계에 존재하는 네 가지 힘[強力, 弱力, 電磁氣力, 重力] 가운데 중력만 아직도 다른 힘과 통합되지 못하고 있다. 이것은 중력 마당에 양자 역학을 적용하지 못하는 것이 원인이다. 초끈이론은 네 가지 힘을 통합할 수 있는 가능성을 가진다는 점에서 '만물의 이론'의 후보로 떠올랐다. 초끈이론이 이론적 모순이 없는 형태로 성립하기 위해서는 이 세계가 10차원이나 11차원의 시공을 가져야 한다는 것이다.[5]

시간은 일종의 환상幻想에 불과하다는 주장에 대해 로저 펜로즈Roger Penrose(1931- 현재)는 시간은 시공 밖에 존재하는 것이 아니라, 시간은 시공의 부분으로서 존재한다고 말한다.[6] 시간은 시공 안에서 자연계의 춘하추동이 움직이는 방식과 관련되어 있다는 말과 같다.

문왕팔괘도는 방위(공간)와 계절(시간)이 일체화·조직화·구체화되어 한 치의 흐트러짐 없이 만물이 생성되는 과정을 설명하고 있다. 가장 먼저 만물은 진방에서 나온다. 앞에서는 '상제가 진방에서 나온다[帝出乎震]'고 말했는데, 여기서는 '만물이 진방에서 나온다[萬物出乎震]'는 말로 바뀌었을 따름이다. '진'은 공간으로는 동방이고, 시간으로는 아침과 봄이다. '진'은 시간과 공간이 맴돌면서 만물이 처음으로 태어나는 생명의 곳간인 것이다.

문왕팔괘도가 지시하는 만물의 성장 과정을 정리하면 다음과 같다. 문왕팔괘도는 진[東 3] → 손[東南 4] → 리[南 9] → 곤[西南 2] → 태[西 7] → 건[西北 6] → 감[北 1] → 간[東北 8]의 과정을 밟으면서 만물이 분열하고 팽창하는 원리를 담고 있다. 주역사를 뒤돌아보면 문왕팔괘도에 이르러 방위, 즉 공간 개념의 도입이 뚜렷해지기 시작했다.

문왕팔괘도는 남북의 물불[水火]을 중심축으로 만물이 성장 일변도로

5) 『NEWTON- 無란 무엇인가(2월호)』(서울: 뉴턴코리아, 2010), 14-46쪽 참조.
6) 『NEWTON- 시간이란 무엇인가(5월호)』(서울: 뉴턴코리아, 2009), 43쪽 참조.

나아감을 표상한다. 하지만 동서축의 '진태'는 장남과 소녀의 불균형한 배합으로 인해 수화의 운동을 정상적으로 콘트롤할 수 있는 능력이 부족함을 뜻한다. 결국 문왕팔괘도는 브레이크가 고장난 자동차처럼 천지가 팽창과 성장으로 치닫는 형국을 드러내고 있는 것이다.

복희팔괘도는 선천이요, 문왕팔괘도는 후천이다. 소강절에서 비롯된 선후천론은 체용론과 연관되어 새로운 역철학으로 등장한다. 선천은 본체이고, 후천은 작용의 세계다. 선천의 선험적 질서가 존재하기 때문에 후천이 발생할 수 있다는 것이다.

복희팔괘도와 문왕팔괘도의 차이점은 무엇인가? 복희팔괘도의 남북축은 천지否天地否(☷☰), 동서축은 감리坎離(☵, ☲)다. 문왕팔괘도의 남북축은 감리坎離, 동서축은 진태震兌의 모양새로 이루어져 있다. 복희팔괘도에서 문왕팔괘도로의 전환은 천지 형성의 근간인 중심축의 이동을 뜻한다. 중심축의 이동은 새로운 변화를 수반하기 마련이다. 복희팔괘도의 남북축(☰)은 양이 위로 올라가고 음은 아래로 내려와 음양의 간격이 점점 멀어진다. 따라서 복희팔괘도에 나타난 음양의 부조화에서 불안한 미래사를 읽을 수 있는 것이다.

문왕팔괘도에 나타난 음양의 대응 관계를 살펴보면, 비정상적인 윤리관이 감추어져 있다. 감리[中男 - 中女]를 제외한 손건[長女 - 父], 간곤[少男 - 母], 진태[長男 - 少女]가 패륜의 짝을 이룬다. 그것은 천지의 몸통이 기울어진 상태로 움직이는 것에서 비롯되었다는 것을 조선 후기에 태동한 정역 사상이 처음으로 말하고 있다. 천지와 인간은 불가분의 관계를 맺고 있기 때문에 자연계는 극심한 고통을 겪어 생태계의 위기로 드러나고, 인류 사회에는 가치관의 '전도 현상'이 나타날 수밖에 없다는 것이다.

조선의 김일부는 어떤 학자도 의식하지 못했던 문왕팔괘도의 문제점을 밝혀냈다. 문왕팔괘도는 천지의 몸체가 기우뚱한 채로 돌아가는 까닭에 자연과 문명과 역사에 여러 부작용을 낳는다는 것이다. "복희씨는 거칠게 괘를 그었고 문왕은 괘를 교묘하게 그었으니, 하늘과 땅이 기울어져 위태로운 지 2,800년이다[伏羲粗畵文王巧, 天地傾危二千八百年]"라고 선언하여 새로운 괘도 출현을 암시했다. 소강절은 복희팔괘도가 선천이고, 문왕팔괘도는 후천이라고 했다. 김일부는 문왕팔괘도가 선천이고, 정역팔괘도를 후천이라고 하여 소강절의 이론을 완전히 뒤집었다. 이는 주역사의 혁명이다. 그는 새로운 패러다임으로 『주역』을 들여다보는 혁신적인 이론을 내세워 주역학의 새로운 지평을 열었다. 『정역』은 인류의 미래를 걱정하는 인문학자들의 이목을 사로잡을 것으로 확신한다.[7]

『정역』연구자 한동석은 문왕팔괘도에서 정역팔괘도로의 전환에 따르는 물리적 변동의 원인을 지축경사地軸傾斜에서 찾는다. 문왕팔괘도는 지축이 경사진 형상에서 천지의 운동 방식을 설명한 도상이며, 정역팔괘도는 지축이 정립된다는 전제에서 그린 도표라는 것이다. 따라서 문왕팔괘도는 불완전한 변화이지만, 정역팔괘도는 변화가 정상 궤도에 오르는 평화 시대의 도래를 논리화한 것[8]이라고 결론내린다.

문왕팔괘도는 천지가 탄생을 지나 성장의 단계로 진입하여 발전하는 형국을 상징한다. 이를테면 『주역』을 도교의 수행론으로 응용한 위백양魏伯陽(?-?)은 『참동계參同契』 첫 문장에서 '건곤감리'를 제시한 다음, 감리坎離(변화) 위주의 논지를 펼쳤다. "건곤은 역의 문호요 모든 괘의 부모다. 감리는 주변의 성곽으로서 수레의 바퀴통이요 바퀴의 굴대다. … 천지는 일월이 아니면 드러나지 않고, 건곤은 감리가 아니면 운행할 수 없다. 그러므로 역도는 반드시 건곤이 체가 되고 감리가 용이 되는 것이다."[9]

---

7) 한국 근대사는 동학에서 비롯되었다는 주장에 동조하여 東學 연구에만 몰두하는 학자들의 태도가 아쉽다. 『正易』을 배제하고 한국의 근대성을 외치는 것은 공허하다. 『正易』은 '근대성'과 '세계성'을 충족시키는 요건을 갖추었기 때문이다.
8) 한동석, 『우주변화의 원리』(서울: 행림출판, 1990), 199쪽 참조. 이는 과학과 종교와 철학을 통섭한 학자들이 그 허허실실을 낱낱이 학계에 보고할 문제다.
9) "乾坤者, 易之門戶, 衆卦之父母. 坎離匡廓, 運轂正軸. … 天地非日月不顯, 乾坤非坎離不運, 故在易道, 必以乾坤爲體, 坎離爲用."

위백양은 감리괘를 변화의 근저와 근원으로 인식했다. 주자와 같은 뛰어난 학자도 문왕팔괘도의 구성 원리는 경방京房(BCE 77- BCE 37)의 괘기설卦氣說과 흡사하지만, 그 실제 내용은 잘 모르겠다고 솔직하게 고백한 바 있다. 문왕팔괘도는 다양한 변화상을 얘기하는 데 유용하다. 지금도 점술가들은 『주역』의 변화와 작용에 매료당하여 문왕팔괘도를 영업장 간판으로 즐겨 사용하는 진풍경을 목격할 수 있다. 정역꾼 이정호는 복희팔괘도는 과거역(제1역), 문왕팔괘도는 현재역(제2역), 정역팔괘도는 미래역(제3역)이라는 명칭을 붙여 괘도의 변천사를 일목요연하게 정리하여 김일부의 제자 역할을 톡톡히 소화해냈다고 말할 수 있다.

🏮 천지는 이미 누더기 공간이 된 지 오래되었고, 자연계 역시 환경 재앙으로 인해 북극의 빙하가 녹아내리고 있는 등 심각한 몸살을 앓고 있다. 또한 물질 문명의 발전에 반비례해서 정신 문명은 썩어가고 있다. 인류의 지식은 한없이 번창했으나, 영혼은 병들어 가고 있는 사실 등이 문왕팔괘도에 총체적으로 배어 있다.

━━━━━✿━━━━━

정역사상의 연구자 이상룡李象龍은 「설괘전」 5장의 성격을 다음과 같이 설명한다.

> 既成萬物은 易爲正易이라야
> 기 성 만 물　역 위 정 역
>
> 六宗待對而政令於地天之會然后에 萬象成度也라
> 육 종 대 대 이 정 령 어 지 천 지 회 연 후　만 상 성 도 야

'이미 만물을 이룬다'는 것은 역이 정역으로 되어야만 6종(건곤의 자녀, 즉 진괘, 감괘, 간괘, 손괘, 이괘, 태괘)이 짝을 이루어 서로 기다리면서 정령이 지천태(䷗)의 시대가 된 뒤에 만물이 도수를 완수한다는 뜻이다.

6장은 신관과 우주관의 문제가 종합되어 있다. 이 문장의 주어는 '신'이고, 나머지는 건곤을 제외한 여섯 괘의 구체적인 작용과 효과를 말한다. 자연은 비록 아무런 말이 없지만, 신을 통해 비를 내리고 바람을 일으키는 현상으로 말한다는 뜻이다. 과연 '신'은 천지에 동력을 불어넣는 주재자인가? 『주역』은 신을 종교적 숭배 또는 신앙 대상으로 인정하는가? 이에 대한 고찰은 그리 간단하지 않다. 또한 신은 단지 천지변화의 오묘함을 수식하는 형용사에 불과한가? 실제로 변화를 주재하고 참여하는 최고신[上帝]인가? 결국 『주역』의 신은 신학의 범주와 만물의 생성 문제를 통합해서 이해해야 옳다.

1. 신의 손길, 자연으로 말하다

神也者는 **妙萬物而爲言者也**니
신 야 자　　묘 만 물 이 위 언 자 야

動萬物者莫疾乎雷하고 **撓萬物者莫疾乎風**하고
동 만 물 자 막 질 호 뢰　　요 만 물 자 막 질 호 풍

燥萬物者莫熯乎火하고 **說萬物者莫說乎澤**하고
조 만 물 자 막 한 호 화　　열 만 물 자 막 열 호 택

潤萬物者莫潤乎水하고 **終萬物始萬物者莫盛乎艮**하니
윤 만 물 자 막 윤 호 수　　종 만 물 시 만 물 자 막 성 호 간

故로 **水火相逮**하며 **雷風**이 **不相悖**하며
고　　수 화 상 체　　뇌 풍　　불 상 패

山澤이 **通氣然後**에아 **能變化**하여 **旣成萬物也**하니라
산 택　　통 기 연 후　　능 변 화　　기 성 만 물 야

신이란 만물을 신묘하게 함을 말한 것이다. 만물을 움직이게 하는 것은 우레보다 빠른 것이 없고, 만물을 흔들어 널리 퍼뜨리는 것은 바람보다 빠른 것이 없고, 만물을 마르게 하는 것은 불보다 더 나은 것이 없고, 만

물을 기쁘게 하는 것은 연못보다 더 좋은 것이 없고, 만물을 적시는 것은 물보다 잘 적시는 것이 없고, 만물을 마치고 다시 시작하게 하는 것은 간보다 성대한 것이 없다. 그러므로 물과 불이 서로 미치며, 우레와 바람이 서로 거스르지 않으며, 산과 연못이 기운을 통한 뒤에야 능히 변화하여 이미 만물을 완수한다.

주역사에서는 '신'을 송대 성리학의 사유로 풀이하는 것이 정설로 인정받아 왔다. 성리학자들은 신을 천지의 공능 또는 자연의 신비스런 조화로 보았다. 만물의 생장과 화육은 천지 자체에 내재한 음양의 신묘한 상호 작용으로 이루어진다는 것이다.

「설괘전」 5장의 앞부분은 상제가 주어이고, 뒷부분에서 만물의 생성 과정에 상제가 출입한다는 주자의 발언[1]은 주목할 만하다. 6장의 주어는 상제에서 '신'으로 바뀌었다. 신은 만물에 대해 방관자가 아니다. 신은 음양의 변화에 능동적으로 개입하고 주도하는 권능을 지닌 존재이기 때문이다. '할 위爲(Do)'는 무언가 능동적으로 행위하다는 뜻의 동사로 새겨야 옳다.

「설괘전」 6장은 생명의 창고인 천지를 생략한 채, 신과 나머지 여섯 괘의 상호 작용으로 만물의 변화와 완성을 언급하고 있다. 여기서 신과 천지를 동격으로 인식한 공자의 태도를 엿볼 수 있다. 단지 신은 우레와 바람 등 운동의 주체를 통해서 만물의 변화에 개입할 따름이다. 신은 만물을 낳고 기르는 창조의 과정[生成]에 생명의 숨결을 불어넣는다. 신은 운동을 일으키는 모든 원인을 총괄하지만, 그 행위는 언어를 초월하기 때문에 '신묘하다[妙]'는 수식어를 붙였던 것이다.

신은 천지의 공능이라는 것이 『주역』의 대전제다. 6장은 건곤을 제외한 여섯 괘[震, 巽, 離, 兌, 坎, 艮 = 六子女]를 통하여 신의 행위를 언급했다. 정이천程伊川은 체용론의 관점에서 천天, 건乾, 제帝, 귀신鬼神, 신神의 속성을 다

---

1) 『周易本義』, "上言帝, 此言萬物之隨帝以出入也."

음과 같이 설명한다.

"형체로 말하면 천이고, 성정으로 말하면 건이고, 주재하는 것으로 말하면 제이고, 공용으로 말하면 귀신이고, 묘용으로 말하면 신이다."[2]

만물을 낳는 실체는 '하늘'이고, 만물을 다스리는 하늘의 숭고한 정신은 '건'이고, 만물을 섭리하는 인격적 주재자는 '제'이고, 한없는 힘으로 만물을 운행시키는 자연의 영성은 '귀신'이고, 신비하게 작동하는 생명의 쓰임새는 언어로 설명할 수 없기 때문에 '신'이라 부른다. 그래서 「계사전」은 '신은 특정한 장소에 국한되지 않고, 역은 일정한 실체가 없다[神無方, 易無體]'라 하지 않았던가. 신의 보이지 않는 손길은 모든 곳에 스며들어 창조 활동과 변화에 능동적으로 참여한다. 참여하기 위해서는 신이 존재해야 한다. 이 세상을 가득 메우는 것은 신이기 때문이다. 한때 화이트헤드의 철학에 영향을 받아 서양에서는 과정신학科程神學이 유행했다. 과정신학은 생성을 궁극의 실재로 삼는 것으로부터 출발한다. 신은 존재의 상태가 아니라, 생성의 과정에서 파악된다는 것이다.

『주역』을 기독교 신학으로 읽은 이정용(1935-1996)은 '궁극적 실재로서의 역, 역 자체로서의 신'을 제시하면서, 신은 창조적인 생성 과정의 근원일 뿐만 아니라 변화하는 세계의 중심이요 내면적인 핵심이라고 말한다. 우주는 모든 만물의 근원인 살아 변화하는 신 때문에 변화한다. 따라서 세계와 신은 나뉠 수 없는 것이다.[3]

'신'은 만물의 변화에 참여한다. 신은 생성을 일으키는 변화의 주인공인 까닭에 만물의 실질적 근원이라 할 수 있다. 하지만 성리학자들은 체용론의 굴레에 얽매어 신 자체의 문제를 간과하고 음양의 신묘한 운동으로만 인식했다.

---

2)『易程傳』乾卦, 卦辭, "以形體謂之天, 以性情謂之乾, 以主宰謂之帝, 以功用謂之鬼神, 以妙用謂之神."
3) 이정용, 『역의 신학』(서울: 대학기독교서회, 1998), 76-77쪽 참조.

동양에는 도교 이외에 자생적으로 발생한 종교가 없다는 이유에서 신을 종교적 관점에서 풀이하는 경우는 드물었다. 신은 감각으로 포착할 수 없다. 오직 만물에 내재하여 만물을 생성 화육시키기 때문에 신이라 부른다는 것이다. 신은 만물의 변화 속에 스스로의 정체를 드러낸다. 신의 얼굴은 우레, 바람, 불, 연못, 물, 산의 움직임으로 나타날 따름이다.

신은 만물의 지휘자다. 즉 진, 손, 감, 이, 태, 간의 작용은 신의 지휘를 받아 움직인다. 만물을 움직이는 것은 우레가 가장 힘세고, 만물의 힘을 널리 퍼뜨리는 것은 바람이 가장 빠르고, 만물의 에너지를 일으키는 것은 불이 최고의 효력을 발휘하고, 만물에게 신바람을 불어넣어 기쁘게 하는 것은 연못이 최상이고, 만물에게 생명의 혼을 심어주는 것은 물만큼 최대의 효능을 나타내는 것이 없고, 만물이 휴식을 취한 다음 재충전하도록 쉼터를 제공하는 것은 간이 최적의 공간이다.

6장은 우레, 바람, 불, 연못, 물 등이 일으키는 효능을 제시한 반면에, 산을 뜻하는 간艮만 유독 괘의 명칭을 들고 있는 점이 특별하다. 그만큼 간의 역할이 크다는 것을 강조한 것이다. 건곤의 자녀들은 조직의 질서를 깨뜨리는 파괴자가 아니다. 오히려 모자란 점은 보충해주고, 상대방의 장점을 받아들이는 상호 보완의 관계로 움직여 건곤의 뜻을 확대 발전시키고 완수한다.

물과 불은 극한으로 치닫지 않고 서로 생명의 불꽃과 생명수를 교환하여 열기와 습기를 조절한다[水火相逮]. 우레와 바람은 맞부딪치지만 서로를 부정하지 않는다[雷風不相悖]. 거스르지 않는다는 말은 곧 두 힘이 결혼하여 우레의 위력은 한층 커지고 바람의 효력이 증대된다는 뜻이다. 산과 연못이 기운이 통한다[山澤通氣]는 말은 3장의 그것과 똑같은 발언이지만, 내용은 완전히 다르다. 3장이 천지의 탄생에 대한 언급이라면, 6장은 천지의 능동성과 완수를 지적하는 말이기 때문이다.

5장은 '간에서 말씀을 이룬다[成言乎艮]'라고 말했다. '언言'은 단순한 언어나 상징(Symbol)이 아니라 천지의 진리(logos)를 뜻한다. 나무로 비유하면, '간'은 씨앗이 발아되어 줄기와 가지로 뻗어나 꽃피고 마지막에 열매 맺은 다음에 새 생명을 낳는 천지의 자궁이다. 그래서 간역艮域[4]에서 태어난 김일부는 특별히 간괘의 가르침에 주목하여 정역팔괘도의 핵심으로 삼았던 것이다.

「설괘전」 6장의 핵심은 '간괘'와 '능할 능能'과 '이미 기旣'와 '이룰 성成'에 있다. 특히 '능'과 '기' 자가 사용된 시제에 있다. '능'은 조건이 성숙되어야 가능하다는 뜻이며, '기'는 문장 구조상 미래 시제 안에서의 과거형 또는 과거완료형의 뜻이다. 산과 연못의 에너지 교환이 이루어진 뒤에야 변화가 능동적으로 발동하며[能], 만물을 완수할 수 있는 조건은 이미 천지의 질서에 프로그램화되어 있다[旣]는 것이다.

김일부(1826-1898: 이름은 김항金恒)는 간괘의 원리를 천지가 탄생의 기간[生: 복희팔괘도]을 지나 성장의 극한[長: 문왕팔괘도]을 넘어서면 천지의 목적이 완수된다[成: 정역팔괘도]는 의미로 풀어냈다. 그는 「설괘전」 6장의 간괘 원리를 중심으로 『주역』의 깊은 세계에 들어섰던 것이다. 그 결과물이 바로 『정역』의 선후천론이다.

정역팔괘도

---

4) 굳이 夏의 連山易을 꼽아 지명의 신비성을 들먹이고 싶지는 않다. 충청도 '連山' 땅이 김일부의 고향이라는 우연의 우연, 또는 우연의 극치는 필연이라고 표현할 수밖에 없다.

정역팔괘도가 출현한 배경에 재미있는 일화가 있다. 충청도 연산땅에서 태어난 김일부金一夫는 젊어서 가문의 전통에 따라 예학禮學을 배웠고, 또한 문장文章 다듬기를 즐겨했다. 36세 때 연담蓮潭 이운규李雲圭를 만난 뒤에 삶과 학문의 전환점을 맞는다. 스승 이운규가 『서경』과 『주역』의 다독을 권장한 것이다. 하루는 스승에게서 '영동천심월影動天心月'이란 공안을 받고서 온몸으로 주역책 읽기와 영가무도詠歌舞蹈의 수행을 병행한 결과 마침내 『정역』을 저술한 것이다.

이정호의 생생한 증언을 그대로 옮기면 다음과 같다.

"천심월天心月의 행방行方을 찾아낸 선생先生은 더욱 수무족도手舞足蹈를 금禁치 못하여 주야晝夜로 가무歌舞와 궁리窮理에 정진精進하던 중中, 눈은 감으나 뜨나 환하고 잠은 자지 않아도 곤困하지 않을 뿐 아니라 정신精神은 갈수록 상쾌爽快하고 청명淸明한데, 어찌된 셈인지 기묘년己卯年(선생 54세歲: 1879년) 이후以後로는 눈에 이상한 괘획卦畫이 나타나기 시작始作하여 점점漸漸 커지고 확대擴大되어 나중에는 천지天地가 모두 이 낯모르는 팔괘八卦의 획畫으로 뒤덮여 보였다. 혹或 가무歌舞에 너무 열중熱中하여 기력氣力이 쇠衰한 탓으로 허虛人 것을 보는 것이 아닌가 하여 식보食補도 하여 보았으나 소용所用이 없었다 한다. 삼년三年 동안을 이 이상異常한 괘도卦圖를 응시凝視한 선생先生은 혹或 주역周易에 그런 괘도卦圖가 언급言及되어 있지나 않아 하여 여러 차례 주역周易을 번독繙讀하였으나 주역周易에는 복희괘도伏羲卦圖와 문왕괘도文王卦圖의 질서秩序에 대하여 언급言及하였을 뿐, 선생先生의 눈에 나타나 있는 괘도卦圖는 찾아 볼 수가 없었다. 그러다가 어느 날 문득 주역周易 설괘전說卦傳의 '신야자神也者 묘만물이위언자妙萬物而爲言者'의 하문下文에 '고수화상체故水火相逮 뇌풍불상패雷風不相悖 산택통기山澤通氣 연후능변화然後能變化 기성만물야旣成萬物也'라는 대목을 당當하여 이제까지 선생先生의 안전眼前에 나타난 괘도卦圖의 질서秩序와 일호一毫 차착差錯이 없이 부합符合함을 새삼 발견發見하고 '성인聖人이 이미 주역周易에 말씀하신 것이니 그릴 수밖에 없다' 하여 재종질再從姪 김국현金國鉉(당시 28세)으로 하여금 그리게 하였으니 그것이 바로 문왕괘도文王卦圖의 뒤를 이어 우리나라에 비로소 나타난 제삼괘도第三卦圖인 정역팔괘도正易八卦圖이다."[5]

「설괘전」3장은 복희팔괘도, 5장은 문왕팔괘도, 6장은 정역팔괘도를 말한 것이다. 앞의 두 개는 공자가 말한 것을 소강절이 밝혔으나, 6장의 내용은 800년 동안 신비의 베일에 싸여 누구도 몰랐다. 이것이 제3의 새로운 괘도의 질서라는 것을 조선의 김일부가 최초로 밝혀낸 것이다. 이정호는 "정역은 우주의 변화와 그에 응하는 인간의 개혁을 논하여 자연의 초자연적 변동에 대처할 인간의 초인간적 완성"[6]에 대한 담론을 체계화한 것이 장점이라고 말한 바 있다.

김일부는 유불선을 융회한 경지에서 『주역』을 해독하여 한국화와 세계화의 방아쇠를 당겼다. 그가 『주역』을 낱낱이 해체한 다음에 다시 선후천론의 관점으로 재구성한 작품이 바로 정역사상인 것이다. 선후천이라는 똑같은 글자와 개념을 바탕으로 수립한 이론일지라도 내용은 전혀 다르다. 이를테면 중국의 유명한 주역학자 호병문胡炳文은 3장과 4장은 선천, 5장은 후천, 6장은 후천에 근거하여 선천을 추론한 것이며, 또한 후천은 선천으로부터 오는 것이라는 순환론으로 슬쩍 돌리는데 그쳤다.[7]

『정역』은 단순히 『주역』의 해설서가 아니라, 과거의 수많은 이론을 종결 짓는 이른바, '『주역』을 바로잡은 역' 또는 '올바른 『주역』', '바로잡힌 『주역』', '『주역』의 본질적 완성'을 의미하는 일종의 최종 결론서라는 성격을 갖는다. 김일부에 따르면, 『주역』에서 『정역』으로 전환되는 데는 3단계의 절차를 거친다. 그것은 바로 복희팔괘도 → 문왕팔괘도 → 정역팔괘도의 과정이다.

---

5) 이정호, 『정역연구』(서울: 1984, 국제대학출판부), 202-203쪽.

6) 앞의 책, 「自序」.

7) 『備旨具解原本周易』, 1141쪽, "第三章第四章言先天, 第五章言後天, 此第六章則由後天而推先天者也. … 然後天之所以變化者, 實由先天而來."

김일부는 괘도의 변천사가 곧 우주의 변천사와 동일 원리임을 다양한 방법으로 입증하였다.[8] 그리고 우주사와 시간사의 긴 여정은 세 번의 시간적 굴곡을 거친다고 밝혔다.[9] 그는 문왕팔괘도의 질서를 하나의 실패작으로 간주하여 배척한 것이 아니라, 정역팔괘도의 완성을 위해 그 특징을 설명하고 대안을 제시함으로써『주역』에 대한 비판적 극복의 자세를 유지하였다.

정역팔괘도는 세상의 완성 형태를 묘사한 우주의 청사진(Blue Print)이다. 지금은 우주가 완성을 향해 진행되는 과정에 있음을 형상화시킨 것이 문왕팔괘도라면, 그것의 완성 모델이 바로 정역팔괘도인 것이다.

정역사상은 새로운 사회를 꿈꿨던 민중의 여망을 학문적으로 이론화한 것에 불과하다는 비판도 없지 않다. 하지만 정역사상의 심층을 들여다보면 아주 사소한 부분은 재론의 여지가 있으나, 하도낙서와 정역팔괘도와 시간론을 일원화시켜 새로운 형이상학의 부활을 꾀한 점은 위대한 공로라고 인정하지 않을 수 없다.

✡ 주역사의 혁명이 조선에서 새로운 팔괘도가 그어진 사건에서 일어나다.

8) 양재학, 「정역사상의 현대적 이해」『주역철학과 문화(창간호)』(서울: 수덕문화사, 2004), 215-261쪽 참조.
9)『正易』「四正七宿用中數」, "역은 3변하는 이치가 있으니 건곤이다. 괘는 8개이니 비,태,손,익, 함,항,기제,미제이다.[易三, 乾坤. 卦八, 否泰損益咸恒旣濟未濟]." 천지가 뒤집어진 형상인 건남곤북의 복희팔괘도 → 분열로 치닫는 상극 질서의 형상인 문왕팔괘도 → 음양의 완전 조화(상생 질서)를 상징하는 정역팔괘도로 발전하는 3단계이다.

『주역』의 세계에 입문하려면 가장 먼저 괘의 성격과 특징을 알아야 한다. 8괘는 『주역』을 구성하는 기본 요소로서 만물이 어떻게 단순한 구조에서 복잡한 세계로 생성하는가의 근원적 물음에 대한 지적 설계이자 해법이기 때문이다.

1. 8괘, 하늘의 문법과 살아 있는 자연의 시스템을 말하다

乾은 健也오 坤은 順也오 震은 動也오 巽은 入也오
건   건야   곤   순야   진   동야   손   입야
坎은 陷也오 離는 麗也오 艮은 止也오 兌는 說也라
감   함야   리   리야   간   지야   태   열야

건은 강건함이고, 곤은 순응함이고, 진은 움직임이고, 손은 들어감이고, 감은 빠짐이고, 리는 걸림이고, 간은 그침이고, 태는 기뻐함이다.

서양 지성사를 뒤흔든 니체의 삶처럼, 평생 가난과 고독과 맞서 싸웠던 조선 시대 무명의 주역학자가 있다. 그는 바로 석천石泉 김영金泳이다. 김영은 선비가 공부하는 이유와 방법은 수신修身, 지인知人, 지천知天, 지역知易에 있다고 말했다. "자기 몸을 닦고자 하면 남을 알지 않을 수 없으며, 남을 알고자 하면 하늘을 알지 않을 수 없으며, 하늘을 알고자 하면 역을 알지 않을 수 없다. 그러므로 역은 학문의 처음과 끝이다."[1]

8괘는 천지인 3재와 음양을 바탕으로 삼아 천지만물을 설명하는 독특한 방법론이다. 8괘는 자연의 다양한 얼굴을 여덟 가지로 압축한 자연의 문법이다. 「설괘전」 7장은 8괘의 성정性情, 즉 성질과 속성을 굵직하게 표현하고 있다.

---

1) 유재건/실시학사 고전문학연구회, 『里鄕見聞錄』(서울: 글항아리, 2008), 84쪽.

8괘 중에서 건곤은 부모, 나머지 여섯 괘는 아들딸이다. 사람으로 태어나는 데는 일정한 순서가 있으나, 죽을 때는 차례가 없다는 말이 있다. 이 대목은 부모에게서 태어나는 순서대로 8괘가 나열되어 있다. 아버지[乾]와 어머니[坤] → 장남[震]과 장녀[巽] → 중남[坎]과 중녀[離], 소남[艮]과 소녀[兌]가 그것이다.

건乾(☰)은 하늘의 덕성이 강건하고 굳센 것을 형용한 말이다. 하늘은 아파서 쉰 적이 없고, 천체의 운행은 한 번도 지각한 적이 없다. 건괘 「상전」에서 '하늘의 운행은 건실하다[天行健]'고 했듯이, 항상 굳센 힘으로 운동하는 까닭에 괘의 형상 역시 세 개의 양효로 이루어졌다.

곤坤(☷)은 하늘에 순응하는 땅의 품성을 뜻한다. 땅은 낮은 곳에서 하늘의 강건한 에너지를 받아들여 생명을 키워낸다. 하늘보다 앞서 가지 않고, 언제나 하늘에 순응하여 떳떳함을 얻는 것이 땅의 본질인 동시에 미덕이다[先迷後得, 得常]. 남편의 뜻에 순종하면서 묵묵히 가정을 꾸려나가는 어머니의 심성처럼, 땅은 하늘의 섭리에 저항하지 않고 부드러운 손길로 만물을 일궈내기 때문에 괘의 형상 역시 세 개의 음효로 이루어져 있다.

진震(☳)의 덕성은 활기차게 움직이는 역동성[動]이다. 진괘는 하나의 양이 두 음 아래서 움트기 시작하여 점차 세력이 커나가는 모습이다. 예전에는 동지冬至를 한 해가 시작하는 '설'로 삼았던 시절이 있었다. 동지는 원래 밤이 가장 길고, 음 에너지가 극한에 도달한 계절을 뜻한다. 동지를 정점으로 하나의 양 에너지가 싹터 나오기 시작하기 때문에 진괘는 만물이 출생하는 시간과 공간의 집을 상징한다.

손巽(☴)의 덕은 들어가는 것[入]에 있다. 밑에 있는 하나의 음이 위에 있는 굳게 닫힌 두 양의 문을 열려고 바람을 일으키는 모양이다. '처녀가 바람나면 아무도 못 말린다'는 말처럼, 바람은 틈이 있는 곳이면 어디든지 파고드는 성질이 있다.

감坎(☵)의 덕은 빠짐[陷]이다. 감괘는 두 음 사이에 하나의 양이 빠져 있는 형국이다. 또한 빠질 함陷은 인생의 고난과 질곡과 험난을 뜻한다. 물은 하늘이 내린 생명수로서 하늘의 아들이다. 물은 땅 속으로 흘러 들어가 뿌리를 적셔 생명이 자라도록 만든다.

리離(☲)의 덕은 붙는 것[麗]에 있다. 리괘는 두 개의 양 사이에 하나의 음이 걸려 있는 모양이다. 그것은 땅을 상징하는 부드럽고 가벼운 음이 위로 올라가 하늘에 붙어[附着] 밝은 빛을 내는 이치와 같다.

간艮(☶)의 덕성은 그치는 것[止]에 있다. 간괘는 두 개의 음을 뚫고 나온 양이 앞으로 나아갈 곳이 없어 그치는 상황을 묘사한 것이다. 반대로 양 하나가 위로 밀고 올라오는 두 음을 가로막는 형상이다. 간괘 「단전」은 "간은 그침이다. 때가 그칠 만하면 그치고 때가 행할 만하면 행하여 움직이고 고요함에 때를 잃지 않아 그 도가 환하게 밝음이다[彖曰 艮止也, 時止 則止, 時行則行, 動靜不失其時其道光明]"라고 하여 시공의 본성과 상황에 맞추어 행동해야 진리를 구현할 수 있다고 말한다.

태兌(☱)의 품성은 기뻐함[說]이다. 태괘는 하나의 음이 두 양 위에서 기뻐하는 모양을 본뜬 것이다. 소녀의 해맑은 웃음은 두 소년을 춤추게 만드는 마력이 있다. 장남에서 중남으로, 중남에서 소남으로의 전진은 활기찬 '막둥이 시대'의 출범을 뜻한다. 마찬가지로 장녀에서 중녀로, 중녀에서 소녀로의 전진은 '소녀 시대'에 접어들었음을 상징한다.

8괘에 함축된 형체와 실체, 명칭 및 품성을 정리하면 다음과 같다.

卦形	☰	☷	☳	☴	☵	☲	☶	☱
卦體	天	地	雷	風	水	火	山	澤
卦名	乾	坤	震	巽	坎	離	艮	兌
卦德	健	順	動	入	陷	麗	止	說

괘의 성립 근거를 설명한 「설괘전」은 시간과 공간에다가 운동의 성격을 덧붙인다. 새삼 『주역』의 혜안이 놀랍다. 8괘의 이론은 현대 시스템 이론과 무관하지 않다. 시스템적 사유는 독립적·개별적인 식별보다는 부분을 통합하는 전체적·관계적·역동적·과정적 사고의 종합이다. 시스템론의 상호 관계는 상호 작용과 직결되고, 대립되는 것은 상호 교통에 의하여 통합된다는 생명에 대한 근본적 통찰이다.

8괘는 생명의 기본 조직이라 할 수 있다. 8괘로 표상된 살아 있는 생명의 시스템은 열린 순환의 과정으로 조직되어 있다. 서양에서 생명에 대한 기계론적 세계관이 생태학적 사유로 옮겨지기 시작한 것은 최근의 일이다. 시스템적 사고의 출현은 서구의 과학적 사고에 대한 커다란 혁명이라고 진단한 프리초프 카프라Fritjof Capra(1939-현재)의 말은 『주역』의 체계에 접근하는 데 많은 시사점을 제공한다. 카프라는 시스템을 형성하는 세 가지 기준을 제시한 바 있다.

① 조직의 패턴: 시스템의 본질적인 특성을 결정하는 관계들의 구성
② 구조: 시스템의 조직 패턴의 물리적인 구현
③ 생명의 과정: 시스템의 조직 패턴의 지속적인 구현 속에 포함된 활동

생명 시스템의 특성은 끊임없이 스스로를 생산한다. 생명 시스템은 존재와 행동이 서로 분리될 수 없는 조직화의 구체적인 양식이다. '자기 제작(autopoiesis)', '자기 만들기(self-making)'는 각 구성 요소가 연결망 속의 다른 구성 요소들의 생산이나 변형에 참여하는 연결망의 패턴이다. 이런 방식으로 연결망은 지속적으로 스스로를 제작한다.[2] 『주역』의 8괘는 가장 간단하면서도 복잡한 살아 있는 생명 시스템을 반영한다.

불교는 대답할 수 없는 물음[公案, 話頭]은 제쳐두고 '마음' 하나로 자신

---

2) 프리초프 카프라/김용정·김동광, 『생명의 그물』(서울: 범양사, 1999), 213-215쪽 참조.

의 본질과 대면하라고 강조한다. 하지만 팔괘론의 참뜻은 천문과 지리와 인사를 조직적으로 성찰하는 것에 있다. 자연의 질서(시스템)에 순응하고 조화를 가르치는 『주역』은 하늘과 땅의 문법을 인문학으로 전환하는 '통섭의 학문'이라 할 수 있다.

🔯 현대에 이르러 8괘의 이론은 여러 학문 분야에 다양하게 응용되고 있다. 크게 형이상학과 형이하학으로 나뉜다. 철학, 음양오행론, 물리학, 한의학, 천문학, 역법학, 심리학, 논리학, 미학, 역사 철학 등은 전자의 부류에 속한다. 후자는 응용 기술의 분야로 건축학, 조경학, 군사학, 점성학, 연금술, 명리학 등을 비롯하여 신비주의에까지 영향을 미친다. 최신의 컴퓨터 공학, 두뇌학, 인체 생리학, 유전자 공학, 인공 지능, 정보 이론, 사이버네틱스, 시스템 공학 등을 8괘의 이론과 합동으로 연구할 가치가 있다.

7장이 하늘의 문법이라면, 8장은 여덟 가지 동물을 중심으로 땅의 문법을 얘기한다. 지상의 특정한 짐승에 8괘를 배당한 것은 사물에 고유의 등록 번호를 부여하는 것과 같다. 그것은 생명의 원리에 대한 외연과 내포를 넓혀 보편성 확보에 주안점을 둔 것이다.

1. 8괘, 대지의 문법(자연에서 동물로 - 외연과 내포의 확대)

乾爲馬오 **坤爲牛**오 **震爲龍**이오 **巽爲鷄**오
건 위 마 　　 곤 위 우 　 진 위 룡 　　 손 위 계

坎爲豕오 **離爲雉**오 **艮爲狗**오 **兌爲羊**이라
감 위 시 　　 리 위 치 　 간 위 구 　　 태 위 양

건은 말이 되고, 곤은 소가 되고, 진은 용이 되고, 손은 닭이 되고, 감은 돼지가 되고, 리는 꿩이 되고, 간은 개가 되고, 태는 양이 된다.

주자는 「계사전」의 말을 빌려 복희씨가 괘를 그은 원칙은 두 가지라고 말했다. 하나는 '멀게는 사물에서 취한다[遠取諸物]'는 방식이고, 다른 하나는 '가깝게는 몸에서 취한다[近取諸物]'는 방식이다. 이 글은 전자의 입장에서 팔괘에다 동물을 배당한 것이다.

건(☰)은 청결하고 순수한 말[馬]을 상징한다. 건강한 말은 튼튼한 다리로 멀리까지 달릴 수 있고, 항상 머리를 하늘로 쳐들고 산다. 그것은 하늘이 경외와 존경의 대상임을 표방한다. 게다가 둥근 말굽은 하늘의 이미지와 유사하다. 그런데 건괘는 초효와 2효와 5효와 상효에서 용[潛龍, 見龍, 飛龍, 亢龍]을 언급함에도 불구하고 「설괘전」은 왜 '말'이라 부를까?[1]

---

1) 이에 대해 경학가 丁若鏞은 다양한 설명문을 곁들여 소개한다. "乾馬의 상은 坤卦의 牝馬에 나타나고, 震龍의 상이 건괘에서 드러난 것은 진실로 역의 도가 변화를 위주로 한 것이기 때

곤(☷)은 모든 효가 음이며, 행실이 부드럽고 순종하는 소[坤爲牛]에 비유된다. 소는 등에 무거운 짐을 지어 나르고, 논밭을 잘 갈며 땅에서 나는 풀을 뜯어 먹고 사는 유순한 가축이다. 특히 발굽이 둘로 나뉜 것은 음효의 생김새와 딱 들어맞는다.

진(☳)은 밑에서 양 하나가 꿈틀거리는 용의 형상[震爲龍]이다. 용은 육해공陸海空을 두루 누비는 신비한 동물이다. 용은 예로부터 바다에서는 용궁과 용왕, 육지에서는 황제의 권위와 신성함을 칭송할 때 용덕龍德·용안龍顔·용포龍袍라고 불렀고, 하늘에서는 비를 뿌리고 온갖 조화를 부리는 영물이다. 진괘 초효 용은 건괘의 초효에서 파생되어 나온 변화의 대명사다.

손(☴)은 음 하나가 두 개의 양 아래로 파고들어가는 닭의 성질을 본떴다[巽爲鷄]. 닭은 날개를 지녔음에도 불구하고 주로 땅에서 활동하는 성질로 인해 손괘 초효는 곤괘 초효에서 온 것이다. 닭은 하늘을 나는 것보다 땅을 걸으면서 생활하고 해가 지면 닭장으로 들어간다[入]. 또한 울기 전에 반드시 날갯짓을 하고 새벽에 '꼬끼오' 소리를 질러 시간을 알리는 습성 때문에 손괘를 닭에 배당한 것이다.

감(☵)은 하나의 양이 두 음 사이에 끼여 있는 형상이다. 집돼지는 우리에 갇혀 사는 까닭에 감괘는 돼지[坎爲豕]로 비유된다. 더욱이 돼지는 검정색의 동물이므로 문왕팔괘도의 북방에 자리잡는다.

리(☲)는 하나의 음이 두 양 사이에 붙어서 밝고 화려한 깃털을 자랑하는 꿩[離爲雉]에 배당되었다. 리괘는 원래 찬란한 문명을 뜻하기 때문에 공자는 날개에 아름다운 문채가 빛나는 꿩을 리괘의 심볼로 삼았다. 그래서 예전에는 귀중한 행사에 꿩을 폐백幣帛에 사용했던 것이다.

간(☶)은 하나의 양이 위로 올라오는 두 음 기운을 막는 형국이다. 하나

문이다. 그러므로 근본을 소급해서 그 변화를 살펴야 할 것이다. 荀九家의 이른바 '건은 용이 된다'는 말은 어찌 오류가 아닌가. 건괘의 여섯 용은 곧 복괘에서 쾌괘까지 매번 진을 하나씩 얻어 乾卦가 형성된 것이다. 이에 대한 견해는 건괘 단전을 풀이한 부분에 있다. 이제 '건이 용이 된다'고 하는 것은 얼마나 억지이고 단조로운 설명인가?"(『周易四箋』권 24)

의 양은 집을 지키는 개의 임무와 비슷하다[艮爲狗]. 개는 낯선 사람에게는 강하지만, 주인에게는 유순한 외강내유外剛內柔의 동물이다. 간의 뜻은 그침[止]이기 때문에 집단속의 지킴이인 개의 성질에 빗대어 간괘의 특징을 설명하였다.

태(☱)는 하나의 음이 두 양 위에 있는 내유외강內柔外剛의 양[兌爲羊]에 배당되었다. 양은 겉으로는 유순한 것 같지만 속으로는 고집 센 짐승이다. 맨 위의 음은 뿔이 두 개인 양을 형상화한 것이다.

🏛 8장은 8괘의 원리를 동물의 특성에 따라 분류하였다. 유독 여덟 가지의 동물로 압축한 것은 논리의 빈약이라고 비판할 수도 있다. 이런 오해 때문에 공자는 8괘 성립의 근거와 합리성의 보강을 위해「설괘전」의 요지를 다양한 방식으로 설명하였다. 7장이 하늘의 문법이라면, 8장은 땅의 문법이고, 9장은 몸의 문법이다. 따라서 하늘과 땅과 인간을 통합하려는 의지를 괘의 구조와 성격을 통해 발견할 수 있는 것이다.

7장은 하늘의 문법, 8장은 땅의 문법, 9장은 몸의 문법이라 할 수 있다. 하늘에서 땅으로, 땅에서 인간으로 내려오는 논리다. 8장은 동물을, 9장은 인간을 말한다. 인간과 동물은 같은 류類다. 그러나 인간은 수많은 동물의 종種의 하나이지만 만물의 영장으로 우뚝 선 존재다.

1. 8괘, 몸의 문법

乾爲首오 **坤爲腹**이오 **震爲足**이오 **巽爲股**오
　건 위 수　　곤 위 복　　진 위 족　　손 위 고
坎爲耳오 **離爲目**이오 **艮爲手**오 **兌爲口**라
　감 위 이　　이 위 목　　간 위 수　　태 위 구

건은 머리요, 곤은 배요, 진은 발이요, 손은 넓적다리요, 감은 귀요, 이는 눈이요, 간은 손이요, 태는 입이다.

「설괘전」의 종지는 천지의 축소판이 인간이요, 인간의 확대판이 천지라는 점에 있다. 그것은 하늘과 땅과 인간을 조직적으로 인식한 결과물이다. 이 대목은 문왕팔괘도를 바탕으로 음양이 다층적으로 변화하는 양상을 설명한 것이다.

문왕팔괘도

건(☰)은 하늘의 으뜸과 머리를 상징한다[乾爲首]. 몸을 구성하는 요소 중에서 머리가 가장 중요하다. 이는 8괘의 근본이 건괘인 것처럼 인간의 근본을 머리에 대응시킨 것이다. 머리는 신체에서 가장 높은 곳에 있으며, 생김새 역시 동글다. 건괘는 형이상학적 음양의 본원과 정신을 주관하는 핵심을 뜻한다.

곤(☷)은 땅과 배를 상징한다[坤爲腹]. 땅이 만물을 길러내는 생명의 밭이라면, 사람의 배는 음식물을 섭취하거나 배설을 통해 몸을 지탱하는 중심이다. 땅은 모든 것을 포용하는 정신을, 배는 비웠다가 채우는 창고 역할을 담당한다.

진(☳)은 발을 상징한다[震爲足]. 발은 몸의 가장 아래에 있다. 진괘는 하나의 양이 아래에서 움직이는 것과 같이 발로 걸어 이곳에서 저곳으로 이동하고 변화하는 이치를 함축한다.

손(☴)은 넓적다리를 상징한다[巽爲股]. 넓적다리는 하체에서 상체로 넘어가는 징검다리 역할을 한다. 특히 넓적다리는 자발적으로 움직이지 못하는 까닭에 발이나 허리의 동작에 따라 움직이는 수동성과 공손과 순종을 뜻한다.

감(☵)은 귀를 상징한다[坎爲耳]. 감괘는 하나의 양이 두 음에 둘러싸여 있기 때문에 밖을 내다보는 시력이 없으나, 안으로 소리를 듣는 청각 능력이 뛰어남을 표상한다. 혜동惠棟(1697-1758)은 『회남자淮南子』를 인용하면서 감리괘의 '귀와 눈은 천지의 해와 달'이라고 표현했다.

리(☲)는 눈을 상징한다[離爲目]. 리괘의 가운데 음은 두 눈동자를, 밖의 양은 밝게 바라본다는 의미가 있다. 해와 달이 하늘에 걸려 천하를 환하게 밝히듯이, 얼굴 한 가운데 있는 두 눈은 바깥 사물을 익히 식별할 수 있음을 뜻한다.

간(☶)은 손을 상징한다[艮爲手]. 밑에서 올라오는 양 하나가 발[震卦]이라면, 땅에서 가장 높게 솟은 산은 손이라 할 수 있다. 발이 움직임의 표상이라면, 손은 공손하게 모으는 그침[止]의 심볼이다. 셈을 세거나 몸의 균형을 잡는 동작과 물건을 만드는 일은 손보다 더 좋은 것이 없다.

태(☱)는 입을 상징한다[兌爲口]. 태괘는 두 양 위에 있는 가운데가 빈 하나의 음이 기뻐서 입을 벌리고 웃는 형상이다. 입은 신체에서 먹고 말하는 기능을 갖는 기관이다. 입은 음식물이 들락날락하는 생명의 숨구멍이다.

✣ 플라톤은 윤리적 관심에서 출발하여 서양 철학의 초석을 구축했다. 플라톤은『국가론』에서 국가는 생산자·군인·지배자로 구성되고, 인간은 욕정·기개·이성으로 이루어진다고 보았다. 또한 정의는 절제·용기·지혜로 구성된다는 것이다. 그는 특히 절제는 사람의 배, 용기는 가슴, 지혜는 머리로 배당하여 이 세 가지 요소가 올바른 관계를 맺을 때 완전한 인격체가 가능하다고 설명하였다.

10장은 8괘 구성의 논리적 정합성을 보여주는 명문이다. 8괘에 담긴 우주론의 가치를 논의하기 위해서는 논리 전개에 대한 법칙성의 확보가 관건일 것이다. 10장은 우주의 근원은 무엇이고, 그 뿌리에서 어떤 절차를 거쳐 만물이 탄생하는가를 밝히고 있다.

1. 8괘, 가족 구성원의 계보도

乾은 **天也**라 **故**로 **稱乎父**오 **坤**은 **地也**라 **故**로 **稱乎母**오
건　　천야　　고　　칭호부　　곤　　지야　　고　　칭호모

震은 **一索而得男**이라 **故**로 **謂之長男**이오
진　　일색이득남　　고　　위지장남

巽은 **一索而得女**라 **故**로 **謂之長女**오
손　　일색이득녀　　고　　위지장녀

坎은 **再索而得男**이라 **故**로 **謂之中男**이오
감　　재색이득남　　고　　위지중남

離는 **再索而得女**라 **故**로 **謂之中女**오
이　　재색이득녀　　고　　위지중녀

艮은 **三索而得男**이라 **故**로 **謂之少男**이오
간　　삼색이득남　　고　　위지소남

兌는 **三索而得女**라 **故**로 **謂之少女**라
태　　삼색이득녀　　고　　위지소녀

건은 하늘이므로 아비라 칭하고, 곤은 땅이므로 어미라 칭한다. 진은 처음 구하여 아들을 얻었으므로 장남이라 부르고, 손은 처음 구하여 딸을 얻었으므로 장녀라 부르고, 감은 두 번째 구하여 아들을 얻었으므로 중남이라 부르고, 리는 두 번째 구하여 딸을 얻었으므로 중녀라 부르고, 간은 세 번째 구하여 아들을 얻었으므로 소남이라 부르고, 태는 세 번째 구하여 딸을 얻었으므로 소녀라 부른다.

우주는 최초의 순간부터 대칭의 아름다운 질서를 갖고 태어났다. 『주역』에서 발견되는 패턴은 모두 대칭의 형태를 띤다. 대칭은 미시의 소립자의 구조에서부터 거시의 우주에 이르기까지 모든 생명의 과정에서 발견된다. 자연의 대칭은 인간의 미적 감각에 강력한 호소력을 갖고 다가온다. 우리에게 가장 친숙한 대칭은 혈연으로 뭉친 가족 구성의 지도에서 찾을 수 있다.

아버지 - 어머니, 장남 - 장녀, 중남 - 중녀, 소남 - 소녀라는 대칭이 바로 그것이다. 즉 가족의 형성이 수학적 대칭과 미학적 구조로 펼쳐짐은 곧 음양의 변화가 자연 현상을 지배하는 강력한 법칙임을 뜻한다. 결국 음양의 패턴에는 이미 윤리적 질서와 가부장적 위계가 배어 있다고 할 수 있다.

문왕팔괘도

'칭稱'은 높임말이고, '위謂'는 낮춤말이다. 부모에게 존칭어를 쓰고, 자녀에게는 낮춤말을 사용한 글쓴이의 안배가 놀랍다. '색索'은 찾다, 취하다는 글자로 새로운 생명 창출의 파트너를 구한다는 뜻이다. 양은 음을 찾고, 음은 양을 찾아 교합한다. '일색一索'은 건곤괘의 초효, '재색再索'은 건곤괘의 중효, '삼색三索'은 건곤괘의 3효를 가리킨다.

건곤은 만물과 인간의 부모다. 여기에는 실제로 나의 부모는 소천지小天地, 천지는 대부모大父母라는 정신이 깃들어 있다. 건은 순양괘純陽卦, 곤은 순음괘純陰卦이며 나머지 여섯 괘는 건곤의 혼인에 의해 태어난다. 진괘와 감괘와 간괘는 양괘陽卦이고, 손괘와 리괘와 태괘는 음괘陰卦다. 이들의 대칭적 결합에 의해 가족의 혈연 관계가 형성되는 것이다.

정기와 혈맥 중에 정기가 강하면 남자로 태어나고, 혈맥이 강하면 여자로 태어난다고 전한다. 진괘(☳)는 건괘 초효가 곤괘의 아랫자리로 찾아가 교합하여 태어난 맏아들이고, 손괘(☴)는 곤괘 초효가 건괘의 아랫자리로 찾아가 교합하여 태어난 맏딸이고, 감괘(☵)는 건괘 2효가 곤괘의 2효로 찾아가 교합하여 태어난 둘째아들이고, 리괘(☲)는 곤괘 2효가 건괘의 2효로 찾아가 교합하여 태어난 둘째딸이고, 간괘(☶)는 건괘 3효가 곤괘 3효로 찾아가 교합하여 태어난 막내아들이고, 태괘(☱)는 곤괘 3효가 건괘 3효로 찾아가 교합하여 태어난 막내딸이다.

✡ 생명의 대칭성에 의해 아버지의 정기精氣와 어머니의 혈맥血脈이 맺어져 자녀가 태어난다.

「설괘전」 11장은 만물의 속살을 읽는 일종의 박물학이라 할 수 있다. 유형 무형의 모든 사물을 분류하고 기록하여 8괘의 특징을 열거하였다.

1. 건괘, 만물의 으뜸

乾은 **爲天 爲圜 爲君 爲父 爲玉 爲金 爲寒 爲氷 爲大赤**
건 위천 위환 위군 위부 위옥 위금 위한 위빙 위대적

爲良馬 爲老馬 爲瘠馬 爲駁馬 爲木果라
위양마 위노마 위척마 위박마 위목과

건은 하늘, 원, 임금, 아버지, 옥, 금, 찬 것, 얼음, 크게 붉은 것, 좋은 말, 늙은 말, 마른 말, 얼룩말, 모과가 된다.

① 건(☰)은 위대한 사랑으로 만물을 모두 덮는 하늘[天]이다. 하늘은 자신이 낳은 창조물을 하나도 빠뜨림 없이 감싸는 위엄과 생명의 본원이다.

② 하늘의 형태는 둥글다. 둘러쌀 '환圜'은 둥글 '원圓'과 같은 뜻이다. 이는 천문학의 '하늘은 둥글고 땅은 네모지다'는 천원지방설天圓地方說에 연관되어 나타난 것이다. 하지만 하늘은 둥글고 땅은 네모지다는 말은 옳지 못한 번역이다. 크고 작건 무수한 형태의 '원'의 원형은 하나의 하늘이기 때문이다. 하늘은 둥글어 '원만하고' 땅은 '방정方正하다'는 의미로 새겨야 옳다.

③ 건은 한 나라의 군주에 비유할 수 있다. 하늘이 만물을 주재하고 통솔하는 최고의 원리인 것처럼, 군주는 국정의 최고 책임자로서 국가의 운명을 짊어진 백성의 아버지다.

④ 건은 가족의 건강과 생계를 책임진 가장[父]이다.

⑤ 건은 빛나는 옥이다. 옥은 깨끗하고 순결을 상징하는 보석이다. 한문에서 '옥'은 구슬 옥 부部에 속하는 글자로서 천지만물의 원리, 우주의 객

관적 근거이자 표준을 뜻한다. 또한 옥은 하늘의 자연색을 가장 잘 드러내는 동시에 하늘의 맑고 신성한 마음을 상징하기도 한다.[1]

⑥ 건은 금강석으로도 뚫을 수 없는 강건한 쇠[金]를 뜻한다. 금은 건의 굳센 성격을 반영한 것이다.

⑦ 건괘는 문왕팔괘도에서 서북방에 자리잡는다. 어둡고 추운 곳[寒]에서 생명체가 처음으로 싹튼다는 의미를 갖는 서북방은 생명의 자궁에 해당한다.

⑧ 실제로 북극 주위는 눈과 얼음[氷]으로 뒤덮여 있다. 한편 「설괘전」 5장에서 "성인이 (북방을 등지고) 남방을 향해 정사를 돌본다[聖人南面而聽天下, 嚮明而治]"라고 말한 것은 밝음[光明]을 지향하는 의미를 내포하고 있다.

⑨ 건은 순수한 양으로 이루어진 괘다. 태극기 문양에서 양은 붉은색이다. 건은 크게 붉은 것을 뜻한다.[2] 이 세상에서 가장 강력한 붉은 기운을 뿜어내는 물체는 태양이다. 태양은 광명의 붉은빛을 빼놓고는 상상할 수 없다. 태양은 밝은 빛과 열을 쏟아내어 생명체를 살리는 힘의 원천이다.

⑩ 건은 좋은 말[良馬]의 일생을 본떴다. 말은 서서 잠자는 동물이다. 좋을 양良은 건실하다[健]는 뜻의 가치론적 표현이다. 훌륭한 말은 청결한 풀과 잠자리를 챙겨 건강을 지킨다. 말은 불순함과는 거리가 멀다. 말은 힘과 건실성을 대변하는 징표이다.

⑪ 건을 왜 늙은 말[老馬]로 상징하는가? 이는 상수론으로 풀이하는 것이 가장 합당하다. 건괘의 '구九'는 양의 극한을 뜻하는 노양수老陽數다. 음

---

1) 2002년 중국의 東北工程 사건으로 인해 한국과 중국 사이의 역사 왜곡 문제가 불거져 온 나라가 들썩이고 있다. 중국은 신화와 전설로 알려진 三皇五帝 시대를 역사에 편입하고, 동북아 문명마저도 자신들의 변방 역사로 끌어들이려는 야욕을 노골적으로 드러내고 있다. 중국의 황하 문명보다 대략 1-2천년이나 앞선 紅山文化가 내몽골 자치구 赤峰市의 동북방에 위치한 산에서 세계를 깜짝 놀라게 한 고고학적 유물이 발굴되었다. 그곳에서 다량의 玉器가 출토되어 학자들의 관심을 모았다. 옥으로 신과 교통할 수 있다는 홍산문화 주인공들의 의식을 읽을 수 있다.
2) '大赤'은 "크고 붉다'와 '크게 붉다'는 두 가지로 해석할 수 있다.

양의 상호 교체가 『주역』의 입론 근거라는 점에서 노쇠한 양 기운의 건실함[健]이 점차 음에게 자리를 넘겨주려는 시점 또는 경계를 지적한 것이다.

⑫ 몸에 군살이 빠져 뼈대가 나온 말[瘠馬] 역시 잘 달린다. 아기말이 성장하여 하루에 천리를 달리다가도 세월이 지나면 앙상한 뼈만 남은 파리한 말이 되고 만다. 척마 역시 자신의 본성대로 잘 달리는 억센 말을 뜻한다.

⑬ 박마駁馬는 털빛이 알룩달룩한 무늬를 띤 얼룩말이다. 이는 건괘「단전」의 '건도가 변화한다[乾道變化]'에서 변화를 힘차게 주도하는 말을 상징한 것이라 할 수 있다.

⑭ 건괘(☰)는 가을하늘에 열매가 주렁주렁 달린 나무[木果]를 형상화한 것이다. 모과는 냄새가 향기롭다. 열매는 양의 에너지가 낳은 결실이다. 땅 속에 파묻힌 씨앗이 발아하여 싹이 트고 꽃을 피운 다음에는 어김없이 열매를 맺는다. 이는 영원히 순환하는 하늘의 운행을 본뜬 것이다.

🏵 이 글은 건괘의 성격을 총망라하여 자연계와 인간계에 존재하는 동식물 등을 14가지로 열거하고 있다. 무언의 명령으로 생명을 빚어내는 하늘의 의지가 시공에 침투하여 다양한 사물의 세계를 구성한다는 것을 밝힌 내용이다. 주자는 육덕명陸德明(550-630)의 『경전석문經典釋文』에 나오는 순상荀爽(128-190)의 『구가역九家易』을 인용하여 건괘는 '용龍·곧음[直]·옷[衣]·말[言]'이라는 네 개의 특성이 더 있다고 말한다.

2. 곤괘, 만물의 어머니

坤은 **爲地 爲母 爲布 爲釜 爲吝嗇 爲均 爲子母牛**
곤 　 위지 위모 위포 위부 위인색 위균 위자모우

爲大輿 爲文 爲衆 爲柄이오 **其於地也**에 **爲黑**이라
위대여 위문 위중 위병 　 기어지야 　 위흑

곤은 땅, 어머니, 삼베, 가마솥, 인색함, 균등, 새끼소와 어미소, 큰 수레, 무늬, 무리, 자루(손잡이), 땅으로는 검정색이 된다.

① 곤(☷)은 아버지 하늘에 대한 어머니 땅이다. 건곤은 음양 관계를 이루어 생명을 낳고 키우는 만물의 부모다. 땅은 평평한 모습으로 만물을 모두 실어 생명을 일궈낸다. 땅은 자식을 보듬어 가슴에 품는 어머니의 무한한 사랑의 정신을 드러낸다.

② 신화에서는 땅을 지모신地母神으로 받든다. 이를 철학에서는 만물을 두루 포용하여 잉태하는 '음'으로 규정한다. 『주역』은 아버지와 어머니의 갈등 또는 부모와 자식의 대립을 언급하지 않는다. 오히려 음양의 조화를 통하여 만물의 무궁한 생성과 발전을 꾀한다.

③ 곤은 만물에게 따뜻한 옷을 입히는 옷감[布]으로 비유된다. 어머니의 자식 사랑은 가식이 전혀 없다. 순수한 자연의 재료로 만든 삼베는 그만큼 어머니의 사랑이 결백하고 한결같다는 뜻이다.

④ 곤은 가마솥[釜]이다. 가마솥은 음식을 익히는 도구다. 가마솥 밥은 생명을 유지하게 하는 에너지의 원천이다. 가마솥의 속은 비어 있다. 빈 가마솥은 모든 것을 받아들일 준비가 되어 있다는 뜻이다. 가마솥에서 설설 끓는 된장 우거지는 어머니의 손맛을 느끼게 한다.

⑤ 곤은 왜 인색吝嗇한가? 하늘은 생명을 베풀고 땅은 생명을 길러낸다 [天施地生]. 즉 건은 만물을 베풀지만, 곤은 베풀 수 없기 때문에 인색하다고 말한 것이다. 하늘은 아래로 생명을 한없이 베풀건만, 땅은 받아들이기만 할뿐 단독으로 베풀 수 없다는 뜻이다.

⑥ 곤(☷)의 세 효는 모두가 똑같은 형태다. 균등은 곧 땅의 품성을 본받은 것이다. 땅이 생명체를 길러내는 방식은 균등을 본질로 삼는다. 가치평가를 넘어섰다는 말이다. 땅은 장미꽃을 예뻐하고 못생긴 호박꽃을 미워하지 않는다. 한결같은 마음으로 만물을 키우는 까닭에 땅보다 균등한 것은 없다.

⑦ 곤은 새끼소와 어미소처럼 만물과 땅은 떼려야 뗄 수 없는 모자 관계다. 어미 모母 자는 아기에게 젖꼭지를 물리는 모양을 본뜬 글자다. 아기에

게 젖주는 모습만큼 아름다운 광경은 없다. 누가 시켜서 자식을 기르는 것이 아니다. 세상의 모든 어미가 자식을 품는 것은 지극히 자연스런 본성인 것이다.

⑧ 곤은 땅이다. 이 세상에서 땅보다 큰 수레[大輿]는 존재하지 않는다. 독초와 약초, 악인과 선인을 가리지 않고 모두 싣는 것이 땅의 법칙이다. 「설괘전」 9장은 곤을 몸의 배[腹]라고 했다. 오장육부로 이루어진 사람의 배 속은 온갖 음식물이 들락날락 거리면서 생명 활동을 활성화시킨다.

⑨ 곤(땅)은 다양한 색깔로 세상을 물들여 무늬 판[文]을 만든다. 만물이 뒤섞여 형형색색의 문채를 자랑하는 지구는 인류를 먹여 살리는 하나밖에 없는 쉼터이자 보금자리다.

⑩ 곤(땅)은 온갖 물건을 짊어지고 있다. 물건이 셋만 모여도 무리[衆]라 부른다. 하늘에는 수많은 별들이 반짝이고, 땅에는 이름조차 알 수 없는 사물이 수두룩하다. '무리'라는 뜻은 64괘 중에서 곤괘(☷)가 가장 많은 효들로 이루어진 것도 한몫 했을 것이다.

⑪ 곤은 손잡이[柄]다. 하늘은 무형의 존재이기 때문에 물건을 붙잡을 수 없는 반면에, 땅은 구체적으로 만물을 붙잡는 자루라고 할 수 있다. 하늘은 땅을 통해 자신의 뜻을 드러내지만, 땅은 직접 만물과 부딪치는 삶의 공간인 까닭에 곤괘의 성질을 손잡이라 한 것이다.

⑫ 곤은 색깔로는 검정[黑]이다. 검은색 하면 어둠의 카오스가 떠오른다. 이는 어둠에서 밝음을 지향하는 곤괘의 성격을 반영한 것이다. 정역팔괘도는 곤괘의 방위를 북쪽에 배치하여 새로운 생명의 창조를 시사했다.

🔯 우연의 일치일지 모르지만, 곤괘의 특징을 땅의 리듬[地支]에 해당하는 12개로 제시한 점이 특이하다.

3. 진괘, 변화의 시초

震은 爲雷 爲龍 爲玄黃 爲專 爲大塗 爲長子 爲決躁
진　위뢰 위룡 위현황 위부 위대도 위장자 위결조

爲蒼莨竹 爲萑葦오 其於馬也에 爲善鳴 爲馵足
위창랑죽 위환위　기어마야　위선명 위주족

爲作足 爲的顙이오 其於稼也에 爲反生이오 其究爲健이오
위작족 위적상　기어가야　위반생　기구위건

爲蕃鮮이라
위번선

진은 우레, 용, 현황, 펴는 것, 큰길, 맏아들, 결단성과 조급함, 푸른 대나무, 갈대가 된다. 말에 있어서는 잘 우는 것, 발이 흰 것, 발을 젓는 것, 이마가 흰 것이 된다. 심는 데는 되돌아 생함이며, 궁극에는 굳셈이고, 번성하고 신선한 것이 된다.

① 진(☳)은 만물의 변화를 가리키는 여덟 개의 현상 가운데 하나인 우레를 뜻한다. 우레는 천지가 처음으로 만물을 빚어낼 때, 번개를 동반하면서 내뱉는 강력한 소리다. 진괘는 두 개의 음 아래서 하나의 양이 불끈 솟아오르며 우렁찬 소리를 지르면서 움직이는 것을 본뜬 것이다.

② 진은 변화의 대명사인 용龍이다. 이때의 용은 건乾의 의지를 대행하는 실질적인 작용과 힘을 가리킨다. 이는 두 음 밑에 하나의 양이 숨은 상태에서 꿈틀거리는 '잠룡물용潛龍勿用'을 지적한 것과 같다. 실제로 용은 육해공은 넘나들면서 만물의 변화를 이끈다.

③ 진의 색깔은 검고 노란색이다. 현황玄黃은 원래 곤괘坤卦에 나오는 말인데,[3] 검을 '현'은 하늘의 색이며, 누를 '황'은 땅의 색이다. 하늘과 땅이 처음으로 사귀어 만물이 생겨나는 카오스 상황을 색깔로 표현하면 바로 푸를 창蒼이다. 문왕팔괘도에서 진은 해가 솟는 동방이고, 만물이 처음으

---

3) 『周易』 坤卦 「文言傳」, "玄黃者, 天地之雜也, 天玄而地黃."

로 생성되는 신성한 공간을 뜻하기 때문에 '상제의 의지가 진에서 처음으로 출발한다[帝出乎震]'고 말했던 것이다.

④ 진의 운동은 에너지를 사방으로 퍼뜨리는 것으로 나타난다[尃]. 진괘의 얼굴은 봄의 전령사인 꽃[尃]이라 할 수 있다.[4] 개울가에 피는 버들강아지, 담장을 뒤덮은 개나리, 봄 산을 붉게 물들이는 진달래는 진괘가 말하는 활발하게 움직이는 봄꽃의 메신저인 셈이다.

⑤ 진은 큰길[大塗]을 상징한다. 대도무문大道無門이란 말이 있다. 진리의 세계로 들어가는 길은 넓다는 말이다. 양 에너지의 발산은 사방팔방으로 널리 퍼지는 까닭에 막힘이 없다. 그것은 맨 아래 양이 나아가는 길에 두 음이 벌어져 있음이 증명한다.

⑥ 진은 가족 구성원에서 맏아들[長男]에 해당한다. 아버지와 어머니의 첫 작품이라는 뜻이다.

⑦ 진은 결단력[決]과 조급증[躁]의 양면성이 있다. 전자는 멈추지 않고 나아가는 양의 추진력을, 후자는 앞에 놓인 두 음을 재빨리 제거하려는 남자의 성급한 성질과 비슷하다.

⑧ 진은 푸른 빛깔을 띤 어린 대나무(푸를 창蒼, 어린 풀 랑莨, 대나무 죽竹의 합성어다)에 비유된다. 어린 나무는 바람에 잘 흔들리지만 뿌리가 깊숙이 박혀 쉽게 뽑히지 않는다. 오행에서 청靑은 방위로는 동방이고, 진괘의 색깔이다.

⑨ 진은 갈대(물억새 환萑, 갈대 위葦)로 비유된다. 갈대는 뿌리가 무더기로 단단하게 얽힌 반면에 위의 줄기는 가볍고 속이 비어 있다. 이는 무거운 양효가 두 개의 가벼운 음효 아래에 있는 모습을 형상화한 것이다.

⑩ 진은 잘 우는[善鳴] 말로 비유된다. 「설괘전」 8장에 따르면 '말'은 원래 건괘의 심볼[乾爲馬]이지만, 진괘 초효는 건괘(☰) 초효에서 비롯된 것

---

4) 『搜神記』의 저자인 干寶(?-?)는 '부'를 "꽃의 총칭[尃, 花之通名]"이라 풀이했다.

이기 때문에 맏아들이 된다. 또한 우레는 천지가 만물을 출생 신고 할 때 울리는 굉음轟音이다. 따라서 말과 소리가 결합하여 '잘 우는 말'[其於馬也, 爲善鳴]이라는 특성이 생겼다.

⑪ 진은 「설괘전」 9장에서 발[震爲足]이라 했다. 진은 동물로는 말인데, 왼발 뒤쪽이 하얀 것을 주족馵足이라 한다. 원래 진은 동방의 괘로서 괘도의 왼편을 차지한다. 몸의 발에 해당되고, 진괘 초효 양은 흰색이기 때문에 흰색의 발을 가진 말을 '주족'이라 부르는 것이다.

⑫ 진은 두 발을 자주 움직이는 모습[作足]을 본뜬 것이다. 말은 두 발을 자주 그리고 빨리 옮겨야 멀리 달릴 수 있다.

⑬ 진은 흰 이마[的顙]를 가진 말 또는 이마에 흰털이 난 말을 상징한다. 『주역』에 해박한 우번虞翻(164-233)은 "적은 희다, 상은 이마"[5]라고 풀이했다. 흰털을 휘날리면서 쏜살같이 달리는 말은 적토마에 손색이 없다.

⑭ 진은 삶을 되돌려 곡식이 성장하는 법칙[反生]을 뜻한다. 씨앗에서 싹튼 벼는 여름에 부쩍 크다가 가을에 이르면 이삭이 패기 시작하여 열매를 맺는다. 농부는 그 중에서 최상의 알곡은 내년 농사의 종자로 보관한다. 곡식은 뿌리로부터 발아하여 한참 크다가 성장을 멈춘 다음 뿌리로 돌아간다. 나무 역시 가을에 낙엽이 떨어지면서 겨울나기를 위해 영양분을 뿌리로 되돌린다. 이처럼 진괘(☳)는 아래의 양이 점점 자라 원래의 자리로 돌아가는 식물의 일생을 모방한 것이다.

⑮ 진의 핵심을 깊이 추구하면[其究], 건실과 군셈에 있음을 발견할 수 있다. 건실[健]은 건괘의 본질인데, 이것이 진괘로 전이된 이유는 진괘 초효의 근거가 건괘에 있기 때문이다.

⑯ 진의 가르침은 초목이 번성하여 그 색깔이 선명하다는 번선蕃鮮에 있다. 건괘 초효에 뿌리를 둔 진괘에는 식물이 자라는 이치가 담겨 있다. 온

---

5) "的白, 顙額, 詩有白馬額."

세상을 푸른색으로 생명을 노래하는 봄은 진실로 곱고 아름답다.

☷ 여기서는 진괘의 특징을 16가지로 설명하고 있다. 우레[震]는 건곤이 처음으로 낳은 양 에너지가 강한 분신이다.

4. 손괘, 바람의 손길

巽은 **爲木 爲風 爲長女 爲繩直 爲工 爲白 爲長 爲高**
손　　위목 위풍 위장녀 위승직 위공 위백 위장 위고

爲進退 爲不果 爲臭오 **其於人也**에 **爲寡髮 爲廣顙**
위진퇴 위불과 위취　　기어인야　　위과발 위광상

爲多白眼 爲近利市三倍오 **其究爲躁卦**라
위다백안 위근리시삼배　　기구위조괘

손은 나무, 바람, 맏딸, 먹줄의 곧음, 목공, 흰색, 긴 것, 높음, 진퇴, 과단성이 없음, 냄새가 된다. 사람으로는 털이 적음, 이마가 넓음, 눈에 흰자가 많음이 된다. 시장에서 세 배의 이득을 얻음이고, 궁극에는 조급한 괘가 된다.

① 손(☴)은 생명 현상을 이해하는 데 가장 쉬운 나무로 비유할 수 있다. 나무[木]는 방위로는 동방이다.

② 손의 운동은 바람[風]이다. 손괘는 두 양 아래에 하나의 음이 있다. 그것은 건괘 초효가 곤괘 초효 음으로 변질되어 물리적인 바람으로 나타난 것을 형용한 모습이다.

③ 손은 맏딸이다. 「설괘전」 10장의 "손괘는 곤괘 초효가 건괘의 아랫자리로 찾아가 교합하여 태어난 맏딸[巽一索而得女, 故謂之長女]"이라는 논리에 근거한다.

④ 손이 왜 먹줄[繩直]인가? 목수들은 구부러진 나무에 먹줄을 튕겨 능숙하게 직선으로 톱질한다. 초효는 음이 양 자리[不正]에, 2효는 중中, 3효는 양이 양 자리에 있다[正]. 이는 위의 두 양이 (직선의 먹줄을 그어) 아래의

음을 똑바르게 한다는 뜻을 함축하고 있다.

⑤ 손은 목공[工]이다. 목공이 주로 다루는 재료는 나무이기 때문에 손괘는 장인으로 비유되는 것이다.

⑥ 손의 색깔은 흰색이다. 하도낙서의 도상에 나타난 바와 같이, 음이 흑이라면 양은 백이다. 흰색은 두 양의 색깔로서 오행에서 말하는 서쪽의 흰색과는 다른 뜻이다.

⑦ 손의 바람[風]은 길게[長] 뻗어나가는 성질이 있다. 바람은 멀리 길게 퍼지기 때문에 에너지의 전달자로 불리는 것이다.

⑧ 손은 나무가 높게[高] 자라는 성질을 본받은 것이다.

⑨ 손은 바람이다. 바람은 일정하게 불지 않는다. 앞으로도 불고[進] 뒤로도 불기[退] 때문이다.

⑩ 손의 특징은 과단성이 없다[不果]는 점이다. 제갈공명이 일으킨 동남풍이 있는가 하면, 서북방에서 불어오는 칼바람, 높새바람, 회오리바람 등 바람의 종류는 수없이 많다. 손괘(☴)는 외강내유外剛內柔의 구조로 이루어져 있다. 바깥 두 양의 힘에 의해 안에 있는 하나의 음이 주눅든 모습인 까닭에 결단력이 없다는 것이다.

⑪ 손은 감각으로는 냄새[臭]에 해당한다. 향기와 악취는 바람에 의해 이곳에서 저곳으로 흩어진다. 구멍을 상징하는 맨 아래의 음(--)은 냄새를 전달하는데 유리하다.

⑫ 손을 인체에 비유하면 머리털이 적은 사람이다. 현대 의학에 따르면, 머리털이 많고 적음은 혈액 순환에 의해 결정된다고 한다. 양이 기氣라면, 음은 혈血이다. 손괘는 "일음이양一陰二陽이다. 일음一陰의 피가 두 양에 억눌려 위로 올라가지 못한다. 이런 이유에서 머리털이 적은 것이 손괘의 특징이다."[6]

---

6) 박일봉, 『주역』(서울: 육문사, 1989), 643쪽 참조.

⑬ 손은 넓은 이마[廣顙]의 소유자다. 왜 넓은 이마를 가진 사람이 대머리인가? 머리털이 적으니까.

⑭ 손은 흰자위가 많은 눈[多白眼]을 상징한다. 눈동자의 검은 부분은 음이고, 흰 부분은 양이다. 손괘에서 위의 두 양은 희고, 아래의 음은 검다. 자연히 눈동자가 아래로 쳐진 형상이므로 흰자위가 많게 보일 수밖에 없다.

⑮ 손은 시장에서 세 배의 이득을 얻음[近利市三倍]을 뜻한다. 「설괘전」 7장에서 '손은 들어감[入]'이라 했듯이, 손은 물건을 거둬들이는 것을 가리킨다. 왜 세 배인가? 양효는 3이고 음효는 2이다. 손괘는 양이 둘(3×2=6)인 반면, 음은 하나(2×1=2)이다. 따라서 장사를 하면 세 배(6:2)의 이득을 얻는 결과가 나오는 것이다.

⑯ 손의 결론은 조급성[躁]에 있다. 손괘의 주효主爻는 맨 아래의 음이다. 겉으로 보기에는 두 양 밑에 있는 음이 부드러운 것 같으나 속으로는 무척 강하다. 추진력[決躁]의 대명사 진괘(☳)와 손괘(☴)는 정반대의 모양이지만, 이 둘은 대응 관계를 이루어 소통할 수 있는 힘이 비축되어 있기 때문이다.[7] 평소에 물과 여자와 백성은 조용하다. 하지만 이들이 화나면 물불을 못 가리는 특성이 있다.

✡ 이 글은 손괘의 특징을 16개로 열거하고 있다. 손(바람)은 건곤이 결합하여 처음으로 낳은 음 에너지가 강한 분신이다.

5. 감괘, 천의 얼굴

坎은 爲水 爲溝瀆 爲隱伏 爲矯輮 爲弓輪 其於人也에
감   위수 위구독 위은복 위교유 위궁륜 기 어 인 야

爲加憂 爲心病 爲耳痛 爲血卦 爲赤이오 其於馬也에
위 가 우 위 심 병 위 이 통 위 혈 괘 위 적   기 어 마 야

---

7) 胡炳文은 "유독 진괘와 손괘만이 궁극이란 말을 한 것은 강유의 시초이기 때문이다[震巽獨以其究言, 剛柔之始也.]"라고 풀이했다.

爲美脊 爲亟心 爲下首 爲薄蹄 爲曳o 其於輿也에
위 미 척 위 극 심 위 하 수 위 박 제 위 예   기 어 여 야

爲多眚이오 爲通 爲月 爲盜o 其於木也에 爲堅多心이라
위 다 생   위 통 위 월 위 도   기 어 목 야   위 견 다 심

감은 물, 도랑, 숨음, 굽은 것을 바로잡음, 활과 바퀴가 된다. 사람으로는 근심을 더함, 마음병, 귓병, 혈괘, 붉은색이 된다. 말로는 아름다운 등, 성질이 굽함, 머리를 떨굼, 얇은 발굽, 끄는 것이 된다. 수레로는 재앙이 많음이 된다. 통함, 달, 도둑이 된다. 나무로는 단단하고 심이 많음이 된다.

① 감은 물[水]이다. 물은 겉으로는 한없이 부드럽지만 속은 강하다. 얕은 물은 노소를 불문하고 수용하지만 집 채 만한 쓰나미는 한순간에 재앙을 몰고 온다. 이러한 물의 원리가 감괘(☵)의 형태에 새겨진 것이다. 즉 바깥의 음은 부드럽고, 안의 양은 강력한 힘을 발휘한다는 뜻이 있다. 바깥에서 보는 물 안은 어둡지만, 물 속에서 보는 바깥은 밝다. 또한 물은 양괘陽卦로서 하늘의 진정한 아들이다. 하늘이 아들을 땅으로 내려 보내면, 하늘의 아들은 시공 구석구석에 뛰어들어 생기를 불어넣는다.

② 감은 작은 개천, 붓도랑 구溝와 큰 도랑 독瀆을 의미한다. 도랑은 오목할 '요凹'라는 글자와 유사하다. 중앙의 양은 물이 凹 안으로 흘러가는 모습을 잘 묘사하고 있다. 물이 흐르는 곳은 흙이 패기 마련이므로 감을 구덩이 '감坎'이라 부른다.

③ 감의 성격은 물에서 가져 왔다. 흙 속에 들어간 물은 흔적을 남기지 않는다. 그것은 물이 흙 속에 들어가면 숨어서 보이지 않고 엎드려 있는 모습[隱伏]과 같다.

④ 감은 물이 산을 휘돌아 흐르거나 똑바로 흐르는 성질을 빌렸다. 물의 흐름은 자연의 형세에 어긋나지 않는다. 막힌 곳은 멈췄다가 가득 채워지면 넘쳐흐르고, 굽은 곳은 돌아서 흐르고, 곧은 길은 직선으로 흘러가는 것이 바로 물의 본질이다. 한편 구부러진 물건[輮]을 똑바로 만드는 것[矯]

으로 새길 수도 있다.

⑤ 감은 활과 바퀴[弓輪]로 비유할 수 있다. 물은 자연의 이치를 거스리지 않는다. 때로는 활이나 바퀴처럼, 주어진 환경에 맞추어 흘러가는 자연의 본성을 받아들인다.

⑥ 감을 인체의 질병으로 보면, 극도의 근심에 빠진[加憂] 우울증에 가깝다. 감괘(☵)는 두 음 사이에 하나의 양이 끼여 온갖 구설수에 휘말리는 형상이다. 특히 험난함[險]이 거듭 닥쳐 걱정거리가 떨어지지 않을 정도로 매사에 마음 졸이는 상황을 설명한 것이다.

⑦ 감은 마음병[心病]이다. 한의학에서는 심장心臟을 마음에 배당한다. 의학적으로 심장병은 순환기 계통에 일어난 질병을 가리킨다. 불교는 '일체유심조一切唯心造'라 했던가. 마음이 육체의 병을 만든다는 사실은 현대 의학도 부정하지 못한다. 양은 군자이고 음은 소인이라 할 때, 소인들의 중상모략을 견디지 못해 생긴 것을 심장병이라고 진단한 감괘의 지적은 정확하다.

⑧ 감은 또한 마음병이 도져 생기는 귓병까지를 얘기한다. 인간의 신체를 언급한 9장에서 '감은 귀[坎爲耳]'라고 했다. 한의학에서는 감을 콩팥[腎臟]에 배속한다. 심장에 열熱(火)이 많으면 화병이 생기듯이, 콩팥에 열이 쌓이면 귀가 아픈 현상이 나타난다.

⑨ 감은 인체에서 피의 순환과 연관된 괘[血卦]다. 물은 지구의 혈기血氣를 관장한다. 물꼬가 트이지 않으면 물부족으로 인해 지구는 찜통 더위로 시달린다. 생리적으로 몸의 대부분은 수분으로 이루졌다는 것이 정설이다. 피는 몸에서 물에 속한다. 피가 잘 돌아야 건강하다. 혈관이 막히는 질병이 고혈압이듯이, 피의 원활한 순환은 건강 지킴이의 열쇠인 것이다. 피가 인체의 물[水]이라면, 불[火= 離卦]은 인체의 기氣로서 기혈의 작용이 원활하면 의원은 보약이 필요 없다고 환자를 돌려보낸다.

⑩ 감은 색깔로는 붉은색이다. 문왕팔괘도 또는 오행으로 보면 감은 북

방의 검정색이지만, 피는 붉기 때문에 감괘의 속 심볼은 붉은색이다.

⑪ 감을 말[馬]로 비유하면, 아름다운 등을 가진 말[美脊]이다. '말'은 원래 건괘의 상징인데, 감괘 2효는 건괘의 중효中爻에서 온 것이기 때문에 잔등 부위가 잘 생긴 말이라는 명칭이 생겼다.

⑫ 감은 성질이 급한[亟心] 말이다. 앞에서 언급한 인간의 심장병과 말의 고질적인 마음병이 대응한다는 발상이 이채롭다.

⑬ 감은 왜 고개 숙인 말[下首]을 상징하는가. 감괘(☵)는 2효가 양이고, 상효는 음효다. 상효는 머리[首]인데, 부드러운 음이 고개를 떨구는 모양새를 띤다.

⑭ 감은 발굽이 심하게 닳은 말(얇을 박薄, 발굽 제蹄)을 상징한다. 왜 발굽이 얇은가? 말은 오래 달릴수록 발굽이 쉽게 닳는다. 이는 기력이 소모되어 터벅터벅 걷는 지경에 이른 말을 초효 음에 빗대어 설명한 것이다.

⑮ 감은 끌려가는 말[曳]과 같다. 용도가 어떻든간에 말은 앞으로 나아갈 뿐 옆걸음치거나 뒤로 걷지 못한다. 이는 마부가 뒤에서 말이 앞으로 나아가지 못하도록 고삐를 바짝 쥔 형국을 묘사한 것이다. 왜냐면 감괘 자체가 험난한 지경에 빠진 상황 또는 기력이 소진된 초효 말이 걸음조차 옮길 수 없기 때문이다.

⑯ 감을 수레에 비유하면, 구덩이에 빠져 생긴 재앙[其於輿也, 爲多眚]으로 인해 수레가 꿈쩍할 수 없는 사면초가의 형세를 뜻한다. 재난이 외부로부터 생긴 사고라면, 재앙[眚]은 불행의 원인이 자신 혹은 내부에서 비롯된 것이다. 여기서의 재앙은 내부와 함께 외부에서 찾을 수밖에 없는 극도의 험난을 뜻한다.

⑰ 감의 핵심은 소통[通]에 있다. 감괘(☵)는 물이 상하의 음을 관통하면서 이곳에서 저곳으로 생명수를 전달하는 것을 표상한다. 항상 위에서 아래로 흐르는 것이 물의 운동 법칙이다. 물 없는 세상은 상상하기조차 끔찍하다. 동물과 식물은 물 없이는 하루도 버티기 힘들다. 물의 소통을 통해

생명이 유지된다는 가르침이 '통通' 한 글자에 집약되어 있다.

⑱ 감은 달[月]이다. 달은 리괘離卦의 해와 짝을 이루어 음양의 생성을 이루는 실체라고 할 수 있다. 달의 겉은 차갑지만 속은 뜨겁고, 해의 겉은 뜨거운 반면에 속은 차갑다는 것이 바로 음의 근거는 양이고, 양의 근거는 음이라는 상호 의존성의 논리인 것이다. 그래서 동양에서는 달을 물의 정기精氣로 간주했고, 감괘는 '물'로 형상화했던 것이다. 이런 시각에서 복희팔괘도를 보면, 감괘(달)는 동방의 햇빛을 받아 비추는 서방의 흰색을 뜻한다.

⑲ 감은 왜 도둑[盜]인가? 도둑은 몰래 움직이는 것이 주특기다. 밤도둑은 집 내부에 설치된 CCTV를 피하여 값나가는 물건에 살금살금 다가가 훔친다. 이는 감괘의 양효가 두 개의 음효 사이에 숨어 있는 상태를 도둑으로 표현한 것이다.

⑳ 감은 속이 단단하고 심[心 = 芯]이 많은 나무로 비유할 수 있다[其於木也, 爲堅多心]. 강한 양이 두 음 사이에 있는 감괘의 형태는 마치 겉죽은 부드럽지만 속은 오히려 단단한 심이 아로 박혀 있는 대추나무와 비슷하기 때문이다.

☷ 건곤이 천지라면, 감리는 일월이다. 천지는 일월을 분신으로 삼아 이 세상을 움직이게 한다. 따라서 해와 달[坎]이야말로 인간 삶에 직접적인 영향을 끼치는 불멸의 원동력인 것이다. 여기서는 감괘의 특성을 스무 개로 들어 해명하고 있다.

6. 리괘, 광명을 상징하다.

離는 爲火 爲日 爲電 爲中女 爲甲胄 爲戈兵이오
리 위화 위일 위전 위중녀 위갑주 위과병
其於人也에 爲大腹이오 爲乾卦 爲鼈 爲蟹 爲蠃 爲蚌
기 어 인 야 위대복 위건괘 위별 위해 위라 위방
爲龜오 其於木也에 爲科上槁라
위귀 기 어 목 야 위과 상 고

리는 불, 해, 번개, 중녀, 갑옷과 투구, 창과 병기가 된다. 사람으로는 배가 큰 사람이 된다. 건괘, 자라, 게, 소라, 조개, 거북이 된다. 나무로는 속이 비고 위가 마른 것이 된다.

① 리괘(☲)의 심볼은 불[火]이다. 불은 세상을 밝게 비쳐주는 빛의 근원이다. 『설문해자說文解字』는 "화란 불타는 것이며, 남방의 운행으로서 가볍고 뜨거운 불이 위로 올라가는 형상을 본뜬 것이다[火燬也, 南方之行, 炎而上, 象形]"라고 풀이했다. 우리는 눈을 뜬 채로 태양을 일초도 보기 어렵다. 햇빛이 너무 강렬하기 때문이다. 항상 불기운이 타오르는 태양은 에너지가 넘쳐흐른다. 리괘의 형상에 나타난 바와 같이, 가운데 음효(--)는 어둠을, 양효(-)는 강렬하게 빛나는 뜨거운 불을 상징한다.

② '리'는 태양[日]을 가리킨다. 밝은 빛을 던져주는 하늘의 주인공은 태양이다. 태양은 잠시도 쉬지 않고 힘을 창출하는 불의 화신이다. 실제로 태양은 거대한 블랙홀을 형성하면서 지구에 에너지와 빛을 쏟아내어 생명체를 먹여 살리고 있다. 만약 태양이 소멸된다면 지구는 당장 암흑 세계로 돌변할 것이고, 즉각 생명 활동도 멈출 것이다.

③ '리'는 순간적으로 불빛이 번쩍이는 번개[電]를 뜻한다. 빛보다 빠른 입자는 존재하지 않는다. 태양빛은 가장 빠를 뿐만 아니라 엄청난 열을 발산한다. 번개는 음과 양이 부딪쳐서 생기는 에너지의 충돌 현상이다. 그것은 두 개의 돌을 서로 갈면 불꽃이 일어나는 이치와 같다. 우레와 번개는 음양이 부딪칠 때 생기는 동반자인 것이다.

④ '리'는 중녀中女다. 리괘는 건괘(☰)가 곤괘(☷)의 2효[中爻]를 얻어서 생긴 둘째딸을 뜻한다.

⑤ '리'는 전쟁터에서 군인이 입는 갑옷과 투구[甲胄]의 형상이다. 갑옷과 투구는 가슴과 머리를 보호하기 위해 쓰는 전투 장비다. 리괘에서 음인 2효는 칼이 조금 스쳐도 피가 나는 몸이라면, 상효는 머리에 쓰는 투구이

고, 초효는 몸에 걸치는 갑옷을 상징한다. 「설괘전」의 저자는 적의 병장기로부터 신체를 보호하기 위한 수단과 방법을 이괘에서 모방했던 것이다.

⑥ '리'는 창과 병장기를 상징한다. 과戈는 적군을 향해 찌르는 창을, 병兵은 적군을 베거나 찍는 칼과 도끼와 같은 무기를 뜻하는 글자다. 상효 양은 매우 단단한 쇠붙이, 초효 양은 창자루 끝에 끼우는 쇠붙이[준鐏: 창 끝에 끼우는 물미, 즉 창고달], 2효 음은 나무로 만든 자루다. 따라서 과병戈兵[8]은 국군이 무장하는 M16 소총에 해당될 것이다.

⑦ '리'는 인체에서 큰 배를 가진 사람이다[大腹]. 오장육부가 커야 많은 음식물을 소화할 수 있다. 바깥은 크고, 안 역시 비어 있으므로 다양한 음식물을 받아들일 준비가 된 상태를 형용한 것이다.

⑧ '리'가 왜 건괘乾卦의 성질인가? '리'는 해를 뜻한다. 건곤이 부모라면, 감坎(달)은 하늘의 아들이고, 리離는 땅의 딸이다. 해와 달은 건곤의 뜻을 대행하여 실제로 만물을 생성 변화시키는 힘의 원천이다. 감은 양괘이고, 리는 음괘이다. 태양의 겉은 뜨겁게 타오르며, 속은 시공조차도 빨아들인다. 심지어 빛조차 빠져나갈 수 없는 블랙홀의 주인공인 태양은 달과 더불어 태양계의 핵심체다. 그렇다면 하늘[天]과 태양과 어떤 관계인가? 하늘은 대행자를 내세워 만물을 다스리는데, 천체로는 태양이 바로 그것이다.

⑨ '리'는 자라[鱉]로 비유할 수 있다. 자라의 등껍질은 딱딱하고 안은 부드러운 리괘(☲)의 모양과 비슷하기 때문이다.

⑩ '리'는 해산물로는 게[蟹][9]에 해당된다. 게 역시 껍질은 딱딱하지만

---

8) 갑옷과 창은 모순 관계를 이룬다. 갑옷은 방어용이고 창은 공격용인데, 왜 리괘는 이들의 모순 관계를 얘기하는가? 그것은 아마도 태양 앞에서는 창과 갑옷을 비롯한 온갖 모순이 무력하다는 것을 알려주는 교훈일 것이다.

9) 해와 달의 운행 주기와 일치하는 현상을 동물에서 찾을 수 있다. 예컨대 "여자의 자궁은 달의 盈虛消長과 주기를 같이 하기 때문에 月經이라 부른다. 28일 형의 월경 주기는 달과 똑같은 변화의 주기를 갖는다. 또한 '게[蟹]'가 달의 운동에 감응하는 것은 아주 신비롭다. 호주의 크리스마스 섬에 사는 게가 물 속에서 지내다가 초팔일[上弦]에 되면 섬 전체가 새빨갛게 될 정도로 수 억 마리가 뭍으로 올라온다. 차동차 바퀴가 지나가면서 밟아도 아랑곳하지 않

속은 부드러운 몸체가 이괘의 모양과 아주 흡사하다.

⑪ '리'는 소라[蠃]에 비유할 수 있다. 소라껍질은 망치로 두드려도 잘 깨뜨려지지 않지만, 속살은 쫀득쫀득한 것이 이괘의 모양과 유사하다.

⑫ '리'는 조개[蚌]와 같다. 조개는 모래와 뻘에서 살며, 겉은 딱딱한 반면 속살은 부드럽다.

⑬ '리'는 800년을 산다는 거북[龜]의 삶에 비유할 수 있다. 거북은 자라의 형님뻘이다. 거북이 짧은 목과 다리를 가진 이유는 환경에 적응하기 위한 진화의 산물이다. 거북의 등껍질은 단단하지만 속살은 연하기 때문이다.

⑭ '리'는 줄기 속이 비어 있고 위쪽은 마른 나무로 비유된다[其於木也, 爲科上稿]. 오래된 나무일수록 위는 수분이 모자라 말라 있다. 고목 역시 이괘의 형상을 빌려 설명할 수 있다.

☆ 이 글은 리괘의 특성을 열 네 개로 설명하고 있다. 리괘는 태양을 상징체로 삼는다. 해는 달과 더불어 계절의 변화를 비롯하여 시간의 운행을 가져오는 실질적인 힘의 원천이다.

7. 간괘, 끝과 시작의 문

艮은 **爲山 爲徑路 爲小石 爲門闕 爲果蓏 爲閽寺 爲指**
간　　위산 위경로 위소석 위문궐 위과라 위혼시 위지

爲狗 爲鼠 爲黔喙之屬이오 **其於木也**에 **爲堅多節**이라
위구 위서 위검 훼 지 속　　　기 어 목 야　　위견 다 절

간은 산, 작은 길, 작은 돌, 문, 과일과 풀열매, 내시, 손가락, 개, 쥐, 부리가 검은 짐승의 부류가 된다. 나무로는 단단하고 마디가 많음이 된다.

고 계속해서 올라온다. 뭍에 올라와서 보름을 지내다가 23일[下弦]이 되면 다시 한 마리도 남지 않고 물 속으로 내려간다. 28일에 '월굴우진月屈于辰'하면 모두 알을 까고, 초팔일이 되면 다시 뭍으로 올라오는 현상(권영원,『正易入門과 天文曆』, 동서남북, 2010, 334-337쪽 참조)은 곧 생체 시계와 우주의 시계가 서로 똑같은 원리로 작동하기 때문이다.

① 간괘(☶)의 심볼은 산山이다. 땅 위에 우뚝 솟은 형태가 바로 산이다. 산은 이리저리 옮기지 않고 묵직하게 제자리를 지켜 한 곳에 머물러 있는 [止] 장점이 있다.

② 간은 작은 길[徑路]을 가리킨다. 이는 간괘의 형태가 증거한다. 두 개의 음이 위로 올라오는 것을 하나의 양이 가로막고서 멈추게 하는 형상이다. 산은 산인데, 두 음이 아래로 열려 있고, 바깥으로는 하나의 양이 막혀 있기 때문에 큰 도로를 낼 수 없다. 겨우 한 두 사람만이 걸을 수 있는 작은 길, 또는 높은 산을 가로질러 가는 지름길이라고도 할 수 있다.

③ 간의 모습은 작은 돌[小石]이다. 간은 가정에서 막둥이[小男]인 것과 마찬가지로 작은 돌에 해당된다. 간은 하나의 양이 두 음 위에 솟아 있다. 그것은 아직 작다. 작은 길, 작은 돌은 막내아들의 이미지와 유사하다.

④ 간은 문 문門과 문 궐闕이 지적하듯이, 사람이 출입하는 문을 상징한다. 아래의 두 음이 나란히 서 있는 위에 하나의 양이 걸려 있다. 문은 사람이 안팎으로 들락날락거리는 소통의 공간이다. 아래는 양쪽으로 트인 반면에 위는 고정된 모양새가 바로 문이다.

이밖에도 조선조 말기에 후천개벽사상의 이론적 근거를 제공했던 김일부의 제자인 하상역河相易은 간방艮方을 금화교역金火交易이 이루어지는 특별한 공간으로 인식했다. 「설괘전」은 단순히 '만물이 드나드는 문[門闕]'이라 규정한 것을 하상역은 간의 방위를 후천으로 진입하는 금화문金火門(개벽문)[10]으로 풀이했다.

⑤ '간'은 나무열매를 뜻하는 과果, 풀에 열매가 열리는 라蓏를 상징한다. 상효 양은 사과나 복숭아와 배 따위의 열매를, 아래의 두 음은 오이 또는 박 따위의 열매 혹은 덩굴을 말한다. 씨앗에서 발아하여 열매를 맺는 것이

---

10) 「설괘전」은 간괘를 '문[門闕]'이라고 한 것을 河相易은 『正易註義』에서 선후천 교체의 관문인 '금화문'이라고 풀이한다. "문이란 열리고 닫히는 것이 무궁한 것이다. 나가고 들어가는 것은 변통하여 일정한 방향이 없다. 금화는 하늘과 땅이 한 번은 열리고 한 번은 닫히는 문이다.[門謂開闢無窮也. 出入謂變通無方也. 金火卽天地一開一闢之門也.]"

식물의 일생이다. 씨앗이 원인이라면 열매는 결과 또는 매듭이다. 이는 씨앗에 내장된 유전자 정보가 열매에서 '그친다[止]'는 것을 가리킨다. 초목의 시작은 씨앗이고, 끝은 열매이다. 참열매는 내년의 씨앗을 내포하므로 간은 결국 끝과 시작이 맞물려 있음을 시사한다. 이런 의미에서 『주역』의 결론은 '문'과 '열매'를 뜻하는 간괘의 원리로 집약된다고 할 수 있다.

⑥ 간은 궁궐문을 지키는 사람인 혼시閽寺를 가리킨다. 혼閽은 문지기, 시寺는 왕비와 궁녀들의 대소사를 맡은 내시를 의미한다. 수문장은 의심스런 자가 궁궐 안으로 들어오는 것을 막고, 내시는 궁녀들이 맘대로 바깥에 출입하는 일을 막는다. '간'은 양강陽剛의 힘으로 밖에 머물면서 안의 부드러움을 지켜 외부인이 함부로 출입하는 것을 금지하는 '혼시'에 비유한 것이다. 그만큼 간은 신성한 장소란 뜻이다.

⑦ 간은 손가락[指]에 해당된다. 손은 세 개의 관절과 다섯 손가락으로 이루어져 굴신屈伸이 편리하기 때문에 물건을 마음대로 쥘 수 있다. 이런 연유로 『주역』의 이치를 헤아리는 방법으로 손가락이 사용되었던 것이다[手指象數].

⑧ 간은 동물로는 개[狗]를 상징한다. 이미 8장에서 언급했듯이, 간은 하나의 양이 위로 올라오는 두 음 기운을 막는 형국인데, 하나의 양은 집을 지키는 개의 임무와 비슷하다[艮爲狗]. 개는 낯선 사람에게는 강하지만, 주인에게는 유순한 외강내유外剛內柔의 짐승이다. 간은 그침[止]이기 때문에 집단속을 잘하는 개에 빗대어 그 특징을 설명한 것이다.

⑨ 간은 또한 야행성 동물인 쥐[鼠]에 해당된다. 쥐는 낮에는 숨고, 주로 밤에 대들보를 넘나들면서 강한 이빨로 먹잇감을 해치운다. 간괘(☶) 상효는 매일 자라는 쥐의 이빨을 상징한다. 특히 두 개의 음이 하나의 강한 양을 보고서 멈춰 선 모양새는 간괘의 형상과 흡사하다.

⑩ 간은 검정 색깔[黔] 부리[喙]를 가진 짐승의 부류를 뜻한다. 상효의 양강陽剛은 부리가 단단하여 먹이를 쪼는 데 유리한 것을 형상화한 것이다.

⑪ '간'은 나무로 비유하면, 옹이가 많아 단단한 마디가 생긴 나무에 해당된다. 이를테면 잣나무의 옹이에서 가지가 무성하게 뻗은 모습과 비슷하다. 이는 간괘 상효의 강함에서 힌트를 얻은 것이라 할 수 있다.

☗ 이 글은 간괘의 특성을 열 한 가지로 설명하고 있다. 간괘의 특성을 읽는 방법은 매우 다양한데, 그 중에서『대학』에서 말하는 '그침[止]'의 가르침이 중요하다. "대학의 도는 밝은 덕을 밝히는 데 있으며, 백성을 친함에 있으며, 지극한 선에 그치는 데 있다. 그쳐야 할 데를 안 뒤에야 뜻이 정해진다. 뜻이 정해진 뒤에 마음이 능히 고요해지고, 마음이 고요해진 뒤에 능히 편안하고, 편안한 뒤에 능히 생각하고, 생각한 뒤에 능히 터득할 수 있다.[大學之道, 在明明德, 在親民, 在止於至善. 知止而後有定, 定而後能靜, 靜而後能安, 安而後能慮, 慮而後能得.]"(『대학』1장)

여기서 '지극한 선에 그친다 또는 머문다[止於至善]'는 말은 최고선最高善의 경지를 계속 유지하는 것을 뜻한다. '명명덕'은 하늘이 내린 인간의 도덕적 본성 또는 주체성의 확보를, '친민'은 도덕적 가치의 사회적 구현을, '지선'은 개인의 윤리적 규범을 넘어선 인류 보편의 공동선共同善을 가리키는 유교의 최고 이념이다. 결국 '명명덕'과 '친민'은 '지어지선'으로 귀결되므로 그칠 지止는 일회적 혹은 순간적인 각성이 아니라, 최고선의 지속적인 실천(머뭄)을 뜻한다.

따라서 지선至善은 일체의 외부의 유혹을 떨쳐버려 내 마음이 내리는 도덕적 명령을 잠시도 멈춰해서는 안 되는 윤리적 성찰과 수양이 요구되는 것이다. 결국『대학』과 간괘의 '그침[止]'은 종결(Ending), 멈춤(Stop)이 아니라, 현재 진행형의 끊임없는 노력의 과정이라 할 수 있다.

8. 태괘, 귀염둥이 막내딸

兌는 爲澤 爲少女 爲巫 爲口舌 爲毀折 爲附決
태　　위택　위소녀　위무　위구설　위훼절　위부결

其於地也에 爲剛鹵오 爲妾 爲羊이라
기 어 지 야   위 강 로   위 첩 위 양

태는 연못, 소녀, 무당, 입과 혀, 훼손함, 붙었다가 떨어짐이 된다. 땅으로
는 굳고 짠 것이 된다. 첩, 양이 된다.

① 태는 8괘에서 연못이다. 태괘(☱)는 두 개의 양 위에 하나의 음이 올
라타고 있는 형상으로서 두꺼운 땅거죽 위에 연못물이 찰랑찰랑 넘실대는
모습을 취하고 있다. 복희팔괘도에서 연못과 짝을 이루는 산[艮]이 땅[坤]
곁에 있는 것처럼, 연못을 상징하는 태는 하늘[乾] 곁에 있다. 이는 아버지
가 어린 소녀의 손을 잡고 있는 다정한 모습이다.

② 태는 가족의 구성에서 막내딸[少女]이다. 막내는 집안에 웃음꽃을 피
우는 귀염둥이다. 어린아이는 맑고 순수하고 새로운 열정이 넘치기 때문
에 태는 기쁠 열說과 의미가 상통한다.

③ 태는「설괘전」9장에 따르면, 인체의 입[兌爲口]에 해당한다. 무당은
입으로 먹고 산다. 무당은 스스로를 높여서 신의 안테나라고 떠들어댄다.
무당은 신의 뜻을 대신하는 입노릇을 하기 때문에 태는 무당에 비유되는
것이다.

④ 태는 인체에서 입과 혀에 해당한다. 태괘(☱) 상효 음은 입[口], 2효
양은 혀[舌]를 상징하는데, 입과 혀는 말을 내뱉는 수단이다. 입이 빚어내
는 언어의 신뢰와 불명예는 양극단의 결과를 가져 오는 까닭에 흔히 구설
수라고 해석하고 있다.

⑤ 태의 끊어진 상효(--)는 훼절毁折을 상징한다. 봄을 뜻하는 동방의 진
震에서 초목이 싹터 여름에 이르러 꽃이 만발한다. 이어서 가을을 뜻하는
서방의 태兌에 이르면 기운이 꺾여 낙엽이 떨어지기 시작하기 때문에 훼절
이라 부르는 것이다.

⑥ 태는 가을 나무에 열매가 붙었다가 떨어지는 것[附決]을 상징한다.

"부결附決은 말 그대로 '부착附着되어 있던 것이 결렬決裂됨'이니 '붙었다가 떨어짐', '붙었다가 나뉘어짐' 정도로 풀 수도 있겠다. 이는 '부착됨'과 '결렬됨'으로 나누어 보면 이상하다. 다산茶山 역시 이같은 견해를 보였다."[11]

이밖에도 앞서 나온 무당이나 아부꾼들의 언행과 연관시켜 풀이하는 경우가 있다. 아부꾼은 고위층의 마음을 잘 읽어 듣기 좋은 말만 한다[附]. 이렇게 해석하는 이유는 하나의 음이 두 개의 양에 착 달라붙는 성질이 있기 때문이다. 또한 아첨가는 힘 있는 자의 불편한 심기를 파악하여 경쟁자에 대한 중상모략을 일삼고, 권세가가 힘을 잃는 때는 누구보다도 재빠르게 그 곁을 떠나는 결단력[決]을 보이기 때문이다.

⑦ 태는 땅으로 말하면 염분이 많은 강로剛鹵이다. 아래의 두 양은 강剛, 위의 하나의 음은 소금기가 많은 땅[鹵]을 상징한다.

⑧ 태에는 고대의 혼인 제도가 반영되어 있다. 먼 옛날에는 언니가 시집가면 동생도 따라가 첩妾이 되는 경우가 많았다. 잉첩媵妾(동생, 손아래 동서를 뜻하는 제娣)이 바로 그것이다. 이러한 흔적은 『주역』 귀매괘歸妹卦 5효에 나온다.[12]

⑨ 태는 동물로는 양羊이다. 양은 겉으로는 부드러우나 속으로는 고집이 센 짐승이다. 특히 두 날개를 가진 상효는 양의 두 뿔을 상징한다.

🏦 이 대목은 태괘의 특성을 9개로 설명하고 있다. 이상 살핀 바와 같이 「설괘전」은 괘의 성립 배경과 그 구조와 특성 등을 설명하였다. 1장과 2장은 하늘의 음양과 땅의 강유, 천명天命(heavenly mandate)으로 부여된 인간의 도덕적 본성인 인의라는 삼자가 괘의 성립 근거임을 밝히고 있다. 3장과 4장은 복희팔괘도의 성립을 얘기했으며, 5장은 문왕팔괘도의 성립을, 6장은 미래에 사용될 정역팔괘도에 대한 이론이다. 나머지는 자연을 비롯한

---

11) 정약용 지음/방인·장정욱 옮김, 『周易四箋 8』(서울: 소명출판, 2007), 306쪽 각주 461 참조.

12) "육오는 제을이 누이동생을 시집보내는 것이니, 소군의 소매가 제의 소매의 좋은 것만 같지 못하다.[六五帝乙歸妹, 其君之袂不如其娣之袂良.]"

동식물을 8괘의 성격에 따라 분류한 만물의 지형도라고 할 수 있다.

물리학이 수학 방정식을 도입하여 우주의 신비에 접근했다면, 『주역』은 괘와 수리를 통해 세계의 구성과 인간의 윤리적 당위성을 얘기하고 있다. 「설괘전」 7장, 8장, 8장, 9장, 10장, 11장에 나타난 만물의 전개 양상과 특성을 도표로 정리하면 다음과 같다.

괘	乾	坤	震	巽	坎	離	艮	兌
형태	☰	☷	☳	☴	☵	☲	☶	☱
현상	天	地	雷	風	水	火	山	澤
덕성	健	順	動	入	陷	麗	止	說
가족	父	母	長男	長女	中男	中女	少男	少女
동물	馬	牛	龍	鷄	豕	雉	狗	羊
인체	首	腹	足	股	耳	目	手	口
색깔	大赤	黑	蒼	白	赤			

정역사상의 연구자 이상룡李象龍은 「설괘전」 전체의 성격을 다음과 같이 설명한다.

六十四卦彖象之傳과 上下繫辭傳之別은 匪大關於后天者니
육 십 사 괘 단 상 지 전　　상 하 계 사 전 지 별　　비 대 관 어 후 천 자

不在校釋之例하니라 下繫之旣成萬物章以后는
부 재 교 석 지 례　　　　하 계 지 기 성 만 물 장 이 후

體象材德略同故로 亦不在校釋之例는
체 상 재 덕 략 동 고　　역 부 재 교 석 지 례

后天序卦在經文云爾니라
후 천 서 괘 재 경 문 운 이

64괘의 「단전」과 「상전」이 「계사전」 상하와 구별되는 것은 후천
에는 크게 관계가 없으므로 비교 해석하는 예증에 있지 않다. 아래
'이미 만물을 이룬다[既成萬物]'는 장 이후에 형상을 본질화하고 괘
의 덕성을 판단하는 것은 거의 같기 때문에 또한 비교 해석하는 예
증에 두지 않은 것은 후천 「서괘」 경문經文에 있을 따름이다.

序卦傳

서괘전

『주역』읽기는 다양한 방법이 있다. 주역사는 복서卜筮, 의리義理, 상수象數를 응용한 술수학과 명리학 등의 수많은 학파가 인멸을 거듭한 역사를 전하고 있다. 그것은 『주역』의 내용을 풍부하게 만들기도 했으나, 한편으로 샛길로 빠뜨려 술한 형태의 역기능을 낳기도 하였다.

그래서 성인은 하늘의 뜻과 도덕의 원칙을 벗어나는 오류를 방지하는 근거를 확보하기 위해 논리학의 성격이 짙은 「서괘전」을 지었다. 대립과 통일의 논리로 구성된 64괘는 자연의 생성과 변화의 패턴을 본받아 만들어졌다. 그만큼 객관성의 조건이 중요했기 때문일 것이다.

64괘의 순서는 생명이 생겨나 자라는 과정을 담지하고 있다. 만물의 변화는 분열과 수렴의 과정을 겪으면서 순환하는데, 「서괘전」은 자연의 변화에 숨겨진 순환과 직선의 생성 메카니즘의 위대한 설계를 얘기한 것이다.

「서괘전」은 64괘의 배열 순서와 각각의 괘가 서로 연속되는 패턴을 설명하고 있기 때문에 『주역』에서 「서괘전」만큼 논리성을 강조한 것은 없다. 『주역정의周易正義』를 지은 공영달孔穎達(574-648)[1]은 『주역』의 세계에 들어가려면 여섯 개의 관문을 거쳐야 한다고 말했다. 천도문天道門, 인사문人事門, 상인문相因門, 상반문相反門, 상수문相須門, 상병문相病門이 바로 그것이다. 천도문은 건乾 다음이 곤坤이고, 태泰 다음에 비否가 오는 이치를 통해 천도

---

1) 공영달은 唐 초기의 유학자로서 자가 仲達이다. 그는 隋의 煬帝 때 젊은 나이에 明經科에 급제하여 관직에 나아갔으나, 양제는 공영달의 재능을 시기하여 암살하려 하였다. 나중에는 唐太宗에게 신임을 받아 國子博士를 거쳐 국자감의 祭酒와 東宮侍講 등을 지냈다. 그는 문장력이 뛰어났으며 천문학과 수학에 능통하였다. 魏徵(580-643)과 함께 『隋書』를 편찬했으며, 왕명을 받들어 고증학자 顔師古(581-645) 등과 더불어 五經에 대한 해석의 통일을 시도하여 『五經正義』 170권을 편찬하였다.

와 운수를 알 수 있는 관문이다. 인사문을 통과하면 송訟 다음에 사師가 오고, 사師 다음에는 반드시 비比가 오는 비밀을 알 수 있으므로 인생을 보다 쉽게 알차게 사는 방도가 생긴다. 상인문에 올라서면 세상사가 인과율의 사슬로 엮여 있다는 것을 알아 소축小畜이 리履를 낳는 이치를 바탕으로 실천하면[履] 반드시 만사에 능통할 수 있다. 상반문은 돈遯이 극한에 이르면 대장大壯을 낳는 것처럼 움직이면 필경에는 돌아가 멈춰야 하는 이유를 가르친다. 상수문은 대유大有 다음에는 겸謙이 기다리듯이, 몽매한 어린아이[蒙]는 배움과 양성의 길로 나아가야 성숙할 수 있다는 지혜를 알려 준다. 마지막으로 꾸밈[賁]을 다하면 깎임[剝]이 따르고, 나아감이 극한에 이르면 다치기[傷] 때문에 자연과 역사는 고통과 질병에서 벗어나는 지혜를 깨닫도록 상병문을 만들었다.[2]

천도와 인사는 『주역』의 논리를 구성하는 큰 틀이다. 천도문이 자연에서 벌어지는 온갖 변화와 질서의 궁극적 근원이라면, 이러한 천도에 근거하여 인간 삶의 표준을 이끌어내는 것이 인사문이다. 상인문은 말 그대로 원인[因]과 조건에 따라 결과가 생긴다는 인과론을 뜻하며, 상반문은 만물이 서로 대립하고 상호 의존하면서 발전하며, 또한 음양이 서로 대대待對 관계를 형성하면서 생명을 유지한다는 일종의 변증법을 뜻한다. 상수문은 A 뒤에는 B가 기다리고 B 다음에는 C가 기다리듯이, 자연사는 생명의 비약을 허용하지 않고 오직 점진적이고 순차적으로 진화한다는 것을 가르친다. 이처럼 「서괘전」은 불행 뒤에는 행복이 뒤따르며, 굳은 인내심으로 고통을 감내해야 즐거움이 오기 때문에 마음의 질병을 극복하는 것이 최고의 약임을 일깨운다.

「서괘전」의 문법은 독특하다. 괘의 순서를 인과의 끈으로 설명하는 방

序卦傳
서괘전

---

2)『周易正義』「序卦傳」, "其周氏就序卦以六門主攝, 第一天道門, 第二人事門, 第三相因門, 第四相反門, 第五相須門, 第六相病門. 如乾之次坤, 泰之次否等, 是天道運數門也. 如訟必有師, 師必有比等, 是人事門也. 如因小畜生履, 因履故通等, 是相因門也. 如遯極反壯, 動竟歸止等, 是相反門也. 如大有須謙, 蒙稚待養等, 是相須門也. 如賁盡致剝, 進極致傷等, 是相病門也."

식이 바로 그것이다. 이를테면 「서괘전」은 시종일관 'B는 그러므로[故] A로 이어받는다' 또는 'A가 B를 낳는다'의 형식으로 앞뒤의 괘를 인과율로 이어나가는 일종의 꼬리물기의 독법으로 이루어져 있다.

64괘의 순서를 철학적 의미로 해설한 「서괘전」은 생명 진화의 인과 관계를 괘 배열의 질서로 삼았다. 예로부터 『주역』을 전공하는 학자들은 「서괘전」의 논리 구조와 의미를 밝히려고 골머리를 썩였다. 호원胡瑗(993-1059)은 건곤비고함손乾坤比蠱咸損의 여섯 괘를 제외한 나머지 58괘의 명칭에 대한 풀이를 「서괘전」에 인용함으로써 갖가지 논쟁의 불씨를 지폈다.

그러나 주자는 서괘序卦의 논리를 맹종한 것이 아니라 불합리한 부분은 자신의 해석으로 대치하였고, 호원과 정이천처럼 괘명卦名 해석의 근거가 서괘에 있음을 밝히지도 않았다. 주자의 해석 가운데 서괘와 일치하는 것은 20여 개에 불과하고, 나머지는 모두 자신의 독자적인 해석이다.[3]

「서괘전」은 64괘의 구성과 체계를 합리적으로 설명한 것에 장점이 있다. 그래서 주자는 『주역본의』 첫머리에 64괘의 순서에 알맞은 운율을 맞추어 "팔괘취상가八卦取象歌", "분궁괘상차서分宮卦象次序", "상하경괘명차서가上下經卦名次序歌", "상하경괘변가上下經卦變歌"라는 노래를 지어 실었다.

과연 학자들은 십익十翼의 하나인 「서괘전」을 어떤 시각에서 보았을까? 정이천程伊川은 「서괘전」이 『주역』의 핵심이 아니라고 말한 한강백韓康伯의 견해는 도리에 맞지 않는다고 반박했다. 그러나 주자는 「서괘전」은 성인이 말한 정수가 아니라고 하는 것은 옳지만, 『주역』의 핵심이 아니라고 말하는 것은 틀렸다고 주장했다.[4]

정이천은 『역정전易程傳』에서 가장 먼저 「서괘전」을 인용한 다음에 64괘의 의미와 명칭을 덧붙인 점을 보면, 그가 얼마나 「서괘전」의 합리성을 신

---

3) 이세동, 『주자 주역본의 연구』(서울대 박사논문, 1996), 80쪽 참조.
4) 『原本周易』, 1154쪽, "程子曰 韓康伯謂序卦非易之蘊, 此不合道. 或問序卦非聖人之書信乎. 朱子曰 此沙隨程氏之說也. 先儒以爲非聖人之蘊, 某以爲謂之非聖人之精則可, 謂非易之蘊則不可, 周子分精與蘊字甚分明."

뢰하고 있는지를 짐작할 수 있다. 그는 64괘의 순서에는 모두 의리가 함축되어 있는 까닭에 괘와 괘 사이에는 그 의미와 공능이 서로 상반되거나 상생의 관계를 이룬다는 세 가지 원칙을 중심으로 「서괘전」의 배열에 주목하였다.[5]

「서괘전」과 「잡괘전」은 일정한 원칙에서 괘의 배열을 설명한 『주역』의 논리학이라고 할 수 있다. 그것은 순수 논리학이라기보다는 자연은 음양이 대립하고 조화하는 방식으로 진화한다는 일종의 변증법적 사유를 드러내고 있다.

보통 전국시대 후기 혹은 진한秦漢의 교체기에 씌여진 것으로 알려진 「서괘전」의 배열 순서는 괘의 형상과 명칭에 근거를 두고 있다. 즉 괘상卦象과 괘명卦名을 중심으로 만물의 이치를 앞뒤 괘로 연결시켜 64괘를 하나의 유기체로 인식했다는 점이다. 또한 64괘를 일관되게 연결시키는 고리가 있다. 하나는 '순접[順承]'의 관계요, 다른 하나는 '역접[逆承]'의 관계다. 전자는 만물의 외형적 발전 과정은 일정한 방향으로 변화하는 것이며, 후자는 발전의 내부에서는 반대 방향으로 작동하는 것을 뜻한다. 이처럼 「서괘전」은 괘상, 괘명, 순접, 역접의 원칙으로 구성되었다고 할 수 있다.[6]

수많은 시인과 묵객들은 『주역』의 세계관에 힌트를 얻어 사계절이 돌아가는 이치를 노래 또는 화폭에 담아 즐겼다. 다음은 천지와 일월과 만물의 운동을 정겹게 읊은 철학적 시이다.

天高日月明 하늘은 높고 해와 달은 밝으며,
천 고 일 월 명

地厚草木生 땅은 두터워 초목이 자라도다.
지 후 초 목 생

春來梨花白 봄이 오니 배꽃이 하얗고,
춘 래 이 화 백

---

5) 『二程遺書』 권18 「伊川先生語四」, "卦之序皆有義理, 有相反者, 有相生者, 爻變則義變也."
6) 王德有·朱伯崑, 『周易智識通覽』(山東: 齊魯書社, 1996), 217쪽 참조.

序卦傳
서괘전

夏至樹葉靑 여름이 오면 나뭇잎이 푸르다.
하 지 수 엽 청

秋凉黃菊發 서늘한 가을에는 누런 국화꽃이 만발하고,
추 량 황 국 발

冬寒白雪來 추운 겨울에는 흰눈이 내리는구나.
동 한 백 설 래

月出天開眼 달이 뜨니 하늘이 눈을 뜬 것 같고,
월 출 천 개 안

山高地擧頭 산이 높으니 땅이 머리를 든 것 같네.
산 고 지 거 두

東西日月門 동방과 서방은 해와 달의 문이고,
동 서 일 월 문

南北鴻雁路 남방과 북방은 기러기 떼 길이로구나.[7]
남 북 홍 안 로

1. 천지는 어떻게 존재하고 만물은 어디서 생겨나는가?

有天地然後에 萬物이 生焉하니 盈天地間者唯萬物이라
유 천 지 연 후　 만 물　 생 언　　 영 천 지 간 자 유 만 물

故受之以屯하니 屯者는 盈也니 屯者는 物之始生也라
고 수 지 이 둔　　 둔 자　 영 야　 둔 자　 물 지 시 생 야

천지가 있은 다음에 만물이 생겨난다. 하늘과 땅 사이를 가득 채우는 것
은 오직 만물이기 때문에 '둔'으로 이어받았다. 둔은 가득 참이니 둔은 사
물이 처음으로 생겨남이다.

「서괘전」은 천지를 만든 궁극의 실체에 대해 언급하지 않았다. 이는 동
양 철학 전반의 논리와 무관하지 않다. 『주역』은 애당초 만물을 빚어낸 조
물주나 절대자를 설정하지 않았다. 그래서 『주역』은 신神을 별로 언급하지
않았던 것이다. 고대 동양인들은 천지 자체를 만물의 실질적 모체로 인식
했기 때문이다.

『주역』의 세계관에 따르면, 천지는 아무런 전제 조건 없이 합당하게 존

---

7) 『推句集』(서울: 형민사, 2007), 1-2쪽.

재했다. 천지는 기독교에서 말하는 신(God)이 시공조차도 존재하지 않았던 무無의 경계에서 천태만상의 유有의 세계를 빚어냈다는 피조물의 성격과 뚜렷하게 구분된다. 한마디로 천지는 만물의 부모로 존재한다는 것이 곧 동양 우주관과 신관의 입론 근거다. 그것은 사막에서 싹튼 기독교 문화와 동양의 농경 문화에서 출현한 신관과 우주관의 두드러진 차이점에서 비롯된 것이다.

서양의 신학 이론을 빌리면, 천지는 물론 시공마저도 창조주[神]가 빚어낸 산물에 불과하다. 신은 유형과 무형의 최종 원인이다. 오직 신만이 스스로의 원인과 목적에 의해 존재하는 유일자인 동시에 절대자다. 하지만 『주역』은 서양의 창조론과는 달리 본래부터 주어진 천지에서 만물이 탄생하고 생성하면서 순환한다는 천지론으로부터 시작한다.

고대의 신화와 도가 사상에 밝았던 간보干寶(?-?)[8]는 "만물은 천지에 앞서서 생겨났기 때문에 지금은 천지에서 시작하는 것을 취했다. 천지보다 앞선 것에 대해서 성인은 논의하지 않았다"[9]고 말했다. 이정조李鼎祚(?-?)[10] 역시 '만물이 천지에 앞서서 생겨나도록 한 것이 바로 도이다'라고 말하여 관념으로만 존재하는 천지 이전의 무엇을 논의하는 것은 허황된 얘기에 불과한 것으로 간주했다.

천지는 최초의 궁극자로서 음양의 관계로 존재한다. 또한 천지는 만물을 생성변화시키고, 생명체를 낳아 기르는 자율 시스템으로 움직이는 거대한 몸체다. 천지는 무한히 넓고 크다. 천지를 가득 채우는 것은 유형과 무형의 만물이다. 여기서의 천지는 곧 건곤을 가리킨다. 그래서 『주역』은

---

8) 간보는 3세기 말에서 4세기 초에 살았던 東晉의 학자로서 자는 令升이다. 그는 역사책 『晉記』 20권과 세상의 신기한 얘기를 수록한 『搜神記』를 지었다.
9) 『周易集解』 권68, "干寶曰 物有先天地而生者矣, 今正取始于天地. 天地之先, 聖人弗之論也."
10) 이정조는 당나라 四川 資州 태생으로 생애에 대해서는 알려진 것이 거의 없다. 그는 著作郎 祕閣學士를 지냈고 경학에 뛰어났다. 공영달 『周易正義』의 뒤를 이어 兩漢 이래 30여 명의 학설을 수집하여 총결산한 『周易集解』를 지었다.(廖名春·姜學偉·梁韋弦 저/심경호 역, 『주역철학사』 서울: 예문서원, 1995, 359쪽 참조.)

만물의 생성에 대한 문제를 천지로부터 실마리를 풀고, 나머지 62괘의 발생 순서와 그 유기적 관계성을 「서괘전」에 담았던 것이다. 하지만 「서괘전」의 서두에는 건곤이 빠져 있다. 건곤은 바로 천지부모이고, 나머지 62괘는 자녀들이기 때문에 건곤이 『주역』의 으뜸을 차지하는 것이다.[11]

그렇다면 하늘과 땅이 제자리를 잡은 다음에는 무엇이 열리는가? 건곤이 존재하는 이유는 생명을 낳아 지속시키려는 거룩한 의지에 있다. 건(䷀)과 곤(䷁)이 무한한 우주 공간의 위아래에 대칭하는 순간부터 만물이 커나갈 수 있는 환경이 조성되었다. 그래서 건곤괘 다음에 둔괘로 연결되는 것이다.

수뢰둔괘(䷂)는 아버지 하늘과 어머니 땅이 교접하여 낳은 최초의 작품이다. 어머니가 아이를 낳을 때는 무척 고통스럽다고 한다. 생명의 번식을 위한 산고産苦는 신성한 창조 행위다. 산모의 자궁에서 양수羊水가 터지자마자 갓난애기는 '아앙' 울면서 태어난다. 이처럼 둔괘는 천지가 물(☵) 밖으로 장엄한 우레소리(☳)를 내면서 첫 생명을 낳는 순간의 모습을 이미지화한 것이다.

천지는 생명 에너지로 가득 차 있는 까닭에 「서괘전」은 둔屯을 가득 찰 '영盈'으로 풀이했다. 생명의 탄생이 어렵다는 뜻의 둔괘(䷂)는 물[水]과 우레[震]의 결합으로 이루어져 있다. 물은 생명의 모체이기 때문에 하도河圖의 북쪽에 있는데, 그것은 생명이 생겨날 때는 우렁찬 소리를 내면서 신고식을 치른다는 것을 상징한다.

✿ 천지는 생성의 본원으로서 존재와 인식의 근거이자 만물을 섭리하는 주재자 또는 인격성을 지닌 종교 행위의 근원으로 부각되기도 하였다. 이 점이 바로 동양의 사유가 서양의 종교와 철학과는 다른 양태로 전개된 이유라고 할 수 있다.

---

11)『原本周易』, 1155쪽, "臨川吳氏曰 此言乾坤所以爲上經之首也. 天地謂乾坤二卦." "雙湖胡氏曰 乾坤爲上經主, 自坎離外諸卦, 皆乾坤會通."

2. 어린애에서 어른으로

物生必蒙이라 **故**로 **受之以蒙**하니 **蒙者**는 **蒙也**니
물 생 필 몽   고   수 지 이 몽   몽 자   몽 야

物之穉也라
물 지 치 야

사물이 생겨나면 반드시 어리다. 그러므로 '몽'으로 이어받았다. 몽은 어린 것이니, 사물의 어린 것이다.

사물이 처음 탄생할 때는 엄청난 고초가 뒤따른다. 아기는 어머니 뱃속에서 무럭무럭 잘 자란다. 아기가 자궁에서 나올 때, 산모는 어디에 호소할 수 없는 고통을 느낀다. 인생이 얼마나 고달프면 갓난아기가 방긋 웃지 않고 울면서 나오겠는가? 아기가 엄마 뱃속에서부터 청년으로 성장한 다음에 태어날 수는 없다. 만물은 생명의 법칙에 의해 생겨나 성장하기 때문이다.

'몽蒙'은 일차적으로 어리다 또는 어린아이를 뜻하는 글자다. 아기가 아장아장 걷는 모습은 참 귀엽다. 해맑은 웃음 짓는 어린애는 세상 물정을 잘 모른다. 어른은 아이들을 가르칠 책임이 있고, 아이는 배울 의무가 있는 것이다.

☸ 몽괘(䷇)는 천지의 손길이 빚어낸 높은 산과, 낮은 곳을 향해 흐르는 물의 형상[上下]을 본뜬 것이다. 몽괘는 상하가 만들어진 뒤, 만물이 수평 또는 팔방으로 전개되기 이전의 어린 상태를 말한 것이다.

3. 인간의 조건

物穉不可不養也라 **故**로 **受之以需**하니 **需者**는
물 치 불 가 불 양 야   고   수 지 이 수   수 자

飮食之道也라
음 식 지 도 야

사물이 어리면 기르지 않을 수 없다. 그러므로 '수'로 이어받았다. 수는

음식의 도이다.

몽蒙은 어둡다, 어리석다, 어리다는 뜻 이외에도 무식한 사람이나 어린 아이를 깨우쳐 가르친다는 계몽啓蒙의 뜻도 있다. 어린애는 부모나 스승에게 배우면서 어른으로 성장한다. 그렇다고 유치원생에게 처음부터 형이상학을 가르칠 수는 없다. 쉬운 것부터 점차 어려운 것으로, 낮은 단계에서 높은 단계를 걸쳐 고차원의 지식을 가르쳐야 할 것이다. 자연에는 비약이 없다는 뜻이다.

어린아이나 배우지 않은 사람은 사물을 관찰하고 분별하는데 어둡다. 몽괘는 만물에게는 자연이 베푸는 기름[養]의 과정이 필요하기 때문에 어린이에 대한 배움의 도리를 설명한다. 율곡栗谷(1536-1584)은 몽괘 상효에 나오는 '몽매하여 따르지 않는 자를 깨우치거나 징벌한다[擊蒙, 不利爲寇, 利禦寇]'는 말에 근거하여 초학자들에게 학문하는 방향을 알려주기 위해 『격몽요결擊夢要訣』을 지었다. 이 책은 어린이를 대상으로 한 책인 만큼 그 내용이 쉽고 간명하다.

"사람은 이 세상에 태어나 학문이 아니면 올바른 사람이 될 수 없으니, 이른바 학문이라는 것은 이상하고 별다른 것이 아니다. 다만 아버지가 되어서는 마땅히 사랑하고, 자식이 되어서는 마땅히 효도하고, 신하가 되어서는 마땅히 충성하고, 부부가 되어서는 마땅히 분별이 있고, 형제가 되어서는 마땅히 우애하고, 젊은이가 되어서는 마땅히 어른을 공경하고, 친구가 되어서는 마땅히 신의가 있어야 한다. 이것은 날마다 생활하고 활동하는 사이에 모든 일에서 타당한 방법을 터득하는 것에 불과할 뿐이며, 잘 알 수 있는 일에 마음을 쓰며 신통한 효과를 바라는 것이 아니다."[12]

인생사는 저절로 터득되는 게 없다. 아직 아무 것도 모르는 어린이는 맞춤 교육이 필요하다. 몸집을 키우는 일과 정신을 일깨우는 일이 동시에 이

12) 『擊夢要訣序』

루어져야 한다는 것이다. 공자는 갖가지 경험과 지식을 통해 인격자로 거듭날 수 있다는 교육과 학문의 중요성을 강조했다. 그래서 밑에서부터 배워서 위로는 하늘의 명령[天命]을 깨닫는 '하학이상달下學而上達'의 방법을 제시했던 것이다.

몽괘 다음은 하늘이 물을 공손하게 받드는 형태의 수괘(䷄)로 이어진다. '수需'는 구하다, 필요하다, 기다리다, 반드시, (음식으로) 기르다 등의 뜻이 있다. 사람이 목숨을 보전하기 위한 최우선은 음식이고, 그 다음이 인격이다.

이를테면 선비 유儒 자는 사람 인人 변에 사람에게는 인륜이 반드시 필요하다는 의미의 수需가 덧붙여진 글자다. 본능에 충실한 동물과 달리 사람이 사람다운 이유는 인격에 있다. 인격자도 먹어야 산다. 하지만 글을 배워야 비로소 사람다울 수 있는 것이다. 수괘는 고차원의 담론에 갇히지 않고, 먹고 마시는 일상의 도리가 삶의 근본이라고 가르친다. 그것은 '밥이 곧 천지의 연료'라는 통찰에서 비롯된 명언이다.

🏮 만물을 기르는[養]는 요건은 음식 외에는 없으므로 '반드시' 수需가 등장한다. 음식을 익히는 데는 물과 적당한 시간이 필요하다. 물이 아래로 흐르는 데는 시간이 걸리기 때문에 수괘(䷄)는 하늘보다 물이 더 높은 위치에 있는 것이다. 이는 아기가 갑자기 어른으로 성장하거나 유치원 교육을 뛰어넘어 대학생이 될 수 없듯이, 때(시간)를 기다려 길러야 한다는 '음식의 도'가 생명의 본질이라는 의미와 같다.

4. 소송 없는 세상을 꿈꾸며

飮食必有訟이라 **故**로 **受之以訟**하고
음 식 필 유 송　　고　　수 지 이 송

음식에는 반드시 쟁송이 뒤따른다. 그러므로 '송'으로 이어받았다.

천지가 존재하는 이유와 목적은 생명의 지속에 있다. 생명이 비록 어렵게 생겨났으나[屯], 아직은 어리기 때문에[蒙] 음식을 먹어 몸집을 불려야 하는 것[需]이 생존의 법칙이다. 경쟁에서 살아남고, 타인보다 잘 살기 위해서는 생존 게임에 뛰어나야 한다. 그 중에서도 먹거리가 가장 중요하다.

송괘(䷅)는 가벼운 하늘 에너지는 더욱 위로 올라가고, 물은 더욱 낮은 곳으로만 흘러 음양의 교합이 이루어지지 않으므로 상대방을 비난하고 분쟁하는 모습이 내포되어 있다. 따라서 분쟁을 완화시키는 최소한의 송사가 뒤따를 수밖에 없는 것이다.

싸움이 벌어지면 반드시 패자와 승자가 갈리기 마련이다. 패자가 되지 않으려고 온갖 수단과 방법을 동원하는 것이 송사의 속성인 까닭에 정의가 이기는 것이 아니라, 이긴 자가 정의란 말이 생겼다. 송사의 원인은 걷잡을 수 없는 욕망의 분출에서 비롯된 것이다.

🔯 맹자의 성선설에 맞선 고자告子(?-?)는 왜 동물적 본능을 뜻하는 식색食色이 곧 인간의 본성이라고 주장했는가? 고자는 먹는 일과 종족 번식을 위한 욕구를 인간의 본질로 파악했다. 맹자와 고자는 각각 도덕과 본능을 인간의 맨 얼굴이라고 보았던 것이다. '식색'의 추구는 어쩌면 선악을 떠난 가치 중립의 욕망일 수도 있다. 하지만 배를 채우고 종족의 번식을 향해 달리는 욕구는 갈등과 싸움의 씨앗이다. 싸움은 반드시 소송을 불러일으킨다. 이런 싸움과 분쟁을 잠재우려고 인류는 소송 제도를 만들었던 것이다.

5. 지도자의 길

訟必有衆起라 **故**로 **受之以師**하고
송 필 유 중 기　　고　　수 지 이 사

송사는 반드시 무리로 일어난다. 그러므로 '사'로 이어받았다.

송사는 처음에는 개인적인 다툼으로부터 시작되는 것이 보통이다. 나중에는 떼를 지은 송사로 번져 급기야는 전체가 휘말리는 집단 분쟁으로 치닫게 마련이다. 집단 분쟁은 사회를 혼돈에 휩싸이게 만들어 법률 만능의 법치주의를 낳는 요인이 되었다.

요즘은 국제 재판소가 첨예한 외교 분쟁의 송사를 맡는다. 그럼에도 국가간의 송사는 전쟁으로 비화되는 경우가 드물지 않다. 처음에는 국방의 강화를 빌미로 대규모의 군사를 동원하는 사태로 번지다가 마침내 전쟁으로 비화되기 일쑤다. 전쟁이 일어나면 적군과 아군이 갈리고, 국가는 국력을 온통 군사력 증대에 쏟아붓는 사태로 치닫는다. 그래서 송괘 다음은 군사, 군대를 뜻하는 사괘로 이어진다.

🪬 지수사괘(䷆)는 위는 땅(☷), 아래는 물(☵)로 조합되어 있다. 군사 작전이 물밑에서 활발하게 진행된다는 얘기다. 사괘는 하나의 양과 다섯 개의 음으로 구성되어 있는데, 양이 군대의 최고 통수권자라면 음은 사병들이다. 2효 장군이 병졸들을 일사분란하게 통솔하여 전장으로 나가는 뜻도 있다.

6. 친근한 이웃

師者는 **衆也**니 **衆必有所比**라 **故**로 **受之以比**하고
사 자　　중 야　　중 필 유 소 비　　고　　수 지 이 비

'사'는 무리이니, 무리는 친한(돕는) 바가 있다. 그러므로 '비'로 이어 받았다.

군대는 막강한 조직력과 정신력으로 싸우는 집단이다. 혼자서 전쟁할 수는 없다. 수많은 군사들이 계급과 보직에 따라 보병을 비롯한 특수 병과로 편성되어 전투에 나아간다. 서로 친하게 돕는 전우애로 똘똘 뭉친 군대에서만 최강의 전력이 극대화 될 수 있다.

군대는 싸우면 반드시 이겨야 한다. 이기려면 전우간의 협조가 중요하

다. 최정예 부대는 한마음으로 정신 무장된 군사로 이룩되기 때문에 비괘
「단전」은 "비는 도움이다. 아래에서 순종하기 때문이다. … 상하가 모두
응한다[比輔也, 下順從也. … 上下應也]"고 했다. 그것은 수지비괘(☵☷)가 앞의
사괘(☷☵)와 반대되는 형상이 대변하고 있다.

🉑 상하, 전후, 좌우 등에 있는 모든 사람이 친밀할수록 조직의 효율은 한
층 증대된다.

7. 자그마한 모음의 위력

比者는 **比也**니 **比必有所畜**이라 **故**로 **受之以小畜**하고
비 자　　비 야　　비 필 유 소 축　　　고　　수 지 이 소 축

'비'는 친한 것이니, 친하면 반드시 쌓는 바가 있다. 그러므로 '소축'으로
이어받았다.

비比는 비교하다(견주다), 같다, 돕다, 친숙하다, 따르다는 다양한 의미가
있다. 여기서는 '돕다'는 뜻으로 새겨야 옳다. 크고 작은 집단을 막론하고
몸과 마음으로 도와야 대사를 도모할 수 있다. 지배층과 피지배층이 한마
음으로 맡은 바 책임과 의무를 다하면 머지 않아 국운이 상승할 것이다.

풍천소축괘(☴☰)는 작은 도움을 말한다. 괘의 구성은 하늘에 구름이 잔뜩
껴 비가 오려는 찰나를 형상화한 것이다. 하지만 위에서 바람(☴)이 불어
사방으로 흩어져 아직은 큰 비가 오지 않는 상황이다.

그러나 한참 뒤에는 비가 내릴 확률이 높다. 매사가 한 번에 이루어지는
일이 없는 이치를 소축괘 괘사는 '구름이 많으나 비는 오지 않는다[密雲不
雨]'라고 표현했다. 하늘에는 먹구름이 빽빽하지만 아직은 장대비를 내릴
만한 상황이 아니다. 그것은 국가의 정치와 경제는 하루 아침에 발전하지
못하고, 사회 계층간의 갈등이 증폭되어 소통이 전혀 이루어지지 않는 답
답한 형국에 빗대어 설명한 것이다.

☵ 소축괘는 서로가 조금씩 도와서 덕과 지식을 쌓아야 한다는 당위의 원칙에서 비괘 뒤에 배열되었다.

8. 앎은 실천으로 뒷받침되어야

物畜然後에 **有禮**라 **故**로 **受之以履**하고
물 축 연 후　유 례　　고　　수 지 이 리

물건이 쌓인 뒤에야 예를 둔다. 그러므로 '리'로 이어받는다.[13]

물건이 쌓인다는 말은 인류가 유형의 물질과 무형의 정신을 결합하여 문명을 개척하는 단계를 뜻하며, '예를 둔다'는 말은 사회의 질서를 유지하기 위해 다양한 규범을 제작하는 일체의 활동을 가리킨다. 그만큼 사회가 복잡해짐에 따라 인간의 욕망이 충돌했을 때, 그 부작용을 완화시킬 수 있는 장치를 준비하는 과정에서 예의 문화가 생겼다는 뜻이다. 예의는 머리와 가슴 속에 가둬서는 안 된다. 예는 적극 실천해야 사회의 안정에 이바지할 수 있는 것이다.

동식물에게는 예의가 필요 없다. 오직 인간에게 필요한 규범이 도덕과 예의다. 예의를 실천하지 않으면 사회 질서는 무너져 정글의 세계로 변질될 것이다. 밟을 리履는 실천하여 유감을 남기지 않는다는 뜻이다. 천택리괘(☱)는 하늘(☰)이 위에 있고, 연못(☱)은 아래에 있기 때문에 상하를 분별하는 이치가 담겨 있다. 리괘는 인간이 어떻게 살아가야 할 것인가에 대한 물음에 대하여 백성의 뜻을 살펴[辯上下定民志] 실천하라고 권고하였다.

☵ 예의는 시간의 절도에 맞게 실천해야 마땅하다. 문상 가서 웃거나, 잔치집에서 우는 것은 법도에 어긋난다. 『예기禮記』「예기禮器」는 "시간의 적절성에 알맞게 실천하는 '예'야말로 위대하다. 예의가 가치 있는 이유는 시간

---

13) 리괘에 대한 張橫渠의 말에 귀기울일 필요가 있다. "덕이 쌓이면 실천의 방향성이 생기고, 사물이 쌓이면 흩어져도 반드시 길이 있다.[張子曰 德積, 則行必有方. 物積, 則散必有道."(『原本周易』, 1157쪽.)

의 흐름에 부응하기 때문이다"[14]라고 말했다. 따라서 예의 근거인 예의禮義(ethical principle)와 일상적 규범을 의미하는 예의禮儀(rite and ceremony)는 구분되어야 하고, 예의의 실천은 사리에 합당하고 시의에 적절해야 옳다는 뜻이다.

9. 태평 세월은 어떻게 오는가

履而泰然後에 安이라 故로 受之以泰하고
리 이 태 연 후　　안　　고　　수 지 이 태

예를 실천하여 형통한 뒤에 편안하다. 그러므로 '태'로 이어받는다.

실천으로 연결되지 않은 예는 허례허식에 불과하다. 행위와 맞물려야 예는 생명력을 얻을 수 있다. 예에 대한 형식의 의례와 실제 내용이 일치될 때 비로소 그 진정한 가치가 돋보일 수 있다.

실천은 도덕적 가치를 몸소 구현하려는 정의감에서 비롯된다고 할 수 있다. 도덕적 가치와 무관한 행위는 쓸모없다는 뜻이다. 개인을 넘어 공동체의 가치에 동화되려는 행위가 사회의 평화와 안정에 도움이 될 것이다. 그래서 모든 것이 형통할 것이라는 태괘가 이어받은 것이다.[15]

🔯「서괘전」은 괘의 순서를 자연의 생성 과정에 근거하여 정하였다. 예컨대 앞의 괘가 나타내는 의미를 실현했을 때에 뒤따르는 결과를 다음 괘의 의미로 삼는 경우가 있다. 리괘와 태괘의 관계가 바로 그 예증이다.

10. 답답한 신세를 어찌하랴

泰者는 通也니 物不可以終通이라 故로 受之以否하고
태 자　　통 야　　물 불 가 이 종 통　　　고　　수 지 이 비

---

14) 『禮記』「禮器」, "先王之立禮也, 有本有文. 忠信, 禮之本也. 義理, 禮之文也. 無本不立, 無文不行. 禮也者, 合於天時, 設於地財, 順於鬼神, 合於人心, 理萬物者也. … 禮, 時爲大."
15) 『周易』履卦, 程伊川의 주석, "履得其所, 則舒泰. 泰則安矣, 泰所以次履也."

'태'는 통한다는 것이니, 사물은 끝내 통할 수 없는 것이다. 그러므로 '비'로 이어받는다.

'태'는 형통하여 통달하다는 뜻이다.[16] 자연과 문명과 역사는 흥망성쇠를 거듭한다. 이는 일종의 순환론이라 할 수 있다. 그렇다고 현재는 과거의 재탕이고, 미래 역시 과거와 현재의 단순 반복이란 뜻은 아니다. 이 세상은 소통과 불통의 연속 과정이다. 고진감래苦盡甘來와 반대의 경우처럼, 기쁨 뒤에는 슬픔과 고난이 기다리고 있다는 의미가 괘의 순서에 반영되어 있다.

태괘와 비괘는 정반대의 형상이다. 태괘는 지천地天(☷☰)의 형태를, 비괘는 천지天地(☰☷)의 형태를 보이고 있다. 전자는 음양이 소통되는 구조이고, 후자는 음양이 서로 이별하는 구조다. 왜냐하면 태괘는 무거운 음은 내려오고 가벼운 양은 위로 올라가 서로 만나므로 상하가 형통하고, 비괘는 양은 올라가고 음은 더욱 내려가 음양이 서로 만나지 못하기 때문에 상하가 불통되는 이치가 비괘의 형상에 담지되어 있는 것이다.

☼ 왜『주역』은 태괘를 앞세우고 비괘를 뒤에 배치했는가? 혹 우주사의 종말을 예견한 것인가? 아니면 생명 에너지가 끊임없이 순환 반복하는 가운데 전개되는 어떤 특정한 상황만을 언급한 것인가? 비괘는 행복 뒤에는 불행이, 쾌락 뒤에는 고통이 기다리고 있다는 것을 말하고 있다.

11. 마음의 향기

物不可以終否라 故로 受之以同人하고
물 불 가 이 종 비　　고　　수 지 이 동 인

사물은 끝내 막힐 수 없다. 그러므로 '동인'으로 이어받는다.

코앞의 현실이 '어려워 비색할 때'는 어려움을 극복해야 한다는 당위성

---

16) 馬恒君, 『周易正宗』(北京: 華夏出版社, 2004), 695쪽.

을 만물의 필연성에서 찾으려는 것이 「서괘전」 성립의 목적이다. 정이천은 비괘와 동인괘의 관계를 다음과 같이 말했다. "대저 천지가 사귀지 못하면 비가 되고, 상하가 서로 함께 하면 동인이 되니 비괘의 뜻과 상반되기 때문에 서로 다음이 된 것이다. 또한 세상이 바야흐로 막힐 때에는 반드시 남과 힘을 함께 하여야 건널 수 있기 때문에 동인괘가 비괘의 다음이 된 것이다."[17]

「서괘전」은 실천을 요구하는 두 가지 방식을 제시한다. 하나는 반대 상황을 역전시키는 상반相反의 논리이고, 다른 하나는 상호간의 능력을 보완함으로써 서로를 살리는 상생相生의 논리가 바로 그것이다. 전자가 비괘와 동인괘의 관계라면, 후자는 동인괘와 대유괘의 관계가 대표한다. 이처럼 「서괘전」 구성은 앞뒤 괘가 논리적 선후 관계를 이루거나, 앞의 괘가 뒤에서는 반대로 뒤집어지거나, 앞 괘가 뒤 괘의 실용적 가치를 전제 조건으로 삼는 경우가 있다.

✡ 아무리 현재 상황이 어렵고 힘들수록 그것을 극복하려는 인간의 용기와 실천이 필요하다.

12. 위대한 소유

與人同者는 **物必歸焉**이라 **故**로 **受之以大有**하고
여 인 동 자　　물 필 귀 언　　고　　수 지 이 대 유

다른 사람과 뜻을 함께 하는 것은 사물이 반드시 돌아온다. 그러므로 '대유'로 이어받는다.

언제나 마음과 뜻이 똑같은 사람들[同人]과, 타인과 뜻을 함께 하는 것[人同]은 무엇이 어떻게 다른가? 전자가 모임의 목적에 뜻을 찬성한 사람이라

---

17) 『易程傳』"夫天地不交則爲否. 上下相同則爲同人, 與否義相反, 故相次, 又世之方否, 必與人同力, 乃能濟, 同人所以此否也."

면, 후자는 나를 중심으로 다른 사람과 함께 마음을 일치하려는 공동체 의식이 개입되어 있다. 즉 '사람'을 강조했는가? '같음'을 강조했는가의 차이가 있을뿐, 인간은 더불어 살아가야 하는 존재라는 점에서는 동일하다.

여기서 말하는 사물은 유형의 물건만을 지칭하는 것이 아니라, 유형과 무형을 꿰뚫는 모든 사태를 총칭한다. 인간이 진정으로 동류 의식을 가지고 타인과 교류하면[同人], 다른 사람도 거기에 호응하여 공동체 의식을 공유할 것이며, 더 나아가 만물과의 일치[歸]도 가능하다는 것이다.

공자는 「계사전」에서 동인괘(䷌) 5효에 나오는 말을 인용하여 '마음의 일치'를 강조하였다. "'동인은 먼저 부르짖어 울고 뒤에는 웃는다'고 했다. 공자가 말하기를 "군자의 도가 나아가기도 하고 머물기도 하며 침묵하기도 하고 말하기도 한다. 두 사람이 마음을 같이하니 날카롭기가 쇠를 끊도다. 똑같은 마음의 말은 그 향기가 난초와 같도다."[18]

🎴 '동인'이 작은 공동체라면, '대유'는 작은 공동체가 모여 이룩된 큰 공동체를 가리킨다. 대유는 물질의 풍요를 비롯하여 정신 세계의 꽃이 활짝 피어나 양심과 도덕이 소중한 가치로 대우받는 문명의 극치를 상징한다. 「서괘전」은 동인의 세상에서 대유의 세상으로 나아가야 한다는 당위성을 얘기하고 있다.

13. 겸손, 인생에 없어서는 안 되는 소금

有大者는 **不可以盈**이라 **故**로 **受之以謙**하고
유 대 자   불 가 이 영   고   수 지 이 겸

큰 것을 가진 자는 가득 채워서는 안 된다. 그러므로 '겸'으로 이어받는다.

유가에서 말하는 대동大同은 대유의 '대'와 동인의 '동'을 결합한 합성어다. 대동은 온 세상 사람이 번영과 화평의 차원에서 크게 같아진다는 뜻

序卦傳
서괘전

---

18) 『周易』「繫辭傳」 상편 8장, "同人先號咷而後笑, 子曰 君子之道或出或處或黙或語, 二人同心, 其利斷金. 同心之言, 其臭如蘭."

이다. 대동은 비록 조금은 차이가 있을지라도 개체성이 인정되는 조화로운 사회[和而不同]를 일컫는다. 인류가 꿈꾸는 대동 사회는 획일화된 공통이 강요되는 세상[同而不和]이 아니라, 마음이 일치되어 정감이 흘러넘치는 공동체를 뜻한다.

영허소식盈虛消息이 천지의 숨결이라 했던가? 모자라면 채우고, 가득 차면 비우는 것이 바로 시간과 생명의 법칙이다. 그래서 말없는 자연은 많은 것은 덜어내고 모자란 것에는 보태줘 생명을 일궈내는 것이다. 만약 양심은 덜어내고 욕심을 쌓는다면 세상은 어떻게 될까? 사람은 욕심을 덜어내는 만큼 양심과 도덕을 쌓아야 할 것이다.

☷ 땅 밑에 산이 있는 형상처럼, 스스로를 낮추는 미덕인 겸손(☷)은 너와 나를 살리는 최상의 방책인 것이다.

14. 진정한 기쁨

有大而能謙이 必豫라 故로 受之以豫하고
유 대 이 능 겸　　　필 예　　　고　　수 지 이 예

큰 것을 가지고도 능히 겸손하면 반드시 즐겁다. 그러므로 '예'로 이어받는다.

'예豫'는 미리(하다), 기쁘다, 즐기다는 글자다. 크고 작은 모든 것을 갖췄다고 행복한 것은 아니다. 큰 것을 소유하고도 겸손해야만 기쁜 일이 있다고 했다. 큰 것의 소유가 행복의 조건이 분명하지만, 겸손이란 덕목이 첨가되어야 충족될 수 있다. 스스로 만족하는 소유는 작은 것이고, 타인을 행복하게 해주는 부드러운 마음이 바로 '큰 소유'인 것이다.

「서괘전」의 의미와 분석을 좋아했던 정이천은 예괘가 대유괘와 겸괘로부터 도출된 것으로 보았다. 이 세 괘는 논리적 연속성이 있다.[19] 게다가

---

19)『周易』豫卦, 程伊川의 주석, "有大而能謙, 必豫, 故受之以豫. 承二卦之義而爲次也. 有旣大而

'크게 소유함'에서 비롯된 '기쁨과 즐거움'에 '겸손한 행위'마저 밑받침되었기 때문에 정당하다는 것이다.

✡ 위대한 소유와 겸손이 기쁨과 행복의 필수 요건이라면, 예괘의 구성에서도 기쁨의 뜻을 찾을 수 있다. 예괘(䷏)의 위는 우레(☳), 아래는 순응을 미덕으로 삼는 땅(☷)이다. 우레의 움직임에 순응함은 마치 땅이 하늘의 뜻에 화답하여 기쁨이 넘쳐흐르는 것과 같다. 4효는 예괘의 주인공이다. 그것은 하나의 양에 다섯 음이 모여들어 기쁘고 즐거운 양상과 비슷하다.

15. 기쁨의 끝자락

豫必有隨라 故로 受之以隨하고
예 필 유 수　　고　　수 지 이 수

즐거움이 있으면 반드시 따르는 것이 있다. 그러므로 '수'로 이어받는다.

어쩌면 행복 추구권은 생물의 본능일지도 모른다. 수괘(䷐)는 우레가 물 밑에서부터 움직이기 시작하면(☳) 연못물 역시 그 리듬에 맞추어 춤추는 모습(☱)을 상징한다. 상하가 서로 즐겁게 움직이면서 서로를 따르는 관계로 형성된 것이다.[20]

우리 태양계에서 지구는 자전과 공전을 거듭하면서 태양을 따른다. 마찬가지로 달은 지구를 중심으로 한 바퀴 돌면서 초하루와 그믐을 만들어낸다. 태양과 지구와 달은 삼각 관계의 균형 율동을 따르면서[隨] 만물을 살아 움직이도록 만든다. 이것이 바로 자연의 오묘함이 아닌가!

✡ 행복을 쫓는 일은 인간의 독점물이 아니다. 왜냐하면 땅 위의 모든 생물은 쾌락에 몰두하도록 창조되었기 때문이다.

序卦傳
서괘전

能謙, 則有豫樂也, 豫者, 安和悅樂之義."
20)『周易』豫卦, 程伊川의 주석, "夫悅豫之道, 物所隨也, 隨所以次豫也."

16. 허탈 뒤에 오는 타락

以喜隨人者必有事라 故로 受之以蠱하고
이 희 수 인 자 필 유 사　　고　　수 지 이 고

기쁨으로 남을 따르는 자는 반드시 일이 있다. 그러므로 '고'로 이어받는다.

　기쁨은 만물을 흥겹게 하는 힘이 있다. 지금도 즐거움을 찾으려고 많은 사람들이 유흥가를 찾는다. 그것은 즐거움을 취하고 흉함을 피하려는 인간의 습성에서 비롯된 행동일 것이다. 하지만 길함과 흉함은 서로 어깨동무하고 있다는 것이 『주역』의 가르침이다. 즐거움에는 슬픔이 뒤따르고, 흥성 다음에는 파괴와 부패가 뒤따른다. 탄생의 기쁨이 있으면 머지않아 죽음의 슬픔이 기다리고 있는 것이다.

　수괘(䷐)를 180° 뒤집어엎으면 고괘(䷑)가 된다. 그것은 즐겨 찾는 무리들이[隨] 많아지면 말썽[蠱]이 꼭 생긴다는 해석도 가능하다. 또한 수괘 속에는 고괘의 이치가 들어 있듯이, 반대의 경우도 마찬가지다. 이는 음 속에 양이 있고, 양 속에 음이 있는 것과 똑같다. 「서괘전」은 기쁨과 슬픔이 어떻게 생기는가 하는 이치를 깨달아야 된다고 말한다.

　☿「서괘전」은 수괘와 고괘의 관계를 흥망성쇠의 이치로 얘기한다.

17. 님이 오시는 길목

蠱者는 事也니 有事而後에 可大라 故로 受之以臨하고
고 자　　사 야　유 사 이 후　가 대　고　　수 지 이 림

'고'는 일이니, 일이 있는 뒤에 커질 수 있다. 그러므로 '임'으로 이어받는다.

　수괘(䷐)와 고괘(䷑)는 정반대로 구성되어 있다. '즐거움과 뒤따름' 다음

에는 부패가 시작한다는 뜻이 반영된 것이다. 고蠱는 그릇(皿)에 벌레 세 마리가 피를 빨아먹고 있는 모습, 음식에 벌레가 꼬여 갉아먹는 상태, 더 나아가 양심이 땅에 떨어져 사회가 붕괴되는 상황 등을 지적하고 있다.

그래서 주자는 고괘의 이치로 역사의 흥망성쇠를 설명한다. "이미 혼란하면 다시 다스려지는 이치가 있다. 옛날부터 다스림은 반드시 혼란함에 그 원인이 있고, 혼란하면 다스림을 열어놓았으니, 그것은 이치의 자연스러움이다."[21]

☆ '고蠱'는 타락과 부패와 질병 등 부정적인 언어로 자주 쓰이는 용어다. 그러나 『주역』은 타락 다음의 정화, 부패 다음의 치유, 사망 다음의 부활, 붕괴 다음의 건설 등을 통해 만물의 양면성을 강조한다.

18. 통찰의 극한

臨者는 **大也**니 **物大然後**에 **可觀**이라 **故**로 **受之以觀**하고
임 자　　대 야　　물 대 연 후　　가 관　　고　　수 지 이 관

'임'은 큰 것이니, 사물이 커진 뒤에 볼 만하다. 그러므로 '관'으로 이어받는다.

'임臨'은 위에서 '아래를 내려다보다', '윗사람이 아랫사람에게 은혜를 베풀기 위해 살펴보다'는 뜻을 지닌 글자다. 상괘는 땅(☷), 하괘는 연못(☱)이다. 하늘의 원리가 땅에서 이루어지는 원리를 얘기하는 것이 『주역』의 교훈이라면, 땅의 세계에 하늘의 축복과 영광이 '임'한다는 것이 바로 임괘(䷒)의 핵심이다.

한편 절대자에 대한 종교적 경건성과 그 은혜를 강조하는 정역사상은 이 하늘과 땅을 주재 섭리하는 상제의 강세를 '조림照臨'이라고 표현했다. 상제는 이 세상에 강림할 때 선물을 휴대하고 온다. 그것은 하늘과 땅이

序卦傳
서괘전

---

21) 『周易本義』, "旣蠱則有復治之理. 自古治必因亂, 亂則開治, 理自然也."

재창조[新天地]되는 과정에서 출현하는 새로운 진리가 그것이다. 그래서 「서괘전」은 '임'이 크고 위대하다[大]고 규정했다고 할 수 있다.

✿ 하늘의 영광이 땅에서 이루어지는 광경을 목격하는 것이 최고의 관광이다.

19. 만남 이후의 성과

可觀而後에 **有所合**이라 **故**로 **受之以噬嗑**하고
가 관 이 후　유 소 합　　고　수 지 이 서 합

볼 만한 뒤에 결합하는 바가 있다. 그러므로 '서합'이 이어받는다.

'본다[觀]'는 것은 눈으로 직접 사물을 보거나 경험에 의해 사물을 판단한다는 것과, 현상 너머에 존재하는 사물의 본질을 직시한다는 두 가지 뜻이 있다. 이 세계는 보이는 경험의 세계와 경험을 초월한 세계가 결합되어 있다. 전자는 현상의 세계를, 후자는 실재의 세계를 겨냥한다.

『주역』에서 말하는 '본다[觀]'는 인식의 문제라기보다는 오히려 믿음[孚]과 결부된 깨달음의 문제였다. 생명의 본원인 하늘을 숭배하는 믿음은 지금의 제사 형식에 잘 보존되어 있다. 하늘은 나와 '믿음[孚]'을 통하여 의사 소통이 가능하다[合]는 발상이 전제된 것이다.

✿ 맛있는 음식을 먹듯이, 진리를 나의 것으로 소화시켜야 생명의 길이 열릴 것이다.

20. 꾸밈의 뜻

嗑者는 **合也**니 **物不可以苟合而已**라 **故**로 **受之以賁**하고
합 자　합 야　물 불 가 이 구 합 이 이　　고　수 지 이 비

'합'은 합한다는 것이니, 사물은 진실하게 합할 뿐이다. 그러므로 '비'로 이어받는다.

서합(☲☳)의 '서噬'는 씹는다, 깨물다는 뜻이며, '합嗑'은 합한다는 글자다. 서합은 입 안에 든 음식물을 씹어 소화시킨다는 뜻이다. 괘의 구조로 보면 초효는 아래턱, 상효는 위턱이다. 그것은 산뢰이괘山雷頤卦(☲☳)의 형태가 가장 잘 대표한다. 가장 바깥에 있는 것이 턱이라면, 나머지 음효들은 이빨을 상징한다. 따라서 서합괘(☲☳)의 나머지 네 효는 음식물이다. 위턱과 아래턱이 상하 운동을 하면서 이빨로 음식을 씹는 형상이 곧 서합괘의 형상이다.

서합괘의 구성은 턱 사이에 있는 음식물과 이물질을 구분하는 모습으로 볼 수도 있다. 그것은 쓸모없는 물건은 옆에 제쳐두고 필요한 물건은 다듬고 꾸며서[賁] 아름다운 세상을 만들어야 한다는 문명 건설의 당위성을 말한 것이다.

✡ 「서괘전」에 의하면 만물은 구차한 방식[苟]으로 결합되지 않고, 생명 의지를 품은 하늘의 진실한 방식[苟]으로 만물이 생성 전개된다.

21. 종점에는 무엇이 기다리고 있을까?

賁者는 飾也니 致飾然後에 亨則盡矣라
비 자   식 야   치 식 연 후   형 즉 진 의

故로 受之以剝하고
고   수 지 이 박

'비'는 꾸밈이니 꾸밈을 지극히 한 뒤에 형통하면 극진한 것이다. 그러므로 '박'이 이어받는다.

서합괘(☲☳)를 뒤집어놓으면 비괘(☶☲)가 된다. 이들은 위아래 턱 사이에 하나의 양이 버티고 있는 것이 공통 사항이다. 서합괘에서의 4효는 소화시켜야 되는 음식물(교화의 대상인 죄인)인 반면에, 비괘의 3효는 불 속의 새파란 불꽃을 상징한다. 비괘는 간괘(☶)가 위에 있고, 아래는 리괘(☲)로

구성되어 있다. 그것은 산 속에 불이 있는 형상으로 밝고 빛나는 꾸밈을 상징한다.

꾸밈이란 무엇인가? 세상을 아름답게 꾸미는 작업이다. '비賁' 자의 위는 꽃의 수술, 아래의 '패貝'는 장식품을 가리킨다. 옛 여인들은 얼굴에 화장하는 것을 즐겼고, 현대인들 역시 가슴에 예쁜 꽃이나 휘장을 달아 꾸민다. 인류는 천문과 인문의 종합을 통해 꾸밈의 극치를 이루었다.

✧ 문명은 일종의 '꾸밈의 연속'이다. 동양의 문명관은 하늘의 원리를 인간 주체화하는 방식으로 귀결되었다. 그 안에는 인륜 질서를 비롯한 자연의 인간화, 인간의 자연화라는 거대 담론이 담겨 있다고 할 수 있다.

22. 고향가는 길

剝者는 剝也니 **物不可以終盡**이니 **剝이 窮上反下**라
박 자　박 야　물 불 가 이 종 진　　박　　궁 상 반 하

故로 **受之以復**하고
고　　수 지 이 복

'박'은 깍이는 것이니 사물은 끝끝내 다할 수 없는 것이다. 깍임이 위에서 다하면 아래로 돌아간다. 그러므로 '복'이 이어받는다.

풍우란馮友蘭(1894-1990)은 '사물이 절정에 이르면 반전한다[物極必反]'는 원칙에서 보면, 『주역』은 『노자』의 주장과 거의 일치한다고 말했다. 「서괘전」은 앞뒤의 순서를 이루는 두 괘가 모순과 대립으로 서로 변화하는 것을 순서로 삼았다는 것이다.[22]

---

22) 馮友蘭 저/박성규 역, 『중국철학사(상)』(서울: 까치, 1999), 616쪽 참조. 그러나 풍우란은 한참 뒤에 『주역』과 『노자』의 견해가 상반된다고 주장했다. 노자는 無를 중시하고, 靜止를 사물 변화의 최종 귀착점으로 간주했다. 반면에 「역전」의 '復'은 바로 음양의 消長(盛衰)을 논한 것이다. 「역전」은 '有'를 중시하고, '動'을 만물의 생성과 성취 등의 근원으로 여긴다. 『老子』에서는 靜이 절대적이고 動은 상대적이다. 「역전」에서는 動이 첫째 위치에 있으므로 動에서 靜이되고, 靜의 상태에 있더라도 動은 멈춘 적이 없다. 動이 절대적이고 靜은 상대적이다. 이것이

우번虞翻(164-233)[23]은 소식괘消息卦 이론에 의거하여 "양이 4월의 극단에 이르렀다가 사그라져 곤坤에 이른다"고 풀이했다.[24] 그것은 1년 12달 역법의 메커니즘에 맞춰 괘의 순서를 말한 것이다.

이정조는 더 자세하게 주석을 달았다. "양이 4월에 이르면 건이 위에서 다한다. 5월에 이르면 쇠약한 하나의 음이 구姤(䷫)가 되고, 9월에 이르면 박剝(䷖)을 이루고, 10월에 이르면 곤坤(䷁)을 이루고, 11월에 이르면 양이 아래로 되돌아와 복復(䷗)이 되는 까닭에 '위에서 다하면 아래로 돌아간다'고 했던 것이다."[25]

☷ 박괘剝卦(䷖)는 마지막 하나 남은 양이 다섯 음에 의해 벗겨지는 형상이다. 박괘에는 음양이 순환하는 가운데 반대의 성질로 바뀌는 자연의 법칙성이 내포되어 있다.

23. 진실의 섭리

復則不妄矣라 **故**로 **受之以无妄**하고
복 즉 불 망 의   고   수 지 이 무 망

돌아오면 망령되지 않는다. 그러므로 '무망'으로 이어받는다.

망妄은 거짓 또는 허망하다는 글자다. 더 나아가 정신이 흐려서 말이나 행동이 정상을 벗어나 망령妄靈되다는 뜻으로 사용되었다. 그러니까 '망령됨이 없다'는 말은 바로 진리를 드러내고 있는 자연 자체를 가리킨다. 거

『노자』와 「역전」의 근본적 차이점이다.(같의 책, 각주 53 참조.)

23) 우번은 『老子』와 『論語』와 『國語』에 대한 『訓注』을 비롯하여 『易注』를 지었으나, 지금은 모두 전해지지 않는다. 그는 鄭玄(127-200), 荀爽(128-190)과 더불어 易學三家로 불린다. 그의 학설은 唐의 李鼎祚(?-?)의 『周易集解』와 淸의 黃奭의 『漢學堂叢書』및 孫堂의 『漢魏二十一家易注』에 집록된 것이 있다.

24) 『周易集解』, "虞翻曰 陽四月窮上, 消遘生坤者也."

25) 『周易集解』疏, "陽至四月, 乾窮于上. 至五月, 一陰消姤, 至九月成剝, 十月成坤. 至十一月, 陽反下出復, 故曰窮上反下."

짓의 반대는 진실이다. 진실은 삿됨이 전혀 없는 생명의 법칙이다. 박괘와 복괘가 순환하는 법칙은 누구도 속일 수 없는 진실이라는 것이다.

무망괘(䷘) 구성에는 우레가 울리면서 만물을 빚어내는 원리가 반영되어 있다. 무망괘 괘사는 건괘의 '원형이정'을 그대로 답습하였고, 「단전」 또한 '올바름으로 크게 형통하는 것[大亨以正]이 곧 천명'이라 했다. 천명이란 곧 '천도인 동시에 무망'이라는 것이다.

🏮 박괘(䷖)와 복괘(䷗)는 자연의 이치를 그대로 모방한 것이다. 왜냐하면 박괘 상효가 복괘 초효로 옮겨가는 과정 자체가 바로 생명의 원리이기 때문에 「서괘전」은 '망령됨이 없다'고 말한 것이다.

24. 크게 쌓는다는 것의 의미

有无妄然後에 **可畜**이라 **故**로 **受之以大畜**하고
유 무 망 연 후　　가 축　　　고　　수 지 이 대 축

'무망'이 있은 뒤에 모을 수 있다. 그러므로 '대축'으로 이어받는다.

거짓[妄]은 진실[无妄] 앞에 꼼짝 못한다. 자연의 진실은 사계절이 대표한다. 봄은 초목을 싹틔우고, 여름은 키우며, 가을은 열매 맺도록 하며, 겨울은 잠들어 내년 봄을 기약한다. 자연은 하늘 아래에 존재하는 것 모두와 땅 위에 존재하는 모든 것에 힘을 불어넣기 때문에 무망괘는 건괘처럼 '원형이정' 개념을 부각시킨 것이다.

소축(䷈)과 대축(䷙)은 어떻게 다른가? 괘의 형태로 보면 소축괘는 하늘(☰) 위에 바람(☴)이 있고, 대축괘는 하늘 위에 산(☶)이 있다. 또한 '작게 모은다'와 '크게 모은다'는 어떻게 다른가? 전자는 시간이 허락하지 않은 경우고, 후자는 하늘 높이 솟은 산처럼 크게 모을 수 있는 여건이 갖추어져 있는 상황을 뜻한다. 이런 까닭에 소축괘는 윤리[人道] 차원을 언급한 반면에, 대축괘는 천도를 말한 것이다.

✡ 만사형통은 시간이 허락해야 가능하다.

25. 천지는 생명 일궈내는 것을 싫어하지 않는다

物畜然後에 **可養**이라 **故**로 **受之以頤**하고
물 축 연 후　　가 양　　　고　　수 지 이 이

사물을 크게 모은 뒤에 기를 수 있다. 그러므로 '이'로 이어받는다.

아기를 낳아야 키울 수 있다. 아기가 없으면 키우고 싶어도 키울 수 없다는 뜻이다. 그래서 이괘 「단전」은 "천지가 만물을 키우듯이, 성인 역시 현인을 길러서 백성을 도울 수 있다"[26]고 말하였다.

이괘(䷚)의 상효와 초효는 각각 하늘과 땅을 상징한다. 그리고 나머지 네 효들은 천지가 길러내야 할 대상들이다. 만물이 없다면 천지는 존재 이유가 없을 것이고, 천지가 없다면 만물 역시 생성될 수 없다.

✡ 천지의 목적은 만물을 길러냄에 있다.

26. 왜 허물짓고 후회하는가

頤者는 **養也**니 **不養則不可動**이라 **故**로 **受之以大過**하고
이 자　　양 야　　불 양 즉 불 가 동　　　고　　수 지 이 대 과

'이'는 기르는 것이니 기르지 않으면 움직일 수 없다. 그러므로 '대과'로 이어받는다.

이頤는 턱 또는 기르다, 봉양하다는 글자다. 인간은 턱을 이용해 음식을 먹음으로써 삶을 유지할 수 있지만, 턱을 사용하지 않으면 굶을 수밖에 없다. 이런 의미에서 군자는 수양[養]을 통해 자아를 완성하고, 사물과 감응할 수 있는 실천력[動]을 통해 도덕 사회를 건설해야 할 의무가 있다.

26) 『周易』頤卦 「彖傳」, "天地養萬物, 聖人養賢以及萬民."

「서괘전」은 사람이 스스로를 배양하지 않고 행동하지 않으면 큰 허물이 생긴다고 했다. 그래서 우번은 관곽棺椁[27)]의 모습을 띤 대과괘(䷛)는 죽음을 상징한다고 말한 바 있다.[28)]

🎴 허물 짓지 않는 인간이 바로 성인이다.

27. 앞길이 막히는 이유

物不可以終過라 **故**로 **受之以坎**하고
물 불 가 이 종 과   고   수 지 이 감

사물은 끝내 과도할 수 없다. 그러므로 '감'이 이어받는다.

대과괘(䷛)와 감괘(䷜)는 논리적 선후 관계를 이룬다. 이들의 관계는 인과율이 적용된다는 뜻이다. '너무 지나치면[大過] 어려운 상황에 빠지는 것[坎]'은 필연의 결과이기 때문이다.

과도한 욕심은 불행을 불러온다. 과욕은 머지않아 어려운 상황을 초래한다는 점에서 보면 인과 관계가 성립된다. 만약 크게 지나치지 않으면, 어려운 상황이 오지 않을 수도 있다. 『중용』의 '무과불급无過不及'의 원칙을 지켰기 때문일 것이다.

🎴 중용의 지킴은 성인도 쉽게 감당하지 못한다.

28. 땅의 딸의 운명

坎者는 **陷也**니 **陷必有所麗**라 **故**로 **受之以離**하니 **離者**는
감 자   함 야   함 필 유 소 리   고   수 지 이 리   리 자

麗也라
리 야

---

27) 棺은 시체를 넣는 속 널, 椁은 관을 덮는 겉 널을 가리킨다.
28) 『周易集解』, "虞翻曰 人頤不動則死, 故受之以大過. 大過否卦, 棺椁之象也." 이정조는 막힐 否가 아니라 죽을 死가 옳다고 했다.

'감'은 빠짐이니 빠지면 반드시 걸리는 바가 있다. 그러므로 '리'로 이어받는다. '리'는 걸림이다.

감괘坎卦(☵)는 물의 성격을 대변한다. 물은 위에서 아래로 내려오는 속성 때문에 하늘의 아들로 불린다. 물(☵)은 또한 음 속에 양이 빠진 형상이다. 물은 부드럽지만 거칠게 움직이면 모든 것을 삼켜버릴 정도로 무섭다. 특히 물이 이중으로 겹쳐 있는 감괘(☵)는 어둠과 위험이 한꺼번에 도사리고 있는 모습이다.

한강백은 자연의 영허소식과 역사의 흥망성쇠를 하나의 문제로 인식했다. "(위험에 노출된) 만물이 극한에 이르면 변하기 마련이다. 빠짐이 극한에 도달하면 돌아가 걸리는 바가 있다."[29]

☆ 만물이 극한에 이르면 반드시 돌아가는 것이 바로 만물의 운명이다.

29. 예절이 생겨나는 절차는 무엇인가?

有天地然後에 **有萬物**하고 **有萬物然後**에 **有男女**하고
유 천 지 연 후　　유 만 물　　　유 만 물 연 후　　유 남 녀
有男女然後에 **有夫婦**하고 **有夫婦然後**에 **有父子**하고
유 남 녀 연 후　　유 부 부　　　유 부 부 연 후　　유 부 자
有父子然後에 **有君臣**하고 **有君臣然後**에 **有上下**하고
유 부 자 연 후　　유 군 신　　　유 군 신 연 후　　유 상 하
有上下然後에 **禮義有所錯**니라
유 상 하 연 후　　예 의 유 소 조

천지가 있는 뒤에 만물이 있고, 만물이 있은 뒤에 남녀가 있고, 남녀가 있은 뒤에 부부가 있고, 부부가 있은 뒤에 부자가 있고, 부자가 있은 뒤에 군신이 있고, 군신이 있은 뒤에 상하가 있고, 상하가 있은 뒤에 예의를 둘 곳이 있는 것이다.

序卦傳
서괘전

---

29) 『周易集解』, "韓康伯曰 物極則變, 極陷則反所麗."

건곤괘로부터 감리괘까지가 『주역』의 상경이라면, 함괘로부터 미제괘까지는 『주역』의 하경이다. 상경은 생명의 근본을 말하는 천도로부터 시작하고, 하경은 남녀의 사랑과 가정사로부터 논리를 전개한다.[30] 천지, 만물, 남녀, 부부, 부자, 군신, 상하의 질서를 바탕으로 예의가 정립된다는 것이다. 그것은 생명의 시원으로부터 벌거숭이 남녀가 태어난 뒤에 남편과 아내가 가정을 꾸리고, 부부가 있은 다음에 가족과 사회가 구성되며, 그리고 계급 사회의 유지에 필요한 인륜의 가치와 등급을 말했다.

우변은 천지의 생성으로부터 인륜의 제정 과정과 의미를 다음과 같이 풀이했다. "천지는 건상곤하乾上坤下의 천지비天地否(䷋)이고, 천지가 만물을 창조하는 순간부터는 지천태地天泰(䷊)이다. 이미 태괘 속에 비괘의 원리가 내포되어 있으므로 비괘 3효가 상효로 변하면 도리어 함괘(䷞)을 이룬다. 간艮(☶)은 남자이고 태兌(☱)는 여자이므로 '만물이 있은 뒤에 남녀가 있다'고 했다. 함괘(䷞)와 항괘(䷟)는 반대 종류이므로 함괘를 반대로 세우면 항괘가 된다. 위의 장남 진震(☳)은 지아비요, 아래의 장녀 손巽(☴)은 지어미가 되므로 '남녀가 있은 뒤에 부부가 있다'고 했다. 함괘(䷞) 상효는 다시 돌아가 건위(☰)가 되므로 그 본체는 돈괘遯卦(䷠)를 이룬다. 위의 건은 아버지, 아래의 간은 아들이므로 '부부가 있은 뒤에 부자가 있다'고 말한 것이다. 돈괘의 3효가 변하면 비괘否卦(䷋)가 된다. 위의 건은 임금, 아래의 곤은 신하가 되므로 '부자가 있은 뒤에 군신이 있다'고 말했다. 비괘에서 건乾을 상징하는 임금은 위에 있고, 곤坤을 상징하는 신하는 아래에 있으므로 '군신이 있은 뒤에 상하가 있다'고 말했다. 하늘과 임금과 아버지와 남편은 모두 양이므로 그 존귀함을 위에 둔 것이다. 땅과 아내와 신하와 자식은 모두 음이므로 예는 낮기 때문에 아래에 둔 것이다. 곤은 '땅의 도리요 아내의 도리요 신하의 도리이다.' 예의는 모두 곤에 속하므로 '상

---

30) 『周易折中』「序卦傳」"集說", "上經始于乾坤, 有生之本也. 下經始于咸恒, 人道之首也."

하가 있은 뒤에 예의를 둘 곳이 있다'고 말한 것이다."[31]

🔯 예의 근거는 천지의 이치로부터

30. 가정은 사랑이 꽃피는 둥지

夫婦之道不可以不久也라 故로 受之以恒하고
부 부 지 도 불 가 이 불 가 야   고   수 지 이 항

부부의 도리는 오래하지 않으면 안 된다. 그러므로 '항'으로 이어받는다.

『중용』은 부부의 길이 사회 질서의 원동력이며, 군자의 도는 천명으로
맺어진 부부 관계에서 비롯되었다고 강조한다. "시에 이르기를, '솔개는
하늘에 날고 고기는 못에 뛰고 있다'고 하였으니, 그것이 위아래로 드러남
을 말한 것이다. 군자의 도는 부부의 도리에서 비롯되나 그 지극함에 이르
러서는 천지에 드러나는 것이다."[32]

『동몽선습童蒙先習』에 "부부는 두 성씨의 결합으로서 생명을 태어나게 하
는 시초이며 만복의 근원"[33]이라는 말이 있듯이, 세상에서 부부의 도리만
큼 소중한 것이 없다. 그것은 함괘(☶)의 구조에서 찾을 수 있다. 위의 소
녀(☱)와 아래의 소남(☶)은 생기발랄한 관계로 만난다. 특히 초효와 4효,
2효와 5효, 3효와 상효가 끈끈한 음양 관계를 이루어 아주 금슬 좋은 부
부를 연상시킨다.

---

31)『周易集解』疏, "乾上坤下, 故謂天地否也. 虞翻曰 謂否反成泰. … 否反泰類, 故謂否反成泰. …
謂泰已有否, 否三之上, 反正成咸. 艮爲男, 兌爲女, 故有男女. 咸恒亦反其類也, 故咸反則成恒. 震
上長男爲夫, 巽下長女爲婦, 故曰有夫婦也. 咸上復還乾位, 其體成遯. 上乾爲父, 下艮爲子, 故曰有
父子. 遯三變復坤, 其體成否. 上乾爲君, 下坤爲臣, 故有君臣也. 否乾君尊在上, 坤臣卑在下. 天尊
地卑, 乾坤定矣, 故曰有上下也. 天君父夫皆陽也, 在天成象, 故云象尊錯上. 地婦臣子皆陰也, 知崇
禮卑, 卑法地, 故云禮卑錯下. 坤, 地道也妻道也臣道也. 禮義皆屬坤, 故禮義有所錯也."
32)『中庸』12장, "詩云 鳶飛戾天, 魚躍于淵, 言其上下察也. 君子之道, 造端乎夫婦, 及其至也, 察
乎天地."
33)『童蒙先習』"夫婦有別", "夫婦, 二姓之合. 生命之始, 萬福之原."

☯ 전설에 따르면, 부부의 인연은 월하노인月下老人이 주관한다고 한다. 부모가 낳은 자식들은 일촌이지만 부부는 촌수가 없다. 그만큼 가깝다는 뜻이다. 한 번 맺은 인연은 끊을 수 없다. 부부는 하늘이 맺어준 인륜의 근간이기 때문이다.

31. 부부, 사랑이 만병통치약

恒者는 **久也**니 **物不可以久居其所**라 **故**로 **受之以遯**하고
항 자　　구 야　　물 불 가 이 구 거 기 소　　고　　수 지 이 돈

'항'이란 오래함이니 사물은 한 곳에 오래동안 머물 수 없다. 그러므로 '돈'으로 이어받는다.

앞의 함괘와 항괘는 각각 남녀 사이의 사랑과 교감이라는 의미와 항구 불변하게 지속한다는 의미가 있다. 정이천은 이 두 괘의 선후 연관 관계를 부부의 당위적인 도리의 관점에서 해석한다. 다시 말하면 유교에서 말하는 의리의 측면에서 부부 관계는 평생토록 변치 않아야 한다는 것이다.[34]

부부는 느낌의 교감[咸]과 사랑의 지속[恒]이 있어야 한다. 그러니까 부부에게 변치 않은 사랑이 최고의 덕목인 것이다. 그러나 사물은 시공의 지배를 받기 때문에 한 곳에 오래 머물 수 없고, 오래 지속될 수도 없다. 인생 역시 시간의 흐름에 따라 변화하므로 종종 은둔과 도피 생활이 필요할 때도 있다.[35]

☯ 부부가 세상에서 도피할 곳은 없다. 부부는 하루하루 일심동체를 소중하게 여겨야 할 것이다.

---

34) 엄연석, 「程頤 易傳의 '서괘전' 해석에서 理 개념」 『동양학』 34집(서울: 단국대학교 동양학연구소, 2003), 114쪽 참조.
35) 이에 대한 적절한 풀이는 한강백의 주석에서 발견할 수 있다. "韓康伯曰 夫婦之道, 以恒爲貴. 而物之所居, 不可以終恒, 宜與時升降, 有時而遯者也."

32. 장엄한 기상

遯者는 退也니 物不可以終遯이라 故로 受之以大壯하고
돈 자　퇴 야　물 불 가 이 종 돈　　고　수 지 이 대 장

'돈'은 물러감이니 사물은 끝끝내 물러갈 수 없다. 그러므로 '대장'이 이어받는다.

　'돈'이란 도피하다, 숨다, 달아나다는 글자다. 왜 은둔해야 하는가? 현실은 항상 편안하게 살만한 곳이 없기 때문이다. 그렇다고 오래도록 물러나 있는 것도 허용되지 않는다. 그것은 이 세상이 영원히 순환한다는 발상이 전제된 것이다.

　돈(☰)이 하늘 아래 깊은 산 속에 숨은 모습이라면, 대장(☳)은 우레가 하늘 위로 우렁차게 소리내는 듬직한 형상이다. 돈괘와 대장괘는 정반대로 구성되었다. 전자가 세상을 떠나 은둔한 삶의 표본이라면, 후자는 자존심을 자랑하는 속내가 담겨 있다. 그것은 종종 자연과 인생에서 일어나는 극적인 반전을 대표한다.

　✿ 천지가 씩씩한 위엄의 얼굴로 만물에게 손짓하듯이, 인간도 항상 당당하게 살아야 할 것이다.

33. 진취적인 삶

物不可以終壯이라 故로 受之以晉하고
물 불 가 이 종 장　　고　수 지 이 진

사물은 끝내 강성할 수 없다. 그러므로 '진'이 이어받는다.

　부국강병의 국가 또는 개인은 마냥 힘을 비축할 수만은 없다. 탈출구가 필요하다는 뜻이다. 힘의 무한 축적은 자체 갈등 또는 폭발의 원인으로 작동하기 쉽다. 바깥을 지향하는 것이 바로 힘의 원리이기 때문이다. 그래

序卦傳
서괘전

서 복희팔괘도와 문왕팔괘도는 안에서 밖으로 생명 에너지가 분출하는 형태로 그려졌던 것이다.

돈괘(☰☶)를 180° 엎어놓으면 대장괘(☳☰)가 된다. 전자는 소인들이 판치던 시대를, 후자는 군자들의 회복세가 점차 뚜렷하게 나타나는 시대를 상징한다. 어두웠던 소인의 시대가 물러가고, 장차 군자의 시대가 열리는 이치를 밝힌 것이 바로 대장괘인 것이다.

🏮 대장괘를 자연의 절기로 보면 2월에 해당된다. 2월은 경칩과 춘분이 속한 달이다. 동지를 뜻하는 복괘(☳☷)로부터 대장괘(☳☰)에 이르면, 네 개의 양 에너지가 힘차게 분출하는 위세를 떨친다. 3월에 이르면[夬: ☱☰] 양 기운은 더욱 커져 음기운을 몰아낸다. 그것은 군자가 소인배들을 시원스레 몰아내는 형국이다.

34. 상처받은 신세

晉者는 進也니 進必有所傷이라 故로 受之以明夷하고
진 자　　진 야　　진 필 유 소 상　　　고　　수 지 이 명 이

'진'은 나아감이니 나아가면 반드시 상처 입는 바가 있다. 그러므로 '명이'로 이어받는다.

'진'은 앞으로 나아가다는 뜻으로 쓰인 글자다. 괘의 구성은 땅 위에 불꽃이 빛나는 형상(☲☷)이다. 『주역』에서 '나아가다'는 의미를 갖는 괘는 둘이다. 하나는 진괘晉卦(☲☷)요, 다른 하나는 점괘漸卦(☴☶)가 바로 그것이다. 앞으로 나아가더라도 돌아갈 곳이 있는 것은 점괘요, 무조건 나아가면 반드시 상처 입는다는 것을 깨우치기 위해 명이괘明夷卦(☷☲)가 기다리고 있는 것이다.

특히 진괘가 앞으로 나아갈 것을 부추긴다면, 명이괘는 멈추면 않으면 반드시 부작용이 생긴다고 말한다. 이들은 논리적 선후 관계를 이룬다고

할 수 있다.[36]

🔯 「서괘전」에는 괘의 명칭에 근거하여 64괘의 순서를 정한 곳이 있다. 항괘, 돈괘, 대장괘, 진괘, 명이괘, 가인괘, 규괘의 질서가 그것이다. 그것은 각각 항구불변, 은둔, 강성, 전진, 상처, 집안 관리, 어그러짐 등이 일련의 연속성을 갖고 있다.

35. 집은 심신의 피로를 씻어내는 휴식처

夷者는 傷也니 傷於外者必反其家라 故로 受之以家人하고
이 자   상야   상 어 외 자 필 반 기 가   고   수 지 이 가 인

'이'는 상함이니 밖에서 상처 입은 자는 반드시 집으로 돌아온다. 그러므로 '가인'이 이어받는다.

이夷는 보통 오랑캐 '이' 자로 잘 알려져 있으나, 여기서는 상처입다는 뜻으로 사용되었다. 앞의 진괘(☳)를 뒤엎으면 명이괘(☷☲)가 된다. 무턱대고 앞으로 전진하면 심신에 상처 입는다는 것이다. 이러한 상처는 한의원 가서 치료받는 것보다는 집에서 마음 정리하고 치유하는 것이 좋다고 얘기한다.

가인괘(☴☲)는 외부에서 받은 상처는 내부로의 귀향을 통해서 치유될 수 있다고 가르친다. 진괘의 외부에 있던 밝음(☲)이 명이괘에서는 내부로 들어가 밝음이 훼손된 것을 상징한다. 이를테면 명이괘 5효와 상효(☷)가 변하면 바람을 뜻하는 손巽(☴)[37]이므로 결국 가인괘(☴☲)가 된다. 바람이 잦으면 상처 입기 쉬우므로 집으로 돌아가는 것이 최상이라는 것이다.

🔯 집은 오늘과 내일을 기약하는 평화로운 연기가 피어오르는 휴식 공간이다.

序卦傳
서괘전

---

36) 앞의 상황을 고치지 않으면 부작용이 뒤따른다는 논리의 필연성을 강조한 것은 晉卦와 明夷卦 외에 大過卦와 坎卦, 升卦와 困卦 등의 관계가 있다.
37) 『周易』「序卦傳」, "巽者, 入也, 入而後, 說之."

36. 평화 뒤엔 다툼이 있다.

家道窮必乖라 故로 受之以睽하고
가 도 궁 필 괴　　고　　수 지 이 규

가정의 도리가 궁색해지면 반드시 어그러진다. 그러므로 '규'가 이어받는다.

'가도'는 가정 윤리, 또는 가문의 명예를 뜻한다. 그러면 왜 가정의 도리가 궁색해지는가? 예로부터 아버지는 자식을 엄하게 꾸짖고, 어머니는 사랑으로 감싸 안는 것을 좋은 집안으로 여기는 전통이 있었다. 그러나 부모가 자녀를 사랑하는 방식이 지나칠 경우, 가정 교육은 왜곡될 수도 있다. 가정의 예법이 무너지면 집안 분위기가 궁색해진다는 교훈이다.

『예기』「악기」는 예법과 음악의 조화를 강조한 바 있다. "음악을 지나치게 추구하면 방탕으로 흐르고, 예법의 효과를 너무 강조하면 사람들의 마음이 떠난다."[38] 그러니까 앞의 진괘(☳☳), 명이괘(☷☲), 가인괘(☴☲), 규괘(☲☱)에는 '떠나다'는 의미의 리離(☲)가 공통으로 있는 것이다.

✡ 화무십일홍花無十日紅이란 말 속에는 시간과 생명의 법칙이 담겨 있다.

37. 싸움은 불행을 낳는다

睽者는 乖也니 乖必有難이라 故로 受之以蹇하고
규 자　괴 야　괴 필 유 란　　고　　수 지 이 건

'규'는 어그러짐이니, 어그러지면 반드시 어려움이 있다. 그러므로 '건'이 이어받는다.

'규睽'는 사팔눈, 노려보다는 글자다. 눈이 똑바르지 못하면 사물은 왜곡되어 보이기 마련이다. 왜 어그러지는가? 그것은 규괘(☲☱)의 구성에 잘

---

38)『禮記』「樂記」, "樂勝則流, 禮勝則離."

나타나 있다. 위는 중녀中女인 불(☲)이고, 아래는 소녀小女인 연못(☱)인 까닭에 한 곳에 두 여자가 눈 흘기는 이미지로 이루어져 있다. 더구나 불은 위로 올라가고 물은 아래로 내려와 음양이 교접하지 못하는 형상이다.

🔯 음양이 교감하지 못하면 생명의 지속은 불가능하다. 생명의 창조와 변화가『주역』의 대원칙이란 점에서 보면, 음양의 부조화는 대립과 모순과 투쟁을 불러와 사태를 더욱 꼬이게 만드는 것[蹇]이다.

38. 해원의 길

蹇者는 **難也**니 **物不可以終難**이라 **故**로 **受之以解**하고
건 자　난 야　물 불 가 이 종 란　고　수 지 이 해

'건'은 어려움이니 사물은 끝끝내 어려울 수 없다. 그러므로 '해'가 이어받는다.

　건蹇은 음양의 불균형을 뜻하는 절뚝발이 또는 절다는 글자다. 건괘는 왜 어렵다고 했는가? 건괘(☵☶)에는 듬직한 산(☶)이 어려움을 상징하는 물(☵) 속에 들어있기 때문이다.

　둔괘屯卦(☵☳)는 우레가 물(☵) 속에 빠진 형상을 통해 만물 탄생의 어려움을 말했다. 둔괘가 어려움을 극복하기 위한 방법으로 경륜經綸을 얘기했다면, 건괘는 어려움을 보고 멈추는 지혜를 발휘하면[39] 머지않아 힘든 상황에서 벗어날 것을 예고했다.

🔯 건괘는 산이 연못에 빠진 모습이다. 건괘와 해괘에는 '어려움과 해소'의 문제가 맞물려 있다. 어려움과 해결이 연결되어 있다는 뜻이다. 이 둘은 서로 머금고 소통하면서 원인과 결과의 선후 관계로 존재한다.

---

39) ①『周易』屯卦「彖傳」, "彖曰 屯, 剛柔始交而難生, 動乎險中." 또한「象傳」, "雲雷屯, 君子以, 經綸." ②『周易』蹇卦「彖傳」, "彖曰 蹇, 難也, 險在前也. 見險而能止, 知矣哉."

39. 살얼음판을 걸을 때는 속도를 늦춰서는 안 된다

解者는 **緩也**니 **緩必有所失**이라 **故**로 **受之以損**하고
해 자　　 완 야　　 완 필 유 소 실　　　 고　　 수 지 이 손

'해'는 늦춰짐이니 늦춰지면 반드시 잃는 바가 있다. 그러므로 '손'이 이어
받는다.

　어떤 사건이 극한점에 도달하면 반대 방향으로 전환된다는 것은 건괘
(䷜)와 해괘(䷧)의 관계가 증거한다. 전자가 산이 물속에 빠진 상황이라면,
후자는 우레가 물속에서 해방되어 약동하는 모습을 상징하기 때문이다.
　오랜 기간의 긴장이 풀어지기 시작하는 순간 갑자기 느슨함이 다가온
다. 느슨하면 느슨할수록 실수가 생기게 마련이다. 손괘(䷨)는 위가 산(☶)
이고, 아래는 연못(☱)이다. 그것은 멈춤[山, 止]과 기쁨[兌, 說]의 이치를 설
명한다. 손괘는 아랫 것을 덜어서 위에 보탠다는 의미 이외에도 아래의 남
는 것을 위로 보낸다는 뜻이 있다.

　❈ 손괘는 익괘와 함께 동시에 이해해야 그 전모가 극명하게 드러날 수 있다.

40. 손해와 이익은 공동 운명체

損而不已면 **必益**이라 **故**로 **受之以益**하고
손 이 불 이　　 필 익　　　 고　　 수 지 이 익

덜어내는 것이 그치지 않으면 반드시 보탠다. 그러므로 '익'이 이어받는다.

　덜어냄과 보탬은 반대말이다. 그러면 덜어냄이 어떻게 보탬으로 바뀔 수
있는가? 손괘(䷨)를 180° 뒤집어엎으면 익괘(䷩)가 된다. 그것은 '손익'이
곧 서로의 근거인 동시에 반대일치의 논리로 존재한다는 것을 뜻한다.
　「서괘전」은 손괘와 익괘의 배열을 통해서 사물의 양면성은 물론 겉과
속에 대한 통합적 인식을 강조하고 있다. 손익損益은 가치의 상대성을 넘

어서는 세상의 보편적 원리라는 뜻이다.

🔯 우주와 역사와 인생의 손익계산서 산출 방법은 똑같다.

41. 해결의 실마리

益而不已면 **必決**이라 **故**로 **受之以夬**하고
익 이 불 이　　필 결　　　고　　수 지 이 쾌

보태는 것을 그치지 않으면 반드시 터진다. 그러므로 '쾌'가 이어받는다.

　엄청난 규모의 댐도 물 압력을 견디지 못하면 터지고 만다. 자본주의 경제 역시 돈이 넘치는 인프레이션으로 몸살을 앓듯이, 적당한 이익은 좋지만 지나친 이익은 모순을 가져온다.

　결夬은 제방이 무너져 물이 터진다는 뜻이다. 홍수가 나면 물길을 터야지 거꾸로 막기에 힘쓰면 수마로 변질되는 것처럼, 이익은 분산시켜야 옳다. 그래서 익괘(䷩) 다음에 쾌괘(䷪)가 자리잡는 것이다. 그것은 양이 밑에서부터 치솟아 올라 하나의 음을 밀어내는 이치를 형상화한 것이다.

🔯 몸집이 커지면 각종 성인병에 시달리듯이, 이익이 넘치면 반드시 부작용이 생긴다.

42. 적폐 청산을 어떻게 하리오

夬者는 **決也**니 **決必有所遇**라 **故**로 **受之以姤**하고
쾌 자　　결 야　　결 필 유 소 우　　고　　수 지 이 구

'쾌'는 터짐이니 터지면 반드시 만나는 바가 있다. 그러므로 '구'가 이어받는다.

쾌夬는 터뜨리다, 끊다, 결정하다, 결단하다 등 오랫동안 묵은 것을 한꺼번에 털어내는 것을 뜻한다. 쾌괘(䷪)는 다섯 개의 양이 마지막으로 남은

하나의 음을 떨쳐내는 이치를 설명한다.

왜 하나의 음을 결단해야 하는가? 원래 『주역』은 양을 군자, 음을 소인으로 규정하여 군자의 세상으로 만드는 것을 목표로 지어졌다. 군자는 불의를 물리치고 정의를 수호하여 대동세계를 건설하는 주체이고, 소인은 사회를 혼탁하게 만드는 척결의 대상인 것이다.

🔯 새로운 시작을 위해서는 켜켜히 쌓인 나쁜 행실을 깨끗이 쓸어내야 정의로운 기틀을 만들기 쉽다.

43. 회자정리會者定離의 이념

姤者는 遇也니 物相遇而後에 聚라 故로 受之以萃하고
구 자　우 야　물 상 우 이 후　취　고　수 지 이 췌

'구'는 만남이니 사물은 서로 만난 뒤에 모인다. 그러므로 '췌'가 이어받는다.

구괘(䷫)는 쾌괘(䷪)와는 반대로 하나의 음이 다섯 양 아래에 묻혀 있다. 그것은 하나의 음이 싹터 새로운 세상을 만들려는 씨앗을 뜻한다.

구괘의 아래에 있는 손巽(☴)이 뒤집히면 췌괘에서는 태兌(☱)로 바뀌고, 하늘(☰)이 바뀌어 땅(☷)에서 '기쁨으로 만나 모인다(䷬)'는 형세가 되는 것이다.

🔯 전통의 해석에서는 양을 올바름, 음은 나쁜 것으로 본다. 올바른 명분으로 사악함을 척결하면 반드시 기쁜 만남이 있을 것이라는 확신이다.

44. 일취월장의 세월

萃者는 聚也니 聚而上者를 謂之升이라 故로 受之以升하고
췌 자　취 야　취 이 상 자　위 지 승　고　수 지 이 승

'췌'는 모임이니 모여서 올라감을 '승'이라 부른다. 그러므로 '승'이 이어

받는다.

　'승升'은 상승세를 타고 올라가다, 승진하다는 뜻이다. 헤어짐(쾌괘) →
만남(구괘) → 모임(췌괘) → 오름(승괘)이라는 순서에 따라 괘가 배열되었
다. 췌괘(☷☱)를 180° 뒤집어엎으면 승괘(☷☴)가 되는 것은 곧 반전을 거듭
하면서 이 세상은 발전한다는 논리가 숨겨져 있다.

　승괘의 구성은 위가 땅(☷)이고, 아래는 바람(☴)이다.「설괘전」에 따르
면, 손은 바람 이외에도 나무[木]의 뜻이 있다.[40] 그것은 땅 밑에서부터 점
차 나무가 자라는 성장 과정을 형상화한 것이다.

　🎲 여러 사람과 힘을 모아서 높은 꿈을 이루는 야망을 키워라.

45. 꼭대기까지 올라봐야 비로소 내려와야 하는 세상의 이치를 알다

升而不已면 **必困**이라 **故**로 **受之以困**하고
승 이 불 이　　필 곤　　　고　　수 지 이 곤

　올라가는 것이 그치지 않으면 반드시 곤란해진다. 그러므로 '곤'이 이어
받는다.

　'곤困'은 나무가 꽉 막힌 공간에 갇힌 형상을 본뜬 글자다. 곤괘(☱☵)는 위
아래 모두가 물이 겹쳐 있다. 그럼에도 곤괘는 물이 다 빠져나가 한 줌의
물도 없는 것을 형용한다.

---

40)『周易』「設卦傳」11장, "巽은 爲木, 爲風, 爲長女, 爲繩直, 爲工, 爲白, 爲長, 爲高, 爲進退, 爲
不果, 爲臭요 其於人也에 爲寡髮, 爲廣顙, 爲多白眼, 爲近利市三倍요 其究爲躁卦라" 이를 번역
하면 다음과 같다. '손'은 나무, 바람, 장녀, 먹줄의 곧음, 장인[工匠], 흰색, 길이가 긺[長], 높
음, 진퇴, 과단성이 없음, 냄새를 가리킨다. 인간적으로는 머리숱이 적음, 이마가 넓음, 눈에
흰자위가 많음, 이익을 가까이 하여 시장에서 새 배의 이익을 취함이다. 궁극적으로 성급함을
표상하는 괘이다.

『주역』에는 어려움을 뜻하는 4개의 괘가 있다. 둔괘屯卦(䷂), 감괘坎卦(䷜), 건괘蹇卦(䷦), 곤괘困卦(䷮)가 바로 그것이다. 이들은 공통적으로 물(☵)이 들어있다. 물은 생명 탄생의 모체인 동시에 험난함을 상징하기 때문에 물이 들어간 괘들은 한결같이 힘든 상황을 얘기한다.

🔯 지나친 욕심은 개인은 물론 주변인까지도 불편하게 만든다.

46. 우물은 옮길 수 없는 것

困乎上者必反下라 故로 受之以井하고
곤 호 상 자 필 반 하　　고　　수 지 이 정

위가 곤란한 자는 반드시 아래로 돌아온다. 그러므로 '정'이 이어받는다.

곤괘(䷮)를 180° 뒤집어엎으면 정괘(䷯)가 된다. 곤경에 빠지는 원인도 물(☵)이고, 곤경에서 벗어나게 하는 효과적인 처방 역시 물(☵)이라는 것이다. 곤괘와 정괘는 물의 두 얼굴을 대변한다. 전자가 물의 씨가 말라버린 경우라면, 후자는 아무리 퍼 써도 고갈되지 않는 우물을 상징한다.

예로부터 우물터는 생활의 활력을 북돋고, 건전한 여론을 형성하는 공간이었다. 공동체 의식이 싹트는 우물터에서 각종 힘든 일이 해소되었기 때문에 곤괘 다음에 정괘가 배열된 것이다.

🔯 '정井'은 생명의 젖줄이 샘솟는 우물, 새로움을 잃지 않는 원천을 표상하는 글자다. 그리는 '정' 자는 낙서의 구조와 일치한다.

47. 혁신의 계절

井道不可不革이라 故로 受之以革하고
정 도 불 가 불 혁　　고　　수 지 이 혁

우물의 도리는 혁신하지 않을 수 없다. 그러므로 '혁'이 이어받는다.

혁괘의 구성은 위가 연못(☱), 아래는 불(☲)이다. 우주론에서 물과 불은 천지를 움직이는 두 개의 축이다. 물이 만물 창조의 근원이라면, 불은 창조된 만물을 활성화시키는 동력이다. 천지가 끊임없이 순환하고 지속하는 이유는 물과 불의 조직적인 운동에서 비롯된 것이다.

물과 불의 결합으로 나타나는 상극相克은 두 얼굴이 있다. 하나는 불은 위로 올라가고 물은 아래로 내려가 음양이 화합하지 않는 규괘(☲☱)이고, 다른 하나는 무거운 물은 아래로 내려오고, 가벼운 불은 위로 올라가 음양이 화합하는 혁괘(☱☲)가 그것이다. 전자가 질시와 반목으로 얼룩진 상극이라면, 후자는 겉으로는 규괘와 마찬가지로 상극 현상을 보이지만, 속으로는 물과 불의 결합에 의해 상생의 새로운 변화가 꿈틀거리고 있는 이치를 담고 있다.

🎲 물은 고여 있으면 썩는다. 물은 끊임없이 순환되어야 깨끗해진다. 정괘가 혁신의 당위성을 얘기했다면, 혁괘는 개혁의 정당성을 말했다.

48. 솥의 효용성

革物者莫若鼎이라 **故**로 **受之以鼎**하고
혁 물 자 막 약 정　　고　　수 지 이 정

사물을 혁신하는 것은 가마솥 만한 것이 없다. 그러므로 '정'이 이어받는다.

혁괘(☱☲)를 뒤집어엎으면 정괘(☲☴)가 된다. 혁괘가 개혁과 혁명을 외쳤다면, 정괘는 포용의 정신으로 개혁의 성과를 완결짓는다는 의미가 담겨 있다. 혁명이 오래 지속되면 불안을 가져오는 까닭에 「서괘전」은 혁괘 다음에 안정이 필요하다는 정괘를 배열한 것이다.

'정鼎'은 음식을 익히는 솥을 뜻하는 글자다. 정괘는 위가 불(☲), 아래는 바람(☴)으로 이루어졌다. 솥의 밑에서 바람을 일으키면 불은 잘 타오른다.

🎲 가마솥은 각종 재료를 새롭게 탈바꿈시키는 융합의 정신을 상징한다.

49. 맏아들은 누구인가

主器者莫若長子라 **故**로 **受之以震**하고
주 기 자 막 약 장 자　　고　　수 지 이 진

기물을 주관하는 자는 맏아들 만한 이가 없다. 그러므로 '진'이 이어받는다.

　'진震'은 움직이다, 떨쳐 일어나다는 뜻이다. 우레는 하늘과 땅이 교감하여 최초로 생겨난 일종의 양 에너지 형태이다. 진괘(☳☳)의 구성은 위 아래 모두가 우레(☳)다. 복희팔괘도는 안에서 밖을 지향하면서 만물의 탄생을 기호로 형상화했는데, 우레는 한 집안의 맏아들(☳)에 해당한다.

　진괘는 정괘 다음에 온다. 그래서 「서괘전」은 "기물을 주관하는 자는 맏아들 만한 이가 없다"고 했다. 여기서 말하는 기물은 솥을 가리킨다. 솥은 음식을 익히는 도구 이외에도 제사지낼 때 쓰는 신성한 그릇으로 사용되었다. 제기祭器를 준비하고 제사를 주관하는 일은 장남의 몫이다.

　✡ 가정의 맏아들은 집안의 기둥이요, 나라의 맏아들은 국가의 장래를 책임질 통수권자를 의미한다.

50. 주렴계周濂溪, 간괘 원리를 『법화경』에 견주하다

震者는 **動也**니 **物不可以終動**하여 **止之**라 **故**로
진 자　　동 야　　물 불 가 이 종 동　　지 지　　고

受之以艮하고
수 지 이 간

'진'은 움직임이니 사물은 끝끝내 움직일 없어서 멈춘다. 그러므로 '간'이 이어받는다.

　진괘(☳☳)를 180° 뒤집어엎으면 간괘(☶☶)다. 진괘가 움직임[動]을 얘기했다면, 간괘는 고요함[靜]을 말한다. 동정은 떨어져 존재한 적이 없다. 움직

임 가운데 고요함이 내재해 있고, 고요함 속에서 움직임이 싹터 이 세상은 둥글어간다. 그래서 진괘 다음에 동정을 함께 언급한 간괘가 뒤따르는 것이다.

간괘는 밑의 양 에너지(☱)가 위로 높이 올라간 산(☶)의 모습이다. 시공의 탄생 이후로 만물은 요동치면서 팽창과 발전을 거듭한다는 뜻이다. 그 과정이 끝나면 안정기에 돌입하는데, 간은 멈춤과 그침[止]을 형용한다.

✿ 한민족 만큼 간괘를 소중히 여긴 민족은 없다. '간 방위'는 묵은 세월이 끝나고 새로운 시대가 열리는 신성한 공간을 뜻한다.

51. 천천히 나아가야 탈이 없다

艮者는 **止也**니 **物不可以終止**라 **故**로 **受之以漸**하고
간 자 지 야   물 불 가 이 종 지   고   수 지 이 점

'간'은 멈춤이니 사물은 끝끝내 멈출 수 없다. 그러므로 '점'이 이어받는다.

영원한 멈춤은 없다. 그래서 간괘 다음에 점괘가 뒤따른다. 점괘(☴☶)의 구조는 위가 바람(☴), 아래는 산(☶)이다. 「설괘전」에 따르면, 손巽(☴)은 때로는 나무[木]가 되기 때문에 산 위의 나무가 점차로 커나가는 모습을 상징한다.

옷이 물에 젖으면 서서히 번져나간다[漸]. 소녀가 한순간에 각시로 성장할 수 없듯이, 여자가 시집가는 것은 일정한 격식에 맞추어 치러야 한다는 뜻이다. 그것은 자연의 이치에 맞추어 조금씩 발전하는 양상을 의미한다.

✿ 시간은 만물이 똑같이 탄생 성장하는 방식을 허용치 않는다. 마찬가지로 급격한 변화도 용납하지 않는다. 점진적 변화가 안성맞춤이다.

52. 시집, 여자의 기쁨과 슬픔

漸者는 進也니 進必有所歸라 故로 受之以歸妹하고
점자　진야　진필유소귀　고　수지이귀매

'점'은 나아감이니 나아가면 반드시 돌아오는 바가 있다. 그러므로 '귀매'가 이어받는다.

전진의 방법은 두 가지가 있다. 하나는 급진적인 것이고, 다른 하나는 점진적인 것이다. 빠른 전진이든 늦은 전진이든간에 나아가면 돌아와야 한다. 출입은 만물이 생성 변화하는 공식이기 때문이다.

'귀매'는 누이동생[妹]이 시집가다[歸]라는 뜻이다. 귀매괘(䷵)의 구성은 위가 움직임[震: ☳]이고, 아래는 기쁨[兌: ☱]이다. 점괘(䷴)를 180° 뒤집어 엎으면 귀매괘가 성립된다. 점괘가 6례六禮의 절차를 갖추어 여자가 시집가는 떳떳한 혼인을 얘기했다면, 귀매괘는 지엄한 절차를 무시한 결점 투성이의 혼인을 말한다.

☼「서괘전」은 질서와 무질서의 반복을 통해 이 세상이 움직인다는 것을 괘의 배열로 설명하였다.

53. 신에게 바치는 풍요로운 잔치

得其所歸者는 必大라 故로 受之以豐하고
득기소귀자　필대　고　수지이풍

돌아갈 곳을 얻는 자는 반드시 커진다. 그러므로 '풍'이 이어받는다.

'예禮'라는 글자는 보일 시示와 풍성할 풍豐의 합성어다. 그래서 '풍豐'에는 잘 익은 오곡을 신들에게 바치는 공경스런 마음이 담겨 있다. 허신許愼(30-124)이 '풍豐'은 예를 행할 때 쓰는 그릇을 본뜬 글자라고 풀이하였고, 왕국유王國維(1877-1927)는 옥玉을 그릇에 담아 신인神人에게 올리는 그릇을

'풍'이라 했다.

풍괘(䷶)는 위가 우레(☳), 아래는 불(☲)로 이루어져 있다. 풍괘는 하늘에서 우레와 벼락이 내리치고, 땅에서는 불이 활활 타오르는 이미지다. 풍괘는 생명을 약동시키는 추진력과 문명의 외형이 커가는 것을 뜻하는 풍요를 상징한다.

❖ 내가 누리는 풍요보다는 절대자와 조상신에게 바치는 풍요에서 영광과 축복이 약속된다.

54. 여행 떠나는 나그네의 심정

豐者는 大也니 窮大者必失其居라 故로 受之以旅하고
풍 자　대 야　　궁 대 자 필 실 기 거　　고　　수 지 이 려

'풍'은 큼이니 큰 것을 극진히 하는 자는 반드시 그 거처를 잃는다. 그러므로 '여'가 이어받는다.

'여旅'는 미지의 곳을 찾아 떠나는 여행을 뜻한다. 심지어 자신의 터전마저 잃기 쉽기 때문에 불행이 닥치기 전에 과거를 훌훌 털고 여행을 떠나라는 교훈도 있다.

여괘의 구성은 위가 불[離: ☲]이고, 아래는 산[艮: ☶]이다. 산은 고정된 반면에 불은 이리저리 옮겨 다닌다. 산이 움직이지 않는 집이라면, 불은 집을 떠나 이곳저곳으로 돌아다니는 나그네와 같다. 그래서 풍괘(䷶)를 180° 뒤집어엎으면 여괘(䷷)가 된다. 풍성함이 극도에 이르면 떠난다는 이치가 괘의 배열에 담겨 있다.

❖ 몸집이 부풀려진 풍선은 언젠가는 터진다. 만족한 돼지보다는 불만족한 인간이 낫다는 말이 있듯이, 풍요의 끝은 추락 밖에 없다.

55. 고개 숙이는 공손한 마음

旅而无所容이라 **故**로 **受之以巽**하고
여 이 무 소 용　　　고　　수 지 이 손

나그네 신세는 용납될 곳이 없다. 그러므로 '손'이 이어받는다.

「서괘전」은 먼 길을 떠났던 나그네가 집으로 들어간다는 뜻을 여괘와 손괘(☴)의 배열에 반영하였다. 손괘는 위 아래 모두가 들어가다[入]는 의미가 있다. 또한 상하 모두가 음이 양에게 순응하는 까닭에 공손과 겸손의 명칭이 붙여졌던 것이다.

손巽(☴)은 바람이다. 바람은 천지의 에너지를 이곳에서 저곳으로 옮기는 힘이다. 정이천은 여괘와 손괘를 인간학의 관점에서 풀이했다. "나그네가 되어 친한 사람이 적을 때에 공손과 순응이 아니면 어찌 용납될 수 있겠는가. 진실로 공손하고 순응하면 비록 나그네가 곤궁한 처지에서도 어디 간들 들어가지 못하겠는가. 이런 까닭에 손괘가 여괘 다음이 된 것이다."[41]

✡ 향수병은 백약이 무효다. 귀향하면 저절로 낫는다.

56. 쾌활한 가슴을 열고

巽者는 **入也**니 **入而後**에 **說之**라 **故**로 **受之以兌**하고
손 자　　입 야　　입 이 후　　열 지　　고　　수 지 이 태

'손'은 들어감이니 들어간 뒤에 기뻐한다. 그러므로 '태'가 이어받는다.

'태'는 입으로 숨을 뿜어내는 모양을 본뜬 글자다. 태괘는 집안을 항상 웃음짓게 만드는 재롱둥이 막내딸을 연상시킨다. (태)소녀는 서방에서 꿈을 키우면서 장차 새로운 시대를 이끌어갈 (간)소남의 중요한 파트너로 삼

---

41)『周易』巽卦, 程伊川의 주석, "羈旅親寡, 非巽順, 何所取容. 苟能巽順, 雖旅困之中, 何往而不能入. 巽所以次旅."

고 있다.

손괘(☴)를 180° 뒤집어엎으면 태괘(☱)가 형성된다. 태괘의 구성은 기쁨(☱)이 연달아 생기는 모습이다. 그것은 상하 모두가 기뻐하는 뜻을 함축하고 있다. 또한 두 개의 양이 안에 있고, 하나의 음이 밖에 있다. 안으로 양기운이 가득 차고, 밖으로는 음기운이 부드럽게 감싸안는 형상이다.

🔯 장녀의 시대에서 소녀 시대로

57. 모이면 흩어지는 자연스러움

兌者는 **說也**니 **說而後**에 **散之**라 **故**로 **受之以渙**하고
태 자　열 야　열 이 후　산 지　고　수 지 이 환

'태'는 기뻐함이니 기뻐한 뒤에 흩어진다. 그러므로 '환'이 이어받는다.

'환渙'은 모였다가 뿔뿔이 흩어진다는 뜻이다. 환괘(☴☵)의 구성은 위가 바람(☴)이고, 아래는 물(☵)이다. 앞의 태괘(☱)는 화합의 기쁨과 동시에 분산이 뒤따른다고 말했다. 그렇다고 '환'은 무질서의 상태로 흩어진다는 파국을 뜻하지 않는다.

환괘에는 음양의 상호 의존, 상반상성相反相成의 원리가 배태되어 있다. 왜냐하면 흩어짐의 이면에는 모임의 원리가 작동하고, 모임의 이면에는 흩어짐의 원리가 작동하기 때문이다. 환괘는 흩어진 뒤에도 끊임없이 모음에 힘써야 한다는 것을 강조한다.

🔯 모임과 흩어짐은 자연의 법칙

58. 대나무의 절개에서 선비의 삶을 기억하라

渙者는 **離也**니 **物不可以終離**라 **故**로 **受之以節**하고
환 자　리 야　물 불 가 이 종 리　고　수 지 이 절

'환'은 떠남이니 사물은 끝끝내 떠날 수 없다. 그러므로 '절'이 이어받는다.

환괘(䷺)를 180° 뒤집어엎으면 절괘(䷻)가 된다. 절괘는 만물이 흩어져 소멸로 치닫지 않도록 질서의 단계로 진입한다는 것을 말한다. 우리말에 마디와 단락을 뜻하는 '절'은 대나무와 밀접한 관계가 있다. 대나무의 성장 속도와 나이를 구분짓는 마디가 바로 '절'이다. 또한 '절'에는 지나치거나 모자라지 않다는 '중절中節'의 뜻도 있다.

절괘는 위가 물(☵)이고, 아래는 연못으로서 저수지에 물이 고여 있는 형상이다. 물이 넘치는 것[過]은 중용을 벗어남을, 물이 부족한 것은[不及]은 중용에 미치지 못하는 것을 형용한다.

✡ 절도를 잃으면 아무런 소용이 없다. 절괘는 물이 넘치면 하류로 흘려보내고, 부족하면 저장하는 중용의 지혜를 가르친다.

59. 믿음은 사랑에서 싹트다

節而信之라 故로 受之以中孚하고
절 이 신 지　　고　　수 지 이 중 부

절제하면서도 믿는다. 그러므로 '중부'가 이어받는다.

'부孚'는 어미닭이 알을 따뜻하게 품은 다음에 발톱으로 알을 이리저리 궁글려 체온을 전달하여 새끼를 부화孵化하는 과정을 설명하는 글자다. 세상에서 가장 강력한 힘은 사랑과 믿음이라는 것이 중부괘의 가르침이다. 믿음 중에서 가장 근원적인 것은 무엇일까? 그것은 진리에서 비롯된 믿음일 것이다.

중부괘의 위는 바람[巽: ☴]이고, 아래는 연못[兌: ☱]이다. 중부의 명칭은 괘의 외형(䷼)을 본뜬 것이다. 통나무 가운데를 파서 사람이 탈 수 있게 만든 배의 모양과 흡사하기 때문이다. 중부괘는 시간의 강을 안전하게 건널 수 있는 수단은 튼튼하게 만든 배가 아니라, 하늘에 대한 인간의 믿음이라고 말한다.

60. 작은 허물도 허물이다

有其信者는 **必行之**라 **故**로 **受之以小過**하고
유 기 신 자　필 행 지　고　수 지 이 소 과

믿음이 있는 자는 반드시 결행한다. 그러므로 '소과'가 이어받는다.

　소과괘(䷽)의 모양은 새의 형태와 아주 흡사하다. 양인 3효와 4효는 새
의 몸통이고, 아래위 음들은 새의 양날개 또는 깃털을 상징한다. 소과괘는
새가 날아다니는[飛鳥]의 형상을 본뜬 것이다.

　중부괘(䷼)의 속과 겉 모두를 뒤집어엎으면 소과괘(䷽)가 형성된다. 믿음
이 깨지면 조금의 허물이 쌓인다는 뜻이 괘의 배열에 담겨 있다. 그래서 믿
음을 뜻하는 중부괘의 음양을 바꾸어놓으면 소과괘가 구성되는 것이다.

⌘ 진실된 믿음과 거짓된 믿음은 상반된 결과를 가져 온다.

61. 기제, 모두가 꿈꾸는 이상

有過物者는 **必濟**라 **故**로 **受之以旣濟**하고
유 과 물 자　필 제　고　수 지 이 기 제

남보다 지나침이 있는 자는 반드시 구제된다. 그러므로 '기제'가 이어받
는다.

　64괘 중에서 기제괘(䷾)만 오직 음양이 모두 균형잡혀 있다. 양이 양 자
리에, 음이 음 자리에 있는 것은 기제괘뿐이다. 사전적 의미에서 '기旣'는
이미 시간이 흘러갔다는 과거 시제이고, '제濟'는 강을 무사히 건넜다는 공
간적 용법으로 쓰였다.

　기제괘는 위가 물[坎: ☵]이고, 아래는 불[離: ☲]로서 불 위에 물이 있는

형상이다. 그것은 불로 물을 데워 음식물을 익히는 이치를 형상화한 것이다. 또한 기제괘는 물과 불이 교감하여 만물이 안정된 상태로 상호 작용하는 것을 나타낸다.

⬡ 물불의 돌림노래가 바로 천지의 운동이다. 그래서 하늘과 땅의 율동상을 설명한 『주역』의 생명관은 기제와 미제의 논리로 매듭지을 수 있는 것이다.

62. 미제, 영원한 순환

物不可窮也라 故로 受之以未濟하여 終焉하니라
물 불 가 궁 야　 고　 수 지 이 미 제　 종 언

사물은 극진히 할 수 없다. 그러므로 '미제'가 이어받아 끝맺은 것이다.

기제괘(☲☵)와 미제괘(☵☲)의 외형은 정반대이다. 기제괘를 180° 뒤집어엎거나, 상하를 바꾸거나, 속과 겉을 바꾸면 미제괘가 형성된다. 미제괘의 뿌리는 기제괘에, 기제괘의 뿌리는 미제괘라는 뜻이다. 여기에는 음양의 상호 근거, 상호 요청, 상반 상성이라는 『주역』의 주제가 투영되어 있다. 기제괘는 불 위에 물이 있는 반면에, 미제괘는 물 위에 불이 있다. 불은 가벼워 위로 올라가고 물은 무거워 아래로 내려온다고 할 때, 전자는 지천태地天泰의 논리이며 후자는 천지비天地否의 논리가 성립된다.

기제는 이미 강을 건넜고[旣濟], 미제는 아직도 강을 건너지 못하는 결과를 가져온다. 왜 이러한 현상이 나타날까? 그것은 물과 불이 빚어내는 상생과 상극의 구조에서 비롯된 것이다. 기제괘는 물불이 교류하여 상생의 길을 지향하고, 미제괘는 물불이 교류하지 못하는 상극 원리에 근거한 대립과 모순의 상태에 머물기 때문이다.

기제괘(☲☵)와 미제괘(☵☲)는 건괘와 곤괘의 관계에 비견될 정도로 아주 중요하다. 건곤괘가 생명의 무한한 창조성과 포용성을 말했다면, 기제괘와 미제괘는 천지의 끊임없는 순환을 설명한다. 그것은 마치 뱀이 입으로 자기의 꼬리를 문 것처럼 끝에서부터 다시 시작하는 양상으로 반복하면서 변화하는 과정을 말한다. 그것이 곧 종시론終始論의 본질이다.

　채청蔡淸(1453-1508)[42]은 「서괘전」의 과제를 두 가지로 압축한 바 있다. 하나는 극단에 이르면 반대편으로 바뀌는 것이요, 다른 하나는 극단에 이르지 못하는 과정에서는 서로를 머금는다는 것이다.[43]

☼ 「서괘전」은 64괘의 배열 순서를 통해 만물이 변화하는 과정과 목적을 밝힌 글이다. 예컨대 거시적 안목에서 기제괘와 미제괘의 배열은 '변화가 이미 완성된 상태[旣濟]'로 끝나는 것이 아니라, 자연의 변화와 역사는 끊임없이 새로워지고 무궁하게 순환하기 때문에 새로운 시작을 암시하는 미제괘를 마지막에 배치한 것이라 할 수 있다.

---

42) 蔡淸은 明나라 福建省 晉江 사람으로 자는 介夫이고, 호는 虛齋先生이다. 林玭에게 학문을 배웠는데, 특히 『周易』과 『中庸』에 뛰어났다. 처음에는 主靜을 강조했다가 나중에 主虛로 바꾸었다. 저서에 『四書蒙引』과 『易經蒙引』, 『看河圖洛書說』, 『語要』, 『省身法』, 『虛齋集』 등이 있다.
43) 『周易折中』권 18, "蔡氏淸曰 序卦之義, 有相反者, 有相因者. 相反者, 極而變也; 相因者, 其未至于極者也. 總不出此二例."

雜卦傳

잡괘전

「서괘전」의 ‘서序’가 합리적인 배열 순서를 가리킨다면, 「잡괘전」의 ‘잡雜’은 곤괘坤卦 「문언전」의 ‘천지의 뒤섞임[天地之雜也]’에서 비롯된 말이다. 그러나 ‘잡’은 혼잡한 무질서가 아니라 음양의 교합, 교환, 결합, 교감에서 생기는 긍정적 의미의 ‘섞임’을 뜻한다. 「서괘전」은 음양 교합의 원칙을 질서정연하게 배열한 것이고, 「잡괘전」은 음양의 결합을 ‘반대’ 또는 ‘짝꿍 논리’를 중심으로 다룬 글이다. 「서괘전」이 64괘 배열 형식의 피부라면, 「잡괘전」은 64괘 배열 내용의 속살에 해당된다고 하겠다.

「잡괘전」의 순서는 「서괘전」과 다르다. 특히 「잡괘전」은 서로 이웃하는 괘들이 하나의 짝을 이루면서 64괘를 구성하고 있다. 이를테면 64괘 대부분이 서로 반대되는 형식으로 대립하면서 이웃하는 괘들을 하나의 연속된 체계로 풀어낸 것이다.

건乾(䷀)과 곤坤(䷁), 비比(䷇)와 사師(䷆), 임臨(䷒)과 관觀(䷓), 둔屯(䷂)과 몽蒙(䷃), 진震(䷲)과 간艮(䷳), 손損(䷨)과 익益(䷩), 대축大畜(䷙)과 무망无妄(䷘), 췌萃(䷬)와 승升(䷭), 겸謙(䷎)과 예豫(䷏), 서합噬嗑(䷔)과 비賁(䷕), 태兌(䷹)와 손巽(䷸), 수隨(䷐)와 고蠱(䷑), 박剝(䷖)과 복復(䷗), 진晉(䷢)과 명이明夷(䷣), 정井(䷯)과 곤困(䷮), 함咸(䷞)과 항恒(䷟), 환渙(䷺)과 절節(䷻), 해解(䷧)와 건蹇(䷦), 규睽(䷥)와 가인家人(䷤), 비否(䷋)와 태泰(䷊), 대장大壯(䷡)과 돈遯(䷠), 대유大有(䷍)와 동인同人(䷌), 혁革(䷰)과 정鼎(䷱), 소과小過(䷽)와 중부中孚(䷼), 풍豐(䷶)과 여旅(䷷), 리離(䷝)와 감坎(䷜), 소축小畜(䷈)과 리履(䷉), 수需(䷄)와 송訟(䷅), 대과大過(䷛), 구姤(䷫), 점漸(䷴), 이頤(䷚), 기제既濟(䷾), 귀매歸妹(䷵), 미제未濟(䷿), 쾌夬(䷪)[1] 등이다.

---

1) ① 주자는 「잡괘전」의 마지막 부분에 문제가 있음을 직감했다. “대과괘 이하는 괘가 반대되지 않는다. 혹시 착간인 듯 의심스럽지만 이제 운자로 맞춰보면 또한 오류가 아닌 듯하다. 무슨 뜻인지 상세하지 않다.[自大過以下, 卦不反對, 或疑其錯簡, 今以韻協之, 又似非誤, 未詳何義.]”

「서괘전」이 아름답게 배열된 질서라는 코스모스(cosmos) 중심의 사유라면, 「잡괘전」은 무질서에서 새로운 형태의 질서가 형성되기 직전의 상황을 의미하는 카오스(chaos) 중심의 사유라고 할 수 있다. 따라서 코스모스와 카오스 세계를 넘나들며 소통시킬 줄 알아야 진실로 『주역』의 맛을 즐길 수 있을 것이다.

「잡괘전」은 상호 대립과 상호 근접의 원칙을 지키고 있다. 전자는 건괘乾卦과 곤괘坤卦와 비괘比卦와 사괘師卦, 임괘臨卦와 관괘觀卦, 진괘震卦와 간괘艮卦, 손괘損卦와 익괘益卦, 태괘兌卦와 손괘巽卦의 관계처럼 괘의 의미와 성격이 대비되는 경우를 일컫는다. 후자는 둔괘屯卦와 몽괘蒙卦, 대축괘大畜卦와 무망괘无妄卦, 췌괘萃卦와 승괘升卦 등의 경우가 그것이다.[2]

「잡괘전」의 문장은 매우 간단명료하다. 각 괘의 의미를 한 두 글자 정도로 짧게 설명하거나, 길어도 한 두 귀절을 넘지 않는다. 「잡괘전」의 설명 방식은 두 가지가 있다. 하나는 괘의 명칭과 괘사에 함축된 뜻이요, 다른 하나는 괘상卦象이 가리키는 의미가 그것이다. 따라서 "「서괘전」은 64괘 배열을 통해 각 괘의 의미를 밝힌 것이고, 「잡괘전」은 강유剛柔의 오르고 내림이라는 법칙을 통해 64괘의 무궁한 묘용妙用을 설명한 것이다."[3]

「잡괘전」은 같은 종류의 괘들 혹은 다른 종류의 괘들을 뒤섞어서 설명한 것이다. 공영달은 "「서괘전」은 상호 의존하는 64괘의 순서를 밝힌 것이고, 「잡괘전」은 짝의 논리를 바탕으로 「서괘전」의 미비점을 보완한 것"[4]이라고 했다.

(『周易本義』 「雜卦傳」) ② 來知德(1525-1604)은 蔡淵(1156-1236)의 견해를 받아들여 大過卦와 頤卦, 旣濟卦와 未濟卦, 歸妹卦와 漸卦, 姤卦와 夬卦의 짝을 만들어 그 순서를 완결지었다.

2) 朱伯崑·王德有·李申, 『周易知識通覽』(山東: 齊魯書社, 1993), 220-221쪽 참조.

3) 傅璇琮, 『名家批法周易』(北京: 新世界出版社, 2014), 341쪽 참조.

4) 『周易集解』 卷 69 疏, "盖序卦者, 明相依之次. 雜卦者, 詳對擧之義. 雜卦者, 廣序卦所未備者也."

雜卦傳
잡괘전

1. 괘, 서로 반대되는 음양 논리로 구성되다

乾剛坤柔요 比樂師憂라 臨觀之義는 或與或求라
건 강 곤 유 비 락 사 우 임 관 지 의 혹 여 혹 구

건은 강하고 곤은 부드러우며, 비는 즐겁고 사는 근심한다. 임과 관의 뜻은 가서 상대하거나 혹은 와서 구하는 것이다.

✿ 음과 양은 만나기 어려운 것이 아니라, 만나기 위해서 잠시 떨어져 있을 뿐이다.

2. 어디에 있어도 본분을 지켜야

屯은 見而不失其居요 蒙은 雜而著라
둔   현 이 불 실 기 거 몽   잡 이 저

둔은 나타나지만 그 거처를 잃지 않음이요, 몽은 뒤섞이나 드러난다.

✿ 꼭꼭 숨어 있어도 머리카락은 보인다.

3. 시종과 손익은 형제보다 가까운 사이

震은 起也오 艮은 止也라 損益은 盛衰之始也라
진   기 야 간   지 야 손 익   성 쇠 지 시 야

大畜은 時也오 无妄은 災也라
대 축   시 야 무 망   재 야

진은 일어남이요, 간은 그침이다. 손과 익은 흥성과 쇠퇴의 시작이다. 대축은 때가 무르익음이요, 무망은 재앙이다.

✿ 자연과 인생은 한바탕 그네타기 놀이와 같다. 나아가면 물러나고, 무르익으면 썩는 과정을 거치기 때문이다.

4. 오고 가는 것, 겸손과 태만은 반비례의 관계

萃는 聚而升은 不來也라 謙은 輕而豫는 怠也라
췌　취이승　불래야　겸　경이예　태야

췌는 모임이고, 승은 오지 않는 것이다. 겸은 스스로를 가볍게 여기는 것이고, 예는 태만한 것이다.

🏮 잠시 쉬는 순간에도 마음의 끈을 조여 태만하지 않도록 하는 것이 곧 겸손이다.

5. 먹어야 살고, 살아 있기 위해서는 스스로 가꿔야 한다

噬嗑은 食也오 賁는 无色也라
서합　식야　비　무색야

서합은 먹는 것이요, 비는 색이 없는 것이다.

🏮 색깔 없음도 색깔이다. 상대에게 색깔 가지라고 강요하는 것은 일종의 이분법이 낳은 폭력이다.

6. 보이는 것과 보이지 않는 것은 만물의 두 얼굴

兌는 見而巽은 伏也라
태　현이손　복야

태는 나타나는 것이고, 손은 엎드림이다.

🏮 기쁨은 얼굴에 금방 나타나지만, 공손은 스스로를 낮춤으로써 인격의 키를 높이는데 유익하다.

7. 계산한 다음에 사귀는 사람은 없다

隨는 无故也오 蠱則飭也라
수　무고야　고즉칙야

수는 (특별한) 이유가 없는 것이요, 고는 삼가는 것이다.

🏠 칙飭은 경계하다, 삼가다는 글자로서 스스로를 성찰하라는 뜻이다. 수괘
(☳)는 연못물이 우레를 따르는 것처럼, 행위의 당위성을 제시한다. 그것은
인간의 두뇌로 꼭 집어 설명하는 것을 넘어선다는 뜻이다.

8. 반복은 세상 돌아가는 이치

剝은 **爛也**오 **復**은 **反也**라 **晉**은 **晝也**오 **明夷**는 **誅也**라
 박   난야   복   반야   진   주야   명이   주야

박은 문드러짐이요, 복은 돌아옴이다. 진은 낮이요, 명이는 상함이다.

🏠 피가 멈추면 죽음이듯이, 자연과 인생은 반복을 통해서 생명을 유지한
다. 진괘와 명이괘는 낮과 밤의 밝음과 어둠 외에도 전진과 후퇴 등 서로
마주쳐 격려하면서 인내하라는 교훈을 가르치고 있다.

9. 극과 극은 통한다

井은 **通而困**은 **相遇也**라
 정   통이곤   상우야

정은 통하는 것이고, 곤은 서로 만남이다.

🏠 우물은 마을 공동체 구성원의 애환을 함께 나누는 공간이다. 지금은 비
록 막혀서 만날 수 없는 비극이지만, 만나는 순간에 모든 원망이 해소되어
더 큰 사랑이 맺어질 수 있다는 것이다. 「잡괘전」은 현재와 미래의 소통을
겨냥하면서 반대 일치의 논리를 강조한다.

10. 하늘이 맺어준 부부는 죽어서야 헤어지는 관계

咸은 **速也**오 **恒**은 **久也**라
 함   속야   항   구야

함은 빠름이요, 항은 오래함이다.

🔯 느낌(feeling, 咸 = 感)은 빛보다도 속도가 빠르고 정밀하다. '느낌'의 방정식은 자연과 문명과 인간사에 두루 적용되는 만물의 접촉 방식이다. 그것은 항구불변하는 생명의 문법인 것이다.

11. 만물의 공식, 대립과 대대의 논리로 짜여 있다

渙은 離也오 節은 止也라 解는 緩也오 蹇은 難也라
환   이야   절   지야   해   완야   건   난야

睽는 外也오 家人은 內也라 否泰는 反其類也라
규   외야   가인   내야   비태   반기류야

大壯則止오 遯則退也라
대장즉지   돈즉퇴야

환은 떠남이요, 절은 그침이다. 해는 늦춰짐이요, 건은 어려움이다. 규는 바깥이요, 가인은 안이다. 비와 태는 그 종류를 뒤집어 놓은 것이다. 대장은 멈춤이요, 돈은 물러감이다.

🔯 이별의 슬픔은 빨리 멈추는 것이 좋다. 자꾸 늦어지면 어려우나, 멈출 때는 확실히 멈추어야 뒷탈이 없다.

12. 상대는 나의 적이 아니라 친구

大有는 衆也오 同人은 親也라 革은 去故也오
대유   중야   동인   친야   혁   거고야

鼎은 取新也라 小過는 過也오 中孚는 信也라
정   취신야   소과   과야   중부   신야

豐은 多故오 親寡는 旅也라
풍   다고   친과   여야

대유는 많음이요, 동인은 친함이다. 혁은 옛 것을 버림이요, 정은 새로운 것을 취함이다. 소과는 지나침이요, 중부는 믿음이다. 풍은 연고가 많음이요, 여는 친한 사람이 적은 것이다.

✿ 다양성이 인정될수록 더욱 친밀해진다. 강물을 버려야 바다로 나갈 수 있듯이, 지나침과 모자람이 없어야 중용의 중심에 이를 수 있다. 그렇다고 많고 적음에 희비가 갈리는 것도 아니다.

13. 상하는 고정되어 있으나, 언제든지 역전될 수 있다

離는 **上而坎**은 **下也**라
리　상이감　하야

리는 올라가는 것이고, 감은 내려오는 것이다.

✿ 상하 운동이 벌어지는 공간이 곧 자연이다.

14. 작은 바램보다는 큰 희망을 가져야

小畜은 **寡也**오 **履**는 **不處也**라
소축　과야　리　불처야

소축은 적음이요, 리는 한 곳에 머물지 않는 것이다.

✿ 적다고 불평하지 말고, 끊임없이 실천하라.

15.「잡괘전」, 군자의 세상을 꿈꾸다

需는 **不進也**오 **訟**은 **不親也**라 **大過**는 **顚也**라
수　부진야　송　불친야　대과　전야
姤는 **遇也**니 **柔遇剛也**오 **漸**은 **女歸**니 **待男行也**라
구　우야　유우강야　점　여귀　대남행야
頤는 **養正也**오 **既濟**는 **定也**라 **歸妹**는 **女之終也**오
이　양정야　기제　정야　귀매　여지종야
未濟는 **男之窮也**라 **夬**는 **決也**라 **剛決柔也**니
미제　남지궁야　쾌　결야　강결유야
君子道長이오 **小人道憂也**라
군자도장　소이도우야

수는 나아가지 않음이요, 송은 친하지 않은 것이다. 대과는 넘어짐이다.

구는 만남이니 부드러움이 강함을 만남이요, 점은 여자가 시집가는 것이
니 남자를 기다려 가는 것이다. 이는 올바름을 기름이요, 기제는 정함이
다. 귀매는 여자의 마침이요, 미제는 남자의 궁함이다. 쾌는 터놓는 것이
다. 강한 것이 부드러운 것을 터놓는 것이니, 군자의 도는 자라나고 소인
의 도는 근심스럽다.

🏛「잡괘전」은 반대를 포용하고 대립을 넘어서는 융합의 정신을 강조한다.
강유의 균형과 공존은 이 세상이 존재하는 목적으로서 화합과 조화가 64
괘 384효의 핵심이라고 밝혔다.

참고 문헌

| 경전류

<table>
<tr><td>·周易</td><td>·周易本義</td></tr>
<tr><td>·正易</td><td>·易學啓蒙</td></tr>
<tr><td>·詩經</td><td>·朱子語類</td></tr>
<tr><td>·書經</td><td>·朱子大全</td></tr>
<tr><td>·論語</td><td>·朱文公易說</td></tr>
<tr><td>·孟子</td><td>·周易折中</td></tr>
<tr><td>·大學</td><td>·周易正義</td></tr>
<tr><td>·中庸</td><td>·周易集解</td></tr>
<tr><td>·九章算術</td><td>·宋元學案</td></tr>
<tr><td>·周髀算經</td><td>·二程全書</td></tr>
<tr><td>·易程傳</td><td>·退溪全書</td></tr>
<tr><td>·皇極經世書</td><td>·栗谷全書</td></tr>
<tr><td>·伊川擊壤集</td><td>·易圖明辨</td></tr>
</table>

| 주역 관련 도서

·강진원, 『알기 쉬운 역의 원리』(서울: 정신세계사, 2003)

·강천봉, 『啓蒙傳疑研究』(서울: 개마서원, 1980)

·顧文/김태성, 『反處世論』(서울: 마티, 2005)

·高懷民/숭실대동양철학연구실, 『중국고대역학사』(서울: 숭실대출판부, 1990)

·------/신하령·김태완, 『象數易學』(서울: 신지서원, 1994)

·------/정병석, 『周易哲學의 理解』(서울: 문예출판사, 1996)

·곽신환, 『주역의 이해』(서울: 서광사, 1990)

·관중유남상선생 정년퇴임기념논총 간행위원회, 『易과 哲學』(대전: 인쇄문화사, 1993)

· 권일찬,『주역의 세계화와 21세기』(서울: 한국학술정보, 2012)

· 금장태,『조선유학의 주역사상』(서울: 예문서원, 2007)

· 기세춘,『주역- 고을은 바뀌어도 우물은 바뀌지 않는다』(서울: 화남, 2002)

· 金景芳·呂紹綱/한국철학사상연구회,『易의 哲學』(서울: 예문지, 1993)

· 김동현,『易으로 보는 時間과 空間』(서울: 한솜미디어, 2008)

· 김병호/김진규,『아산의 주역강의(상,중,하)』(서울: 소강, 2000)

· 김상섭,『내 눈으로 읽은 역경』(서울: 지호, 2006)

· ------,『춘추점서역』(서울: 성균관대출판부, 2015)

· ------,『주역 계사전』(서울: 성균관대학교출판부, 2017)

· 김상일,『易과 탈현대의 論理』(서울: 지식산업사, 2006)

· ------,『대각선 논법과 역』(서울: 지식산업사, 2012)

· ------,『대각선 논법과 조선역』(서울: 지식산업사, 2013)

· ------,『윷의 논리와 마야 역법』(대전: 상생출판, 2015)

· 김석진,『대산 주역강의(1,2,3)』(서울: 한길사, 2003)

· 김영선,『뜻으로 본 주역』(서울: 선일문화사, 1991)

· 김진근,『왕부지의 주역철학』(서울: 예문서원, 1996)

· ------,『완역 역학계몽』(서울: 청계, 2008)

· 김흥호,『주역강해(1,2,3)』(서울: 사색, 2003)

· 남동원,『주역해의(1,2)』(서울: 나남출판, 2002)

· 남만성,『주역』(서울: 성균관서, 1976)

· 남명진 외,『周易과 韓國哲學』(대전: 문진, 2003)

· 南懷瑾/신원봉,『역경강설』(서울: 문예출판사, 1998)

· ------/신원봉,『주역강의』(서울: 문예출판사, 2000)

· 다까다 아쓰시/이기동,『주역이란 무엇인가』(서울: 여강출판, 1991)

· 東方聞睿/이성호,『역경』(서울: 다산미디어, 2004)

· 리하르트 빌헬름/전영준,『주역강의』(서울: 소나무, 1996)

· 맹난자,『주역에게 길을 묻다』(서울: 연암서가, 2012)

· 박일봉,『주역』(서울: 육문사, 1989)

· 박재주,『주역의 생성논리와 과정철학』(서울: 청계, 1999)

· 박주병, 『周易反正』(서울: 서문당, 2002)

· 쑨잉케이·양이밍/박삼수, 『周易– 자연법칙에서 인생철학까지』(서울: 현암사, 2007)

· 서대원, 『주역』(서울: 이른아침, 2004)

· 서명석, 『서괘전』(서울: 책인숲, 2016)

· 서정기, 『주역(상,하)』(서울: 글, 1993)

· 성백효, 『역주 주역정의』(서울: 전통문화연구회, 2015)

· 蘇軾/성상구, 『東坡易傳』(서울: 청계, 2004)

· 슈츠스키/오진탁, 『주역연구』(서울: 한겨레, 1988)

· 신원봉, 『윷경』(서울: 정신세계사, 2002)

· ------, 『인문으로 읽는 주역』(서울: 부키, 2009)

· ------, 『주역 계사 강의』(서울: 부키, 2011)

· 심의용, 『주역과 운명』(서울: 살림, 2004)

· ------, 『주역– 마음속에 마르지 않는 우물을 파라』(서울: 살림, 2006)

· ------, 『주역– 세상과 소통하는 힘』(서울: 아이세움, 2007)

· ------, 『시적 상상력으로 주역을 읽다』(서울: 글항아리, 2016)

· 정이천/심의용, 『역전』(서울: 글항아리, 2015)

· 楊力/김충열, 『주역과 中國醫學(상,중,하)』(서울: 법인문화사, 2004)

· 양재학, 『주역과 만나다(1-5)』(대전: 상생출판, 2011)

· ------, 『단군왕검의 국가통치법–홍범사상』(대전: 상생출판, 2020)

· 양찡충/배용재, 『주역과 인생』(서울: 북앤피플, 2017)

· 왕전푸/신정근·이시우, 『대역지미』(서울, 성균관대출판부, 2013)

· 廖名春·康學偉·梁韋弦/심경호, 『주역철학사』(서울: 예문서원, 1995)

· 우현민, 『주역신해(1,2,3,4)』(서울: 박영사, 1989)

· 永田久/심우성, 『曆과 占의 과학』(서울: 동문선, 1991)

· 이기동, 『주역– 하늘의 뜻을 묻다』(서울: 열림원, 2005)

· 이상익, 『역사철학과 역학사상』(서울: 성균관대출판부, 1996)

· 이선경, 『이서구 역학』(서울: 문사철, 2018)

· 이성환·김기현, 『주역의 과학과 道』(서울: 정신세계사, 2002)

· 李申/이주행, 『주역』(서울: 인간사랑, 1995)

· 이을호, 『茶山의 易學』(서울: 민음사, 1993)

· 이정용, 『易과 神學』(서울: 대한기독교서회, 1998)

· 임채우, 『주역: 왕필주』(서울: 길, 2000)

· ------, 『주역천진』(서울: 청계, 2006)

· 장시앙핑/박정철, 『역과 인류사유』(서울: 이학사, 2007)

· 정겨울, 『주역과 우주원리(상,하)』(서울: 한솜미디어, 2004)

· 정이천/심의용, 『주역- 의리역의 정수, 정이천』(서울: 글항아리, 2015)

· 존슨 얀/인창식, 『DNA와 周易』(서울: 몸과 마음, 2002)

· 주백곤/김진근 등, 『역학철학사(1-8)』(서울: 소명출판, 2012)

· 주싱/고광민, 『그림으로 풀어쓴 역경』(서울: 김영사, 2010)

· 蔡恒息/김일곤 외, 『易으로 본 과학』(서울: 여강출판사, 1992)

· 카나야 오사무/김상래, 『주역의 세계』(서울: 한울, 1999)

· 한국역경문화학회, 『周易哲學과 文化』(서울: 수덕문화사, 2003)

· 한국주역학회편, 『周易과 韓國易學』(서울: 범양사, 1996)

· 황태연, 『실증주역』(서울: 청계, 2008)

| 주역 관련 외국도서

· 江國樑, 『周易原理與古代科技』(北京: 鷺江出版社, 1990)

· 江慎修, 『河洛精蘊』(上海: 學苑出版社, 1989)

· 高懷民, 『先秦易學史』(臺北: 東吳大學, 1975)

· ------, 『兩漢易學史』(臺北: 文津出版社, 1975)

· ------, 『邵子先天易哲學』(臺北: 荷美印刷, 1997)

· 今井宇三郎, 『宋代易學研究』(東京: 明治圖書出版社, 1960)

· 金春峰, 『漢代思想史』(北京: 中國社會科學出版社, 1987)

· 馬恒君, 『周易正宗』(北京: 華夏出版社, 2008)

· 牟宗三, 『周易的自然哲學與道德函義』(臺北: 文津出版社, 1988)

· 潘雨廷, 『易學史發微』(上海: 復旦大學出版社, 2001)

· 蕭漢明, 『船山易學研究』(北京: 華山出版社, 1987)

· 宋定國, 『周易與人生』(北京: 東方出版社, 2008)

· 楊庆中, 『二十世紀中國易學史』(北京: 人民出版社, 2000)

· 余敦康, 『周易現代解讀』(北京: 華夏出版社, 2006)

· ------, 『漢宋易學解讀』(北京: 華夏出版社, 2007)

· 王新華, 『周易繫辭傳研究』(臺灣: 文津出版社, 1998)

· 王學群, 『王夫之易學』(北京: 社會科學文獻出版社, 2002)

· 劉麗剛, 『名家批注周易』(北京: 新世界出版社, 2014)

· 李烈炎, 『時空學說史』(胡北: 人民出版社, 1988)

· 林尹 等, 『易經研究論集』(臺北: 黎明文化事業公司, 1984)

· 林政華, 『易學新探』(臺北: 文津出版社, 1987)

· 張立文, 『周易思想研究』(胡北: 新華書店, 1980)

· 程石泉, 『易學新探』(臺北: 文行出版社, 1979)

· 朱伯崑, 『易學哲學史(1,2,3,4)』(北京: 北京大學出版社, 1988)

· 朱伯崑 主編, 『周易通釋』(北京: 崑崙出版社, 2004)

· 周止禮, 『易經與中國文化』(北京: 學苑出版社, 1990)

· 曾春海, 『朱子易學探微』(臺北: 輔仁大學出版社, 1983)

· 胡自逢, 『程伊川易學述評』(臺北: 文史哲出版社, 1995)

· Richard Wilhelm/Cary F. Baynes, 『The I Ching』(New Jersey: Princeton University Press, 1997)

· Hua-Ching Ni, 『The book of Changes and the unchangging truth』(Santa Monica: seven star Communications, Inc, 1999)

· Da Liu, 『I CHING NUMEROLOGY』(GREAT BRITAIN, 1979)

· Frank J. Swetz, 『Legacy of the Luoshu』(illinois: Carus Publishing Company, 2002)

· Schwaller de Lubicz, 『A study of Numbers』(Inner Traditions International Rocheter, Vermont, 1986)

| 정역 관련 도서

· 권영원, 『正易句解』(서울: 경인문화사, 1983)

· ------, 『正易入門과 天文曆』(서울: 동서남북, 2010)

· 김상일, 『주역 너머 정역』(대전: 상생출판, 2017)

· 김주성, 『正易集註補解』(서울: 태훈출판사, 1999)

· 성조영, 『無極大道正易』(전주: 학예사, 2001)

· 송재국, 『송재국 교수의 역학 담론- 하늘의 빛 正易 땅의 소리 周易』(서울: 예문서원, 2010)

· 양재학, 『김일부의 생애와 사상』(상생출판, 2014)

· ------, 『正易註義 역주』(상생출판, 2015)

· ------, 『正易圖書 역주』(상생출판, 2018)

· 研經院 편저, 『周·正易經合編』(대전: 도서출판 연경원, 2009)

· 이승수, 『周易聖地』(서울: 知止닷컴, 2009)

· 이정호, 『周易正義』(서울: 아세아문화사, 1980)

· ------, 『學易籑言』(서울: 대한교과서주식회사, 1982)

· ------, 『正易硏究』(서울: 국제대학출판부, 1983)

· ------, 『正易과 一夫』(서울: 아세아문화사, 1885)

· ------, 『원문대조 국역주해 正易』(아세아문화사, 1988)

· ------, 『第三의 易學』(서울: 아세아문화사, 1992)

· ------, 『학산 이정호전집』(서울: 아세아문화사, 2016)

· 이현중, 『正易哲學』(서울: 학고방, 2016)

· 정진구, 『역수변화의 원리』(서울: 밥북, 2016)

· 한동석, 『宇宙變化의 原理』(서울: 대원출판, 2001)

· 한장경, 『周易·正易』(서울: 삶과 꿈, 2001)

· 백문섭, 『正易硏究의 基礎』(서울: 진리과학연구회, 1980)

· 박상화, 『正易과 韓國』(서울: 공화출판사, 1978)

· ------, 『正易을 바탕한 詠歌와 平和遊戲』(서울: 우성인쇄사, 1981)

· ------, 『正易은 말한다』(서울: 우성인쇄사, 1988)

· 육종철, 『東과 西』(서울: 한양대출판부, 1991)

· SUNG JANG CHUNG, 『the BOOK of RIGHT CHANGE, Jeong Yeok 正易』 (iUniverse, Inc. New York Bloomington, 2010)

| 시간론 관련 도서

·군터 아이글러/백훈승, 『시간과 시간의식』(서울: 간디서원, 2006)

·김규영, 『시간론』(서울: 서강대출판부, 1980)

·김동현, 『易으로 보는 시간과 공간』(서울: 한솜미디어, 2008)

·김영현, 『그래, 흘러가는 시간을 어쩌자고』(서울: 사회평론, 2014)

·그레이어 클라크/정기문, 『시간과 공간의 역사』(서울: 푸른길, 1999)

·그렉 브레이든/김형준, 『2012- 아마겟돈인가, 제2의 에덴인가?』(서울: 물병자리, 2009)

·나카지마 요시미치/양억관, 『시간을 철학한다』(서울: 한뜻, 1997)

·데이비드 달링/김현근, 『시간의 비밀』(서울: 소학사, 1994)

·데이비드 노만 로도윅/김지훈, 『질 들뢰즈의 시간기계』(서울: 그린비, 2005)

·데이비드 유잉/신동욱, 『캘린더』(서울: 씨엔미디어, 1999)

·동아시아고대학회편, 『동아시아의 시간관』(서울: 경인문화사, 2008)

·로널드 뮬렛·브루스 헨더슨/이창미, 『시간여행자』(서울: 쌤앤파커스, 2008)

·로버트 그루딘/오숙은, 『당신의 시간을 위한 철학』(서울: 경당, 2015)

·로빈 르 푸아드뱅/안재권, 『4차원 여행- 공간과 시간의 수수께끼들』(서울: 해나무, 2010)

·뤼디거 자프란스키/김희상, 『지루하고도 유쾌한 시간의 철학』(서울: 은행나무, 2016)

·리차드 모리스/정윤근·김현근, 『시간의 화살』(서울: 소학사, 1991)

·마키 유스케/최정옥 외, 『시간의 비교사회학』(서울: 소명출판, 2004)

·미다스 데커스/오윤희·정재경, 『시간의 이빨』(서울: 영림카디널, 2005)

·박성근 편역, 『시간의 의미를 찾아서』(서울: 과학과 문화, 2006)

·보딜 옌손/이섬민, 『시간에 대한 열 가지 생각』(서울: 여름언덕, 2007)

·사이먼 가필드/남기철, 『거의 모든 시간의 역사』(서울: 다산초당, 2018)

·사이언티픽 아메리칸 편집부/김일선, 『시간의 미궁』(서울: 한림출판사, 2016)

·소광희, 『시간의 철학적 성찰』(서울: 문예출판사, 2001)

·------, 『하이데거 존재와 시간강의』(서울: 문예출판사, 2003)

·슈테판 클라인/유영미, 『시간의 놀라운 발견』(서울: 웅진지식하우스, 2008)

·--------------------, 『안녕하세요, 시간입니다』(서울: 뜨인돌, 2017)

·스티븐 제이 굴드 외/문지영·박재환, 『시간의 종말』(서울: 끌리오, 1999)

·스티븐 제이 굴드/이철우, 『시간의 화살, 시간의 순환』(서울: 아카넷, 2012)

·스티븐 컨/박성관, 『시간과 공간의 문화사』(서울: 휴머니스트, 2004)

·스티븐 호킹/과학세대, 『시간은 항상 미래로 흐르는가』(서울: 우리시대사, 1993)

·신상희, 『시간과 존재의 빛』(서울: 한길사, 2001)

·스튜어트 매크리티 외/남경태, 『시간의 발견』(서울: 휴머니스트, 2002)

·알렉산더 데만트/이덕임, 『시간의 탄생』(서울: 북라이프, 2018)

·앤서니 애브니/최광열, 『시간의 문화사』(서울: 북로드, 2007)

·앨런 버딕/이영기, 『시간은 왜 흘러가는가』(서울: 엑스오북스, 2017)

·움베르트 에코 외/ 김석희, 『시간박물관』(서울: 푸른숲, 2000)

·이베타 게라심추쿠 외/류필하 외, 『시간으로부터의 해방』(서울: 자인, 2001)

·이상백, 『존재와 시간의 사유』(서울: 건국대출판부, 2004)

·이정길교수 추모위원회, 『시간의 카오스』(서울: 자연사랑, 2003)

·잔 프란체스코 주디채/김명남, 『젭토 스페이스』(서울: 휴머니스트, 2017)

·제이 그리피스/박은주, 『시계 밖의 시간』(서울: 당대, 2002)

·질 들뢰즈/이정하, 『시간- 이미지』(서울: 시각과 언어, 2005)

·츠즈키 타쿠지/홍경의, 『시간의 패러독스』(서울: 팬더북, 1992)

·카틴카 리더보스/김희봉, 『타임』(서울: 성균관대출판부, 2009)

·콜린 윌슨/권오천·박대희, 『시간의 발견』(서울: 한양대출판부, 1994)

·크리슈나무르티·데이비드 봄/성장현, 『시간의 종말』(서울: 고려원, 1994)

·크리스토퍼 뒤드니/진우기, 『세상의 혼- 시간을 말하다』(서울: 예원미디어, 2010)

·크리스토프 갈파르/김승욱, 『우주, 시간 그 너머』(서울: 알에치코리아, 2017)

·키스 W. 포크너/한정헌, 『들뢰즈와 시간의 세가지 종합』(서울: 그린비, 2008)

·피터 코브니·로저 하이필드/이남철, 『시간의 화살』(서울: 범양사, 1994)

·폴 데이비스/김동광, 『시간의 패러독스』(서울: 두산동아, 1997)

·----------/강주상,『타임머신』(서울: 한승, 2002)

·프리드리히 큄멜/권의무,『시간의 개념과 구조』(서울: 계명대출판부, 1986)

·필립 짐바르도·존 보이드/오정아,『타임 패러독스』(서울: 미디어월, 2008)

·하랄트 바인리히/김태희,『시간 추적자들』(서울: 황소자리, 2008)

·한스 라이헨바하/이정우,『시간과 공간의 철학』(서울: 서광사, 1990)

·한병철,『시간의 향기』(서울: 문학과 지성사, 2013)

·Newton Highlight,『시간이란 무엇인가』(서울: 뉴턴코리아, 2007)

| 일반서적

·가와하라 히데키/안대옥,『조선수학사- 주자학적 전개와 그 종언』(서울: 예
문서원, 2017)

·고미숙,『열하일기- 웃음과 역설의 유쾌한 시공간』(서울: 그린비, 2006)

·게르하르트 베어/한미희,『카를 융- 생애와 학문』(서울: 까치, 1998)

·金谷治 외/조성을,『중국사상사』(서울: 이론과 실천, 1988)

·기독교종합연구원 외,『21세기 사회와 종교 그리고 유토피아』(서울: 생각의
나무, 2002)

·奇遵/남현희,『선비, 일상의 사물들에게 말을 걸다』(서울: 문자향, 2009)

·김길환,『조선조 유학사상연구』(서울: 일지사, 1980)

·김병훈,『율여와 동양사상』(서울: 예문서원, 2004)

·김상일,『화이트헤드와 동양철학』(서울: 서광사, 1993)

·------,『현대물리학과 한국철학』(서울: 고려원, 1993)

·------,『수운과 화이트헤드』(서울: 지식산업사, 2001)

·------,『한의학과 러셀역설 해의』(서울: 지식산업사, 2005)

·------,『한의학과 현대 수학의 만남』(서울: 지식산업사, 2018)

·김성철,『중론- 논리로부터의 해탈, 논리에 의한 해탈』(서울: 불교시대사,
2004)

·김성환,『우주의 정오』(서울: 소나무, 2016)

·김승혜,『儒敎의 時中과 그리스도교의 식별』(서울: 바오로딸, 2005)

·김영식,『주희의 자연철학』(서울: 예문서원, 2005)

· 김우형, 『주희철학의 인식론』(서울: 심산, 2005)

· 김욱동, 『생태학적 상상력』(서울: 나무심는 사람, 2003)

· 김용규, 『서양문명을 읽는 코드, 신』(서울: 휴머니스트, 2010)

· ------, 『생각의 시대』(서울: 살림, 2014)

· ------, 『철학카페에서 작가를 만나다(2)』(서울: 웅진지식하우스, 2016)

· ------, 『신- 인문학으로 읽는 하나님과 서양문명 이야기』(서울: IVP, 2018)

· 김일권, 『동양천문사상- 하늘의 역사/인간의 역사』(서울: 예문서원, 2007)

· ------, 『우리 역사의 하늘과 별자리』(서울: 고즈윈, 2008)

· 김지하, 『사상기행(1,2)』(서울: 실천문학사, 1999)

· ------, 『율여란 무엇인가』(서울: 한문화, 1999)

· 김형기, 『후천개벽사상연구』(서울: 한울, 2004)

· 김형효, 『物學·心學·實學』(서울: 청계, 2003)

· 다카기 진자부로/김원식, 『지금 자연을 어떻게 볼 것인가』(서울: 녹색평론사, 2007)

· 라즈니쉬/석지현·홍신자, 『사라하의 노래』(서울: 일지사, 1990)

· ------/이여명, 『기독교와 선』(서울: 정신문화사, 1995)

· ------/손민규, 『피타고라스 강론(1,2)』(서울: 계몽사, 1997)

· ------, 『서양의 붓다- 헤라클레이토스 강론』(서울: 태학사, 1999)

· ------, /김석환, 『신비주의- 서양의 숨겨진 붓다, 디오니시우스를 말하다』(서울: 정신세계사, 2010)

· 류승국, 『한국사상의 연원과 역사적 전망』(서울: 성균관대출판부, 2008)

· 리처드 니스벳/최인철, 『생각의 지도』(서울: 김영사, 2004)

· 릴리 애덤스/윤태준, 『동양의 생각지도』(서울: 유유, 2013)

· 마거릿 버트하임/최애리, 『피타고라스의 바지』(서울: 사이언스북스, 1999)

· 마르크 알랭/변광배, 『수의 신비』(서울: 살림, 2006)

· 마리오 리비오/김정은, 『신은 수학자인가』(서울: 열린과학, 2010)

· 마수추안/김호림, 『止- 멈춤의 지혜』(서울: 김영사, 2005)

· 마이클 슈나이더/이충호, 『자연, 예술, 과학의 수학적 원형』(서울: 경문사, 2002)

· 마이클 탤보트/이균형, 『홀로그램 우주』(서울: 정신세계사, 1999)

· 맹난자, 『시간의 강가에서』(서울: 북인, 2018)

· 문재현·문한뫼, 『별자리, 인류의 이야기 주머니』(서울: 살림터, 2017)

· 문창옥, 『화이트헤드과정철학의 이해』(서울: 통나무, 1999)

· 미우라 쿠니오/김영식·이승연, 『인간 주자』(서울: 창작과 비평사, 1996)

· 미치오 가쿠/최성진, 『초공간』(서울: 김영사, 1994)

· ----------/박병철, 『평행우주』(서울: 김영사, 2006)

· 박병련 외, 『남명 조식』(서울: 청계, 2001)

· 박영호, 『다석사상으로 본 유교』(서울: 두레, 2002)

· 方東美/정인재, 『중국인의 生哲學』(서울: 탐구당, 1983)

· 方東美/남상호, 『原始儒家道家哲學』(서울: 서광사, 1999)

· 백승영, 『니체- 디오니소스적 긍정의 철학』(서울: 책세상, 2005)

· 브라이언 그린/박병철, 『엘러건트 유니버스』(서울: 승산, 2002)

· --------------------, 『우주의 구조』(서울: 승산, 2005)

· 선정규, 『중국신화연구』(서울: 고려원, 1996)

· 송인창, 『동춘당 송준길』(서울: 청계, 2007)

· ------, 『오행, 그 신비를 벗긴다』(서울: 국학자료원, 2008)

· 수징난/김태완, 『주자평전』(서울: 역사비평사, 2015)

· 신병주, 『이지함 평전』(서울: 글항아리, 2008)

· 심경호, 『김시습 평전』(서울: 돌베개, 2003)

· 스야후이/장연, 『소동파』(서울: 김영사, 2006)

· 야마다 케이지/김석근, 『주자의 자연학』(서울: 통나무, 1991)

· 안경전, 『증산도의 진리』(서울: 대원출판, 2000)

· ------, 『이것이 개벽이다(상,하)』(서울: 대원출판, 2002)

· ------, 『개벽을 대비하라』(서울: 대원출판, 2004)

· ------, 『개벽- 실제상황』(서울: 대원출판, 2005)

· ------, 『천지성공』(서울: 대원출판, 2008)

· 안드레아스 바그너/김상우, 『생명을 읽는 코드- 패러독스』(서울: 와이즈북, 2012)

· 안운산, 『새시대 새진리』(서울: 대원출판, 2002)

· ------, 『상생의 문화를 여는 길』(서울: 대원출판, 2005)

· ------, 『천지의 도- 春生秋殺』(서울: 대원출판, 2007)

· 에른스트 마이어/최재천 외, 『이것이 생물학이다』(서울: 몸과 마음, 2002)

· 엘리 마오/전남식, 『피타고라스의 정리』(서울: 영림카디널, 2018)

· 엣킨스/김동광, 『원소의 왕국』(서울: 동아출판, 1996)

· 여동빈/이윤희·고성훈, 『태을금화종지』(서울: 여강출판사, 1994)

· 餘英時/이원석, 『주희의 역사세계』(서울: 글항아리, 2015)

· 倪泰一·錢發平/서경호·김영지, 『山海經』(서울: 안티쿠스, 2008)

· 吳經熊/류시화, 『禪의 황금시대』(서울: 경서원,1998)

· 오모다카 히사유키/신정식, 『의학의 철학』(서울: 범양사, 1990)

· 오문환 편저, 『수운 최제우』(서울: 예문서원, 2005)

· 오코야마 고이츠/장순용, 『십우도- 마침내 나를 얻다』(서울: 들녘, 2001)

· 오토 베츠/배진아·김혜진, 『숫자의 비밀』(서울: 다시, 2004)

· 오하마 아키라/이형성, 『범주로 보는 주자학』(서울: 예문서원, 1999)

· 와쓰지 데쓰로/최성묵, 『윤리학』(서울: 이문출판사, 1993)

· 熊十力/김제란, 『新唯識論(상, 하)』(서울: 소명출판, 2007)

· 위앤커/전인초·김선자, 『중국의 신화전설(1,2)』(서울: 민음사, 2005)

· 유아사 야스오/이정배 외, 『몸과 우주』(서울: 지식산업사, 2004)

· 유화양/이윤희, 『慧命經』(서울: 여강출판사, 1992)

· 윤석산, 『수운 최제우』(서울: 모시는 사람들, 2006)

· 이고르 보그다노프·그리슈카 보드다노프/허보미, 『신의 생각』(서울: 푸르메, 2013)

· 이광연, 『피타고라스가 보여주는 조화의 세계』(서울: 프로네시스, 2006)

· 이부영, 『인간과 무의식의 상징』(서울: 집문당, 2000)

· ------, 『그림자』(서울: 한길사, 2000)

· ------, 『아니마와 아니무스』(서울: 한길사, 2001)

· ------, 『분석심리학』(서울: 일조각, 2002)

· ------, 『자기와 자기실현』(서울: 한길사, 2004)

·이언 스튜어트/김동광,『자연의 수학적 본성』(서울: 두산동아, 1996)

·이은성,『曆法의 原理分析』(서울: 정음사, 1985)

·이은윤,『혜능평전』(서울: 동아시아, 2004)

·이재석,『주희, 만세의 종장이 되다』(대전: 상생출판, 2017)

·이정우,『접힘과 펼쳐짐』(서울: 거름, 2000)

·이찬구,『천부경과 동학』(서울: 모시는 사람들, 2007)

·이창일,『소강절의 철학』(서울: 심산, 2007)

·------,『주역, 인간의 법칙』(서울: 위즈덤하우스, 2011)

·이택용,『중국고대의 운명론』(서울: 문사철, 2014)

·일리야 프리고진/신국조,『혼돈으로부터의 질서』(서울: 고려원, 1993)

·임어당/진영희,『소동파 평전- 쾌활한 천재』(서울: 지식산업사, 2001)

·장순용,『십우도- 나를 찾아가는 여행』(서울: 세계사, 2000)

·조너선 스펜스/김희교,『현대중국을 찾아서(1, 2)』(서울: 이산, 1999)

·------------/김석희,『칸의 제국』(서울: 이산, 2000)

·------------/주원준,『마테오리치, 기억의 궁전』(서울: 이산, 2002)

·------------/이준갑,『반역의 책』(서울: 이산, 2004)

·------------/정영무,『천안문』(서울: 이산, 2004)

·------------/이준갑,『강희제』(서울: 이산, 2006)

·------------/양휘웅,『신의 아들- 홍수전과 태평천국』(서울: 이산, 2006)

·조셉 니담/콜린 로넌/이면우,『중국의 과학과 문명』(서울: 까치, 2000)

·--------/--------/이석호 외,『중국의 과학과 문명(1, 2, 3, 4)』(서울: 을유
문화사, 1986)

·조셉 켐벨/이윤기,『신화의 힘』(서울: 고려원, 1996)

·------, /과학세계,『신화의 세계』(서울: 까치, 1998)

·------, /이윤기,『천의 얼굴을 가진 영웅』(서울: 민음사, 1999)

·------, /이진구 외,『신의 가면(1,2,3,4)』(서울: 까치, 2003)

·------, /박경비,『네가 바로 그것이다』(서울: 해바라기, 2004)

·------, /이은희,『신화와 함께 하는 삶』(서울: 한숲, 2004)

·------, /홍윤희,『신화의 이미지』(서울: 살림, 2006)

· 주커브/김영덕, 『춤추는 물리학』(서울: 범양사, 1989)

· 정판교/스성/한정은, 『바보경』(서울: 파라북스, 2005)

· 진영첩/표정훈, 『주자강의』(서울: 푸른역사, 2001)

· 차종천 옮김, 『九章算術·周髀算經』(서울: 범양사, 2000)

· 최석기 외, 『中國經學家事典』(서울: 경인문화사, 2002)

· 카렌 샤노어/변경옥, 『마음을 과학한다』(서울: 나무심는사람, 2004)

· 칼 융·파울리/이창일 외, 『자연의 해석과 정신』(서울: 청계, 2001)

· 케이스 데블린/전대호, 『수학의 언어』(서울: 해나무, 2003)

· 켄 윌버/조효남, 『모든 것의 역사』(서울: 대원출판, 2004)

· ------/김철수, 『아이 투 아이』(서울: 대원출판, 2004)

· ------/박병철·공국진, 『현대물리학과 신비주의』(서울: 고려원, 1991)

· ------/유기원, 『영혼의 거울』(서울: 정신세계사, 2004)

· ------/김재성 외, 『세상에서 가장 아름다운 용기』(서울: 한언, 2005)

· ------/박정숙, 『의식의 스펙트럼』(서울: 범양사, 2006)

· ------/조효남, 『감각과 영혼의 만남』(서울: 범양사, 2007)

· ------/정창영, 『통합비전』(서울: 물병자리, 2008)

· ------/조옥경, 『통합심리학』(서울: 학지사, 2008)

· ------/이정배, 『켄 윌버와 신학』(서울: 시와 진실, 2008)

· ------/조효남, 『의식·영성·자아초월 그리고 상보적 통합』(서울: 학수림, 2008)

· 카렌 암스트롱/배국원 외, 『신의 역사(1,2)』(서울: 동연출판, 1999)

· K.C. 콜/박영훈, 『아름다운, 너무나 아름다운 수학』(서울: 경문사, 2001)

· ------/김희봉, 『우주의 구멍』(서울: 해냄, 2002)

· 토비아스 단치히/권혜승, 『수, 과학의 언어』(서울: 한승, 2008)

· 프랑스와 줄리앙/유병태, 『운행과 창조』(서울: 케이시, 2003)

· 프란츠 엔드레스 외/오석균, 『수의 신비와 마법』(서울: 고려원, 1996)

· 프리초프 카프라/이성범 외, 『현대물리학과 동양사상』(서울: 범양사, 1985)

· --------------/이성범, 『새로운 과학과 문명의 전환』(서울: 범양사, 1986)

· --------------/홍동선, 『탁월한 지혜』(서울: 범양사, 1993)